현금흐름 위험의 분석을 중심으로

엑셀을 활용한 복합금융상품 평가

김궁중 · 김진배 · 김연호 공저

SAMIL | 삼일인포마인

머리말

최근 복합금융상품을 포함한 파생상품 거래가 활발해지고 있으며, 이로 인하여, 기업의 회계처리에 있어서, 파생상품과 관련한 공정가치 평가 수요가 증가하고 있습니다. 본서에서는 이러한 파생상품에 대한 공정가치 평가 방법에 대하여 설명하며, 그 중 옵션과 관련한 평가를 주로 설명할 예정입니다. 또한, 본서에서 설명하는 내용은 주로 다음과 같은 특징이 있습니다.

첫째, 학문적 이론보다는 실무적 응용에 중점을 두고 있습니다. 이에 따라, 복잡한 수식의 증명 등은 최소화하며, 주로 실무적 관점에서의 평가 방법과 응용 방법에 대하여 설명합니다.

둘째, Deal 목적의 공정가치 평가보다는 재무보고 목적의 공정가치 평가를 주로 설명합니다. 이에 따라, 한국채택국제회계기준(이하, "K-IFRS")을 주로 참고합니다.

셋째, 파생상품과 관련한 다양한 평가 방법에 대하여 소개합니다. 그리고, 평가 방법 간 평가 결과를 비교합니다. 다만, 이 중 Tree 기법인 2항 모형을 중심으로 설명합니다. 이에 따라, Black-Scholes-Merton 모형, Finite Difference Method 모형, Monte Carlo 모형 등에 대하여는 참고 목적으로 설명합니다.

넷째, 거래의 실질을 파악하고, 당해 거래에 적합한 평가 접근법에 대하여 설명합니다. 이에 따라, 차액 정산형 거래 및 총액 교환형 거래에 대하여 설명하고, 각각의 평가 접근법에 대하여 설명합니다.

다섯째, 평가 대상에 위험이 서로 다른 현금흐름이 2개 이상 있는 경우, 이를 평가의 과정에 반영하는 방법에 대하여 설명합니다. 그리고, 현재 가장 많이 사용되고 있는 Tsiveriotis & Fernandes 이외의 다양한 방법들에 대하여 소개합니다.

여섯째, 콴토 옵션 등 이색 옵션과 기초자산이 2개 이상인 다중 기초자산 옵션에 대하여 설명합니다. 그리고, 이들에 대한 평가 방법에 대하여 설명합니다.

일곱째, 저자가 경험한 다양한 실무 사례에 대하여, 다양한 평가 접근법을 소개합니다. 아울러, 다양한 평가 접근법에 있어서, 최적 접근법을 결정합니다.

여덟째, 본서에서 설명하고 있는 사례 등과 관련하여, 별도의 엑셀 파일을 제공합니다. 그리고, 이는 출판사의 Web Site에서 다운로드 가능하며, 동 엑셀 파일의 특성은 다음과 같습니다.

- 본 엑셀 파일들은 가능한 한 엑셀 함수만을 이용하여 작성되었습니다. 다만, 특정 부분 (Simulation 또는 Sensitivity Analysis 등)에 있어서는, 반복 작업을 최소화하기 위하여, VBA에 의한 프로그램이 포함되어 있습니다. 이에 따라, 엑셀 파일을 열기 전에, 반드시 엑셀 파일들을 "매크로 사용"으로 설정해 주어야 합니다. 엑셀 파일의 "매크로 사용" 설정과 관련하여서는 인터넷을 참고하시기 바랍니다.

- 본 엑셀 파일은 MS Office 365를 기준으로 작성되어 있습니다. 이에 따라, 독자가 사용하고 있는 Excel Version이 낮은 경우, 일부 엑셀 함수들(LET 함수 등)이 동작하지 않을 수 있습니다. 이에 따라, 본 엑셀 파일을 사용하기 전에, 독자들의 Excel Version을 최신 Version으로 전환해 주어야 합니다.

- 본 엑셀 파일에서 사용하고 있는 일부 함수들(LET 함수 등)은 실무적 사용이 많지 않은 함수들에 해당합니다. 이에 따라, 동 함수들의 사용법에 대하여는 독자들이 직접 공부하여야 합니다.

본서가 초판에 해당하고, 본서와 유사한 서적 등을 찾기 어려웠던 바, 본서의 내용에 많은 부족함이 있을 것이라고 생각하고 있습니다. 그리고, 이러한 부분은 계속하여 저자들이 수정해 나가야 할 부분이라고 판단하고 있습니다. 이에 따라, 독자 여러분들이 알게 되는 본서의 부족함이 있거나 의문 사항이 있다면, 이를 저자들의 이메일을 통하여 알려 주시면 감사드리겠습니다.

아울러, 저자의 블로그(blog.naver.com/vskkj) 및 출판사의 Web Site에서는 동 서적과 관련한 추가 연구와 오류 수정 내역이 게재될 예정인 바, 이를 참고해 주시면 감사드리겠습니다.

끝으로, 본서에서는 집필의 편의를 위하여 경어체를 사용하고 있지 않습니다. 이에 대하여, 독자 여러분들의 많은 양해를 부탁드립니다.

2025년 10월

김궁중, 김진배, 김연호 드림

CONTENTS

목 차

CONTENTS

목 차

CONTENTS

목차

Chapter 1

개 요

본 장에서는 파생상품의 정의 및 종류에 대하여 알아보고, 파생상품 중 옵션에 대하여 보다 자세히 살펴보며, 파생상품의 주요 평가 방법에 대하여 알아본다.

1 파생상품

1. 파생상품의 정의

파생상품(Derivative)은 다른 상품의 가치 변동에 따라 당해 상품의 가치가 변동하는 금융상품에 해당한다. 이에 따라, 파생상품의 가치를 평가하기 위하여는 다른 상품이 있어야 하며, 다른 상품의 가치 변동 척도가 있어야 한다. 또한, 이 때의 다른 상품을 기초자산(Underlying Asset)으로 정의하고 있으며, 다른 상품의 가치 변동 척도를 변동성(Volatility)으로 정의하고 있다. 아울러, 한국채택국제회계기준(이하, "K-IFRS") 제1109호 부록 A에서는 파생상품에 대하여 다음과 같이 정의하고 있다.

> K-IFRS 제1109호 부록 A : 이 기준서의 적용범위에 포함되면서 다음의 세 가지 특성을 모두 가진 금융상품이나 그 밖의 계약
> (1) 기초변수의 변동에 따라 가치가 변동한다. 기초변수는 이자율, 금융상품가격, 일반상품가격, 환율, 가격 또는 비율의 지수, 신용등급 또는 신용지수나 그 밖의 변수를 말한다. 다만, 비금융변수의 경우에는 계약의 당사자에게 특정되지 아니하여야 한다.
> (2) 최초 계약 시 순투자금액이 필요하지 않거나 시장 요소의 변동에 비슷한 영향을 받을 것으로 예상되는 다른 유형의 계약보다 적은 순투자금액이 필요하다.
> (3) 미래에 결제된다.

2. 파생상품의 종류

파생상품에는 다양한 금융상품이 존재하고 있으며, 일반적으로는 다음과 같다.

- 선물(Future) & 선도(Forward) : 미래의 일정 시점 또는 기간 동안에 정해진 가격으로 기초자산을 매수하거나 매도하는 계약
- 옵션(Option) : 미래의 일정 시점 또는 기간 동안에 정해진 가격으로 기초자산을 매수할 수도 있고 매도할 수도 있는 계약
- 스왑(Swap) : 미래의 일정 시점 또는 기간 동안에 정해진 가격으로 기초자산 A를 기초자산 B와 교환하는 계약
- 기타 : 연계증권(Equity Linked Securities), 주식 워런트 증권(Equity Linked Warrant) 등

3. 선물과 선도의 차이

선물과 선도는 모두 미래의 일정 시점 또는 기간 동안에 정해진 가격으로 기초자산을 매수하거나 매도하는 계약에 해당하지만, 다음과 같은 차이가 있다.

항목	선물(Future)	선도(Forward)
계약의 체결	거래소 등 시장에서 계약 체결	개인 간 계약 체결
거래 상품의 정형화 여부	거래소 등 시장에서 제공하는 상품 중에서 선택하여야 함	개인 간 자유롭게 거래 상품의 계약을 결정할 수 있음
만기 결제	차액 현금 결제	총액 현물 결제(실물 인도)
증거금	있음	없음
사례	주가지수 선물 등	부동산 매매 거래 등

2 ▷ 옵션

앞에서 언급한 바와 같이, 옵션(Option)은 미래의 일정 시점 또는 기간 동안에 정해진 가격으로 기초자산을 매수할 수도 있고, 매도할 수도 있는 계약 등을 의미한다.

1. 옵션의 구분

옵션은 권리 종류, 행사 기간, 거래 형태 등에 따라 다양하게 구분되고 있다. 다음은 이러한 옵션을 구분하는 방법에 있어서, 일반적인 항목만 요약한 내역에 해당한다.

옵션은 권리 종류에 따라 콜옵션, 풋옵션, 전환옵션, 교환옵션 등으로 구분되며, 각각의 내역은 다음과 같다.

- 콜옵션(Call Option) : 미래의 일정 시점 또는 기간 동안에 정해진 가격으로 기초자산을 매수할 수도 있고, 매수하지 않을 수도 있는 계약
- 풋옵션(Put Option) : 미래의 일정 시점 또는 기간 동안에 정해진 가격으로 기초자산을 매도할 수도 있고, 매도하지 않을 수도 있는 계약
- 전환옵션(Convert Option) : 미래의 일정 시점 또는 기간 동안에 정해진 가격으로 보유 자산을 다른 자산으로 전환할 수도 있고, 전환하지 않을 수도 있는 계약
- 교환옵션(Exchange Option) : 미래의 일정 시점 또는 기간 동안에 정해진 가격으로 보유 자산을 다른 자산과 교환할 수도 있고, 교환하지 않을 수도 있는 계약

옵션은 행사 기간에 따라 유러피언 옵션, 아메리칸 옵션, 버뮤단 옵션 등으로 구분되며, 각각의 내역은 다음과 같다.

- 유러피언 옵션(European Option) : 만기 시점에만 권리를 행사할 수 있는 계약
- 아메리칸 옵션(American Option) : 만기 시점 이전 일정 기간 동안에 권리를 행사할 수 있는 계약
- 버뮤단 옵션(Bermudan Option) : 만기 시점 또는 만기 이전 특정 시점에서 권리를 행사할 수 있는 계약

옵션은 거래 형태에 따라 총액 교환형 옵션, 차액 정산형 옵션 등으로 구분되며, 각각의 내역은 다음과 같다.

- 총액 교환형 옵션 : 옵션의 행사가격과 기초자산 실물을 직접 교환하는 거래
- 차액 정산형 옵션 : 옵션의 행사가격과 기초자산 가격과의 차이를 서로 정산하는 거래

2. 옵션의 가치

옵션가치(Option Value)는 내재가치(Intrinsic Value)와 시간가치(Time Value)로 구분되며, 이 중 큰 가치로 산정된다. 다음은 차액 정산형 옵션에 대한 내재가치, 시간가치, 옵션가치를 설명하는 내역에 해당한다.

(1) 내재가치

내재가치는 옵션을 행사할 수 있는 시점에서, 옵션을 행사하였을 경우에 얻을 수 있는 가치로서, 다음과 같이 산정된다. 또한, 옵션은 이익이 발생하는 경우에만 행사되므로, 0보다 항상 크거나 같다. 아울러, 옵션을 행사할 수 없는 시점에서의 내재가치는 항상 0에 해당한다.

항목	내역
콜옵션	• 옵션을 행사할 수 있는 경우 = MAX[기초자산 가치 - 행사가격, 0] • 옵션을 행사할 수 없는 경우 = 0
풋옵션	• 옵션을 행사할 수 있는 경우 = MAX[행사가격 - 기초자산 가치, 0] • 옵션을 행사할 수 없는 경우 = 0
전환옵션	• 옵션을 행사할 수 있는 경우 = MAX[전환 후 상품의 가치 - 전환 전 상품의 가치, 0] • 옵션을 행사할 수 없는 경우 = 0
교환옵션	• 옵션을 행사할 수 있는 경우 = MAX[교환 후 상품의 가치 - 교환 전 상품의 가치, 0] • 옵션을 행사할 수 없는 경우 = 0

(2) 시간가치

시간가치는 1) 옵션을 행사할 수 있는 시점에서 옵션을 행사하지 않거나, 2) 옵션을 행사할 수 없는 시점에서 얻을 수 있는 가치로서, 미래 옵션가치를 당해 시점으로 할인한 가치에 해당한다. 또한, 상기 옵션들에 있어서의 시간가치 산정 방식은 모두 동일하다.

(3) 옵션가치

옵션가치는 내재가치와 시간가치 중 큰 금액에 해당한다. 또한, 상기 옵션들에 있어서의 옵션가치 산정 방식은 모두 동일하다.

옵션을 평가하는 방법에는 다양한 방법이 있다. 다음은 옵션의 평가에 주로 사용되는 평가 방법을 요약한 내역에 해당한다. 아울러, 이들과 관련한 세부적 평가 과정은 후에 자세히 설명하기로 한다.

1. Black-Scholes-Merton(BSM) 모형

BSM 모형은 펴미분 방정식(Partial Difference Equation)을 수학적으로 풀이하여 옵션 가치를 산정하는 방법에 해당한다. 또한, BSM 모형은 옵션의 가치를 수학적으로 산정하기 때문에, 그 결과값이 가장 정확하다는 장점이 있지만, 그 수학적 풀이 과정이 매우 복잡하다는 단점이 있다. 또한, 점점 더 다양해지고 복잡해지는 옵션 계약과 관련하여, 그 계약의 내용을 풀이 과정에 모두 반영하는 것도 매우 어렵다는 단점이 있다. 아울러, 유러피언 옵션의 평가에는 적합하지만, 아메리칸 옵션의 평가에는 적합하지 않은 단점이 있다.

2. Finite Difference Method(FDM, 유한차분법)

FDM은 상기 1과 같은 편미분 방정식을 유한한 차분 방정식으로 변환하여 편미분 방정식의 근사해를 수치해석적으로 찾는 방법에 해당한다. 이에 따라, 상기 1과 같은 편미분 방정식을 수학적으로 직접 풀이하기가 어려운 경우, 그 근사해를 찾고자 할 때 적합한 방법에 해당한다. 또한, FDM에는 명시적(Explicit) FDM, 암묵적(Implicit) FDM, Crank-Nicolson FDM 등이 있다. 다만, 이 또한 유한 차분 방정식을 풀이하는 과정이 포함되므로, 미분 및 편미분에 대한 수학적 지식이 요구되고, N항 모형에 비하여 시각적으로 이해하기가 힘들며, 암묵적 FDM과 Crank-Nicolson FDM에서는 Time Step 별로 연립방정식도 풀어야 하는 바, 구현 과정이 다소 복잡하다는 단점이 있다. 본서에서는 N항 모형에 대한 설명을 주로 진행하며, FDM에 대한 자세한 설명은 부록 1로서 제공한다.

3. N항 모형

N항 모형은 기초자산 가격이 변동할 때, N가지 경우로 변동한다고 가정한 후, 기초자산 가격 Tree를 생성하여 옵션가치를 산정하는 방법에 해당한다. 또한, N항 모형은 BSM이 해결하기 어려운 아메리칸 옵션의 평가와 기초자산이 이자율인 옵션에도 적합하다는 장점

이 있다. 다만, N항 모형에 적용하는 Time Step의 수가 적은 경우에는 정확성이 다소 떨어지는 단점이 있다. 그러나, 이러한 단점은 적절한 Time Step 수를 적용함으로써 해결할 수 있다.

보편적으로, N항 모형에서는 2항 모형과 3항 모형이 사용되고 있다. 그리고, 기초자산이 주가인 경우에는 2항 모형으로서, Jarrow-Rudd 모형, Cox-Ross-Rubinstein 모형, Log-Transformed 모형 등이 있고, 3항 모형으로서, Phelim Boyle 모형 등이 있으며, 기초자산이 이자율인 경우에는 2항 모형으로서, Ho and Lee 모형, Black-Derman-Toy 모형 등이 있고, 3항 모형으로서, Hull and White 모형 등이 있다.

4. Monte Carlo(MC) 모형

MC 모형은 기초자산 가격이 변동할 때, 임의 확률 변수에 따라 변동한다고 가정한 후, 기초자산 Path를 생성하여 옵션가치를 산정하는 Simulation 방법에 해당한다. 다만, MC 모형은 임의 확률 변수에 기초한 Simulation 방법에 해당하기 때문에, 평가를 수행할 때마다 결과값이 달라지게 되는 단점이 있다. 또한, 유러피언 옵션에서는 정확성이 다소 높게 나타나지만, 아메리칸 옵션에서는 정확성이 상당히 낮게 나타난다. 아울러, 이러한 아메리칸 옵션에서의 낮은 정확성을 보완하기 위하여 Least Square Monte Carlo(LSMC) 방법이 개발되었지만, Case By Case로 정확성이 달라지는 문제점을 여전히 포함하고 있다.

Chapter 2

기초변수 – 이자율

파생상품을 평가함에 있어서는 가장 중요한 기초 변수가 3개 있다. 즉, 기초자산, 기초자산의 변동성, 이자율이다. 본서에서는 기초자산(주식 등)의 가치 산정 방법은 다루지 아니한다. 왜냐하면, 기초자산의 가치 산정 방법과 관련한 서적은 이미 시중에 충분히 나와 있기 때문이다. 그리고, 본 장에서는 이 중 이자율에 대하여 다룬다.

이자율은 파생상품의 시간가치 산정 시에 할인율 등으로 적용되며, 기초자산 자체로 적용되기도 한다. 또한, 이자율은 이자 계산 기간 단위에 따라, 일 이자율, 주 이자율, 월 이자율, 분기 이자율, 반기 이자율, 연 이자율 등으로 구분된다.

다음은 각각의 이자율에 대하여 설명하는 내역에 해당한다. 또한, 각각의 이자율의 설명을 위하여 아래의 사례 1 사채를 이용한다.

사례 1

만기 = 5년, 만기 상환금액 = 1,000, 액면이자 = 매년 말 50을 지급하는 사채

	1	2	3	4	5
액면이자	50	50	50	50	50
만기 상환금액					1,000
합계	50	50	50	50	1,050

이자율은 이자 계산 대상 금액에 따라 단리 이자율(Simple Interest Rate, "SR")과 복리 이자율(Compound Interest Rate, "CR")로 구분되며, 이자 계산 기간 단위와 함께 사용된다. 예를 들면, 연 단리 이자율, 연 복리 이자율, 분기 단리 이자율, 분기 복리 이자율 등과 같이 사용된다.

1. 단리 이자율

단리 이자율은 이자가 원금에 대하여만 지급될 시의 이자율에 해당한다. 다음은 원금 1,000원에 대한 연 단리 이자율("YSR") 5.00%에 따른 5년 후의 원리금 합계(원금과 이자의 합계)를 보여 주는 내역에 해당한다.

기간	이자 계산 대상 금액	이자	원리금 합계
1년 후	1,000.00	1,000.00 × 5.00% = 50.00	1,000.00 + 50.00 = 1,050.00
2년 후	1,000.00	1,000.00 × 5.00% = 50.00	1,050.00 + 50.00 = 1,100.00
3년 후	1,000.00	1,000.00 × 5.00% = 50.00	1,100.00 + 50.00 = 1,150.00
4년 후	1,000.00	1,000.00 × 5.00% = 50.00	1,150.00 + 50.00 = 1,200.00
5년 후	1,000.00	1,000.00 × 5.00% = 50.00	1,200.00 + 50.00 = 1,250.00

상기에서 원리금 합계는 다음과 같이 직접 산정할 수도 있다.

기간	원리금 합계
1년 후	$SUM_1 = PAR + PAR \times YSR = PAR \times (1 + YSR \times 1)$
2년 후	$SUM_2 = SUM_1 + PAR \times YSR = PAR \times (1 + YSR \times 2)$
3년 후	$SUM_3 = SUM_2 + PAR \times YSR = PAR \times (1 + YSR \times 3)$
4년 후	$SUM_4 = SUM_3 + PAR \times YSR = PAR \times (1 + YSR \times 4)$
5년 후	$SUM_5 = SUM_4 + PAR \times YSR = PAR \times (1 + YSR \times 5)$

(*1) SUM_t : t년 후의 원리금 합계
(*2) PAR : 원금

상기 관계를 이용하여, t년 후의 원리금 합계를 산출하면, 1,000.00 + 50.00 × t가 되며, 이를 일반화하면 다음과 같다.

$$SUM_t = PAR \times (1 + YSR \times t)$$

그리고, SUM_t을 원금 PAR에 대하여 YSR 및 t년을 적용한 미래가치(Future Value)라고 부르며, 원금 PAR를 SUM_t에 대하여 YSR 및 t년을 적용한 현재가치(Present Value)라고 부른다.

또한, 현재가치인 원금 PAR는 미래가치인 SUM_t을 기준으로, 다음과 같은 수식을 통하여 산출할 수 있는데, 이를 YSR 및 t년을 적용한 미래가치의 할인(Discount)이라고 부른다.

$$PAR = \frac{SUM_t}{1 + YSR \times t}$$

아울러, YSR이 주어진 경우에 있어서, 일 단리 이자율("DSR"), 주 단리 이자율("WSR"), 월 단리 이자율("MSR"), 분기 단리 이자율("QSR"), 반기 단리 이자율("HSR")을 산출할 수 있으며, 그 반대도 가능하다. 다음은 YSR로부터 QSR을 산출하는 과정을 예시로 든 내역에 해당한다.

$$\frac{1}{1 + YSR \times t_Y} = \frac{1}{1 + QSR \times t_Q}$$

t_Y : 기간 연 수
t_Q : 기간 분기 수

상기 산식은 미래가치 1원에 대하여 YSR 및 t_Y년을 적용하여 할인한 가치는 미래가치 1원에 대하여 QSR 및 t_Q 분기를 적용하여 할인한 가치와 동일하여야 한다는 것을 의미한다. 또한, $t_Q = 4 \times t_Y$에 해당하므로, QSR = YSR / 4에 해당한다. 이러한 관계로 인하여, 다음의 산식이 성립하게 된다.

$$YSR = 2 \times HSR = 4 \times QSR = 12 \times MSR = 52 \times WSR = 365 \times DSR$$

2. 복리 이자율

복리 이자율은 이자가 원금뿐만 아니라 이미 발생한 이자에 대하여도 지급될 시의 이자율에 해당한다. 즉, 복리 하에서의 이자 계산 대상 금액은 원리금 합계에 해당한다. 다음은 원금 1,000원에 대한 연 복리 이자율("YCR") 5.00%에 따른 5년 후의 원리금 합계를 보여주는 내역에 해당한다.

기간	이자 계산 대상 금액	이자	원리금 합계
1년 후	1,000.00	$1,000.00 \times 5.00\% = 50.00$	$1,000.00 + 50.00 = 1,050.00$
2년 후	1,050.00	$1,050.00 \times 5.00\% = 52.50$	$1,050.00 + 52.50 = 1,102.50$
3년 후	1,102.50	$1,102.50 \times 5.00\% = 55.13$	$1,102.50 + 55.13 = 1,157.63$
4년 후	1,157.63	$1,157.63 \times 5.00\% = 57.88$	$1,157.63 + 57.88 = 1,215.51$
5년 후	1,215.51	$1,215.51 \times 5.00\% = 60.78$	$1,215.51 + 60.78 = 1,276.28$

상기에서 원리금 합계는 다음과 같이 직접 산정할 수도 있다.

기간	원리금 합계
1년 후	$SUM_1 = PAR + PAR \times YCR = PAR \times (1 + YCR)^1$
2년 후	$SUM_2 = SUM_1 + SUM_1 \times YCR = SUM_1 \times (1 + YCR) = PAR \times (1 + YCR)^2$
3년 후	$SUM_3 = SUM_2 + SUM_2 \times YCR = SUM_2 \times (1 + YCR) = PAR \times (1 + YCR)^3$
4년 후	$SUM_4 = SUM_3 + SUM_3 \times YCR = SUM_3 \times (1 + YCR) = PAR \times (1 + YCR)^4$
5년 후	$SUM_5 = SUM_4 + SUM_4 \times YCR = SUM_4 \times (1 + YCR) = PAR \times (1 + YCR)^5$

(*1) SUM_t : t년 후의 원리금 합계
(*2) PAR : 원금

상기 관계를 이용하여, t년 후의 원리금 합계를 산출하면, $1,000.00 + (1 + 5.00\%)^t$가 되며, 이를 일반화하면 다음과 같다.

$$SUM_t = PAR \times (1 + YCR)^t$$

그리고, SUM_t을 원금 PAR에 대하여 YCR 및 t년을 적용한 미래가치라고 부르며, 원금 PAR를 SUM_t에 대하여 YCR 및 t년을 적용한 현재가치라고 부른다.

또한, 현재가치인 원금 PAR는 미래가치인 SUM_t을 기준으로, 다음과 같은 수식을 통하여 산출할 수 있는데, 이를 YCR 및 t년을 적용한 미래가치의 할인이라고 부른다.

$$PAR = \frac{SUM_t}{(1 + YCR)^t}$$

아울러, YCR이 주어진 경우에 있어서, 일 복리 이자율("DCR"), 주 복리 이자율("WCR"), 월 복리 이자율("MCR"), 분기 복리 이자율("QCR"), 반기 복리 이자율("HCR")을 산출할 수 있으며, 그 반대도 가능하다. 다음은 연 복리 이자율로부터 분기 복리 이자율을 산출하는 과정을 예시로 든 내역에 해당한다.

$$\frac{1}{(1+\text{ YCR})^{t_Y}} = \frac{1}{(1+\text{ QCR})^{t_Q}}$$

t_Y : 기간 연 수
t_Q : 기간 분기 수

상기 산식은 미래가치 1원에 대하여 YCR 및 t_Y년을 적용하여 할인한 가치는 미래가치 1원에 대하여 QCR 및 t_Q 분기를 적용하여 할인한 가치와 동일하여야 한다는 것을 의미한다. 또한, $t_Q = 4 \times t_Y$에 해당하므로, $(1+QCR)^4 = 1+YCR$가 된다. 이러한 관계로 인하여, 다음의 산식이 성립하게 된다.

$$1+\text{ YCR} = (1+HCR)^2 = (1+QCR)^4 = (1+MCR)^{12} = (1+WCR)^{52} = (1+DCR)^{365}$$

3. 용어의 통일

보편적으로, 일상 생활에서는 단리 이자율보다 복리 이자율이 더 많이 사용되고 있다. 이에 따라, 이후의 이자율은 주로 복리 이자율을 기준으로 설명한다. 또한, 용어의 통일성을 위하여, 이후의 설명에서는 다음과 같이 사용하기로 한다.

첫째로, 이자 계산 방법이 단리에 해당하는 경우에는 단리라는 용어를 명확히 기재하지만, 이자 계산 방법이 복리에 해당하는 경우에는 복리라는 용어를 기재할 수도 있고, 생략할 수도 있다. 이에 따라, 이자율에 단리 또는 복리라는 용어가 없으면, 이는 복리를 의미하게 된다.

둘째로, 이자 계산 기간 단위가 반기, 분기, 월, 주, 일에 해당하는 경우에는 이자 계산 기간 단위를 명확히 기재하지만, 이자 계산 기간 단위가 연에 해당하는 경우에는 이자 계산 기간 단위를 기재할 수도 있고, 생략할 수도 있다. 이에 따라, 이자율에 이자 계산 기간 단위가 없는 경우에는 연 기간 단위를 의미하게 된다.

상기에 따라, 이자율에 이자 계산 방법과 이자 계산 기간 단위가 모두 생략되어 있으면, 이는 연 복리를 의미하게 된다.

미래 현금흐름을 현재가치로 할인하는 방법에는 여러 가지 방법이 있다. 그리고, 각각의 할인 방법에 따라 적용되는 할인율도 달라지게 된다. 본 부분에서는 이러한 할인율 중 내부수익률에 대하여 설명한다.

1. 내부수익률

내부수익률(Internal Rate of Return, "IRR")은 금융상품의 현재 시장 가격과 당해 금융상품으로부터 발생하는 모든 미래 현금흐름을 현재로 할인하여 합산한 가치가 일치하도록 하는 할인율에 해당한다. 예를 들면, 상기 사례 1 사채의 현재 시장 가격이 950이라고 가정하는 경우, 연 복리 기준에 의한 IRR("YIRR")에 대하여 다음의 관계가 성립한다.

$$950 = \frac{50}{(1+YIRR)^1} + \frac{50}{(1+YIRR)^2} + \frac{50}{(1+YIRR)^3} + \frac{50}{(1+YIRR)^4} + \frac{1,050}{(1+YIRR)^5}$$

상기 수식을 수학적으로 풀이하는 것은 매우 어렵다. 왜냐하면, YIRR에 대한 5차 방정식을 풀이하여야 하기 때문이다. 이에 따라, 엑셀의 IRR 함수 또는 목표값 찾기 기능을 이용하여 산출한다. 상기 산식을 목표값 찾기로 산출하는 경우, 6.193%의 YIRR이 산정된다.

상기 수식은 연 복리 기준에 의한 YIRR을 산출하는 수식에 해당한다. 만약, 분기 복리 기준에 의한 IRR("QIRR")을 산출하고자 한다면, 다음의 수식을 적용한다.

$$950 = \frac{50}{(1+QIRR)^4} + \frac{50}{(1+QIRR)^8} + \frac{50}{(1+QIRR)^{12}} + \frac{50}{(1+QIRR)^{16}} + \frac{1,050}{(1+QIRR)^{20}}$$

상기 산식을 목표값 찾기로 산출하는 경우, 1.514%의 QIRR이 산정된다. 또한, QIRR은 앞서 언급한 연 복리 이자율과 분기 복리 이자율 간의 관계를 통하여도 산출할 수 있다.

$$1+YIRR = (1+QIRR)^4 \leftrightarrow QIRR = \sqrt[4]{1+YIRR} - 1 = \sqrt[4]{1+6.193\%} - 1 = 1.514\%$$

상기에서 알 수 있는 바와 같이, 분기 복리 이자율의 4 배는 6.054%(= 4×1.514%)로 산출되며, 이는 연 복리 이자율 6.193%와 0.139%의 차이가 난다. 즉, 분기 복리 이자율의 4 배와 연 복리 이자율은 서로 다른 이자율에 해당한다. 이에 따라, 분기 복리 이자율에 4를 곱한 값을 연 복리 이자율로 가정하거나, 연 복리 이자율을 4로 나눈 값을 분기 복리 이자율로 가정하는 것은 오류에 해당하므로, 주의하여야 한다. 또한, 분기 복리 이자율에 대하여는 분기 단위 기간으로 할인하여야 하고, 연 복리 이자율에 대하여는 연 단위 기간으로 할인하여야 함에 주의하여야 한다.

2. 내부수익률에 의한 행사가격

콜옵션이나 풋옵션에 있어서, 행사가격이 일정하지 않고, 보장 수익률에 의하여 정해지는 경우가 있다. 그리고, 이 때의 행사가격을 YTC(Yield To Call Option Exercise Date) 또는 YTP(Yield To Put Option Exercise Date)가 적용되는 행사가격이라고 부른다. 보편적으로, 보장 수익률에는 연 복리나 분기 복리가 많이 적용되고 있지만, 간혹, IRR이 적용되는 경우가 있다. 예를 들면, 행사가격이 발행일로부터 행사 시점까지 YIRR 8.00%가 적용된 금액 등으로 정해지는 경우다. 다음은 상기 사례 1 사채에 대하여, 3년 말에 콜옵션이나 풋옵션을 행사할 시, YIRR 8.00%가 적용된 행사가격을 산출하는 수식에 해당한다. 다만, 콜옵션이나 풋옵션이 행사되더라도 액면이자는 사채의 보유자에게 지급되며, 사채는 발행금액 = 1,000, 액면금액 = 1,000으로 액면 발행되었다고 가정한다.

$$1,000 = \frac{50}{(1+8.000\%)^1} + \frac{50}{(1+8.000\%)^2} + \frac{50}{(1+8.000\%)^3} + \frac{EXE_3}{(1+8.000\%)^3}$$

EXE_3 : 3년 동안 YIRR 8.00%가 적용된 옵션 행사가격

상기 산식을 풀면, EXE_3는 1,097.39가 나온다. 만약, 상기 사례 1에서 연 복리 기준 IRR 8.00%가 분기 복리 이자율의 4배 기준 IRR 8.00%라면, 그 결과는 다음과 같다.

$$1,000 = \frac{50}{(1+8.000\%/4)^4} + \frac{50}{(1+8.000\%/4)^8} + \frac{50}{(1+8.000\%/4)^{12}} + \frac{EXE_{12}}{(1+8.000\%/4)^{12}}$$

EXE_{12} : 12분기 동안 분기 복리 이자율의 4배 기준 IRR 8.00%가 적용된 옵션 행사가격

그리고, 상기 산식을 풀면, EXE_{12}는 1,105.54가 나온다.

3 이자율 기간 구조

이자율은 크게 만기수익률(Yield To Maturity, "YTM"), 현물이자율(Spot Interest Rate, "SPOT"), 선도이자율(Forward Interest Rate, "FWD")로 구분된다. 만기수익률은 미래의 모든 현금흐름에 대하여 단일의 이자율을 적용하여 할인할 시의 이자율에 해당하고, 현물이자율은 미래 특정 시점의 현금흐름에 대하여 당해 현금흐름이 발생하는 기간에 적용되는 이자율을 적용하여 할인할 시의 이자율에 해당하며, 선도이자율은 미래 특정 기간 말에 발생하는 현금흐름에 대하여 당해 특정 기간 초로 할인할 시에 적용되는 이자율에 해당한다. 이에 대하여, 조금 더 자세히 설명하면 다음과 같다. 그리고, 미래 t = 1, 2, 3, 4 시점에서 현금흐름이 발생한다고 가정한다.

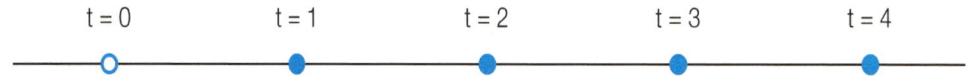

먼저, 만기수익률은 미래의 모든 현금흐름에 대하여 단일의 이자율을 적용하여 할인할 시의 이자율에 해당한다. 그리고, 이 때 적용할 단일의 이자율은 제일 마지막 현금흐름이 발생하는 시점에 적용되는 만기수익률에 해당한다. 상기 사례에서는 미래 현금흐름이 t = 4 시점에서 제일 마지막 현금흐름이 발생하므로, 이 때의 만기수익률은 4기간에 해당하는 만기수익률에 해당한다. 그리고, 이를 그림으로 나타내면 다음과 같다.

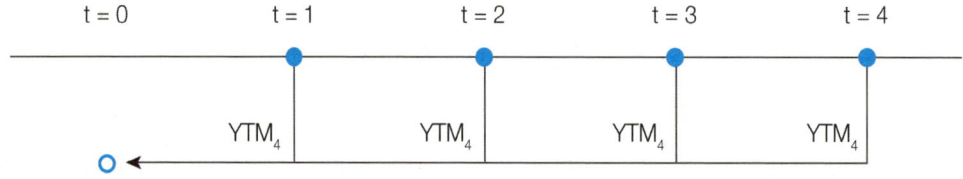

그리고, 현물이자율은 미래 특정 시점의 현금흐름에 대하여 당해 현금흐름이 발생하는 기간에 적용되는 이자율을 적용하여 할인할 시의 이자율에 해당한다. 이에 따라, t = 1시점의 현금흐름에 대하여는 t = 1시점에 적용되는 현물이자율로 할인하고, t = 2 시점의 현금흐름에 대하여는 t = 2 시점에 적용되는 현물이자율로 할인하며, t = 3 시점의 현금흐름에 대하여는 t = 3 시점에 적용되는 현물이자율로 할인하고, t = 4 시점의 현금흐름에 대하여는 t = 4 시점에 적용되는 현물이자율로 할인한다. 그리고, 이를 그림으로 나타내면 다음과 같다.

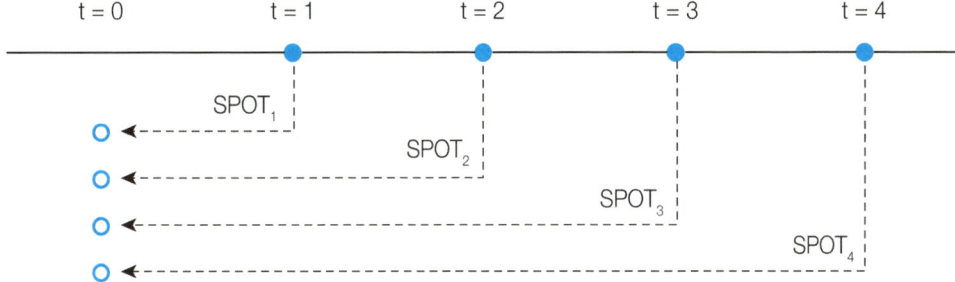

선도이자율은 미래 특정 기간 말에 발생하는 현금흐름에 대하여 당해 특정 기간 초로 할인할 시에 적용되는 이자율에 해당한다. 이에 따라, t = 1기간 말의 현금흐름을 t = 1기간 초로 할인할 시에는 동 기간에 적용되는 이자율로 할인하고, t = 2기간 말의 현금흐름을 t = 2기간 초로 할인할 시에는 동 기간에 적용되는 이자율로 할인하며, t = 3 기간 말의 현금흐름을 t = 3 기간 초로 할인할 시에는 동 기간에 적용되는 이자율로 할인하고, t = 4 기간 말의 현금흐름을 t = 4 기간 초로 할인할 시에는 동 기간에 적용되는 이자율로 할인한다. 그리고, 이를 그림으로 나타내면 다음과 같다.

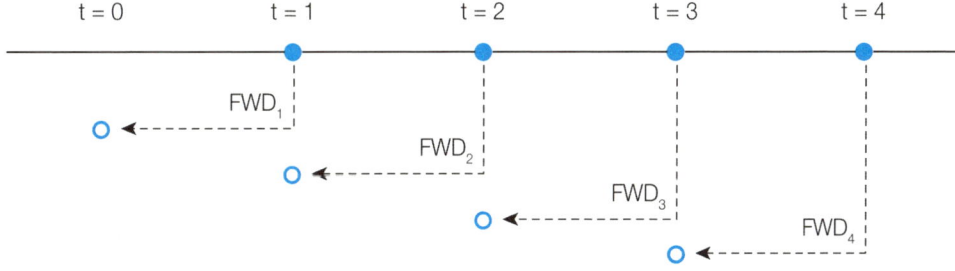

그리고, 상기 만기수익률, 현물이자율, 선도이자율 간에는 다음과 같은 특성이 있다.

- 보편적으로, 미래의 모든 현금흐름에 대하여 단일의 만기수익률을 적용하여 할인한 후 합산한 가치는 미래의 모든 현금흐름에 대하여 각각의 현금흐름 별로 당해 현금흐름이 발생하는 기간에 대한 현물이자율을 적용하여 할인한 후 합산한 가치와 일치하지 않는다. 다만, 액면이자율과 만기수익률이 동일한 경우에는 일치한다.
- 특정 시점의 현금흐름에 대하여, 그 현금흐름이 발생하는 기간에 대한 현물이자율을 적용하여 할인한 가치는 각각의 기간 동안의 선도이자율을 적용하여 계속 할인한 가치와 일치한다. 그리고, 이를 그림으로 나타내면 다음과 같다.

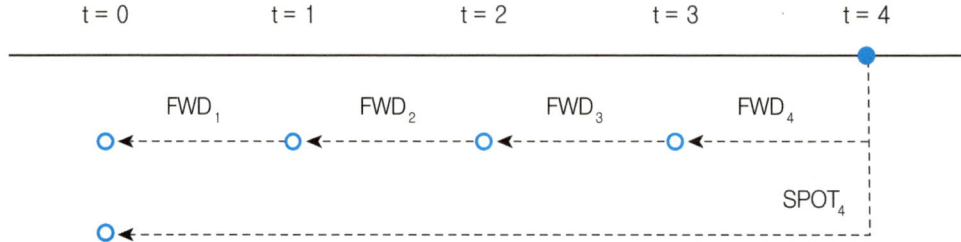

- 특정 시점의 현금흐름에 대하여, 그 현금흐름이 발생하는 기간에 대한 현물이자율을 적용하여 할인한 가치는 일정 기간 동안은 선도이자율을 적용하여 계속 할인하고, 나머지 기간 동안은 현물이자율을 적용하여 할인한 가치와 일치한다. 그리고, 이를 그림으로 나타내면 다음과 같다.

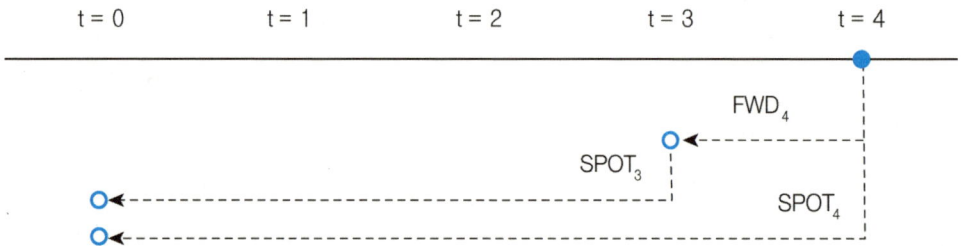

이제 상기의 만기수익률, 현물이자율, 선도이자율에 대하여 보다 자세히 알아보기로 한다.

4 > 만기수익률

만기수익률(Yield To Maturity, "YTM")은 사채를 만기까지 보유할 경우 얻을 수 있는 기대 수익률로서, 일종의 만기 기간에 대한 IRR에 해당한다. 다만, YTM은 신용평가회사 등이 시장에서 거래되는 사채 가격을 분석하여 제공하는 정보에 해당하고, IRR은 평가자가 직접 산출하여야 하는 정보에 해당하는 차이점이 있다. 또한, 신용평가회사 등은 여러 만기에 따른 YTM을 제공하고 있는데, 이를 YTM Yield Curve("YTM YC") 또는 YTM Matrix라고 부른다.

상기 사례 1 사채의 가치 평가를 위하여, 다음과 같은 연 복리 기준의 YTM("YYTM") YC가 주어져 있다고 가정하자.

	1	2	3	4	5
연 복리 YTM	3.600%	3.800%	4.000%	4.200%	4.400%

YTM을 이용하여 미래 현금흐름을 할인할 시에는 당해 미래 현금흐름의 만기에 해당하는 YTM을 찾은 후, 모든 미래 현금흐름에 대하여 당해 YTM으로 할인한다. 상기 예시한 사채의 경우, 만기가 5년에 해당하므로, 당해 사채에 대한 YYTM은 4.400%에 해당한다. 다음은 이러한 YYTM을 적용하여 미래 현금흐름을 할인하는 과정을 나타내는 내역에 해당한다.

$$\frac{50}{(1+4.400\%)^1} + \frac{50}{(1+4.400\%)^2} + \frac{50}{(1+4.400\%)^3} + \frac{50}{(1+4.400\%)^4} + \frac{1,050}{(1+4.400\%)^5}$$

상기 산식을 계산하면, 그 결과는 1,026.41에 해당한다.

5 현물이자율

미래 현금흐름은 YTM처럼 단일의 이자율로서 모든 미래 현금흐름을 할인할 수도 있지만, 각각의 현금흐름에 대하여 당해 현금흐름이 발생하는 기간에 적용되는 각각의 이자율로서 할인할 수도 있다. 그리고, 이러한 각각의 기간에 적용되는 각각의 이자율을 현물이자율(Spot Interest Rate, "SPOT")이라고 부른다.

YTM은 미래 현금흐름을 단일의 이자율로서 할인한다는 장점을 갖고 있지만, 다음과 같은 중요한 단점을 포함하고 있다. 다음과 같이, 만기 = 5년, 만기 상환 금액 = 1,000으로 동일하지만, 액면이자만 다른 사채를 가정해 보자.

	1	2	3	4	5
사채 A	50	50	50	50	50
사채 B			150		100

사채 A는 매년 말 50의 액면이자를 지급하는 사채로서, 상기 사례 1 사채와 동일하다. 사채 B는 3년차에 150, 5년차에 100의 액면이자를 지급하는 사채로서, 액면이자의 합계는

사채 A와 동일하다.

이러한 경우에 있어서, 합리적인 사람은 사채 B보다 사채 A를 더 선호할 것이다. 사유는 동일한 현금흐름이라면, 보다 조기에 발생하는 현금흐름을 선호하기 때문이다. 그리고, 수요와 공급 관계에 의하여, 선호도가 높을수록 미래 현금흐름에 대한 할인율은 낮아질 수밖에 없다. 그러나, YTM은 만기가 동일한 모든 사채에 대하여 단일의 이자율을 적용하여 할인하고 있는 바, 이러한 선호도를 반영하지 못한다.

SPOT은 이러한 YTM의 단점을 보완하는 할인율에 해당한다. 즉, 현금흐름이 발생하는 시점이 짧은 현금흐름에 대하여는 낮은 할인율을 적용하고, 현금흐름이 발생하는 시점이 긴 현금흐름에 대하여는 높은 할인율을 적용함으로써, 조기 현금흐름에 대한 선호도를 반영한다. 다만, 최근에는, 국공채에 있어서, 장기 사채에 대한 이자율이 단기 사채에 대한 이자율보다 낮아지는 현상이 종종 발생하고 있어서, 마치 조기 현금흐름에 대한 선호도가 없는 것처럼 보이는 경우도 있다. 그러나, 보편적으로는 미래 현금흐름에 대하여 조기 선호도가 있다고 보고 있다.

1. SPOT 산정 절차

SPOT은 YTM YC를 기준으로 부트스트래핑(Bootstrapping)이라는 과정을 통하여 산출한다. 사전적 의미로 부트스트래핑은 "신발 끈을 매다"라는 뜻이다. 신발 끈을 매려면 하나 하나 단계적으로 매어 가야 하는데, SPOT도 하나 하나 단계적으로 산출해 가야 하기 때문에, 부트스트래핑이라는 용어를 적용하게 되었다. 다음은 부트스트래핑 과정에 대하여 설명하는 내용에 해당한다.

SPOT은 YTM YC를 기준으로 산출하며, 이에 따라, 반드시 YTM YC가 있어야 한다. 본 설명을 위하여, 사례 2의 YYTM YC가 주어졌다고 가정하자.

부트스트래핑 과정에서는 중요한 전제가 하나 있다. 바로, 만기 = T년, 액면금액(만기상환금액) = 1, 액면이자 = 만기 T년에 해당하는 YTM("YTM_T")인 사채에 있어서, 모든 미래 현금흐름에 대하여 단일의 YTM_T를 적용하여 할인한 후 합산한 가치는 각각의 현금흐름에 대하여 당해 현금흐름이 발생하는 기간에 적용되는 각각의 SPOT("$SPOT_t$")으로서 할인한 후 합산한 가치와 동일하여야 한다는 것이다. 예를 들면, 만기 = 3년, 액면금액(만기 상환금액) = 1, 액면이자 = YTM_3 = 4.000% = 0.040의 경우, 다음의 관계가 성립한다.

$$\frac{0.040}{(1+0.040)^1} + \frac{0.040}{(1+0.040)^2} + \frac{1+0.040}{(1+0.040)^3}$$

$$= \frac{0.040}{(1+SPOT_1)^1} + \frac{0.040}{(1+SPOT_2)^2} + \frac{1+0.040}{(1+SPOT_3)^3}$$

이를 일반화하면 다음의 수식이 성립한다. 즉, 만기 = T년, 액면금액 (만기 상환금액) = 1, 액면이자 = YTM_T을 적용하면,

$$\frac{YTM_T}{(1+YTM_T)^1} + \frac{YTM_T}{(1+YTM_T)^2} + \cdots + \frac{1+YTM_T}{(1+YTM_T)^T}$$

$$= \frac{YTM_T}{(1+SPOT_1)^1} + \frac{YTM_T}{(1+SPOT_2)^2} + \cdots + \frac{1+YTM_T}{(1+SPOT_T)^T}$$

이 된다. 여기에서, 할인율인 YTM은 모두 T년 만기에 대한 YTM이 적용되지만, 할인율인 SPOT은 각각의 연차에 해당하는 SPOT이 적용되어야 함에 주의하여야 한다. 그리고, 이를 요약하면, 다음과 같다.

$$\frac{1+YTM_T}{(1+YTM_T)^T} + \sum_{t=1}^{T-1} \frac{YTM_T}{(1+YTM_T)^t} = \frac{1+YTM_T}{(1+SPOT_T)^T} + \sum_{t=1}^{T-1} \frac{YTM_T}{(1+SPOT_t)^t}$$

여기에서, Σ("시그마" 또는 "Sigma")는 합계의 기호에 해당하며, $\sum_{t=1}^{T-1} \frac{YTM_T}{(1+YTM_T)^t}$ 는 1시점부터 T−1시점까지의 $\frac{YTM_T}{(1+YTM_T)^t}$ 를 모두 합한다는 의미에 해당한다. 또한, YTM 의 특성 상 좌변 식의 결과는 항상 1이 된다. 결과적으로,

$$\frac{1+YTM_T}{(1+SPOT_T)^T} + \sum_{t=1}^{T-1} \frac{YTM_T}{(1+SPOT_t)^t} = 1$$

이 성립하게 된다. 이러한 특성을 고려하여, 이제 단계적으로 $SPOT_t$를 산출해 보자.

(STEP 1) $SPOT_1$ 산정

만기 = 1년, 액면금액(만기 상환금액) = 1, 액면이자 = 0.036(연말 지급, 상기 사례 YTM_1과 동일)인 사채가 있다고 가정하자. 그러면 상기 산식에 의하여, 다음의 수식이 성

립하여야 한다.

$$\frac{1+0.036}{(1+SPOT_1)^1}=1$$

상기 산식을 풀면 $SPOT_1$은 3.600%로서 YTM_1과 동일하다. 그리고, 항상 다음의 관계가 성립한다.

$$SPOT_1 = YTM_1$$

(STEP 2) $SPOT_2$ 산정

만기 = 2년, 액면금액 (만기 상환금액) = 1, 액면이자 = 0.038(매년 말 지급, 상기 사례 YTM_2와 동일)인 사채가 있다고 가정하자. 그러면 상기 산식에 의하여, 다음의 수식이 성립하여야 한다.

$$\frac{0.038}{(1+SPOT_1)^1}+\frac{1+0.038}{(1+SPOT_2)^2}=1$$

상기 산식에서, STEP 1에서 산정한 $SPOT_1$ = 3.600%를 대입하여 풀면 $SPOT_2$는 3.804%로서 YTM_2보다 약간 높게 산출된다.

(STEP 3) $SPOT_3$ 산정

만기 = 3년, 액면금액(만기 상환금액) = 1, 액면이자 = 0.040(매년 말 지급, 상기 사례 YTM_3와 동일)인 사채가 있다고 가정하자. 그러면 상기 산식에 의하여, 다음의 수식이 성립하여야 한다.

$$\frac{0.040}{(1+SPOT_1)^1}+\frac{0.040}{(1+SPOT_2)^2}+\frac{1+0.040}{(1+SPOT_3)^3}=1$$

상기 산식에서, STEP 1에서 산정한 $SPOT_1$ = 3.600%를 대입하고, STEP 2에서 산정한 $SPOT_2$ = 3.804%를 대입하여 풀면, $SPOT_3$는 4.011%로서 YTM_3보다 약간 높게 산출된다.

(STEP 4) $SPOT_4$ 산정

상기 STEP 3에서 설명한 바를 토대로 확장하면, $SPOT_4$는 4.222%로서, YTM_4보다 약간 높게 산출된다.

(STEP 5) $SPOT_5$ 산정

상기 STEP 4에서 설명한 바를 토대로 확장하면, $SPOT_5$는 4.437%로서, YTM_5보다 약간 높게 산출된다.

이제 보다 단순하게 $SPOT_t$을 산출하는 방법에 대하여 설명한다. 앞서 언급한 수식에 대하여, 다음과 같이 치환한다.

$$\frac{1}{(1+SPOT_t)^t} = PVF_t \quad \& \quad \sum_{t=1}^{T-1}\frac{1}{(1+SPOT_t)^t} = \sum_{t=1}^{T-1}PVF_t = SPVF_{T-1}$$

여기에서 PVF_t는 t 시점의 현금흐름을 $SPOT_t$에 의하여 현재의 가치로 할인할 시의 현재가치 계수(Present Value Factor)에 해당하며, $SPVF_{T-1}$은 1시점부터 $T-1$시점까지의 PVF_t를 합산한 값에 해당한다. 그리고, 앞서 언급한 수식을 정리하면, 다음의 수식이 된다.

$$\frac{1+YTM_T}{(1+SPOT_T)^T} + \sum_{t=1}^{T-1}\frac{YTM_T}{(1+SPOT_t)^t} = 1 \leftrightarrow SPOT_T = \sqrt[T]{\frac{1+YTM_T}{1-YTM_T \times SPVF_{T-1}}} - 1$$

결과적으로, T 시점의 $SPOT_T$는 1시점부터 $T-1$시점까지의 $SPOT_t$에 의한 현재가치 계수의 합계만 구하면, 쉽게 산정할 수 있다.

SPOT에 있어서도 이자 계산 기간 단위 간에 다음의 관계가 성립한다. 이에 따라, 연 복리 현물이자율("YSPOT")이 수어진 경우에 있어서, 일 복리 현물이자율("DSPOT"), 주 복리 현물이자율("WSPOT"), 월 복리 현물이자율("MSPOT"), 분기 복리 현물이자율("QSPOT"), 반기 복리 현물이자율("HSPOT")을 산출할 수 있으며, 그 반대도 가능하다.

$$1+YSPOT = (1+HSPOT)^2 = (1+QSPOT)^4 = (1+MSPOT)^{12}$$
$$= (1+WSPOT)^{52} = (1+DSPOT)^{365}$$

2. 엑셀 반영

이제 상기 수식을 엑셀을 통하여 산출해 보자.

YEAR	YTM_t	$SPOT_t$	PVF_t	$SPVF_{T-1}$
1	3.600%	3.600%	0.9653	
2	3.800%	3.804%	0.9281	0.9653
3	4.000%	4.011%	0.8887	1.8933
4	4.200%	4.222%	0.8476	2.7820
5	4.400%	4.437%	0.8049	3.6296

(*1) YTM_t 열에는 만기에 따른 YTM_t을 직접 기재해 준다.

(*2) $SPOT_t$ 열에는 1년차의 경우, YTM_1을 기재하고, 2년차 이상에서는 상기에서 설명한 일반화 수식을 이용하여 작성해 준다.

(*3) PVF_t에는 $SPOT_t$에 의한 현재가치 계수 산정 수식을 기재해 준다.

(*4) $SPVF_{T-1}$에는 1년차의 경우, 아무 것도 기재하지 않고, 2년차 이상에서는 직전 연차까지의 PVF_t를 합산하는 수식을 기재해 준다.

이렇게 진행하면 상기 표와 같이 단순하게 SPOT을 산출할 수 있다(상세 엑셀 수식은 별첨 엑셀 파일 참조).

3. 사례 1 사채 평가

이제 사례 1 사채에 대하여 SPOT을 적용하여 평가해 보자. 앞서 언급한 바와 같이, SPOT은 시점 별로 달라지며, 달라지는 이자율로 미래 현금흐름을 할인하여야 한다.

	1	2	3	4	5
현금흐름	50.00	50.00	50.00	50.00	1,050.00
$SPOT_t$	3.600%	3.804%	4.011%	4.222%	4.437%
PVF_t	0.9653	0.9281	0.8887	0.8476	0.8049
PV	48.26	46.40	44.44	42.38	845.13
PV 합계	1,026.61				

상기에서 PV는 현금흐름과 PVF_t를 곱한 값으로서, 미래 현금흐름을 SPOT으로 할인한 가치에 해당한다. 결국, 사례 1 사채의 SPOT에 의한 평가 가치는 1,026.61에 해당하며,

YTM에 의한 평가 가치인 1,026.41과 0.19의 차이가 발생한다. 그리고, 이러한 차이는 SPOT에 내재된 조기 현금흐름 선호도에 기인한다. 이에 따라, 사채의 가치를 평가할 때는 반드시 SPOT을 이용하여 평가하여야 한다.

다만, 미래 현금흐름에 대하여, YTM을 이용하여 할인하든, 현물이자율을 이용하여 할인하든, 그 결과가 동일한 경우가 있다. 그리고, 이는 앞서 언급했던 바와 같이, 액면 이자율이 YTM과 동일한 경우에 해당한다.

6 선도이자율

선도이자율(Forward Interest Rate, "FWD")은 미래의 특정 시점과 또 다른 미래의 특정 시점 사이의 기간에 대한 할인율로서, 파생상품 평가에 있어서 근간을 이루는 이자율에 해당한다. 만약, A라는 회사로부터 1년 후에 1,000을 지급받는 대안 1과 2년 후에 1,100을 지급받는 대안 2 중 하나를 현재 시점에서 선택해야 한다면, 어떻게 의사결정해야 할 것인가? 방법은 다음과 같은 3가지가 있다.

- 방법 1 : 2개의 대안에 대하여 모두 SPOT로 할인한 현재가치를 비교하여 현재가치가 더 큰 대안을 선택
- 방법 2 : 대안 2의 현금흐름을 1년차와 2년차 사이에 적용되는 FWD로 할인하여 산출한 1년차 시점의 미래가치와 대안 1의 1년차 미래가치를 비교하여 미래가치가 더 큰 대안을 선택
- 방법 3 : 대안 1의 현금흐름을 1년차와 2년차 사이에 적용되는 FWD을 적용하여 산출한 2년차 시점의 미래가치와 대안 2의 2년차 시점의 미래가치를 비교하여 미래가치가 더 큰 대안을 선택

1. FWD 산정 절차

FWD은 SPOT을 기준으로 산출된다. 이에 따라, FWD을 산출하기 위하여는 반드시 먼저 SPOT이 산출되어 있어야 한다. 본 설명을 위하여, 상기에서 산출한 SPOT이 주어져 있다고 가정하자. 다음은 FWD을 산출하는 과정을 설명하는 내역에 해당한다.

FWD을 산출하는 과정에서는 중요한 전제가 하나 있다. 바로, 단일의 미래 현금흐름에

대하여 단일의 SPOT을 적용하여 할인한 가치는, 동 미래 현금흐름에 대하여 각각의 기간과 기간 사이에 적용되는 FWD로서 계속적으로 할인한 가치와 동일하여야 한다는 것이다. 즉, t년 시점에 해당하는 SPOT을 $SPOT_t$이라고 정의하고, t-1년과 t년 시점에 적용되는 FWD을 FWD_t이라고 정의하면, 다음의 관계가 성립한다.

$$\frac{CF_T}{(1+SPOT_T)^T} = \frac{1}{(1+FWD_1)^1} \times \frac{1}{(1+FWD_2)^1} \times \cdots \times \frac{CF_T}{(1+FWD_T)^1}$$

$$\leftrightarrow \frac{CF_T}{(1+SPOT_T)^T} = \frac{CF_T}{(1+FWD_T)^1} \times \prod_{t=1}^{T-1} \frac{1}{(1+FWD_t)^1}$$

CF_T : T시점에서의 미래 현금흐름

여기에서, Π("파이" 또는 "Pi")는 곱의 기호에 해당하며, $\prod_{t=1}^{T-1} \frac{1}{(1+FWD_t)^1}$는 1시점부터 t-1시점까지의 $\frac{1}{(1+FWD_t)^1}$를 모두 곱한다는 의미에 해당한다.

(STEP 1) FWD_1 산정

만기 = 1년, 액면금액(만기 상환금액) = 1, 액면이자 = 0인 사채가 있다고 가정하자. 그러면 상기 산식에 의하여, 다음의 수식이 성립하여야 한다.

$$\frac{1}{(1+FWD_1)^1} = \frac{1}{(1+SPOT_1)^1} = \frac{1}{(1+3.600\%)^1}$$

상기 산식을 풀면 FWD_1은 3.600%로서 $SPOT_1$과 동일하다. 그리고, 항상 다음의 관계가 성립한다.

$$FWD_1 = SPOT_1$$

(STEP 2) FWD_2 산정

만기 = 2년, 액면금액(만기 상환금액) = 1, 액면이자 = 0인 사채가 있다고 가정하자. 그러면 상기 산식에 의하여, 다음의 수식이 성립하여야 한다.

$$\frac{1}{(1+FWD_1)^1} \times \frac{1}{(1+FWD_2)^1} = \frac{1}{(1+SPOT_2)^2} = \frac{1}{(1+3.804\%)^2}$$

상기 산식에서, STEP 1에서 산정한 $FWD_1 = 3.600\%$를 대입하여 풀면 FWD_2는 4.008%로서 $SPOT_2$보다 높게 산출된다.

(STEP 3) FWD_3 산정

만기 = 3년, 액면금액(만기 상환금액) = 1, 액면이자 = 0인 사채가 있다고 가정하자. 그러면 상기 산식에 의하여, 다음의 수식이 성립하여야 한다.

$$\frac{1}{(1+FWD_1)^1} \times \frac{1}{(1+FWD_2)^1} \times \frac{1}{(1+FWD_3)^1} = \frac{1}{(1+SPOT_3)^3} = \frac{1}{(1+4.011\%)^3}$$

상기 산식에서, STEP 1에서 산정한 $FWD_1 = 3.600\%$과 STEP 2에서 산정한 $FWD_2 = 4.008\%$를 대입하여 풀면 FWD_3는 4.426%로서 $SPOT_3$보다 높게 산출된다.

(STEP 4) FWD_4 산정

상기 STEP 3에서 설명한 바를 토대로 확장하면, FWD_4는 4.856%로서, $SPOT_4$보다 높게 산출된다.

(STEP 5) FWD_5 산정

상기 STEP 4에서 설명한 바를 토대로 확장하면, FWD_5는 5.302%로서, $SPOT_5$보다 높게 산출된다.

이제 보다 단순하게 FWD을 산출하는 방법에 대하여 설명한다. 앞서 언급한 수식에 대하여, 다음과 같이 치환한다.

$$\frac{1}{(1+FWD_t)^1} = DF_t \quad \& \quad \prod_{t=1}^{T-1} \frac{1}{(1+FWD_t)^1} = \prod_{t=1}^{T-1} DF_t = MDF_{T-1}$$

여기에서 DF_t는 t 시점의 현금흐름을 FWD_t에 의하여 $T-1$시점의 가치로 할인(1기간 할인) 할 시의 할인 계수(Discount Factor)에 해당하며, MDF_{T-1}는 1시점부터 $T-1$시점까지의 DF_t를 곱한 값에 해당한다.

그리고, 앞서 언급한 수식을 정리하면, 다음의 수식이 된다.

$$\frac{CF_T}{(1+SPOT_T)^T} = \frac{CF_T}{(1+FWD_T)^1} \times \prod_{t=1}^{T-1} \frac{1}{(1+FWD_t)^1}$$

$$\leftrightarrow \mathrm{FWD_T} = \left(1 + \mathrm{SPOT_T}\right)^{\mathrm{T}} \times \mathrm{MDF_{T-1}} - 1$$

결과적으로, T 시점의 $\mathrm{FWD_T}$는 T−1시점까지의 $\mathrm{FWD_t}$에 의한 할인 계수의 곱만 구하면, 쉽게 산정할 수 있다.

FWD에 있어서도 이자 계산 기간 단위 간에 다음의 관계가 성립한다. 이에 따라, 연 복리 선도이자율("YFWD")이 주어진 경우에 있어서, 일 복리 선도이자율("DFWD"), 주 복리 선도이자율("WFWD"), 월 복리 선도이자율("MFWD"), 분기 복리 선도이자율("QFWD"), 반기 복리 선도이자율("HFWD")을 산출할 수 있으며, 그 반대도 가능하다.

$$1 + \mathrm{YFWD} = (1 + \mathrm{HFWD})^2 = (1 + \mathrm{QFWD})^4 = (1 + \mathrm{MFWD})^{12}$$
$$= (1 + \mathrm{WFWD})^{52} = (1 + \mathrm{DFWD})^{365}$$

2. 엑셀 반영

이제 상기 수식을 엑셀을 통하여 반영해 보자.

YEAR	$\mathrm{SPOT_t}$	$\mathrm{FWD_t}$	$\mathrm{DF_t}$	$\mathrm{MDF_{T-1}}$
1	3.600%	3.600%	0.9653	
2	3.804%	4.008%	0.9615	0.9653
3	4.011%	4.426%	0.9576	0.9281
4	4.222%	4.856%	0.9537	0.8887
5	4.437%	5.302%	0.9497	0.8476

(*1) $\mathrm{SPOT_t}$ 열에는 시점에 따른 $\mathrm{SPOT_t}$을 직접 기재해 준다.
(*2) $\mathrm{FWD_t}$ 열에는 1년차의 경우, $\mathrm{SPOT_1}$을 기재하고, 2년차 이상에서는 상기에서 설명한 일반화 수식을 이용하여 작성해 준다.
(*3) $\mathrm{DF_t}$에는 $\mathrm{FWD_t}$에 의한 1 기간 할인 계수 산정 수식을 기재해 준다.
(*4) $\mathrm{MDF_{T-1}}$에는 1년차의 경우, 아무 것도 기재하지 않고, 2년차 이상에서는 직전 연차까지의 $\mathrm{DF_t}$를 곱하는 수식을 기재해 준다.

이렇게 진행하면 상기 표와 같이 단순하게 FWD을 산출할 수 있다(상세 엑셀 수식은 별첨 엑셀 파일 참조).

또한, FWD은 다음의 관계를 이용해서도 산출할 수 있다.

$$\frac{1}{\left(1+\mathrm{SPOT}_{T-1}\right)^{T-1}} \times \frac{\mathrm{CF}_T}{\left(1+\mathrm{FWD}_T\right)^1} = \frac{\mathrm{CF}_T}{\left(1+\mathrm{SPOT}_T\right)^T}$$

$$\leftrightarrow \mathrm{FWD}_T = \frac{\left(1+\mathrm{SPOT}_T\right)^T}{\left(1+\mathrm{SPOT}_{T-1}\right)^{T-1}} - 1$$

상기 산식은 CF_T에 대하여 $T-1$시점부터 T 시점까지는 FWD_T로 할인한 다음, $T-1$시점에서 SPOT_{T-1}로 할인한 값은 CF_T에 대하여 T 시점에서 SPOT_T로 할인한 값과 동일하여야 한다는 것을 의미한다. 또한, 상기의 수식을 적용하여 FWD을 산출하는 경우에는 DF_t와 MDF_{T-1}을 산출하지 않고서도 FWD을 산출할 수 있다는 장점이 있다. 예를 들면, FWD_4는 다음과 같이 산출할 수 있다.

$$\mathrm{FWD}_4 = \frac{\left(1+\mathrm{SPOT}_4\right)^4}{\left(1+\mathrm{SPOT}_3\right)^3} - 1 = \frac{\left(1+4.222\%\right)^4}{\left(1+4.011\%\right)^3} - 1 = 4.856\%$$

3. 사례 1 사채 평가

이제 사례 1 사채에 대하여 FWD을 적용하여 평가해 보자. 앞서 언급한 바와 같이, FWD은 기간 별로 달라지며, 달라지는 이자율로 미래 현금흐름을 할인하여야 한다.

	0	1	2	3	4	5
현금흐름		50.00	50.00	50.00	50.00	1,050.00
FWD_t		3.600%	4.008%	4.426%	4.856%	5.302%
DF_t		0.9653	0.9615	0.9576	0.9537	0.9497
PV	1,026.61	1,063.56	1,054.19	1,048.63	1,047.13	1,050.00

상기에서 PV는 다음 연도의 PV와 다음 연도의 DF를 곱한 값에 당해 연도의 현금흐름을 합한 값으로서, 다음과 같이 산정한다.

$$\mathrm{PV}_t = \mathrm{CF}_t + \mathrm{PV}_{t+1} \times \mathrm{DF}_{t+1}$$

예를 들면, 4년차의 PV는 다음과 같이 산출된다.

$$\mathrm{PV}_4 = \mathrm{CF}_4 + \mathrm{PV}_5 \times \mathrm{DF}_5 = 50.00 + 1,050.00 \times 0.9497 = 1,047.13$$

상기의 결과, 사례 1 사채의 FWD에 의한 평가 가치는 1,026.61에 해당하며, SPOT에 의한 평가 가치인 1,026.61과 정확히 일치한다.

7 ▶ 연속이자율

지금까지 설명한 이자율은 모두 이산(Discrete) 이자율에 해당한다. 그러나, 대부분의 파생상품 평가에서는 연속(Continuous) 이자율이 적용되고 있다. 여기에서, 연속 이자율이란 매 순간마다 이자가 발생하고, 이로 인한 원리금에 대하여, 매 순간마다 이자가 또 발생할 시에 적용되는 이자율로서, 이자 계산 횟수를 무한히 증가하였을 경우의 이자율에 해당한다. 다음은 이산 이자율을 연속 이자율로 변환하는 과정을 설명하는 내역에 해당한다.

1년에 대하여, 이자 계산 횟수를 각각 1, 2, 4, 12, 52, 365로 적용하는 경우, 1년 후의 미래 가치는 각각 다음과 같이 산정된다. 여기에서, YCRY는 연 복리 이자율의 1배, HCRY는 반기 복리 이자율의 2배, QCRY는 분기 복리 이자율의 4배, MCRY는 월 복리 이자율의 12배, WCRY는 주 복리 이자율의 52배, DCRY는 일 복리 이자율의 365배에 해당하는 이자율이라고 가정한다.

$$\left(1+\frac{YCRY}{1}\right)^1 = \left(1+\frac{HCRY}{2}\right)^2 = \left(1+\frac{QCRY}{4}\right)^4 = \left(1+\frac{MCRY}{12}\right)^{12}$$
$$= \left(1+\frac{WCRY}{52}\right)^{52} = \left(1+\frac{DCRY}{365}\right)^{365}$$

그리고, 1년에 대하여, 이자 계산 횟수를 N으로 적용하는 경우, 1년 후의 미래 가치는 다음과 같다. 여기에서, NCRY는 1년을 N개로 나눈 기간에 대한 복리 이자율의 N배에 해당하는 이자율이라고 가정한다.

$$\left(1+\frac{NCRY}{N}\right)^N$$

연속 연 복리 이자율("CYCR")은 상기 식의 N을 무한대(∞)로 반영하였을 경우에 산출되며, 수학적으로는 LIMIT라는 기호를 사용한다. 즉, 상기 식에 LIMIT를 적용하면,

$$\lim_{N\to\infty}\left(1+\frac{CYCR}{N}\right)^N$$

가 된다. 그리고, 이를 정리하면, 다음과 같다.

$$\lim_{N\to\infty}\left(1+\frac{CYCR}{N}\right)^N = \left[\lim_{N\to\infty}\left(1+\frac{CYCR}{N}\right)^{\frac{N}{CYCR}}\right]^{CYCR} = e^{CYCR}$$

$$e = \lim_{N \to \infty} \left(1 + \frac{1}{N}\right)^N = 2.718\cdots$$

상기에서, e는 자연대수(자연상수)에 해당하며, 엑셀에서는 EXP 함수를 사용한다. 또한, CYCR을 이용하여 미래 현금흐름을 할인할 경우에는 다음과 같이 할인한다. 여기에서, CYCR이 연 복리 기준에 해당하므로, t는 연 기간 단위를 적용하여야 한다.

$$\frac{CF_t}{e^{CYCR \times t}}$$

그리고, 미래가치 1원에 대하여, 이산 복리 이자율을 석용하여 할인한 가치는 연속 복리 이자율을 적용하여 할인한 가치와 일치하여야 한다. 즉, 다음의 관계가 성립한다.

$$\frac{1}{(1+YCR)^t} = \frac{1}{e^{CYCR \times t}} \leftrightarrow (1+YCR)^t = e^{CYCR \times t} \leftrightarrow CYCR = LN(1+YCR)$$

결과적으로, CYCR은 1 + YCR에 대하여 자연 로그(Natural Log, "LN")를 취한 값이 되게 된다. 또한, 엑셀에서는 LN 함수를 사용한다.

1. 이자 계산 기간 단위

이제 이자 계산 기간 단위에 따른 연속 이자율 관계를 알아보자. 여기에서, 가장 중요한 전제가 하나 있다. 그것은 바로 특정 미래 현금흐름에 대하여, 연속 연 복리 이자율("CYCR")로 할인하든, 연속 반기 복리 이자율("CHCR")로 할인하든, 연속 분기 복리 이자율("CQCR")로 할인하든, 연속 월 복리 이자율("CMCR")로 할인하든, 연속 주 복리 이자율("CWCR")로 할인하든, 연속 일 복리 이자율("CDCR")로 할인하든, 그 결과는 동일하여야 한다는 것이다. 즉, 다음의 관계가 성립한다.

$$\frac{CF_t}{e^{CYCR \times t}} = \frac{CF_t}{e^{CHCR \times 2t}} = \frac{CF_t}{e^{CQCR \times 4t}} = \frac{CF_t}{e^{CMCR \times 12t}} = \frac{CF_t}{e^{CWCR \times 52t}} = \frac{CF_t}{e^{CDCR \times 365t}}$$

결과적으로 다음의 관계가 성립한다.

$$CYCR = 2 \times CHCR = 4 \times CQCR = 12 \times CMCR = 52 \times CWCR = 365 \times CDCR$$

2. 연속 현물이자율

연속 현물이자율("CSPOT")은 다음의 관계를 이용하여, 이산 현물이자율("DSPOT")에 자연로그를 취하여 산정한다.

$$1 + DSPOT = e^{CSPOT} \leftrightarrow CSPOT = LN(1 + DSPOT)$$

YEAR	$DSPOT_t$	$CSPOT_t$	PVF_t
1	3.600%	3.537%	0.9653
2	3.804%	3.733%	0.9281
3	4.011%	3.932%	0.8887
4	4.222%	4.135%	0.8476
5	4.437%	4.341%	0.8049

상기에서 PVF_t는 $CSPOT_t$에 의하여 현재의 가치로 할인할 시의 현재가치 계수에 해당하며, 다음과 같이 산정된다. 또한, 그 결과는 $DSPOT_t$에 의하여 산정한 값과 동일하다.

$$PVF_t = \frac{1}{e^{CSPOT_t \times t}}$$

이제 상기의 CSPOT을 이용하여 상기 사례 1 사채의 가치를 평가하면, 그 결과는 다음과 같다.

	1	2	3	4	5
현금흐름	50.00	50.00	50.00	50.00	1,050.00
$CSPOT_t$	3.537%	3.733%	3.932%	4.135%	4.341%
PVF_t	0.9653	0.9281	0.8887	0.8476	0.8049
PV	48.26	46.40	44.44	42.38	845.13
PV 합계	1,026.61				

그리고, 상기 결과는 DSPOT에 의하여 산정된 가치와 정확히 일치한다.

3. 연속 선도이자율

연속 선도이자율("CFWD")은 다음의 관계를 이용하여, 이산 선도이자율("DFWD")에 자연로그를 취하여 산정한다.

$$1 + DFWD = e^{CFWD} \leftrightarrow CFWD = LN(1 + DFWD)$$

YEAR	$DFWD_t$	$CFWD_t$	DF_t
1	3.600%	3.537%	0.9653
2	4.008%	3.930%	0.9615
3	4.426%	4.331%	0.9576
4	4.856%	4.742%	0.9537
5	5.302%	5.166%	0.9497

상기에서 DF_t는 t 시점의 현금흐름을 $CFWD_t$에 의하여 t − 1시점의 가치로 할인할 시의 할인 계수에 해당하며, 다음과 같이 산정된다. 또한, 그 결과는 $DFWD_t$에 의하여 산정한 값과 동일하다.

$$DF_t = \frac{1}{e^{CFWD_t \times 1}}$$

이제 상기의 CFWD을 이용하여 상기 사례 1 사채의 가치를 평가하면, 그 결과는 다음과 같다.

	0	1	2	3	4	5
현금흐름		50.00	50.00	50.00	50.00	1,050.00
$CFWD_t$		3.537%	3.930%	4.331%	4.742%	5.166%
DF_t		0.9653	0.9615	0.9576	0.9537	0.9497
PV	1,026.61	1,063.56	1,054.19	1,048.63	1,047.13	1,050.00

상기에서 PV는 다음 연도의 PV와 다음 연도의 DF를 곱한 값에 당해 연도의 현금흐름을 합한 값으로서, 다음과 같이 산정한다.

$$PV_t = CF_t + PV_{t+1} \times DF_{t+1}$$

예를 들면, 4년차의 PV는 다음과 같이 산출된다.

$$PV_4 = CF_4 + PV_5 \times DF_5 = 50.00 + 1,050.00 \times 0.9497 = 1,047.13$$

상기의 결과, 사례 1 사채의 CFWD에 의한 평가 가치는 1,026.61에 해당하며, CSPOT에 의한 평가 가치인 1,026.61과 정확히 일치한다. 또한, CFWD는 다음과 같은 방법을 통하여도 산출할 수 있다.

(1) 추가 CFWD 산출 방법 1

CFWD은 다음의 관계를 이용하여 산출할 수도 있다. 즉, 다음의 식은 특정 시점 T의 미래 현금흐름 CF_T에 대하여, $CFWD_t$로 계속하여 할인한 결과는 $CSPOT_T$로 할인한 결과와 일치하여야 한다는 것을 의미한다.

$$CF_T \times \prod_{t=1}^{T} \frac{1}{e^{CFWD_t \times 1}} = \frac{CF_T}{e^{CSPOT_T \times T}} \leftrightarrow \frac{1}{e^{CFWD_T + \sum_{t=1}^{T-1} CFWD_t}} = \frac{1}{e^{CSPOT_T \times T}}$$

상기 산식에서 다음과 같이 치환한다.

$$\sum_{t=1}^{T-1} CFWD_t = SCFWD_{T-1}$$

그리고, 정리하면, 다음의 수식이 된다.

$$\frac{1}{e^{CFWD_T + \sum_{t=1}^{T-1} CFWD_t}} = \frac{1}{e^{CSPOT_T \times T}} \leftrightarrow CFWD_T = CSPOT_T \times T - SCFWD_{T-1}$$

결과적으로, T 시점의 $CFWD_T$는 T−1시점까지의 $CFWD_t$의 합계만 구하면, 산정할 수 있다. 다음은 그 결과를 나타내는 내역에 해당한다.

YEAR	$CSPOT_t$	$CFWD_t$	$SCFWD_{T-1}$	DF_t
1	3.537%	3.537%		0.9653
2	3.733%	3.930%	3.537%	0.9615
3	3.932%	4.331%	7.466%	0.9576
4	4.135%	4.742%	11.797%	0.9537
5	4.341%	5.166%	16.540%	0.9497

(2) 추가 CFWD 산출 방법 2

CFWD은 다음의 관계를 이용하여 산출할 수도 있다. 즉, 다음의 식은 특정 시점의 미래 현금흐름 CF_T에 대하여, $T-1$시점부터 T 시점까지는 $CFWD_T$로 할인한 다음, $T-1$시점에서 $CSPOT_{T-1}$로 할인한 값은 T 시점에서 $CSPOT_T$로 할인한 값과 동일하여야 한다는 것을 의미한다.

$$\frac{1}{e^{CSPOT_{T-1} \times (T-1)}} \times \frac{CF_T}{e^{CFWD_T \times 1}} = \frac{CF_T}{e^{CSPOT_T \times T}}$$

결론적으로, 상기 식은 다음과 같이 정리된다.

$$CSPOT_{T-1} \times (T-1) + CFWD_T \times 1 = CSPOT_T \times T$$
$$\leftrightarrow CFWD_T = CSPOT_T \times T - CSPOT_{T-1} \times (T-1)$$

다음은 그 결과를 나타내는 내역에 해당한다.

YEAR	$CSPOT_t$	$CFWD_t$	DF_t
1	3.537%	3.537%	0.9653
2	3.733%	3.930%	0.9615
3	3.932%	4.331%	0.9576
4	4.135%	4.742%	0.9537
5	4.341%	5.166%	0.9497

(3) 추가 CFWD 산출 방법 3

CFWD은 다음의 관계를 이용하여 산출할 수도 있다. 즉, 다음의 식은 특정 시점 T의 미래 현금흐름 CF_T에 대하여, $CFWD_t$로 계속하여 할인한 결과는 $CSPOT_T$로 할인한 결과와 일치하여야 한다는 것을 의미한다.

$$CF_T \times \prod_{t=1}^{T} \frac{1}{e^{CFWD_t \times 1}} = \frac{CF_T}{e^{CSPOT_T \times T}} \leftrightarrow \frac{1}{e^{CFWD_T \times 1}} \times \prod_{t=1}^{T-1} \frac{1}{e^{CFWD_t \times 1}} = \frac{1}{e^{CSPOT_T \times T}}$$

상기 산식에서 다음과 같이 치환한다.

$$\frac{1}{e^{CSPOT_T \times T}} = PVF_T \ \& \ \frac{1}{e^{CFWD_t \times 1}} = DF_t \ \& \ \prod_{t=1}^{T-1} \frac{1}{e^{CFWD_t \times 1}} = \prod_{t=1}^{T-1} DF_t = MDF_{T-1}$$

여기에서 PVF_T는 T 시점의 현금흐름을 $CSPOT_T$에 의하여 현재의 가치로 할인할 시의 현재가치 계수(Present Value Factor)에 해당하고, DF_t는 t 시점의 현금흐름을 FWD_t에 의하여 t−1시점의 가치로 할인(1기간 할인) 할 시의 할인 계수(Discount Factor)에 해당하며, MDF_{T-1}은 1시점부터 t−1시점까지의 DF_t를 곱한 값에 해당한다.

그리고, 정리하면, 다음의 수식이 된다.

$$\frac{1}{e^{CFWD_T \times 1}} \times \prod_{t=1}^{T-1} \frac{1}{e^{CFWD_t \times 1}} = \frac{1}{e^{CSPOT_T \times T}}$$

$$\leftrightarrow \frac{1}{e^{CFWD_T \times 1}} \times MDF_{T-1} = PVF_T \leftrightarrow CFWD_T = LN\left(\frac{MDF_{T-1}}{PVF_T}\right)$$

결과적으로, T 시점의 $CFWD_T$는 T 시점의 $CSPOT_T$에 의한 현재가치 계수와 T−1시점까지의 $CFWD_t$에 의한 할인 계수의 곱만 구하면, 쉽게 산정할 수 있다. 다음은 그 결과를 나타내는 내역에 해당한다.

YEAR	$CSPOT_t$	$CFWD_t$	PVF_T	DF_t	MDF_{T-1}
1	3.537%	3.537%	0.9653	0.9653	
2	3.733%	3.930%	0.9281	0.9615	0.9653
3	3.932%	4.331%	0.8887	0.9576	0.9281
4	4.135%	4.742%	0.8476	0.9537	0.8887
5	4.341%	5.166%	0.8049	0.9497	0.8476

4. 주의 사항

평가의 과정에 연속 이자율을 적용하게 되면, 그 평가의 과정이 이미 연속 모형이라는 것을 의미한다. 이에 따라, 평가 모형은 연속 모형인데, 이산 이자율을 사용하거나, 평가 모형은 이산 모형인데, 연속 이자율을 사용하는 경우에는 오류가 발생하게 된다. 이는 매우 중요한 사항에 해당하므로, 주의하여야 한다.

연속 모형을 사용하는 경우에 있어서, 엑셀에서는 대표적으로 EXP 함수와 LN 함수를 제공하고 있다. EXP는 밑이 자연대수 e인 지수함수에 해당하고, LN 함수는 밑이 자연대수 e인 로그함수에 해당한다. 따라서, 엑셀에서 EXP 함수와 LN 함수를 사용한다는 것은 평가 모형이 이미 연속 모형이라는 것을 의미하므로, 반드시 평가의 모든 과정에 연속 모형(연속 모형의 이산화 모형을 포함하며, 이에 대하여는 추후 설명함)을 적용하여야 한다.

8 > 이자율-명명 규칙

본서에서는 단리 이자율을 거의 사용하지 않고 있으며, 복리 이자율을 주로 사용하고 있다. 또한, 복리 이자율에 대하여는 약어를 많이 사용하고 있다. 다음은 본서에서 사용하는 복리 이자율의 약어에 대한 규칙을 요약하는 내역에 해당한다. 아울러, 향후에는 이러한 약어로 통일하여 사용하기로 한다.

	이산 연속 구분	기간 단위 구분	이자율 구분
글자 수	1	1	3~4
내용	D : Discrete (이산) C : Continuous (연속)	D : Day (일) W : Week (주) M : Month (월) Q : Quarter (분기) H : Half Year (반기) Y : Year (연)	IRR : 내부수익률 YTM : 만기수익률 SPOT : 현물이자율 FWD : 선도이자율

예를 들면, DQSPOT은 이산 분기 복리 현물이자율을 의미하고, CYFWD는 연속 연 복리 선도이자율을 의미한다. 또한, 상기의 명명 규칙에 부가하여, 제일 마지막 자리에 Y를 붙이는 경우가 있다. 예를 들면, DQYTMY이나. 그리고, 이는 DQYTM의 연 환산 이자율에 해당하며, DQYTM의 4배에 해당하는 이자율에 해당한다. 이에 따라, DHYTMY는 DHYTM의 연 환산 이자율에 해당하며, DHYTM의 2배에 해당하는 이자율에 해당한다.

9 > 이자율-실무

다음은 실무에서 CYFWD를 산정하는 과정에 대하여 설명한다. 왜냐하면, 대부분의 파생상품 평가 방법에서는 CYFWD를 사용하고 있기 때문이다. 다음은 특정 신용평가회사가 제공하는, 특정 일자의, 특정 신용등급에 해당하는 공모 회사채의 YTM YC를 발췌한 내역에 해당한다. 그리고, 이를 기초로 하여, CYFWD를 산정하기로 한다.

	0.25년	0.50년	0.75년	1.00년	1.50년	2.00년
YTM	7.961%	8.706%	9.307%	9.716%	10.430%	11.358%

모든 신용평가회사 등은 국공채 YTM에 대하여는 DHYTMY로 제시하고 있으며, 회사채에 대하여는 DQYTMY로 제시하고 있다. 그리고, 이는 대부분의 국공채가 반기 단위로 액면이자를 지급하고 있고, 대부분의 회사채가 분기 단위로 액면이자를 지급하고 있는 상황에 기초하고 있다. 다만, 각 신용평가회사의 정책에 따라, 이는 언제든지 달라질 수도 있으므로, 사전에 신용평가회사에게 문의하여 정책 변동 여부를 반드시 확인하여야 한다. 다만, 본 과정에서는 상기 회사채 YTM YC가 DQYTMY라고 가정하고 CYFWD를 산정하기로 한다.

YTM YC로부터 CYFWD를 산정하는 과정에는 다음과 같은 방법이 있다. 즉, 분기 복리를 언제 연 복리로 변환하는 가에 대한 차이에 따른 구분에 해당한다. 다만, 어떠한 방법으로 산출하더라도 CYFWD는 동일하다. 그러나, 후술하는 바와 같이, 보간법이 적용되는 경우에는, 보간법을 적용한 후에 연 복리 변환을 진행하여야 함에 주의하여야 한다. 또한, 하기 방법에서 ※ 표시가 있는 단계가 연 복리 변환 단계에 해당한다.

$$\text{방법} = \begin{cases} 1: \text{DQYTMY} \rightarrow \text{DQYTM} \rightarrow \text{DQSPOT} \rightarrow \text{DQFWD} \rightarrow \text{CQFWD} \rightarrow \text{CYFWD}(※) \\ 2: \text{DQYTMY} \rightarrow \text{DQYTM} \rightarrow \text{DQSPOT} \rightarrow \text{DQFWD} \rightarrow \text{DYFWD}(※) \rightarrow \text{CYFWD} \\ 3: \text{DQYTMY} \rightarrow \text{DQYTM} \rightarrow \text{DQSPOT} \rightarrow \text{DYSPOT}(※) \rightarrow \text{DYFWD} \rightarrow \text{CYFWD} \end{cases}$$

다음은 상기 중 방법 1에 의하여 CYFWD를 산출하는 과정을 요약하는 내역에 해당한다.

(STEP 1) 분기 단위로 기간을 설정하고, YTM YC에 보간법을 적용하여 당해 분기 기간에 해당하는 DQYTMY 산정

(STEP 2) DQYTMY를 4로 나누어 DQYTM 산정

(STEP 3) 분기 단위 기간과 DQYTM를 기준으로, 부트스트래핑을 진행하여 DQSPOT 산정

(STEP 4) DQSPOT을 기준으로 DQFWD 산정

(STEP 5) DQFWD에 다음과 같이 자연로그를 취하여 CQFWD 산정

$$\text{CQFWD} = \text{LN}(1 + \text{DQFWD})$$

(STEP 6) CQFWD에 다음과 같이 4를 곱하여 CYFWD 산정

$$\text{CYFWD} = 4 \times \text{CQFWD}$$

상기와 관련하여, 방법 1, 방법 2, 방법 3 중 어느 방법을 적용하더라도 상관없지만, 이산 분기 복리 이자율을 이산 연 복리 이자율로 변환할 시에는 "이산 연 복리 이자율 = (1 + 이산 분기 복리 이자율)^4 - 1"의 관계를 적용하여야 하고, 연속 분기 복리 이자율을 연속 연 복리 이자율로 변환할 시에는 "연속 연 복리 이자율 = 4 × 연속 분기 복리 이자율"의 관계를 적용하여야 함에 주의하여야 한다.

1. DQSPOT

앞서 언급한 바와 같이, SPOT은 부트스트래핑이라는 과정을 통하여 산출한다. 또한, 부트스트래핑은 YTM YC가 어떠한 기간 복리 기준으로 작성되어 있는지를 파악하는 것이 중요하다. 왜냐하면, 연 복리 기준인 경우에는 연 단위로 부트스트래핑을 진행하여야 하고, 반기 복리 기준인 경우에는 반기 단위로 부트스트래핑을 진행하여야 하며, 분기 복리 기준인 경우에는 분기 단위로 부트스트래핑을 진행하여야 하기 때문이다.

상기 YTM YC는 DQYTMY로 가정하였는 바, 분기 단위로 부트스트래핑을 진행하여야 한다. 다음은 상기 YTM YC에 대하여, 분기 단위로 부트스트래핑을 진행한 결과를 요약한 내역에 해당하며, 그 상세 내역은 밑에 기술한다(상세 내역은 별첨 엑셀 파일 참조).

연 기간	분기 기간	DQYTMY	DQYTM	DQSPOT	PVF	SPVF
0.25	1.00	7.961%	1.990%	1.990%	0.9805	
0.50	2.00	8.706%	2.177%	2.179%	0.9578	0.9805
0.75	3.00	9.307%	2.327%	2.332%	0.9332	1.9383
1.00	4.00	9.716%	2.429%	2.437%	0.9082	2.8715
1.25	5.00	10.073%	2.518%	2.529%	0.8826	3.7797
1.50	6.00	10.430%	2.608%	2.623%	0.8561	4.6623
1.75	7.00	10.894%	2.724%	2.748%	0.8272	5.5184
2.00	8.00	11.358%	2.840%	2.874%	0.7972	6.3456

(STEP 1) 분기 단위 부트스트래핑을 위하여, 기간 단위를 분기 단위로 기재한다. 예를 들면, 0.50년은 2분기 기간에 해당한다.

(STEP 2) DQYTMY 열에는 YTM YC에서 당해 분기 기간에 해당하는 YTM을 찾아 기재한다. 다만, YTM YC에서는 5.00분기 기간과 7.00분기 기간에 해당하는 YTM을 제공하고 있지 않은 바, 각각 4.00분기 기간과 6.00분기 기간, 6.00분기 기간과 8.00분기 기간의 YTM을 기준으로 보간법을 적용하여 산출한 값을 기재한다. 본 과정에서는 선형 보간법(Linear Interpolation, 이하, 동일)을 적용하여 산출하였다.

(STEP 3) DQYTM 열에는 DQYTMY 열의 값을 4로 나눈 값으로 기재한다.

(STEP 4) DQSPOT 열, PVF 열, SPVF 열에는 앞에서 설명한 부트스트래핑 방법에 따라 부트스트래핑을 진행한 결과를 기재한다. 다만, 여기에서 주의하여야 할 점이 하나 있다. 그것은 바로 앞에서는 연 복리 기준 YTM YC를 기준으로 SPOT을 산정하는 과정에 해당하고, 본 과정은 분기 복리 기준 YTM YC를 기준으로 SPOT을 산정하는 과정에 해당하기 때문에, 앞에서 설명한 t의 기간 단위를 연 단위가 아닌 분기 단위로 반영하여야 하고, YTM 또한 연 복리 기준 YTM이 아닌 분기 복리 기준 YTM으로 반영하여야 한다. 결국, 상기 표 상 연 기간 열과 DQYTMY 열은 분기 기간 열과 DQYTM 열을 산정하는 과정에만 사용되고, DQSPOT을 산정하는 과정에서는 사용되지 않는다.

2. CYFWD

이제 DQSPOT를 기준으로 CYFWD를 산정해 본다. 다음은 이에 대한 과정을 요약한 내역에 해당하며, 그 상세 내역은 밑에 기술한다(상세 내역은 별첨 엑셀 파일 참조).

분기 기간	DQSPOT	DQFWD	CQFWD	CYFWD
1.00	1.990%	1.990%	1.971%	7.883%
2.00	2.179%	2.367%	2.340%	9.358%
3.00	2.332%	2.639%	2.605%	10.418%
4.00	2.437%	2.752%	2.715%	10.860%
5.00	2.529%	2.900%	2.859%	11.437%
6.00	2.623%	3.094%	3.047%	12.187%
7.00	2.748%	3.497%	3.438%	13.750%
8.00	2.874%	3.763%	3.694%	14.775%

(STEP 1) DQSPOT 열에는 상기에서 산출된 DQSPOT을 그대로 기재해 준다.

(STEP 2) DQFWD 열에 있어서, 분기 기간이 1인 경우에는 $DQSPOT_1$을 기재해 주고, 분기 기간이 2 이상인 경우에는 다음의 수식을 반영하여 산정한다.

$$DQFWD_t = \frac{(1+DQSPOT_t)^t}{(1+DQSPOT_{t-1})^{t-1}} - 1$$

(STEP 3) CQFWD 열에는 다음의 수식을 반영하여 산정한다.

$$CQFWD_t = LN(1 + DQFWD_t)$$

(STEP 4) CYFWD 열에는 다음의 수식을 반영하여 산정한다.

$$CYFWD_t = 4 \times CQFWD_t$$

3. 보간법

CYFWD 산정의 대상이 되는 기간에 DQSPOT이 산정되어 있지 아니한 경우에는 그 기간에 대한 DQSPOT은 보간법에 의하여 산정하여야 한다. 본 과정에서는 이러한 보간법 적용의 과정에 대하여 설명하고, 보간법 적용 시 주의하여야 할 점에 대하여 다룬다. 또한, 본 부분에서는 다음과 같이 용어를 정의한다.

tX : CYFWD 산정의 대상이 되는 기간
tA : DQSPOT이 산출되어 있는 기간 중 tX 이상에 해당하는 기간 중 최소 기간
tB : DQSPOT이 산출되어 있는 기간 중 tX에 미달하는 기간 중 최대 기간
dt : tX − tB (0 ⟨ dt ≤ 1)

다만, 상기 tX, tA, tB, dt의 기간 단위는 모두 분기 기간에 해당한다.

(1) 보간법의 적용

상기와 같이 주어진 DQSPOT에서, 7.00분기와 7.50분기 사이에 적용되는 $CYFWD_{7.50}$를 산출해 보자. 상기에서는 tX가 정수인 경우에서만 DQSPOT을 산출하였기 때문에, tX가 정수가 아닌 경우에는 보간법을 적용하여 DQSPOT을 산정하여야 한다. 다음은 DQSPOT에 보간법을 적용한 후, $CYFWD_{7.50}$를 산출하는 과정을 요약한 내역에 해당하며, 그 상세

내역은 밑에 기술한다(상세 내역은 별첨 엑셀 파일 참조).

분기 기간	DQSPOT	DQFWD	CQFWD	CYFWD
7.00	2.748%			
7.50	2.811%	3.699%	3.633%	14.530%
8.00	2.874%			

상기 정의에 따르면, tX = 7.50, tA = 8.00, tB = 7.00, dt = 0.50에 해당한다. 또한, DQSPOT → 보간법 적용 → DQFWD → CQFWD → CYFWD (연 복리 변환) 순으로 산정한다.

(STEP 1) $DQSPOT_{7.50}$은 선형 보간법 산정 산식에 따라 다음과 같이 산정된다.

$$DQSPOT_{7.50} = 2.748\% + (2.874\% - 2.748\%) \times \frac{7.50 - 7.00}{8.00 - 7.00} = 2.811\%$$

(STEP 2) $DQFWD_{7.50}$는 다음과 같이 산정한다.

tB~tX 기간에 대하여 $DQFWD_{tX}$로 할인한 다음, 다시 tB 기간에 대하여 $DQSPOT_{tB}$로 할인한 결과는 tX 기간에 대하여 $DQSPOT_{tX}$로 할인한 결과와 일치하여야 한다. 즉, 다음의 산식이 성립하여야 한다.

$$\frac{1}{(1 + DQSPOT_{tB})^{tB}} \times \frac{1}{(1 + DQFWD_{tX})^{dt}} = \frac{1}{(1 + DQSPOT_{tX})^{tX}}$$

또한, 상기 식의 결과는 다음과 같다.

$$DQFWD_{tX} = \sqrt[dt]{\frac{(1 + DQSPOT_{tX})^{tX}}{(1 + DQSPOT_{tB})^{tB}}} - 1$$

$$\leftrightarrow DQFWD_{7.50} = \sqrt[0.50]{\frac{(1 + 2.811\%)^{7.50}}{(1 + 2.748\%)^{7.00}}} - 1 = 3.699\%$$

(STEP 3) CQFWD는 LN(1 + DQFWD)로 산출한다.

(STEP 4) CYFWD는 4 × CQFWD로 산출한다.

(2) 보간법 적용 단계

상기에서는 DQSPOT → 보간법 적용 → DQFWD → CQFWD → CYFWD (연 복리 변환) 순으로 산정하였다. 그런데, 만약, 다음과 같은 대안으로 보간법을 적용하게 되면, 그 결과는 어떻게 될까? 즉, DQSPOT 과정에서 보간법을 적용하지 않고, 다른 과정에서 보간법을 적용하는 경우이다. 또한, 하기 대안에서 ※ 표시가 있는 단계가 연 복리 변환 단계에 해당한다.

$$대안 = \begin{cases} 1 : DQSPOT \to DQFWD \to 보간법\ 적용 \to CQFWD \to CYFWD\,(※) \\ 2 : DQSPOT \to DQFWD \to CQFWD \to 보간법\ 적용 \to CYFWD\,(※) \\ 3 : DQSPOT \to DQFWD \to CQFWD \to CYFWD\,(※) \to 보간법\ 적용 \end{cases}$$

다음은 상기 각각의 대안에 따라 $CYFWD_{7.50}$을 산정한 결과에 해당한다(상세 내역은 별첨 엑셀 파일 참조).

	기본	대안 1	대안 2	대안 3
$CYFWD_{7.50}$	14.53046961%	14.26311910%	14.26279095%	14.26279095%

상기 결과를 보면, 대안 1, 대안 2, 대안 3에 의하여 산정된 $CYFWD_{7.50}$가 기본 순으로 산정한 $CYFWD_{7.50}$과 모두 상이하다. 그리고, 이는 미래 현금흐름에 대하여, DQSPOT, DQFWD, CQFWD, CYFWD로 할인한 결과는 모두 동일하여야 한다는 것에 위배되게 된다. 이에 따라, 보간법의 적용은 반드시 DQSPOT 단계에서 진행하여야 한다. 그리고, 이러한 현상이 발생하게 되는 사유는 본서에서 보간법 적용 시 선형 보간법을 적용하고 있기 때문이다. 즉, 현물이자율에서 선도이자율을 산출하는 과정, 이산 이자율을 연속 이자율로 변환하는 과정 및 이산 분기 복리 이자율을 이산 연 복리 이자율로 변환하는 과정은 모두 곡선 함수에 해당하지만, 이를 선형 함수로 가정하여 보간법을 적용하고 있기 때문이다.

(3) 분기 복리의 연 복리 변환 단계

상기에서는 DQSPOT → 보간법 적용 → DQFWD → CQFWD → CYFWD (연 복리 변환) 순으로 진행하였다. 그런데, 만약, 다음과 같은 대안과 같이 연 복리 변환을 적용하게 되면, 그 결과가 어떻게 될까? 즉, CYFWD 과정에서 연 복리 변환을 하지 않고, 다른 과정에서 연 복리 변환을 적용하는 경우이다. 또한, 하기 대안에서 ※ 표시가 있는 단계가 연 복리 변환 단계에 해당한다.

$$대안 = \begin{cases} 1: DQSPOT \rightarrow DYSPOT(※) \rightarrow 보간법적용 \rightarrow DYFWD \rightarrow CYFWD \\ 2: DQSPOT \rightarrow 보간법적용 \rightarrow DYSPOT(※) \rightarrow DYFWD \rightarrow CYFWD \\ 3: DQSPOT \rightarrow 보간법적용 \rightarrow DQFWD \rightarrow DYFWD(※) \rightarrow CYFWD \end{cases}$$

다음은 각각의 대안에 따라 $CYFWD_{7.50}$을 산정한 결과에 해당한다(상세 내역은 별첨 엑셀 파일 참조).

	기본	대안 1	대안 2	대안 3
$CYFWD_{7.50}$	14.53046961%	14.53386877%	14.53046961%	14.53046961%

상기 결과를 보면, 대안 1에 의하여 산정된 $CYFWD_{7.50}$만 기본 순으로 산정한 $CYFWD_{7.50}$과 상이하고, 대안 2에 의하여 산정된 $CYFWD_{7.50}$ 및 대안 3에 의하여 산정된 $CYFWD_{7.50}$은 기본 순으로 산정한 $CYFWD_{7.50}$과 동일하다. 즉, 대안 1을 제외하고는 기본, 대안 2, 대안 3을 적용할 수 있다. 결과적으로, DQSPOT 단계에서 보간법을 적용한 후, 연 복리 변환은 어느 단계에서 적용하더라도 무방하다. 그리고, 이러한 현상이 발생하게 되는 사유는 본서에서 보간법 적용 시 선형 보간법을 적용하고 있기 때문이다. 즉, 현물이자율에서 선도이자율을 산출하는 과정, 이산 이자율을 연속 이자율로 변환하는 과정 및 이산 분기 복리 이자율을 이산 연 복리 이자율로 변환하는 과정은 모두 곡선 함수에 해당하지만, 이를 선형 함수로 가정하여 보간법을 적용하고 있기 때문이다.

(4) 1기간 이내에서의 보간법

신용평가회사가 제시하는 YTM YC를 보면, 0.00기간에 해당하는 YTM이 없다. 이로 인하여, 1기간 이내의 기간에 대하여 보간법을 적용하고자 할 시에 YTM_0에 어떠한 이자율을 적용할 지에 대한 이슈가 발생하고 있다. 그리고, 이에 대한 대안은 여러 가지가 있으며, 다음은 실무에서 많이 사용되고 있는 대안에 대하여 설명하는 내역에 해당한다.

첫번째 대안은 $YTM_0 = YTM_1$으로 반영하는 방법이다. 즉, 초 단기 기간에 대한 이자율은 최초 기간에 대한 이자율과 동일하다고 보는 관점에 해당한다. 본 대안은 실무에서 자주 사용되는 대안 중 하나이다.

두번째 대안은 $YTM_0 = 0$으로 반영하는 방법이다. 즉, 초 단기 기간이더라도 현금흐름의 조기 선호도를 반영하여야 한다고 보는 관점에 해당한다. 본 대안도 실무에서 자주 사용되는 대안 중 하나이다.

세번째 대안은 외삽법(Extrapolation)에 의하여 산정된 이자율로 반영하는 방법이다. 즉, $YTM_0 = YTM_1 - (YTM_2 - YTM_1)$로 산정된다. 본 대안은 실무에서 종종 사용되는 대안 중 하나이다.

네번째 대안은 신용평가회사 등이 제시하는 특정 금융상품의 1일 기간에 대한 이자율을 반영하는 방법이다. 현재 신용평가회사 등은 대부분 1일 기간 콜(Call) 금리, 신용등급 AAA~A-의 1일 기간 CD(Certificate of Deposit) 금리, 신용등급 A3-~A1의 1일 기간 CP(Commercial Paper) 금리를 제공하고 있다. 그리고, 이들 중 합리적인 이자율을 선택하여 반영하는 방법이다. 본 대안은 실무에서 종종 사용되는 대안 중 하나이다.

앞서 언급한 바와 같이, 상기의 대안은 실무에서 많이 사용되고 있는 대안에 해당한다. 다만, 보편적으로, 어떠한 YTM_0을 적용하더라도, 할인 기간이 매우 짧아서, 그 할인 효과는 중요하지 않게 발생하고 있다.

4. 주의 사항

(1) 국공채 이자율

앞서 언급한 바와 같이, 신용평가회사 등은 국공채 YTM에 대하여는 DHYTMY로 제시하고 있다. 이에 따라, 국공채에 대하여는 반기 단위로 부트스트래핑을 진행하여야 한다. 그렇지 않고, 연 단위 또는 분기 단위 등으로 부트스트래핑을 진행하면, 오류가 발생하게 된다.

국공채에 대한 부트스트래핑 방법은 상기 회사채의 과정과 동일하다. 다만, 부트스트래핑 기간 단위가 분기가 아닌 반기라는 점만 다르다. 실무에 있어서, 일부 평가인들이 국공채에 대하여도 분기 단위로 부트스트래핑을 진행하는 경우가 다수 있다. 그러나, 이는 오류에 해당한다. 다만, 보편적으로, 국공채에 대하여 분기 단위로 부트스트래핑을 진행하더라도, 국공채 이자율이 낮기 때문에, 그 오류의 크기는 중요하지 않게 발생하고 있다.

(2) 주 복리 현물이자율

실무에서 종종 발생하는 오류는 부트스트래핑 구간 단위를 주 단위로 설정하고, YTM YC에 보간법을 적용하여 산정한 YTM을 매칭 시킨 후, 이를 다시 52로 나누어 주 단위로 부트스트래핑을 진행하는 것이다. 즉, DWSPOT을 산정하고자 하는 것인데, 이는 매우 중요한 오류에 해당한다. 왜냐하면, 신용평가회사 등이 제공하는 YTM YC는 DHYTMY 또는 DQYTMY에 해당하기 때문에, 반드시 반기 단위 또는 분기 단위로만 부트스트래핑을 진행하여야 하기 때문이다. 만약, YTM YC가 주 복리 YTM의 52배로 주어졌다면, 이 때에는 반드시 주 단위로 부트스트래핑을 진행하여야 한다. 그러나, 현재까지 주 복리 YTM의 52배에 해당하는 YTM YC를 제공하고 있는 신용평가회사 등은 없다.

다만, 주 복리 현물이자율은 현재의 YTM YC로부터 산출할 수는 있다. 즉, 반기 단위 또는 분기 단위로 부트스트래핑을 진행하여 DHSPOT 또는 DQSPOT을 산출한 후, 이자 계산 기간 단위에 따른 복리 관계를 이용하여 산출하는 것이다. 즉, 다음의 식을 사용하여 주 복리 현물이자율을 산출하여야 한다.

$$(1 + DWSPOT)^{52} = (1 + DHSPOT)^2 = (1 + DQSPOT)^4$$

다만, 상기 식을 적용할 시에도, 앞서 "분기 복리의 연 복리 변환 단계"에서 설명한 바와 같이, 주 복리 현물이자율로의 변환 단계는 반기 복리 또는 분기 복리 현물이자율에 의한 보간법이 적용된 후에 변환되어야 한다.

(3) 공모 회사채 YTM YC VS 사모 회사채 YTM YC

신용평가회사 등은 회사채와 관련하여 공모 회사채와 사모 회사채에 대한 YTM YC를 제공하고 있다. 그리고, 만기가 같다면, 보편적으로 공모 회사채의 YTM이 사모 회사채의 YTM보다 낮게 형성되어 있다.

가치 평가 실무에서, 공모 회사채 YTM과 사모 회사채 YTM 중 반드시 어떠한 회사채의 YTM을 사용하여야 한다는 명확한 규정은 없다. 다만, 보편적으로 평가 대상 회사채가 공모로 발행되었으면, 공모 회사채 이자율을 적용하고 있고, 평가 대상 회사채가 사모로 발행되었으면, 사모 회사채 이자율을 적용하고 있다. 참고로, 금융투자협회 ("KOFIA") 및 증권정보포털("SEIBRO") 등에서 제공하는 YTM은 대부분 공모 회사채에 대한 YTM에 해당한다.

(4) 신용등급 B+ 이하의 YTM YC

신용평가회사 등은 공모 회사채와 관련하여서는 신용등급 B－~AAA에 대한 YTM YC를 제공하고 있고, 사모 회사채와 관련하여서는 신용등급 BB－~AAA에 대한 YTM YC를 제공하고 있다. 그런데, 만약 사모 회사채 B－에 대한 YTM YC가 필요한 경우, 어떻게 산정해야 하는가에 대한 의문이 제기된다. 이러한 경우에는, 보편적으로, 다음과 같이 산정한다.

- 대안 1 : 사모 회사채 BB－YTM("사모 BB－")에 대하여, 공모 회사채 B－YTM ("공모 B－")과 공모 회사채 BB－YTM("공모 BB－") 간의 스프레드("Spread")를 가산하여 산정한다. 본 대안은 실무에서 제일 많이 사용되는 대안에 해당한다. 즉, 다음과 같이 산정한다.

$$(사모 \ B-) = (사모 \ BB-) + [(공모 \ B-) - (공모 \ BB-)]$$

- 대안 2 : 사모 BB－에 대하여, 공모 B－의 공모 BB－에 대한 비율을 곱하여 산정한다. 본 대안은 실무에서 자주 사용되는 대안에 해당한다. 즉, 다음과 같이 산정한다.

$$(사모 \ B-) = (사모 \ BB-) \times \frac{(공모 \ B-)}{(공모 \ BB-)}$$

- 대안 3 : 공모 B0와 공모 BB0 간의 스프레드를 사모 BB0에 가산하여 사모 B0을 산정한 후, 공모 B－와 공모 B0 간의 스프레드를 가산하여 산정한다. 본 대안은 실무에서 종종 사용되는 대안에 해당한다. 즉, 다음과 같이 산정한다.

$$(사모 \ B0) = (사모 \ BB0) + [(공모 \ B0) - (공모 \ BB0)]$$
$$(사모 \ B-) = (사모 \ B0) + [(공모 \ B-) - (공모 \ B0)]$$

그리고, 만약 사모 회사채 CCC+ 이하에 대한 YTM YC가 필요한 경우, 어떻게 산정해야 하는가에 대한 의문도 제기된다. 이러한 경우에는 주로 다음과 같이 산정하고 있다.

- 대안 1 : 신용등급 B－인 YTM YC를 선택한다. 이 대안은 실제 신용등급에 대한 신용평가회사 등이 제공하는 YTM YC가 없고, 신용등급 B- YTM YC가 상당 부분 법정이자율 한도를 초과하고 있기 때문에 타당성을 갖는다.

- 대안 2 : 신용등급 B－ 이상인 YTM YC에 대하여 외삽법을 적용하여 산정한다. 외삽법을 적용하는 방법에는 여러 가지가 있으며, 본서에서는 이에 대한 설명은 생략한다.

이 대안은 실제 신용등급에 따른 YTM을 반영하는 장점이 있지만, 산정된 YTM YC가 대부분 법정 이자율 한도를 초과하는 단점이 있다.

(5) 담보(보증) VS 무담보(무보증)

신용평가회사 등이 제공하고 있는 회사채 YTM YC는 무보증 회사채 YTM YC에 해당한다. 그러나, 일부 투자자는 채권 회수의 위험을 감소시키기 위하여, 회사의 자산에 대하여 담보를 설정하거나, 회사의 특수관계자 등에 대하여 보증을 요구하는 경우가 있다. 이러한 경우, 어떠한 YTM YC를 적용하여야 하는가에 대한 의문이 제기된다. 이러한 경우에는 주로 다음과 같이 산정하고 있다.

- 대안 1 : 은행 등 금융기관이 제공하는 신용 대출 이자율과 담보 대출 이자율 간의 스프레드를 고려하여 산정한다. 이 대안은 객관적인 자료에 기초하여 산정하기 때문에, 합리적이라는 장점이 있지만, 은행 등 금융기관이 제공하는 정보가 제한적이어서, 적절한 스프레드를 찾기 어려운 단점이 있다.

- 대안 2 : 실제 신용등급에 따른 YTM YC 대신 상위 신용등급의 YTM YC를 사용한다. 또한, 어느 정도의 신용등급을 상승시킬 지는 전반적인 상황을 고려하여 결정한다. 예를 들면, 담보 대상이 예금이라면, 거의 최상급의 신용등급을 적용할 수 있으며, 다른 회사가 지급 보증을 제공하고 있다면, 그 다른 회사의 신용등급과 평가 대상 회사의 신용등급 중 높은 신용등급을 적용할 수 있다. 이 대안은 단순하게 접근할 수 있다는 장점이 있지만, 평가자 개인의 자의성이 많이 포함될 수 있는 단점이 있다.

- 대안 3 : 실제 신용등급에 따른 YTM YC에 평가자가 판단하는 마이너스 위험 프리미엄을 반영하여 산정한다. 이 대안도 단순하게 접근할 수 있다는 장점이 있지만, 평가자 개인의 자의성이 많이 포함될 수 있는 단점이 있다.

Chapter 3

기초 변수 – 변동성

본 장에서는 파생상품을 평가함에 있어서 가장 중요한 기초 변수 중 하나인 변동성 ("Volatility")에 대하여 다룬다. 변동성은 시간에 따른 기초자산 가격의 변동 척도이며, σ ("시그마" 또는 "Sigma")라는 기호를 사용하여 표시한다.

변동성은 산출 방식에 따라 역사적 변동성과 내재적 변동성으로 구분된다. 역사적 변동성은 과거 시계열 기초자산 가격 변동을 측정한 후, 그 기초자산 가격 변동의 표준편차로 산정한다. 내재적 변동성은 변동성에 기초하여 평가되는 금융상품(예 : 파생 금융상품 등)이 시장에서 거래되는 경우, 금융상품 평가 모형에 의한 평가 결과와 시장에서의 거래 가격을 일치시키는 변동성으로서, 역산하여 산정한다.

원칙적으로, 미래 기초자산의 가격을 추정하기 위하여는 역사적 변동성보다 내재적 변동성이 적합하다. 그러나, 변동성에 기초하여 평가되는 금융상품 등이 상장되어 있는 경우가 제한적이어서, 내재적 변동성을 산출하기에는 한계가 있다. 현재 한국거래소(이하, "KRX")에서는 일부 파생상품 등이 상장되어 거래 가격이 공시되고 있지만, 당해 파생상품 등을 발행한 회사의 수는 극히 제한적이어서, 내재적 변동성을 산출하기에는 한계가 있다. 다음은 K-IFRS 제1102호 주식기준보상 문단 B25의 내용 중 일부를 발췌한 내용으로서, 내재적 변동성을 우선적으로 고려하도록 기술되어 있다.

> K-IFRS 제1102호 주식기준보상 문단 B25 기대 주가 변동성을 추정할 때 고려하여야 할 요소에 다음 사항이 포함된다.
> (1) 기업의 주식을 기초로 하는 시장성 있는 주식선택권이나 기업이 발행한 것으로서 옵션의 특성이 포함된 다른 시장성 있는 금융상품(예: 전환사채)의 내재 가격 변동성

역사적 변동성에는 기초자산 가격 차이에 대한 변동성, 기초자산 가격의 산술 수익률에 대한 변동성, 기초자산 가격의 로그 수익률에 대한 변동성이 있다. 기초자산 가격 차이에 대한 변동성 $[dX = X_t - X_{t-1}]$은 Daily로 기초자산 가격의 차이를 산정한 후, 이러한 차이에 대한 표준편차로 산정한다. 기초자산 가격의 산술 수익률에 대한 변동성 $\left[\dfrac{dX}{X} = \dfrac{X_t - X_{t-1}}{X_{t-1}}\right]$은 Daily로 기초자산 가격의 산술 수익률을 산정한 후, 이러한 산술 수익률에 대한 표준편차로 산정한다. 기초자산 가격의 로그 수익률에 대한 변동성 $\left[dLN(X) = LN(X_t) - LN(X_{x-t}) = LN\left(\dfrac{X_t}{X_{t-1}}\right)\right]$은 Daily로 기초자산 가격의 로그 수익률을 산정한 후, 이러한 로그 수익률에 대한 표준편차로 산정한다. 그리고, 이러한 역사적 변동성은 적용하는 평가 모형에 따라 각각 다르게 적용된다.

1 ▷ 역사적 변동성

다음은 기초자산의 가격 변동성 중 평가 모형에서 가장 많이 사용되고 있는 주가 변동성과 이자율 변동성에 대하여 알아본다.

1. 주가 변동성

주가 변동성은 특정 기간 동안의 주가 변동에 기초하여 산출하는 변동성에 해당한다. 다음은 특정 기업의 2024.1.1.~2024.12.31. 동안의 주가 변동 내역을 기초로 산정한 주가 변동성 사례에 해당한다(주가 출처 : KRX).

일자	주가		거래량	변동성		
	수정 전	수정 후		주가 차이	산술 수익률	로그 수익률
2024.12.30.	57,500	57,500	896,501	500	0.877%	0.873%
2024.12.27.	57,000	57,000	1,384,361	(1,700)	−2.896%	−2.939%
2024.12.26.	58,700	58,700	1,253,061	(2,800)	−4.553%	−4.660%
2024.12.24.	61,500	61,500	862,807	(1,600)	−2.536%	−2.568%
:	:	:	:	:	:	:
2024.04.26.	106,000	106,000	1,945,509	(2,100)	−1.943%	−1.962%
2024.04.25.	108,100	108,100	6,043,419	4,700	4.545%	4.445%
2024.04.24.	517,000	103,400	0	0	0.000%	0.000%
:	:	:	:	:	:	:
2024.04.09.	517,000	103,400	0	0	0.000%	0.000%
2024.04.08.	517,000	103,400	1,075,042	(6,600)	−6.000%	−6.188%
2024.04.05.	550,000	110,000	357,221	(2,800)	−2.482%	−2.514%
:	:	:	:	:	:	:
2024.01.03.	620,000	124,000	275,558	(3,600)	−2.821%	−2.862%
2024.01.02.	638,000	127,600	249,955	(1,800)	−1.391%	−1.401%
2023.12.28.	647,000	129,400	260,282			
표준편차				3,381	3.509%	3.480%

주가 차이는 $X_t - X_{t-1}$로서 산출되며, 그날 그날의 주가 등락 금액에 해당한다. 그리고, 주가 차이 변동성은 이러한 주가 등락 금액에 대한 표준편차에 해당한다. 다만, 이러한 주가 차이 변동성은 거의 사용되지 않는다. 왜냐하면, 주가 2항 모형 등은 주로 로그 수익률 변동성을 사용하기 때문이다.

산술 수익률은 $\dfrac{X_t - X_{t-1}}{X_{t-1}}$로서 산출되며, 그날 그날의 주가 산술 등락률에 해당한다. 그리고, 산술 수익률 변동성은 이러한 주가 산술 등락률에 대한 표준편차에 해당한다. 다만, 이러한 산술 수익률 변동성은 거의 사용되지 않는다. 왜냐하면, 주가 2항 모형 등은 주로 로그 수익률 변동성을 사용하기 때문이다.

로그 수익률은 $LN\left(\dfrac{X_t}{X_{t-1}}\right)$로서 산출되며, 그날 그날의 주가 로그 등락률에 해당한다. 그리고, 로그 수익률 변동성은 이러한 주가 로그 등락률에 대한 표준편차에 해당한다. 또한, 이러한 로그 수익률 변동성은 Black-Scholes-Merton 모형, Jarrow-Rudd 2항 모형, Cox-Ross-Rubinstein 2항 모형, Log-Transformed 2항 모형, 연속 3항 모형, Monte Carlo 모형 등 주가와 관련한 파생상품 평가 모형 대부분에서 사용된다.

(1) 측정 기간

앞선 사례에서는 과거 1년 동안의 일별 주가 변동 내역을 기초로 변동성을 산출하였다. 그러나, 주가 자료의 과거 기간에 대하여는 다양한 기간이 적용되고 있다. 우선, K-IFRS 제1102호 주식기준보상 문단 B25의 내용을 살펴 보자.

> K-IFRS 제1102호 주식기준보상 문단 B25 기대 주가 변동성을 추정할 때 고려하여야 할 요소에 다음 사항이 포함된다.
> (2) 최근 기간의 과거 주가변동성. 이때 일반적으로 최근 기간은 주식선택권 기대 존속 기간에 비례하며, 주식선택권의 남은 만기와 예상되는 조기행사의 효과를 고려한다.

상기에서 알 수 있는 바와 같이, K-IFRS에서는 잔여 만기에 비례하는 과거 기간을 적용하도록 요구하고 있다. 다만, 비례하는 과거 기간을 요구하고 있을 뿐, 정확히 얼마의 과거 기간을 적용하여야 하는지에 대하여는 요구하고 있지 않다. 이에 따라, 실무적으로는 1) 영업일 기준 180일, 2) 과거 1년, 3) 잔여 만기와 동일한 과거 기간, 4) 평가인 판단에 의한 특정 과거 기간 등을 적용하고 있다.

(2) 수정 전 주가 VS 수정 후 주가

KRX에서는 수정 전 주가와 수정 후 주가를 모두 제시하고 있다. 수정 전 주가는 액면분할 등 특정 Event가 발생하여 주가가 조정되는 경우, 과거 주가를 소급하여 수정하지 아니한 주가에 해당한다. 즉, 수정 전 주가는 그날 그날의 실제 종가에 해당한다. 반면, 수정 후 주가는 액면분할 등 특정 Event가 발생하여 주가가 조정되는 경우, 과거 주가를 소급하여 수정한 주가에 해당한다. 즉, 수정 후 주가는 그날 그날의 실제 종가와는 다를 수 있는 주가에 해당한다.

상기 사례의 2024.4.24.~2024.4.25.를 보면, 수정 전 주가는 517,000에서 108,100으로 급락하고 있다. 즉, 산술 수익률 기준으로 79.091%가 하락한 것이다. 그리고, 이는 대한민국 주식 시장의 1일 등락폭 한도인 30.00%를 초과하고 있다.

본 사례의 회사는 2024년 중 주식 1주를 주식 5주로 분할하는 액면분할을 단행하였다. 그리고, 이러한 효과는 2024.4.25.의 시장 개시 직전의 기준가에 반영되었다. 즉, 2024.4.25.의 시장 개시 직전의 기준가는 액면분할 가격인 103,400에 해당한다. 이에 따라, 2024.4.25.의 실제 산술 수익률은 4.545%에 해당한다.

이러한 사유로 주가 변동성을 산출할 시에는 반드시 수정 후 주가를 사용하여야 한다. 다만, 특정 일자의 실제 종가를 파악하여야 한다면, 이 때에는 수정 전 주가를 사용하여야 한다.

(3) 거래 정지

앞서 언급한 바와 같이, 본 사례의 회사는 2024년 중 주식 1주를 주식 5주로 분할하는 액면분할을 단행하였다. 이로 인하여, 2024.4.9.~2024.4.24. 동안 거래가 정지되었다. 그리고, 거래가 정지된 기간 동안의 1) 주가 차이는 0에 해당하고, 2) 산술 수익률은 0.000%에 해당하며, 3) 로그 수익률도 0.000%에 해당한다.

거래가 정지된 기간 동안에서의 수가는 그날 그날의 공정가치라고 볼 수 없다. 왜냐하면, K-IFRS 제1113호 공정가치 측정 문단 9에 의하면, 공정가치는 거래 가격에 해당하기 때문이다. 다음은 동 문단을 발췌한 내역에 해당한다.

> K-IFRS 제1113호 공정가치 측정 문단 9 이 기준서에서는 공정가치를 측정일에 시장참여자 사이의 정상거래에서 자산을 매도할 때 받거나 부채를 이전할 때 지급하게 될 가격으로 정의한다.

결과적으로, 거래가 정지된 기간 동안에서의 주가 변동은 주가 변동성 산정 시 제외되어야 한다. 이러한 사유로 주가 변동성을 산정할 시에는 거래량 정보도 동시에 고려하여야 한다.

(4) 표준편차 엑셀 함수

주가 변동성은 주가 변동의 표준편차에 해당한다. 그리고, 엑셀에서는 표준편차를 산출하는 함수로서 STDEV, STDEV.P, STDEV.S를 제공하고 있다. 이 중 STDEV.P는 전체 모집단에 대한 표준편차를 산정하는 함수에 해당하고, STDEV 및 STDEV.S는 표본에 대한 표준편차를 산정하는 함수에 해당한다. 즉, 다음과 같은 함수에 해당한다.

$$STDEV.P = \sqrt{\frac{\sum_{n=1}^{N} \left(X_n - \overline{X}\right)^2}{N}} \quad \& \quad STDEV = STDEV.S = \sqrt{\frac{\sum_{n=1}^{N} \left(X_n - \overline{X}\right)^2}{N-1}}$$

상기 사항은 통계학과 관련이 있다. 다만, 본서에서는 이에 대한 설명은 생략하기로 한다. 결과적으로, 주가 변동성을 산정하는 과정은 과거 전체 주가 변동에서 과거 일정 기간 동안만의 주가 변동을 표본으로 추출하여 산정하는 것이므로, STDEV 또는 STDEV.S 함수를 적용하여야 한다. 다만, 과거 전체 주가 변동(모집단)을 적용하여 주가 변동성을 산정하는 경우에는 STDEV.P 함수를 적용하여야 한다.

2. 이자율 변동성

이자율 변동성은 특정 기간 동안의 이자율 변동에 기초하여 산출하는 변동성에 해당한다. 앞 장에서 언급한 바와 같이, 신용평가회사 등이 제공하는 회사채 YTM은 분기 복리 이자율의 4배에 해당한다. 그리고, 보편적으로, 파생상품 평가 시에는 연 복리 이자율이 사용된다. 이에 따라, 우선적으로, 분기 복리 이자율의 4배에 해당하는 이자율을 연 복리 이자율로 변환한 후, 변동성을 산정하여야 한다. 다음은 특정 신용등급, 특정 만기에 대한 YTM의 2024.1.1.~2024.12.31. 동안의 이자율 변동 내역을 기초로 산정한 이자율 변동성 사례에 해당한다(이자율 출처 : KIS-NET).

㈎ 이산 연 복리 기준 이자율 변동성

일자	YTM		변동성		
	분기 복리	연 복리	이자율 차이	산술 수익률	로그 수익률
2024.12.30.	5.614%	5.733%	−0.016%	−0.272%	−0.272%
2024.12.27.	5.629%	5.749%	−0.047%	−0.810%	−0.813%
2024.12.26.	5.674%	5.796%	0.026%	0.452%	0.451%
2024.12.24.	5.649%	5.770%	0.045%	0.783%	0.780%
⋮	⋮	⋮	⋮	⋮	⋮
2024.1.3.	6.534%	6.696%	0.042%	0.631%	0.629%
2024.1.2.	6.494%	6.654%	0.121%	1.847%	1.830%
2023.12.29.	6.379%	6.533%			
표준편차			0.039%	0.628%	0.628%

(*1) 상기 중 분기 복리 YTM은 분기 복리 이자율의 4배로서, DQYTMY에 해당함.
(*2) 연 복리 YTM $= (1 + 분기\ 복리\ YTM/4)^4 - 1$

㈏ 연속 연 복리 기준 이자율 변동성

일자	YTM		변동성		
	이산 연 복리	연속 연 복리	이자율 차이	산술 수익률	로그 수익률
2024.12.30.	5.733%	5.575%	−0.015%	−0.265%	−0.265%
2024.12.27.	5.749%	5.590%	−0.044%	−0.788%	−0.791%
2024.12.26.	5.796%	5.634%	0.025%	0.439%	0.438%
2024.12.24.	5.770%	5.609%	0.042%	0.762%	0.759%
⋮	⋮	⋮	⋮	⋮	⋮
2024.1.3.	6.696%	6.481%	0.039%	0.611%	0.609%
2024.1.2.	6.654%	6.442%	0.113%	1.788%	1.773%
2023.12.29.	6.533%	6.329%			
표준편차			0.036%	0.610%	0.610%

(*) 연속 연 복리 YTM = LN(1 + 이산 연 복리 YTM)

이자율 차이는 $X_t - X_{t-1}$로서 산출되며, 그날 그날의 등락 이자율에 해당한다. 그리고, 이자율 차이 변동성은 이러한 등락 이자율에 대한 표준편차에 해당한다. 또한, 이러한 이자율 차이 변동성은 Ho−Lee 2항 모형, Hull−White 3항 모형 등에서 사용된다.

산술 수익률은 $\dfrac{X_t - X_{t-1}}{X_{t-1}}$로서 산출되며, 그날 그날의 이자율 산술 등락률에 해당한다. 그리고, 산술 수익률 변동성은 이러한 이자율 산술 등락률에 대한 표준편차에 해당한다. 다만, 이러한 산술 수익률 변동성은 거의 사용되지 않는다. 왜냐하면, 이자율 2항 모형 등은 주로 이자율 차이 변동성 또는 로그 수익률 변동성을 사용하기 때문이다.

로그 수익률은 $LN\left(\dfrac{X_t}{X_{t-1}}\right)$로서 산출되며, 그날 그날의 이자율 로그 등락률에 해당한다. 그리고, 로그 수익률 변동성은 이러한 이자율 로그 등락률에 대한 표준편차에 해당한다. 또한, 이러한 로그 수익률 변동성은 Black－Derman－Toy 모형 등에서 사용된다.

그리고, 앞서 주가 변동성에서 언급한 측정 기간과 표준편차 엑셀 함수는 이자율 변동성에도 동일하게 적용된다.

2 >> 통계적 보정 기법

다음은 K－IFRS 제1102호 주식기준보상 문단 B25의 내용 중 일부를 발췌한 내용으로서, 기초자산 변동의 이상치("Outlier") 제거와 관련한 내역에 해당한다.

> K－IFRS 제1102호 주식기준보상 문단 B25 기대 주가 변동성을 추정할 때 고려하여야 할 요소에 다음 사항이 포함된다.
> (4) 변동성이 장기평균치로 회귀하는 경향과 미래의 기대주가변동성이 과거의 주가변동성과는 다를 것임을 시사하는 다른 요소들. 예를 들면 식별 가능한 기간에 경영권인수 제안 거부나 대규모 구조조정 등으로 주가가 비정상적으로 등락하였다면, 그 기간은 과거 연환 산주가변동성을 산정할 때 제외할 수 있다.

상기에서 알 수 있는 바와 같이, K－IFRS에서는 이상치를 제외할 수 있다고 기술하고 있다. 즉, 제외하지 않더라도 무방하지만, 만약, 제외를 한다면, 타당한 근거가 제시되어야 한다. 다만, 앞서 언급한 거래 정지 기간 동안의 주가 변동은 반드시 제외하여야 한다.

이상치를 제외함에 있어서 통계적 기법인 IQR(Inter Quartile Range)과 MAD(Median Absolute Deviation)이 많이 사용되고 있다. 그러나, 이러한 통계적 기법은 일정 범위를 벗어나는 이상치를 모두 제외하는 방법으로서, 원칙적으로 K-IFRS와 부합하지 않는다. 왜냐하면, 앞서 언급한 바와 같이, 이상치를 제외하였다면, 이에 대한 근거를 제시할 수 있어야 하는데, 통계적 기법에서는 이에 대한 근거 없이, 일정 범위를 벗어난다는 사유만으로 모두 제외하기 때문이다. 다만, 본서에서는 참고 목적으로서 IQR과 MAD에 의한 이상치 제거에 대하여 기술하기로 한다.

1. IQR

IQR은 표본을 4분위로 나눈 후, 1분위와 3분위의 차이에 기초하여, 이상치의 범위를 설정하는 방법에 해당한다. 다음은 IQR에 의한 이상치 범위를 산정하는 과정을 설명하는 내역에 해당한다. 다만, 이에 대한 통계적 산출 과정은 본서에서는 생략하기로 한다.

(STEP 1) 표본에서 1분위 값(Q_1)과 3분위의 값(Q_3)을 찾는다. 엑셀에서는 QUARTILE 함수를 사용한다.

(STEP 2) Q_3에서 Q_1을 차감하여 IQR을 산정한다($IQR = Q_3 - Q_1$).

(STEP 3) 다음과 같이, 상위 범위와 하위 범위를 설정한다.

$$Upper\ Bound = Q_3 + \alpha \times IQR$$
$$Lower\ Bound = Q_1 - \alpha \times IQR$$

상기에서, Upper Bound 초과에 해당하거나, Lower Bound 미만에 해당하는 표본들을 이상치로 보아 제외한다. 또한, 상기에서, α는 보편적으로 1.5를 적용하고 있으며, 종종 3.0을 적용하여 이상치의 범위를 축소하는 경우도 있다.

상기 주가 변동성 사례에서 $\alpha = 1.5$를 적용하였을 경우, IQR을 적용한 주가 변동성은 다음과 같이 산출된다(상세 내역은 별첨 엑셀 파일 참조).

	변동성		
	주가 차이	산술 수익률	로그 수익률
IQR 미적용 시	3,381	3.509%	3.480%
IQR 적용 시	2,720	2.958%	3.006%
차이	661	0.551%	0.473%

2. MAD

MAD는 다음의 식과 같이 표본과 중앙값 간 차이의 절대값에 대한 중앙값으로 산정되며, 이에 기초하여, 이상치의 범위를 설정하는 방법에 해당한다.

$$MAD = MEDIAN[ABS\{X_i - MEDIAN(X)\}]$$

다음은 MAD에 의한 이상치 범위를 산정하는 과정을 설명하는 내역에 해당한다. 다만, 이에 대한 통계적 산출 과정은 본서에서는 생략하기로 한다.

(STEP 1) 상기 산식을 통하여 MAD를 산정한다. 엑셀에서는 MEDIAN 함수를 사용한다.

(STEP 2) 다음과 같이, 상위 범위와 하위 범위를 설정한다.

$$Upper\ Bound = MEDIAN(X) + \alpha \times 1.4826 \times MAD$$
$$Lower\ Bound = MEDIAN(X) - \alpha \times 1.4826 \times MAD$$

상기에서, Upper Bound 초과에 해당하거나, Lower Bound 미만에 해당하는 표본들을 이상치로 보아 제외한다. 또한, 상기에서, α는 보편적으로 3.0을 적용하고 있으며, 종종 2.5를 적용하여 이상치의 범위를 확대하는 경우도 있다.

상기 주가 변동성 사례에서 $\alpha = 3.0$를 적용하였을 경우, MAD를 적용한 주가 변동성은 다음과 같이 산출된다(상세 내역은 별첨 엑셀 파일 참조).

	변동성		
	주가 차이	산술 수익률	로그 수익률
MAD 미적용 시	3,381	3.509%	3.480%
MAD 적용 시	2,879	3.001%	3.006%
차이	502	0.508%	0.473%

3 연 환산 변동성

상기에서 산출한 주가 변동성 및 이자율 변동성은 모두 일 변동성(Daily Volatility, "σ_D")에 해당하고 있다. 그러나, 파생상품 평가에 있어서는 주로 연 단위 기간이 사용되고 있는 바, 일 변동성을 연 변동성(Yearly Volatility, "σ_Y")으로 환산하는 절차가 필요하다.

σ_D를 σ_Y로 환산하는 과정은 일 복리 이자율을 연 복리 이자율로 환산하는 과정과는 상이하다. 왜냐하면, 주가의 변동은 영업일(또는 거래일)에서만 발생하지만, 이자는 영업일이 아니어도 발생하기 때문이다. 이에 따라, σ_D를 σ_Y로 환산하는 과정에서는 영업일을 기준으로 환산한다.

분산(Variance)은 전체 기간 T를 N개로 나누었을 때, 각각의 기간에 대한 분산들의 합계가 전체 기간 T에 대한 분산과 일치하는 특성이 있다. 즉, 다음과 같은 산식이 성립한다.

$$\sum_{n=1}^{N} \sigma_n^2 = \sigma_T^2$$

여기에서, 연 평균 영업일 수를 N으로 가정하여, 1년을 N개로 나눈 다음, 각각의 구간에 대한 분산을 σ_D로 반영하면, σ_D와 σ_Y 간에는 다음과 같은 산식이 성립한다.

$$\sum_{n=1}^{N} \sigma_D^2 = \sigma_Y^2 \leftrightarrow \sum_{n=1}^{N} \sigma_D^2 = N \times \sigma_D^2 = \sigma_Y^2 \leftrightarrow \sigma_Y = \sigma_D \sqrt{N}$$

그리고, 상기 산식을 확장하면, 연 변동성("σ_Y"), 반기 변동성("σ_H"), 분기 변동성("σ_Q"), 월 변동성("σ_M"), 주 변동성("σ_W")과 일 변동성("σ_D") 간에는 다음의 산식이 성립하게 된다.

$$\sigma_D \sqrt{N} = \sigma_Y = \sigma_H \sqrt{2} = \sigma_Q \sqrt{4} = \sigma_M \sqrt{12} = \sigma_W \sqrt{52}$$

과거 10년 간(2015.1.1.~2024.12.31.)의 대한민국과 미국의 영업일 수를 산출한 결과, 각각 2,454일과 2,516일이었다. 이에 따라, 상기 식의 N은 대한민국의 경우에는 245 또는 246을 적용하는 것이 타당하고, 미국의 경우에는 251 또는 252를 적용하는 것이 타당하다. 왜냐하면, 변동성은 미래 추정 기간에 대하여 적용되는 것이고, 그 미래 추정 기간의 연 평균 영업일 수는 과거의 연 평균 영업일 수와 유사할 것이기 때문이다. 그러나, 최근에는 N에 대하여 평가기준일 직전 1년 동안의 실제 영업일 수를 적용하는 경우가 많으며, 보편적으로 인정되고 있다.

다음은 상기 주가 변동성과 이자율 변동성에 대하여 연 환산한 내역에 해당한다. 다만, 이는 통계적 보정 기법이 적용되지 아니한 변동성에 해당하며, 연 환산 시의 영업일 수는 252일을 적용하였다.

	변동성		
	가격 차이	산술 수익률	로그 수익률
주가 변동성	53,671	55.703%	55.236%
이산 연 복리 이자율 변동성	0.614%	9.972%	9.968%
연속 연 복리 이자율 변동성	0.578%	9.681%	9.677%

4 ▷ 변동성-실무

기초자산이 상장되어 있는 경우에는 그 기초자산의 변동성을 시가를 기준으로 산출할 수 있다. 그러나, 기초자산이 상장되어 있더라도 그 기간이 짧거나, 아예 상장되어 있지 않은 경우에는 유사기업(Comparable Companies)의 변동성을 참조하여 산출하여야 한다.

다음은 신규 상장기업과 비상장기업의 주가 변동성을 산출할 시에 주의하여야 할 점에 대하여 기술한다.

1. 신규 상장기업 또는 KONEX 상장기업

K-IFRS 제1102호 주식기준보상 문단 B26에서는 신규 상장기업의 주가 변동성 산출 시 주의하여야 할 점에 대하여 기술하고 있다.

> K-IFRS 제1102호 주식기준보상 문단 B26 문단 B25에서 설명한 바와 같이 기대주가변동성을 추정할 때에는 최근 기간의 과거 주가변동성을 고려하며, 이때 일반적으로 최근 기간은 주식선택권 기대 존속 기간에 비례하여 정한다. 신규 상장기업의 과거 주가변동성에 대한 충분한 자료가 없더라도 해당 주식의 거래행위를 관측할 수 있는 최장의 기간에 대해 과거 주가변동성을 산정한다. 경우에 따라서는 기대 존속 기간에 상응하는 기간에 대해 비슷한 기업의 과거 주가변동성을 고려할 수 있다. 예를 들면 1년 전에 상장한 기업이 종업원에게 부여한 주식선택권의 기대 존속 기간이 5년인 경우에 동종 산업에 속하는 비슷한 기업의 상장 후 처음 6년 동안의 주가변동성 형태와 수준을 고려할 수 있다.

상기 사항을 요약하면, 다음과 같다.

• 대안 1 : 상장 이후 모든 주가 자료를 사용한다.

• 대안 2 : 유사기업의 주가 변동성을 참조한다.

실무에서는 대안 1과 대안 2 모두 사용되고 있다. 그리고, 대안 1을 사용할 경우에는, 상장 초기에 주가가 급등락하는 특성을 보정하기 위하여, 통계적 보정 기법을 적용하는 경우도 있다.

KONEX 상장기업은 신규 상장기업과 유사하다. 즉, 다음과 같은 대안이 적용되고 있다.

• 대안 1 : KONEX 시장에서 형성된 자신의 주가 자료를 사용한다.
• 대안 2 : 유사기업의 주가 변동성을 참조한다.

상기 중 대안 1은 연간 거래일 수 및 연간 거래량이 적정 수준에 해당하는 경우에 적용하는 것이 타당하다. 그렇지 않다면, 대안 2를 적용하는 것이 타당하다.

2. 비상장기업

K-IFRS 제1102호 주식기준보상 문단 B28~B30에서는 비상장기업의 주가 변동성 산출 시 주의하여야 할 점에 대하여 기술하고 있다.

> **K-IFRS 제1102호 주식기준보상**
>
> B28 비상장기업이 종업원 등에게 정기적으로 주식선택권이나 주식을 부여하는 경우에는 기업 내부에서 시장이 형성될 수 있다. 그러한 내부시장에서 결정되는 주가의 변동성은 기대주가변동성을 추정할 때 고려할 수 있다.
>
> B29 기대주가변동성을 추정할 때 주가나 옵션가격에 대한 정보를 사용할 수 있는 비슷한 상장기업의 과거 주가변동성 또는 내재 주가변동성을 고려할 수도 있다. 이 방법은 기초주식의 가치를 추정할 때 비슷한 상장기업의 주가에 기초한 경우 적합할 것이다.
>
> B30 기초주식의 가치를 추정할 때 비슷한 상장기업의 주가를 사용하지 않고 다른 평가방법을 사용한 경우에도 기대주가변동성은 그러한 평가방법과 일관되게 추정할 수 있다. 예를 들면 기초주식의 가격을 순자산이나 순이익에 기초하여 추정한 때에는 순자산이나 순이익의 기대변동성을 고려할 수 있다.

상기 사항을 요약하면, 다음과 같다.

- 대안 1 : 내재적 주가 변동성을 적용한다.
- 대안 2 : 유사기업의 주가 변동성을 참조한다.
- 대안 3 : 기초자산 추정 방법에 사용된 기초변수의 변동성을 사용한다.

그러나, 상기 중 대안 1은 실무에서 거의 사용할 수 없다. 왜냐하면, 비상장기업이 발행한 금융상품 중 내재적 변동성을 산출할 수 있는 금융상품이 거의 없기 때문이다. 또한, 대안 3도 실무에서 거의 사용되지 않는다. 왜냐하면, 대부분의 기초자산 가치는 PBR(Price to Book-value Ratio) Multiple 이나 PER(Price to Earnings Ratio) Multiple 등에 의하여 산정하지 않고, DCF(Discounted Cash Flow)에 따라 산정하고 있기 때문이다. 이에 따라, 대안 2가 주로 사용되고 있다.

3. 유사기업

유사기업이 여러 개인 경우, 유사기업의 주가 변동성을 참조하여 주가 변동성을 산정할 시에는 유사기업의 주가 변동성 중 어떠한 주가 변동성을 선택할 지와 관련한 의문이 제기된다. 다음은 실무에서 사용되고 있는 대안을 요약한 내역에 해당한다.

- 대안 1 : 유사기업 주가 변동성을 단순 평균한 값
- 대안 2 : 유사기업 주가 변동성을 시가총액으로서 가중 평균한 값
- 대안 3 : 유사기업 주가 변동성의 중앙값

상기 중 대안 1이 가장 많이 사용되고 있으며, 대안 2도 종종 사용되고 있다. 다만, 대안 3은 거의 사용되고 있지 않다. 그러나, 어떠한 대안이 가장 타당한 지에 대하여는 정답이 없다. 왜냐하면, 내재적 주가 변동성을 제외하면, 미래에 적용될 주가 변동성으로서 어떠한 역사적 변동성이 적절한 지를 알 수가 없기 때문이다. 이에 따라, 관행적으로 가장 많이 사용되고 있는 대안 1을 적용하는 것이 가장 바람직한 것으로 판단된다.

유사기업의 주가 변동성을 참조하여 주가 변동성을 산정하는 대신, 평가 대상 회사가 속한 산업의 지수 변동성을 사용하는 것을 고려해 볼 수 있다. 그러나, 이는 타당하지 않은 대안에 해당한다. 왜냐하면, 산업 지수에 속한 회사들은 여러 회사들이 있으며, 산업 지수는 이들 회사들의 시가총액 합계로부터 산출되기 때문이다. 만약, 산업 지수에 속한 어떠한 회사는 주가가 상승하고, 또 다른 어떠한 회사는 주가가 하락하면, 이들이 희석화되어 시가총

액의 합계는 크게 변동이 없게 되어, 산업 지수 변동성은 낮게 산출되게 된다. 그러나, 각각의 회사들의 주가 변동성은 상승하면 상승한 만큼, 하락하면 하락한 만큼 주가 변동성에 그대로 반영되게 되어, 산업 지수 변동성보다 크게 나타나게 된다. 이에 따라, 희석화가 반영된 산업 지수 변동성을 사용하는 것은 타당하지 않게 된다.

유사기업의 주가 변동성을 참조하여 주가 변동성을 산정할 시에는 몇 가지 주의할 점이 있다.

첫째는 시가총액이 유사한 회사들을 선택하여야 한다는 것이다. 만약, 시가총액이 크게 다른 2개의 회사를 유사회사로 선택하게 되면, 상기에서 언급한 대안 1과 대안 2에 의하여 산출된 주가 변동성이 크게 차이가 나기 때문이다.

둘째는 DCF 등에서 기초자산 평가 시 적용한 유사회사와 주가 변동성 산정 시 적용하는 유사회사가 일치하여야 한다는 것이다. 만약, 각각의 절차에서 적용하는 유사회사가 상이하다면, 이는 평가의 과정에 대한 일관성이 결여되기 때문이다.

셋째는 해외 유사회사를 적용하는 경우, 반드시 외화 기준 주가를 원화 기준 주가로 환산한 다음, 원화 기준 주가를 기준으로 주가 변동성을 산출하여야 한다는 것이다. 만약, 그렇지 않으면, 콴토(Quanto) 이슈가 발생하기 때문이다. 콴토 이슈에 대하여는 후에 자세히 기술하기로 한다.

다음은 상기 주의할 점 중 해외 유사회사를 적용하는 경우에 있어서, 외화 기준 주가를 원화 기준 주가로 환산한 다음, 원화 기준 주가를 기준으로 주가 변동성을 산출하는 과정에 대한 설명에 해당한다. K-IFRS 제1102호 주식기준보상 문단 B25에서는 주가 변동성을 산정할 시, 적용하여야 하는 주가의 통화에 대하여 기술하고 있다.

> K-IFRS 제1102호 주식기준보상 문단 B25 기대 주가 변동성을 추정할 때 고려하여야 할 요소에 다음 사항이 포함된다.
> (5) 적절하고 정기적인 주가관측 주기. 주가관측치는 기간별로 일관성이 있어야 한다. 예를 들면, 기업은 주가관측치로 매주의 종가나 매주의 최고가를 사용할 수 있지만, 어떤 주에는 종가를 사용하고 다른 주에는 최고가를 사용하지 않아야 한다. 또한 주가관측치는 행사 가격과 같은 통화로 표시한다.

상기 문단 중 후단을 요약하면, 행사가격 통화와 주가 통화가 동일하여야 한다는 것이다. 즉, 주가 변동성 산정 시의 주가 통화를 행사가격 통화로 변경하여야 한다. 그리고, 다음은 특정 해외 회사의 2024.1.1.~2024.12.31. 동안의 외화 기준 주가를 원화 기준 주가로 변경하여, 원화 기준 주가 변동성(로그 수익률 변동성 기준)을 산정하는 사례에 해당한다.

일자	주가			로그 수익률 변동성		
	외화 (USD)	환율	원화	외화 (USD)	환율	원화
2024.12.31.	250.42	1,477.00	369,870	−0.708%	0.353%	−0.356%
2024.12.30.	252.20	1,471.80	371,188	−1.335%	−0.353%	−1.688%
2024.12.27.	255.59	1,477.00	377,506	−1.333%	0.529%	−0.804%
2024.12.26.	259.02	1,469.20	380,552	0.317%	0.683%	1.000%
⋮	⋮	⋮	⋮	⋮	⋮	⋮
2024.1.4.	181.91	1,315.00	239,212	−1.278%	0.305%	−0.974%
2024.1.3	184.25	1,311.00	241,552	−0.752%	−0.076%	−0.828%
2024.1.2.	185.64	1,312.00	243,560	−3.644%	0.996%	−2.648%
2023.12.29	192.53	1,299.00	250,096			
표준편차				1.424%	0.462%	1.428%
상관계수				(0.1532)		

(*1) 외화 주가 출처 : 엑셀의 STOCKHISTORY 함수(LSEG Data & Analytics, 구, Refinitiv)
(*2) 환율 출처 : 하나은행 최종 매매 기준율

상기에서 원화 주가는 외화 주가에 그날 그날의 환율을 곱하여 산정하였다. 그리고, 각각의 일자에 해당하는 환율은 일자별 환율 데이터를 기준으로 엑셀의 XLOOKUP 함수를 적용하여 산출하였다. 이러한 결과, 외화 기준 일 주가 변동성은 1.424%로 산출되지만, 원화 기준 일 주가 변동성은 1.428%로 산출되어 차이가 발생하고 있다.

상기 사례에서는 외화 기준 주가 변동성과 원화 기준 주가 변동성 간에 중요하지 않은 차이가 발생하였다. 그러나, 상기 사례처럼 항상 중요하지 않은 차이가 발생하는 것은 아니므로, 반드시 원화 기준 주가 변동성을 적용하여야 한다. 그리고, 원화 기준 주가 변동성은 외화 주가 데이터와 환율 데이터 만으로 산출할 수 있으며, 다음과 같은 수식 관계를 통하여 산출한다.

$$\sigma_{KRW} = \sqrt{\sigma_{USD}^2 + \sigma_{FER}^2 + 2\rho\sigma_{USD}\sigma_{FER}}$$

σ_{KRW} : 원화 기준 주가 변동성

σ_{USD} : 외화 기준 주가 변동성

σ_{FER} : 환율 변동성

ρ("로" 또는 "Rho") : 외화 기준 주가 변동성과 환율 변동성 간의 상관계수

상기에서 상관계수는 엑셀의 CORREL 함수를 사용한다(상세 내역은 별첨 엑셀 파일 참조). 그리고, 상기 사례를 상기 산식에 적용하여 원화 기준 주가 변동성을 산출하면 다음과 같다.

$$\sigma_{KRW} = \sqrt{1.424\%^2 + 0.462\%^2 + 2 \times (0.1532) \times 1.424\% \times 0.462\%} - 1.428\%$$

Chapter 4

확률 과정

원칙적으로, 기초자산의 가격은 Random Walk를 한다. 다만, 이러한 Random Walk가 특정 확률 분포에 의존하여 발생한다고 가정을 할 수 있는데, 이 때의 Random Walk를 확률 과정(Stochastic Process)이라고 한다.

1 ▷ 마코프 과정

마코프 과정(Markov Process)은 직전 상태에서 현재 상태로의 변동이 오직 직전 상태에만 의존한다는 확률 과정에 해당하며, 마코프 연쇄(Markov Chain)라고도 한다. 예를 들면, 오늘의 주가는 3일 전 주가, 2일 전 주가와는 상관없이, 오직 1일 전 주가에만 의존하여 변동한다는 확률 과정에 해당한다. 즉, 현재 상태의 기초자산 가격(X_t)은 직전 상태의 기초자산 가격(X_{t-1})에 대한 확률 함수에 해당하며, 다음은 이를 요약한 수식에 해당한다.

$$X_t = f(X_{t-1})$$

2 ▷ 위너 과정

위너 과정(Wiener Process)은 마코프 과정의 특수한 형태이며, 현재 상태의 기초자산 가격(X_t)에서 직전 상태의 기초자산 가격(X_{t-1})을 차감한 가격($dX_t = X_t - X_{t-1}$)의 확률 분포가 평균 = 0, 분산 = dt(X_t와 X_{t-1}의 시간 간격)의 정규 분포를 따르는 확률 과정에 해당한다. 다음은 이를 요약한 수식에 해당한다.

$$dX_t = X_t - X_{t-1} = dZ = \epsilon \sqrt{dt} \leftrightarrow dX_t \sim N(0, \ dt)$$
$$X_t = X_{t-1} + dZ = X_{t-1} + \epsilon \sqrt{dt} \leftrightarrow X_t \sim N(X_{t-1}, \ dt)$$

상기에서, ϵ("입실론" 또는 "Epsilon")은 확률 변수로서 다음과 같이 정의된다(Excel 함수를 기준으로 예시함).

$$\epsilon = \text{NORM.S.INV (RAND( ))}$$

Excel 함수 중 RAND( ) 함수는 0과 1 사이의 숫자 중 임의의 숫자를 선택하는 함수에 해당한다. 또한, 0과 1 사이의 숫자 중 특정 숫자가 선택될 확률은 모두 동일하며, 균일 분포(Uniform Distribution)에 해당한다.

Excel 함수 중 NORM.S.INV(a) 함수는 표준 정규분포(Standard Normal Distribution) 하에서, 누적 확률 값이 a가 되는 Z의 값을 찾는 함수에 해당한다. 그리고, 표준 정규분포 하에서의 누적 확률은 최소 0(Z가 $-\infty$인 경우), 최대 1(Z가 $+\infty$인 경우)이 된다.

결과적으로, ϵ은 표준 정규분포 하에서의 누적 확률이 RAND( ) 값에 해당하는 Z의 값에 해당하게 된다. 또한, 이러한 과정을 통하여 산출되는 ϵ을 확률 변수라고 부른다.

상기에서, $dX_t \sim N(0, dt)$는 $dX_t = X_t - X_{t-1}$가 평균 $= 0$, 분산 $= dt$의 정규 분포를 따른다는 것을 의미한다.

3 ▷ 산술 브라운 운동

산술 브라운 운동(Arithmetic Brownian Motion)은 위너 과정의 특수한 형태로서, 다음과 같은 산식을 따르는 확률 과정에 해당한다.

$$dX_t = X_t - X_{t-1} = \mu dt + \sigma dZ \leftrightarrow dX_t \sim N(\mu dt, \ \sigma^2 dt)$$
$$X_t = X_{t-1} + \mu dt + \sigma dZ \leftrightarrow X_t \sim N(X_{t-1} + \mu dt, \ \sigma^2 dt)$$

즉, 현재 상태의 기초자산 가격에서 직전 상태의 기초자산 가격을 차감한 가격의 확률 분포가 평균 $= \mu dt$, 분산 $= \sigma^2 dt$의 정규 분포를 따르는 확률 과정에 해당한다. 여기에서, dX_t는 $X_t - X_{t-1}$로서, 기초자산 X의 가격 차이에 해당한다. 그리고, μ("뮤" 또는 "Mu")는 dX_t의 연간 기대가치에 해당하며, σ는 dX_t의 연 환산 변동성에 해당한다.

그리고, 상기 산식에서, μdt 부분을 "Drift" 부분이라고 부르며, σdZ 부분을 "Noise" 또는 "변동성" 또는 "Random" 부분이라고 부른다. 또한, 이러한 산술 브라운 운동은 후에 설명하는 Ho and Lee 이자율 2항 모형과 Hull and White 이자율 3항 모형의 근간이 된다.

4 > 기하 브라운 운동

기하 브라운 운동(Geometric Brownian Motion)은 위너 과정의 특수한 형태로서, 다음과 같은 산식을 따르는 확률 과정에 해당한다.

$$dX_t = X_t - X_{t-1} = \mu X_t dt + \sigma X_t dZ$$

그리고, 기초자산 X가 이러한 확률 과정을 따를 때, 기초자산 X는 로그 정규분포를 따른다. 즉, 다음의 관계가 성립한다.

$$dLN(X_t) = (\mu - 0.5\sigma^2)dt + \sigma dZ \leftrightarrow dLN(X_t) \sim N((\mu - 0.5\sigma^2)dt, \sigma^2 dt)$$

$$dLN(X_t) = LN(X_t) - LN(X_{t-1}) = LN\left(\frac{X_t}{X_{t-1}}\right) = (\mu - 0.5\sigma^2)dt + \sigma dZ$$

$$\leftrightarrow X_t = X_{t-1}e^{(\mu - 0.5\sigma^2)dt + \sigma dZ} \leftrightarrow X_t \sim N\left(X_{t-1}e^{\mu dt}, \ X_{t-1}^2 e^{2\mu dt}\left(e^{\sigma^2 dt} - 1\right)\right)$$

즉, 현재 상태의 기초자산 가격에 자연로그("Natural Log" 또른 "LN")를 취한 값에서, 직전 상태의 기초자산 가격에 자연로그를 취한 값을 차감한 값의 확률 분포가 평균 = $(\mu - 0.5\sigma^2)dt$, 분산 = $\sigma^2 dt$의 정규 분포를 따르는 확률 과정에 해당한다. 여기에서, $dLN(X_t)$는 $LN(X_t) - LN(X_{t-1}) = LN\left(\frac{X_t}{X_{t-1}}\right)$로서, 기초자산 가격 X의 로그 수익률에 해당한다. 그리고, $\mu - 0.5\sigma^2$는 $LN\left(\frac{X_t}{X_{t-1}}\right)$의 연간 기대가치에 해당하며, σ는 $LN\left(\frac{X_t}{X_{t-1}}\right)$의 연 환산 변동성에 해당한다.

아울러, 이러한 기하 브라운 운동은 후에 설명하는 Black – Scholes – Merton 모형, Cox – Ross – Rubinstein 2항 모형, Jarrow – Rudd 2항 모형, Log – Transformed 2항 모형, Tian 2항 모형, Leisen – Reimer 2항 모형, Phelim Boyle 3항 모형, Cox – Ross – Rubinstein 확장 3항 모형, Kamrad – Ritchken 3항 모형, Monte Carlo 모형, Black – Derman – Toy 이자율 2항 모형 등의 근간이 된다.

Chapter **5**

평가 방법 Ⅰ –
Black – Scholes – Merton

Black – Scholes – Merton 모형은 피셔 블랙(Fischer Sheffey Black)과 마이런 숄즈 (Myron Samuel Scholes)가 1973년에 고안해낸 유러피언 옵션의 가격을 산출하는 방정식에 해당한다. 또한, 이후 로버트 머튼(Robert Cox Merton)이 참여하여, Black – Scholes – Merton 모형("BSM")이라는 이름이 붙여졌다. 아울러, BSM은 다음과 같은 편미분 방정식 (Partial Differential Equation, "PDE")을 수학적으로 풀이하여 옵션의 가치를 산정하는 방법에 해당한다.

$$\frac{\partial V}{\partial t} + \frac{1}{2}\sigma^2 S^2 \frac{\partial^2 V}{\partial S^2} + rS\frac{\partial V}{\partial S} = rV$$

S : 기초자산 가격
σ : 기초자산 변동성
r : 무위험 이자율
V : 옵션가치

본 장에서는 BSM을 쉽게 설명하기 위하여, 주식에 대한 콜옵션과 풋옵션에 대하여만 언급하며, 콜옵션 행사가격 및 풋옵션 행사가격의 현금흐름 위험은 모두 무위험 현금흐름으로 가정한다. 또한, 현금흐름 위험에 대하여는 후에 자세히 기술하기로 한다.

1 유러피언 주식 옵션

BSM은 상기 편미분 방정식을 풀이하여, 유러피언 콜옵션 및 유러피언 풋옵션의 가치를 산정할 수 있는 간단한 공식을 제공하고 있는데, 그 내역은 다음과 같다.

$$c = S_0 N(d_1) - K e^{-rT} N(d_2)$$

$$p = K e^{-rT} N(-d_2) - S_0 N(-d_1)$$

$$d_1 = \frac{\ln\left(\frac{S_0}{K}\right) + (r + 0.5\sigma^2)T}{\sigma\sqrt{T}} \quad \& \quad d_2 = d_1 - \sigma\sqrt{T}$$

c : 콜옵션 가치
p : 풋옵션 가치
S_0 : 기초자산 가격
K : 옵션 행사가격
N(a) : 표준정규분포 상 Z = a인 경우의 누적 확률
r : 무위험 CYSPOT
T : 잔여 만기 기간 (연 단위)
σ: 기초자산 변동성 (연 환산 변동성)

상기에서 N(a)는 표준정규분포 상 Z = a인 경우의 누적 확률로서 엑셀의 NORM.S.DIST 함수를 사용하여 산정한다.

이제 상기 산식을 이용하여, 다음의 사례와 관련한 유러피언 콜옵션 및 유러피언 풋옵션 에 대하여 평가해 보자.

사례 1 유러피언 콜옵션 및 유러피언 풋옵션

항목	내역
기초자산 가격	900
옵션 행사가격	900
무위험 CYSPOT	4.800%
잔여 만기 기간	5년
기초자산 변동성	55.236%

상기 내역을 적용하여, BSM에 의한 유러피언 콜옵션 및 유러피언 풋옵션의 가치를 산정 하면, 그 결과는 다음과 같다.

$$d_1 = \frac{\ln\left(\dfrac{S_0}{K}\right) + (r + 0.5\sigma^2)T}{\sigma\sqrt{T}} = \frac{\ln\left(\dfrac{900}{900}\right) + (4.800\% + 0.5 \times 55.236\%^2) \times 5}{55.236\% \times \sqrt{5}} = 0.8119$$

$$d_2 = d_1 - \sigma\sqrt{T} = 0.8119 - 55.236\% \times \sqrt{5} = -0.4232$$

$$N(d_1) = N(0.8119) = 79.16\% \ \& \ N(d_2) = N(-0.4232) = 33.61\%$$

$$N(-d_1) = N(-0.8119) = 20.84\% \ \& \ N(-d_2) = N(0.4232) = 66.39\%$$

$$c = S_0 N(d_1) - Ke^{-rT}N(d_2) = 900 \times 79.16\% - 900 \times e^{-4.800\% \times 5} \times 33.61\% = 474.49$$

$$p = Ke^{-rT}N(-d_2) - S_0 N(-d_1) = 900 \times e^{-4.800\% \times 5} \times 66.39\% - 900 \times 20.84\% = 282.46$$

또한, 상기에서 유러피언 풋옵션의 가치는 다음과 같이 산정할 수 있는데, 이를 Put Call Parity라고 부른다.

$$p + S_0 = c + Ke^{-rT}$$

$$\leftrightarrow p = c - S_0 + Ke^{-rT} = 474.49 - 900 + 900 \times e^{-4.800\% \times 5} = 282.46$$

2 》 아메리칸 주식 옵션

BSM은 기본적으로 유러피언 옵션의 가격을 산출하기 위하여 개발되었는 바, 아메리칸 옵션을 평가하기가 어렵다. 왜냐하면, BSM에서는 옵션의 조기 행사 가능성을 고려할 수 없기 때문이다. 이에 따라, 본 사항은 더 이상 기술하지 않기로 한다.

3 》 현금 배당

옵션의 행사일과 배당 지급일이 동일할 때, 이러한 배당이 옵션의 권리자와 옵션의 의무자 중에서, 누구에게 귀속되는지에 따라, 옵션의 가치는 달라지게 된다. 그리고, 보편적으로, 콜옵션의 경우에는 배당이 옵션의 의무자에게 귀속하고, 풋옵션의 경우에는 배당이 옵션의 권리자에게 귀속하는 바, 배당이 있는 경우에는 기초자산인 주가를 배당락 후의 주가로 산정하고 있다. 다만, 이는 실제 옵션 계약에 따라 달라질 수 있으므로, 실제 옵션 계약에 따라 적절히 반영되어야 한다.

배당은 크게 수익률 배당, 시가 배당, 정액 배당으로 구분된다. 본 부분에서는 이러한 배당이 있는 경우에 있어서, BSM에 의한 콜옵션과 풋옵션의 평가 방법에 대하여 설명한다.

또한, 콜옵션의 경우에는 배당이 옵션의 의무자에게 귀속하고, 풋옵션의 경우에는 배당이 옵션의 권리자에게 귀속하는 것으로 가정한다.

1. 수익률 배당

수익률 배당은 연속 배당으로서, 배당 수익률("q")을 확률 과정의 Drift에 반영하는 배당에 해당한다. 즉, 수익률 배당은 연속적으로 배당이 발생하고, 이에 따라, 주가가 배당락만큼 연속적으로 하락하게 되는 것을 의미한다. 보편적으로, 위험 중립적 상황에서는 확률 과정의 Drift는 무위험 이자율에 해당한다. 그러나, 연속 배당이 발생하게 되면, 기대 수익률이 배당 수익률만큼 하락하게 된다. 즉, 확률 과정의 Drift가 r에서 r-q로 변경되게 된다. 이에 따라, BSM의 편미분 방정식이 다음과 같이 변형된다.

$$\frac{\partial V}{\partial t} + \frac{1}{2}\sigma^2 S^2 \frac{\partial^2 V}{\partial S^2} + (r-q)S\frac{\partial V}{\partial S} = rV$$

또한, 상기 편미분 방정식의 풀이 결과에 따라, 유러피언 콜옵션 및 유러피언 풋옵션의 가치를 산정하는 산식도 다음과 같이 변경된다.

$$c = S_0 e^{-qT}N(d_1) - Ke^{-rT}N(d_2)$$
$$p = Ke^{-rT}N(-d_2) - S_0 e^{-qT}N(-d_1)$$
$$d_1 = \frac{\ln\left(\frac{S_0}{K}\right) + (r-q+0.5\sigma^2)T}{\sigma\sqrt{T}} \quad \& \quad d_2 = d_1 - \sigma\sqrt{T}$$

그러나, 현실 세계에서는 수익률 배당은 발생하지 아니한다. 왜냐하면, 현실 세계의 배당은 모두 이산 배당에 해당하기 때문이다. 이에 따라, 상기 수익률 배당을 적용하여 파생상품 등을 평가하게 되면, 현실 세계의 관행과는 다르게 된다. 이에 따라, 수익률 배당을 적용하여 평가할 경우에는 신중하게 판단하여야 한다.

2. 시가 배당

시가 배당은 배당 시점의 주가에 시가 배당률을 곱한 금액을 배당하는 것으로서, 이산 배당에 해당한다. 그러나, BSM 방법을 통하여 시가 배당을 반영할 수 있는 방법이 아직까지 개발되지 않았다. 이에 따라, 본 사항은 더 이상 기술하지 않기로 한다.

3. 정액 배당

정액 배당은 배당 시점에 정해진 금액을 배당하는 것으로서, 이산 배당에 해당한다. 그리고, 정액 배당을 BSM에 반영하는 방법은 다음과 같다.

(STEP 1) 잔여 만기 이전에 발생하는 미래 정액 배당(D_t)의 현재가치 합계(SPVD)를 산정한다.

$$SPVD = \sum_{t=1}^{N} \frac{D_t}{e^{CYSPOT_t \times t}}$$

(STEP 2) 현재 주가에서 SPVD를 차감한 주가(S^*)를 기준으로 BSM을 적용한다.

$$S^* = S_0 - SPVD$$

$$c = S^* N(d_1) - K e^{-rT} N(d_2)$$

$$p = K e^{-rT} N(-d_2) - S^* N(-d_1)$$

$$d_1 = \frac{\ln\left(\dfrac{S^*}{K}\right) + (r + 0.5\sigma^2)T}{\sigma\sqrt{T}} \quad \& \quad d_2 = d_1 - \sigma\sqrt{T}$$

Chapter 6

평가 방법 Ⅱ - 주가 N항 모형

주가 N항 모형은 주가가 변동하는 과정을 Tree(또는, Lattice) 형태로 나타내는 모형으로서, 주가 2항 모형과 주가 3항 모형으로 구분된다. 또한, 주가 N항 모형은 주가를 기초자산으로 하는 파생상품의 평가에 주로 사용된다.

먼저, 주가 2항 모형은 현재의 주가 S가 1기간 동안 p_u의 확률로 S_u로 상승하거나, p_d의 확률로 S_d로 하락한다고 가정하는 모형에 해당한다. 여기에서, $p_u + p_d = 1$에 해당한다. 즉, 다음의 그림과 같은 관계가 성립하는 모형에 해당한다.

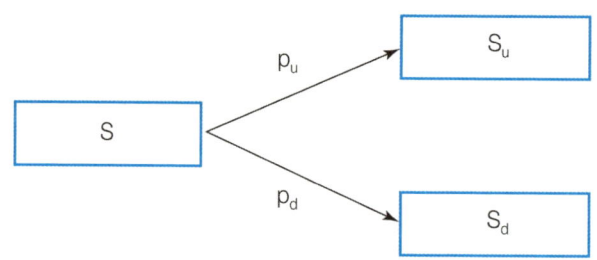

주가 3항 모형은 현재의 주가 S가 1기간 동안 p_u의 확률로 S_u로 상승하거나, p_d의 확률로 S_d로 하락하거나, p_m의 확률로 $S_m = S$로 유지된다고 가정하는 모형에 해당한다. 여기에서, $p_u + p_d + p_m = 1$에 해당한다. 즉, 다음의 그림과 같은 관계가 성립하는 모형에 해당한다.

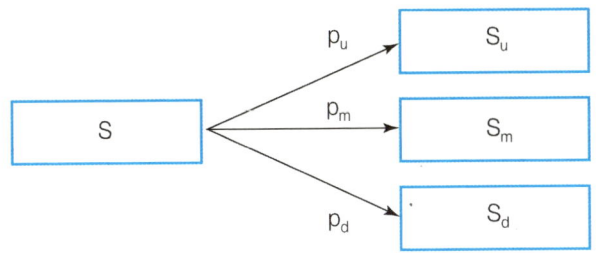

본 장에서는 주가 N항 모형 중 Cox-Ross-Rubinstein(CRR) 2항 모형, Jarrow-Rudd(JR) 2항 모형, Log-Transformed(LT) 2항 모형, Tian 2항 모형, Leisen-Reimer(LR) 2항 모형, Cox-Ross-Rubinstein(CRR) 확장 3항 모형, Boyle 3항 모형, Kamrad-Ritchken(KR) 3항 모형에 대하여 설명한다. 다만, 본서에서는 이 중 CRR 2항 모형과 CRR 확장 3항 모형에 대하여 주로 설명하고, 나머지 모형들에 대하여는 주요 변수의 산정 과정에 대하여 설명한다. 왜냐하면, 이들 모형들은 모두 주요 변수의 산정 과정만 다르고, 그 외의 주가 Tree 산정 과정 또는 옵션 가치 산정 과정 등이 모두 동일하기 때문이다.

1 주가 2항 모형에 대한 이해

1. 주가 2항 모형 개요

주가 2항 모형은 주가가 변동하는 과정을 Tree 형태로 나타내는 모형에 해당한다. 또한, 이러한 Tree를 생성하기 위하여는 주가(S), 주가 상승률(u), 주가 하락률(d) 등이 있어야 한다. 다만, 본 부분에서는 설명의 용이를 위하여, 이러한 정보들이 이미 주어져 있다고 가정하여 설명한다. 그리고, 이러한 정보들을 산출하는 과정에 대하여는 후에 자세히 설명하기로 한다.

주가 2항 모형의 실제 Tree를 생성하기 위하여, 다음과 같은 기초 정보가 주어져 있다고 가정한다.

	내역
S	900.00
u	173.734%
d	57.559%

(1) 1기간 2항 모형

1기간 2항 모형은 주가가 한 번 상승하였을 경우 또는 한번 하락하였을 경우만 존재하게 된다. 그리고, 이를 상기에서 가정한 내역을 반영하여 그림으로 작성하면, 다음과 같다.

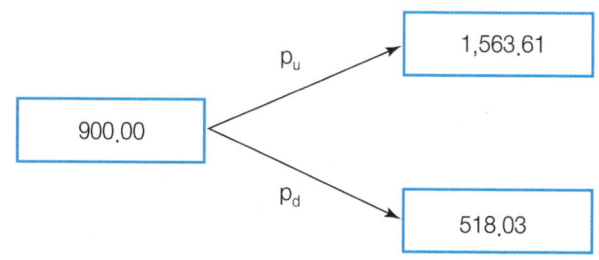

(*1) $S_u = u \times S = 173.734\% \times 900.00 = 1,563.61$
(*2) $S_d = d \times S = 57.559\% \times 900.00 = 518.03$

(2) 2기간 2항 모형

2기간 2항 모형은 주가가 1) 상승 & 상승, 2) 상승 & 하락, 3) 하락 & 상승, 4) 하락 & 하락의 4가지 경우가 존재한다. 그리고, 이를 상기에서 가정한 내역을 반영하여 표로 작성하면, 다음과 같다.

CASE	1기간		2기간	
	주가 변동	주가	주가 변동	주가
1	상승	1,563.61	상승	$1,563.61 \times 173.734\% = 2,716.53$
2	상승	1,563.61	하락	$1,563.61 \times 57.559\% = 900.00$
3	하락	518.03	상승	$518.03 \times 173.734\% = 900.00$
4	하락	518.03	하락	$518.03 \times 57.559\% = 298.17$

여기에서 중요한 점이 하나 있다. 상기 사례의 경우, 주가가 상승 & 하락한 경우의 주가와 하락 & 상승한 경우의 주가가 일치한다는 점이다. 그리고, 이렇게 주가가 상승 & 하락한 경우의 주가와 하락 & 상승한 경우의 주가가 일치하는 현상을 Recombination이 성립한다고 일컫는다.

Recombination이 성립하는 경우에는 다음의 그림과 같이 주가가 동일한 값들에 대하여 하나로 묶어서 표현할 수가 있다. 즉, 상기에서 알 수 있는 바와 같이, 2기간에서의 경우의 수는 총 4개가 있지만, 이를 3개로 줄여서 표시하는 것이다.

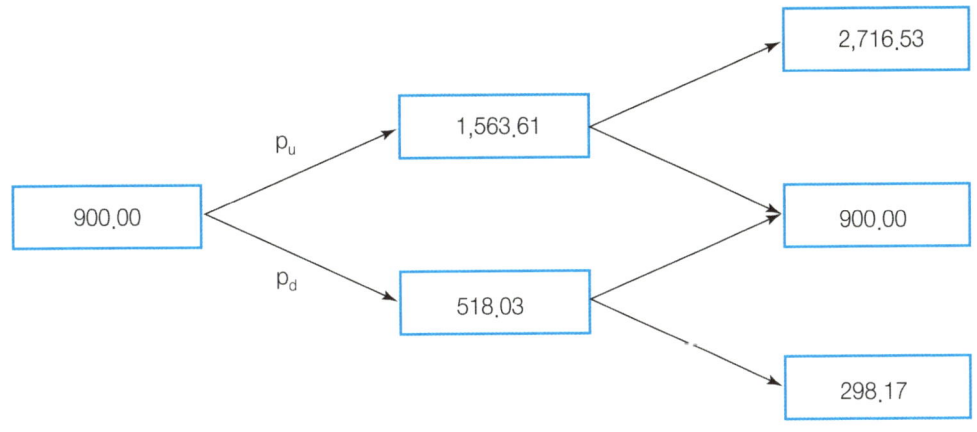

(3) 다 기간 2항 모형

유러피언 옵션에 있어서, 2항 모형의 기간 수가 증가하면 증가할수록 그 결과가 BSM 결과에 수렴해가는 특성이 있다. 이에 따라, 기간 수는 크면 클수록 좋다. 즉, 만기가 5년인 파생상품 등에 있어서, 2항 모형을 적용할 경우, 기간 수를 5로 적용하는 것보다 500으로 적용하는 것이 훨씬 더 높은 정확성을 나타낸다. 다만, 기간 수를 확장하는 데에는 물리적 한계가 있으므로, 적정한 수준에서 설정하여야 한다.

그리고, 이 때의 각각의 기간을 Time Step이라 부르며, 주가 하나 하나를 나타내는 Cell 들을 Node라 부른다. 예를 들면, 상기 2기간 2항 모형의 경우, 총 Time Step 수는 2이며, 전체 Node 개수는 6에 해당한다.

2. Recombination

상기 사례의 경우, 주가가 상승 & 하락한 경우의 주가 (S_{ud})와 주가가 하락 & 상승한 경우 의 주가(S_{du})가 일치하였다. 즉, Recombination이 성립하였다. 그러나, 이러한 Recombination 이 성립하지 않으면, 다음과 같은 2항 Tree가 작성되게 된다.

(ㄱ) Recombination이 성립하지 않는 경우 1

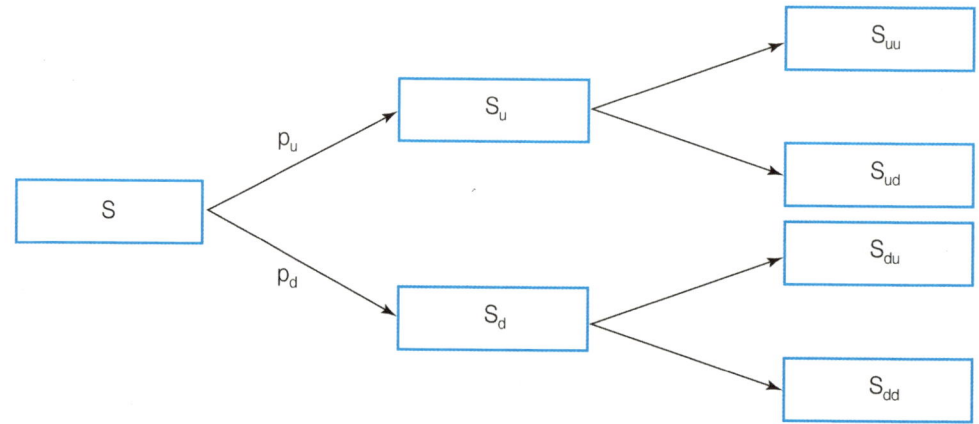

(ㄴ) Recombination이 성립하지 않는 경우 2

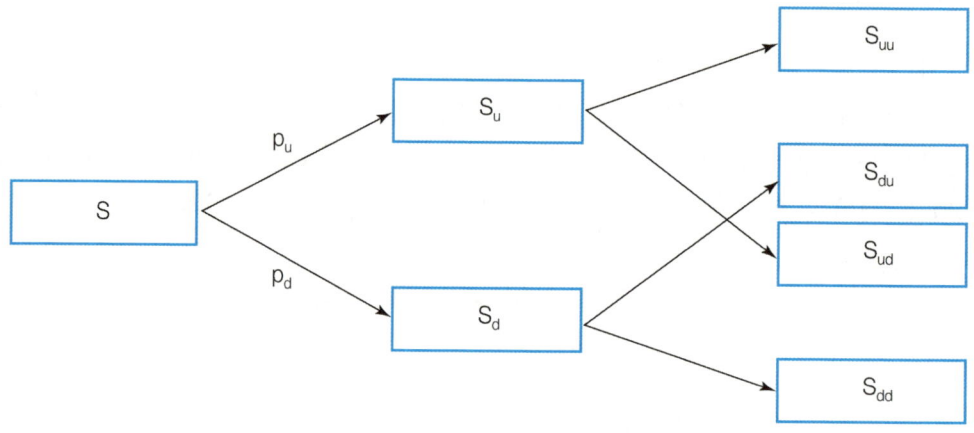

Recombination은 주가 2항 모형에 있어서 반드시 성립하여야 하는 가장 중요한 특성에 해당한다. 그렇지 않으면, 2항 Tree의 구현이 어렵기 때문이다. 상기 그림에서 알 수 있듯이, Time Step = 2인 경우에 있어서의 마지막 Time Step에서의 Node 수를 보면, Recombination이 성립하는 경우에는 3개의 Node로 축약할 수 있지만, 성립하지 않는 경우에는 4개의 Node가 존재하게 된다. 그리고, 이를 일반화하면, Time Step = N인 경우에 있어서의 마지막 Time Step에서의 Node 수는, Recombination이 성립하는 경우에는 N + 1개가 되지만, 성립하지 않는 경우에는 2^N개가 된다. 예를 들어, N = 100이라면, 마지막 Time Step에서의 Node 수는, Recombination이 성립하면 101개가 되지만, 성립하지 않으면 2^{100}개가 된다. 그리고, 2^{100}개는 실무적으로 해결할 수 있는 숫자가 아니다.

이에 따라, 주가 2항 모형을 구현함에 있어서는 반드시 Recombination이 성립하는지에 대하여 먼저 확인하여야 한다. 다만, 본서에서 설명할 예정인 CRR 2항 모형, JR 2항 모형, LT 2항 모형, Tian 2항 모형, LR 2항 모형은 항상 Recombination이 성립한다. 왜냐하면, 주가 2항 모형은 항상 Recombination이 성립하도록 개발되었기 때문이다. 그러나, 후에 설명하는 정액 배당이 있는 경우에는 Recombination이 성립하지 않으며, 이에 따라, Recombination이 성립하도록, 주가 Tree를 조정해 주어야 한다. 또한, 주가 Tree를 조정한 후에는 반드시 Recombination이 성립하는지를 확인하여야 한다.

3. 엑셀에서의 2항 모형 구현 방법

엑셀에서 2항 모형을 구현하는 경우에는 상기 그림들과 같이 상승 또는 하락을 구현하지 않고, 아래의 그림과 같이 구현하는 것이 효율적이다.

	0	1	2
0	S	S_u	S_{uu}
1		S_d	$S_{ud} = S_{du}$
2			S_{dd}

즉, 주가가 상승하는 경우에는 우측으로 이동하고, 주가가 하락하는 경우에는 우측 하방으로 이동하는 것으로 구현하는 것이다. 그리고, 이렇게 구현하면, 에셀 수식을 복사하여 붙이는 과정이 훨씬 효율적이게 된다.

또한, Time Step 번호(상기 표 상 최상단 행)는 0부터 시작하여 N까지 적용하고, Node 번호(상기 표 상 최좌측 열) 또한 0부터 시작하여 N까지 적용한다. 그리고, Time Step = i, Node 번호 = j인 Node를 N(i, j)로 표기한다. 예를 들면, N(0, 0)은 Time Step = 0, Node 번호 = 0인 Node로서, 이 때 주가는 현재 주가인 S를 나타낸다.

4. Time Step별 이자율

주가 2항 모형에서는 만기까지의 기간을 N개로 구분해서 진행하기 때문에, 각각의 기간에 적용될 이자율을 산정하여야 한다. 그리고, 보편적으로, 주가 2항 모형은 대부분 기간 단위를 연 단위로 적용하고 있기 때문에, 각각의 기간에 적용되는 이자율은 연 복리 선도이자율이 적용된다. 또한, 연속 2항 모형(엄밀하게 말하면, 연속 모형을 이산화한 모형에 해당하지만, 이후 연속 모형으로 줄여서 기재함)에 해당하기 때문에, 연속 이자율을 적용하여야 한다. 아울러, 주가 2항 모형은 위험 중립적 하에서 무위험 이자율이 적용된다.

앞 장에서 언급한 바와 같이, YTM YC로부터 CYFWD를 산출하는 방법에는 여러 가지 방법이 있다. 다만, 본 부분에서는 DHSPOT → 보간법 적용 → DHFWD → CHFWD → CYFWD(연 복리 변환)의 순서로 산출하는 방법에 대하여 설명한다(상세 내역은 별첨 엑셀 파일 참조).

(STEP 1) 신용평가회사 등이 제공하는 국공채 YTM YC(무위험 이자율)를 입수한다.

(STEP 2) 반기 단위로 기간을 설정하고, 각 기간에 해당하는 DHYTMY을 상기 (STEP 1)의 YTM YC에 대하여 보간법을 적용하여 산정한다.

(STEP 3) 상기 (STEP 2)의 DHYTMY을 2로 나누어 DHYTM으로 변환한다.

(STEP 4) 상기 (STEP 3)의 DHYTM을 기준으로 반기 단위 Bootstrapping을 진행하여 DHSPOT을 산출한다.

(STEP 5) 상기 (STEP 4)의 DHSPOT에 보간법을 적용하여 Time Step 별 DHSPOT을 산출한다.

(STEP 6) 상기 (STEP 5)의 Time Step 별 DHSPOT을 기준으로, Time Step 별 DHFWD을 산출한다.

$$DHFWD_t = \frac{(1 + DHSPOT_t)^t}{(1 + DHSPOT_{t-1})^{t-1}} - 1$$

t : 당해 Time Step 시점(번호)

(STEP 7) 상기 (STEP 6)의 Time Step 별 DHFWD을 Time Step 별 CHFWD로 변환한다.

$$CHFWD_t = LN(1 + DHFWD_t)$$

(STEP 8) 상기 (STEP 7)의 Time Step 별 CHFWD을 Time Step 별 CYFWD로 변환한다.

$$CYFWD_t = 2 \times CHFWD_t$$

여기에서 주의할 점은 보간법을 적용하여 Time Step 별 이자율을 산출하는 단계이다. 즉, 앞에서 언급한 바와 같이, 보간법을 적용하여 Time Step 별 이자율을 산출하는 단계는 반드시 상기 (STEP 5)에서 진행하여야 한다. 왜냐하면, 이렇게 진행하지 않고, 다른 단계에서 보간법을 진행하게 되면, 이후의 이자율이 달라지기 때문이다. 그러나, 반기 복리 이자율을 연 복리 이자율로 변환하는 단계와 이산 복리 이자율을 연속 복리 이자율로 변환하는 단계는 상기 (STEP 5)가 끝나면 언제든지 가능하다.

2 ▶ 확률 과정과 주가 2항 모형

앞서 확률 과정에서 언급한 바와 같이, 파생상품을 평가함에 있어 적용되는 확률 과정에는 산술 브라운 운동, 기하 브라운 운동이 있다. 또한, 이러한 확률 과정 중에서 가장 많이 사용되고 있는 확률 과정은 기하 브라운 운동에 해당한다. 다음은 각각의 확률 과정으로부터 주가 2항 모형을 산출하는 과정에 대하여 설명하는 내역에 해당한다.

1. 산술 브라운 운동

산술 브라운 운동은 주식의 가격 차이가 $N(\mu dt, \sigma^2 dt)$를 따르는 확률 과정에 해당한다. 즉, 다음과 같은 산식이 성립하는 확률 과정에 해당한다.

$$dS_t = S_t - S_{t-1} = \mu dt + \sigma dZ \leftrightarrow dS_t \sim N(\mu dt, \upsilon^2 dt)$$
$$S_t = S_{t-1} + \mu dt + \sigma dZ \leftrightarrow S_t \sim N(S_{t-1} + \mu dt, \sigma^2 dt)$$

그러나, CRR 2항 모형, JR 2항 모형, LT 2항 모형, Tian 2항 모형, LR 2항 모형 중에서 산술 브라운 운동을 기준으로 하는 모형은 없다. 이에 따라, 산술 브라운 운동을 기준으로 하는 2항 모형에 대한 더 이상의 설명은 생략한다.

2. 기하 브라운 운동

기하 브라운 운동은 다음과 같은 산식을 따르는 확률 과정에 해당한다.

$$dS_t = \mu S_t dt + \sigma S_t dZ$$

그리고, 기초자산 S가 이러한 확률 과정을 따를 때, 기초자산 S는 로그 정규분포를 따른다.

즉, 다음의 관계가 성립한다.

$$dLN(S_t) = (\mu - 0.5\sigma^2)dt + \sigma dZ \leftrightarrow dLN(S_t) \sim N\left((\mu - 0.5\sigma^2)dt, \sigma^2 dt\right)$$

$$dLN(S_t) = LN(S_t) - LN(S_{t-1}) = LN\left(\frac{S_t}{S_{t-1}}\right) = (\mu - 0.5\sigma^2)dt + \sigma dZ$$

$$S_t = S_{t-1}e^{(\mu - 0.5\sigma^2)dt + \sigma dZ} \leftrightarrow S_t \sim N\left(S_{t-1}e^{\mu dt}, \ S_{t-1}^2 e^{2\mu dt}\left(e^{\sigma^2 dt} - 1\right)\right)$$

여기에서, $\mu - 0.5\sigma^2$는 연간 주식의 로그 수익률의 기대 수익률에 해당하고, μ는 위험 중립 하에서 무위험 CYFWD로 산정(수익률 배당이 없는 경우)되며, σ는 연간 주식의 로그 수익률 변동성에 해당한다. 또한, dZ는 $\epsilon\sqrt{dt}$ 에 해당한다. 이러한 사항을 상기 산식에 반영하면, 다음과 같은 산식이 도출된다.

$$S_t = S_{t-1}e^{(r_t - 0.5\sigma^2)dt + \sigma\epsilon\sqrt{dt}} \leftrightarrow S_t \sim N\left(S_{t-1}e^{r_t dt}, \ S_{t-1}^2 e^{2r_t dt}\left(e^{\sigma^2 dt} - 1\right)\right)$$

(1) CRR 2항 모형 접근법

CRR 2항 모형은 $Drift = (r_t - 0.5\sigma^2)dt$를 헤지 확률에 반영하는 방법에 해당한다. 그리고, 주가가 상승하였을 경우의 주가 (S_u)와 주가가 하락하였을 경우의 주가 (S_d)를 다음과 같이 정의한다.

$$S_u = S_{t-1}e^{\sigma\sqrt{dt}} \leftrightarrow \epsilon = +1 \leftrightarrow u = e^{\sigma\sqrt{dt}}$$

$$S_d = S_{t-1}e^{-\sigma\sqrt{dt}} \leftrightarrow \epsilon = -1 \leftrightarrow d = e^{-\sigma\sqrt{dt}}$$

또한, 이 때의 헤지 확률은 다음과 같이 산정한다.

$$p_u = \frac{1}{2}\left(1 + (r_t - 0.5 \times \sigma^2)\frac{\sqrt{dt}}{\sigma}\right) \text{or} \ \frac{e^{r_t dt} - d}{u - d}$$

상기 중 주가 상승 확률은 좌변의 식과 우변의 식이 모두 사용 가능하며, 미미한 차이가 발생한다. 그리고, 최근에는 좌변의 식보다 우변의 식을 더 많이 사용하고 있다. 이에 따라, 본서에서도 CRR 2항 모형을 사용할 시에는 우변의 식을 사용하기로 한다.

그리고, 이렇게 Drift를 확률에 반영하게 되면, 항상 Recombination이 성립하게 된다. 다음은 Recombination이 성립하는 과정에 대하여 설명하는 내역에 해당한다. 여기에서, S_0는 현재의 주가에 해당한다.

$$S_{ud} = S_u \times e^{-\sigma\sqrt{dt}} = S_0 \times e^{\sigma\sqrt{dt}} \times e^{-\sigma\sqrt{dt}} = S_0$$

$$S_{du} = S_d \times e^{\sigma\sqrt{dt}} = S_0 \times e^{-\sigma\sqrt{dt}} \times e^{\sigma\sqrt{dt}} = S_0$$

$$S_{ud} - S_{du} = 0 \leftrightarrow S_{ud} = S_{du}$$

(2) JR 2항 모형 접근법

JR 2항 모형은 $Drift = (r_t - 0.5\sigma^2)dt$를 주가에 반영하는 방법에 해당한다. 그리고, 주가가 상승하였을 경우의 주가 (S_u)와 주가가 하락하였을 경우의 주가 (S_d)를 다음과 같이 정의한다.

$$S_u = S_{t-1}e^{(r_t - 0.5\sigma^2)dt + \sigma\sqrt{dt}} \leftrightarrow \epsilon = +1 \ \leftrightarrow u = e^{(r_t - 0.5\sigma^2)dt + \sigma\sqrt{dt}}$$

$$S_d = S_{t-1}e^{(r_t - 0.5\sigma^2)dt - \sigma\sqrt{dt}} \leftrightarrow \epsilon = -1 \ \leftrightarrow d = e^{(r_t - 0.5\sigma^2)dt - \sigma\sqrt{dt}}$$

또한, 이 때의 헤지 확률은 항상 0.5에 해당한다.

그리고, 이렇게 Drift를 주가에 반영하게 되면, 항상 Recombination이 성립하게 된다. 다음은 Recombination이 성립하는 과정에 대하여 설명하는 내역에 해당한다. 여기에서, S_0는 현재의 주가에 해당하고, r_1은 현재의 시점과 1기간 후의 시점 사이에 적용되는 CYFWD에 해당하며, r_2은 1기간 후의 시점과 2기간 후의 시점 사이에 적용되는 CYFWD에 해당한다.

$$S_{ud} = S_u \times e^{(r_2 - 0.5\sigma^2)dt - \sigma\sqrt{dt}}$$
$$= S_0 \times e^{(r_1 - 0.5\sigma^2)dt + \sigma\sqrt{dt}} \times e^{(r_2 - 0.5\sigma^2)dt - \sigma\sqrt{dt}} = S_0 \times e^{(r_1 + r_2 - \sigma^2)dt}$$

$$S_{du} = S_d \times e^{(r_2 - 0.5\sigma^2)dt + \sigma\sqrt{dt}}$$
$$= S_0 \times e^{(r_1 - 0.5\sigma^2)dt - \sigma\sqrt{dt}} \times e^{(r_2 - 0.5\sigma^2)dt + \sigma\sqrt{dt}} = S_0 \times e^{(r_1 + r_2 - \sigma^2)dt}$$

$$S_{ud} - S_{du} = 0 \leftrightarrow S_{ud} = S_{du}$$

(3) 기타의 2항 모형

기타의 2항 모형으로서, LT 2항 모형, Tian 2항 모형, LR 2항 모형 등이 있다. 그리고, 이들은 모두 CRR 2항 모형의 단점을 보완하고자 개발되었으며, $Drift = (r_t - 0.5\sigma^2)dt$를 헤지 확률 및 주가에 모두 반영하고 있다.

3 > Cox – Ross – Rubinstein(CRR) 2항 모형

CRR 2항 모형은 주가 2항 모형으로서, 1979년 John Cox, Stephen Ross, Mark Rubinstein에 의하여 개발되었다. 또한, 다음의 관계가 성립한다.

구분	내역
u	$e^{\sigma\sqrt{dt}}$
d	$e^{-\sigma\sqrt{dt}} = \dfrac{1}{u}$
p	$\dfrac{1}{2}\left(1 + (r_t - 0.5 \times \sigma^2)\dfrac{\sqrt{dt}}{\sigma}\right)$ or $\dfrac{e^{r_t dt} - d}{u - d}$

상기 CRR 2 모형은 실무에서 가장 많이 사용되고 있는 모형에 해당한다. 이제 CRR 2항 모형을 이용하여 주가 변동 Tree를 작성해 보자. 또한, 다음과 같은 사례를 이용한다.

사례 1 주가 자료

항목	내역
주가	900
주가 변동성(로그 수익률 변동성)	55.236%

상기 중 로그 수익률 변동성은 앞서 "기초 변수 – 변동성"에서 산정하였던, 로그 수익률 변동성의 연 환산 변동성에 해당한다. 또한, 다음 사례와 같이 이자율 자료가 주어져 있다고 가정하자.

사례 2 이자율 자료

	1	2	3	4	5
CYSPOT	4.000%	4.200%	4.400%	4.600%	4.800%
CYFWD	4.000%	4.400%	4.800%	5.200%	5.600%

(STEP 1) 상기 사례를 이용하여, 다음과 같이 주가 상승률, 주가 하락률, 헤지 확률 등을 산출한다. 다만, Time Step 수는 5개를 적용하기로 한다.

	0	1	2	3	4	5
dt		1.00	1.00	1.00	1.00	1.00
u		173.734%	173.734%	173.734%	173.734%	173.734%
d		57.559%	57.559%	57.559%	57.559%	57.559%
p_u		40.045%	40.404%	40.764%	41.126%	41.490%
p_d		59.955%	59.596%	59.236%	58.874%	58.510%

(*1) dt : Time Step 간 기간 간격(연 단위)
(*2) u, d, p_u : 상기 산식을 이용하여 산정
(*3) p_d : $1-p_u$로 산정

여기에서 주의하여야 할 점이 있다. 바로, u와 d를 산정하는 과정에 적용하는 주가 변동성은 상기 사례 1의 로그 수익률 변동성에 해당하고, p_u와 p_d를 산정하는 과정에 적용하는 이자율은 상기 사례 2 중에서 CYFWD에 해당한다는 점이다.

(STEP 2) 상기 (STEP 1)의 결과를 이용하여, 다음과 같이 주가 Tree를 생성한다.

	0	1	2	3	4	5
0	900.00	1,563.61	2,716.53	4,719.55	8,199.48	14,245.32
1		518.03	900.00	1,563.61	2,716.53	4,719.55
2			298.17	518.03	900.00	1,563.61
3				171.63	298.17	518.03
4					98.79	171.63
5						56.86

(*1) N(0, 0)에는 현재의 주가를 기재함.
(*2) N(1, 0)에는 직전 주가인 N(0, 0)의 주가에 1년차의 주가 상승률인 173.734%를 곱하여 산정함. 이러한 방식으로, N(2, 0), N(3, 0), N(4, 0), N(5, 0)의 주가를 산정함.
(*3) N(1, 1)에는 직전 주가인 N(0, 0)의 주가에 1년차의 주가 하락률인 57.559%를 곱하여 산정함. 이러한 방식으로, 나머지 모든 Node의 주가를 산정함. 예를 들면, N(3, 2)의 주가는 N(2, 1)의 주가에 3년차의 주가 하락률인 57.559%를 곱하여 산정함.

또한, 본 모형의 경우, 다음과 같은 Rollback이 성립한다. 즉, 현재 주가(S_t)에서 1기간 동안 변동한 주가들의 기대가치를 현재의 Time Step으로 할인한 가치는 현재 주가와 일치

한다는 것이다. 다만, 후에 설명하는 수익률 배당이 있는 경우에는, 배당 효과로 인하여, Rollback이 성립하지 않는다.

$$\frac{p_u \times S_u + p_d \times S_d}{e^{CYFWD_{t+1} \times dt}} = S_t$$

예를 들어, 현재의 Node가 $N(2, 2)$라고 가정하면,

$$\frac{p_u \times S(3,2) + p_d \times S(3,3)}{e^{CYFWD_{t+1} \times dt}} = \frac{40.764\% \times 518.03 + 59.236\% \times 171.63}{e^{4.800\% \times 1}} = 298.17 = S(2,2)$$

4 기타의 2항 모형

본 부분에서는 JR 2항 모형, LT 2항 모형, Tian 2항 모형, LR 2항 모형과 관련하여, 가장 중요한 변수인 u, d, p_u를 산정하는 과정에 대하여 설명한다. 다만, 주가 Tree 등의 산정 과정은 별첨 엑셀 파일에 포함되어 있으므로, 별첨 엑셀 파일을 참고하기 바란다.

1. JR 2항 모형

JR 2항 모형은 주가 2항 모형으로서, 1983년 Robert Jarrow, Andrew Rudd에 의하여 개발되었다. 또한, 다음의 관계가 성립한다.

구분	내역
u	$e^{(r_t - 0.5\sigma^2)dt + \sigma\sqrt{dt}}$
d	$e^{(r_t - 0.5\sigma^2)dt - \sigma\sqrt{dt}}$
p	0.5

2. LT 2항 모형

LT 2항 모형은 주가 2항 모형으로서, 1991년 Lenos Trigeorgis에 의하여 개발되었다. 또한, 다음의 관계가 성립한다.

구분	내역
u	e^{h}
d	e^{-h}
p	$\dfrac{1}{2}\left(1+\dfrac{k^{2}\mu}{h}\right)$

(*) $\mu=\dfrac{r_{t}}{\sigma^{2}}-\dfrac{1}{2}$ & $k=\sigma\sqrt{dt}$ & $h=\sqrt{k^{2}+\left(k^{2}\mu\right)^{2}}$

3. Tian 2항 모형

Tian 2항 모형은 주가 2항 모형으로서, 1993년 Yisong Tian에 의하여 개발되었다. 또한, 다음의 관계가 성립한다.

구분	내역
u	$\dfrac{1}{2}MV\left(V+1+\sqrt{V^{2}+2V-3}\right)$
d	$\dfrac{1}{2}MV\left(V+1-\sqrt{V^{2}+2V-3}\right)$
p	$\dfrac{e^{r_{t}dt}-d}{u-d}$

(*) $M=e^{r_{t}dt}$ & $V=e^{\sigma^{2}dt}$

4. LR 2항 모형

LR 2항 모형은 주가 2항 모형으로서, 1996년 Dietmar Leisen, Matthias Reimer에 의하여 개발되었다. 또한, 다음의 관계가 성립한다.

구분	내역
u	$\dfrac{a}{b}e^{r_{t}dt}$
d	$\dfrac{1-a}{1-b}e^{r_{t}dt}$
p	b

$$(*1) \quad a = h^{-1}(d_1) \ \& \ b = h^{-1}(d_2) \ \& \ d_1 = \frac{\ln\left(\dfrac{S_0}{K}\right) + \left(r_t + 0.5\sigma^2\right)T}{\sigma\sqrt{T}} \ \& \ d_2 = d_1 - \sigma\sqrt{T}$$

$$(*2) \quad h^{-1}(x) = \begin{cases} \dfrac{1}{2} + \dfrac{\text{sign}(x)}{2}\left[1 - \exp\left\{-\left(\dfrac{x}{N+\dfrac{1}{3}}\right)^2\left(N+\dfrac{1}{6}\right)\right\}\right]^{\frac{1}{2}} \\ \qquad\qquad\qquad\qquad OR \\ \dfrac{1}{2} + \dfrac{\text{sign}(x)}{2}\left[1 - \exp\left\{-\left(\dfrac{x}{N+\dfrac{1}{3}+\dfrac{0.1}{N+1}}\right)^2\left(N+\dfrac{1}{6}\right)\right\}\right]^{\frac{1}{2}} \end{cases}$$

(*3) 상기 중 r_t은 t−1시점과 t시점 사이에 적용되는 CYFWD에 해당함.

(*4) 상기 중 sign(x)는 부호 함수로서, x〉0인 경우에는 +1, x=0인 경우에는 0, x〈0인 경우에는 −1에 해당함.

(*5) 상기 중 N은 총 Time Step 수에 해당하며, Time Step 번호에 따라 변동하지 아니함.

(*6) 상기 중 T는 평가 기준일로부터의 잔여 만기에 해당하며, Time Step 번호에 따라 변동하지 아니함.

5 > Cox-Ross-Rubinstein(CRR) 확장 3항 모형

1. 다 기간 3항 모형

주가 3항 모형에서는 만기까지의 기간을 N개로 구분한 다음, 각각의 기간에 대하여 3항 Tree로서 주가 변동을 구현한다. 그리고, 본 장의 도입 부분에서 설명한 그림은 N = 1인 경우의 3항 Tree에 해당한다. 이에 따라, 본 장의 도입 부분에서 설명한 그림을 N = 2인 경우로 확장하면 다음과 같다.

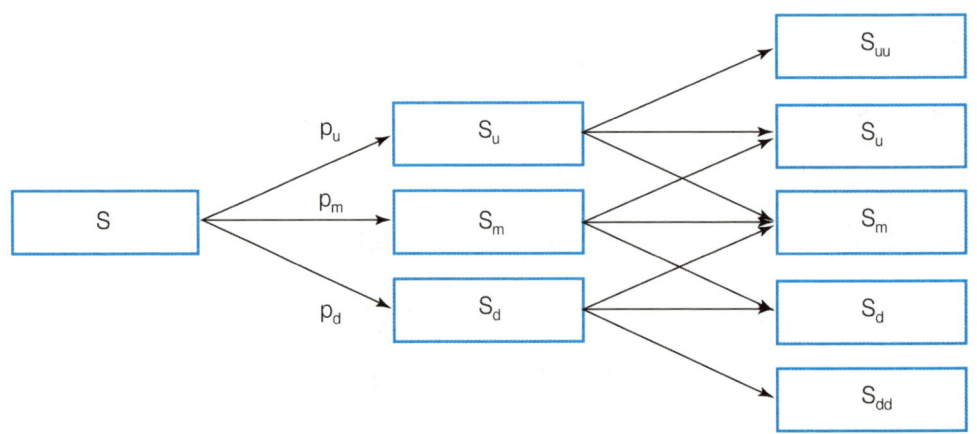

1기간	2기간	결과
상승	상승	u^2S
상승	유지	uS
상승	하락	S
유지	상승	uS
유지	유지	S
유지	하락	dS
하락	상승	S
하락	유지	dS
하락	하락	d^2S

상기에서, u는 주가 상승률에 해당하고, d는 주가 하락률에 해당한다. 그리고, 상기에서, 가장 중요한 특성이 하나 있다. 즉, 주가 2항 모형과 동일하게, Recombination이 성립하여야 한다는 것이다. 만약, Recombination이 성립하지 않으면, 마지막 Time Step에서의 Node 개수가 기하 급수적으로 증가하게 된다. 예를 들어, 총 Time Step 수인 N = 100이라면, 마지막 Time Step에서의 Node 개수는, Recombination이 성립하면 201($2 \times 100 + 1$)개가 되지만, 성립하지 않으면 3^{100}개가 된다. 그리고, 3^{100}개는 실무적으로 해결할 수 있는 숫자가 아니다.

이에 따라, 주가 3항 모형을 구현함에 있어서는 반드시 Recombination이 성립하는지에 대하여 먼저 확인하여야 한다. 다만, 본서에서 설명할 예정인 CRR 확장 3항 모형, Boyle 3항 모형, KR 3항 모형은 항상 Recombination이 성립한다. 왜냐하면, 주가 3항 모형은 항상 Recombination이 성립하도록 개발되었기 때문이다. 그러나, 후에 설명하는 정액 배당이 있는 경우에는 Recombination이 성립하지 않으며, 이에 따라, Recombination이 성립하도록, 주가 Tree를 조정해 주어야 한다. 또한, 주가 Tree를 조정한 후에는 반드시 Recombination이 성립하는지를 확인하여야 한다.

2. 엑셀에서의 3항 모형 구현 방법

엑셀에서 3항 모형을 구현하는 경우에는 상기 그림 또는 하기와 같이 상승, 유지, 하락을 구현하는 것이 효율적이다.

	0	1	2
(2)			S_{uu}
(1)		S_u	S_u
0	S	S_m	S_m
1		S_d	S_d
2			S_{dd}

즉, 주가가 상승하는 경우에는 우측 상방으로 이동하고, 주가가 유지되는 경우에는 우측으로 이동하며, 주가가 하락하는 경우에는 우측 하방으로 이동하는 것으로 구현하는 것이다. 그리고, 이렇게 구현하면, 엑셀 수식을 복사하여 붙이는 과정이 훨씬 효율적이게 된다.

또한, Time Step 번호(상기 표 상 최상단 행)는 0부터 시작하여 N까지 적용하고, Node 번호(상기 표 상 최좌측 열) -N부터 시작하여 N까지 적용한다. 그리고, Time Step = i, Node 번호 = j인 Node를 N(i, j)로 표기한다. 예를 들면, N(0, 0)은 Time Step = 0, Node 번호 = 0인 Node로서, 이 때 주가는 현재 주가인 S를 나타낸다.

3. Time Step 별 이자율

Time Step 별 이자율을 산정하는 과정은 앞서 주가 2항 모형에서 설명한 바와 동일하다. 그리고, 현재 개발되어 있는 주가 3항 모형은 연속 모형에 해당하는 바, 적용되어야 하는 이자율은 CYFWD에 해당한다.

4. CRR 확장 3항 모형

CRR 확장 3항 모형은 주가 3항 모형으로서, CRR 2항 모형을 확장한 모형에 해당한다. 또한, 다음의 관계가 성립한다.

구분	내역
u	$e^{\sigma\sqrt{2dt}}$
d	$e^{-\sigma\sqrt{2dt}} = \dfrac{1}{u}$
m	1
p_u	$\left[\dfrac{e^{r_t \times dt/2} - e^{-\sigma\sqrt{dt/2}}}{e^{\sigma\sqrt{dt/2}} - e^{-\sigma\sqrt{dt/2}}}\right]^2$
p_d	$\left[\dfrac{e^{\sigma\sqrt{dt/2}} - e^{r_t \times dt/2}}{e^{\sigma\sqrt{dt/2}} - e^{-\sigma\sqrt{dt/2}}}\right]^2$
p_m	$1 - p_u - p_u$

이제 주가 3항 모형을 이용하여 주가 변동 Tree를 작성해 보자. 또한, 사례는 앞서 언급한 사례를 이용한다.

(STEP 1) 앞서의 사례를 이용하여, 다음과 같이 주가 상승률, 주가 유지율, 주가 하락률, 주가 상승 확률, 주가 유지 확률, 주가 하락 확률 등을 산출한다. 다만, Time Step 수는 5개를 적용하기로 한다.

	0	1	2	3	4	5
dt		1.00	1.00	1.00	1.00	1.00
u		218.399%	218.399%	218.399%	218.399%	218.399%
m		100.000%	100.000%	100.000%	100.000%	100.000%
d		45.788%	45.788%	45.788%	45.788%	45.788%
p_u		18.386%	18.606%	18.827%	19.049%	19.274%
p_m		48.986%	49.057%	49.126%	49.192%	49.256%
p_d		32.628%	32.337%	32.047%	31.758%	31.470%

여기에서 주의하여야 할 점이 있다. 바로, u, m, d를 산정하는 과정에 적용하는 주가 변동성은 상기 사례 1의 로그 수익률 변동성에 해당하고, p_u, p_m, p_d를 산정하는 과정에 적용하는 이자율은 상기 사례 2 중에서 CYFWD에 해당한다는 점이다.

(STEP 2) 상기 (STEP 1)의 결과를 이용하여, 다음과 같이 주가 Tree를 생성한다.

	0	1	2	3	4	5
(5)						44,719.02
(4)					20,475.87	20,475.87
(3)				9,375.46	9,375.46	9,375.46
(2)			4,292.82	4,292.82	4,292.82	4,292.82
(1)		1,965.59	1,965.59	1,965.59	1,965.59	1,965.59
0	900.00	900.00	900.00	900.00	900.00	900.00
1		412.09	412.09	412.09	412.09	412.09
2			188.69	188.69	188.69	188.69
3				86.40	86.40	86.40
4					39.56	39.56
5						18.11

(*1) N(0, 0)에는 현재의 주가를 기재함.
(*2) N(1, -1)에는 직전 주가인 N(0, 0)의 주가에 1년차의 주가 상승률인 218.399%를 곱하여 산정함. 이러한 방식으로, N(2, -2), N(3, -3), N(4, -4), N(5, -5)의 주가를 산정함. 즉, N(i, j)에서 j가 (+)인 경우에는 주가가 하락하는 횟수에 해당하며, j가 (-)인 경우에는 주가가 상승하는 횟수에 해당함.
(*3) N(1, 1)에는 직전 주가인 N(0, 0)의 주가에 1년차의 주가 하락률인 45.788%를 곱하여 산정함. 이러한 방식으로, N(2, 2), N(3, 3), N(4, 4), N(5, 5)의 주가를 산정함. 즉, N(i, j)에서 j가 (+)인 경우에는 주가가 하락하는 횟수에 해당하며, j가 (-)인 경우에는 주가가 상승하는 횟수에 해당함.
(*4) N(1, 0)에는 직전 주가인 N(0, 0)의 주가에 1년차의 주가 유지율인 100.000%를 곱하여 산정함. 이러한 방식으로, N(2, -1)~N(2, 1), N(3, -2)~N(3, 2), N(4, -3)~N(4, 3), N(5, -4)~N(5, 4)의 주가를 산정함.

또한, 본 모형의 경우, 다음과 같은 Rollback이 성립한다. 즉, 현재 주가 (S_t)에서 1기간 동안 변동한 주가들의 기대가치를 현재의 Time Step으로 할인한 가치는 현재 주가와 일치한다는 것이다. 다만, 후에 설명하는 수익률 배당이 있는 경우에는, 배당 효과로 인하여, Rollback이 성립하지 않는다.

$$\frac{p_u \times S_u + p_m \times S_m + p_d \times S_d}{e^{CYFWD_{t+1} \times dt}} = S_t$$

예를 들어, 현재의 Node가 N(2, 2)라고 가정하면, 다음과 같이 Rollback이 성립한다.

$$\frac{p_u \times S(3,1) + p_m \times S(3,2) + p_d \times S(3,3)}{e^{CYFWD_{t+1} \times dt}}$$

$$= \frac{18.827\% \times 412.09 + 49.126\% \times 188.69 + 32.047\% \times 86.40}{e^{4.800\% \times 1}} = 188.69 = S(2,2)$$

6 기타의 3항 모형

1. Boyle 3항 모형

Boyle 3항 모형은 주가 3항 모형으로서, 1986년 Phelim Boyle에 의하여 개발되었다. 또한, 다음의 관계가 성립한다.

구분	내역
u	$e^{\lambda \sigma \sqrt{dt}}$
d	$e^{-\lambda \sigma \sqrt{dt}}$
m	1
p_u	$\dfrac{(V + M^2 - M)u - (M-1)}{(u-1)(u^2-1)}$
p_d	$\dfrac{(V + M^2 - M)u^2 - (M-1)u^3}{(u-1)(u^2-1)}$
p_m	$1 - p_u - p_u$

(*1) $M = e^{r_t dt}$ & $V = (e^{\sigma^2 dt} - 1)M^2$

(*2) 상기 중 λ는 Simulation을 통하여 최적의 값을 찾아야 하는 변수에 해당하며, 보편적으로는 $\sqrt{2}$ 또는 $\sqrt{3}$ 을 적용하고 있음.

2. KR 3항 모형

KR 3항 모형은 주가 3항 모형으로서, 1991년 Bardia Kamrad, Peter Ritchken에 의하여 개발되었다. 또한, 다음의 관계가 성립한다.

구분	내역
u	$e^{\lambda\sigma\sqrt{dt}}$
d	$e^{-\lambda\sigma\sqrt{dt}}$
m	1
p_u	$\dfrac{1}{2\lambda^2}+\dfrac{D\sqrt{dt}}{2\lambda\sigma}$
p_d	$\dfrac{1}{2\lambda^2}-\dfrac{D\sqrt{dt}}{2\lambda\sigma}$
p_m	$1-\dfrac{1}{\lambda^2}$

(*1) $D = r_t - 0.5\sigma^2$

(*2) 상기 중 λ는 Simulation을 통하여 최적의 값을 찾아야 하는 변수에 해당하며, 보편적으로는 $\sqrt{2}$ 또는 $\sqrt{3}$ 을 적용하고 있음.

(*3) 상기에서 λ=1을 적용하는 경우, CRR 2항 모형과 일치하게 됨.

7 ﹥ 현금 배당

옵션의 행사일과 배당 지급일이 동일할 때, 이러한 배당이 옵션의 권리자와 옵션의 의무자 중에서, 누구에게 귀속되는지에 따라, 옵션의 가치는 달라지게 된다. 그리고, 보편적으로, 콜옵션의 경우에는 배당이 옵션의 의무자에게 귀속하고, 풋옵션의 경우에는 배당이 옵션의 권리자에게 귀속하는 바, 배당이 있는 경우에는 기초자산인 주가를 배당락 후의 주가로 산정하고 있다. 다만, 이는 실제 옵션 계약에 따라 달라질 수 있으므로, 실제 옵션 계약에 따라 적절히 반영되어야 한다.

배당은 크게 수익률 배당, 시가 배당, 정액 배당으로 구분된다. 본 부분에서는 이러한 배당이 있는 경우에 있어서, 주가 N항 모형에 의한 주가 Tree의 생성 방법에 대하여 설명한다. 또한, 콜옵션의 경우에는 배당이 옵션의 의무자에게 귀속하고, 풋옵션의 경우에는 배당이 옵션의 권리자에게 귀속하는 것으로 가정한다. 다만, 2항 모형은 CRR 2항 모형을 기준으로 설명한다.

1. 수익률 배당

수익률 배당은 연속 배당으로서, 배당 수익률("q")을 확률 과정의 Drift에 반영하는 배당에 해당한다. 즉, 수익률 배당은 연속적으로 배당이 발생하고, 이에 따라, 주가가 배당락만큼 연속적으로 하락하게 되는 것을 의미한다. 보편적으로, 위험 중립적 상황에서는 확률 과정의 Drift가 무위험 이자율에 해당한다. 그러나, 연속 배당이 발생하게 되면, 기대 수익률이 배당 수익률만큼 하락하게 된다. 즉, 확률 과정의 Drift가 r_t에서 $r_t - q$로 변경되며, 주가 상승 확률 p도 다음과 같이 변경된다.

$$p = \frac{e^{r_t dt} - d}{u - d} \rightarrow p = \frac{e^{(r_t - q)dt} - d}{u - d}$$

상기 사례 1 및 사례 2에서, q=1.00%의 수익률 배당이 발생한다고 가정하자. 이러한 경우, 주가 상승 확률이 변동하게 되며, 다음은 그 결과를 나타내는 내역에 해당한다.

| 수익률 배당 반영 전 |

	1	2	3	4	5
dt	1.00	1.00	1.00	1.00	1.00
u	173.734%	173.734%	173.734%	173.734%	173.734%
d	57.559%	57.559%	57.559%	57.559%	57.559%
p_u	40.045%	40.404%	40.764%	41.126%	41.490%
p_d	59.955%	59.596%	59.236%	58.874%	58.510%

| 수익률 배당 반영 후 |

	1	2	3	4	5
dt	1.00	1.00	1.00	1.00	1.00
u	173.734%	173.734%	173.734%	173.734%	173.734%
d	57.559%	57.559%	57.559%	57.559%	57.559%
p_u	39.153%	39.509%	39.866%	40.224%	40.584%
p_d	60.847%	60.491%	60.134%	59.776%	59.416%

상기 표에서 알 수 있는 바와 같이, CRR 2항 모형에 수익률 배당을 반영하게 되면, 주가 상승률과 주가 하락률에 미치는 영향은 없지만, 주가 상승 확률이 하락하게 된다.

2. 시가 배당

앞서 언급한 바와 같이, Black – Scholes – Merton 모형에서는 시가 배당을 반영할 수 없었다. 그러나, 2항 모형 및 3항 모형에서는 시가 배당의 효과를 주가에 직접 반영하여 산정할 수 있다.

상기 사례 1 및 사례 2에서, 매년말 q = 1.00%의 시가 배당이 발생한다고 가정하자. 이러한 경우, 특정 Node에서의 배당 전 주가가 S라면, 배당 금액 = S × 1.00%가 배당락으로 반영되어, 배당 후 주가 S^*는 0.99 × S가 된다. 즉, 다음의 관계가 성립한다.

$$S^* = (1 - q) \times S$$

이를 이용하여, 배당 전 주가 Tree와 배당 후 주가 Tree를 비교해 보면, 다음과 같다.

| 시가 배당 반영 전 |

	0	1	2	3	4	5
0	900.00	1,563.61	2,716.53	4,719.55	8,199.48	14,245.32
1		518.03	900.00	1,563.61	2,716.53	4,719.55
2			298.17	518.03	900.00	1,563.61
3				171.63	298.17	518.03
4					98.79	171.63
5						56.86

| 시가 배당 반영 후 |

	0	1	2	3	4	5
0	900.00	1,547.97	2,662.47	4,579.37	7,876.39	13,547.16
1		512.85	882.09	1,517.17	2,609.49	4,488.24
2			292.24	502.65	864.54	1,486.98
3				166.53	286.43	492.64
4					94.89	163.22
5						54.07

예시적으로, 상기에서 N(2, 1)의 주가 S(2, 1)을 산출하는 과정은 다음과 같다. 즉, 다음 Time Step으로의 주가 변동은 현재 Time Step에서 배당락이 반영된 주가를 기준으로 변

동한다.

$$S(2,\ 1)= S(1,\ 0)\times d\times 0.99 = [S(0,\ 0)\times u\times 0.99]\times d\times 0.99 = 900\times 0.99^2 = 882.09$$

여기에서, 중요한 점이 하나 있다. 바로, 시가 배당을 주가 Tree에 반영하여, 주가 Tree를 직접 수정하였기 때문에, Recombination이 성립하는지에 대하여 반드시 확인하여야 한다. 그리고, 다음과 같이 Recombination이 성립함을 확인할 수 있다.

$$S_{ud} = S_u\times d\times (1-q)= [S_0\times u\times (1-q)]\times d\times (1-q)= S_0(1-q)^2$$
$$S_{du} = S_d\times u\times (1-q)= [S_0\times d\times (1-q)]\times u\times (1-q)= S_0(1-q)^2$$
$$S_{ud} - S_{du} = 0 \leftrightarrow S_{ud} = S_{du}$$

3. 정액 배당

2항 모형 및 3항 모형에서는 정액 배당의 효과를 주가에 직접 반영하여 산정한다. 상기 사례 1 및 사례 2에서, 매년 말 10의 정액 배당이 발생한다고 가정하자. 이러한 경우, 특정 Node에서의 배당 전 주가가 S라면, 배당 금액 D = 10이 배당락으로 반영되어, 배당 후 주가 S^*는 S−10가 된다. 즉, 다음의 관계가 성립한다.

$$S^* = S - D$$

그러나, 시가 배당처럼, 배당 전 주가 Tree에서 정액 배당 금액을 직접 차감하여 배당 후 주가 Tree를 산정하게 되면, 문제가 발생하게 된다. 즉, Recombination이 성립하지 않게 된다. 다음은 Recombination이 성립하지 않음에 대하여 설명하는 내역에 해당한다.

$$S_{ud} = S_u\times d - D = [S_0\times u - D]\times d - D = S_0 - Dd - D = S_0 - D(d+1)$$
$$S_{du} = S_d\times u - D = [S_0\times d - D]\times u - D = S_0 - Du - D = S_0 - D(u+1)$$
$$S_{ud} - S_{du} = D(u-d)\neq 0 \leftrightarrow S_{ud} \neq S_{du}$$

그리고, 이를 그림으로 나타내면 다음과 같다.

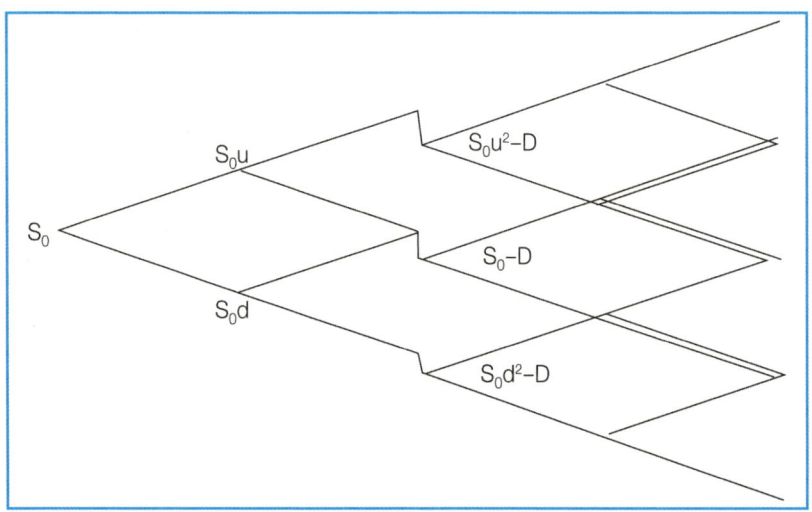

즉, 정액 배당이 반영된 후부터 Recombination이 성립하지 않게 된다. 또한, 앞서 설명한 바와 같이, Recombination이 성립하지 않으면, 마지막 Time Step에서의 Node 개수가 2^N (Time Step 수를 N개로 가정)이 되게 된다. 그리고, 이는 실무적으로 해결할 수 있는 숫자가 아니다. 결과적으로, 상기와 같은 방법을 적용할 수는 없으며, 다른 방법을 적용하여야 한다.

앞서 평가 방법에서 언급한 바와 같이, Black–Scholes–Merton 모형에서는 정액 배당을 현재 주가에 반영하여 주었다. 즉, 미래 정액 배당의 현재가치 합계를 현재의 주가에서 차감한 후, 그 주가를 기준으로 콜옵션 및 풋옵션을 산정하였다.

2항 모형 및 3항 모형에 정액 배당을 반영하는 방법은 Black–Scholes–Merton에서 반영한 방법과 유사하다. 다음은 2항 모형 및 3항 모형에서 정액 배당을 반영하는 방법을 설명하는 내역에 해당한다.

(STEP 1) 잔여 만기 이전에 발생하는 미래 정액 배당(D_t)의 현재가치 합계(SPVD)를 산정한다.

$$SPVD = \sum_{t=1}^{N} \frac{D_t}{e^{CYSPOT_t \times t}}$$

	1	2	3	4	5
미래 배당	10.00	10.00	10.00	10.00	10.00
CYSPOT	4.000%	4.200%	4.400%	4.600%	4.800%
현가계수	0.9608	0.9194	0.8763	0.8319	0.7866
현재가치	9.61	9.19	8.76	8.32	7.87
SPVD	43.75				

(STEP 2) t 시점에서의 미래 배당가치를 FVD_t로 정의하고, FVD_0를 SPVD와 동일한 금액으로 설정한다.

$$FVD_0 = SPVD$$

(STEP 3) 상기 (STEP 2)의 FVD_0의 1년 후 미래가치를 산정한 후, 1년차의 정액 배당 금액을 차감하여 FVD_1을 산정한다.

$$FVD_1 = FVD_0 \times e^{CYFWD_1 \times 1} - D_1$$

(STEP 4) 상기 (STEP 3)의 FVD_1의 1년 후 미래가치를 산정한 후, 2년차의 정액 배당 금액을 차감하여 FVD_2를 산정한다.

$$FVD_2 = FVD_1 \times e^{CYFWD_2 \times 1} - D_2$$

(STEP 5) 상기 (STEP 4)의 절차를 계속적으로 적용하여, FVD_3, FVD_4, FVD_5를 산정한다.

$$FVD_t = FVD_{t-1} \times e^{CYFWD_t \times 1} - D_t$$

	0	1	2	3	4	5
미래 배당		10.00	10.00	10.00	10.00	10.00
CYFWD		4.000%	4.400%	4.800%	5.200%	5.600%
미래가치		45.54	37.14	28.47	19.46	10.00
FVD_t	43.75	35.54	27.14	18.47	9.46	0.00

(*1) $FVD_1 = FVD_0 \times e^{CYFWD_1 \times 1} - D_1 = 43.75 \times e^{4.000\% \times 1} - 10.00 = 35.54$

(*2) $FVD_2 = FVD_1 \times e^{CYFWD_2 \times 1} - D_2 = 35.54 \times e^{4.400\% \times 1} - 10.00 = 27.14$

(STEP 6) 현재의 주가 (S_0) = 900에서 상기 SPVD = 43.75를 차감한 후, 그 주가 (S_0 - SPVD) = 856.25를 기준으로 주가 Tree를 생성한다. 그리고, 이를 S^* Tree라고 가정하자.

	0	1	2	3	4	5
0	856.25	1,487.60	2,584.47	4,490.12	7,800.88	13,552.82
1		492.85	856.25	1,487.60	2,584.47	4,490.12
2			283.68	492.85	856.25	1,487.60
3				163.28	283.68	492.85
4					93.98	163.28
5						54.10

(*1) $S^*(1, 0) = S^*(0, 0) \times u = 856.25 \times 173.734\% = 1,487.60$
(*2) u와 d는 앞서 CRR 2항 모형에서 산출하였던 값을 그대로 적용함.

(STEP 7) 상기 (STEP 6)의 주가 Tree에 당해 Time Step의 FVD_t를 가산하여 최종 주가 Tree를 생성한다. 그리고, 이를 S Tree라고 가정하자.

	0	1	2	3	4	5
0	900.00	1,523.14	2,611.61	4,508.59	7,810.34	13,552.82
1		528.39	883.38	1,506.07	2,593.93	4,490.12
2			310.81	511.32	865.70	1,487.60
3				181.75	293.13	492.85
4					103.44	163.28
5						54.10

(*1) $S(1, 0) = S^*(1, 0) + FVD_1 = 1,487.60 + 35.54 = 1,523.14$
(*2) $S(4, 2) = S^*(4, 2) + FVD_4 = 856.25 + 9.46 = 865.70$

상기에서 설명한 방법을 통하여, 정액 배당을 반영한 주가 Tree = S Tree를 생성하는 방법을 Escrow 기법이라고 부른다. 그리고, 이 과정에서는 2항 모형의 가장 중요한 변수인 u, d, p_u가 변동하지 않는다. 다만, 일부 의견으로서, 현재의 주가 변동성 σ가 다음과 같은 $\hat{\sigma}$으로 달라져야 한다는 의견이 있다.

$$\hat{\sigma} = \sigma \times \frac{S_0}{S_0 - SPVD}$$

만약, 상기와 같이 주가 변동성을 변경하여 사용하는 경우에는 상기 (STEP 6)의 주가 Tree에 적용되는 u, d, p_u가 달라지게 되므로, 상기 (STEP 6)의 주가 Tree 및 상기 (STEP 7)의 주가 Tree가 달라지게 된다. 다만, 아직까지는 이에 대한 일치된 의견이 없는 상태이고, 저자 또한 여러 사례를 기준으로 평가해 보았지만, Case By Case로 그 결과가 달라졌던 바, 현재 시점에서는 원래의 주가 변동성을 그대로 사용하는 것이 보다 타당한 것으로 판단되고 있다.

여기에서, 중요한 점이 하나 있다. 바로, 정액 배당을 주가 Tree에 반영하여, 주가 Tree를 직접 수정하였기 때문에, Recombination이 성립하는지에 대하여 반드시 확인하여야 한다. 그리고, 다음과 같이 Recombination이 성립함을 확인할 수 있다.

$$S_{ud} = S_u^* \times d + FVD_2 = \left[S_0^* \times u \right] \times d + FVD_2 = S_0^* + FVD_2$$
$$S_{du} = S_d^* \times u + FVD_2 = \left[S_0^* \times d \right] \times u + FVD_2 = S_0^* + FVD_2$$
$$S_{ud} - S_{du} = 0 \leftrightarrow S_{ud} = S_{du}$$

즉, 주가가 상승하였다가 하락하거나, 주가가 하락하였다가 상승하거나에 관계없이 2기간 후에 주가 S^*에 가산되는 FVD_2는 동일하기 때문에, Recombination이 성립하게 된다.

8 콜옵션 및 풋옵션

본 부분에서는 2항 모형 및 3항 모형을 통하여, 유러피언 스타일의 콜옵션 및 풋옵션, 아메리칸 스타일의 콜옵션 및 풋옵션을 산정하는 과정에 대하여 설명한다. 다만, 2항 모형 중에서는 CRR 2항 모형을 기준으로 설명하고, 3항 모형 중에서는 CRR 확장 3항 모형을 기준으로 설명한다. 아울러, 콜옵션 행사가격 및 풋옵션 행사가격의 현금흐름 위험을 모두 무위험으로 가정한다. 또한, 현금흐름 위험에 대하여는 후에 자세히 기술하기로 한다.

유러피언 스타일의 콜옵션 및 풋옵션의 경우, 앞서 평가 방법 Ⅰ-Black-Scholes-Merton에서 예시한 사례를 그대로 적용한다. 또한, 평가의 기간 동안 기초자산에 대한 배당은 발생하지 않는 것으로 가정한다.

유러피언 콜옵션 및 유러피언 풋옵션

항목	내역
기초자산 가격	900
옵션 행사가격	900
무위험 CYSPOT	4.800%
잔여 만기 기간	5년
기초자산 변동성	55.236%

	1	2	3	4	5
CYSPOT	4.000%	4.200%	4.400%	4.600%	4.800%
CYFWD	4.000%	4.400%	4.800%	5.200%	5.600%

또한, 아메리칸 스타일의 콜옵션 및 풋옵션의 경우, 다음과 같은 사항을 추가로 가정한다. 즉, 평가기준일 이후 3년 말부터 행사할 수 있는 것으로 가정한다.

사례 4 아메리칸 콜옵션 및 아메리칸 풋옵션

	1	2	3	4	5
행사가격			900	900	900

1. CRR 모형

앞서 1장 개요에서 언급한 바와 같이, 옵션의 가치는 내재가치와 시간가치로 구성되며, 옵션가치는 이 중 큰 가치로 산정된다. 이에 따라, 설명의 용이를 위하여, 내재가치 Tree, 시간가치 Tree, 옵션가치 Tree를 각각 별도로 생성하는 방법으로 설명한다. 또한, u, d, p_u, p_d 및 주가 Tree는 앞서 CRR 모형에서 생성한 결과를 그대로 사용한다.

(1) 아메리칸 콜옵션

① 내재가치

콜옵션의 내재가치는 옵션을 행사할 수 있는 시점에서, 옵션을 행사하였을 경우에 얻을 수 있는 가치로서, 다음과 같이 산정된다. 또한, 옵션은 이익이 발생하는 경우에만 행사되므로, 0보다 항상 크거나 같다. 아울러, 옵션을 행사할 수 없는 시점에서의 내재가치는 항상 0에 해당한다.

$$내재가치 = \begin{cases} 옵션을 \ 행사할 \ 수 \ 있는 \ 경우 : MAX\,[주가 - 행사가격, 0] \\ 옵션을 \ 행사할 \ 수 \ 없는 \ 경우 : 0 \end{cases}$$

2항 모형 각각의 Node에서 아메리칸 스타일의 콜옵션의 내재가치를 산정해 보면, 그 결과는 다음과 같다. 그리고, 이 때의 Tree를 IV Tree라고 가정하자. 또한, N(i, j)에서의 옵션의 내재가치를 IV(i, j)라고 가정하자.

	0	1	2	3	4	5
0	0.00	0.00	0.00	3,819.55	7,299.48	13,345.32
1		0.00	0.00	663.61	1,816.53	3,819.55
2			0.00	0.00	0.00	663.61
3				0.00	0.00	0.00
4					0.00	0.00
5						0.00

(*1) Time Step = 0, 1, 2는 옵션을 행사할 수 있는 기간에 해당하지 않기 때문에, 모든 Node의 내재가치가 항상 0에 해당한다.
(*2) IV(4, 0) = MAX[주가 - 행사가격, 0] = MAX[8,199.48 - 900, 0] = 7,299.48
(*3) IV(3, 2) = MAX[주가 - 행사가격, 0] = MAX[518.03 - 900, 0] = 0

② 시간가치

시간가치는 옵션을 행사할 수 있는 시점에서 옵션을 행사하지 않거나, 옵션을 행사할 수 없는 시점에서 얻을 수 있는 가치로서, 다음과 같이 산정된다. 즉, 시간가치는 미래 옵션가치를 당해 시점으로 할인한 가치에 해당한다.

$$TV(i,j) = \frac{p_u \times OV(i+1,j) + p_d \times OV(i+1,j+1)}{e^{CYFWD_{i+1} \times dt}}$$

2항 모형 각각의 Node에서 아메리칸 스타일의 콜옵션의 시간가치를 산정해 보면, 그 결과는 다음과 같다. 그리고, 이 때의 Tree를 TV Tree라고 가정하자. 또한, N(i, j)에서의 옵션의 시간가치를 TV(i, j)라고 가정하자.

	0	1	2	3	4	5
0	487.95	1,004.76	2,013.21	3,911.68	7,348.49	0.00
1		175.99	396.91	873.85	1,865.54	0.00
2			39.49	101.64	260.33	0.00
3				0.00	0.00	0.00
4					0.00	0.00
5						0.00

(*1) OV(i, j) : N(i, j)에서의 옵션가치 (하기, 옵션가치 참조)

(*2) dt : Time Step 간 기간 (연 단위, 본 사례의 경우에는 1)

(*3) Time Step = 5는 옵션의 만기에 해당하므로, 시간가치를 가질 수 없는 바, 항상 0에 해당한다.

(*4) TV(4, 0)의 경우, OV(5, 0)과 OV(5, 1)의 기대가치를 1기간 할인하여 산정한다. 즉, 다음과 같이 산정한다. 여기에서, OV(i, j)는 하기에서 설명하는 옵션가치에 해당한다.

$$TV(4, 0) = \frac{p_u \times OV(5,0) + p_d \times OV(5,1)}{e^{CYFWD_{i+1} \times dt}}$$
$$= \frac{41.490\% \times 13,345.32 + 58.510\% \times 3,819.55}{e^{5.600\% \times 1}} = 7,348.49$$

(*5) TV(3, 2)의 경우, OV(4, 2)과 OV(4, 3)의 기대가치를 1기간 할인하여 산정한다. 즉, 다음과 같이 산정한다.

$$TV(3, 2) = \frac{p_u \times OV(4,2) + p_d \times OV(4,3)}{e^{CYFWD_{i+1} \times dt}}$$
$$= \frac{41.126\% \times 260.33 + 58.874\% \times 0.00}{e^{5.200\% \times 1}} = 101.64$$

여기에서, 주의하여야 할 점이 있다. 바로, 주가 상승 확률, 주가 하락 확률, 무위험 CYFWD은 현재 Time Step의 값이 아니라, 다음 Time Step의 값을 적용하여야 한다는 것이다.

③ 옵션가치

옵션가치는 내재가치와 시간가치 중 큰 금액에 해당하며, 다음과 같이 산정된다.

$$OV(i, j) = MAX[IV(i, j,) \; TV(i, j)]$$

2항 모형 각각의 Node에서 아메리칸 스타일의 콜옵션의 옵션가치를 산정해 보면, 그 결과는 다음과 같다. 그리고, 이 때의 Tree를 OV Tree라고 가정하자. 또한, N(i, j)에서의 옵션의 옵션가치를 OV(i, j)라고 가정하자.

	0	1	2	3	4	5
0	487.95	1,004.76	2,013.21	3,911.68	7,348.49	13,345.32
1		175.99	396.91	873.85	1,865.54	3,819.55
2			39.49	101.64	260.33	663.61
3				0.00	0.00	0.00
4					0.00	0.00
5						0.00

(*1) Time Step = 5는 옵션의 만기에 해당하므로, 시간가치를 가질 수 없는 바, 항상 내재가치와 동일하다.
(*2) OV(4, 0)의 경우, MAX[IV(4, 0), TV(4, 0)] = MAX[7,299.48, 7,348.49] = 7,348.49에 해당한다.
(*3) OV(3, 2)의 경우, MAX[IV(3, 2), TV(3, 2)] = MAX[0, 101.64] = 101.64에 해당한다.

그리고, 최종적으로, 상기 표상 OV(0, 0)의 값을 콜옵션의 가치로 산정한다.

(2) 아메리칸 풋옵션

아메리칸 풋옵션의 경우, 내재가치 산정 식만 다를 뿐, 시간가치 산정 식 및 옵션가치 산정 식은 아메리칸 콜옵션과 동일하다. 다음은 아메리칸 풋옵션의 내재가치 산정 식에 해당한다.

$$내재가치 = \begin{cases} 옵션을\,행사할\,수\,있는\,경우 : MAX\,[행사가격 - 주가,\,0] \\ 옵션을\,행사할\,수\,없는\,경우 : 0 \end{cases}$$

그리고, 이렇게 내재가치 산정 식을 반영한 아메리칸 풋옵션의 내재가치 Tree는 다음과 같다.

	0	1	2	3	4	5
0	0.00	0.00	0.00	0.00	0.00	0.00
1		0.00	0.00	0.00	0.00	0.00
2			0.00	381.97	0.00	0.00
3				728.37	601.83	381.97
4					801.21	728.37
5						843.14

또한, 상기 내재가치 Tree에 기반하여, 시간가치 산정 식 및 옵션가치 산정 식을 적용하

였을 경우의 옵션가치 Tree는 다음과 같다.

	0	1	2	3	4	5
0	323.34	186.83	66.68	0.00	0.00	0.00
1		436.53	282.38	118.11	0.00	0.00
2			573.98	418.87	211.32	0.00
3				728.37	601.83	381.97
4					801.21	728.37
5						843.14

그리고, 최종적으로, 상기 표상 OV(0, 0)의 값을 풋옵션의 가치로 산정한다.

(3) 유러피언 콜옵션 및 풋옵션

유러피언 스타일의 콜옵션 및 풋옵션과 아메리칸 스타일의 콜옵션 및 풋옵션의 차이는 행사 가능 기간이 다르다는 것이다. 결과적으로, 유러피언 스타일의 콜옵션 및 풋옵션의 경우에는 만기인 5년차에만 행사할 수 있으므로, 상기에서 Time Step = 0, 1, 2, 3, 4에 있는 모든 Node의 내재가치(IV)를 0으로 반영하면 된다.

2. CRR 확장 3항 모형

앞서 1장 개요에서 언급한 바와 같이, 옵션의 가치는 내재가치와 시간가치로 구성되며, 옵션가치는 이 중 큰 가치로 산정된다. 이에 따라, 설명의 용이를 위하여, 내재가치 Tree, 시간가치 Tree, 옵션가치 Tree를 각각 별도로 생성하는 방법으로 설명한다. 또한, u, m, d, p_u, p_m, p_d 및 주가 Tree는 앞서 CRR 확장 3항 모형에서 생성한 결과를 그대로 사용한다.

(1) 아메리칸 콜옵션

① 내재가치

콜옵션의 내재가치는 옵션을 행사할 수 있는 시점에서, 옵션을 행사하였을 경우에 얻을 수 있는 가치로서, 다음과 같이 산정된다. 또한, 옵션은 이익이 발생하는 경우에만 행사되므로, 0보다 항상 크거나 같다. 아울러, 옵션을 행사할 수 없는 시점에서의 내재가치는 항상 0에 해당한다.

$$\text{내재가치} = \begin{cases} \text{옵션을 행사할 수 있는 경우} : \text{MAX}[\text{주가} - \text{행사가격}, 0] \\ \text{옵션을 행사할 수 없는 경우} : 0 \end{cases}$$

주가 3항 모형 각각의 Node에서 아메리칸 스타일의 콜옵션의 내재가치를 산정해 보면, 그 결과는 다음과 같다. 그리고, 이 때의 Tree를 IV Tree라고 가정하자. 또한, N(i, j)에서의 옵션의 내재가치를 IV(i, j)라고 가정하자.

	0	1	2	3	4	5
(5)						43,819.02
(4)					19,575.87	19,575.87
(3)				8,475.46	8,475.46	8,475.46
(2)			0.00	3,392.82	3,392.82	3,392.82
(1)		0.00	0.00	1,065.59	1,065.59	1,065.59
0	0.00	0.00	0.00	0.00	0.00	0.00
1		0.00	0.00	0.00	0.00	0.00
2			0.00	0.00	0.00	0.00
3				0.00	0.00	0.00
4					0.00	0.00
5						0.00

(*1) Time Step = 0, 1, 2는 옵션을 행사할 수 있는 기간에 해당하지 않기 때문에, 모든 Node의 내재가치가 항상 0에 해당한다.

(*2) IV(4, -4) = MAX[주가 - 행사가격, 0] = MAX[20,475.87 - 900, 0] = 19,575.87

(*3) IV(3, 0) = MAX[주가 - 행사가격, 0] = MAX[900.00 - 900, 0] = 0

② 시간가치

시간가치는 옵션을 행사할 수 있는 시점에서 옵션을 행사하지 않거나, 옵션을 행사할 수 없는 시점에서 얻을 수 있는 가치로서, 다음과 같이 산정된다. 즉, 시간가치는 미래 옵션가치를 당해 시점으로 할인한 가치에 해당한다.

$$TV(i,j) = \frac{p_u \times OV(i+1, j-1) + p_m \times OV(i+1, j) + p_d \times OV(i+1, j+1)}{e^{CYFWD_{i+1} \times dt}}$$

주가 3항 모형 각각의 Node에서 아메리칸 스타일의 콜옵션의 시간가치를 산정해 보면, 그 결과는 다음과 같다. 그리고, 이 때의 Tree를 TV Tree라고 가정하자. 또한, N(i, j)에서의 옵션의 시간가치를 TV(i, j)라고 가정하자.

	0	1	2	3	4	5
(5)						0.00
(4)					19,624.88	0.00
(3)				8,567.59	8,524.47	0.00
(2)			3,536.18	3,484.95	3,441.83	0.00
(1)		1,341.59	1,277.21	1,201.49	1,114.60	0.00
0	465.32	419.21	363.17	292.26	194.20	0.00
1		98.95	68.89	35.12	0.00	0.00
2			6.30	0.00	0.00	0.00
3				0.00	0.00	0.00
4					0.00	0.00
5						0.00

(*1) OV(i, j) : N(i, j)에서의 옵션가치 (하기, 옵션가치 참조)
(*2) dt : Time Step 간 기간 (연 단위, 본 사례의 경우에는 1)
(*3) Time Step = 5는 옵션의 만기에 해당하므로, 시간가치를 가질 수 없는 바, 항상 0에 해당한다.
(*4) TV(4, -4)의 경우, OV(5, -5), OV(5, -4), OV(5, -3)의 기대가치를 1기간 할인하여 산정한다. 즉, 다음과 같이 산정한다. 여기에서, OV(i, j)는 하기에서 설명하는 옵션가치에 해당한다.

$$TV(4, -4) = \frac{p_u \times OV(5,-5) + p_m \times OV(5,-4) + p_d \times OV(5,-3)}{e^{CYFWD_{i+1} \times dt}}$$
$$= \frac{19.274\% \times 43{,}819.02 + 49.256\% \times 19{,}575.87 + 31.470\% \times 8{,}475.46}{e^{5.600\% \times 1}} = 19{,}624.88$$

(*5) TV(3, 0)의 경우, OV(4, -1), OV(4, 0), OV(4, 1)의 기대가치를 1기간 할인하여 산정한다. 즉, 다음과 같이 산정한다.

$$TV(3, 0) = \frac{p_u \times OV(4,-1) + p_m \times OV(4,0) + p_d \times OV(4,1)}{e^{CYFWD_{i+1} \times dt}}$$
$$= \frac{19.049\% \times 1{,}114.60 + 49.192\% \times 194.20 + 31.758\% \times 0.00}{e^{5.200\% \times 1}} = 292.26$$

여기에서, 주의하여야 할 점이 있다. 바로, 주가 상승 확률, 주가 유지 확률, 주가 하락 확률, 무위험 CYFWD은 현재 Time Step의 값이 아니라, 다음 Time Step의 값을 적용하여야 한다는 것이다.

③ 옵션가치

옵션가치는 내재가치와 시간가치 중 큰 금액에 해당하며, 다음과 같이 산정된다.

$$OV(i,\ j) = MAX[IV(i,\ j),\ TV(i,\ j)]$$

주가 3항 모형 각각의 Node에서 아메리칸 스타일의 콜옵션의 옵션가치를 산정해 보면, 그 결과는 다음과 같다. 그리고, 이 때의 Tree를 OV Tree라고 가정하자. 또한, N(i, j)에서의 옵션의 옵션가치를 OV(i, j)라고 가정하자.

	0	1	2	3	4	5
(5)						43,819.02
(4)					19,624.88	19,575.87
(3)				8,567.59	8,524.47	8,475.46
(2)			3,536.18	3,484.95	3,441.83	3,392.82
(1)		1,341.59	1,277.21	1,201.49	1,114.60	1,065.59
0	465.32	419.21	363.17	292.26	194.20	0.00
1		98.95	68.89	35.12	0.00	0.00
2			6.30	0.00	0.00	0.00
3				0.00	0.00	0.00
4					0.00	0.00
5						0.00

(*1) Time Step = 5는 옵션의 만기에 해당하므로, 시간가치를 가질 수 없는 바, 항상 내재가치와 동일하다.
(*2) OV(4, -4)의 경우, MAX[IV(4, -4), TV(4, -4)] = MAX[19,575.87, 19,624.88] = 19,624.88에 해당한다.
(*3) OV(3, 0)의 경우, MAX[IV(3, 0), TV(3, 0)] = MAX[0.00, 292.26] = 292.26에 해당한다.

그리고, 최종적으로, 상기 표상 OV(0, 0)의 값을 콜옵션의 가치로 산정한다.

(2) 아메리칸 풋옵션

아메리칸 풋옵션의 경우, 내재가치 산정 식만 다를 뿐, 시간가치 산정 식 및 옵션가치 산정 식은 아메리칸 콜옵션과 동일하다. 다음은 아메리칸 풋옵션의 내재가치 산정 식에 해당한다.

$$내재가치 = \begin{cases} 옵션을\ 행사할\ 수\ 있는\ 경우 : MAX\,[행사가격 - 주가,\ 0] \\ 옵션을\ 행사할\ 수\ 없는\ 경우 : 0 \end{cases}$$

그리고, 이렇게 내재가치 산정 식을 반영한 아메리칸 풋옵션의 내재가치 Tree는 다음과 같다.

	0	1	2	3	4	5
(5)						0.00
(4)					0.00	0.00
(3)				0.00	0.00	0.00
(2)			0.00	0.00	0.00	0.00
(1)		0.00	0.00	0.00	0.00	0.00
0	0.00	0.00	0.00	0.00	0.00	0.00
1		0.00	0.00	487.91	487.91	487.91
2			0.00	711.31	711.31	711.31
3				813.60	813.60	813.60
4					860.44	860.44
5						881.89

또한, 상기 내재가치 Tree에 기반하여, 시간가치 산정 식 및 옵션가치 산정 식을 적용하였을 경우의 옵션가치 Tree는 다음과 같다.

	0	1	2	3	4	5
(5)						0.00
(4)					0.00	0.00
(3)				0.00	0.00	0.00
(2)			13.37	0.00	0.00	0.00
(1)		122.50	86.14	43.77	0.00	0.00
0	306.85	286.09	257.51	214.90	145.18	0.00
1		480.27	484.29	487.91	487.91	487.91
2			669.13	711.31	711.31	711.31
3				813.60	813.60	813.60
4					860.44	860.44
5						881.89

그리고, 최종적으로, 상기 표상 OV(0, 0)의 값을 풋옵션의 가치로 산정한다.

(3) 유러피언 콜옵션 및 풋옵션

유러피언 스타일의 콜옵션 및 풋옵션과 아메리칸 스타일의 콜옵션 및 풋옵션의 차이는 행사 가능 기간이 다르다는 것이다. 결과적으로, 유러피언 스타일의 콜옵션 및 풋옵션의 경우에는 만기인 5년차에만 행사할 수 있으므로, 상기에서 Time Step = 0, 1, 2, 3, 4에 있는 모든 Node의 내재가치(IV)를 0으로 반영하면 된다.

3. 모형별 비교

다음은 앞선 사례를 그대로 적용한 후, 각각의 모형에 의한 평가 결과를 비교하는 내역에 해당한다(상세 내역은 별첨 엑셀 파일 참조). 다만, 주가 N항 모형의 경우, 평가의 과정에 Time Step 수 = 5를 적용하고 있는 바, 정확성은 매우 낮은 수준에 해당하고 있다. 그리고, Time Step 수와 주가 N항 모형의 정확성 간의 관계에 대하여는 후에 자세히 기술하기로 한다.

각각의 평가 모형별로 콜옵션 및 풋옵션의 가치를 산정하는 과정은 다음의 사항을 제외하고는 상기에서 설명한 바와 동일하다.

- 내재가치 산정 시에 적용하여야 하는 주가 Tree는 각각의 평가 모형에 의하여 산정된 주가 Tree이어야 한다.
- 시간가치 산정 시에 적용하여야 하는 p_u, p_m, p_d는 각각의 평가 모형에 의하여 산정된 p_u, p_m, p_d이어야 한다.

(1) 유러피언 옵션

2항 모형	BSM	CRR	JR	LT	Tian	LR
콜옵션	474.49	487.95	425.45	505.93	414.83	473.62
풋옵션	282.46	295.92	265.15	298.37	222.80	282.20

3항 모형	BSM	CRR 확장	Boyle	KR
콜옵션	474.49	465.32	483.95	448.04
풋옵션	282.46	273.29	291.92	274.02

(2) 아메리칸 옵션

2항 모형	BSM	CRR	JR	LT	Tian	LR
콜옵션	N/A	487.95	425.45	505.93	414.83	473.62
풋옵션	N/A	323.34	306.57	326.50	252.00	309.17

3항 모형	BSM	CRR 확장	Boyle	KR
콜옵션	N/A	465.32	483.95	448.06
풋옵션	N/A	306.85	325.92	306.90

4. Time Step 수 민감도 분석

N항 모형은 Time Step 수가 증가할수록, 정확성이 높아지는 특성이 있다. 그러나, Time Step 수가 더 크다고 하여, 반드시 정확성이 더 높은 것은 아니다. 왜냐하면, N항 모형에서는 Time Step 수가 증가할수록 오류 범위가 진동형으로 감소해 나가기 때문이다. 즉, Time Step 수가 증가할수록 이러한 오류의 진동폭이 감소해 나가기 때문에, 일반적으로, 정확성이 높아져 간다고 말하고 있다.

다음은 앞서 설명한 사례를 기준으로, Time Step 수를 300개까지 증가시키는 경우에 있어서의 N항 모형 정확성을 Test하는 내역에 해당한다. 그리고, 유러피언 콜옵션 및 풋옵션과 비교하는 식으로 진행하였으며, 오류율은 다음과 같이 산정하였다.

$$\text{오류율} = \frac{\text{각 평가모형에 의한 결과} - \text{BSM에 의한 결과}}{\text{BSM에 의한 결과}}$$

여기에서 BSM과 비교한 이유는, BSM은 유러피언 옵션의 평가를 위하여 개발되었으며, 그 가치를 수학적으로 산출하고 있는 바, 일종의 Guide에 해당하고 있기 때문이다. 그리고, 이렇게 진행한 결과를 요약하면 다음과 같다.

(1) CRR 2항 모형과 CRR 확장 3항 모형의 비교

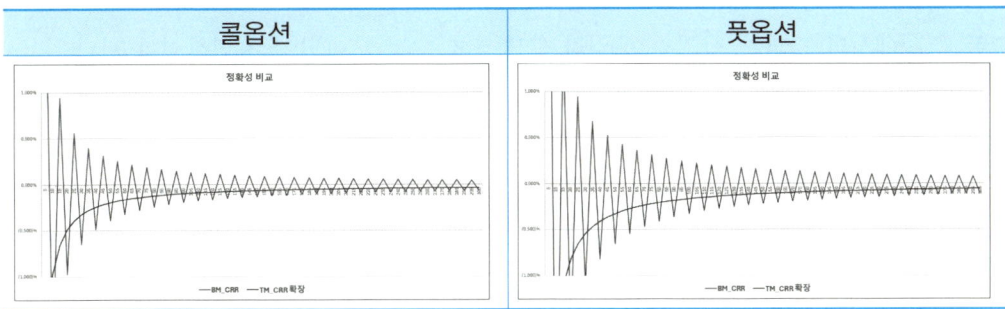

콜옵션	풋옵션

상기에서 알 수 있는 바와 같이, 콜옵션 및 풋옵션 모두 Time Step 수가 증가할수록, CRR 2항 모형은 진동형으로 BSM의 결과에 수렴해 가고 있으며, CRR 확장 3항 모형은 완만하게 BSM으로 수렴해 가고 있다. 그리고, CRR 확장 3항 모형이 CRR 2항 모형보다 빠르게 BSM에 수렴하고 있다. 이에 따라, 보다 정교한 평가가 필요한 경우에는 CRR 2항 모형보다는 CRR 확장 3항 모형을 적용하는 것이 타당하다. 그러나, 동 결과는 Case By Case로 달라질 수 있으므로, 반드시 모든 Case에서의 결과가 상기와 동일하게 발생하는 것은 아님에 유념하여야 한다.

(2) 2항 모형 간 비교

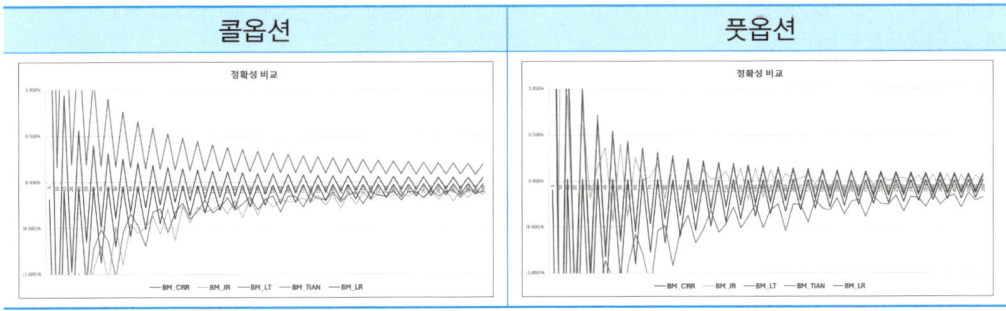

콜옵션	풋옵션

상기에서 알 수 있는 바와 같이, 콜옵션의 경우, LT 2항 모형은 상방에서 하방으로 BSM 결과에 수렴해 가고 있고, JR 2항 모형, Tian 2항 모형, LR 2항 모형은 하방에서 상방으로 BSM 결과에 수렴해 가고 있으며, CRR 2항 모형은 중심에서 진동하면서 BSM 결과에 수렴해 가고 있다. 또한, 풋옵션의 경우, Tian 2항 모형, LR 2항 모형은 하방에서 상방으로 BSM 결과에 수렴해 가고 있고, CRR 2항 모형, JR 2항 모형, LT 2항 모형은 중심에서 진동

하면서 BSM 결과에 수렴해 가고 있으며, 특히, CRR 2항 모형과 LT 2항 모형은 거의 동일한 결과를 산출하고 있다. 그러나, 동 결과는 Case By Case로 달라질 수 있으므로, 반드시 모든 Case에서의 결과가 상기와 동일하게 발생하는 것은 아님에 유념하여야 한다.

(3) 3항 모형 간 비교

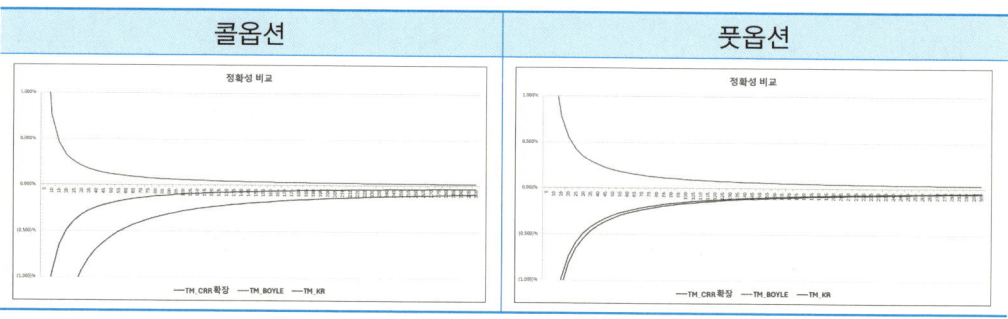

콜옵션	풋옵션

상기의 결과는 Boyle 3항 모형 및 KR 3항 모형에 모두 $\lambda = \sqrt{2}$ 를 적용한 결과에 해당한다. 또한, 상기에서 알 수 있는 바와 같이, 콜옵션 및 풋옵션 모두 Boyle 3항 모형은 상방에서 하방으로 BSM 결과에 수렴해 가고 있고, CRR 확장 3항 모형 및 KR 3항 모형은 하방에서 상방으로 BSM 결과에 수렴해 가고 있다. 특히, 풋옵션의 경우에는 CRR 확장 3항 모형과 KR 3항 모형이 거의 동일한 결과를 산출하고 있다. 그러나, 동 결과는 Case By Case로 달라질 수 있으므로, 반드시 모든 Case에서의 결과가 상기와 동일하게 발생하는 것은 아님에 유념하여야 한다.

(4) 비교 결론

앞서 언급하고, 검토한 바와 같이, 주가 N항 모형은 Time Step 수가 증가할수록 정확성이 증가해 간다. 이에 따라, 평가 시에는 충분한 Time Step 수를 확보하는 것이 가장 중요하다. 다만, 여타의 사유로 충분한 Time Step 수를 적용하기가 어렵다면, 이 때에는 보다 정확성이 높은 평가 모형을 선택하는 것이 중요하다.

상기의 결과를 요약하면, Time Step 수를 매우 작게 적용할 수밖에 없는 상황에서는 CRR 확장 3항 모형 또는 Boyle 3항 모형을 사용하는 것이 타당하고, 적정한 Time Step 수를 확보할 수 있는 경우에는 CRR 2항 모형, CRR 확장 3항 모형, Boyle 3항 모형, KR 3항 모형을 적용하는 것이 가장 타당한 것으로 판단된다.

N항 모형의 정확성을 높이기 위한 새로운 모형의 개발은 현재에도 계속되고 있다. 그러나, 상기 그래프에서 알 수 있듯이, 어떠한 N항 모형을 적용하여 평가할 것인지 보다는 Time Step 수를 얼마까지 확보할 수 있는지가 더 중요한 요소에 해당한다.

John C. Hull은 그의 저서 "OPTIONS, FUTURES and OTHER DERIVATIVES"에서 유러피언 옵션의 경우에는 30개 정도의 Time Step 수면 충분하다고 기술하였다. 다음은 상기 중 콜옵션과 관련한 Time Step 수별 오류율 결과를 요약한 내역에 해당한다.

Time Step	2항 모형					3항 모형		
	CRR	JR	LT	Tian	LR	CRR	Boyle	KR
30	(0.650)%	(1.317)%	0.188%	(1.334)%	(1.143)%	(0.326)%	0.208%	(0.932)%
100	(0.196)%	(0.443)%	0.129%	(0.401)%	(0.366)%	(0.098)%	0.058%	(0.280)%
200	(0.098)%	(0.287)%	0.097%	(0.217)%	(0.191)%	(0.049)%	0.028%	(0.140)%
300	(0.065)%	(0.095)%	0.081%	(0.078)%	(0.131)%	(0.033)%	0.019%	(0.093)%

결론적으로, 30개의 Time Step에서는 많은 모형들이 0.5% 이상의 오류율을 나타내고 있는 바, 30개의 Time Step 수는 다소 부족한 것으로 판단되고 있다. 또한, John C. Hull이 언급하고 있는 바는 유러피언 옵션에 한정됨에 주의하여야 한다. 즉, 아메리칸 옵션에서는 옵션의 조기 행사가 발생할 수 있기 때문에, 30개보다는 훨씬 더 큰 Time Step 수를 적용하는 것이 타당하다.

9 > 2항 모형 확률 분포

본 부분에서는 2항 모형의 중요한 요소 중 하나인 주가 상승 확률 p_u의 특성에 대하여 다룬다. 다만, 2항 모형 중에서는 현재 가장 널리 사용되고 있는 CRR 모형을 기준으로 설명한다.

CRR 2항 모형에서는 주가 상승확률 p_u는 다음과 같이 산정된다.

$$p_u = \frac{e^{r_f dt} - d}{u - d}$$

그리고, 이러한 확률을 이용하여 각각의 Node의 확률 NP(i, j)를 산정하면 다음과 같다.

아울러, p_u와 p_d는 앞서 CRR 2항 모형에서의 결과를 적용한다.

	1	2	3	4	5
CYSPOT	4.000%	4.200%	4.400%	4.600%	4.800%
CYFWD	4.000%	4.400%	4.800%	5.200%	5.600%
p_u	40.045%	40.404%	40.764%	41.126%	41.490%
p_d	59.955%	59.596%	59.236%	58.874%	58.510%

구분	NP(i, j)
$j = 0$	$NP(i-1, j) \times p_u$
$j = i$	$NP(i-1, j-1) \times p_d$
상기 이외	$NP(i-1, j-1) \times p_d + NP(i-1, j) \times p_u$

	0	1	2	3	4	5
0	100.000%	40.045%	16.180%	6.595%	2.712%	1.125%
1		59.955%	48.089%	29.187%	15.887%	8.178%
2			35.731%	43.052%	34.889%	23.771%
3				21.166%	34.051%	34.541%
4					12.461%	25.093%
5						7.291%
합계	100.000%	100.000%	100.000%	100.000%	100.000%	100.000%

NP(0, 0)는 항상 100%에 해당한다. 또한, 상기 결과에 대하여, 몇 가지 예를 들면, 다음과 같다.

$NP(3, 0) = NP(2, 0) \times p_u = 16.180\% \times 40.764\% = 6.595\%$

$NP(3, 2) = NP(2, 1) \times p_d + NP(2, 2) \times p_u$
$\qquad = 48.089\% \times 59.236\% + 35.731\% \times 40.764\% = 43.052\%$

$NP(3, 3) = NP(2, 2) \times p_d = 35.731\% \times 59.236\% = 21.166\%$

그리고, 각각의 Time Step 안에 있는 Node들의 NP(i, j)를 모두 합산하면, 그 결과는 항상 100%가 된다. 아울러, 각각의 Time Step 안에 있는 Node들 중 중앙 부분에서 확률이 높고, 최상단과 최하단의 확률이 낮다. 그리고, 이렇게 산정된 확률 테이블을 2항 모형의 확률 분포라고 부른다.

1. 2항 모형 확률 분포를 이용한 유러피언 콜옵션 및 풋옵션 가치 산정

이제 이러한 확률 분포를 이용하여 유러피언 콜옵션의 가치를 산정해 보자. 그리고, 그 결과는 다음과 같다.

	주가	행사가격	내재가치	NP	기대가치
0	14,245	900	13,345	1.125%	150.19
1	4,720	900	3,820	8.178%	312.38
2	1,564	900	664	23.771%	157.74
3	518	900	0	34.541%	0.00
4	172	900	0	25.093%	0.00
5	57	900	0	7.291%	0.00
합계				100.000%	620.31
현재가치					487.95

(*1) 주가, 행사가격, 내재가치는 앞서 CRR 2항 모형에서의 5년차의 내역을 적용한다.
(*2) 기대가치는 내재가치와 NP를 곱하여 산정한다.
(*3) 합계는 5년차에 있는 모든 Node의 기대가치를 합산하여 산정한다.
(*4) 현재가치는 기대가치 합계의 현재가치로서 다음과 같이 산정한다.

$$PV = \frac{620.31}{e^{CYSPOT_5 \times 5}} = \frac{620.31}{e^{4.800\% \times 5}} = 487.95$$

이렇게 산정된 만기 5년의 유러피언 콜옵션의 가치는 CRR 2항 모형을 통하여 산정한 유러피언 콜옵션의 가치와 정확히 일치한다. 또한, 유러피언 풋옵션의 가치는 상기에서 내재가치만 풋옵션의 내재가치로 수정해 주면 되며, 그 결과 또한, CRR 2항 모형을 통하여 산정한 유러피언 풋옵션의 가치와 정확히 일치한다.

2. 유러피언 스타일의 특성

유러피언 스타일의 경우, 아메리칸 스타일과 다르게 다음과 같은 특성을 적용할 수 있다. 왜냐하면, 유러피언 스타일의 경우에는 만기에만 옵션 등을 행사할 수 있기 때문에, 각 구간별 특성을 고려한 변수를 적용하지 않고, 전체 기간에 대하여 통일된 하나의 변수를 적용할 수 있기 때문이다.

	유러피언	아메리칸
적용 이자율	전체 기간에 적용되는 무위험 CYSPOT	각 Time Step에 적용되는 무위험 CYFWD
헤지 확률	적용 이자율이 동일하므로, 전체 Time Step에 동일한 헤지 확률 적용	적용 이자율이 변동하므로, 각각의 Time Step에 변동 헤지 확률 적용

이에 따라, 앞선 사례의 경우, 유러피언 스타일에 있어서는 다음과 같이 모든 Time Step에 대하여 통일된 변수를 적용할 수가 있다.

	내역
주가	900
주가 변동성	55.236%
$CYSPOT_5$	4.800%
만기	5.00년
총 Time Step 수	5
dt = 5.00년 / 5	1.00년
$u = e^{\sigma\sqrt{dt}}$	173.734%
d = 1/u	57.559%
$p_u = \left(e^{CYSPOT_5 \times dt} - d\right)/(u - d)$	40.764%
$p_d = 1 - p_u$	59.236%

그리고, 앞서 언급한 바와 같이, 2항 모형에서는 Time Step 수가 증가하면 할수록 정확성이 높아지는 특성이 있다. 이를 고려하여, 상기 사항 중 Time Step 수를 300으로 확대하면, 다음과 같이 통일된 변수를 산출할 수 있다.

	내역
주가	900
주가 변동성	55.236%
$CYSPOT_5$	4.800%
만기	5.00년
총 Time Step 수	300
dt = 5.00년 / 300	0.0167년
$u = e^{\sigma\sqrt{dt}}$	107.391%
$d - 1/u$	93.117%
$p_u = \left(e^{CYSPOT_5 \times dt} - d\right)/(u-d)$	48.779%
$p_d = 1 - p_u$	51.221%

3. Time Step 수를 확대한 경우의 2항 모형 확률 분포를 이용한 유러피언 콜옵션 및 풋옵션 가치 산정

앞서 설명한 바에 따라, Time Step 수를 300으로 확대하여 콜옵션의 가치를 산정하면, 그 결과는 다음과 같다. 다만, 변수는 앞서 산정한 통일된 변수를 적용한다.

	주가	행사가격	내재가치	NP	기대가치
0	1,757,863,241,852	900	1,757,863,240,952	0.000000%	0.00
1	1,524,216,999,570	900	1,524,216,998,670	0.000000%	0.00
2	1,321,625,827,576	900	1,321,625,826,676	0.000000%	0.00
⋮	⋮	⋮	⋮	⋮	⋮
105	551,398	900	550,498	0.000001%	0.00
106	478,109	900	477,209	0.000001%	0.01
107	414,561	900	413,661	0.000002%	0.01
⋮	⋮	⋮	⋮	⋮	⋮
137	5,747	900	4,847	0.724424%	35.11
138	4,983	900	4,083	0.898507%	36.69
139	4,321	900	3,421	1.099617%	37.62
140	3,746	900	2,846	1.327882%	37.80
141	3,249	900	2,349	1.582270%	37.16
142	2,817	900	1,917	1.860413%	35.66

	주가	행사가격	내재가치	NP	기대가치
:	:	:	:	:	:
152	677	900	0	4.518946%	0.00
153	587	900	0	4.590157%	0.00
154	509	900	0	4.600916%	0.00
155	441	900	0	4.550777%	0.00
156	382	900	0	4.441698%	0.00
157	332	900	0	4.277914%	0.00
:	:	:	:	:	:
298	0	900	0	0.000000%	0.00
299	0	900	0	0.000000%	0.00
300	0	900	0	0.000000%	0.00
합계				100.000000%	602.80
현재가치					474.18

상기에서 Time Step = 300에서의 주가 = $S(300, j)$는 CRR 2항 모형 전체 Tree를 이용하여 산정할 수도 있지만, 다음과 같이 산정할 수도 있다. 여기에서 j는 Node 번호에 해당하며, Node 번호는 전체 Time Step = 300에 있어서, 주가가 하락한 횟수에 해당한다.

$$S(300, j) = S(0, 0) \times u^{300-j} \times d^j$$

예를 들면, j = 154에서의 주가는 다음과 같이 산정한다.

$$S(300, 154) = S(0, 0) \times u^{300-154} \times d^{154} = 900 \times 107.391\%^{146} \times 93.117\%^{154} = 509$$

그리고, NP는 CRR 2항 모형 전체 Tree를 이용하여 산정할 수도 있지만, 다음과 같이 산정할 수도 있다. 왜냐하면, 유러피언 스타일의 특성 때문에, 통일된 변수를 사용하는 경우, 모든 Time Step에 적용되는 헤지 확률이 동일하기 때문이다. 여기에서, COMBIN(N, j)는 N개 중에서 j개를 뽑는 엑셀의 조합(Combination) 함수로서, 전체 Time Step 수 N개에서 주가가 j번 하락하는 경우의 수를 찾는 함수에 해당한다.

$$NP(300, j) = COMBIN(300, j) \times p_u^{300-j} \times p_d^j$$

예를 들면, j = 154에서의 NP는 다음과 같이 산정한다.

$$NP(300,\ 154) = COMBIN(300,\ 154) \times p_u^{300-154} \times p_d^{154}$$
$$= 8.43024337633289 \times 10^{88} \times 48.779\%^{146} \times 51.221\%^{154} = 4.601\%$$

그리고, 최종 결과는 474.18로서, Time Step = 300 하에서 CRR 2항 모형에 의하여 산정한 유러피언 콜옵션 가치와 정확히 일치한다(상세 내역은 별첨 엑셀 파일 참조). 결과적으로, 유러피언 스타일의 옵션은 2항 모형 전체를 생성하지 않고, 마지막 Time Step에서의 가치만 고려하는 방법으로 쉽게 산정할 수 있다.

여기에서 중요한 점이 하나 있다. 바로, NP의 값이 j = 154에서 최대가 되고 있다는 점이다. 그리고, NP의 값이 j = 150(Time Step = 300에서의 중앙 위치)에서 최대가 되지 않는 사유는, 본 CRR 2항 모형의 p_u가 0.5보다 작기 때문이다.

4. 2항 모형 확률 분포와 Time Step 수 간의 관계

앞서 언급한 바와 같이, 2항 모형에서는 Time Step 수가 증가하면 할수록 정확성이 높아지는 특성이 있다. 또한, Time Step 수가 증가하면 할수록 헤지 확률은 0.5로 수렴하는 특성이 있다. 즉, 다음의 관계가 성립한다.

$$\lim_{N \to \infty} p_u = \lim_{N \to \infty} \frac{e^{r_t dt} - d}{u - d} = \lim_{N \to \infty} \frac{e^{r_t \times (T/N)} - e^{-\sigma\sqrt{T/N}}}{e^{\sigma\sqrt{T/N}} - e^{-\sigma\sqrt{T/N}}} = 0.5$$

그리고, p_u = 0.5가 되면, 2항 모형의 확률 분포가 정확하게 정규 분포를 따르게 된다. 다음은 Time Step = 300 하에서, p_u = 48.779%일 경우와 p_u = 50.000%일 경우를 그래프로 비교하는 내역에 해당한다.

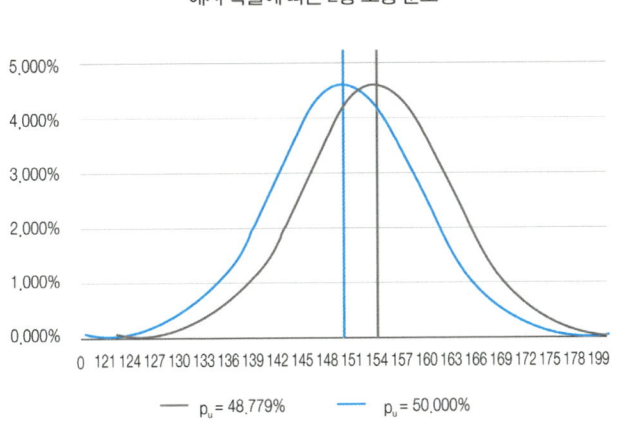

해지 확률에 따른 2항 모형 분포

상기 그래프에서 알 수 있듯이, p_u = 48.779%일 경우는 p_u = 50.000%일 경우보다 약간 우측으로 치우친 상태에 있다. 그리고, p_u = 48.779%일 경우에는 Time Step = 154에서 NP가 최대가 되지만, p_u = 50.000%일 경우는 Time Step = 150에서 NP가 최대가 된다. 그리고, 이러한 차이 때문에, 유러피언 옵션에 있어서, 2항 모형에서 Time Step = 300을 적용하더라도 BSM에 의한 결과와 2항 모형에 의한 결과 간에 차이가 발생하게 된다. 왜냐하면, BSM은 정확하게 정규 분포를 따르는 모형에 해당하지만, 2항 모형은 정규 분포에서 약간 좌측 또는 우측으로 치우치는 모형에 해당하기 때문이다.

그러나, 2항 모형에서 Time Step 수를 ∞로 적용하게 되면, p_u = 0.5가 되어 2항 모형도 정확하게 정규 분포를 따르게 되는 바, BSM에 의한 결과와 2항 모형에 의한 결과가 일치하게 된다.

10 주의 사항

다음은 실무적 입장에서 종종 발견되는 오류로서, 2항 모형으로 평가할 시, 주의할 점에 대하여 설명하는 내역에 해당한다.

1. 연 기간 단위가 아닌 다른 기간 단위의 dt를 사용할 경우

2항 모형을 적용함에 있어서, dt를 연 단위가 아닌 주 단위 등으로 변경하여 적용하는 경우가 종종 있다. 그러나, dt를 연 단위가 아닌 주 단위 등으로 적용하려면, 2항 모형의 모든 변수를 주 단위 등으로 변경해 주어야 한다. 다음은 dt를 연 단위로 적용하는 경우와 주 단위로 적용하는 경우에 있어서, 모든 변수를 변환해 주는 과정을 요약하는 표에 해당한다.

	연 단위 dt	주 단위 dt
1주 기간에 대한 dt	1 / 52 = 0.0192년	1주
주가 변동성	연 환산 변동성	주 환산 변동성
선도 이자율	CYFWD	CWFWD

그리고, 이 과정에서 자주 발생하는 오류는 CWFWD을 산정할 시, 다음 중 하나의 방법을 적용하여 산정한다는 것이다.

오류 1) 신용평가회사 제시 YTM을 52로 나눈 후, 이를 주 복리 이자율이라고 가정하고, 주 단위로 Bootstrapping하여 DWSPOT 산정

원칙 1) 반드시 반기 복리 또는 분기 복리 기준으로 Bootstrapping하여야 함.

오류 2) Bootstrapping은 제대로 진행하였으나, 단순히 DHSPOT 또는 DQSPOT을 26 또는 13으로 나누어 DWSPOT 산정

원칙 2) 반드시 다음의 이자율 관계를 이용하여 산정하여야 함.

$$(1 + DHSPOT)^2 = (1 + DQSPOT)^4 = (1 + DWSPOT)^{52}$$

결과적으로, 2항 모형에서 연 단위 dt를 사용하지 않고, 주 단위 등의 dt를 사용하려면, 관련된 모든 변수를 주 단위 등으로 변환해 주어야 하며, 이 과정에서 오류가 발생하지 않도록 주의하여야 한다.

2. Time Step 별로 dt가 변동하는 경우

2항 모형을 적용함에 있어서, Time Step 간격을 주 단위 등으로 반영하려다 보면, 만기까지의 기간이 정확히 주 단위 등의 정수 배수가 되지 않는 경우가 있다. 이러한 경우, 첫번째 Time Step의 구간 간격을 1주보다 작은 간격으로 반영하는 경우가 많은데, 이는 심각한 오류를 발생시킬 수 있는 요인이 된다.

1기간의 Time Step 간격이 dt_1이고, 2기간의 Time Step 간격이 dt_2라고 가정하고, 이에 대한 Recombination의 성립 여부를 살펴 보자. 다만, 2항 모형 중에서는 현재 가장 널리 사용되고 있는 CRR 모형을 기준으로 설명한다.

$$S_{ud} = S_0 \times u_1 \times d_2 = S_0 \times e^{\sigma \sqrt{dt_1}} \times e^{-\sigma \sqrt{dt_2}} = S_0 \times e^{\sigma(\sqrt{dt_1} - \sqrt{dt_2})}$$
$$S_{du} = S_0 \times d_1 \times u_2 = S_0 \times e^{-\sigma \sqrt{dt_1}} \times e^{\sigma \sqrt{dt_2}} = S_0 \times e^{\sigma(\sqrt{dt_2} - \sqrt{dt_1})}$$
$$S_{ud} - S_{du} \neq 0 \leftrightarrow S_{ud} \neq S_{du}$$

상기에서 알 수 있는 바와 같이, $dt_1 \neq dt_2$이기 때문에, Recombination이 성립하지 않게 된다. 그리고, 이러한 경우에는 1기간 시점의 각각의 Node에서 2항 모형을 새로 시작하는 방법 밖에 없다. 즉, 1기간에서는 주가가 상승하는 경우와 하락하는 경우 2가지만 존재하게 되므로, 각각의 경우에서 2개의 새로운 2항 Tree를 생성하여야 한다. 그리고, 만약, dt가 변

경되는 시점이 n기간 전후라면, 이러한 경우에는 n+1개의 새로운 2항 Tree를 생성하여야 한다.

또한, 특정 Time Step의 날짜를 실제의 특정 날짜와 일치시키기 위하여, dt를 조정하는 경우가 있는데, 이 또한 Recombination이 성립하지 않게 되므로, 2항 모형 구현 시 주의하여야 한다. 이에 따라, 2항 모형 전체에 대하여, dt를 균등하게 적용하여야 한다.

3. 주 간격 등 적용 시 주의 사항

2항 모형에 있어서, 주 간격 등으로 Time Step을 설정하고자 할 때, 주의하여야 할 점이 있다. 즉, 주 간격 등으로 Time Step을 설정하고, 각각의 Time Step에 해당하는 날짜를 확정한 다음, 다음의 같이 Time Step 간 dt를 산정할 경우에는 주의가 필요하다.

- 경우 1 : 평가 기준일로부터 각각의 Time Step에 해당하는 날짜까지의 누적 기간을 엑셀의 YEARFRAC 함수로 산정한 다음, 당해 Time Step의 누적 기간에서 직전 Time Step의 누적 기간을 차감하여 산정하는 경우
- 경우 2 : 당해 Time Step의 날짜와 직전 Time Step의 날짜를 이용하여 엑셀의 YEARFRAC 함수로 산정하는 경우

엑셀의 YEARFRAC 함수는 5가지 옵션을 제공하고 있으며, 다음은 YEARFRAC 함수의 옵션별 사용 가능 여부를 요약한 내역에 해당한다.

YEARFRAC 옵션	경우 1	경우 2
0 : 미국 30/360	X	X
1 : 실제/실제	X	X
2 : 실제/360	△	O
3 : 실제/365	△	O
4 : 유럽 30/360	X	X

경우 1과 경우 2 모두에 있어서, 비록 Time Step 날짜를 제대로 설정하였다 할지라도, 옵션 0, 1, 4에서는 YEARFRAC 함수의 특성 상 Time Step 별 dt가 변동하는 현상이 발생하게 된다. 그리고, 이로 인하여, 2항 모형에서 Recombination이 성립하지 않게 되기 때문에, 옵션 0, 1, 4는 사용하면 안된다.

경우 1에 있어서, 옵션 2, 3에서는 약간의 변동이 발생하기는 하지만, 그 변동이 매우 미미하여 사용이 가능하다. 그리고, 경우 2에 있어서, 옵션 2, 3에서는 변동이 거의 발생하지 않기 때문에, 사용이 가능하다. 다만, 가장 좋은 방법은 모든 Time Step 간격이 변동하지 않도록 2항 모형을 구현하는 것이다. 즉, 잔여 만기 = T에 대하여, N 개의 Time Step 수를 설정하고, 각각의 Time Step 간격을 T / N으로 고정하는 것이 바람직하다.

4. 선도 이자율이 아닌 다른 이자율을 사용할 경우

2항 모형에서는 기본적으로 CYFWD를 사용한다. 그러나, 앞서 언급한 바와 같이, 유러피언 스타일인 경우에는 CYSPOT을 사용해도 무방하다. 왜냐하면, 유러피언 스타일인 경우에는 마지막 Time Step을 제외하고는 모든 Time Step에서 시간가치로만 구성되기 때문이다. 이에 따라, 유러피언 스타일에서 시간가치 산정 시에는 각각의 Time Step에 적용되는 CYFWD를 적용하여 할인하든, 전체 기간에 적용되는 CYSPOT을 적용하여 할인하든, 그 결과는 일치하기 때문이다.

CRR 확장 3항 모형은 CRR 2항 모형을 확장하여 유도한다. 먼저, CRR 2항 모형에 있어서, 2기간 동안의 주가 변동을 살펴 보자.

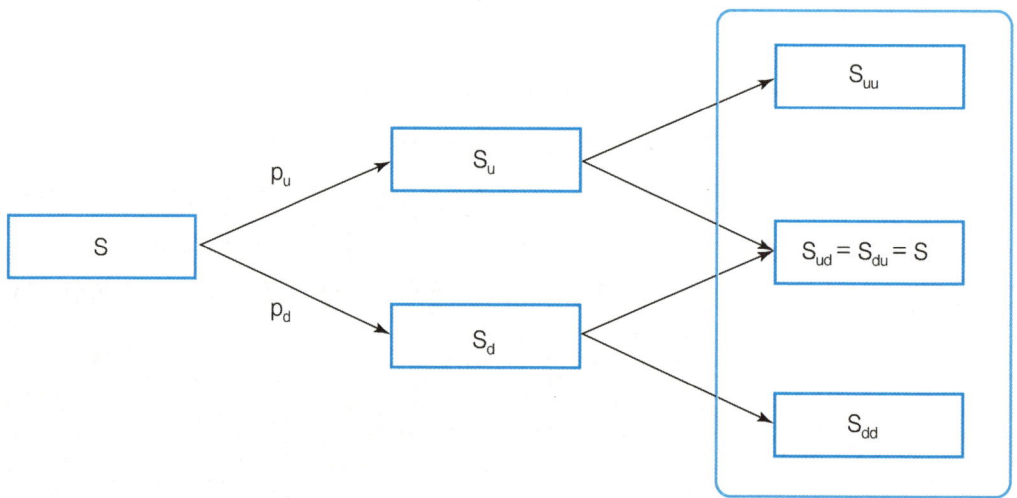

상기 그림에서 알 수 있는 바와 같이, CRR 2항 모형에서 주가가 1기간 이동하면 2개의 Node가 생성되고, 주가가 2기간 이동하면 3개의 Node가 생성된다. 그리고, CRR 확장 3항 모형은 CRR 2항 모형에서 주가가 2기간 이동한 결과를 1기간 이동한 것으로 변환함으로써 유도한다.

CRR 2항 모형에 있어서, 주가가 2기간 동안 변동하는 경우를 요약하면, 다음과 같다. 그리고, 이 때의 Case 2와 Case 3는 동일한 주가를 갖게 되므로, 상기 그림과 같이 하나의 Case로 합쳐지게 된다. 또한, 여기에서는 1기간에 적용되는 이자율, r_1, 2기간에 적용되는 이자율, r_2가 모두 r로 동일하다고 가정한다.

Case	1기간	2기간	주가	확률
1	u	u	$Su^2 = Se^{2\sigma\sqrt{dt}}$	$p_u^2 = \left[\dfrac{e^{rdt} - e^{-\sigma\sqrt{dt}}}{e^{\sigma\sqrt{dt}} - e^{-\sigma\sqrt{dt}}} \right]^2$
2	u	d	S	$p_u \times p_d = \dfrac{e^{rdt} - e^{-\sigma\sqrt{dt}}}{e^{\sigma\sqrt{dt}} - e^{-\sigma\sqrt{dt}}} \times \dfrac{e^{\sigma\sqrt{dt}} - e^{rdt}}{e^{\sigma\sqrt{dt}} - e^{-\sigma\sqrt{dt}}}$
3	d	u	S	$p_d \times p_u = \dfrac{e^{\sigma\sqrt{dt}} - e^{rdt}}{e^{\sigma\sqrt{dt}} - e^{-\sigma\sqrt{dt}}} \times \dfrac{e^{rdt} - e^{-\sigma\sqrt{dt}}}{e^{\sigma\sqrt{dt}} - e^{-\sigma\sqrt{dt}}}$
4	d	d	$Sd^2 = Se^{-2\sigma\sqrt{dt}}$	$p_d^2 = \left[\dfrac{e^{\sigma\sqrt{dt}} - e^{rdt}}{e^{\sigma\sqrt{dt}} - e^{-\sigma\sqrt{dt}}} \right]^2$

여기에서, 2기간 동안 변동한 주가를 1기간 동안 변동하는 것으로 변환하기 위하여, 다음과 같이 진행한다.

(STEP 1) dt를 dt / 2로 변경한다.

(STEP 2) Case 2와 Case 3의 확률을 합산한다.

상기와 같이 진행하는 과정을 "Half Step" Approach라고 부른다. 그리고, 상기와 같이 진행한 결과를 요약하면 다음과 같다.

Case	1기간	주가	확률
1	u	$Se^{2\sigma\sqrt{dt/2}} = Se^{\sigma\sqrt{2dt}}$	$p_u = \left[\dfrac{e^{rdt/2} - e^{-\sigma\sqrt{dt/2}}}{e^{\sigma\sqrt{dt/2}} - e^{-\sigma\sqrt{dt/2}}} \right]^2$
2	m	S	$\begin{aligned} p_m &= 2 \times \dfrac{e^{rdt/2} - e^{-\sigma\sqrt{dt/2}}}{e^{\sigma\sqrt{dt/2}} - e^{-\sigma\sqrt{dt/2}}} \times \dfrac{e^{\sigma\sqrt{dt/2}} - e^{rdt/2}}{e^{\sigma\sqrt{dt/2}} - e^{-\sigma\sqrt{dt/2}}} \\ &= 1 - p_u - p_d \end{aligned}$
3	d	$Se^{-2\sigma\sqrt{dt/2}} = Se^{-\sigma\sqrt{2dt}}$	$p_d = \left[\dfrac{e^{\sigma\sqrt{dt/2}} - e^{rdt/2}}{e^{\sigma\sqrt{dt/2}} - e^{-\sigma\sqrt{dt/2}}} \right]^2$

이는 CRR 2항 모형의 Recombination 특성을 이용하여 유도하는 과정에 해당한다. 그리고, 이러한 과정은 Recombination이 성립하는 모든 2항 모형에 대하여 적용할 수 있다. 즉, 본서에서는 설명하지 않지만, JR 확장 3항 모형, LT 확장 3항 모형, Tian 확장 3항 모형, LR 확장 3항 모형도 생성할 수 있다. 다만, Tian 2항 모형 및 LR 2항 모형의 경우, 확장하여 3항 모형을 생성하게 되면, 각각의 모형이 추구하는 목적을 달성하지 못하게 되어, 수렴

도 및 정확도가 오히려 떨어질 수 있는 바, 실무적으로 권장되지는 않는다.

또한, 이러한 논리를 확장하면, 4항 모형, 5항 모형, N항 모형의 생성도 가능하다. 즉, CRR 2항 모형에서 각각 3기간 동안의 주가 변동, 4기간 동안의 주가 변동, N-1기간 동안의 주가 변동에 기초하여 유도하면 되기 때문이다. 다만, 이렇게 항 수를 증가시키게 되면, 정확도가 증가하는 장점이 있지만, 계산 횟수도 증가하는 단점도 있다. 그리고, 아메리칸 옵션 등에 있어서는 주가 항 수도 중요하지만, Time Step 수도 중요하기 때문에, 보편적으로, 4항 이상의 모형은 거의 사용하지 않는다.

Chapter 7

평가 방법 Ⅲ – 이자율 N항 모형

이자율 N항 모형은 이자율이 변동하는 과정을 Tree(또는, Lattice) 형태로 나타내는 모형으로서, 균형 모형과 무차익 모형이 있다. 다만, 본서에서는 이 중 균형 모형에 대하여는 다루지 아니하며, 무차익 모형에 대하여만 다룬다. 왜냐하면, 균형 모형은 유도되는 이자율 기간 구조가 현재의 이자율 기간 구조와 일치하지 않는 단점을 포함하고 있어서, 신뢰성을 확보하기 어렵기 때문이다.

무차익 모형에는 이자율 2항 모형과 이자율 3항 모형이 있다. 또한, 이자율 N항 모형은 이자율 자체를 기초자산으로 하거나 채권을 기초자산으로 하는 파생상품의 평가에 주로 사용된다. 다만, 본서에서는 주로 채권을 기초자산으로 하는 파생상품의 평가에 대하여 다룬다.

먼저, 이자율 2항 모형은 현재의 이자율 r이 1기간 동안 p_u의 확률로 r_u로 상승하거나, p_d의 확률로 r_d로 하락한다고 가정하는 모형에 해당한다. 여기에서, $p_u + p_d = 1$에 해당한다. 즉, 다음의 그림과 같은 관계가 성립하는 모형에 해당한다.

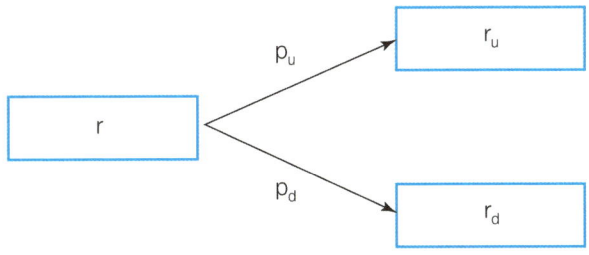

이자율 3항 모형은 현재의 이자율 r이 1기간 동안 p_u의 확률로 r_u로 상승하거나, p_d의 확률로 r_d로 하락하거나, p_m의 확률로 r로 유지된다고 가정하는 모형에 해당한다. 여기에서, $p_u + p_d + p_m = 1$에 해당한다. 즉, 다음의 그림과 같은 관계가 성립하는 모형에 해당한다.

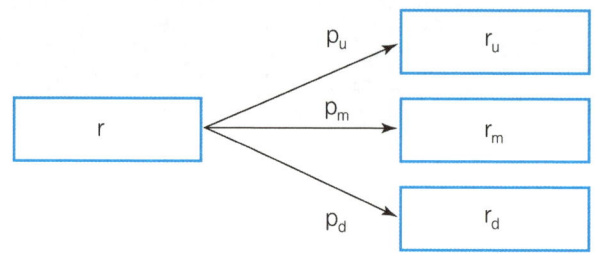

이자율 N항 모형은 주가 N항 모형과는 다른 모형에 해당한다. 주가 N항 모형에서는 주가의 만기가 없기 때문에, N항 모형 전체의 기간에서 주가가 계속적으로 상승 또는 하락할 수 있다. 그러나, 이자율 N항 모형에서는 채권의 만기가 있고, 만기 시점에서는 만기 상환금액으로 수렴해 가야 하기 때문에, N항 모형 전체의 기간에서 이자율이 계속적으로 상승 또는 하락할 수 없다. 그리고, 이자율 N항 모형은 이러한 채권의 만기 수렴 현상을 반영하여야 하므로, 주가 N항 모형보다 복잡하다.

본 장에서는 이자율 N항 모형 중 단순 선도 모형, Ho and Lee(HL) 2항 모형, Black-Derman-Toy(BDT) 2항 모형, Hull and White(HW) 3항 모형에 대하여 설명한다. 다만, 이 중 단순 선도 모형, BDT 2항 모형, HW 3항 모형에 대하여 주로 설명하고, HL 2항 모형은 BDT 2항 모형과의 차이에 대하여 설명한다.

1 ▷ 이자율 2항 모형에 대한 이해

1. 이자율 2항 모형 개요

이자율 2항 모형은 미래 현금흐름에 대하여 현재가치로 할인할 시에 적용할 선도이자율 Tree에 해당한다. 즉, 이자율 2항 모형은 미래 현금흐름에 대하여 각각의 Node의 선도이자율을 적용하여 할인한 가치와 미래 현금흐름에 대하여 현물이자율로 할인한 가치가 일치되도록 하는 선도이자율을 찾는 과정에 해당한다. 다만, 본 부분에서는 설명의 용이를 위하여, 이러한 선도이자율을 이미 찾았다고 가정하고 설명한다. 그리고, 이러한 선도이자율을 찾는 과정에 대하여는 후에 자세히 기술하기로 한다.

(1) 1기간 2항 모형

다음과 같은 1기간 이자율 변동을 가정해 보자. 여기에서, r은 CYFWD에 해당한다. 또한,

Time Step 간 dt = 1년으로 가정하고, 1년 기간에 대한 $CYSPOT_1$은 4.000%로 가정하며, p_u는 0.5로 가정한다.

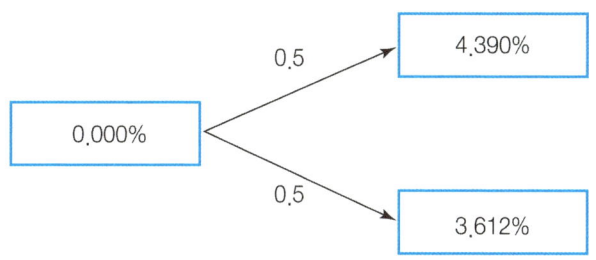

(STEP 1) 만기(T) = 1년, 만기 상환금액 = 1인 사채를 가정한다. 그리고, 1년 후의 미래 현금흐름(CF_1) 1원에 대하여, $CYSPOT_1$로 할인한 현재가치 할인계수(PVF_1)를 다음과 같이 산정한다.

$$PVF_1 = \frac{CF_1}{e^{CYSPOT_1 \times T}} = \frac{1}{e^{4.000\% \times 1}} = 0.9608$$

(STEP 2) 이자율이 상승하거나 하락하더라도 만기 상환금액(CF_1)은 변동하지 않는다. 이에 따라, Time Step = 1에 있는 각각의 Node의 선도이자율을 적용하여 Time Step = 0로 할인한 현재가치의 기대가치(TV_0)을 다음과 같이 산정한다.

$$TV_0 = 0.5 \times \frac{CF_1}{e^{r_u \times dt}} + 0.5 \times \frac{CF_1}{e^{r_d \times dt}} = 0.5 \times \frac{1}{e^{4.390\% \times 1}} + 0.5 \times \frac{1}{e^{3.612\% \times 1}} = 0.9608$$

(STEP 3) 상기 (STEP 1)의 결과와 상기 (STEP 2)의 결과를 비교한다. 결과적으로, 상기 2가지 경우의 값이 일치하고 있다. 이에 따라, 상기 이자율 2항 모형의 선도이자율은 타당한 이자율에 해당하고 있다.

(2) 2기간 2항 모형

2기간 2항 모형은 이자율이 1) 상승 & 상승, 2) 상승 & 하락, 3) 하락 & 상승, 4) 하락 & 하락의 4가지 경우가 존재한다. 그리고, 이자율 2항 모형에서는 이자율이 상승 & 하락한 경우와 하락 & 상승한 경우의 이자율이 항상 일치한다. 왜냐하면, 이자율 2항 모형은 항상 Recombination이 성립하도록 개발되었기 때문이다.

다음과 같은 2기간 이자율 변동을 가정해 보자. 여기에서, r은 CYFWD에 해당한다. 또한, Time Step 간 dt = 1년으로 가정하고, 2년 기간에 대한 $CYSPOT_2$은 4.200%로 가정하며, p_u는 0.5로 가정한다.

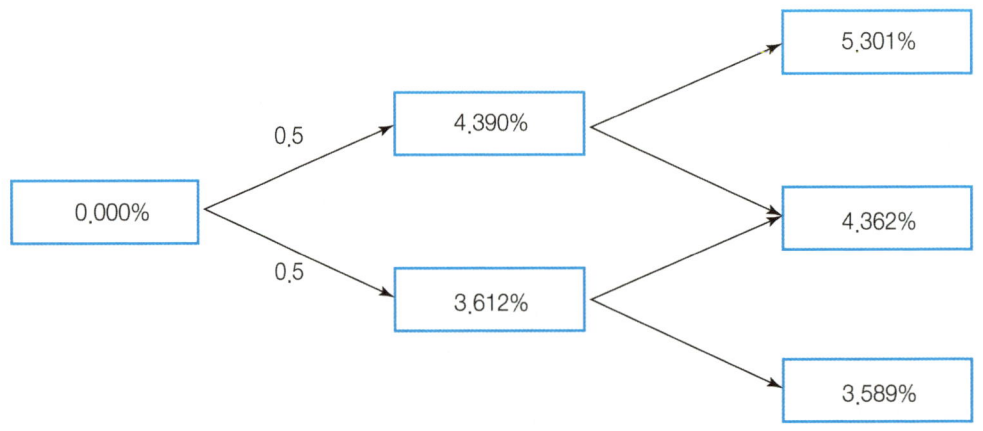

(STEP 1) 만기(T) = 2년, 만기 상환금액 = 1인 사채를 가정한다. 그리고, 2년 후의 미래 현금흐름(CF_2) 1원에 대하여, $CYSPOT_2$로 할인한 현재가치 할인계수(PVF_2)를 다음과 같이 산정한다.

$$PVF_2 = \frac{CF_2}{e^{CYSPOT_2 \times T}} = \frac{1}{e^{4.200\% \times 2}} = 0.9194$$

(STEP 2) 이자율이 상승하거나 하락하더라도 만기 상환금액(CF_2)은 변동하지 않는다. 이에 따라, Time Step = 2에 있는 각각의 Node의 선도이자율을 적용하여 Time Step = 1로 할인한 현재가치의 기대가치(TV_{1u} 및 TV_{1d})을 다음과 같이 산정한다.

$$TV_{1u} = 0.5 \times \frac{CF_2}{e^{r_{uu} \times dt}} + 0.5 \times \frac{CF_2}{e^{r_{ud} \times dt}} = 0.5 \times \frac{1}{e^{5.301\% \times 1}} + 0.5 \times \frac{1}{e^{4.362\% \times 1}} = 0.9528$$

$$TV_{1d} = 0.5 \times \frac{CF_2}{e^{r_{du} \times dt}} + 0.5 \times \frac{CF_2}{e^{r_{dd} \times dt}} = 0.5 \times \frac{1}{e^{4.362\% \times 1}} + 0.5 \times \frac{1}{e^{3.589\% \times 1}} = 0.9610$$

(STEP 3) 상기 (STEP 2)에서 산정한 TV_{1u} 및 TV_{1d}에 대하여, Time Step = 1에 있는 각 각의 Node의 선도이자율을 적용하여 Time Step = 0로 할인한 현재가치의 기대 가치(TV_0)을 다음과 같이 산정한다.

$$TV_0 = 0.5 \times \frac{TV_{1u}}{e^{r_u \times dt}} + 0.5 \times \frac{TV_{1d}}{e^{r_d \times dt}} = 0.5 \times \frac{0.9528}{e^{4.390\% \times 1}} + 0.5 \times \frac{0.9610}{e^{3.612\% \times 1}} = 0.9194$$

(STEP 4) 상기 (STEP 1)의 결과와 상기 (STEP 3)의 결과를 비교한다. 결과적으로, 상기 2가지 경우의 값이 일치하고 있다. 이에 따라, 상기 이자율 2항 모형의 선도이자율은 타당한 이자율에 해당하고 있다.

(3) 다 기간 2항 모형

주가 2항 모형에서 언급한 바아 같이, 2항 모형에서는 Time Step 수가 증가하면 증가할수록 정확성이 높아지는 특성이 있다. 이에 따라, Time Step 수는 크면 클수록 좋다. 즉, 만기가 5년인 파생상품 등에 있어서, 2항 모형을 적용할 경우, Time Step 수를 5로 적용하는 것보다 500으로 적용하는 것이 훨씬 더 높은 정확성을 나타낸다. 다만, Time Step 수를 확장하는 데에는 물리적 한계가 있으므로, 적정한 수준에서 설정하여야 한다.

2. 엑셀에서의 2항 모형 구현 방법

엑셀에서 2항 모형을 구현하는 경우에는 상기 그림들과 같이 상승 또는 하락을 구현하지 않고, 아래의 그림과 같이 구현하는 것이 효율적이다.

	0	1	2
0	r	r_u	r_{uu}
1		r_d	$r_{ud} = r_{du}$
2			r_{dd}

즉, 이자율이 상승하는 경우에는 우측으로 이동하고, 이자율이 하락하는 경우에는 우측하방으로 이동하는 것으로 구현하는 것이다. 그리고, 이렇게 구현하면, 엑셀 수식을 복사하여 붙이는 과정이 훨씬 효율적이게 된다.

또한, Time Step 번호(상기 표 상 최상단 행)는 0부터 시작하여 N까지 적용하고, Node 번호(상기 표 상 최좌측 열) 또한 0부터 시작하여 N까지 적용한다. 그리고, Time Step = i, Node 번호 = j인 Node를 N(i, j)로 표기한다. 예를 들면, N(0, 0)은 Time Step = 0, Node 번호 = 0인 Node로서, 이 때 이자율은 현재 이자율인 r를 나타낸다.

앞서 확률 과정에서 언급한 바와 같이, 파생상품을 평가함에 있어 적용되는 확률 과정에는 산술 브라운 운동, 기하 브라운 운동이 있다. 다음은 각각의 확률 과정으로부터 이자율 2항 모형을 산출하는 과정에 대하여 설명하는 내역에 해당한다.

1. 산술 브라운 운동

산술 브라운 운동은 이자율 차이가 $N(\theta_t dt, \sigma^2 dt)$를 따르는 확률 과정에 해당한다. 즉, 다음과 같은 산식이 성립하는 확률 과정에 해당한다.

$$dr_t = r_t - r_{t-1} = \theta_t dt + \sigma dZ \leftrightarrow dr_t \sim N(\theta_t dt, \sigma^2 dt)$$
$$r_t = r_{t-1} + \theta_t dt + \sigma dZ \leftrightarrow r_t \sim N(r_{t-1} + \theta_t dt, \sigma^2 dt)$$

여기에서, θ("세타" 또는 "Theta")는 모수(Parameter)로서, 2항 모형 각각의 Time Step에 적용되는 기대 이자율 차이에 해당한다. 앞서 언급한 바와 같이, 이자율 2항 모형에서는 채권의 만기 상환금액으로의 수렴 현상을 반영하여야 하는데, 이 때 이 θ를 조정하여 반영하게 된다. 또한, σ는 연간 이자율 차이의 변동성에 해당하며, dZ는 $\epsilon\sqrt{dt}$에 해당한다. 이러한 사항을 상기 산식에 반영하면, 다음과 같은 산식이 도출된다.

$$r_t = r_{t-1} + \theta_t dt + \sigma dZ \leftrightarrow r_t = r_{t-1} + \theta_t dt + \sigma\epsilon\sqrt{dt}$$

산술 브라운 운동과 관련한 대표적 이자율 2항 모형은 HL 2항 모형이 해당된다. HL 2항 모형에서는 Drift를 이자율에 반영하며, 이 때의 헤지 확률은 0.5에 해당한다. 또한, HL 2항 모형에서는 이자율이 상승하였을 경우의 이자율(r_u)와 이자율이 하락하였을 경우의 이자율(r_d)를 다음과 같이 정의한다.

$$r_u = r_{t-1} + \theta_t dt + \sigma\sqrt{dt} \leftrightarrow \epsilon = +1$$
$$r_d = r_{t-1} + \theta_t dt - \sigma\sqrt{dt} \leftrightarrow \epsilon = -1$$

그리고, 이렇게 Drift를 이자율에 반영하게 되면, 항상 Recombination이 성립하게 된다. 다음은 Recombination이 성립하는 과정에 대하여 설명하는 내역에 해당한다. 여기에서, r_0는 현재의 이자율에 해당하고, θ_1은 현재의 시점과 1기간 후의 시점 사이에 적용되는 모수에 해당하며, θ_2은 1기간 후의 시점과 2기간 후의 시점 사이에 적용되는 모수에 해당한다.

$$r_{ud} = r_u + \theta_2 dt - \sigma\sqrt{dt} = \left[r_0 + \theta_1 dt + \sigma\sqrt{dt}\right] + \theta_2 dt - \sigma\sqrt{dt} = r_0 + (\theta_1 + \theta_2)dt$$
$$r_{du} = r_d + \theta_2 dt + \sigma\sqrt{dt} = \left[r_0 + \theta_1 dt - \sigma\sqrt{dt}\right] + \theta_2 dt + \sigma\sqrt{dt} = r_0 + (\theta_1 + \theta_2)dt$$
$$S_{ud} - S_{du} = 0 \leftrightarrow S_{ud} = S_{du}$$

2. 기하 브라운 운동

기하 브라운 운동은 다음과 같은 산식을 따르는 확률 과정에 해당한다.

$$dr_t = \theta_t r_t dt + \sigma r_t dZ$$

그리고, 기초자산 r이 이러한 확률 과정을 따를 때, 기초자산 r는 로그 정규분포를 따른다. 즉, 다음의 관계가 성립한다.

$$dLN(r_t) = \left(\theta_t - 0.5\sigma^2\right)dt + \sigma dZ \;\leftrightarrow dLN(r_t) \sim N\!\left(\left(\theta_t - 0.5\sigma^2\right)dt,\, \sigma^2 dt\right)$$
$$dLN(r_t) = LN(r_t) - LN(r_{t-1}) = LN\!\left(\frac{r_t}{r_{t-1}}\right) = \left(\theta_t - 0.5\sigma^2\right)dt + \sigma dZ$$
$$r_t = r_{t-1}e^{\left(\theta_t - 0.5\sigma^2\right)dt + \sigma dZ} \leftrightarrow r_t \sim N\!\left(r_{t-1}e^{\theta_t dt},\; r_{t-1}^2 e^{2\theta_t dt}\!\left(e^{\sigma^2 dt} - 1\right)\right)$$

여기에서, $\theta_t - 0.5\sigma^2$는 2항 모형 각각의 Time Step에 적용되는 기대 로그 수익률에 해당한다. 또한, σ는 연간 이자율의 로그 수익률 변동성에 해당하며, dZ는 $\epsilon\sqrt{dt}$ 에 해당한다. 이러한 사항을 상기 산식에 반영하면, 다음과 같은 산식이 도출된다.

$$r_t = r_{t-1}e^{\left(\theta_t - 0.5\sigma^2\right)dt + \sigma dZ} \leftrightarrow r_t = r_{t-1}e^{\left(\theta_t - 0.5\sigma^2\right)dt + \sigma\epsilon\sqrt{dt}}$$

기하 브라운 운동과 관련한 대표적 이자율 2항 모형은 BDT 2항 모형이 해당된다. BDT 2항 모형에서는 Drift를 이자율에 반영하며, 이 때의 헤지 확률은 0.5에 해당한다. 또한, BDT 2항 모형에서는 이자율이 상승하였을 경우의 이자율(r_u)와 이자율이 하락하였을 경우의 이자율(r_d)를 다음과 같이 정의한다.

$$r_u = r_{t-1}e^{\left(\theta_t - 0.5\sigma^2\right)dt + \sigma\sqrt{dt}} \leftrightarrow \epsilon = +1 \leftrightarrow u = e^{\left(\theta_t - 0.5\sigma^2\right)dt + \sigma\sqrt{dt}}$$
$$r_d = r_{t-1}e^{\left(\theta_t - 0.5\sigma^2\right)dt - \sigma\sqrt{dt}} \leftrightarrow \epsilon = -1 \leftrightarrow d = e^{\left(\theta_t - 0.5\sigma^2\right)dt - \sigma\sqrt{dt}}$$

그리고, 이렇게 Drift를 이자율에 반영하게 되면, 항상 Recombination이 성립하게 된다.

다음은 Recombination이 성립하는 과정에 대하여 설명하는 내역에 해당한다. 여기에서, r_0 는 현재의 이자율에 해당하고, θ_1은 현재의 시점과 1기간 후의 시점 사이에 적용되는 모수에 해당하며, θ_2은 1기간 후의 시점과 2기간 후의 시점 사이에 적용되는 모수에 해당한다.

$$r_{ud} = r_u \times e^{\left(\theta_2 - 0.5\sigma^2\right)dt - \sigma\sqrt{dt}} = r_0 \times e^{\left(\theta_1 - 0.5\sigma^2\right)dt + \sigma\sqrt{dt}} \times e^{\left(\theta_2 - 0.5\sigma^2\right)dt - \sigma\sqrt{dt}}$$

$$= r_0 \times e^{\left(\theta_1 + \theta_2 - \sigma^2\right)dt}$$

$$r_{du} = r_d \times e^{\left(\theta_2 - 0.5\sigma^2\right)dt + \sigma\sqrt{dt}} = r_0 \times e^{\left(\theta_1 - 0.5\sigma^2\right)dt - \sigma\sqrt{dt}} \times e^{\left(\theta_2 - 0.5\sigma^2\right)dt + \sigma\sqrt{dt}}$$

$$= r_0 \times e^{\left(\theta_1 + \theta_2 - \sigma^2\right)dt}$$

$$S_{ud} - S_{du} = 0 \leftrightarrow S_{ud} = S_{du}$$

3. 이산 이자율 2항 모형과 연속 이자율 2항 모형

이자율 2항 모형은 기초자산인 이자율과 관련하여, 이산 이자율을 기준으로 접근하는 방법과 연속 이자율을 기준으로 접근하는 방법이 있다. 그리고, 어떠한 이자율을 기준으로 접근하는가에 따라 관련 변수 및 평가 방법을 모두 통일시켜 주어야 한다. 즉, 이산 이자율을 적용하여 구현할 경우에는, 이자율 변동성, 선도이자율, 할인 과정 등에 모두 이산 이자율 및 이산 할인 과정을 적용하여야 하고, 연속 이자율을 적용하여 구현할 경우에는, 이자율 변동성, 선도이자율, 할인 과정 등에 모두 연속 이자율 및 연속 할인 과정을 적용하여야 한다. 다만, 대부분의 이자율 2항 모형은 연속 이자율을 기초자산으로 하여 개발되었는 바, 연속 이자율을 적용하는 것을 추천하며, 본서에서도 연속 이자율을 위주로 설명한다.

3 단순 선도 모형

단순 선도 모형은 이자율 변동성이 없다고 가정하는 모형에 해당한다. 즉, 이자율 기간 구조만으로 금융상품 등을 평가하는 모형에 해당한다. 이제 단순 선도 모형을 이용하여 이자율 기간 구조를 작성해 보자. 또한, 다음과 같은 사례를 이용하며, 동 사례는 이후의 이자율 N항 모형에 대한 설명에서도 동일하게 적용된다.

사례 1 변동성 자료

이자율 변동성	이산 연 복리 기준	연속 연 복리 기준
이자율 차이	0.614%	0.578%
산술 수익률	9.972%	9.681%
로그 수익률	9.968%	9.677%

상기 이자율 변동성은 앞서 "기초 변수 – 변동성"에서 산정하였던 이자율 변동성에 해당한다. 또한, 다음 사례와 같이 이자율 자료가 주어져 있다고 가정하자.

사례 2 이자율 자료

	1	2	3	4	5
DYSPOT	4.081%	4.289%	4.498%	4.707%	4.917%
DYFWD	4.081%	4.498%	4.917%	5.338%	5.760%
CYSPOT	4.000%	4.200%	4.400%	4.600%	4.800%
CYFWD	4.000%	4.400%	4.800%	5.200%	5.600%

단순 선도 모형에서는 상기 표상 DYFWD 또는 CYFWD를 그대로 사용한다. 즉, 별도로 이자율 Tree 등은 생성하지 아니한다.

4 ▷ Black–Derman–Toy(BDT) 2항 모형

앞서 언급한 바와 같이, BDT 2항 모형은 기하 브라운 운동에 기반하는 2항 모형에 해당한다. 즉, 다음의 관계가 성립한다. 또한, 이 때의 헤지 확률은 항상 0.5에 해당한다.

$$r_u = r_{t-1}e^{(\theta_t - 0.5\sigma^2)dt + \sigma\sqrt{dt}} \leftrightarrow \epsilon = +1 \leftrightarrow u = e^{(\theta_t - 0.5\sigma^2)dt + \sigma\sqrt{dt}}$$

$$r_d = r_{t-1}e^{(\theta_t - 0.5\sigma^2)dt - \sigma\sqrt{dt}} \leftrightarrow \epsilon = -1 \leftrightarrow d = e^{(\theta_t - 0.5\sigma^2)dt - \sigma\sqrt{dt}}$$

BDT 2항 모형은 기하 브라운 운동에 기반하여 개발되었기 때문에, 논리적 일관성을 위하여 연속 이자율을 적용하여 구현하는 것이 좋다. 왜냐하면, 기하 브라운 운동은 로그 수익률이 정규 분포를 따르는 운동에 해당하고, 이 때의 로그 수익률은 자연로그 수익률에 해당하기 때문이다. 이에 따라, 이자율 변동성, 선도이자율, 할인 과정 등에 모두 연속 이자율 및 연속 할인 과정을 적용하는 것이 좋다. 이제 연속 이자율에 대하여 BDT 2항 모형을 적용하여 이자율 변동 Tree를 작성해 보자.

이자율 2항 모형 생성 대상 이자율이 연속 이자율에 해당하므로, 이자율 변동성, 선도이자율, 할인 과정 등에 모두 연속 이자율 및 연속 할인 과정이 적용되어야 한다. 즉, 이 때의 이자율 변동성은 상기 사례 1의 연속 연 복리 기준의 로그 수익률 변동성인 9.677%에 해당한다. 다음은 연속 이자율을 적용하는 경우에 있어서의 BDT 2항 모형을 생성하는 과정에 대하여 설명하는 내역에 해당한다.

(STEP 1) 상기 사례를 이용하여, 각 시점의 현재가치 할인계수(Present Value Factor, PVF)를 산정한다.

$$PVF_t = \frac{1}{e^{CYSPOT_t \times t}}$$

	1	2	3	4	5
$CYSPOT_t$	4.000%	4.200%	4.400%	4.600%	4.800%
PVF_t	0.9608	0.9194	0.8763	0.8319	0.7866

(*) 예를 들면, PVF_3는 다음과 같이 산출된다.

$$PVF_3 = \frac{1}{e^{4.400\% \times 3}} = 0.8763$$

(STEP 2) 다음과 같이, 이자율 Tree를 생성한다.

r	0	1	2	3	4	5
0	0.000%	0.000%	0.000%	0.000%	0.000%	0.000%
1		수식	수식	수식	수식	수식
2			수식	수식	수식	수식
3				수식	수식	수식
4					수식	수식
5						수식

(*1) Node 번호가 0인 Node에는 모두 0.000%를 기재한다.
(*2) Node 번호가 1 이상이고, Time Step 번호 이하인 Node("수식"이라고 기재된 Node)에는 상위 Node의 값과 $e^{-2\sigma \sqrt{dt}}$ 를 곱하는 수식을 기재한다. 즉, 다음과 같이 기재한다.
$r(i,j) = r(i,j-1) \times e^{-2\sigma \sqrt{dt}}$

(*3) 상기 (*2)와 같이 기재하는 사유는 다음과 같다. 즉, 이자율이 상승하였을 경우의 이자율을 이자율이 하락하였을 경우의 이자율로 나눈 값이 $e^{2\sigma\sqrt{dt}}$ 에 해당하기 때문이다.

$$r_u = r_{t-1}e^{\left(\theta_t - 0.5\sigma^2\right)dt + \sigma\sqrt{dt}} \quad \& \quad r_d = r_{t-1}e^{\left(\theta_t - 0.5\sigma^2\right)dt - \sigma\sqrt{dt}}$$

$$\frac{r_u}{r_d} = \frac{r_{t-1}e^{\left(\theta_t - 0.5\sigma^2\right)dt + \sigma\sqrt{dt}}}{r_{t-1}e^{\left(\theta_t - 0.5\sigma^2\right)dt - \sigma\sqrt{dt}}} = \frac{e^{\sigma\sqrt{dt}}}{e^{-\sigma\sqrt{dt}}} = e^{2\sigma\sqrt{dt}} \leftrightarrow r_d = r_u e^{-2\sigma\sqrt{dt}}$$

(STEP 3) 다음과 같이, 할인 계수(Discount Factor, DF) Tree를 생성한다.

DF	0	1	2	3	4	5
0	수식	수식	수식	수식	수식	수식
1		수식	수식	수식	수식	수식
2			수식	수식	수식	수식
3				수식	수식	수식
4					수식	수식
5						수식

(*) Node 번호가 0 이상이고, Time Step 번호 이하인 Node("수식"이라고 기재된 Node)에는, 금액 1에 대하여, 상기 (STEP 2)의 r로 1기간 할인하는 수식을 기재한다. 즉, 다음과 같이 기재한다. 또한, 상기 사례의 경우, 1년 단위로 Time Step을 설정하였으므로, dt = 1에 해당한다.

$$DF(i,j) = \frac{1}{e^{r(i,j) \times dt}}$$

(STEP 4) 다음과 같이, 무이표채권(Zero Coupon Bond, ZCB) Tree를 생성한다.

ZCB	0	1	2	3	4	5
0	수식	수식	수식	수식	수식	수식
1		수식	수식	수식	수식	수식
2			수식	수식	수식	수식
3				수식	수식	수식
4					수식	수식
5						수식

(*) Node 번호가 0 이상이고, Time Step 번호 이하인 Node("수식"이라고 기재된 Node)에는, 다음 2개 Node의 ZCB 금액에 대하여, 각각 상기 (STEP 2)의 r로 1기간 할인한 후, 기대가치를 산출하는 수식을 기재한다. 또는, 다음 2개 Node의 ZCB 금액에 대하여, 각각 상기 (STEP 3)의 DF를 곱한 다음, 기대가치를 산출하는 수식을 기재한다. 즉, 다음 중 하나의 수식으로 기재한다. 다만, 실무에 있어서는 DF를 이용하는 것이 효율적이다. 또한, 상기 사례의 경우, 1년 단위로 Time Step을 설정하였으므로, dt = 1에 해당한다.

$$ZCB(i,j) = 0.5 \times \frac{ZCB(i+1,j)}{e^{r(i+1,j) \times dt}} + 0.5 \times \frac{ZCB(i+1,j+1)}{e^{r(i+1,j+1) \times dt}} \text{ 또는,}$$

$$ZCB(i,j) = 0.5 \times ZCB(i+1,j) \times DF(i+1,j) + 0.5 \times ZCB(i+1,j+1) \times DF(i+1,j+1)$$

(STEP 5) 다음과 같이 1기간의 선도이자율을 찾는다.

(*1) ZCB Tree에 있어서, Time Step=1에 해당하는 모든 Node의 값을 1로 기재한다.
(*2) $r(1, 0)$에 임의의 숫자를 기입한다.
(*3) $ZCB(0, 0)$의 값과 상기 (STEP 1)의 PVF_1을 비교한다.
(*4) 상기 (*3)의 결과가 거의 일치하도록 하는 $r(1, 0)$을 Trial & Error 방식으로 찾는다.

(STEP 6) 다음과 같이 2기간의 선도이자율을 찾는다.

(*1) 상기 (STEP 5)를 종료한 후, ZCB Tree에 있어서, Time Step=1에 해당하는 모든 Node에 상기 (STEP 4)의 수식을 다시 기재한다.
(*2) ZCB Tree에 있어서, Time Step=2에 해당하는 모든 Node의 값을 1로 기재한다.
(*3) $r(2, 0)$에 임의의 숫자를 기입한다.
(*4) $ZCB(0, 0)$의 값과 상기 (STEP 1)의 PVF_2을 비교한다.
(*5) 상기 (*4)의 결과가 거의 일치하도록 하는 $r(2, 0)$을 Trial & Error 방식으로 찾는다.

(STEP 7) 다음과 같이 3기간의 선도이자율을 찾는다.

(*1) 상기 (STEP 6)를 종료한 후, ZCB Tree에 있어서, Time Step=2에 해당하는 모든 Node에 상기 (STEP 4)의 수식을 다시 기재한다.
(*2) ZCB Tree에 있어서, Time Step=3에 해당하는 모든 Node의 값을 1로 기재한다.
(*3) $r(3, 0)$에 임의의 숫자를 기입한다.
(*4) $ZCB(0, 0)$의 값과 상기 (STEP 1)의 PVF_3을 비교한다.
(*5) 상기 (*4)의 결과가 거의 일치하도록 하는 $r(3, 0)$을 Trial & Error 방식으로 찾는다.

(STEP 8) 상기 (STEP 7)의 절차를 계속적으로 적용하여, $r(4, 0)$, $r(5, 0)$을 찾는다. 참고로, 엑셀의 목표값 찾기 기능을 이용하면, $r(i, 0)$을 쉽게 찾을 수 있다.

상기와 같이 진행하면, 최종적으로 다음과 같은 Tree 들이 생성된다.

r	0	1	2	3	4	5
0	0.000%	4.387%	5.294%	6.339%	7.543%	8.927%
1		3.615%	4.362%	5.224%	6.215%	7.356%
2			3.595%	4.305%	5.122%	6.062%
3				3.547%	4.220%	4.995%
4					3.478%	4.116%
5						3.392%

DF	0	1	2	3	4	5
0	1.0000	0.9571	0.9484	0.9386	0.9273	0.9146
1		0.9645	0.9573	0.9491	0.9397	0.9291
2			0.9647	0.9579	0.9501	0.9412
3				0.9651	0.9587	0.9513
4					0.9658	0.9597
5						0.9667

ZCB	0	1	2	3	4	5
0	0.7866	0.8029	0.8286	0.8668	0.9218	1.0000
1		0.8345	0.8564	0.8889	0.9351	1.0000
2			0.8801	0.9075	0.9462	1.0000
3				0.9231	0.9555	1.0000
4					0.9632	1.0000
5						1.0000

5 ▷ Ho and Lee(HL) 2항 모형

앞서 언급한 바와 같이, HL 2항 모형은 산술 브라운 운동에 기반하는 2항 모형에 해당한다. 즉, 다음의 관계가 성립한다. 또한, 이 때의 헤지 확률은 항상 0.5에 해당한다.

$$r_u = r_{t-1} + \theta_t dt + \sigma \sqrt{dt} \leftrightarrow \epsilon = +1$$
$$r_d = r_{t-1} + \theta_t dt - \sigma \sqrt{dt} \leftrightarrow \epsilon = -1$$

HL 2항 모형은 산술 브라운 운동에 기반하여 개발되었기 때문에, 이산 이자율을 적용하여 구현할 수도 있고, 연속 이자율을 적용하여 구현할 수도 있다. 다만, 본서에서는 이 중 연속 이자율을 적용하여 구현하는 경우에 대하여 설명한다. 왜냐하면, HL 이 그들의 논문에서 연속 이자율을 적용하는 경우에 대하여 설명하고 있기 때문이다. 그리고, 본 부분에서는 HL 2항 모형과 BDT 2항 모형의 차이점을 위주로 설명한다.

이자율 2항 모형 생성 대상 이자율이 연속 이자율에 해당하므로, 이자율 변동성, 선도이자율, 할인 과정 등에 모두 연속 이자율 및 연속 할인 과정이 적용되어야 한다. 즉, 이 때의 이자율 변동성은 상기 사례 1의 연속 연 복리 기준의 이자율 차이 변동성인 0.578%에 해당한다. 다음은 연속 이자율을 적용하는 경우에 있어서의 HL 2항 모형을 생성하는 과정에 대하여 설명하는 내역에 해당한다.

(STEP 1) 상기 사례를 이용하여, 각 시점의 현재가치 할인계수(Present Value Factor, PVF)를 산정한다. 그리고, 이는 BDT 2항 모형의 결과와 동일하다.

(STEP 2) 다음과 같이, 이자율 Tree를 생성한다.

r	0	1	2	3	4	5
0	0.000%	0.000%	0.000%	0.000%	0.000%	0.000%
1		수식	수식	수식	수식	수식
2			수식	수식	수식	수식
3				수식	수식	수식
4					수식	수식
5						수식

(*1) Node 번호가 0인 Node에는 모두 0.000%를 기재한다.

(*2) Node 번호가 1 이상이고, Time Step 번호 이하인 Node("수식"이라고 기재된 Node)에는 상위 Node의 값에서 $2\sigma\sqrt{dt}$ 를 차감하는 수식을 기재한다. 즉, 다음과 같이 기재한다.
$r(i,j)=r(i,j-1)-2\sigma\sqrt{dt}$

(*3) 상기 (*2)와 같이 기재하는 사유는 다음과 같다. 즉, 이자율이 상승하였을 경우의 이자율과 이자율이 하락하였을 경우의 이자율 간의 차이가 $2\sigma\sqrt{dt}$ 에 해당하기 때문이다.
$r_u = r_{t-1}+\theta_t dt+\sigma\sqrt{dt}$ & $r_d = r_{t-1}+\theta_t dt-\sigma\sqrt{dt}$
$r_d - r_u = r_{t-1}+\theta_t dt-\sigma\sqrt{dt}-\left[r_{t-1}+\theta_t dt+\sigma\sqrt{dt}\right]=-2\sigma\sqrt{dt}\leftrightarrow r_d=r_u-2\sigma\sqrt{dt}$

(STEP 3) 할인계수(Discount Factor, DF) Tree를 생성한다. 그리고, 이는 BDT 2항 모형의
절차와 동일하다.

(STEP 4) 무이표채권(Zero Coupon Bond) Tree를 생성한다. 그리고, 이는 BDT 2항 모형의
절차와 동일하다.

(STEP 5) 1기간의 선도이자율을 찾는다. 그리고, 이는 BDT 2항 모형의 절차와 동일하다.

(STEP 6) 2기간의 선도이자율을 찾는다. 그리고, 이는 BDT 2항 모형의 절차와 동일하다.

(STEP 7) 3기간의 선도이자율을 찾는다. 그리고, 이는 BDT 2항 모형의 절차와 동일하다.

(STEP 8) 상기 (STEP 7)의 절차를 계속적으로 적용하여, $r(4, 0)$, $r(5, 0)$을 찾는다. 그리
고, 이는 BDT 2항 모형의 절차와 동일하다.

상기와 같이 진행하면, 최종적으로 다음과 같은 Tree들이 생성된다.

r	0	1	2	3	4	5
0	0.000%	4.580%	5.563%	6.549%	7.538%	8.531%
1		3.424%	4.407%	5.393%	6.383%	7.375%
2			3.251%	4.237%	5.227%	6.220%
3				3.081%	4.071%	5.064%
4					2.915%	3.908%
5						2.752%

DF	0	1	2	3	4	5
0	1.0000	0.9552	0.9459	0.9366	0.9274	0.9182
1		0.9663	0.9569	0.9475	0.9382	0.9289
2			0.9680	0.9585	0.9491	0.9397
3				0.9697	0.9601	0.9506
4					0.9713	0.9617
5						0.9729

ZCB	0	1	2	3	4	5
0	0.7866	0.7997	0.8259	0.8665	0.9236	1.0000
1		0.8375	0.8550	0.8868	0.9343	1.0000
2			0.8852	0.9075	0.9452	1.0000
3				0.9287	0.9561	1.0000
4					0.9673	1.0000
5						1.0000

6 Hull and White(HW) 3항 모형

HW 3항 모형은 산술 브라운 운동의 특수한 형태로서, 이자율이 다음과 같은 확률 과정을 따른다고 가정하는 모형에 해당한다.

$$dr_t = r_t - r_{t-1} = (\theta_t - \alpha r_t)dt + \sigma dZ \ \leftrightarrow dr_t \sim N\big((\theta_t - \alpha r_t)dt, \sigma^2 dt\big)$$

$$r_t - r_{t-1} + \alpha r_t dt = \theta_t dt + \sigma dZ \ \leftrightarrow (1 + \alpha dt)r_t = r_{t-1} + \theta_t dt + \sigma dZ$$

$$r_t = \frac{r_{t-1} + \theta_t dt + \sigma dZ}{1 + \alpha dt} \leftrightarrow r_t \sim N\left[r_{t-1}e^{-\alpha dt} + \frac{\theta_t}{\alpha}\big(1 - e^{-\alpha dt}\big), \frac{\sigma^2}{2\alpha}\big(1 - e^{-2\alpha dt}\big)\right]$$

HW는 상기 확률 과정을 다음과 같은 3항 모형으로서 구현하였다. 또한, HW 3항 모형에는 다음과 같은 특성이 있다.

- 이자율은 특정 수준에 도달하기 전까지는 상위 방향 (U), 유지 방향 (M), 하위 방향 (D)으로 계속 이동하지만, 특정 수준에 도달한 이후에는 M, D, 가속 하위 방향 (AD) 또는 M, U, 가속 상위 방향 (AU)으로 이동한다. 그리고, 이 때의 특정 수준을 TOP 또는 BOTTOM이라고 부른다.
- 이자율이 AU, U, M, D, AD으로 이동할 확률은 각각의 Node 별로 달라진다.

상기와 같은 특성을 그림으로 나타내면 다음과 같다.

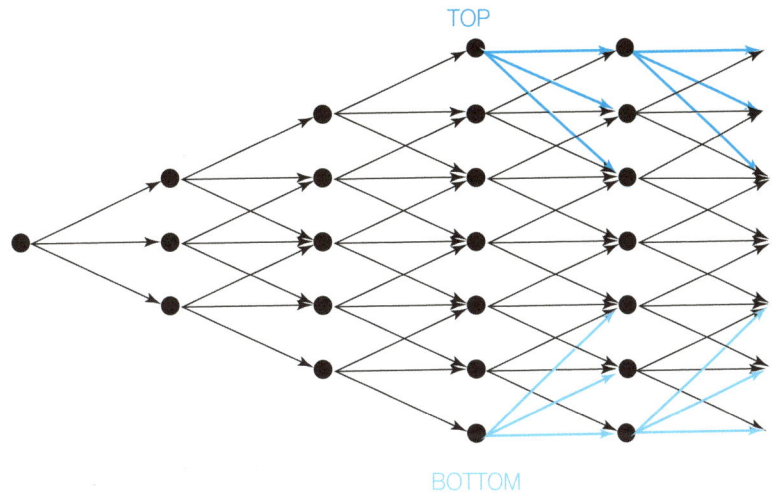

TOP
BOTTOM

상기 그림을 보면, 이자율이 TOP 또는 BOTTOM에 도달하기 전까지는 이자율이 U, M, D로 계속 이동하지만, TOP 또는 BOTTOM에 도달한 이후에는 U, M, D로 이동하지 않고, 다른 형태의 이동을 하게 된다. 즉, TOP에 도달한 이후에는 M, D, AD로 이동하고, BOTTOM에 도달한 이후에는 M, U, AU로 이동한다. 그리고, 이러한 행태를 평균 회귀(Mean Reversion)라고 부른다.

HW는 각각의 Node 별 U, M, D 확률을 제시하였으며, 그 결과는 다음과 같다.

	TOP	BETWEEN	BOTTOM
p_u	$\dfrac{7}{6} + \dfrac{(jM)^2 + 3jM}{2}$	$\dfrac{1}{6} + \dfrac{(jM)^2 + jM}{2}$	$\dfrac{1}{6} + \dfrac{(jM)^2 - jM}{2}$
p_m	$-\dfrac{2}{6} - (jM)^2 - 2jM$	$\dfrac{4}{6} - (jM)^2$	$-\dfrac{2}{6} - (jM)^2 + 2jM$
p_d	$\dfrac{1}{6} + \dfrac{(jM)^2 + jM}{2}$	$\dfrac{1}{6} + \dfrac{(jM)^2 - jM}{2}$	$\dfrac{7}{6} + \dfrac{(jM)^2 - 3jM}{2}$

(*1) $\rho = \mathrm{CORREL}(r_t, r_{t-1})$: r_t와 r_{t-1} 간의 상관계수

(*2) $\alpha = 1 - \rho$

(*3) $M = \alpha dt$

(*4) j : 3항 모형에서의 Node 번호

상기에서 p_u, p_m, p_d는 각각 다음과 같은 이동 시의 확률을 의미한다.

	TOP	BETWEEN	BOTTOM
p_u	M	U	AU
p_m	D	M	U
p_d	AD	D	M

또한, 상기에서 j는 각각의 Node 번호에 해당한다. 아울러, 이 때의 Node 번호는 – Time Step 번호부터 + Time Step 번호까지 해당하며, 이는 앞서 주가 3항 모형에서 언급한 바와 동일하다. 그리고, 상기에서 알 수 있는 바와 같이, HW 3항 모형에서는 각각의 Node 번호에 따라 U, M, D 확률이 달라진다.

HW는 TOP과 BOTTOM에 해당하는 Node 번호를 제시하였으며, 그 결과는 다음과 같다.

$$\text{TOP} = -\text{ROUNDDOWN}\left(\frac{0.1835}{M}\right) \quad \& \quad \text{BOTTOM} = -\text{TOP}$$

또한, HW는 Node 간 이자율 관계를 제시하였으며, 그 결과는 다음과 같다.

$$r(i,j) = r(i,0) + j \times \sigma\sqrt{3dt}$$

즉, HW의 이자율은 $r(i, 0)$를 기준으로 하여, 상위 Node로 갈수록 $\sigma\sqrt{3dt}$ 만큼 계속 감소해 나가며, 하위 Node로 갈수록 $\sigma\sqrt{3dt}$ 만큼 계속 증가해 나간다.

HW 3항 모형은 산술 브라운 운동에 기반하여 개발되었기 때문에, 이산 이자율을 적용하여 구현할 수도 있고, 연속 이자율을 적용하여 구현할 수도 있다. 다만, 본서에서는 이 중 연속 이자율을 적용하여 구현하는 경우에 대하여 설명한다. 왜냐하면, HW가 그들의 논문에서 연속 이자율을 적용하는 경우에 대하여 설명하고 있기 때문이다.

이자율 3항 모형 생성 대상 이자율이 연속 이자율에 해당하므로, 이자율 변동성, 선도이자율, 할인 과정 등에 모두 연속 이자율 및 연속 할인 과정이 적용되어야 한다. 그리고, 이 때의 이자율 변동성은 HW 3항 모형에 부합하도록 별도로 산정하여야 한다. 다음은 연속 이자율을 적용하는 경우에 있어서의 HW 3항 모형을 생성하는 과정에 대하여 설명하는 내역에 해당한다.

(STEP 1) 다음과 같이, HW 3항 모형을 위한 기초 변수를 산정한다. 다만, 하기 (STEP 2)
에 의한 실제 r_t와 r_{t-1}의 상관계수는 0.9945에 해당하지만, 설명의 용이를 위하여,
0.9300으로 가정하여 적용한다. 그리고, 동 사유에 대하여는 후에 설명하기로 한다.

	내역
ρ = r_t와 r_{t-1} 간의 상관계수	0.9300
$\alpha = 1 - \rho$	0.0700
dt = Time Step 간 기간	1.00 Year
$M = \alpha dt$	$0.0700 \times 1.00 \; Year = 0.0700$
TOP	$-ROUNDDOWN\left(\dfrac{0.1835}{M}\right) = -3.00$
BOTTOM	$-TOP = 3.00$

(STEP 2) 다음과 같이, HW 3항 모형을 위한 이자율 변동성을 산정한다. 다만, 과거 이자율
자료 기간은 1년으로 가정하고, 연 환산을 위한 영업일 수는 252로 가정한다.

일자	YTM		HW 이자율 차이	
	이산 연 복리	연속 연 복리	이산 연 복리	연속 연 복리
2024.12.30.	5.733%	5.575%	0.016%	0.016%
2024.12.27.	5.749%	5.590%	-0.015%	-0.014%
2024.12.26.	5.796%	5.634%	0.058%	0.056%
2024.12.24.	5.770%	5.609%	0.077%	0.073%
⋮	⋮	⋮	⋮	⋮
2024.1.3.	6.696%	6.481%	0.079%	0.075%
2024.1.2.	6.654%	6.442%	0.157%	0.149%
2023.12.29	6.533%	6.329%		
표준편차			0.039%	0.037%
연 환산			0.617%	0.581%

(*1) 상기 YTM은 앞서 "기초 변수 – 변동성"에서 이용하였던, YTM과 동일하다.

(*2) 상기 이산 연 복리 이자율 차이는 다음과 같이 산정한다. 여기에서, r은 이산 연 복리 YTM에 해당하며,
α와 dt는 상기 (STEP 1)에서 산출한 값을 적용한다.
$(1+\alpha dt)r_t - r_{t-1}$

(*3) 상기 연속 연 복리 이자율 차이는 다음과 같이 산정한다. 여기에서, r은 연속 연 복리 YTM에 해당하
며, α와 dt는 상기 (STEP 1)에서 산출한 값을 적용한다.
$(1+\alpha dt)r_t - r_{t-1}$

(*4) 상기에서, 기초자산이 이산 이자율에 해당하면, 이산 연 복리 이자율 차이 변동성을 적용하고, 기초자산이 연속 이자율에 해당하면, 연속 연 복리 이자율 차이 변동성을 적용한다. 다만, 본 사례에서는 기초자산을 연속 연 복리 이자율로 정의하였던 바, 연속 연 복리 이자율 차이 변동성인 0.581%를 적용한다.

(STEP 3) 앞선 사례를 이용하여, 각 시점의 현재가치 할인계수(Present Value Factor, PVF)를 산정한다. 그리고, 이는 BDT 2항 모형의 결과와 동일하다.

(STEP 4) 다음과 같이, 이자율 Tree를 생성한다.

r	0	1	2	3	4	5
(5)						
(4)						
(3)				수식	수식	수식
(2)			수식	수식	수식	수식
(1)		수식	수식	수식	수식	수식
0	0.000%	0.000%	0.000%	0.000%	0.000%	0.000%
1		수식	수식	수식	수식	수식
2			수식	수식	수식	수식
3				수식	수식	수식
4						
5						

(*1) Node 번호 j가 0인 Node에는 모두 0.000%를 기재한다.

(*2) Node 간 이자율 차이를 dr로 정의하고, 그 값을 다음과 같이 산정한다.
$$dr = \sigma \sqrt{3dt} = 0.581\% \times \sqrt{3 \times 1.00\ \text{Year}} = 0.0101$$

(*3) Node 번호 j가 $-$ Time Step 번호 $\leq$ j $<$ 0 또는 0 $<$ j $\leq$ $+$ Time Step 번호인 Node("수식"이라고 기재된 Node)에는 다음과 같은 수식을 기재한다. 다만, Node 번호 j가 TOP($=-3$)에 미만인 경우와 BOTTOM($=3$)을 초과하는 경우에는 Null Node로 남겨 둔다.
$$r(i,j) = r(i,0) + j \times dr$$

(*4) 상기 (*3)와 같이 기재하는 사유는 HW가 다음과 같은 관계를 제시하고 있기 때문이다. 즉, HW는 Node 간 이자율 차이로서, $\sigma \sqrt{3dt}$ 를 제시하고 있다.
$$r(i,j) = r(i,0) + j \times \sigma \sqrt{3dt}$$

(STEP 5) 다음과 같이, p_u, p_m, p_d Tree를 생성한다.

P_u Tree						
p_u	0	1	2	3	4	5
(5)						
(4)						
(3)					수식	수식
(2)				수식	수식	수식
(1)			수식	수식	수식	수식
0	수식	수식	수식	수식	수식	수식
1			수식	수식	수식	수식
2				수식	수식	수식
3					수식	수식
4						
5						

(*1) 상기 Table은 직전 Node 번호가 j인 Node에서, U(TOP인 경우, M, BOTTOM인 경우, AU)로 이동할 확률 Table에 해당한다. 예를 들면, N(2, 1) 값은 N(1, 1)에서 U로 이동할 확률을 의미한다.

(*2) 상기 Node("수식"이라고 기재된 Node)들에 대하여, 다음의 수식을 기재한다. 여기에서 j는 Node 번호를 의미하여, M은 상기 (STEP 1)에서 산출한 값에 해당한다.

	TOP	BETWEEN	BOTTOM
p_u	$\dfrac{7}{6}+\dfrac{(jM)^2+3jM}{2}$	$\dfrac{1}{6}+\dfrac{(jM)^2+jM}{2}$	$\dfrac{1}{6}+\dfrac{(jM)^2-jM}{2}$

P_m Tree						
p_m	0	1	2	3	4	5
(5)						
(4)						
(3)					수식	수식
(2)				수식	수식	수식
(1)			수식	수식	수식	수식
0		수식	수식	수식	수식	수식
1			수식	수식	수식	수식
2				수식	수식	수식
3					수식	수식

P_m Tree						
p_m	0	1	2	3	4	5
4						
5						

(*1) 상기 Table은 직전 Node 번호가 j인 Node에서, M(TOP인 경우, D, BOTTOM인 경우, U)으로 이동할 확률 Table에 해당한다. 예를 들면, N(2, 1) 값은 N(1, 1)에서 M으로 이동할 확률을 의미한다.

(*2) 상기 Node("수식"이라고 기재된 Node)들에 대하여, 다음의 수식으로 기재한다. 여기에서 j는 Node 번호를 의미하여, M은 상기(STEP 1)에서 산출한 값에 해당한다.

	TOP	BETWEEN	BOTTOM
p_m	$-\dfrac{2}{6}-(jM)^2-2jM$	$\dfrac{4}{6}-(jM)^2$	$-\dfrac{2}{6}-(jM)^2+2jM$

P_d Tree						
p_d	0	1	2	3	4	5
(5)						
(4)						
(3)					수식	수식
(2)				수식	수식	수식
(1)			수식	수식	수식	수식
0		수식	수식	수식	수식	수식
1			수식	수식	수식	수식
2				수식	수식	수식
3					수식	수식
4						
5						

(*1) 상기 Table은 직전 Node 번호가 j인 Node에서, D(TOP인 경우, AD, BOTTOM인 경우, M)로 이동할 확률 Table에 해당한다. 예를 들면, N(2, 1) 값은 N(1, 1)에서 D로 이동할 확률을 의미한다.

(*2) 상기 Node("수식"이라고 기재된 Node)들에 대하여, 다음의 수식으로 기재한다. 여기에서 j는 Node 번호를 의미하여, M은 상기 (STEP 1)에서 산출한 값에 해당한다.

	TOP	BETWEEN	BOTTOM
p_d	$\dfrac{1}{6}+\dfrac{(jM)^2+jM}{2}$	$\dfrac{1}{6}+\dfrac{(jM)^2-jM}{2}$	$\dfrac{7}{6}+\dfrac{(jM)^2-3jM}{2}$

(STEP 6) 다음과 같이, 할인계수(Discount Factor, DF) Tree를 생성한다.

DF	0	1	2	3	4	5
(5)						
(4)						
(3)				수식	수식	수식
(2)			수식	수식	수식	수식
(1)		수식	수식	수식	수식	수식
0	수식	수식	수식	수식	수식	수식
1		수식	수식	수식	수식	수식
2			수식	수식	수식	수식
3				수식	수식	수식
4						
5						

(*) 상기 Node("수식"이라고 기재된 Node)들에 대하여, 금액 1에 대하여, 상기 (STEP 4)의 r로 1기간 할인하는 수식을 기재한다. 즉, 다음과 같이 기재한다. 또한, 상기 사례의 경우, 1년 단위로 Time Step 을 설정하였으므로, dt = 1에 해당한다.

$$DF(i,j) = \frac{1}{e^{r(i,j) \times dt}}$$

(STEP 7) 다음과 같이, 무이표채권(Zero Coupon Bond) Tree를 생성한다.

ZCB	0	1	2	3	4	5
(5)						
(4)						
(3)				수식	수식	수식
(2)			수식	수식	수식	수식
(1)		수식	수식	수식	수식	수식
0	수식	수식	수식	수식	수식	수식
1		수식	수식	수식	수식	수식
2			수식	수식	수식	수식
3				수식	수식	수식
4						
5						

(*1) 상기 Node("수식"이라고 기재된 Node)에 대하여, 다음 3개 Node의 ZCB 금액에 대하여, 각각 상기 (STEP 4)의 r로 1기간 할인한 후, 기대가치를 산출하는 수식을 기재한다. 또는, 다음 3개 Node의 ZCB 금액에 대하여, 각각 상기 (STEP 6)의 DF를 곱한 다음, 기대가치를 산출하는 수식을 기재한다. 다만, 실무에 있어서는 DF를 이용하는 것이 효율적이다. 또한, 상기 사례의 경우, 1년 단위로 Time Step을 설정하였으므로, dt=1에 해당한다. 아울러, TOP Node, BOTTOM Node, 기타 Node에서의 산출 방법은 하기 (*2)~(*4)와 같다.

(*2) TOP Node

$$ZCB(i,j) = p_u \times \frac{ZCB(i+1,j)}{e^{r(i+1,j) \times dt}} + p_m \times \frac{ZCB(i+1,j+1)}{e^{r(i+1,j+1) \times dt}} + p_d \times \frac{ZCB(i+1,j+2)}{e^{r(i+1,j+2) \times dt}} \ \text{또는,}$$

$$ZCB(i,j) = p_u \times ZCB(i+1,j) \times DF(i+1,j)$$
$$+ p_m \times ZCB(i+1,j+1) \times DF(i+1,j+1) + p_d \times ZCB(i+1,j+2) \times DF(i+1,j+2)$$

상기에서 p_u는 p_u Tree의 $p_u(i+1, j)$에 해당하고, p_m는 p_m Tree의 $p_m(i+1, j)$에 해당하며, p_d는 p_d Tree의 $p_d(i+1, j)$에 해당한다. 이하 동일하다.

(*3) BOTTOM Node

$$ZCB(i,j) = p_u \times \frac{ZCB(i+1,j-2)}{e^{r(i+1,j-2) \times dt}} + p_m \times \frac{ZCB(i+1,j-1)}{e^{r(i+1,j-1) \times dt}} + p_d \times \frac{ZCB(i+1,j)}{e^{r(i+1,j) \times dt}} \ \text{또는,}$$

$$ZCB(i,j) = p_u \times ZCB(i+1,j-2) \times DF(i+1,j-2)$$
$$+ p_m \times ZCB(i+1,j-1) \times DF(i+1,j-1) + p_d \times ZCB(i+1,j) \times DF(i+1,j)$$

(*4) 기타 Node

$$ZCB(i,j) = p_u \times \frac{ZCB(i+1,j-1)}{e^{r(i+1,j-1) \times dt}} + p_m \times \frac{ZCB(i+1,j)}{e^{r(i+1,j) \times dt}} + p_d \times \frac{ZCB(i+1,j+1)}{e^{r(i+1,j+1) \times dt}} \ \text{또는,}$$

$$ZCB(i,j) = p_u \times ZCB(i+1,j-1) \times DF(i+1,j-1)$$
$$+ p_m \times ZCB(i+1,j) \times DF(i+1,j) + p_d \times ZCB(i+1,j+1) \times DF(i+1,j+1)$$

(STEP 8) 다음과 같이 1기간의 선도이자율을 찾는다.

(*1) ZCB Tree에 있어서, Time Step=1에 해당하는 모든 Node의 값을 1로 기재한다.
(*2) $r(1, 0)$에 임의의 숫자를 기입한다.
(*3) $ZCB(0, 0)$의 값과 상기 (STEP 1)의 PVF_1을 비교한다.
(*4) 상기 (*3)의 결과가 거의 일치하도록 하는 $r(1, 0)$을 Trial & Error 방식으로 찾는다.

(STEP 9) 다음과 같이 2기간의 선도이자율을 찾는다.

(*1) 상기 (STEP 8)를 종료한 후, ZCB Tree에 있어서, Time Step = 1에 해당하는 모든 Node에 상기 (STEP 7)의 수식을 다시 기재한다.
(*2) ZCB Tree에 있어서, Time Step=2에 해당하는 모든 Node의 값을 1로 기재한다.
(*3) $r(2, 0)$에 임의의 숫자를 기입한다.
(*4) $ZCB(0, 0)$의 값과 상기 (STEP 1)의 PVF_2을 비교한다.
(*5) 상기 (*4)의 결과가 거의 일치하도록 하는 $r(2, 0)$을 Trial & Error 방식으로 찾는다.

(STEP 10) 다음과 같이 3기간의 선도이자율을 찾는다.

(*1) 상기 (STEP 9)를 종료한 후, ZCB Tree에 있어서, Time Step＝2에 해당하는 모든 Node에 상기
   (STEP 7)의 수식을 다시 기재한다.
(*2) ZCB Tree에 있어서, Time Step＝3에 해당하는 모든 Node의 값을 1로 기재한다.
(*3) r(3, 0)에 임의의 숫자를 기입한다.
(*4) ZCB(0, 0)의 값과 상기 (STEP 1)의 PVF$_3$을 비교한다.
(*5) 상기 (*4)의 결과가 거의 일치하도록 하는 r(3, 0)을 Trial & Error 방식으로 찾는다.

(STEP 11) 상기 (STEP 10)의 절차를 계속적으로 적용하여, r(4, 0), r(5, 0)을 찾는다. 참고로,
   엑셀의 목표값 찾기 기능을 이용하면, r(i, 0)을 쉽게 찾을 수 있다.

상기와 같이 진행하면, 최종적으로 다음과 같은 Tree들이 생성된다.

r	0	1	2	3	4	5
(5)						
(4)						
(3)				1.794%	2.203%	2.613%
(2)			2.393%	2.800%	3.209%	3.619%
(1)		2.995%	3.400%	3.807%	4.215%	4.625%
0	0.000%	4.002%	4.406%	4.813%	5.222%	5.632%
1		5.008%	5.413%	5.820%	6.228%	6.638%
2			6.419%	6.826%	7.235%	7.645%
3				7.832%	8.241%	8.651%
4						
5						

DF	0	1	2	3	4	5
(5)						
(4)						
(3)				0.9822	0.9782	0.9742
(2)			0.9763	0.9724	0.9684	0.9645
(1)		0.9705	0.9666	0.9626	0.9587	0.9548
0	1.0000	0.9608	0.9569	0.9530	0.9491	0.9452
1		0.9512	0.9473	0.9435	0.9396	0.9358
2			0.9378	0.9340	0.9302	0.9264
3				0.9247	0.9209	0.9171
4						
5						

p_u	0	1	2	3	4	5
(5)						
(4)						
(3)					87.372%	87.372%
(2)				10.647%	10.647%	10.647%
(1)			13.412%	13.412%	13.412%	13.412%
0		16.667%	16.667%	16.667%	16.667%	16.667%
1			20.412%	20.412%	20.412%	20.412%
2				24.647%	24.647%	24.647%
3					8.372%	8.372%
4						
5						

p_m	0	1	2	3	4	5
(5)						
(4)						
(3)					4.257%	4.257%
(2)				64.707%	64.707%	64.707%
(1)			66.177%	66.177%	66.177%	66.177%
0		66.667%	66.667%	66.667%	66.667%	66.667%

p_m	0	1	2	3	4	5
1			66.177%	66.177%	66.177%	66.177%
2				64.707%	64.707%	64.707%
3					4.257%	4.257%
4						
5						

p_d	0	1	2	3	4	5
(5)						
(4)						
(3)					8.372%	8.372%
(2)				24.647%	24.647%	24.647%
(1)			20.412%	20.412%	20.412%	20.412%
0		16.667%	16.667%	16.667%	16.667%	16.667%
1			13.412%	13.412%	13.412%	13.412%
2				10.647%	10.647%	10.647%
3					87.372%	87.372%
4						
5						

ZCB	0	1	2	3	4	5
(5)						
(4)						
(3)				0.9472	0.9722	1.0000
(2)			0.9011	0.9302	0.9631	1.0000
(1)		0.8465	0.8778	0.9136	0.9541	1.0000
0	0.7866	0.8185	0.8552	0.8972	0.9453	1.0000
1		0.7914	0.8331	0.8812	0.9364	1.0000
2			0.8116	0.8654	0.9277	1.0000
3				0.8499	0.9191	1.0000
4						
5						

앞서 언급한 바와 같이, 지금까지 설명한 HW 3항 모형은 r_t와 r_{t-1}의 상관계수를 0.9300 으로 가정하여 적용한 결과에 해당한다. 그러나, 실제 r_t와 r_{t-1}의 상관계수는 0.9945에 해당한다. 그리고, 이렇게 상관계수를 변경하여 적용한 사유는 HW 3항 모형의 대표적 특성인 TOP과 BOTTOM을 보여 주기 위함이다. 즉, 상관계수를 실제 상관계수인 0.9945로 적용하게 되면, TOP이 -34로 산정되어, 현재의 5기간 3항 모형에서는 TOP과 BOTTOM이 반영되지 않기 때문이다. 그리고, 실제 상관계수인 0.9945를 적용한 경우에 대하여는 별첨 엑셀 파일을 참고하기 바란다.

또한, 지금까지 설명한 HW 3항 모형은 이자율 변동의 요인이 1개인 HW 1 Factor 모형에 해당한다. 그러나, 이자율 변동의 요인이 2개인 HW 2 Factor 모형도 있다. 다만, HW 2 Factor 모형은 본서에서는 설명하지 아니한다.

7 > 채권

본 부분에서는 현물이자율 모형, 단순 선도 모형, BDT 2항 모형, HL 2항 모형 및 HW 3항 모형을 통하여, 채권의 가치를 산정하는 과정에 대하여 설명한다. 다만, HL 2항 모형의 경우, BDT 2항 모형의 산정 과정과 거의 동일하므로, 그 결과 정도만 요약한다. 또한, 채권 평가를 위하여 다음과 같은 사례를 가정한다. 아울러, 설명의 용이를 위하여, Time Step 수는 5로 적용하며, dt는 1년으로 적용한다.

사례 3 액면이자, 원금 및 이자율

	1	2	3	4	5
액면이자	45.00	45.00	45.00	45.00	45.00
원금					900.00
DYSPOT	4.081%	4.289%	4.498%	4.707%	4.917%
DYFWD	4.081%	4.498%	4.917%	5.338%	5.760%
CYSPOT	4.000%	4.200%	4.400%	4.600%	4.800%
CYFWD	4.000%	4.400%	4.800%	5.200%	5.600%

1. 현물이자율 모형

현물이자율 모형에는 이산 현물이자율 모형과 연속 현물이자율 모형이 있으며, 이 둘에 의한 결과는 항상 일치하여야 한다. 왜냐하면, 이산 현물이자율과 연속 현물이자율 간에는 다음의 식이 성립하여야 하기 때문이다.

$$\frac{1}{(1+DYSPOT_t)^t} = \frac{1}{e^{CYSPOT_t \times t}}$$

본 부분에서는 연속 현물이자율에 의한 산정 과정을 설명한다.

(STEP 1) 연속 현물이자율에 의한 현재가치 할인계수(PVF_t)를 산출한다.

$$PVF_t = \frac{1}{e^{CYSPOT_t \times t}}$$

	1	2	3	4	5
$CYSPOT_t$	4.000%	4.200%	4.400%	4.600%	4.800%
PVF_t	0.9608	0.9194	0.8763	0.8319	0.7866

(STEP 2) 상기 (STEP 1)의 PVF 를 이용하여, 액면이자(INT_t) 및 원금(PAR_t)의 합계 (CF_t)에 대한 현재가치(PV_t)를 계산한 후, 합산한다. 그리고, 이 현재가치 합산 금액(SPV)이 채권의 가치에 해당한다.

$$PV_t = CF_t \times PVF_t \ \& \ SPV = \sum_{t=1}^{T} PV_t$$

	1	2	3	4	5
INT_t	45.00	45.00	45.00	45.00	45.00
PAR_t					900.00
CF_t	45.00	45.00	45.00	45.00	945.00
PVF_t	0.9608	0.9194	0.8763	0.8319	0.7866
PV_t	43.24	41.37	39.44	37.44	743.36
SPV	904.85				

2. 단순 선도 모형

단순 선도 모형에는 이산 선도이자율 모형과 연속 선도이자율 모형이 있으며, 이 둘에 의한 결과는 항상 일치하여야 한다. 왜냐하면, 이산 선도이자율과 연속 선도이자율 간에는 다음의 식이 성립하여야 하기 때문이다.

$$\frac{1}{(1+DYFWD_t)^{dt}} = \frac{1}{e^{CYFWD_t \times dt}}$$

본 부분에서는 연속 선도이자율에 의한 산정 과정을 설명한다.

(STEP 1) 연속 선도이자율에 의한 1기간 할인계수(DF_t)를 산출한다. 여기에서, dt는 1에 해당한다.

$$DF_t = \frac{1}{e^{CYFWD_t \times dt}}$$

	1	2	3	4	5
$CYFWD_t$	4.000%	4.400%	4.800%	5.200%	5.600%
DF_t	0.9608	0.9570	0.9531	0.9493	0.9455

(STEP 2) 상기 (STEP 1)의 DF_t를 이용하여, 액면이자(INT_t) 및 원금(PAR_t)의 합계 (CF_t)에 대하여, 다음과 같이 Backward 방식으로 1기간 할인가치(DV_t)를 계속하여 계산해 나간다. 그리고, Time Step = 0 시점에서의 할인가치(DV_0)가 채권의 가치에 해당한다.

$$DV_t = CF_t + DV_{t+1} \times DF_{t+1}$$

	0	1	2	3	4	5
INT_t		45.00	45.00	45.00	45.00	45.00
PAR_t						900.00
CF_t		45.00	45.00	45.00	45.00	945.00
DF_t		0.9608	0.9570	0.9531	0.9493	0.9455
DV_t	904.85	941.77	937.11	935.98	938.53	945.00

(*) 예를 들면, DV_5와 DV_4는 다음과 같이 산정된다.

$DV_5 = CF_5 + DV_6 \times PVF_6 = 945.00 + 0 \times 0 = 945.00$

$DV_4 = CF_4 + DV_5 \times PVF_5 = 45.00 + 945.00 \times 0.9455 = 938.53$

3. BDT 2항 모형

앞서 언급한 바와 같이, BDT 2항 모형은 연속 이자율을 적용하여 구현하였다. 다음은 이러한 BDT 2항 모형을 이용하여 채권의 가치를 산정하는 과정에 해당한다.

(STEP 1) 연속 선도이자율에 의한 1기간 할인계수(DF) Tree를 산출한다. 또한, 이는 이미 상기에서 산출해 놓았으므로, 이를 이용하기로 한다.

DF	0	1	2	3	4	5
0	1.0000	0.9571	0.9484	0.9386	0.9273	0.9146
1		0.9645	0.9573	0.9491	0.9397	0.9291
2			0.9647	0.9579	0.9501	0.9412
3				0.9651	0.9587	0.9513
4					0.9658	0.9597
5						0.9667

(STEP 2) 상기 (STEP 1)의 DF Tree를 이용하여, 액면이자(INT_i) 및 원금(PAR_i)의 합계(CF_i)에 대하여, 다음과 같이 Backward 방식으로 1기간 할인가치(DV)를 계속하여 계산해 나간다. 그리고, Time Step = 0 시점에서의 할인가치[$DV(0, 0)$]가 채권의 가치에 해당한다.

$$DV(i,j) = CF_i + 0.5 \times DV(i+1,j) \times DF(i+1,j) + 0.5 \times DV(i+1,j+1) \times DF(i+1,j+1)$$

DV	0	1	2	3	4	5
0	904.85	925.71	910.40	906.16	916.14	945.00
1		957.72	938.00	927.51	928.70	945.00
2			961.43	945.52	939.19	945.00
3				960.64	947.92	945.00
4					955.19	945.00
5						945.00

(*1) Time Step=5는 만기에 해당하므로, 액면이자와 원금의 합계로만 구성된다.

(*2) 예를 들면, $DV(4, 2)$와 $DV(3, 2)$는 다음과 같이 산정된다.

$DV(4,2) = CF_4 + 0.5 \times DV(5,2) \times DF(5,2) + 0.5 \times DV(5,3) \times DF(5,3)$
$= 45.00 + 0.5 \times 945.00 \times 0.9412 + 0.5 \times 945.00 \times 0.9513 = 939.19$

$DV(3,2) = CF_3 + 0.5 \times DV(4,2) \times DF(4,2) + 0.5 \times DV(4,3) \times DF(4,3)$
$= 45.00 + 0.5 \times 939.19 \times 0.9501 + 0.5 \times 947.92 \times 0.9587 = 945.52$

4. HL 2항 모형

앞서 언급한 바와 같이, HL 2항 모형은 이산 이자율 및 연속 이자율을 적용하여 구현할 수 있다. 다만, 본 부분에서는 연속 이자율을 기준으로 설명하기로 하였던 바, 연속 이자율을 기준으로 설명한다.

(STEP 1) 연속 선도이자율에 의한 1기간 할인계수(DF) Tree를 산출한다. 또한, 이는 이미 상기에서 산출해 놓았으므로, 이를 이용하기로 한다.

DF	0	1	2	3	4	5
0	1.0000	0.9552	0.9459	0.9366	0.9274	0.9182
1		0.9663	0.9569	0.9475	0.9382	0.9289
2			0.9680	0.9585	0.9491	0.9397
3				0.9697	0.9601	0.9506
4					0.9713	0.9617
5						0.9729

(STEP 2) 상기 (STEP 1)의 DF Tree를 이용하여, 액면이자(INT_i) 및 원금(PAR_i)의 합계 (CF_i)에 대하여, 다음과 같이 Backward 방식으로 1기간 할인가치(DV)를 계속하여 계산해 나간다. 그리고, Time Step = 0 시점에서의 할인가치[$DV(0,0)$]가 채권의 가치에 해당한다.

$$DV(i,j) = CF_i + 0.5 \times DV(i+1,j) \times DF(i+1,j) + 0.5 \times DV(i+1,j+1) \times DF(i+1,j+1)$$

DV	0	1	2	3	4	5
0	904.85	922.38	907.65	905.83	917.77	945.00
1		960.94	936.61	925.47	927.91	945.00
2			966.57	945.56	938.18	945.00
3				966.12	948.56	945.00
4					959.06	945.00
5						945.00

(*) 구체적 산정 과정은 BDT 2항 모형 참조

5. HW 3항 모형

앞서 언급한 바와 같이, HW 3항 모형은 이산 이자율 및 연속 이자율을 적용하여 구현할 수 있다. 다만, 본 부분에서는 연속 이자율을 기준으로 설명하기로 하였던 바, 연속 이자율을 기준으로 설명한다. 또한, 설명의 용이를 위하여, r_t와 r_{t-1}의 상관계수는 0.9300으로 가정한다.

(STEP 1) 연속 선도이자율에 의한 1기간 할인계수(DF) Tree를 산출한다. 또한, 이는 이미 상기에서 산출해 놓았으므로, 이를 이용하기로 한다.

DF	0	1	2	3	4	5
(5)						
(4)						
(3)				0.9822	0.9782	0.9742
(2)			0.9763	0.9724	0.9684	0.9645
(1)		0.9705	0.9666	0.9626	0.9587	0.9548
0	1.0000	0.9608	0.9569	0.9530	0.9491	0.9452
1		0.9512	0.9473	0.9435	0.9396	0.9358
2			0.9378	0.9340	0.9302	0.9264
3				0.9247	0.9209	0.9171
4						
5						

(STEP 2) 상기 (STEP 1)의 DF Tree를 이용하여, 액면이자(INT_i) 및 원금(PAR_i)의 합계 (CF_i)에 대하여, 다음과 같이 Backward 방식으로 1기간 할인가치(DV)를 계속하여 계산해 나간다. 그리고, Time Step = 0 시점에서의 할인가치[$DV(0, 0)$]가 채권의 가치에 해당한다.

	$DV(i,j)$
TOP	$CF_i + p_u \times DV(i+1,j) \times DF(i+1,j)$ $+ p_m \times DV(i+1,j+1) \times DF(i+1,j+1) + p_d \times DV(i+1,j+2) \times DF(i+1,j+2)$
BOTTOM	$CF_i + p_u \times DV(i+1,j-2) \times DF(i+1,j-2)$ $+ p_m \times DV(i+1,j-1) \times DF(i+1,j-1) + p_d \times DV(i+1,j) \times DF(i+1,j)$
기타	$CF_i + p_u \times DV(i+1,j-1) \times DF(i+1,j-1)$ $+ p_m \times DV(i+1,j) \times DF(i+1,j) + p_d \times DV(i+1,j+1) \times DF(i+1,j+1)$

(*1) 상기에서 p_u는 p_u Tree의 $p_u(i+1, j)$에 해당하고, p_m는 p_m Tree의 $p_m(i+1, j)$에 해당하며, p_d는 p_d Tree의 $p_d(i+1, j)$에 해당한다.

(*2) DF_t : t−1시점과 t 시점 사이에 적용되는 연속 선도이자율에 의한 1기간 할인 계수

DV	0	1	2	3	4	5
(5)						
(4)						
(3)				984.01	963.70	945.00
(2)			982.44	967.58	955.14	945.00
(1)		970.21	959.29	951.44	946.66	945.00
0	904.85	941.52	936.73	935.58	938.26	945.00
1		913.76	914.73	920.00	929.94	945.00
2			893.29	904.70	921.70	945.00
3				889.67	913.53	945.00
4						
5						

(*1) Time Step=5는 만기에 해당하므로, 액면이자와 원금의 합계로만 구성된다.
(*2) 예를 들면, DV(3, −3), DV(3, 0), DV(3, 3)은 다음과 같이 산정된다.

$$DV(3,-3) = CF_3 + p_u \times DV(4,-3) \times DF(4,-3) + p_m \times DV(4,-2) \times DF(4,-2)$$
$$+ p_d \times DV(4,-1) \times DF(4,-1) = 45.00 + 87.372\% \times 963.70 \times 0.9782$$
$$+ 4.257\% \times 955.14 \times 0.9684 + 8.372\% \times 946.66 \times 0.9587 = 984.01$$

$$DV(3,0) = CF_3 + p_u \times DV(4,-1) \times DF(4,-1) + p_m \times DV(4,0) \times DF(4,0)$$
$$+ p_d \times DV(4,1) \times DF(4,1) = 45.00 + 16.667\% \times 946.66 \times 0.9587$$
$$+ 66.667\% \times 938.26 \times 0.9491 + 16.667\% \times 929.94 \times 0.9396 = 935.58$$

$$DV(3,3) = CF_3 + p_u \times DV(4,1) \times DF(4,1) + p_m \times DV(4,2) \times DF(4,2)$$
$$+ p_d \times DV(4,3) \times DF(4,3) = 45.00 + 8.372\% \times 929.94 \times 0.9396$$
$$+ 4.257\% \times 921.70 \times 0.9302 + 87.372\% \times 913.53 \times 0.9209 = 889.67$$

앞서 언급한 바와 같이, 지금까지 설명한 HW 3항 모형은 실제 r_t와 r_{t-1}의 상관계수는 0.9945에 해당하지만, 0.9300으로 가정하여 적용한 결과에 해당한다. 만약, 상관계수를 실제 상관계수인 0.9945로 적용하더라도, 채권의 평가액은 904.85로서, 상관계수를 0.9300로 적용한 경우와 일치한다. 즉, HW 3항 모형에 있어서, 채권의 가치 산정 시에는 r_t와 r_{t-1}의 상관계수가 영향을 미치지 아니한다.

6. 모형별 비교

현물 이자율 모형, 단순 선도 모형, HL 2항 모형, BDT 2항 모형, HW 3항 모형에 의한 채권의 가치는 다음과 같다. 여기에서 적용 이자율은 모두 연속 이자율에 해당한다.

	현물 이자율	단순 선도	N항 모형		
			BDT	HL	HW
채권	904.85	904.85	904.85	904.85	904.85

채권의 경우에는 어떠한 방법을 이용하여 평가하더라도 그 결과는 모두 일치한다. 즉, 1) 이산 이자율 VS 연속 이자율, 2) HL VS BDT VS HW에 상관없이, 채권의 평가 금액은 모두 일치한다. 왜냐하면, 모든 평가 방법이 현물이자율에 의한 할인 가치와 일치되도록 개발되었기 때문이다.

8 콜옵션 및 풋옵션

본 부분에서는 단순 선도 모형, BDT 2항 모형, HL 2항 모형 및 HW 3항 모형을 통하여, 채권에 대한 아메리칸 스타일의 콜옵션 및 풋옵션을 산정하는 과정에 대하여 설명한다. 다만, HL 2항 모형의 경우, BDT 2항 모형의 산정 과정과 거의 동일하므로, 그 결과 정도만 요약한다. 또한, 유러피언 스타일의 콜옵션 및 풋옵션의 산정 과정은 설명하지 아니한다. 왜냐하면, 유러피언 스타일의 경우, 아메리칸 스타일에 대한 평가 모형에서, 만기에만 행사할 수 있는 것으로 조정해 주면 되기 때문이다.

옵션 평가를 위하여 다음과 같은 사례를 가정한다. 그리고, 콜옵션 행사가격 및 풋옵션 행사가격에 대한 현금흐름 위험은 사채의 현금흐름 위험과 동일한 것으로 가정한다. 또한, 현금흐름 위험에 대하여는 후에 자세히 기술하기로 한다. 아울러, 설명의 용이를 위하여, Time Step 수는 5로 적용하며, dt는 1년으로 적용한다. 그리고, 모든 평가에 있어서, 기초자산은 연속 이자율로 적용한다.

항목	내역
연속 이자율 이자율 차이 변동성	0.578%
연속 이자율 로그 수익률 변동성	9.677%
연속 이자율 HW 이자율 차이 변동성	0.581%

	1	2	3	4	5
행사가격	895	895	895	895	895

Black-Scholes-Merton 모형 및 주가 N항 모형에서는 기초자산인 주식에 대한 현금 배당에 대하여 설명하였다. 그리고, 배당이 중요한 사유는, 옵션의 행사일과 배당 지급일이 동일할 때, 이러한 배당이 옵션의 권리자와 옵션의 의무자 중에서, 누구에게 귀속되는지에 따라, 옵션의 가치가 달라지기 때문이다.

이와 유사하게, 채권의 경우에는 액면이자가 있다. 즉, 옵션의 행사일과 액면이자 지급일이 동일할 때, 이러한 액면이자가 옵션의 권리자와 옵션의 의무자 중에서, 누구에게 귀속되는지에 따라, 옵션의 가치는 달라지게 된다. 그리고, 보편적으로는 콜옵션의 경우에는 액면이자가 옵션의 의무자에게 귀속하고, 풋옵션의 경우에는 액면이자가 옵션의 권리자에게 귀속하는 바, 액면이자가 있는 경우에는 기초자산인 사채를 액면이자 지급 후의 가치로 적용하고 있다. 다만, 이는 실제 옵션 계약에 따라 달라질 수 있으므로, 실제 옵션 계약에 따라 적절히 반영되어야 한다.

본 부분에서는 콜옵션의 경우에는 액면이자가 옵션의 의무자에게 귀속하고, 풋옵션의 경우에는 액면이자가 옵션의 권리자에게 귀속하는 것으로 가정한다.

1. 단순 선도 모형

(1) 아메리칸 콜옵션

(STEP 1) 기초자산(UA_t)의 가치 표를 산정한다.

UA	0	1	2	3	4	5
INT_t		45.00	45.00	45.00	45.00	45.00
DV_t	904.85	941.77	937.11	935.98	938.53	945.00
UA_t	904.85	896.77	892.11	890.98	893.53	900.00

(*) 콜옵션의 경우에는 액면이자가 옵션의 의무자에게 귀속하고, 풋옵션의 경우에는 액면이자가 옵션의 권리자에게 귀속하는 것으로 가정하였는 바, 기초자산(UA_t)의 가치는 앞서 산정한 DV_t에서 액면이자 (INT_t)를 차감한 값에 해당한다.

(STEP 2) 콜옵션의 내재가치(IV_t), 시간가치(TV_t), 옵션가치(OV_t)를 다음과 같이 정의한다.

	구분	산식
IV_t	옵션을 행사할 수 있는 경우	$MAX[UA_t - 행사가격, 0]$
	옵션을 행사할 수 없는 경우	0
TV_t		$OV_{t+1} \times DF_{t+1}$
OV_t		$MAX[IV_t, TV_t]$

(*) DF_t : $t-1$시점과 t 시점 사이에 적용되는 연속 선도이자율에 의한 1기간 할인 계수

(STEP 3) 실제 옵션가치를 산정한다.

OV	0	1	2	3	4	5
UA_t	904.85	896.77	892.11	890.98	893.53	900.00
DF_t	1.0000	0.9608	0.9570	0.9531	0.9493	0.9455
IV_t	0.00	1.77	0.00	0.00	0.00	5.00
TV_t	3.93	4.09	4.28	4.49	4.73	0.00
OV_t	3.93	4.09	4.28	4.49	4.73	5.00

(*1) Time Step=5는 만기 시점에 해당하므로, Time Step=5에서의 시간가치는 항상 0에 해당한다.
(*2) Time Step=4에서의 시간가치는 다음과 같이 산정한다.
$$TV_4 = OV_5 \times DF_5 = 5.00 \times 0.9455 = 4.73$$

그리고, 상기 $OV_0 = 3.93$가 콜옵션의 가치에 해당한다.

(2) 아메리칸 풋옵션

아메리칸 풋옵션의 경우, 내재가치 산정 식만 다를 뿐, 기초자산, 할인계수, 시간가치 산

정 식 및 옵션 가치 산정 식은 아메리칸 콜옵션과 동일하다. 다음은 아메리칸 풋옵션의 내재가치(IV_t), 시간가치(TV_t), 옵션가치(OV_t) 산정 식에 해당한다.

	구분	산식
IV_t	옵션을 행사할 수 있는 경우	$MAX[행사가격 - UA_t, 0]$
	옵션을 행사할 수 없는 경우	0
TV_t		아메리칸 콜옵션과 동일
OV_t		아메리칸 콜옵션과 동일

그리고, 상기 내재가치 산정 식에 기반하여, 시간가치 산정 식 및 옵션가치 산정 식을 적용하였을 경우의 옵션가치는 다음과 같다.

OV	0	1	2	3	4	5
UA_t	904.85	896.77	892.11	890.98	893.53	900.00
DF_t	1.0000	0.9608	0.9570	0.9531	0.9493	0.9455
IV_t	0.00	0.00	2.89	4.02	1.47	0.00
TV_t	3.52	3.67	3.83	1.39	0.00	0.00
OV_t	3.52	3.67	3.83	4.02	1.47	0.00

아울러, 상기 $OV_0 = 3.52$가 풋옵션의 가치에 해당한다.

2. BDT 2항 모형

(1) 아메리칸 콜옵션

(STEP 1) 기초자산(UA) Tree를 산정한다.

UA	0	1	2	3	4	5
0	904.85	880.71	865.40	861.16	871.14	900.00
1		912.72	893.00	882.51	883.70	900.00
2			916.43	900.52	894.19	900.00
3				915.64	902.92	900.00
4					910.19	900.00
5						900.00

(*) 상기 기초자산 Tree는 앞서 산정한 DV Tree에서, 당해 Time Step에서의 액면이자를 차감한 값에 해당한다.

(STEP 2) 콜옵션의 내재가치[IV(i, j)], 시간가치[TV(i, j)], 옵션가치[OV(i, j)]를 다음과 같이 정의한다.

	구분	산식
IV(i, j)	옵션을 행사할 수 있는 경우	MAX[UA(i, j) − 행사가격, 0]
	옵션을 행사할 수 없는 경우	0
TV(i, j)		하기 참조
OV(i, j)		MAX[IV(i, j), TV(i, j)]

(*1) TV(i, j) = 0.5 × OV(i+1, j) × DF(i+1, j) + 0.5 × OV(i+1, j+1) × DF(i+1, j+1)
(*2) DF_t : t−1시점과 t 시점 사이에 적용되는 연속 선도이자율에 의한 1기간 할인 계수

(STEP 3) 실제 옵션가치를 산정한다. 다만, 이러한 과정은 주가 2항 모형에서의 과정과 대동소이한 바, 본 부분에서는 내재가치, 시간가치, 옵션가치 Tree를 각각 산정하지 아니하고, 하나의 Tree로서 산정한다. 아울러, 그 결과는 다음과 같다.

OV	0	1	2	3	4	5
0	10.63	4.36	4.14	4.33	4.61	5.00
1		17.72	5.00	4.44	4.68	5.00
2			21.43	6.05	4.73	5.00
3				20.64	7.92	5.00
4					15.19	5.00
5						5.00

(*1) 상기 OV(4, 2)의 산정 과정은 다음과 같다.
 IV(4, 2) = MAX[UA(4, 2) − 행사가격, 0] = MAX[894.19 − 895.00, 0] = 0.00
 TV(4, 2) = 0.5 × OV(5, 2) × DF(5, 2) + 0.5 × OV(5, 3) × DF(5, 3)
   = 0.5 × 5.00 × 0.9412 + 0.5 × 5.00 × 0.9513 = 4.73
 OV(4, 2) = MAX[IV(4, 2), TV(4, 2)] = MAX[0.00, 4.73] = 4.73
(*2) 상기 OV(3, 2)의 산정 과정은 다음과 같다.
 IV(3, 2) = MAX[UA(3, 2) − 행사가격, 0] = MAX[900.52 − 895.00, 0] = 5.52
 TV(3, 2) = 0.5 × OV(4, 2) × DF(4, 2) + 0.5 × OV(4, 3) × DF(4, 3)
   = 0.5 × 4.73 × 0.9501 + 0.5 × 7.92 × 0.9587 = 6.05
 OV(3, 2) = MAX[IV(3, 2), TV(3, 2)] = MAX[5.52, 6.05] = 6.05

그리고, 상기 OV(0, 0) =10.63이 콜옵션의 가치에 해당한다.

(2) 아메리칸 풋옵션

아메리칸 풋옵션의 경우, 내재가치 산정 식만 다를 뿐, 기초자산, 할인계수, 시간가치 산정 식 및 옵션 가치 산정 식은 아메리칸 콜옵션과 동일하다. 다음은 아메리칸 풋옵션의 내재가치[IV(i, j)], 시간가치[TV(i, j)], 옵션가치[OV(i, j)] 산정 식에 해당한다.

	구분	산식
IV(i, j)	옵션을 행사할 수 있는 경우	MAX[행사가격 – UA(i, j), 0]
	옵션을 행사할 수 없는 경우	0
TV(i, j)		아메리칸 콜옵션과 동일
OV(i, j)		아메리칸 콜옵션과 동일

그리고, 이렇게 내재가치 산정 식을 반영한 아메리칸 풋옵션의 옵션가치 Tree는 다음과 같다. 다만, 이러한 과정은 주가 2항 모형에서의 과정과 대동소이한 바, 본 부분에서는 내재가치, 시간가치, 옵션가치 Tree를 각각 산정하지 아니하고, 하나의 Tree로서 산정한다.

OV	0	1	2	3	4	5
0	9.57	16.96	29.60	33.84	23.86	0.00
1		3.01	6.11	12.49	11.30	0.00
2			0.19	0.39	0.81	0.00
3				0.00	0.00	0.00
4					0.00	0.00
5						0.00

그리고, 상기 OV(0, 0) = 9.57이 풋옵션의 가치에 해당한다.

3. HL 2항 모형

(1) 아메리칸 콜옵션

(STEP 1) 기초자산(UA) Tree를 산정한다.

UA	0	1	2	3	4	5
0	904.85	877.38	862.65	860.83	872.77	900.00
1		915.94	891.61	880.47	882.91	900.00
2			921.57	900.56	893.18	900.00
3				921.12	903.56	900.00
4					914.06	900.00
5						900.00

(*) 상기 기초자산 Tree는 앞서 산정한 DV Tree에서, 당해 Time Step에서의 액면이자를 차감한 값에 해당한다.

(STEP 2) 콜옵션의 내재가치[IV(i, j)], 시간가치[TV(i, j)], 옵션가치[OV(i, j)]를 정의 한다. 그리고, 이는 BDT 2항 모형의 아메리칸 콜옵션과 동일하다.

(STEP 3) 실제 옵션가치를 산정한다. 다만, 이러한 과정은 주가 2항 모형에서의 과정과 대 동소이한 바, 본 부분에서는 내재가치, 시간가치, 옵션가치 Tree를 각각 산정하지 아니하고, 하나의 Tree로서 산정한다. 아울러, 그 결과는 다음과 같다. 또한, 구체 적 산정 과정은 BDT 2항 모형을 참고하기 바란다.

OV	0	1	2	3	4	5
0	12.23	4.41	4.13	4.33	4.62	5.00
1		20.94	5.14	4.43	4.67	5.00
2			26.57	6.35	4.73	5.00
3				26.12	8.56	5.00
4					19.06	5.00
5						5.00

그리고, 상기 OV(0, 0)=12.23이 콜옵션의 가치에 해당한다.

(2) 아메리칸 풋옵션

아메리칸 풋옵션의 경우, 내재가치 산정 식만 다를 뿐, 기초자산, 할인계수, 시간가치 산정 식 및 옵션 가치 산정 식은 아메리칸 콜옵션과 동일하다. 그리고, 이는 BDT 2항 모형의 아메리칸 풋옵션과 동일하다.

그리고, 이렇게 내재가치 산정 식을 반영한 아메리칸 풋옵션의 옵션가치 Tree는 다음과 같다. 다만, 이러한 과정은 주가 2항 모형에서의 과정과 대동소이한 바, 본 부분에서는 내재가치, 시간가치, 옵션가치 Tree를 각각 산정하지 아니하고, 하나의 Tree로서 산정한다. 또한, 구체적 산정 과정은 BDT 2항 모형을 참고하기 바란다.

OV	0	1	2	3	4	5
0	10.76	18.79	32.35	34.17	22.23	0.00
1		3.69	7.30	14.53	12.09	0.00
2			0.41	0.87	1.82	0.00
3				0.00	0.00	0.00
4					0.00	0.00
5						0.00

그리고, 상기 OV(0, 0)=10.76이 풋옵션의 가치에 해당한다.

4. HW 3항 모형

(1) 아메리칸 콜옵션

(STEP 1) 기초자산(UA) Tree를 산정한다.

UA	0	1	2	3	4	5
(5)						
(4)						
(3)				939.01	918.70	900.00
(2)			937.44	922.58	910.14	900.00
(1)		925.21	914.29	906.44	901.66	900.00
0	904.85	896.52	891.73	890.58	893.26	900.00

UA	0	1	2	3	4	5
1		868.76	869.73	875.00	884.94	900.00
2			848.29	859.70	876.70	900.00
3				844.67	868.53	900.00
4						
5						

(*) 상기 기초자산 Tree는 앞서 산정한 DV Tree에서, 당해 Time Step에서의 액면이자를 차감한 값에
   해당한다.

(STEP 2) 콜옵션의 내재가치$\lfloor$IV(i, j)$\rfloor$, 시간가치$\lfloor$TV(i, j)$\rfloor$, 옵션가치$\lfloor$OV(i, j)$\rfloor$를 다음과
   같이 정의한다.

	구분	산식
IV(i, j)	옵션을 행사할 수 있는 경우	MAX[UA(i, j) − 행사가격, 0]
	옵션을 행사할 수 없는 경우	0
TV(i, j)		하기 참조
OV(i, j)		MAX[IV(i, j), TV(i, j)]

	TV(i,j)
TOP	$p_u \times OV(i+1,j) \times DF(i+1,j) + p_m \times OV(i+1,j+1) \times DF(i+1,j+1)$ $+ p_d \times OV(i+1,j+2) \times DF(i+1,j+2)$
BOTTOM	$p_u \times OV(i+1,j-2) \times DF(i+1,j-2) + p_m \times OV(i+1,j-1) \times DF(i+1,j-1)$ $+ p_d \times OV(i+1,j) \times DF(i+1,j)$
기타	$p_u \times OV(i+1,j-1) \times DF(i+1,j-1) + p_m \times DV(i+1,j) \times DF(i+1,j)$ $+ p_d \times DV(i+1,j+1) \times DF(i+1,j+1)$

(*1) 상기에서 p_u는 p_u Tree의 $p_u(i+1, j)$에 해당하고, p_m는 p_m Tree의 $p_m(i+1, j)$에 해당하며, p_d는
   p_d Tree의 $p_d(i+1, j)$에 해당한다.
(*2) DF_t : t−1시점과 t 시점 사이에 적용되는 연속 선도이자율에 의한 1기간 할인 계수

(STEP 3) 실제 옵션가치를 산정한다. 다만, 이러한 과정은 주가 3항 모형에서의 과정과 대
   동소이한 바, 본 부분에서는 내재가치, 시간가치, 옵션가치 Tree를 각각 산정하지
   아니하고, 하나의 Tree로서 산정한다. 아울러, 그 결과는 다음과 같다.

OV	0	1	2	3	4	5
(5)						
(4)						
(3)				44.01	23.70	5.00
(2)			42.44	27.58	15.14	5.00
(1)		30.21	19.29	11.44	6.66	5.00
0	10.25	7.33	5.57	4.79	4.73	5.00
1		4.25	4.22	4.41	4.68	5.00
2			4.06	4.33	4.64	5.00
3				4.25	4.60	5.00
4						
5						

(*1) 상기 $OV(3, -3)$의 산정 과정은 다음과 같다.

$IV(3, -3) = MAX[UA(3, -3) - 행사가격, 0] = MAX[939.01 - 895.00, 0] = 44.01$

$TV(3, -3) = p_u \times OV(4, -3) \times DF(4, -3) + p_m \times OV(4, -2) \times DF(4, -2)$
$+ p_d \times OV(4, -1) \times DF(4, -1) = 87.372\% \times 23.70 \times 0.9782$
$+ 4.257\% \times 15.14 \times 0.9684 + 8.372\% \times 6.66 \times 0.9587 = 21.42$

$OV(3, -3) = MAX[IV(3, -3), TV(3, -3)] = MAX[44.01, 21.42] = 44.01$

(*2) 상기 $OV(3, 0)$의 산정 과정은 다음과 같다.

$IV(3, 0) = MAX[UA(3, 0) - 행사가격, 0] = MAX[890.58 - 895.00, 0] = 0.00$

$TV(3, 0) = p_u \times OV(4, -1) \times DF(4, -1) + p_m \times OV(4, 0) \times DF(4, 0)$
$+ p_d \times OV(4, 1) \times DF(4, 1) = 16.667\% \times 6.66 \times 0.9587$
$+ 66.667\% \times 4.73 \times 0.9491 + 16.667\% \times 4.68 \times 0.9396 = 4.79$

$OV(3, 0) = MAX[IV(3, 0), TV(3, 0)] = MAX[0.00, 4.79] = 4.79$

(*3) 상기 $OV(3, 3)$의 산정 과정은 다음과 같다.

$IV(3, 3) = MAX[UA(3, 3) - 행사가격, 0] = MAX[844.67 - 895.00, 0] = 0.00$

$TV(3, 3) = p_u \times OV(4, 1) \times DF(4, 1) + p_m \times OV(4, 2) \times DF(4, 2)$
$+ p_d \times OV(4, 3) \times DF(4, 3) = 8.372\% \times 4.68 \times 0.9396$
$+ 4.257\% \times 4.64 \times 0.9302 + 87.372\% \times 4.60 \times 0.9209 = 4.25$

$OV(3, 3) = MAX[IV(3, 3), TV(3, 3)] = MAX[0.00, 4.25] = 4.25$

그리고, 상기 $OV(0, 0) = 10.25$이 콜옵션의 가치에 해당한다.

앞서 언급한 바와 같이, 지금까지 설명한 HW 3항 모형은 실제 r_t와 r_{t-1}의 상관계수는 0.9945에 해당하지만, 0.9300으로 가정하여 적용한 결과에 해당한다. 만약, 상관계수를 실제 상관계수인 0.9945로 적용하게 되면, 콜옵션의 평가액은 11.50로서, 상관계수를 0.9300으로 적용한 경우보다 약간 증가한다.

(2) 아메리칸 풋옵션

아메리칸 풋옵션의 경우, 내재가치 산정 식만 다를 뿐, 기초자산, 할인계수, 시간가치 산정 식 및 옵션 가치 산정 식은 아메리칸 콜옵션과 동일하다. 다음은 아메리칸 풋옵션의 내재가치[$IV(i, j)$], 시간가치[$TV(i, j)$], 옵션가치[$OV(i, j)$] 산정 식에 해당한다.

구분		산식
$IV(i, j)$	옵션을 행사할 수 있는 경우	MAX[행사가격 − UA(i, j), 0]
	옵션을 행사할 수 없는 경우	0
$TV(i, j)$		아메리칸 콜옵션과 동일
$OV(i, j)$		아메리칸 콜옵션과 동일

그리고, 이렇게 내재가치 산정 식을 반영한 아메리칸 풋옵션의 옵션가치 Tree는 다음과 같다. 다만, 이러한 과정은 주가 3항 모형에서의 과정과 대동소이한 바, 본 부분에서는 내재가치, 시간가치, 옵션가치 Tree를 각각 산정하지 아니하고, 하나의 Tree로서 산정한다. 또한, 구체적 산정 과정은 HW 3항 모형에 의한 아메리칸 콜옵션 산정 과정을 참고하기 바란다.

OV	0	1	2	3	4	5
(5)						
(4)						
(3)				0.00	0.00	0.00
(2)			0.08	0.00	0.00	0.00
(1)		1.87	1.07	0.34	0.00	0.00
0	9.58	7.99	6.01	4.42	1.74	0.00
1		26.24	25.27	20.00	10.06	0.00
2			46.71	35.30	18.30	0.00
3				50.33	26.47	0.00
4						
5						

그리고, 상기 $OV(0, 0) = 9.58$이 풋옵션의 가치에 해당한다.

앞서 언급한 바와 같이, 지금까지 설명한 HW 3항 모형은 실제 r_t와 r_{t-1}의 상관계수는 0.9945에 해당하지만, 0.9300으로 가정하여 적용한 결과에 해당한다. 만약, 상관계수를 실제 상관계수인 0.9945로 적용하게 되면, 풋옵션의 평가액은 10.74로서, 상관계수를 0.9300로 적용한 경우보다 약간 증가한다.

5. 모형별 비교

단순 선도 모형, BDT 2항 모형, HL 2항 모형, HW 3항 모형에 의한 아메리칸 콜옵션 및 풋옵션의 가치는 다음과 같다.

	단순 선도	BDT 2항	HL 2항	HW 3항
콜옵션	3.93	10.63	12.23	11.50
풋옵션	3.52	9.57	10.76	10.74

(*1) 상기 결과는 기초자산이 연속 이자율인 경우에 해당함.
(*2) HW 3항 모형은 r_t와 r_{t-1}의 상관계수에 대하여 실제 상관계수인 0.9945를 적용한 경우에 해당함.

상기 중 단순 선도 모형은 이자율 변동성이 없다고 가정할 시의 모형에 해당하는 바, 다른 평가 모형에 비하여 차이가 크게 발생하고 있다. 이에 따라, 채권에 대한 콜옵션 및 풋옵션을 평가하는 과정에서는 단순 선도 모형이 거의 사용되지 않고 있다. 다만, 후에 설명하는 전환증권의 평가와 관련하여서는 많이 사용되고 있으며, 그 사유에 대하여는 후에 자세히 설명하기로 한다.

6. Time Step 수 민감도 분석

다음은 단순 선도 모형 및 이자율 N항 모형에 있어서, Time Step 수에 따른 민감도 분석을 수행한 결과에 해당한다. 이를 위하여, 다음과 같은 사례를 적용한다.

사례 5 　아메리칸 콜옵션 및 아메리칸 풋옵션

① 사채의 내역 : 만기 5년

	1	2	3	4	5
액면이자	0%, 5%, 10%	0%, 5%, 10%	0%, 5%, 10%	0%, 5%, 10%	0%, 5%, 10%
원금					900.00

(*) 원금 900에 대하여, 액면이자율을 각각 0%, 5%, 10%를 적용한 경우에 대하여 민감도 분석을 수행함.

② 옵션 행사가격 : 아메리칸 옵션

	1	2	3	4	5
행사가격	0%, 5%, 10%	0%, 5%, 10%	0%, 5%, 10%	0%, 5%, 10%	0%, 5%, 10%

(*1) 기본 금액 895에 대하여, 보장 수익률을 각각 연 복리 0%, 5%, 10%를 적용한 경우에 대하여 민감도 분석을 수행함.
(*2) 옵션의 행사는 각각의 연도 말에만 행사할 수 있는 것으로 가정함.

③ 이자율 정보

	1	2	3	4	5
DYYTM	4.081%	4.285%	4.486%	4.683%	4.877%
DYSPOT	4.081%	4.289%	4.498%	4.707%	4.917%
CYSPOT	4.000%	4.200%	4.400%	4.600%	4.800%
CYFWD	4.000%	4.400%	4.800%	5.200%	5.600%

④ 이자율 변동성

	HL	BDT	HW
이자율 변동성	0.578%	9.677%	0.578%~0.581%

(*) HW 모형의 경우, 적용하는 Time Step 수에 따라 이자율 변동성이 소폭 변동함.

(1) 액면이자율 = 0% & 보장 수익률 = 0%인 경우(채권 가격＝707.97)

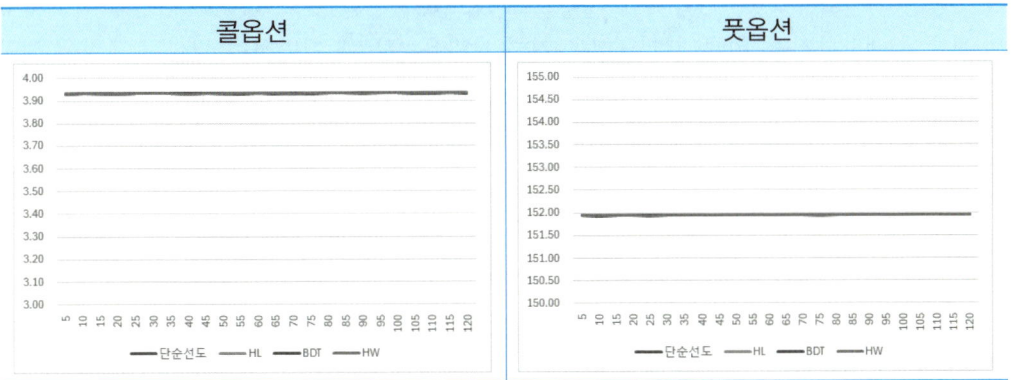

콜옵션	풋옵션

상기에서 알 수 있는 바와 같이, 모든 평가 방법 및 Time Step 수에 있어서, 콜옵션의 가치는 3.93로서 동일하며, 풋옵션의 가치는 151.94로서 동일하다.

본 경우와 같이, 행사가격 보장 수익률(0%)이 할인율(CYFWD)보다 매우 작고, 액면이 자율(0%)도 할인율(CYFWD)보다 매우 작은 경우에는, 적용하는 평가 모형 및 Time Step 수에 상관없이, 콜옵션의 가치 및 풋옵션의 가치가 일정하게 산정된다. 왜냐하면, 이러한 경우에는, 콜옵션은 만기 행사 또는 미행사가 유리하고, 풋옵션은 조기 행사가 유리하기 때문이다.

(2) 액면이자율 = 5% & 보장 수익률 = 0%인 경우(채권 가격 = 904.85)

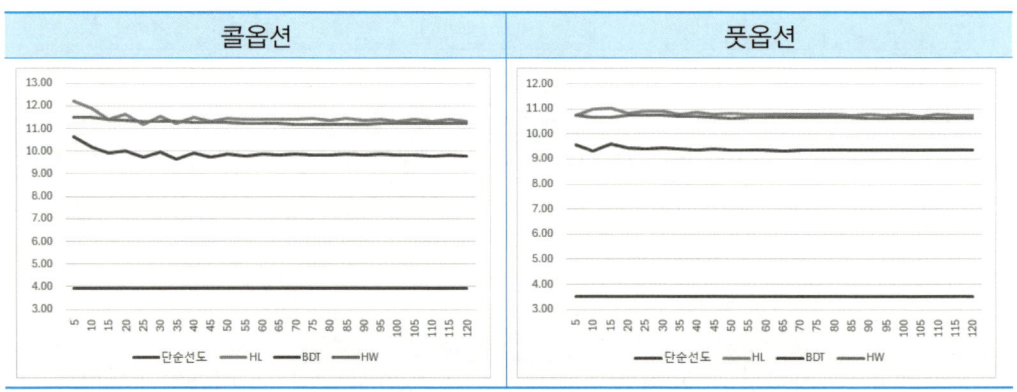

상기에서 알 수 있는 바와 같이, HL 2항 모형, BDT 2항 모형, HW 3항 모형 모두 Time Step 수에 따라 평가 결과가 변동하고 있다. 그리고, HL 2항 모형과 HW 3항 모형은 평가 결과가 유사하게 산출되지만, BDT 2항 모형은 동 2가지 모형과 다소 차이가 발생하고 있다. 그리고, 그 사유는 HL 2항 모형과 HW 3항 모형은 산술 브라운 운동에 기반하여 생성된 모형에 해당하지만, BDT 2항 모형은 기하 브라운 운동에 기반하여 생성된 모형에 해당하기 때문이다. 또한, 단순 선도 모형은 HL 2항 모형, BDT 2항 모형, HW 3항 모형과 비교하여 매우 낮게 평가되고 있다.

본 경우와 같이, 행사가격 보장 수익률(0%)이 할인율(CYFWD)보다 매우 작고, 액면이 자율(5%)은 할인율(CYFWD)과 유사한 경우에는, 적용하는 평가 모형 및 Time Step 수에 따라, 콜옵션의 가치 및 풋옵션의 가치가 다르게 산정된다. 왜냐하면, 이러한 경우에는, 조기와 만기 사이의 특정 시점에서 콜옵션 또는 풋옵션을 행사하는 것이 유리하기 때문이다. 이에 따라, 이러한 경우에는 평가 모형 및 Time Step 수를 신중하게 선택하여야 한다.

(3) 액면이자율 = 10% & 보장 수익률 = 0%인 경우(채권 가격＝1,101.73)

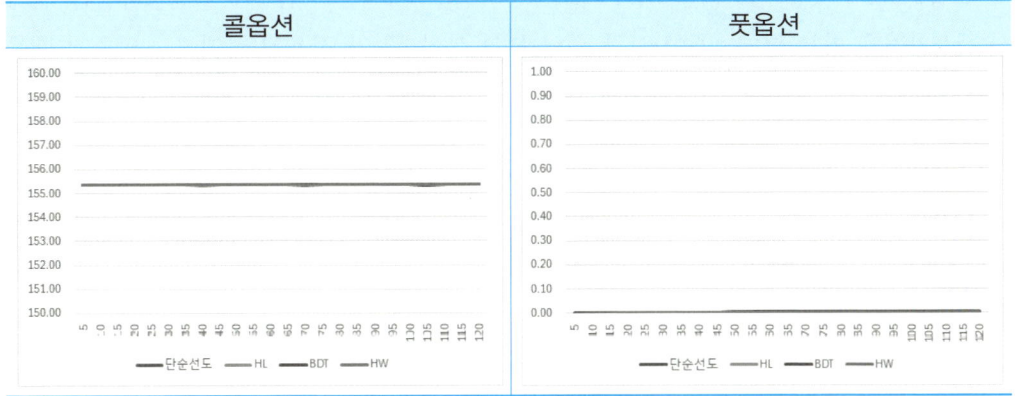

콜옵션	풋옵션

상기에서 알 수 있는 바와 같이, 모든 평가 방법 및 Time Step 수에 있어서, 콜옵션의 가치는 155.35로서 동일하며, 풋옵션의 가치는 0.00으로서 동일하다.

본 경우와 같이, 행사가격 보장 수익률(0%)이 할인율(CYFWD)보다 매우 작고, 액면이자율(10%)은 할인율(CYFWD)보다 매우 큰 경우에는, 적용하는 평가 모형 및 Time Step 수에 상관없이, 콜옵션의 가치 및 풋옵션의 가치가 일정하게 산정된다. 왜냐하면, 이러한 경우에는, 콜옵션은 조기 행사가 유리하고, 풋옵션은 만기 행사 또는 미행사가 유리하기 때문이다.

(4) 액면이자율 = 0% & 보장 수익률 = 5%인 경우(채권 가격＝707.97)

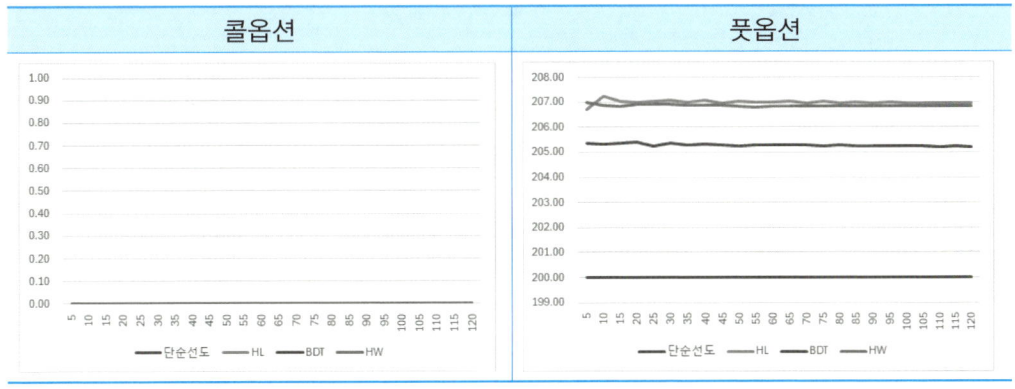

콜옵션	풋옵션

상기에서 알 수 있는 바와 같이, 모든 평가 방법 및 Time Step 수에 있어서, 콜옵션의 가치는 0.00으로서 동일하다. 그리고, 그 사유는 평가 모형 상 콜옵션 행사 가능 시점 전체에

서 콜옵션의 행사가격이 기초자산의 가치보다 높아서, 콜옵션이 행사되지 않기 때문이다. 즉, 콜옵션 행사 가능 시점 전체에서 기초자산의 최고 가격은 원금 900에 해당하지만, 콜옵션 행사가격은 기본 금액 895에 보장 수익률 연 복리 5%가 적용된 금액에 해당하기 때문에, 콜옵션의 행사가격이 기초자산의 가치보다 항상 높게 나타나기 때문이다.

상기에서 알 수 있는 바와 같이, 풋옵션의 가치는 HL 2항 모형, BDT 2항 모형, HW 3항 모형 모두 Time Step 수에 따라 평가 결과가 변동하고 있다. 또한, HL 2항 모형과 HW 3항 모형은 평가 결과가 유사하게 산출되지만, BDT 2항 모형은 동 2가지 모형과 다소 차이가 발생하고 있다. 그리고, 그 사유는 HL 2항 모형과 HW 3항 모형은 산술 브라운 운동에 기반하여 생성된 모형에 해당하지만, BDT 2항 모형은 기하 브라운 운동에 기반하여 생성된 모형에 해당하기 때문이다. 또한, 단순 선도 모형은 HL 2항 모형, BDT 2항 모형, HW 3항 모형과 비교하여 매우 낮게 평가되고 있다.

본 경우와 같이, 액면이자율(0%)이 할인율(CYFWD)보다 매우 작고, 행사가격 보장 수익률(5%)은 할인율(CYFWD)과 유사한 경우에는, 적용하는 평가 모형 및 Time Step 수에 따라, 풋옵션의 가치가 다르게 산정된다. 왜냐하면, 이러한 경우에는, 조기와 만기 사이의 특정 시점에서 풋옵션을 행사하는 것이 유리하기 때문이다. 이에 따라, 이러한 경우에는 평가 모형 및 Time Step 수를 신중하게 선택하여야 한다.

(5) 액면이자율 = 0% & 보장 수익률 = 10%인 경우(채권 가격＝707.97)

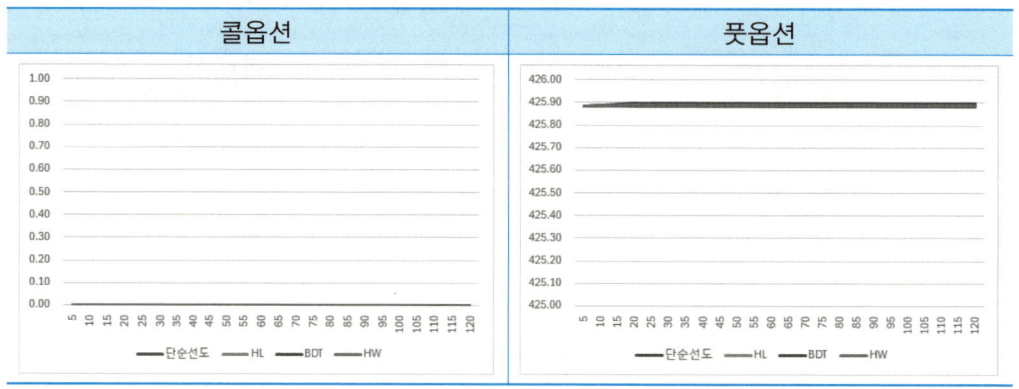

상기에서 알 수 있는 바와 같이, 모든 평가 방법 및 Time Step 수에 있어서, 콜옵션의 가치는 0.00로서 동일하다. 그리고, 그 사유는 상기 (4)에서 설명한 바와 동일하다.

상기에서 알 수 있는 바와 같이, 모든 평가 방법 및 Time Step 수에 있어서, 풋옵션의 가치는 425.89 내외로서 거의 동일하다. 그리고, 그 사유는 액면이자율(0%)이 할인율(CYFWD)보다 매우 작고, 행사가격 보장 수익률(10%)은 할인율(CYFWD)보다 매우 큰 경우에는, 적용하는 평가 모형 및 Time Step 수에 상관없이, 풋옵션은 만기 행사가 유리하기 때문이다.

9 ▷ 주의 사항

나음은 실무적 입장에서 참고할 사항으로서, 이자율 2항 모형으로 평가할 시, 주의할 점에 대하여 설명하는 내역에 해당한다.

1. 연 기간 단위가 아닌 다른 기간 단위의 dt를 사용할 경우

이자율 2항 모형에서 dt를 연 기간 단위가 아닌 월 기간 단위 또는 분기 기간 단위 등으로 변경하여 적용하는 경우가 종종 있다. 그러나, dt를 연 기간 단위가 아닌 월 기간 단위 또는 분기 기간 단위 등으로 적용하려면, 주가 2항 모형에서 언급한 바와 동일하게, 이자율 2항 모형의 모든 변수를 월 기간 단위 또는 분기 기간 단위 등으로 변경해 주어야 한다. 그렇지 않으면, 평가 결과에서 오류가 발생하게 된다. 자세한 사항은 앞서 주가 N항 모형에서 설명한 바를 참고하기 바란다.

2. Time Step 별로 dt가 변동하는 경우

2항 모형을 적용함에 있어서, Time Step 간격을 주간 간격 등으로 반영하려다 보면, 만기까지의 기간이 정확히 주 기간 단위의 정수 배수가 되지 않는 경우가 있다. 이러한 경우, 첫번째 Time Step의 구간 간격을 1주보다 작은 간격으로 반영하는 경우가 많은데, 이는 오류를 발생시킬 수 있는 요인이 된다.

1기간의 Time Step 간격이 dt_1이고, 2기간의 Time Step 간격이 dt_2라고 가정한 후(단, $dt_1 \neq dt_2$), 이에 대한 Recombination의 성립 여부를 살펴 보자. 다만, 2항 모형 중에서는 현재 가장 널리 사용되고 있는 BDT 모형을 기준으로 설명한다.

$$r_{ud} = r_0 \times u_1 \times d_2 = r_0 \times e^{(\theta_1 - 0.5\sigma^2)dt_1 + \sigma\sqrt{dt_1}} \times e^{(\theta_2 - 0.5\sigma^2)dt_2 - \sigma\sqrt{dt_2}}$$

$$= r_0 \times e^{(\theta_1 - 0.5\sigma^2)dt_1 + \sigma\sqrt{dt_1} + (\theta_2 - 0.5\sigma^2)dt_2 - \sigma\sqrt{dt_2}}$$

$$r_{du} = r_0 \times d_1 \times u_2 = r_0 \times e^{(\theta_1 - 0.5\sigma^2)dt_1 - \sigma\sqrt{dt_1}} \times e^{(\theta_2 - 0.5\sigma^2)dt_2 + \sigma\sqrt{dt_2}}$$

$$= r_0 \times e^{(\theta_1 - 0.5\sigma^2)dt_1 - \sigma\sqrt{dt_1} + (\theta_2 - 0.5\sigma^2)dt_2 + \sigma\sqrt{dt_2}}$$

$$\frac{r_{ud}}{r_{du}} = \frac{r_0 \times e^{(\theta_1 - 0.5\sigma^2)dt_1 + \sigma\sqrt{dt_1} + (\theta_2 - 0.5\sigma^2)dt_2 - \sigma\sqrt{dt_2}}}{r_0 \times e^{(\theta_1 - 0.5\sigma^2)dt_1 - \sigma\sqrt{dt_1} + (\theta_2 - 0.5\sigma^2)dt_2 + \sigma\sqrt{dt_2}}} = e^{2\sigma\left(\sqrt{dt_1} - \sqrt{dt_2}\right)} \neq 1 \leftrightarrow r_{ud} \neq r_{du}$$

상기에서 알 수 있는 바와 같이, $dt_1 \neq dt_2$이기 때문에, Recombination이 성립하지 않게 된다. 그리고, 이러한 경우에는 1기간 시점의 각각의 Node에서 2항 모형을 새로 시작하는 방법 밖에 없다. 즉, 1기간에서는 이자율이 상승하는 경우와 하락하는 경우 2가지만 존재하게 되므로, 각각의 경우에서 2개의 새로운 2항 Tree를 생성하여야 한다. 그리고, 만약, dt가 변경되는 시점이 n기간 전후라면, 이러한 경우에는 n + 1개의 새로운 2항 Tree를 생성하여야 한다.

또한, 특정 Time Step의 날짜를 실제의 특정 날짜와 일치시키기 위하여, dt를 조정하는 경우가 있는데, 이 또한 Recombination이 성립하지 않게 되므로, 2항 모형 구현 시 주의하여야 한다. 이에 따라, 2항 모형 전체에 대하여, dt를 균등하게 적용하여야 한다.

3. 주 간격 등 적용 시 주의 사항

이는 앞서 주가 N항 모형에서 설명한 바와 동일하다. 이에 따라, 엑셀의 YEARFRAC 함수 사용 시 주의하여야 한다.

4. Time Step 수

주가 2항 모형과 동일하게, 이자율 2항 모형도 Time Step 수가 증가하면 할수록, 정확성이 높아지는 특성이 있다. 간혹, 이자율 2항 모형 적용 시, Calibration 과정의 불편함으로 인하여, Time Step 수를 최소화하여 적용하고자 하는 경우가 있다. 그러나, 이러한 접근법은 오류율을 높일 수도 있는 바, 반드시 적절한 Time Step 수를 확보하는 과정이 필요하다.

Chapter **8**

평가 방법 Ⅳ - Monte Carlo 모형

Monte Carlo 모형은 임의 확률 변수로부터 기초자산의 가격 등을 산출한 후, 그 산출된 기초자산의 가격 등에 기초하여 파생상품 등을 평가하는 시뮬레이션(Simulation) 기법에 해당한다. 또한, Monte Carlo 모형은 복잡한 평가 과정을 비교적 단순하게 진행할 수 있다는 장점이 있지만, 시뮬레이션 기법에 해당하기 때문에, 다수의 표본(Sample)이 필요하며, 실행할 때마다 평가 결과가 달라진다는 단점도 있다. 다만, VBA(Visual Basic Application) 및 Python 등에서는 임의 확률 변수 산정 시에 Seed 값을 부여하여, 실행할 때마다 동일한 임의 확률 변수가 산정되도록 함으로써, 실행할 때마다 평가 결과가 동일하게 산정되도록 할 수 있다. 그러나, Excel Sheet에서는 이를 구현하기 어려운 바, 추후 설명 시에는 모두 실행할 때마다 평가 결과가 달라지는 것으로 가정한다.

Monte Carlo 모형은 유러피언 스타일의 옵션에서는 비교적 정확성이 높게 나타나지만, 아메리칸 스타일의 옵션에서는 정확성이 상당히 낮게 나타나는 특성이 있다. 그리고, 이러한 아메리칸 스타일의 옵션에서의 낮은 정확성을 개선하기 위하여, Least Square Monte Carlo가 개발되었지만, 여전히 그 정확성은 장담할 수 없는 상태이다.

이에 따라, Monte Carlo 기법은 특정 파생상품 등을 평가할 수 있는 다른 평가 모형이 없거나, 다른 평가 모형이 있더라도 실무적 구현이 어려운 경우에 한하여, 제한적으로 사용하는 것이 바람직하다. 또한, 다른 평가 모형에 의한 평가 결과가 합리적인 지의 여부를 검토하기 위하여, 참고 목적으로서 사용하는 것이 바람직하다.

본 장에서는 기초자산이 주가인 경우에 있어서의 Monte Carlo를 구현하는 방법에 대하여 설명한다.

1 확률 과정과 Monte Carlo 모형

Monte Carlo 모형은 기하 브라운 운동을 기준으로 개발되었다. 이에 따라, 다음과 같은 확률 과정을 따른다.

$$dS_t = \mu S_t dt + \sigma S_t dZ$$

그리고, 기초자산 S가 이러한 확률 과정을 따를 때, 기초자산 S는 로그 정규분포를 따른다. 즉, 다음의 관계가 성립한다.

$$dLN(S_t) = (\mu - 0.5\sigma^2)dt + \sigma dZ \ \leftrightarrow \ dLN(S_t) \sim N((\mu - 0.5\sigma^2)dt, \sigma^2 dt)$$

$$dLN(S_t) = LN(S_t) - LN(S_{t-1}) = LN\left(\frac{S_t}{S_{t-1}}\right) = (\mu - 0.5\sigma^2)dt + \sigma dZ$$

$$S_t = S_{t-1}e^{(\mu - 0.5\sigma^2)dt + \sigma dZ} \leftrightarrow S_t \sim N\left(S_{t-1}e^{\mu dt}, \ S_{t-1}^2 e^{2\mu dt}\left(e^{\sigma^2 dt} - 1\right)\right)$$

여기에서, $\mu - 0.5\sigma^2$는 연간 주식의 로그 수익률의 기대 수익률에 해당하고, μ는 위험 중립 하에서 무위험 CYFWD로 산정(수익률 배당이 없는 경우)되며, σ는 연간 주식의 로그 수익률 변동성에 해당한다. 또한, 앞서 설명한 바와 같이, dZ는 $\epsilon\sqrt{dt}$에 해당한다. 이러한 사항을 상기 산식에 반영하면, 다음과 같은 산식이 도출된다.

$$S_t = S_{t-1}e^{(r_t - 0.5\sigma^2)dt + \sigma\epsilon\sqrt{dt}} \leftrightarrow S_t \sim N\left(S_{t-1}e^{r_t dt}, \ S_{t-1}^2 e^{2r_t dt}\left(e^{\sigma^2 dt} - 1\right)\right)$$

여기에서, ϵ은 확률 변수로서, 다음과 같이 정의된다(Excel 함수를 기준으로 예시함).

$$\epsilon = NORM.S.INV(RAND(\ ))$$

Excel 함수 중 RAND() 함수는 0과 1 사이의 숫자 중 임의의 숫자를 선택하는 함수에 해당한다. 또한, 0과 1 사이의 숫자 중 특정 숫자가 선택될 확률은 모두 동일하며, 균일 분포 (Uniform Distribution)에 해당한다.

Excel 함수 중 NORM.S.INV(a) 함수는 표준 정규분포(Standard Normal Distribution) 하에서, 누적 확률 값이 a가 되는 Z의 값을 찾는 함수에 해당한다. 그리고, 표준 정규분포 하에서의 누적 확률은 최소 0(Z가 $-\infty$인 경우), 최대 1(Z가 $+\infty$인 경우)이 된다.

결과적으로, ϵ은 표준 정규분포 하에서의 누적 확률이 RAND() 값에 해당하는 Z의 값에 해당하게 된다. 그리고, Monte Carlo 모형은 이러한 ϵ을 적용하여 기초자산의 가격 등을 산출한다.

Monte Carlo 방법의 설명을 위하여, 다음과 같은 사례를 이용하기로 한다. 그리고, 이는 앞 장 주가 N항 모형에서의 사례와 동일하다.

> **사례 1** Monte Carlo
>
> 평가기준일 현재, 주가(S_0), 주가 변동성(σ), 잔여 만기(T), Time Step 수(N), Time Step 간격(dt)가 다음과 같이 주어져 있다.
>
> | | 내역 |
> |:---:|:---:|
> | S_0 | 900 |
> | σ (로그 수익률 연 환산 변동성) | 55.236% |
> | T | 5.00년 |
> | N | 5 |
> | dt | 1.00년 |
>
> 또한, 평가 기준일 현재 이자율은 다음과 같다.
>
> | | 1 | 2 | 3 | 4 | 5 |
> |:---:|:---:|:---:|:---:|:---:|:---:|
> | $CYSPOT_t$ | 4.000% | 4.200% | 4.400% | 4.600% | 4.800% |
> | $CYFWD_t$ | 4.000% | 4.400% | 4.800% | 5.200% | 5.600% |
>
> 아울러, 콜옵션과 풋옵션에 대한 행사가격은 다음과 같다.
>
> | | 1 | 2 | 3 | 4 | 5 |
> |:---:|:---:|:---:|:---:|:---:|:---:|
> | 유러피언 | | | | | 900 |
> | 아메리칸 | | | 900 | 900 | 900 |

2 > 주가 Path

1. 주가 Path의 생성

(STEP 1) 주가 Path의 개수를 선정한다. 본 부분에서는 설명의 용이를 위하여 10개로 적용한다.

(STEP 2) 주가 Path 별, Time Step 별로 다음과 같이 난수를 생성한다.

NO	1	2	3	4	5
1	0.2785	0.6421	0.4854	0.4937	0.6789
2	0.6379	0.0940	0.6653	0.8709	0.2364
3	0.3701	0.6031	0.3823	0.7411	0.8884
4	0.1360	0.9534	0.6790	0.5638	0.8807
5	0.3629	0.9795	0.7608	0.7297	0.0189
6	0.5000	0.6070	0.9817	0.5782	0.6685
7	0.8629	0.4746	0.7527	0.4453	0.1314
8	0.7552	0.0983	0.2226	0.8393	0.7349
9	0.3800	0.1564	0.2057	0.3454	0.6144
10	0.1700	0.0093	0.4391	0.2908	0.8644

(*) 상기 난수는 엑셀의 RAND( ) 함수를 사용하여 생성한다.

(STEP 3) 상기 (STEP 2)의 난수를 기초로, 다음과 같이 ϵ를 생성한다.

NO	1	2	3	4	5
1	(0.5872)	0.3640	(0.0366)	(0.0157)	0.4647
2	0.3529	(1.3167)	0.4271	1.1307	(0.7179)
3	(0.3315)	0.2615	(0.2994)	0.6466	1.2183
4	(1.0985)	1.6784	0.4648	0.1607	1.1783
5	(0.3508)	2.0432	0.7090	0.6118	(2.0772)
6	0.0001	0.2714	2.0894	0.1973	0.4358
7	1.0935	(0.0637)	0.6831	(0.1377)	(1.1198)
8	0.6911	(1.2911)	(0.7634)	0.9915	0.6276
9	(0.3054)	(1.0093)	(0.8214)	(0.3977)	0.2909
10	(0.9542)	(2.3517)	(0.1534)	(0.5509)	1.1004

(*) 상기 ϵ은 엑셀의 NORM.S.INV( ) 함수를 사용하여 생성한다.

(STEP 4) 상기 (STEP 3)의 ϵ를 기초로, 다음과 같이 주가 Path를 생성한다.

$$S_t = S_{t-1}e^{(r_t - 0.5\sigma^2)dt + \sigma\epsilon\sqrt{dt}}$$

NO	0	1	2	3	4	5
1	900.00	581.43	637.78	562.96	504.70	592.35
2	900.00	977.28	423.65	483.12	815.86	498.27
3	900.00	669.65	694.12	529.92	684.95	1,218.93
4	900.00	438.38	993.89	1,157.25	1,143.72	1,990.89
5	900.00	662.52	1,837.32	2,448.23	3,104.15	894.77
6	900.00	804.22	838.19	2,394.12	2,414.32	2,788.80
7	900.00	1,471.21	1,274.26	1,673.82	1,402.87	686.22
8	900.00	1,177.99	517.94	306.02	478.56	614.57
9	900.00	679.36	349.01	199.70	144.98	154.59
10	900.00	474.74	116.19	96.16	64.14	106.95

(*1) Time Step = 0에 있어서, 모든 주가 Path의 주가는 평가기준일 현재의 주가에 해당한다.

(*2) Time Step = 2, 주가 Path = 3의 주가는 다음과 같이 계산된다.

$$S(2,3) = S(1,3) \times e^{(r_2 - 0.5\sigma^2)dt + \sigma\epsilon\sqrt{dt}}$$
$$= 669.65 \times e^{(4.400\% - 0.5 \times 55.236\%^2) \times 1 + 55.236\% \times 0.2615 \times \sqrt{1}} = 694.12$$

2. Time Step 수와 Monte Carlo의 관계

유러피언 스타일의 옵션의 경우에는 Time Step 수가 중요하지 않다. 즉, 1개로 설정해도 무방하며, 수십, 수백개로 설정해도 무방하다. 만약, Time Step 수를 1개로 설정한다면, 이 때의 이자율(r)은 CYSPOT$_5$에 해당한다. 그러나, Time Step 수를 2개 이상으로 설정한다면, 각각의 Time Step 기간에 해당하는 CYFWD를 적용하여야 한다.

아메리칸 스타일의 옵션의 경우에는 Time Step 수가 많으면 많을수록 좋다. 왜냐하면, 옵션의 행사일을 최대한 많이 반영하면 할수록 좋기 때문이다. 다만, 앞서 언급한 바와 같이, Monte Carlo 기법은 아메리칸 스타일의 옵션에 대하여는 낮은 정확성을 나타내고 있는 바, 아메리칸 스타일의 옵션을 평가할 시에는 Monte Carlo 기법은 제한적으로 사용되어야 한다.

3. 주가 Path 수와 Monte Carlo의 관계

유러피언 스타일 및 아메리칸 스타일 모두, 주가 Path 수는 많으면 많을수록 좋다. 왜냐하면, 주가 Path 수가 많으면 많을수록, 더 많은 주가의 변동을 반영할 수 있기 때문이다. 주가 2항 모형의 경우, Time Step 수가 30개라면, 총 2^{30}(1,073,741,824)개의 주가 Path를 고려하게 된다. 다만, Recombination의 특성 때문에, 마지막 Time Step에서의 Node 수가 31개에 해당할 뿐이다.

보편적으로, Monte Carlo에 의한 평가 시에는 최소 10,000개에서 최대 1,000,000개 정도의 주가 Path를 고려하고 있다. 그러나, 1,000,000개의 주가 Path를 적용하여 평가한 결과가 10,000개의 주가 Path를 적용하여 평가한 결과보다 반드시 정확성이 높다고 할 수는 없다. 왜냐하면, Monte Carlo 기법은 시뮬레이션에 기초하는 평가 방법에 해당하며, 실행할 때마다 평가 결과가 달라지기 때문이다. 다만, 그렇다 할지라도, 최소한의 주가 Path 수는 반드시 확보하여야 한다.

3 유러피언 옵션

본 부분에서는 앞서 산정한 주가 Path를 기준으로 유러피언 콜옵션 및 풋옵션을 산정한다. 아울러, 콜옵션 행사가격 및 풋옵션 행사가격의 현금흐름 위험을 모두 무위험으로 가정한다. 또한, 현금흐름 위험에 대하여는 후에 자세히 기술하기로 한다.

옵션가치 산정을 위한 모든 정보가 앞서 설명한 바와 같이 주어져 있다고 가정한다.

(STEP 1) 주가 Path에 기초한 콜옵션 및 풋옵션의 내재가치 및 내재가치 합계를 산정한다. 여기에서, 본 옵션은 유러피언 옵션에 해당하므로, 마지막 Time Step인 5년차의 주가만 필요하다.

NO	주가	콜옵션 내재가치	풋옵션 내재가치
1	592.35	0.00	307.65
2	498.27	0.00	401.73
3	1,218.93	318.93	0.00
4	1,990.89	1,090.89	0.00
5	894.77	0.00	5.23

NO	주가	콜옵션 내재가치	풋옵션 내재가치
6	2,788.80	1,888.80	0.00
7	686.22	0.00	213.78
8	614.57	0.00	285.43
9	154.59	0.00	745.41
10	106.95	0.00	793.05
합계		3,298.62	2,752.29

(*1) 콜옵션 내재가치 = MAX[주가 − 행사가격, 0]
(*2) 풋옵션 내재가치 = MAX[행사가격 − 주가, 0]

(STEP 2) 내재가치 합계를 주가 Path 수 = 10으로 나눈 후, 평가기준일 현재로 할인한다.

	콜옵션 내재가치	풋옵션 내재가치
합계	3,298.62	2,752.29
주가 Path 수	10.00	10.00
평균 (AVE)	329.86	275.23
현재가치	259.48	216.50

(*) 현재가치 $= AVE \times e^{-CYSPOT_5 \times 5}$

상기 표 상 현재가치가 최종 콜옵션 및 풋옵션의 가치에 해당한다. 이제 Monte Carlo의 정확성을 높이기 위하여, 상기 주가 Path 수를 10,000개로 확대해 보자. 그리고, 그 결과는 다음과 같다(별첨 엑셀 파일 참조).

NO	주가	콜옵션 내재가치	풋옵션 내재가치
1	44.51	0.00	855.49
2	122.46	0.00	777.54
3	2,390.85	1,490.85	0.00
4	1,128.91	228.91	0.00
5	4,070.95	3,170.95	0.00
:	:	:	:
9996	1,115.27	215.27	0.00
9997	528.36	0.00	371.64
9998	215.72	0.00	684.28
9999	57.46	0.00	842.54

NO	주가	콜옵션 내재가치	풋옵션 내재가치
10000	603.35	0.00	296.65
합계		5,877,339.79	3,573,694.25

	콜옵션 내재가치	풋옵션 내재가치
합계	5,877,339.79	3,573,694.25
주가 Path 수	10,000	10,000
평균 (AVE)	587.73	357.37
현재가치	462.33	281.12

그리고, 이러한 결과를 Black-Scholes-Merton 모형에 의한 결과와 비교한 내역은 다음과 같다.

Black-Scholes-Merton		Monte Carlo	
콜옵션	풋옵션	콜옵션	풋옵션
474.49	282.46	462.33	281.12

상기에서 알 수 있는 바와 같이, 주가 Path 수 10,000개 하에서의 Monte Carlo는 콜옵션의 경우, 2.56%, 풋옵션의 경우, 0.47%의 오류율을 나타내고 있다. 즉, 유러피언 스타일의 옵션에 있어서, Monte Carlo는 상당한 수준의 정확성을 나타내고 있다.

4 아메리칸 옵션

본 부분에서는 앞서 산정한 주가 Path를 기준으로 아메리칸 콜옵션 및 풋옵션을 산정한다. 아울러, 콜옵션 행사가격 및 풋옵션 행사가격의 현금흐름 위험을 모두 무위험으로 가정한다. 또한, 현금흐름 위험에 대하여는 후에 자세히 기술하기로 한다.

옵션가치 산정을 위한 모든 정보가 앞서 설명한 바와 같이 주어져 있다고 가정한다.

1. 일반 Monte Carlo

우선, 어떠한 보정도 적용하지 아니한 Monte Carlo 모형으로 아메리칸 콜옵션을 산정해 보자.

(STEP 1) CYFWD에 의한 1기간 할인계수(DF)를 산정한다.

$$DF_t = \frac{1}{e^{CYFWD_t \times dt}}$$

	1	2	3	4	5
$CYFWD_t$	4.000%	4.400%	4.800%	5.200%	5.600%
DF_t	0.9608	0.9570	0.9531	0.9493	0.9455

(STEP 2) 내재가치(IV) Path를 산정한다.

NO	0	1	2	3	4	5
1	0.00	0.00	0.00	0.00	0.00	0.00
2	0.00	0.00	0.00	0.00	0.00	0.00
3	0.00	0.00	0.00	0.00	0.00	318.93
4	0.00	0.00	0.00	257.25	243.72	1,090.89
5	0.00	0.00	0.00	1,548.23	2,204.15	0.00
6	0.00	0.00	0.00	1,494.12	1,514.32	1,888.80
7	0.00	0.00	0.00	773.82	502.87	0.00
8	0.00	0.00	0.00	0.00	0.00	0.00
9	0.00	0.00	0.00	0.00	0.00	0.00
10	0.00	0.00	0.00	0.00	0.00	0.00

(*1) IV(i, j) : Time Step = i, 주가 Path = j인 Node의 내재가치 = MAX[S(i, j) − 행사가격, 0] & 옵션 행사가 불가능한 경우에는 0
(*2) S(i, j) : Time Step = i, 주가 Path = j인 Node의 주가

(STEP 3) 시간가치(TV) Path를 산정한다.

NO	0	1	2	3	4	5
1	0.00	0.00	0.00	0.00	0.00	0.00
2	0.00	0.00	0.00	0.00	0.00	0.00
3	250.88	261.11	272.86	286.28	301.56	0.00
4	858.12	893.15	933.32	979.21	1,031.48	0.00
5	1,833.71	1,908.54	1,994.40	2,092.46	0.00	0.00
6	1,485.79	1,546.42	1,615.98	1,695.44	1,785.94	0.00
7	678.13	705.80	737.55	477.39	0.00	0.00
8	0.00	0.00	0.00	0.00	0.00	0.00
9	0.00	0.00	0.00	0.00	0.00	0.00
10	0.00	0.00	0.00	0.00	0.00	0.00

(*1) TV(i, j) : Time Step = i, 주가 Path = j인 Node의 시간가치 = OV(i+1, j)×DF$_{i+1}$
(*2) OV(i, j) : Time Step = i, 주가 Path = j인 Node의 옵션가치. 하기 참조.

(STEP 4) 옵션가치(OV) Path를 산정한다.

NO	0	1	2	3	4	5
1	0.00	0.00	0.00	0.00	0.00	0.00
2	0.00	0.00	0.00	0.00	0.00	0.00
3	250.88	261.11	272.86	286.28	301.56	318.93
4	858.12	893.15	933.32	979.21	1,031.48	1,090.89
5	1,833.71	1,908.54	1,994.40	2,092.46	2,204.15	0.00
6	1,485.79	1,546.42	1,615.98	1,695.44	1,785.94	1,888.80
7	678.13	705.80	737.55	773.82	502.87	0.00
8	0.00	0.00	0.00	0.00	0.00	0.00
9	0.00	0.00	0.00	0.00	0.00	0.00
10	0.00	0.00	0.00	0.00	0.00	0.00
합계	5,106.62					

(*) OV(i, j) : Time Step = i, 주가 Path = j인 Node의 옵션가치 = MAX[IV(i, j), TV(i, j)]

상기에서 0년의 옵션가치 합계를 주가 Path 수인 10으로 나눈 금액이 콜옵션의 가치에 해당한다. 즉, 콜옵션의 가치는 510.66에 해당한다.

아메리칸 풋옵션은 상기 과정 중 내재가치(IV) Path만 다를 뿐, 모두 동일하다. 그리고, 그 결과는 304.39에 해당한다(별첨 엑셀 파일 참조).

아울러, 주가 Path 수를 10,000개로 확장하였을 경우의 아메리칸 콜옵션과 풋옵션의 가치는 다음과 같다(별첨 엑셀 파일 참조).

콜옵션	풋옵션
678.46	349.60

그리고, 이를 주가 2항 모형인 Cox-Ross-Rubinstein 2항 모형에 의한 결과와 비교하면, 그 결과는 다음과 같다(CRR 2항 모형은 Time Step 수 = 300 적용한 경우). 여기에서, CRR 2항 모형과 비교하는 사유는 아메리칸 옵션과 관련하여서는 Black-Scholes-Merton 모형이 없기 때문이다.

Cox-Ross-Rubinstein		Monte Carlo	
콜옵션	풋옵션	콜옵션	풋옵션
474.18	309.76	678.46	349.60

상기 차이는 간과할 수 있는 차이에 해당하지 아니한다. 이에 따라, Monte Carlo를 이용하여 아메리칸 스타일의 옵션을 평가할 시에는 상기와 같은 방법을 적용하지 않고, 다음에서 설명하는 Least Square Monte Carlo를 적용하여 평가한다.

2. Least Square Monte Carlo

옵션가치는 내재가치와 시간가치 중 큰 가치로 산정된다. 그리고, 이 중 시간가치는 다음 Node의 옵션가치를 1기간 할인한 가치로 산정한다. 그러나, Least Square Monte Carlo (LSMC)는 내재가치와 비교할 시간가치를 다르게 적용한다. 즉, 다음 Node의 옵션가치를 1기간 할인한 실제 시간가치와 비교하지 않고, 회귀분석에 의하여 산정된 추정 시간가치와 비교한다. 그리고, 내재가치가 추정 시간가치보다 크면, 옵션가치는 내재가치로 반영하고, 그 반대인 경우에는 실제 시간가치로 반영한다. 즉, LSMC 하에서 아메리칸 콜옵션의 내재가치(IV), 실제 시간가치(ATV), 추정 시간가치(ETV), 옵션가치(OV)는 다음과 같이 정의된다.

구분		내역
IV(i, j)	옵션을 행사할 수 있는 경우	MAX[S(i, j) − 행사가격, 0]
	옵션을 행사할 수 없는 경우	0
ATV(i, j)	실제 시간가치	OV(i+1, j)×DF(i+1, j)
ETV(i, j)	추정 시간가치	회귀분석으로 추정
OV(i, j)	IV(i, j) = 0	ATV(i, j)
	IV(i, j) > 0 IV(i, j) > ETV(i, j)	IV(i, j)
	IV(i, j) ≤ ETV(i, j)	ATV(i, j)

(*1) S(i, j) : Time Step = i, 주가 Path = j인 Node의 주가
(*2) DF(i+1, j) : i시점과 i+1 시점 사이에 적용되는 연속 선도이자율에 의한 1기간 할인 계수

이제 LSMC 모형으로 아메리칸 콜옵션을 산정해 보자. 일단, 회귀식은 다음과 같은 2차 함수를 적용한다고 가정하자.

$$ETV(i,j) = aS(i,j)^2 + bS(i,j) + c$$

(STEP 1) Time Step = 5에서의 내재가치, 실제 시간가치, 추정 시간가치, 옵션가치를 다음 과 같이 산정한다.

NO	주가	내재가치	시간가치		옵션가치
			실제	추정	
1	592.35	0.00	0.00		0.00
2	498.27	0.00	0.00		0.00
3	1,218.93	318.93	0.00		318.93
4	1,990.89	1,090.89	0.00		1,090.89
5	894.77	0.00	0.00		0.00
6	2,788.80	1,888.80	0.00		1,888.80
7	686.22	0.00	0.00		0.00
8	614.57	0.00	0.00		0.00
9	154.59	0.00	0.00		0.00
10	106.95	0.00	0.00		0.00

(*1) Time Step = 5는 만기에 해당하므로, 실제 시간가치는 0에 해당한다.
(*2) 내재가치가 추정 시간가치보다 큰 경우에는 옵션가치가 내재가치에 해당하고, 그 반대인 경우에는 옵션가치가 실제 시간가치에 해당한다.

(STEP 2) Time Step = 4에서의 내재가치, 실제 시간가치, 추정 시간가치, 옵션가치를 다음과 같이 산정한다.

NO	주가	내재가치	시간가치		옵션가치
			실제	추정	
1	504.70	0.00	0.00		0.00
2	815.86	0.00	0.00		0.00
3	684.95	0.00	301.56		301.56
4	1,143.72	243.72	1,031.48	401.98	1,031.48
5	3,104.15	2,204.15	0.00	176.62	2,204.15
6	2,414.32	1,514.32	1,785.94	1,327.57	1,514.32
7	1,402.87	502.87	0.00	911.25	0.00
8	478.56	0.00	0.00		0.00
9	144.98	0.00	0.00		0.00
10	64.14	0.00	0.00		0.00

(*1) 다음과 같이 내재가치가 존재하는 주가 Path들만 추출한다.

NO	주가 (S)	내재가치	실제 시간가치
4	1,143.72	243.72	1,031.48
5	3,104.15	2,204.15	0.00
6	2,414.32	1,514.32	1,785.94
7	1,402.87	502.87	0.00

(*2) 상기 (*1)의 주가 및 실제 시간가치 Data를 기준으로, 회귀분석 식을 산출한다. 엑셀에서 분산형 차트를 입력하고, 추가 기능으로 추세선 분석을 선택하면, 쉽게 산정할 수 있다. 또는, 후첨하는 회귀식 산출 과정을 적용하여 산정한다.
$ETV(i, j) = -0.001223 \times S(i, j)^2 + 5.078674 \times S(i, j) - 3,807.251898$

(*3) 상기 (*2)의 회귀분석 식에 각 Path의 주가를 입력하여 추정 시간가치를 산정한다.
$ETV(4, 4) = -0.001223 \times 1,143.72^2 + 5.078674 \times 1,143.72 - 3,807.251898 = 401.98$

(*4) 내재가치가 추정 시간가치보다 큰 경우에는 옵션가치가 내재가치에 해당하고, 그 반대인 경우에는 옵션가치가 실제 시간가치에 해당한다. 이에 따라, 상기 중 Path 7의 경우, 내재가치가 실제 시간가치보다 크지만, 추정 시간가치보다 작기 때문에, 옵션가치가 내재가치가 아닌 실제 시간가치로 산정된다.

(STEP 3) Time Step = 3에서의 내재가치, 실제 시간가치, 추정 시간가치, 옵션가치를 다음 과 같이 산정한다.

NO	주가	내재가치	시간가치		옵션가치
			실제	추정	
1	562.96	0.00	0.00		0.00
2	483.12	0.00	0.00		0.00
3	529.92	0.00	286.28		286.28
4	1,157.25	257.25	979.21	991.05	979.21
5	2,448.23	1,548.23	2,092.46	1,911.93	2,092.46
6	2,394.12	1,494.12	1,437.59	1,640.18	1,437.59
7	1,673.82	773.82	0.00	(33.90)	773.82
8	306.02	0.00	0.00		0.00
9	199.70	0.00	0.00		0.00
10	96.16	0.00	0.00		0.00

(*1) 다음과 같이 내재가치가 존재하는 주가 Path들만 추출한다.

NO	주가 (S)	내재가치	실제 시간가치
4	1,157.25	257.25	979.21
5	2,448.23	1,548.23	2,092.46
6	2,394.12	1,494.12	1,437.59
7	1,673.82	773.82	0.00

(*2) 상기 (*1)의 주가 및 실제 시간가치 Data를 기준으로, 회귀분석 식을 산출한다. 엑셀에서 분산형 차트를 입력하고, 추가 기능으로 추세선 분석을 선택하면, 쉽게 산정할 수 있다. 또는, 후첨하는 회귀식 산출 과정을 적용하여 산정한다.

$$ETV(i, j) = 0.003483 \times S(i, j)^2 - 11.845502 \times S(i, j) + 10,034.404921$$

(*3) 상기 (*2)의 회귀분석 식에 각 Path의 주가를 입력하여 추정 시간가치를 산정한다.

$$ETV(3, 4) = 0.003483 \times 1,157.25^2 - 11.845502 \times 1,157.25 + 10,034.404921 = 991.05$$

(*4) 내재가치가 추정 시간가치보다 큰 경우에는 옵션가치가 내재가치에 해당하고, 그 반대인 경우에는 옵션가치가 실제 시간가치에 해당한다. 이에 따라, 상기 중 Path 6의 경우, 내재가치가 실제 시간가치보다 크지만, 추정 시간가치보다 작기 때문에, 옵션가치가 내재가치가 아닌 실제 시간가치로 산정된다.

(STEP 4) Time Step = 2에서의 내재가치, 실제 시간가치, 추정 시간가치, 옵션가치를 다음과 같이 산정한다.

NO	주가	내재가치	시간가치		옵션가치
			실제	추정	
1	637.78	0.00	0.00		0.00
2	423.65	0.00	0.00		0.00
3	694.12	0.00	272.86		272.86
4	993.89	0.00	933.32		933.32
5	1,837.32	0.00	1,994.40		1,994.40
6	838.19	0.00	1,370.22		1,370.22
7	1,274.26	0.00	737.55		737.55
8	517.94	0.00	0.00		0.00
9	349.01	0.00	0.00		0.00
10	116.19	0.00	0.00		0.00

(*) Time Step = 2에서는 옵션을 행사할 수 없는 바, 내재가치가 존재하지 아니한다. 이에 따라, 옵션가치는 모두 실제 시간가치가 된다.

(STEP 5) Time Step = 1에서의 내재가치, 실제 시간가치, 추정 시간가치, 옵션가치를 다음과 같이 산정한다.

NO	주가	내재가치	시간가치		옵션가치
			실제	추정	
1	581.43	0.00	0.00		0.00
2	977.28	0.00	0.00		0.00
3	669.65	0.00	261.11		261.11
4	438.38	0.00	893.15		893.15
5	662.52	0.00	1,908.54		1,908.54
6	804.22	0.00	1,311.23		1,311.23
7	1,471.21	0.00	705.80		705.80
8	1,177.99	0.00	0.00		0.00
9	679.36	0.00	0.00		0.00
10	474.74	0.00	0.00		0.00

(*) Time Step = 1에서는 옵션을 행사할 수 없는 바, 내재가치가 존재하지 아니한다. 이에 따라, 옵션가치는 모두 실제 시간가치가 된다.

(STEP 6) Time Step = 0에서의 내재가치, 실제 시간가치, 추정 시간가치, 옵션가치를 다음과 같이 산정한다.

NO	주가	내재가치	시간가치		옵션가치
			실제	추정	
1	900.00	0.00	0.00		0.00
2	900.00	0.00	0.00		0.00
3	900.00	0.00	250.88		250.88
4	900.00	0.00	858.12		858.12
5	900.00	0.00	1,833.71		1,833.71
6	900.00	0.00	1,259.82		1,259.82
7	900.00	0.00	678.13		678.13
8	900.00	0.00	0.00		0.00
9	900.00	0.00	0.00		0.00
10	900.00	0.00	0.00		0.00
합계					4,880.66

(*) Time Step = 0에서는 옵션을 행사할 수 없는 바, 내재가치가 존재하지 아니한다. 이에 따라, 옵션가치는 모두 실제 시간가치가 된다.

상기에서 Time Step = 0의 옵션가치 합계를 주가 Path 수인 10으로 나눈 금액이 콜옵션의 가치에 해당한다. 즉, 콜옵션의 가치는 488.07에 해당한다.

아메리칸 풋옵션은 상기 과정 중 내재가치 산정 식만 다를 뿐, 모두 동일하다. 그리고, 그 결과는 298.69에 해당한다(별첨 엑셀 파일 참조).

아울러, 주가 Path 수를 10,000개로 확장하였을 경우의 아메리칸 콜옵션과 풋옵션의 가치는 다음과 같다(별첨 엑셀 파일 참조).

콜옵션	풋옵션
467.83	309.09

그리고, 이를 주가 2항 모형인 Cox - Ross - Rubinstein 2항 모형에 의한 결과와 비교하면, 그 결과는 다음과 같다(CRR 2항 모형은 Time Step 수 = 300 적용한 경우).

Cox−Ross−Rubinstein		Monte Carlo	
콜옵션	풋옵션	콜옵션	풋옵션
474.18	309.76	467.83	309.09

상기에서 알 수 있는 바와 같이, 아메리칸 스타일의 옵션을 LSMC를 적용하여 평가하게 되면, 일반 Monte Carlo를 적용하여 평가하였을 경우보다 상당한 개선이 이루어진다. 그러나, 이러한 긍정적인 결과가 항상 도출되는 것은 아님에 주의하여야 한다. 이에 따라, 아메리칸 스타일의 옵션 평가 시, Monte Carlo 기법의 적용은 신중하여야 한다.

3. 회귀분석 식과 LSMC

상기에서는 회귀분석 식을 주가에 대한 2차식으로 적용하였다. 그러나, 이러한 회귀분석 식을 어떻게 적용하여야 할 지에 대하여는 명확한 가이드가 없다. 즉, 1차식인 선형으로 적용할 수도 있고, 3차식, 4차식 등의 곡선으로 적용할 수도 있다.

회귀분석 식과 관련하여, 특정 경우에 있어서는 2차식이 타당하기도 하고, 다른 특정 경우에 있어서는 30차식이 타당하기도 하다. 그리고, 동일한 경우라고 하더라도, 평가 기준일이 달라짐에 따라, 타당한 회귀분석 식이 달라지기도 한다. 즉, 옵션 등의 발행 시점에서는 3차식이 타당했었지만, 연말 시점에서는 10차식이 타당할 수도 있다. 결과적으로, Case By Case로 타당한 회귀분석 식이 달라지게 된다. 이에 따라, 회귀분석 식을 어떻게 적용할 지에 대하여는 신중한 선택이 필요하다.

5 Variance Reduction Techniques

Variance Reduction Techniques(VRT)는 표본(Sample)의 편중(Bias) 현상을 제거하고, 표본의 분산을 감소시켜, 평가 결과의 정확성을 높이는 방법에 해당한다. 본 부분에서는 여러 가지 VRT 중에서 가장 보편적으로 사용되고 있는 Antithetic Variate에 대하여 설명한다.

Antithetic Variate는 하나의 표본을 선정하면, 그 반대의 표본을 자동으로 선정하는 기법에 해당한다. 예를 들면, 임의의 난수 a가 선정되어, 이에 대한 확률 변수 ϵ이 산정되었다면, 그 반대의 확률 변수인 $-\epsilon$을 자동으로 선정한다. 즉, 하나의 표본이 주가가 상승하는 표본이라면, 그 반대의 표본은 주가가 하락하는 표본에 해당한다.

Time Step 수가 2개 이상인 경우에는 각각의 Time Step에서 모두 Antithetic Variate를 진행해 주어야 한다. 다음은 앞서 주가 Path 중 1~5에 대하여 Antithetic Variate를 적용하여 ϵ 및 $-\epsilon$을 산출하는 사례에 해당한다.

NO	1	2	3	4	5
1-1	(0.5872)	0.3640	(0.0366)	(0.0157)	0.4647
2-1	0.3529	(1.3167)	0.4271	1.1307	(0.7179)
3-1	(0.3315)	0.2615	(0.2994)	0.6466	1.2183
4-1	(1.0985)	1.6784	0.4648	0.1607	1.1783
5-1	(0.3508)	2.0432	0.7090	0.6118	(2.0772)
1-2	0.5872	(0.3640)	0.0366	0.0157	(0.4647)
2-2	(0.3529)	1.3167	(0.4271)	(1.1307)	0.7179
3-2	0.3315	(0.2615)	0.2994	(0.6466)	(1.2183)
4-2	1.0985	(1.6784)	(0.4648)	(0.1607)	(1.1783)
5-2	0.3508	(2.0432)	(0.7090)	(0.6118)	2.0772

상기에서 1-1~5-1은 앞서 주가 Path의 1~5와 동일하다. 또한, 상기에서 1-2~5-2는 1-1~5-1의 ϵ에 마이너스 ($-$)를 적용한 값에 해당한다. 그리고, 이에 기초하여 주가 Path를 산정하면 다음과 같다.

NO	0	1	2	3	4	5
1-1	900.00	581.43	637.78	562.96	504.70	592.35
2-1	900.00	977.28	423.65	483.12	815.86	498.27
3-1	900.00	669.65	694.12	529.92	684.95	1,218.93
4-1	900.00	438.38	993.89	1,157.25	1,143.72	1,990.89
5-1	900.00	662.52	1,837.32	2,448.23	3,104.15	894.77
1-2	900.00	1,112.32	816.15	750.16	684.32	480.68
2-2	900.00	661.77	1,228.65	874.13	423.33	571.44
3-2	900.00	965.77	749.91	796.92	504.24	233.59
4-2	900.00	1,475.28	523.72	364.92	301.98	143.02
5-2	900.00	976.17	283.31	172.50	111.26	318.22

즉, 하나의 주가 Path가 선정되면, 그 반대의 주가 Path를 자동적으로 주가 Path에 포함해 주는 방법이 Antithetic Variate에 해당한다. 그리고, 이렇게 산정된 주가 Path를 Monte Carlo에 적용하는 경우, 표본의 편중 현상이 줄어들게 되고, 표본의 분산이 감소하게 되어, 평가 결과가 보다 합리적으로 산출될 수 있다.

6 확정 확률 변수를 이용한 평가

본 부분에서는 확률 과정과 확률 분포를 이용하여 유러피언 옵션을 평가하는 방법에 대하여 설명한다. 사례는 앞서 언급한 사례를 적용하기로 한다.

Monte Carlo는 표준 정규분포에 기초하는 임의 확률 변수를 이용하여 주가 Path를 생성하는 모형에 해당한다. 이러한 사실에 기초하여, 표준 정규분포의 구간을 여러 개로 나눈 후, 각각의 구간에 해당하는 주가를 생성하는 방법을 고려해 볼 수 있다. 즉, 임의 확률 변수 대신 확정 확률 변수를 사용하는 방법이다. 다음은 이러한 확정 확률 변수를 이용하여 유러피언 콜옵션의 가치를 산정하는 사례에 대하여 설명하는 내역이다.

(STEP 1) 표준 정규분포 상 확정 확률 변수의 범위를 선정한다. 본 평가에서는 $Z = \pm 5.00$의 구간을 선정하기로 한다.

(STEP 2) 상기 (STEP 1)의 구간을 나눌 구간 수를 선정한다. 본 평가에서는 500개를 선정하기로 하며, 이에 따라, 각각의 Z의 구간은 0.020에 해당한다.

(STEP 3) 상기 (STEP 2)의 구간 수에 따라, 각각의 구간의 Z값에 의한 주가를 다음과 같이 산정한다. 즉, 하기 식의 ϵ에 각각의 구간의 Z값을 대입하여 주가를 산정한다. 또한, 하기 식의 S_{t-1}은 평가 기준일 현재의 주가 = 900.00을 적용하고, r_t는 5년 만기 CYSPOT = 4.800%를 적용하며, σ는 주가 변동성 = 55.236%를 적용하고, dt는 총 기간 = 5년을 적용한다.

$$S_t = S_{t-1}e^{(r_t - 0.5\sigma^2)dt + \sigma\epsilon\sqrt{dt}}$$

(STEP 4) 상기 (STEP 2) 수의 구간 수에 따라, 각각의 구간의 Z값에 의한 표준 정규분포 상의 누적 확률을 다음과 같이 산정한다(엑셀 함수 기준).

$$NORM.S.DIST(Z, TRUE)$$

(STEP 5) 상기 (STEP 3)의 구간 주가 들의 구간별 평균 주가를 산정한다.

(STEP 6) 상기 (STEP 4)의 누적 확률 들의 차이로서 구간별 확률을 산정한다.

(STEP 7) 상기 (STEP 5)의 구간별 평균 주가에 기초하여, 콜옵션의 내재가치를 산정한다.

$$콜옵션\ 내재가치 = MAX[평균\ 주가 - 행사가격,\ 0]$$

(STEP 8) 상기 (STEP 6)의 구간별 확률과 상기 (STEP 7)의 내재가치를 곱하여 기대 내재가치를 산정한다.

(STEP 9) 상기 (STEP 8)의 기대 내재가치를 합산한 후, 평가 기준일 현재로 할인한다.

다음은 상기 절차에 따른 결과를 요약하는 내역에 해당한다.

NO	Z	주가	누적 확률	평균 주가	구간 확률	내재가치	기대가치
0	5.000	256,579.75	100.000%				
1	4.980	250,319.31	100.000%	253,449.53	0.000%	252,549.53	0.01
2	4.960	244,211.62	100.000%	247,265.46	0.000%	246,365.46	0.01
⋮	⋮	⋮	⋮	⋮	⋮	⋮	⋮
168	1.640	4,044.96	94.950%	4,095.54	0.205%	3,195.54	6.54
169	1.620	3,946.26	94.738%	3,995.61	0.211%	3,095.61	6.54
170	1.600	3,849.98	94.520%	3,898.12	0.218%	2,998.12	6.55
171	1.580	3,756.04	94.295%	3,803.01	0.225%	2,903.01	6.54
172	1.560	3,664.39	94.062%	3,710.22	0.233%	2,810.22	6.54
⋮	⋮	⋮	⋮	⋮	⋮	⋮	⋮
228	0.440	918.82	67.003%	930.31	0.721%	30.31	0.22
229	0.420	896.41	66.276%	907.62	0.727%	7.62	0.06
230	0.400	874.53	65.542%	885.47	0.734%	0.00	0.00
⋮	⋮	⋮	⋮	⋮	⋮	⋮	⋮
498	(4.960)	1.17	0.000%	1.18	0.000%	0.00	0.00
499	(4.980)	1.14	0.000%	1.15	0.000%	0.00	0.00
500	(5.000)	1.11	0.000%	1.12	0.000%	0.00	0.00
합계							603.21
현재가치							474.50

(*1) Z = 5.00과 Z = −5.00을 500개의 구간으로 나눈 후, 각각의 구간에 대한 Z값을 산정함.

(*2) 각각의 구간별로 주가와 누적 확률을 산정하고, 구간별 평균 주가와 구간 확률을 산정함. 여기에서 i와 i + 1 구간에 대한 평균 주가 및 구간 확률은 i + 1 구간에 기재함.

(*3) 평균 주가를 기초로 콜옵션의 내재가치를 산정한 후, 구간 확률을 곱하여 기대 내재가치를 산출함.

(*4) 기대 내재가치를 합산한 후, 평가 기준일 현재로 할인함.

상기에서 알 수 있는 바와 같이, 유러피언 콜옵션의 가치는 474.50으로 산출되며, 이는 BSM에 의한 가치인 474.49와 큰 차이가 발생하지 않는다. 즉, 유러피언 옵션인 경우에는, 본 부분에서 설명하는 바와 같이, 확정 확률 변수를 이용한 평가가 가능하다.

다음은, 모든 조건은 동일하고, Z값의 범위만 달리 적용하였을 경우의 확정 확률 변수를 이용한 평가 결과에 해당한다.

Z		결과		표본 통계	
최대	최소	평가 가치	BSM 차이	평균	표준편차
3.000	(3.000)	440.56	(33.93)	1,099.77	1,736.31
4.000	(4.000)	472.00	(2.50)	1,140.94	2,082.76
5.000	(5.000)	474.50	0.01	1,144.15	2,162.46
6.000	(6.000)	474.60	0.11	1,144.29	2,170.18
7.000	(7.000)	474.65	0.16	1,144.35	2,170.61
8.000	(8.000)	474.70	0.20	1,144.42	2,170.79
9.000	(9.000)	474.75	0.26	1,144.50	2,170.99
30.000	(30.000)	476.93	2.44	1,148.32	2,180.54
100.000	(100.000)	508.30	33.81	1,191.24	2,288.47

(*1) 상기 중 표본 통계는 다음과 같이 산출된다. 여기에서, x_i는 평균 주가를 의미하며, p_i는 구간 확률을 의미한다.

$$평균 = a = \sum_{i=1}^{500} [x_i \times p_i]$$

$$분산 = v = \sum_{i=1}^{500} [(x_i - a)^2 \times p_i] = \sum_{i=1}^{500} [x_i^2 \times p_i] - a^2$$

$$표준편차 = s = \sqrt{v}$$

(*2) 확률 과정에 의하여, 모집단의 주가는 아래의 정규분포를 따르는 바, 모집단 통계는 다음과 같다.

$$S_t = S_{t-1} e^{(r_t - 0.5\sigma^2)dt + \sigma\epsilon\sqrt{dt}} \leftrightarrow S_t \sim N\left(S_{t-1} e^{r_t dt}, S_{t-1}^2 e^{2r_t dt}\left(e^{\sigma^2 dt} - 1\right)\right)$$

$$평균 = S_{t-1} e^{r_t dt} = 900.00 \times e^{4.800\% \times 5} = 1,144.12$$

$$분산 = S_{t-1}^2 e^{2r_t dt}\left(e^{\sigma^2 dt} - 1\right) = 900.00^2 \times e^{2 \times 4.800\% \times 5}\left(e^{55.236\%^2 \times 5} - 1\right) = 4,709,098.00$$

$$\text{표준편차} = \sqrt{4,709,098.00} = 2,170.05$$

상기에서 알 수 있는 바와 같이, 본 사례는, 총 구간 수 = 500, Z = ± 5.00의 구간 범위에서, 최적의 평가 결과를 나타내고 있다. 그리고, 이 때의 표본의 평균 및 표준편차는 모집단의 평균 및 표준편차와 매우 유사한 수준에 해당하고 있다. 즉, 역으로 말하면, 표본의 평균 및 표준편차가 모집단의 평균 및 표준편차와 유사할 때, 최적의 결과값을 얻게 된다. 이에 따라, 본 평가 방법을 적용할 시에는, 표본의 평균 및 표준편차가 모집단의 평균 및 표준편차와 유사해지도록, 총 구간 수와 Z의 범위를 설정하는 것이 중요하다. 또한, 확률 과정 상 모집단의 주가는 상기와 같은 정규분포를 따르므로, 모집단의 평균 및 표준편차는 쉽게 산정할 수 있다.

본 방법은 Path Dependent하지 않은 유러피언 스타일의 금융상품 평가에 적용할 수 있다. 그리고, Monte Carlo에 비하여, 재수행을 할 때마다 평가 결과가 달라지지 않고, 재계산 검증이 가능하다는 장점이 있다. 다만, 표본의 누적 확률을 적절하게 확보하기 위하여, 충분한 Z의 범위를 설정하여야 하며, 동 Z의 범위에서, 표본의 평균 및 표준편차가 모집단의 평균 및 표준편차와 유사해지도록, 총 구간 수를 설정하여야 한다.

본 부분에서는 회귀분석 식이 n차 다항식에 해당하는 경우, 각각의 계수를 산정하는 방법에 대하여 설명한다. 회귀분석 식이 n차 다항식에 해당하는 경우, 다음과 같은 회귀 추정식이 산정되게 된다.

$$ETV_i = a_n S_i^n + a_{n-1} S_i^{n-1} + \cdots + a_1 S_i^1 + a_0 S_i^0$$

(*1) ETV_i : 특정 Time Step의 주가 Path = i에서의 추정 시간가치
(*2) S_i : 특정 Time Step의 주가 Path = i에서의 주가

회귀분석 식은 추정치와 관측치의 차이인 잔차(Residual) 제곱의 합을 최소로 하는 식으로 결정된다. 여기에서, 잔차를 r_i이라고 하면, 다음과 같은 식이 성립하게 된다.

$$r_i = ETV_i - ATV_i$$

(*) ATV_i : 특정 Time Step의 주가 Path = i에서의 실제 시간가치

이에 따라, 잔차 제곱의 합은 다음과 같이 산정된다.

$$\sum r_i^2 = \sum \left(a_n S_i^n + a_{n-1} S_i^{n-1} + \cdots + a_1 S_i^1 + a_0 S_i^0 - ATV_i \right)^2$$

상기 산식의 값을 최소로 하기 위하여는, a_n, a_{n-1}, $\cdots$ a_1, a_0로 각각 편미분한 값이 모두 0이 되어야 한다. 즉, 다음의 식이 성립하여야 한다.

$$\frac{\partial \sum r_i^2}{\partial a_0} = \sum 2 S_i^0 \left(a_n S_i^n + a_{n-1} S_i^{n-1} + \cdots + a_1 S_i^1 + a_0 S_i^0 - ATV_i \right) = 0$$

$$\frac{\partial \sum r_i^2}{\partial a_1} = \sum 2 S_i^1 \left(a_n S_i^n + a_{n-1} S_i^{n-1} + \cdots + a_1 S_i^1 + a_0 S_i^0 - ATV_i \right) = 0$$

$$\vdots$$

$$\frac{\partial \sum r_i^2}{\partial a_{n-1}} = \sum 2 S_i^{n-1} \left(a_n S_i^n + a_{n-1} S_i^{n-1} + \cdots + a_1 S_i^1 + a_0 S_i^0 - ATV_i \right) = 0$$

$$\frac{\partial \sum r_i^2}{\partial a_n} = \sum 2 S_i^n \left(a_n S_i^n + a_{n-1} S_i^{n-1} + \cdots + a_1 S_i^1 + a_0 S_i^0 - ATV_i \right) = 0$$

상기 산식들을 이항하여 정리한 후, 행렬식으로 나타내면, 그 결과는 다음과 같다.

$$
\begin{bmatrix}
\sum S_i^n & \sum S_i^{n-1} \cdots & \sum S_i^1 & \sum S_i^0 \\
\sum S_i^{n+1} & \sum S_i^n \cdots & \sum S_i^2 & \sum S_i^1 \\
\vdots & \vdots \ddots & \vdots & \vdots \\
\sum S_i^{2n-1} & \sum S_i^{2n-2} \cdots & \sum S_i^n & \sum S_i^{n-1} \\
\sum S_i^{2n} & \sum S_i^{2n-1} \cdots & \sum S_i^{n+1} & \sum S_i^n
\end{bmatrix}
\begin{bmatrix}
a_n \\ a_{n-1} \\ \vdots \\ a_1 \\ a_0
\end{bmatrix}
=
\begin{bmatrix}
\sum (ATV_i \times S_i^0) \\
\sum (ATV_i \times S_i^1) \\
\vdots \\
\sum (ATV_i \times S_i^{n-1}) \\
\sum (ATV_i \times S_i^n)
\end{bmatrix}
$$

여기에서, 행렬 A, B, C를 각각 다음과 같이 정의하면,

$$
A = \begin{bmatrix}
\sum S_i^n & \sum S_i^{n-1} \cdots & \sum S_i^1 & \sum S_i^0 \\
\sum S_i^{n+1} & \sum S_i^n \cdots & \sum S_i^2 & \sum S_i^1 \\
\vdots & \vdots \ddots & \vdots & \vdots \\
\sum S_i^{2n-1} & \sum S_i^{2n-2} \cdots & \sum S_i^n & \sum S_i^{n-1} \\
\sum S_i^{2n} & \sum S_i^{2n-1} \cdots & \sum S_i^{n+1} & \sum S_i^n
\end{bmatrix}
\quad \& \quad
B = \begin{bmatrix}
a_n \\ a_{n-1} \\ \vdots \\ a_1 \\ a_0
\end{bmatrix}
$$

$$
\& \quad C = \begin{bmatrix}
\sum (ATV_i \times S_i^0) \\
\sum (ATV_i \times S_i^1) \\
\vdots \\
\sum (ATV_i \times S_i^{n-1}) \\
\sum (ATV_i \times S_i^n)
\end{bmatrix}
$$

다음의 관계가 성립하게 된다.

$$
AB = C \leftrightarrow B = A^{-1}C
$$

여기에서, A^{-1}은 행렬 A의 역행렬에 해당한다. 그리고, 이는 엑셀에서 MINVERSE( ) 함수를 적용하여 산정할 수 있다. 또한, $A^{-1}C$는 행렬 A의 역행렬과 행렬 C의 곱에 해당한다. 그리고, 이는 엑셀에서 MMULT( ) 함수를 적용하여 산정할 수 있다.

상기 식을 LSMC에 적용할 경우에는 한 가지 주의할 점이 하나 있다. 즉, 앞서 언급한 바와 같이, 특정 Time Step에서의 내재가치가 0보다 큰 주가 Path들만 계산의 대상이 되어야 한다는 것이다.

Chapter 9

평가 방법 Ⅴ – 차액 정산 VS 총액 교환

　지금까지 설명한 콜옵션 및 풋옵션에 대한 평가 방법은 모두 차액 정산형 거래에 대하여 차액 정산법으로 평가하는 과정에 해당한다. 그리고, 차액 정산법은 기초자산의 실제 인수 및 인도가 발생하지 않고, 기초자산 가격과 행사가격의 차액에 대하여 서로 정산하는 거래를 평가하는 데에 적합한 평가 방법에 해당한다. 그러나, 보편적으로, 실무적 거래는 기초자산의 실제 인수 및 인도가 발생하고, 행사가격 총액을 상호 교환하는 거래에 해당한다. 이에 따라, 본 부분에서는 이러한 총액 교환형 거래에 대하여 설명하고, 총액 교환형 거래에 대하여 총액 교환법으로 평가하는 과정을 설명하며, 이를 차액 정산형 거래와 비교한 결과에 대하여 설명한다.

1 ▶ 기초자산이 주식인 경우

　본 부분에서는 앞서 주가 N항 모형에서의 사례를 그대로 적용하되, 거래 유형이 차액 정산형이 아닌 총액 교환형에 해당하는 것으로 가정한 후, 총액 교환법으로 아메리칸 콜옵션 및 풋옵션의 가치를 산정하는 과정에 대하여 설명한다. 또한, 평가 모형은 Cox - Ross - Rubinstein(CRR) 2항 모형으로 한다. 아울러, 주식과 관련하여서는 정액 배당이 있는 경우로 설명한다. 왜냐하면, 배당이 없거나 다른 종류의 배당이 있는 경우에는 본 부분에서 설명하는 내용을 적절히 수정하여 적용하면 되기 때문이다. 그리고, 콜옵션 행사가격 및 풋옵션 행사가격의 현금흐름 위험을 모두 무위험으로 가정한다. 또한, 현금흐름 위험에 대하여는 후에 자세히 기술하기로 한다.

　다음은 앞서 주가 N항 모형에서의 사례에 해당한다.

항목	내역
주가	900
주가 변동성 (로그 수익률 변동성)	55.236%
잔여 만기 기간	5년

	1	2	3	4	5
행사가격			900	900	900

	1	2	3	4	5
CYSPOT	4.000%	4.200%	4.400%	4.600%	4.800%
CYFWD	4.000%	4.400%	4.800%	5.200%	5.600%

그리고, 다음은 상기 사항에 따라 산정한 CRR 2항 모형의 기초 정보에 해당한다.

	1	2	3	4	5
dt	1.00	1.00	1.00	1.00	1.00
u	173.734%	173.734%	173.734%	173.734%	173.734%
d	57.559%	57.559%	57.559%	57.559%	57.559%
p_u	40.045%	40.404%	40.764%	41.126%	41.490%
p_d	59.955%	59.596%	59.236%	58.874%	58.510%

	1	2	3	4	5
배당	10.00	10.00	10.00	10.00	10.00

주가	0	1	2	3	4	5
0	900.00	1,523.14	2,611.61	4,508.59	7,810.34	13,552.82
1		528.39	883.38	1,506.07	2,593.93	4,490.12
2			310.81	511.32	865.70	1,487.60
3				181.75	293.13	492.85
4					103.44	163.28
5						54.10

차액 정산형 옵션은 내재가치, 시간가치, 옵션가치로 구성되지만, 총액 교환형 옵션은 내재가치, 시간가치, 상품가치로 구성된다. 그리고, 총액 교환형에서의 옵션가치는 옵션이 없을 경우의 상품가치와 옵션이 있을 경우의 상품가치의 차이로 산정된다. 또한, 상품가치는 옵션 권리자 또는 옵션 의무자 입장에서 판단하는 것이 아니라, 기초자산 보유자 입장에서 판단한다.

1. 총액 교환형 풋옵션

본 부분에서 콜옵션보다 풋옵션을 먼저 설명하는 사유는, 총액 교환형에 있어서는 콜옵션이 풋옵션보다 다소 복잡하기 때문이다. 이에 따라, 먼저 풋옵션에 대하여 설명한다.

(1) 내재가치

내재가치는 옵션을 행사할 수 있는 시점에서, 옵션을 행사하였을 경우에 얻을 수 있는 최대 가치로서, 다음과 같이 산정된다. 아울러, 옵션을 행사할 수 없는 시점에서의 내재가치는 항상 주가에 해당한다. 왜냐하면, 총액 교환형 풋옵션의 경우, 기초자산 보유자는 옵션 권리자에 해당하며, 옵션 권리자는 기초자산을 언제든지 제3자에게 매각할 수 있기 때문이다.

$$내재가치 = \begin{cases} 옵션을\,행사할\,수\,있는\,경우 : MAX\,[주가,\,행사가격] \\ 옵션을\,행사할\,수\,없는\,경우 : 주가 \end{cases}$$

이제, 2항 모형 각각의 Node에서 내재가치를 산정해 보면, 그 결과는 다음과 같다. 그리고, 이 때의 Tree를 IV Tree라고 가정하자. 또한, N(i, j)에서의 내재가치를 IV(i, j)라고 가정하자.

	0	1	2	3	4	5
0	900.00	1,523.14	2,611.61	4,508.59	7,810.34	13,552.82
1		528.39	883.38	1,506.07	2,593.93	4,490.12
2			310.81	900.00	900.00	1,487.60
3				900.00	900.00	900.00
4					900.00	900.00
5						900.00

(*1) Time Step = 0, 1, 2는 옵션을 행사할 수 있는 기간에 해당하지 않기 때문에, 모든 Node의 내재가치가 항상 주가에 해당한다.

(*2) IV(4, 0) = MAX[행사가격, 주가] = MAX[900.00, 7,810.34] = 7,810.34
(*3) IV(3, 2) = MAX[행사가격, 주가] = MAX[900.00, 511.32] = 900.00

(2) 시간가치

시간가치는 옵션을 행사할 수 있는 시점에서 옵션을 행사하지 않거나, 옵션을 행사할 수 없는 시점에서 얻을 수 있는 가치로서, 미래 상품가치를 당해 시점으로 할인한 가치에 해당한다. N(i, j)에서의 시간가치를 TV(i, j)라고 가정하면, 시간가치는 다음과 같은 산식을 통하여 산정한다.

$$TV(i,j) = \frac{p_u \times FV(i+1,j) + p_d \times FV(i+1,j+1)}{e^{CYFWD_{i+1} \times dt}}$$

p_u : i시점과 i + 1시점 사이에 적용되는 헤지 확률
p_d : $1 - p_u$
FV(i, j) : N(i, j)에서의 상품가치 (하기, 상품가치 참조)
$CYFWD_{i+1}$: i시점과 i + 1시점 사이에 적용되는 CYFWD
dt : Time Step 간 기간 (연 단위, 본 사례의 경우에는 1)

2항 모형 각각의 Node에서 시간가치를 산정해 보면, 그 결과는 다음과 같다. 그리고, 이때의 Tree를 TV Tree라고 가정하자.

	0	1	2	3	4	5
0	1,226.57	1,716.05	2,682.69	4,508.59	7,810.34	0.00
1		966.46	1,173.45	1,631.96	2,593.93	0.00
2			882.29	938.44	1,090.96	0.00
3				863.89	860.44	0.00
4					860.44	0.00
5						0.00

(*1) Time Step = 5는 옵션의 만기에 해당하므로, 시간가치를 가질 수 없는 바, 항상 0에 해당한다.
(*2) TV(4, 0)의 경우, FV(5, 0)과 FV(5, 1)의 기대가치를 1기간 할인하여 산정한다. 즉, 다음과 같이 산정한다. 여기에서, FV(i, j)는 하기에서 설명하는 상품가치에 해당한다.

$$TV(4, 0) = \frac{p_u \times FV(5,0) + p_d \times FV(5,1)}{e^{CYFWD_{i+1} \times dt}}$$
$$= \frac{41.490\% \times 13,562.82 + 58.510\% \times 4,500.12}{e^{5.600\% \times 1}} = 7,810.34$$

(*3) TV(3, 2)의 경우, FV(4, 2)과 FV(4, 3)의 기대가치를 1기간 할인하여 산정한다. 즉, 다음과 같이 산정한다.

$$TV(3, \ 2) = \frac{p_u \times FV(4,2) + p_d \times FV(4,3)}{e^{CYFWD_{i+1} \times dt}}$$

$$= \frac{41.126\% \times 1,100.96 + 58.874\% \times 910.00}{e^{5.200\% \times 1}} = 938.44$$

여기에서, 주의하여야 할 점이 있다. 바로, 주가 상승 확률, 주가 하락 확률, 무위험 CYFWD은 현재 Time Step의 값이 아니라, 다음 Time Step의 값을 적용하여야 한다는 것이다.

(3) 상품가치

상품가치는 내재가치와 시간가치 중 큰 금액에 해당한다. N(i, j)에서의 상품가치를 FV(i, j)라고 가정하면, 상품가치는 다음과 같은 산식을 통하여 산정한다. 여기에서 주의할 점은 상품가치 산정 시 각각의 Node에서의 현금 배당이 가산되어야 한다는 것이다. 왜냐하면, 기초자산 보유자인 풋옵션 권리자는 풋옵션을 행사하든 말든 배당을 수취하게 되며, 상기 주가 Tree는 이러한 배당 효과가 반영된 배당락 주가 Tree에 해당하기 때문이다.

$$FV(i,j) = MAX[IV(i,j), \ TV(i,j)] + DVD(i,j)$$

DVD(i, j) : N(i, j)에서의 현금 배당

2항 모형 각각의 Node에서 상품가치를 산정해 보면, 그 결과는 다음과 같다. 그리고, 이때의 Tree를 FV Tree라고 가정하자.

	0	1	2	3	4	5
0	1,226.57	1,726.05	2,692.69	4,518.59	7,820.34	13,562.82
1		976.46	1,183.45	1,641.96	2,603.93	4,500.12
2			892.29	948.44	1,100.96	1,497.60
3				910.00	910.00	910.00
4					910.00	910.00
5						910.00

(*1) Time Step = 5는 옵션의 만기에 해당하므로, 시간가치를 가질 수 없는 바, 항상 내재가치와 현금 배당의 합계와 동일하다.

(*2) FV(4, 0)의 경우, MAX[IV(4, 0), TV(4, 0)] = MAX[7,810.34, 7,810.34] + 10 = 7,820.34에 해당한다.

(*3) FV(3, 2)의 경우, MAX[IV(3, 2), TV(3, 2)] = MAX[900.00, 938.44] + 10 = 948.44에 해당한다.

그리고, 최종적으로, 상기 표상 FV(0, 0) = 1,226.57와 평가기준일 현재의 주가 = 900.00의 차이인 326.57를 풋옵션의 가치로 산정한다.

2. 총액 교환형 콜옵션

(1) 내재가치

총액 교환형 콜옵션에 있어서는 내재가치의 정의가 어렵다. 이에 따라, 총액 교환형 콜옵션에 있어서는 내재가치를 산정하지 아니하고, 내재가치 효과를 상품가치 산정 과정에서 직접 반영한다.

(2) 시간가치

시간가치 산정 과정은 옵션의 종류에 상관없이 동일하다. 이에 따라, 본 경우의 시간가치 산정 과정은 앞서 총액 교환형 풋옵션의 시간가치 산정 과정과 동일하다. 그리고, 2항 모형 각각의 Node에서 시간가치를 산정해 보면, 그 결과는 다음과 같다. 아울러, 이 때의 Tree를 TV Tree라고 가정하자. 또한, N(i, j)에서의 시간가치를 TV(i, j)라고 가정하자.

	0	1	2	3	4	5
0	447.15	586.60	726.06	826.33	860.44	0.00
1		367.77	519.55	700.44	860.44	0.00
2			275.85	421.32	635.19	0.00
3				181.75	293.13	0.00
4					103.44	0.00
5						0.00

(*1) Time Step = 5는 옵션의 만기에 해당하므로, 시간가치를 가질 수 없는 바, 항상 0에 해당한다.

(*2) TV(4, 0)의 경우, FV(5, 0)과 FV(5, 1)의 기대가치를 1기간 할인하여 산정한다. 즉, 다음과 같이 산정한다. 여기에서, FV(i, j)는 하기에서 설명하는 상품가치에 해당한다.

$$TV(4, \ 0) = \frac{p_u \times FV(5,0) + p_d \times FV(5,1)}{e^{CYFWD_{i+1} \times dt}}$$

$$= \frac{41.490\% \times 910.00 + 58.510\% \times 910.00}{e^{5.600\% \times 1}} = 860.44$$

(*3) TV(3, 2)의 경우, FV(4, 2)과 FV(4, 3)의 기대가치를 1기간 할인하여 산정한다. 즉, 다음과 같이 산정한다.

$$TV(3,\ 2) = \frac{p_u \times FV(4,2) + p_d \times FV(4,3)}{e^{CYFWD_{i+1} \times dt}}$$

$$= \frac{41.126\% \times 645.19 + 58.874\% \times 303.13}{e^{5.200\% \times 1}} = 421.32$$

여기에서, 주의하여야 할 점이 있다. 바로, 주가 상승 확률, 주가 하락 확률, 무위험 CYFWD은 현재 Time Step의 값이 아니라, 다음 Time Step의 값을 적용하여야 한다는 것이다.

(3) 상품가치

$N(i,\ j)$에서의 상품가치를 $FV(i,\ j)$라고 가정하자. 총액 교환형 콜옵션에 있어서는 상품가치는 다음과 같이 산정한다.

시점	구분	$FV(i,\ j)$
만기		MIN[주가, 행사가격]+DVD$(i,\ j)$
만기 이외	옵션을 행사할 수 있는 경우	MIN[행사가격, 시간가치]+DVD$(i,\ j)$
	옵션을 행사할 수 없는 경우	시간가치+DVD$(i,\ j)$

(*1) DVD$(i,\ j)$: $N(i,\ j)$에서의 현금 배당
(*2) 기초자산 보유자인 콜옵션 의무자는 만기 시점에서는 콜옵션이 행사되면, 행사가격만큼만 획득하게 되고, 콜옵션이 행사되지 않으면, 주가만큼만 획득할 수 있다. 그리고, 이 때의 콜옵션은 주가가 행사가격보다 높은 경우에만 행사된다. 결과적으로, 기초자산 보유자인 콜옵션 의무자는 만기 시점에서는 주가와 행사가격 중 낮은 금액과 현금 배당만 획득할 수 있게 된다.
(*3) 기초자산 보유자인 콜옵션 의무자는 만기 이외의 시점에서는 콜옵션이 행사되면, 행사가격만큼만 획득하게 되고, 콜옵션이 행사되지 않으면, 시간가치만큼만 획득할 수 있다. 왜냐하면, 콜옵션 의무자는 의무의 이행을 위하여 기초자산을 만기까지 보유하여야 하기 때문에, 기초자산을 제3자에게 매각할 수 없기 때문이다. 결과적으로, 기초자산 보유자인 콜옵션 의무자는 만기 이외의 시점에서는 행사가격과 시간가치 중 낮은 금액과 현금 배당만 획득할 수 있게 된다. 아울러, 당해 시점에서 콜옵션을 행사할 수 없는 경우에는 시간가치와 현금 배당만 획득할 수 있게 된다.

2항 모형 각각의 Node에서 상품가치를 산정해 보면, 그 결과는 다음과 같다. 그리고, 이 때의 Tree를 FV Tree라고 가정하자.

	0	1	2	3	4	5
0	447.15	596.60	736.06	836.33	870.44	910.00
1		377.77	529.55	710.44	870.44	910.00
2			285.85	431.32	645.19	910.00
3				191.75	303.13	502.85
4					113.44	173.28
5						64.10

(*1) $FV(4, 0)$의 경우, $MIN[행사가격, TV(4, 0)] = MIN[900.00, 860.44] + 10.00 = 870.44$에 해당한다.

(*2) $FV(3, 2)$의 경우, $MIN[행사가격, TV(3, 2)] = MIN[900.00, 421.32] + 10.00 = 431.32$에 해당한다.

그리고, 최종적으로, 상기 표상 $FV(0, 0) = 447.15$와 평가기준일 현재의 주가 $= 900.00$의 차이인 452.85를 콜옵션의 가치로 산정한다.

3. 결과 비교

지금까지 설명한 바를 요약하면, 다음과 같다. 아울러, 참고 목적으로서, 배당이 없는 경우, 수익률 배당이 있는 경우, 시가 배당이 있는 경우의 평가 결과도 함께 기재한다.

	풋옵션		콜옵션	
	차액 정산법	총액 교환법	차액 정산법	총액 교환법
배당이 없는 경우	323.34	323.34	487.95	487.95
수익률 배당이 있는 경우	332.46	332.11	454.13	454.55
시가 배당이 있는 경우	330.84	330.84	453.23	453.23
정액 배당이 있는 경우	326.57	326.57	452.85	452.85

(*) 상기 중 차액 정산법에 의한 결과는 주가 N항 모형 참조(상세 내역은 별첨 주가 N항 모형 엑셀 파일 참조)

상기에서 알 수 있는 바와 같이, 차액 정산형 거래에 대하여 차액 정산법을 적용하여 평가한 결과와 총액 교환형 거래에 대하여 총액 교환법을 적용하여 평가한 결과에 있어서, 1) 배당이 없는 경우, 2) 시가 배당이 있는 경우, 3) 정액 배당이 있는 경우에는 정확히 일치하고 있지만, 수익률 배당이 있는 경우에는 약간의 차이가 발생하고 있다. 그리고, 이러한 차이는 수익률 배당은 연속 배당에 해당하지만, 총액 교환법을 적용하는 과정에서 수익률 배당을 가산하는 과정에서는 이산 배당으로 반영할 수밖에 없음에 기인한다. 다만, 이러한 차이는 Time Step 수를 증가시키면 증가시킬수록 0으로 수렴하게 된다.

상기의 일치 현상은 배당, 콜옵션 및 풋옵션의 현금흐름 위험을 모두 무위험으로 가정하였기 때문에 발생한다. 이에 따라, 동 항목 중 하나 이상의 현금흐름 위험이 무위험이 아닌 경우에는 차액 정산형 거래와 총액 교환형 거래 간에서 결과의 차이가 발생할 수 있다. 이에 대하여는 후에 다시 설명할 예정이다.

상기의 결과는 기초자산 보유자(콜옵션 의무자)가 콜옵션 행사 가능 기간 동안 기초자산을 제3자에게 매각할 수 없는 것으로 가정하여 평가한 결과에 해당한다. 이에 따라, 투자 계약서 상 기초자산 보유자가 기초자산을 제3자에게 자유롭게 매각할 수 있는 경우에는 상기 평가 절차를 적절히 수정해 주어야 한다.

또한, 상기의 결과는 모두 옵션 행사일과 배당 지급일이 동일한 경우, 배당은 기초자산 보유자에게 귀속하는 것으로 가정하여 평가한 결과에 해당한다. 이에 따라, 투자 계약서 상 배당이 기초자산 보유자에게 귀속하지 않는 것으로 되어 있는 경우에는 상기 평가 절차를 적절히 수정해 주어야 한다.

2 기초자산이 이자율인 경우

본 부분에서는 앞서 이자율 N항 모형에서의 사례를 그대로 적용하되, 거래 유형이 차액 정산형이 아닌 총액 교환형에 해당하는 것으로 가정한 후, 총액 교환법으로 아메리칸 콜옵션 및 풋옵션의 가치를 산정하는 과정에 대하여 설명한다. 또한, 평가 모형은 기초자산이 연속 이자율인 Black-Derman-Toy(BDT) 2항 모형으로 한다. 아울러, 콜옵션 행사가격 및 풋옵션 행사가격에 대한 현금흐름 위험은 사채의 현금흐름 위험과 동일한 것으로 가정한다. 또한, 현금흐름 위험에 대하여는 후에 자세히 기술하기로 한다.

다음은 앞서 이자율 N항 모형에서의 사례에 해당한다.

사례 2 아메리칸 콜옵션 및 아메리칸 풋옵션

항목				내역	
연속 이자율 로그 수익률 변동성				9.677%	
잔여 만기 기간				5년	

	1	2	3	4	5
행사가격	895	895	895	895	895

	1	2	3	4	5
CYSPOT	4.000%	4.200%	4.400%	4.600%	4.800%
CYFWD	4.000%	4.400%	4.800%	5.200%	5.600%

차액 정산형 옵션은 내재가치, 시간가치, 옵션가치로 구성되지만, 총액 교환형 옵션은 내재가치, 시간가치, 상품가치로 구성된다. 그리고, 총액 교환형에서의 옵션가치는 옵션이 없을 경우의 상품가치와 옵션이 있을 경우의 상품가치의 차이로 산정된다. 또한, 상품가치는 옵션 권리자 또는 옵션 의무자 입장에서 판단하는 것이 아니라, 기초자산 보유자 입장에서 판단한다.

그리고, 다음은 상기 사항에 따라 산정한 BDT 2항 모형의 기초 정보에 해당한다.

DF	0	1	2	3	4	5
0	1.0000	0.9571	0.9484	0.9386	0.9273	0.9146
1		0.9645	0.9573	0.9491	0.9397	0.9291
2			0.9647	0.9579	0.9501	0.9412
3				0.9651	0.9587	0.9513
4					0.9658	0.9597
5						0.9667

INT	0	1	2	3	4	5
액면이자		45.00	45.00	45.00	45.00	45.00

UA	0	1	2	3	4	5
0	904.85	880.71	865.40	861.16	871.14	900.00
1		912.72	893.00	882.51	883.70	900.00
2			916.43	900.52	894.19	900.00
3				915.64	902.92	900.00
4					910.19	900.00
5						900.00

1. 총액 교환형 풋옵션

본 부분에서 콜옵션보다 풋옵션을 먼저 설명하는 사유는, 총액 교환형에 있어서는 콜옵션이 풋옵션보다 다소 복잡하기 때문이다. 이에 따라, 먼저 풋옵션에 대하여 설명한다. 다만, 동 과정은 주가 2항 모형에서의 과정과 대동소이한 바, 내재가치, 시간가치, 상품가치 Tree를 각각 산정하지 아니하고, 하나의 Tree로서 산정한다.

(1) 내재가치

내재가치는 옵션을 행사할 수 있는 시점에서, 옵션을 행사하였을 경우에 얻을 수 있는 최대 가치로서, 다음과 같이 산정된다. 아울러, 옵션을 행사할 수 없는 시점에서의 내재가치는 항상 기초자산에 해당한다. 왜냐하면, 총액 교환형 풋옵션의 경우, 기초자산 보유자는 옵션 권리자에 해당하며, 옵션 권리자는 기초자산을 언제든지 제3자에게 매각할 수 있기 때문이다.

$$내재가치 = \begin{cases} 옵션을 행사할 수 있는 경우 : MAX[기초자산, 행사가격] \\ 옵션을 행사할 수 없는 경우 : 기초자산 \end{cases}$$

또한, $N(i, j)$에서의 내재가치를 $IV(i, j)$라고 가정한다.

(2) 시간가치

시간가치는 옵션을 행사할 수 있는 시점에서 옵션을 행사하지 않거나, 옵션을 행사할 수 없는 시점에서 얻을 수 있는 가치로서, 미래 상품가치를 당해 시점으로 할인한 가치에 해당한다. $N(i, j)$에서의 시간가치를 $TV(i, j)$라고 가정하면, 시간가치는 다음과 같은 산식을 통하여 산정한다.

$$TV(i,j)= p_u \times FV(i+1,j) \times DF(i+1,j) + p_d \times FV(i+1,j+1) \times DF(i+1,j+1)$$

p_u : i시점과 i + 1시점 사이에 적용되는 헤지 확률
p_d : $1-p_u$
$FV(i, j)$: N(i, j)에서의 상품가치 (하기, 상품가치 참조)
$DF(i, j)$: 할인 계수
dt : Time Step 간 기간 (연 단위, 본 사례의 경우에는 1)

(3) 상품가치

상품가치는 내재가치와 시간가치 중 큰 금액에 해당한다. N(i, j)에서의 상품가치를 $FV(i, j)$라고 가정하면, 상품가치는 다음과 같은 산식을 통하여 산정한다. 여기에서 주의할 점은 상품가치 산정 시 각각의 Node에서의 액면이자가 가산되어야 한다는 것이다. 왜냐하면, 기초자산 보유자인 풋옵션 권리자는 풋옵션을 행사하든 말든 액면이자를 수취하게 되며, 상기 기초자산(UA) Tree는 이러한 액면이자가 제외된 기초자산(UA) Tree에 해당하기 때문이다.

$$FV(i,j)= MAX[IV(i,j), \ TV(i,j)] + INT(i,j)$$

$INT(i, j)$: N(i, j)에서의 액면이자

2항 모형 각각의 Node에서 상품가치를 산정해 보면, 그 결과는 다음과 같다. 그리고, 이 때의 Tree를 FV Tree라고 가정하자.

	0	1	2	3	4	5
0	914.42	942.67	940.00	940.00	940.00	945.00
1		960.73	944.11	940.00	940.00	945.00
2			961.61	945.91	940.00	945.00
3				960.64	947.92	945.00
4					955.19	945.00
5						945.00

(*1) Time Step = 5는 옵션의 만기에 해당하므로, 시간가치를 가질 수 없는 바, 항상 내재가치와 액면이자의 합계와 동일하다.

(*2) FV(4, 0)은 다음과 같이 산정된다.
　　$IV(4, 0) = MAX[행사가격, 기초자산] = MAX[895.00, 871.14] = 895.00$
　　$TV(4, 0) = p_u \times FV(5, 0) \times DF(5, 0) + p_d \times FV(5, 1) \times DF(5, 1)$
　　　　　　$= 0.5 \times 945.00 \times 0.9146 + 0.5 \times 945.00 \times 0.9291 = 871.14$
　　$FV(4, 0) = MAX[IV(4, 0), TV(4, 0)] + INT(4, 0) = MAX[895.00, 871.14] + 45.00$
　　　　　　$= 940.00$

(*3) FV(3, 2)은 다음과 같이 산정된다.

$$IV(3, 2) = MAX[행사가격, 기초자산] = MAX[895.00, 900.52] = 900.52$$

$$TV(3, 2) = p_u \times FV(4, 2) \times DF(4, 2) + p_d \times FV(4, 3) \times DF(4, 3)$$
$$= 0.5 \times 940.00 \times 0.9501 + 0.5 \times 947.92 \times 0.9587 = 900.91$$

$$FV(3, 2) = MAX[IV(3, 2), TV(3, 2)] + INT(3, 2) = MAX[900.52, 900.91] + 45.00$$
$$= 945.91$$

그리고, 최종적으로, 상기 표상 FV(0, 0) = 914.42와 평가기준일 현재의 기초자산 = 904.85의 차이인 9.57를 풋옵션의 가치로 산정한다.

2. 총액 교환형 콜옵션

(1) 내재가치

총액 교환형 콜옵션에 있어서는 내재가치의 정의가 어렵다. 이에 따라, 총액 교환형 콜옵션에 있어서는 내재가치를 산정하지 아니하고, 내재가치 효과를 상품가치 산정 과정에서 직접 반영한다.

(2) 시간가치

시간가치 산정 과정은 옵션의 종류에 상관없이 동일하다. 이에 따라, 본 경우의 시간가치 산정 과정은 앞서 총액 교환형 풋옵션의 시간가치 산정 과정과 동일하다.

(3) 상품가치

N(i, j)에서의 상품가치를 FV(i, j)라고 가정하자. 총액 교환형 콜옵션에 있어서는 상품가치는 다음과 같이 산정한다.

시점	구분	FV(i, j)
만기		MIN[기초자산, 행사가격]+INT(i, j)
만기 이외	옵션을 행사할 수 있는 경우	MIN[행사가격, 시간가치]+INT(i, j)
	옵션을 행사할 수 없는 경우	시간가치+INT(i, j)

(*1) INT(i, j) : N(i, j)에서의 액면이자

(*2) 기초자산 보유자인 콜옵션 의무자는 만기 시점에서는 콜옵션이 행사되면, 행사가격만큼만 획득하게 되고, 콜옵션이 행사되지 않으면, 기초자산만큼만 획득할 수 있다. 그리고, 이 때의 콜옵션은 기초자산 가격이 행사가격보다 높은 경우에만 행사된다. 결과적으로, 기초자산 보유자인 콜옵션 의무자는 만기 시점에서는 기초자산 가치와 행사가격 중 낮은 금액과 액면이자만 획득할 수 있게 된다.

(*3) 기초자산 보유자인 콜옵션 의무자는 만기 이외의 시점에서는 콜옵션이 행사되면, 행사가격만큼만 획득하게 되고, 콜옵션이 행사되지 않으면, 시간가치만큼만 획득할 수 있다. 왜냐하면, 콜옵션 의무자는 의무의 이행을 위하여 기초자산을 만기까지 보유하여야 하기 때문에, 기초자산을 제3자에게 매각할 수 없기 때문이다. 결과적으로, 기초자산 보유자인 콜옵션 의무자는 만기 이외의 시점에서는 행사가격과 시간가치 중 낮은 금액과 액면이자만 획득할 수 있게 된다. 아울러, 당해 시점에서 콜옵션을 행사할 수 없는 경우에는 시간가치와 액면이자만 획득할 수 있게 된다.

2항 모형 각각의 Node에서 상품가치를 산정해 보면, 그 결과는 다음과 같다. 그리고, 이 때의 Tree를 FV Tree라고 가정하자.

	0	1	2	3	4	5
0	894.22	921.35	906.26	901.82	911.53	940.00
1		940.00	932.99	923.07	924.02	940.00
2			940.00	939.48	934.46	940.00
3				940.00	940.00	940.00
4					940.00	940.00
5						940.00

(*1) FV(4, 0)은 다음과 같이 산정된다.

$$TV(4, 0) = p_u \times FV(5, 0) \times DF(5, 0) + p_d \times FV(5, 1) \times DF(5, 1)$$
$$= 0.5 \times 940.00 \times 0.9146 + 0.5 \times 940.00 \times 0.9291 = 866.53$$
$$FV(4, 0) = MIN[행사가격, TV(4, 0)] + INT(4, 0) = MIN[895.00, 866.53] + 45.00 = 911.53$$

(*3) FV(3, 2)은 다음과 같이 산정된다.

$$TV(3, 2) = p_u \times FV(4, 2) \times DF(4, 2) + p_d \times FV(4, 3) \times DF(4, 3)$$
$$= 0.5 \times 934.46 \times 0.9501 + 0.5 \times 940.00 \times 0.9587 = 894.48$$
$$FV(3, 2) = MIN[행사가격, TV(3, 2)] + INT(3, 2) = MIN[895.00, 894.48] + 45.00 = 939.48$$

그리고, 최종적으로, 상기 표상 FV(0, 0) = 894.22와 평가기준일 현재의 기초자산 = 904.85의 차이인 10.63를 콜옵션의 가치로 산정한다.

3. 결과 비교

지금까지 설명한 바를 요약하면, 다음과 같다.

풋옵션		콜옵션	
차액 정산법	총액 교환법	차액 정산법	총액 교환법
9.57	9.57	10.63	10.63

상기에서 알 수 있는 바와 같이, 차액 정산형 거래에 대하여 차액 정산법을 적용하여 평가한 결과와 총액 교환형 거래에 대하여 총액 교환법을 적용하여 평가한 결과가 정확히 일치하고 있다.

상기의 일치 현상은 액면이자, 콜옵션 및 풋옵션의 현금흐름 위험을 모두 사채의 현금흐름 위험으로 가정하였기 때문에 발생한다. 이에 따라, 동 항목 중 하나 이상의 현금흐름 위험이 사채의 현금흐름 위험과 상이한 경우에는 차액 정산형 거래와 총액 교환형 거래 간에서 결과의 차이가 발생할 수 있다. 이에 대하여는 후에 다시 설명할 예정이다.

상기의 결과는 기초자산 보유자(콜옵션 의무자)가 콜옵션 행사 가능 기간 동안 기초자산을 제3자에게 매각할 수 없는 것으로 가정하여 평가한 결과에 해당한다. 이에 따라, 투자 계약서 상 기초자산 보유자가 기초자산을 제3자에게 자유롭게 매각할 수 있는 경우에는 상기 평가 절차를 적절히 수정해 주어야 한다.

또한, 상기의 결과는 모두 옵션 행사일과 액면이자 지급일이 동일한 경우, 액면이자는 기초자산 보유자에게 귀속하는 것으로 가정하여 평가한 결과에 해당한다. 이에 따라, 투자 계약서 상 액면이자가 기초자산 보유자에게 귀속하지 않는 것으로 되어 있는 경우에는 상기 평가 절차를 적절히 수정해 주어야 한다.

Chapter 10

현금흐름 위험 Ⅰ

　무위험 현금흐름을 제외한 모든 현금흐름에는 채무 불이행 위험이 있으며, 그 위험은 이 자율에 반영된다. 예를 들면, 신용등급이 서로 다른 채무자가 동일한 조건의 사채를 발행한 경우, 신용등급이 높은 채무자의 사채가 신용등급이 낮은 채무자의 사채보다 높은 가치를 갖는다. 그리고, 그 사유는 미래 액면이자와 원금 등을 할인할 때 적용되는 할인율에 있어 서, 신용등급이 높은 채무자에 대하여는 낮은 할인율이 적용되고, 신용등급이 낮은 채무자 에 대하여는 높은 할인율이 적용되기 때문이다.

　보편적으로, 국가가 발행하는 사채를 무위험 현금흐름으로 가정하며, 이 때의 이자율을 무위험 이자율이라고 한다. 그리고, 위험 현금흐름의 이자율은 이러한 무위험 이자율에 위 험 프리미엄을 가산하여 산정한다. 이에 따라, 위험이 높으면 높을수록, 위험 이자율은 더 높아지게 된다.

　지금까지 설명한 콜옵션 및 풋옵션은 모두 현금흐름 위험이 무위험 또는 사채 현금흐름 위험과 동일한 것으로 가정하여, 단일의 현금흐름 위험만 있는 경우로 가정하여 평가하였 다. 그러나, 보편적인 거래에 있어서는 주식, 배당, 채권, 액면이자, 콜옵션, 풋옵션 등에 대 한 현금흐름 위험이 동일하지 않다. 왜냐하면, 채무자 또는 옵션 의무자의 채무 불이행 위 험이 있기 때문이다.

　본 부분에서는 이러한 현금흐름 위험에 대하여 설명하고, 이를 평가의 과정에 반영하는 방법에 대하여 살펴 본다.

1 현금흐름과 그 위험

현실 세계에 있어서는 다양한 금융상품이 있고, 각각의 금융상품별로 서로 다른 현금흐름 위험이 적용되고 있다. 또한, 동일한 금융상품이라고 할지라도, 금융상품 발행자의 위험 이외에 제 3자의 위험을 추가적으로 고려하여야 하는 경우 등에 있어서는 동 금융상품의 현금흐름 위험이 달라질 수도 있다. 다만, 본 부분에서는 금융상품 발행자의 위험만을 고려하는 상황에서의 보편적인 현금흐름 위험에 대하여 설명하며, 이 이외의 상황에 대하여는 추후 설명하기로 한다. 그리고, 다음은 그 결과를 요약한 내역에 해당한다.

현금흐름	현금흐름 위험
주식	무위험 현금흐름
배당	무위험 현금흐름 또는 위험 현금흐름
사채	발행자 위험 현금흐름

주식에는 주식에 대하여 주주 또는 제 3자에 의한 신주 발행의 청구가 있을 시, 발행자가 신주를 발행하지 못할 위험이 포함되어 있다. 그러나, 보편적으로, 특수한 상황을 제외하고는, 발행자는 언제든지 신주를 발행할 수 있는 것으로 가정하고 있으며, 이에 따라, 주식 현금흐름 위험은 무위험으로 가정하고 있다.

배당에는 주식의 발행자가 주주에게 배당금을 지급하지 못할 위험이 포함되어 있다. 그러나, 보편적으로, 배당의 선언권이 주식의 발행자에게 있어서, 주식의 발행자는 배당금 지급 여력이 충분하지 않은 경우에는 배당을 선언하지 않으면 되고, 배당 지급 여력이 충분한 경우일지라도, 배당을 선언할 수도 있고, 선언하지 않을 수도 있기 때문에, 배당 채무 불이행 위험은 매우 낮은 것으로 보고 있다. 이에 따라, 보편적으로, 배당 현금흐름 위험은 무위험으로 가정하고 있다. 다만, 발행자의 정관 또는 투자 계약서 상에서 배당이 의무화 되어 있다면, 이 때의 배당 현금흐름 위험은 주식 발행자의 위험이 되어야 한다.

사채에는 액면금액 및 액면이자에 대하여 사채 발행자가 상환 또는 지급하지 못할 위험이 포함되어 있다. 그리고, 동 현금흐름은 계약 상 의무에 해당하는 바, 사채 현금흐름 위험은 사채 발행자의 채무 불이행 위험이 반영된 위험에 해당한다.

2 ▷ 현금흐름 위험의 반영

K-IFRS 제1113호 공정가치 측정 문단 B17에서는 공정가치 평가 시 현금흐름 위험을 반영하는 방법으로서 크게 3가지를 제시하고 있다. 다음은 동 기준서의 내용을 발췌한 내역에 해당한다.

> K-IFRS 제1113호 공정가치 측정 문단 B17 : 현재가치기법들은 위험을 반영하여 조정하는 방법과 사용하는 현금흐름의 종류가 서로 다르다. 예를 들면 다음과 같다.
> (1) 할인율 조정 기법(문단 B18~B22 참조)은 위험조정 할인율과 계약상 약정되었거나 발생가능성이 가장 높은 현금흐름을 사용한다.
> (2) 기대현재가치기법의 방법 1(문단 B25)은 위험조정 기대현금흐름과 무위험이자율을 사용한다.
> (3) 기대현재가치기법의 방법 2(문단 B26)는 위험을 조정하지 않은 기대현금흐름과 시장참여자가 요구하는 위험 프리미엄을 포함하여 조정한 할인율을 사용한다. 그러한 할인율은 할인율조정기법에서 사용하는 할인율과 서로 다르다.

아울러, 상기 3가지 방법에 의한 차이를 설명하기 위하여 다음과 같은 사례를 이용하기로 한다. 즉, 1년 후에 무위험 현금흐름 및 위험 현금흐름이 각각 100 및 102가 발생할 시, 이에 대한 현재가치를 산출하는 사례이다.

사례 1 현금흐름 위험

	무위험 현금흐름	위험 현금흐름
현금흐름	100	102
CYSPOT	3.00%	10.00%

1. 할인율 조정 기법

할인율 조정 기법은 현금흐름 위험을 할인율에 반영하는 방법에 해당한다. 현재 가장 보편적으로 사용되고 있는 방법에 해당하며, 대표적으로는 가중평균 할인율법과 현금흐름 구분 할인율법이 있다.

(1) 가중평균 할인율법

가중평균 할인율법은 미래 현금흐름에 있어서, 무위험 현금흐름과 위험 현금흐름의 구성율을 각각 산정한 후, 당해 구성율을 이용하여 무위험 이자율과 위험 이자율을 가중평균한 후, 당해 가중평균 이자율로서 미래 현금흐름 총액을 할인하는 방식에 해당한다.

- 무위험 현금흐름 구성율 = 100 / (100 + 102) = 49.50%
- 위험 현금흐름 구성율 = 102 / (100 + 102) = 50.50%
- 가중평균 할인율 = 3.00% × 49.50% + 10.00% × 50.50% = 6.53%
- 현재가치 = (100 + 102) / $e^{6.53\% \times 1}$ = 189.22

(2) 현금흐름 구분 할인율법

현금흐름 구분 할인율법은 미래 현금흐름에 있어서, 무위험 현금흐름은 무위험 이자율로 할인하고, 위험 현금흐름은 위험 이자율로 할인한 후, 각각의 현재가치를 합산하는 방식에 해당한다.

- 무위험 현금흐름 현재가치 = 100 / $e^{3.00\% \times 1}$ = 97.04
- 위험 현금흐름 현재가치 = 102 / $e^{10.00\% \times 1}$ = 92.29
- 현재가치 합계 = 97.04 + 92.29 = 189.34

2. 기대현재가치기법의 방법 1

기대현재가치기법의 방법 1(이하, Expected Present Value, "EPV")은 현금흐름 위험을 기대현금흐름에 직접 반영하는 방법에 해당한다. K-IFRS 제1113호 공정가치 측정 문단 B25에서는 현금흐름 위험을 기대현금흐름에 직접 반영하는 방법으로서 "확실성 등가(이하, Certainty Equivalent Cash Flow, "CECF")"라는 개념을 도입하고 있다. 다음은 동 기준서의 내용을 발췌한 내역에 해당한다.

> K-IFRS 제1113호 공정가치 측정 문단 B25 : 기대현재가치기법의 방법 1은 현금 위험 프리미엄(위험조정 기대현금흐름)을 차감함으로써 체계적(시장) 위험에 대한 자산의 기대현금흐름을 조정한다. 그러한 위험조정 기대현금흐름은 확실성 등가 현금흐름을 나타내며 무위험이자율로 할인된다. 확실성 등가 현금흐름은 시장참여자가 확실한 현금흐름을 기대현금흐름과

교환하는 것에 대해 무차별하게 받아들이도록 위험이 조정된 기대현금흐름을 나타낸다. 예를 들면, 시장참여자가 1,200원의 기대현금흐름과 1,000원의 확실한 현금흐름을 교환하려고 한다면, 1,000원이 1,200원에 대한 확실성 등가이다(200원이 현금 위험 프리미엄을 나타낼 것이다). 그러한 경우 시장참여자는 보유한 자산에 대해 무차별하게 받아들일 것이다.

상기 내역을 간략히 요약하면, CECF는 미래의 무위험 현금흐름(이하, Risk Free Cash Flow, "RFCF")을 무위험 이자율(이하, Risk Free Rate, "r_f")로 할인한 현재가치와 미래의 위험 현금흐름(이하, Risky Cash Flow, "RCF")을 위험 이자율(이하, Risky Rate, "r_d")로 할인한 현재가치가 일치되도록 하는 미래의 RFCF에 해당한다. 그리고, 수식적으로는 다음과 같이 산출할 수 있다.

$$\frac{CECF_T}{e^{r_f T}} = \frac{RCF_T}{e^{r_d T}} \leftrightarrow CECF_T = RCF_T \times \frac{e^{r_f T}}{e^{r_d T}} = RCF_T \times e^{(r_f - r_d) \times T}$$

$CECF_T$: T시점의 위험 현금흐름의 확실성 등가
RCF_T : T시점의 위험 현금흐름
r_f : T기간에 대한 무위험 CYSPOT
r_d : T기간에 대한 위험 CYSPOT

그리고, EPV에서는 이렇게 산정된 CECF와 RFCF를 기준으로 평가를 진행하게 되며, 할인율은 r_f만 사용하게 된다.

- 위험 현금흐름의 확실성 등가 = $102 \times e^{(3.00\% - 10.00\%) \times 1}$ = 95.10
- 미래 무위험 현금흐름 및 확실성 등가의 합계 = 100.00 + 95.10 = 195.10
- 현재가치 = $195.10 \times e^{3.00\% \times 1}$ = 189.34

3. 기대현재가치기법의 방법 2

기대현재가치기법의 방법 2는 현금흐름 위험을 할인율에 반영하는 방법에 해당한다. 다만, 이 때의 할인율은 할인율 조정 기법에서 설명하는 할인율과는 다른 할인율에 해당한다. K-IFRS 제1113호 공정가치 측정 문단 B26에서는 현금흐름 위험을 할인율에 반영하는 방법으로서 r_f에 가산할 "위험 프리미엄"이라는 개념을 도입하고 있다. 다음은 동 기준서의 내용을 발췌한 내역에 해당한다.

K-IFRS 제1113호 공정가치 측정 문단 B26 : 이와 반대로, 기대현재가치기법의 방법 2는 위험 프리미엄을 무위험이자율에 적용함으로써 체계적(시장) 위험을 반영하여 조정한다. 따라서 기대현금흐름은 확률가중 현금흐름과 연관된 기대이자율에 상응하는 이자율(기대수익률)로 할인한다. 자본자산가격결정모형과 같이 위험자산의 가격을 결정하는 데에 사용하는 모형을 기대수익률을 추정하기 위해 사용할 수 있다. 할인율조정기법에서 사용하는 할인율이 조건부 현금흐름과 관련된 수익률이기 때문에 그러한 할인율은 기대현재가치기법의 방법 2에서 사용하는 할인율(기대현금흐름이나 확률가중 현금흐름과 관련된 기대수익률)보다 더 높을 가능성이 크다.

상기 내역을 간략히 요약하면, 미래현금의 할인에 적용될 할인율은 $r_f + \alpha$에 해당한다. 그러나, 위험 프리미엄인 α의 값을 산출하기가 어렵기 때문에, 실무적으로 사용하기는 어려울 것으로 판단되고 있다. 다만, K-IFRS 제1113호 공정가치 측정 문단 B29에서 언급하고 있는 바와 같이, 이론적으로는 기대현재가치기법의 방법 1에 의한 결과와 기대현재가치기법의 방법 2에 의한 결과는 일치하여야 하는 바, 먼저 기대현재가치기법의 방법 1에 의한 결과를 산출한 후, 역산의 방법을 통하여 α의 값을 산출할 수는 있다.

K-IFRS 제1113호 공정가치 측정 문단 B29 : 이론적으로, 자산의 현금흐름의 현재가치(공정가치)는 방법 1을 사용하여 산정하든지 방법 2를 사용하여 산정하든지 아래에서 보는 것처럼 같다.
(1) 방법 1을 사용하면 기대현금흐름은 체계적(시장) 위험을 반영하여 조정한다. 위험조정금액을 직접 나타내는 시장자료가 없는 경우에 그러한 조정은 확실성 등가의 개념을 사용하여 자산가격결정모형에서 도출할 수 있다. 예를 들면, 위험조정(현금 위험 프리미엄 22원)은 체계적 위험 프리미엄 3%를 사용하여 산정할 수 있으며(780원 -[780원 × (1.05/1.08)]), 그 결과 위험조정 기대현금흐름은 758원(780원-22원)이 된다. 758원은 780원의 확실성 등가이며 무위험이자율(5%)로 할인된다. 자산의 현재가치(공정가치)는 722원이다(758원/1.05).
(2) 방법 2를 사용하면 기대현금흐름은 체계적(시장) 위험을 반영하여 조정하지 않는다. 오히려 그러한 위험조정은 할인율에 포함된다. 따라서 기대현금흐름은 기대수익률 8%(무위험이자율 5%에 체계적 위험 프리미엄 3% 가산)로 할인된다. 자산의 현재가치(공정가치)는 722원(780원/1.08)이다.

4. 평가 결과의 비교

지금까지 설명한 바를 요약하면, 다음과 같다.

| | 할인율 조정 기법 | | 기대현재가치 기법의 방법 1 | 기대현재가치 기법의 방법 2 |
	가중평균 할인율법	현금흐름 구분 할인법		
현재가치	189.22	189.34	189.34	N/A

상기에서 알 수 있는 바와 같이, 기대현재가치기법의 방법 2는 위험 프리미엄을 알 수 없기 때문에, 가치를 산정할 수 없다. 다만, 기대현재가치기법의 방법 1과 기대현재가치기법의 방법 2를 일치시키는 할인율을 역산하여 산출하면, 그 값은 6.47%에 해당한다. 그리고, 동 할인율은 상기 할인율 조정 기법의 가중평균 할인율법에 의한 할인율 6.53%와 약간의 차이가 발생한다.

가중평균 할인율법에 의한 결과는 현금흐름 구분 할인법 및 기대현재가치기법의 방법 1에 의한 결과와 약간의 차이가 발생하고 있다. 그리고, 합리적인 사람이라면, 가중평균 할인율법에 의한 결과보다는 현금흐름 구분 할인법 및 기대현재가치기법의 방법 1의 결과가 더 타당한 결과라고 판단할 것이다. 이에 따라, 가중평균 할인율법보다는 현금흐름 구분 할인법 및 기대현재가치기법의 방법 1이 합리적인 방법에 해당한다.

3 > 현금흐름의 선택

상기 사례와 관련하여, 2가지의 현금흐름 중 하나를 현재 시점에서 선택하여야 한다고 가정해 보자. 이러한 경우, 다음과 같은 3가지 대안을 생각해 볼 수 있다.

- 대안 1 : 미래 시점의 명목가액을 기준으로 선택하는 방법
- 대안 2 : 미래 현금흐름을 할인한 현재가치를 기준으로 선택하는 방법
- 대안 3 : 미래 현금흐름의 확실성 등가를 기준으로 선택하는 방법

그리고, 다음은 각각의 대안에 대하여 설명하는 내역에 해당한다.

1. 미래 시점의 명목가액 기준

미래 시점의 명목가액을 기준으로 선택하는 방법은 말 그대로, 미래 시점의 명목 현금흐름 중 보다 큰 금액을 선택하는 방법이다. 상기 사례의 경우, 무위험 현금흐름 = 100과 위험 현금흐름 = 102 중 보다 큰 금액인 위험 현금흐름 = 102가 선택된다.

2. 현재 시점의 현재가치 기준

미래 현금흐름을 할인한 현재가치를 기준으로 선택하는 방법은 무위험 현금흐름 = 100과 위험 현금흐름 = 102에 대하여, 각각 무위험 이자율과 위험 이자율로 할인한 현재가치 중 보다 큰 금액을 선택하는 방법이다. 그리고, 다음의 결과에서 알 수 있듯이, 상기 사례의 경우, 무위험 현금흐름 = 100이 선택된다.

- 미래 무위험 현금흐름의 현재가치 = $100 / e^{3.00\% \times 1} = 97.04$
- 미래 위험 현금흐름의 현재가치 = $102 / e^{10.00\% \times 1} = 92.29$

3. 미래 시점의 확실성 등가 기준

미래 현금흐름의 확실성 등가를 기준으로 선택하는 방법은 미래 위험 현금흐름을 모두 확실성 등가로 변환한 후, 무위험 현금흐름과 확실성 등가 현금흐름 중 보다 큰 금액을 선택하는 방법이다. 그리고, 다음의 결과에서 알 수 있듯이, 상기 사례의 경우, 무위험 현금흐름 = 100이 선택된다.

- 미래 위험 현금흐름의 확실성 등가 = $102 \times e^{(3.00\% - 10.00\%) \times 1} = 95.10$
- 미래 무위험 현금흐름 = 100.00

4. 평가 결과의 비교

지금까지 설명한 바를 요약하면, 다음과 같다.

	미래 명목금액	현재가치	확실성 등가
선택	위험 현금흐름 = 102	무위험 현금흐름 = 100	무위험 현금흐름 = 100

상기에서 알 수 있는 바와 같이, 미래 명목금액에 의한 선택 결과는 현재가치 및 확실성 등가에 의한 선택 결과와 상이한 결과를 나타내고 있다. 그리고, 합리적인 사람이라면, 미래 명목금액에 의한 결과보다는 현재가치 및 확실성 등가에 의한 결과가 더 타당한 결과라고 판단할 것이다. 이에 따라, 미래 명목금액에 의한 선택보다는 현재가치 및 확실성 등가에 의한 선택이 합리적인 방법에 해당한다.

4 > 콜옵션 및 풋옵션

파생상품에 대한 현금흐름 위험은 크게 2가지로 분류된다. 즉, 기초자산과 관련한 현금흐름 위험과 파생상품과 관련한 현금흐름 위험으로 분류된다. 그리고, 파생상품과 관련한 현금흐름 위험은 차액 정산형 거래와 총액 교환형 거래에 있어서 서로 다르게 적용된다. 다음은 콜옵션 및 풋옵션에 있어서, 차액 정산형 거래와 총액 교환형 거래에 있어서의 내재가치를 요약하는 내역에 해당한다.

대구분	소구분	콜옵션	풋옵션
차액 정산형		$MAX[\,S(i,\,j) - EXE(i,\,j)\,,\,0\,]$	$MAX[\,EXE(i,\,j) - S(i,\,j)\,,\,0\,]$
총액 교환형	Without	$S(i,\,j)$	$S(i,\,j)$
	With	$MIN[\,S(i,\,j),\,EXE(i,\,j)\,]$	$MAX[\,S(i,\,j),\,EXE(i,\,j)\,]$

(*1) $S(i,\,j)$: $N(i,\,j)$에서의 기초자산 가격
(*2) $EXE(i,\,j)$: $N(i,\,j)$에서의 옵션 행사가격
(*3) 총액 교환형에 있어서 옵션 가격은 "기초자산 Without 옵션"과 "기초자산 With 옵션"의 가격 차이로 산정된다.
(*4) 상기 중 음영으로 표시된 현금흐름은 옵션 의무자로부터 발생하는 현금흐름에 해당하며, 그렇지 않은 현금흐름은 옵션 권리자로부터 발생하는 현금흐름에 해당한다.

1. 차액 정산형 거래

차액 정산형 거래는 옵션의 행사가격과 기초자산 가격과의 차액에 대하여 권리자와 의무자가 상호 정산하는 거래에 해당하기 때문에, 모든 현금흐름은 옵션의 의무자로부터 발생하게 된다. 이에 따라, 차액 정산형 거래의 모든 현금흐름은 옵션 의무자의 위험이 반영된 위험 현금흐름에 해당하며, 옵션 의무자의 위험 할인율이 적용된다. 또한, 이 때의 기초자산은 정산 가격을 산정하는 기준 가격으로만 사용되기 때문에, 기초자산의 현금흐름 위험을 추가적으로 고려하지 아니한다.

2. 총액 교환형 거래

총액 교환형 거래는 옵션의 행사가격 총액과 기초자산 총액을 권리자와 의무자가 상호 교환하는 거래에 해당하기 때문에, 현금흐름이 옵션의 권리자와 옵션의 의무자 모두로부터 발생하게 된다. 이에 따라, 총액 교환형 거래의 현금흐름은 옵션 권리자의 위험이 반영된 현금흐름과 옵션 의무자의 위험이 반영된 현금흐름 등 2가지의 위험 현금흐름이 존재하게 된다.

(1) 옵션 권리자의 현금흐름 위험

콜옵션 권리자는 행사가격을 지급하고, 기초자산을 획득하며, 풋옵션 권리자는 기초자산을 지급하고, 행사가격을 획득한다. 이에 따라, 옵션 권리자 입장에서는 행사가격 또는 기초자산을 지급하지 못할 위험이 존재하게 된다. 그러나, 보편적으로, 다음과 같은 사유로 인하여, 옵션 권리자로부터 발생하는 현금흐름에 대하여는 무위험을 적용한다.

① 콜옵션 권리자의 행사가격 현금흐름 위험

동 위험은 1) 콜옵션 권리자가 콜옵션을 행사한 후, 콜옵션 행사가격을 지급할 수 없어서, 콜옵션 행사가 취소되거나, 2) 콜옵션 행사대금의 부족 등으로 인하여, 콜옵션을 아예 행사할 수 없는 경우에 발생하는 위험에 해당한다. 그러나, 다음과 같은 가정을 하는 경우, 콜옵션의 행사 취소나 행사 불가능은 발생하지 않게 된다.

(ㄱ) 콜옵션 권리자는 콜옵션 행사대금을 제3자로부터 언제든지 차입할 수 있다.
(ㄴ) 콜옵션 권리자는 콜옵션 행사로 인하여 취득한 기초자산을 즉시 공정가치로 매각하여 현금화 할 수 있으며, 동 현금으로서 상기 (ㄱ)의 차입금을 즉시 상환할 수 있다.
(ㄷ) 콜옵션 권리자의 차입 및 상환에 발생하는 금융비용은 중요하지 않다.

콜옵션의 행사는 의무의 이행이 아니라 권리의 수행에 해당하며, 콜옵션은 권리자의 이익이 발생하는 경우에만 행사된다. 이에 따라, 상기와 같은 가정을 하는 경우, 콜옵션 권리자는 콜옵션 행사 가능 기간동안 언제든지 콜옵션을 행사할 수 있다. 결과적으로, 콜옵션 행사가격과 관련하여서는 채무 불이행 위험이 없는 바, 콜옵션 행사가격의 현금흐름 위험은 무위험에 해당하며, 할인율은 무위험 할인율이 적용된다.

또한, K-IFRS 제1113호 공정가치 측정 문단 9에서는 공정가치의 정의를 시장참여자 사이의 정상거래에서의 시장 가격으로 정의하고 있다. 그런데, 만약, 콜옵션 권리자의 신용도에 따라, 콜옵션의 가치가 달라지게 된다면, 콜옵션의 공정가치를 산출할 수 없게 된다. 이에 따라, 콜옵션 행사가격 위험은 콜옵션 권리자의 위험이 배제된 무위험이 타당하다.

> K-IFRS 제1113호 공정가치 측정 문단 9 : 이 기준서에서는 공정가치를 측정일에 시장참여자 사이의 정상거래에서 자산을 매도할 때 받거나 부채를 이전할 때 지급하게 될 가격으로 정의한다.

② 풋옵션 권리자의 기초자산 현금흐름 위험

동 위험은 풋옵션 권리자가 풋옵션을 행사하였을 시, 풋옵션 의무자에게 기초자산을 지급하지 못할 위험에 해당한다. 그러나, 이러한 경우는 발생하지 않는다. 왜냐하면, 풋옵션 권리자가 기초자산을 지급하지 못하는 상황에서는 풋옵션을 아예 행사할 수 없기 때문이다.

또한, 풋옵션의 행사는 의무의 이행이 아니라 권리의 수행에 해당하며, 이익이 발생하는 경우에만 행사된다. 이에 따라, 풋옵션 권리자의 기초자산과 관련하여서는 채무 불이행 위험이 없는 바, 풋옵션 권리자의 기초자산 현금흐름 위험은 무위험에 해당한다.

(2) 옵션 의무자의 현금흐름 위험

콜옵션 의무자는 행사가격을 지급받고, 기초자산을 지급하며, 풋옵션 의무자는 기초자산을 지급받고, 행사가격을 지급한다. 이에 따라, 옵션 의무자 입장에서는 기초자산 또는 행사가격을 지급하지 못할 위험이 존재하게 된다. 그리고, 보편적으로, 이러한 위험에 대하여는 채무 불이행 위험과 동일한 위험을 적용한다.

① 콜옵션 의무자의 기초자산 현금흐름 위험

동 위험은 콜옵션 권리자가 콜옵션을 행사하였을 시, 콜옵션 의무자가 기초자산을 지급하지 못할 위험에 해당하며, 콜옵션 의무자의 채무 불이행 위험과 동일하다. 그러나, 동 위험은 일률적으로 반영하기가 어려우며, 반드시 콜옵션 의무자의 상황을 고려하여 결정하여야 한다. 그리고, 다음은 이러한 상황에 따른 몇 가지 예시에 해당한다. 다만, 동 예시 이외에도 다양한 상황이 발생할 수 있으므로, 반드시 먼저 계약 관계를 확인하여야 한다.

(ㄱ) 콜옵션 의무자가 기초자산의 발행자에 해당하는 경우 : 신주발행형 주식선택권과

같이, 콜옵션 의무자가 기초자산의 발행자에 해당하는 경우이다. 이러한 경우에는 콜옵션 권리자가 콜옵션을 행사하였을 시, 보편적으로, 콜옵션 의무자는 즉시 기초자산을 발행하여 지급할 수 있는 것으로 가정하고 있다. 이에 따라, 콜옵션 의무자의 기초자산 현금흐름 위험은 무위험으로 가정한다.

(ㄴ) 콜옵션 권리자가 기초자산에 대하여 담보권 등을 설정하고 있는 경우 : 이러한 경우에는 콜옵션 권리자가 콜옵션을 행사하였을 시, 콜옵션 의무자가 기초자산을 지급하지 못할 위험이 매우 낮다. 이에 따라, 콜옵션 의무자의 기초자산 현금흐름 위험은 무위험으로 가정하는 것이 합리적이다.

(ㄷ) 콜옵션 의무자가 상기 (ㄱ)~(ㄴ)에 해당하지 않는 경우 : 보편직으로, 이러한 경우에는 콜옵션 권리자가 콜옵션을 행사하였을 시, 콜옵션 의무자가 기초자산을 지급하지 못할 위험이 콜옵션 의무자의 채무 불이행 위험과 동일하다. 이에 따라, 콜옵션 의무자의 기초자산 현금흐름 위험은 콜옵션 의무자의 위험으로 반영해 주는 것이 타당하다. 다만, 하기에서 언급하고 있는 바와 같이, 이는 상황에 대한 판단과 법률의 해석에 따라 달라질 수 있는 바, 주의하여야 한다.

② 풋옵션 의무자의 행사가격 현금흐름 위험

동 위험은 풋옵션 권리자가 풋옵션을 행사하였을 시, 풋옵션 의무자가 행사가격을 지급하지 못할 위험에 해당한다. 그리고, 이러한 위험은 풋옵션 의무자의 일반적 채무 불이행 위험과 동일하다. 이에 따라, 풋옵션 의무자의 행사가격 현금흐름 위험은 풋옵션 의무자의 위험에 해당하며, 할인율도 풋옵션 의무자의 위험 할인율이 적용된다.

(3) 2중 위험의 반영

옵션 권리자로부터 발생하는 현금흐름과 관련하여, 모든 연구 결과에 있어서도, 극소수의 예외 상황을 제외하고는, 동 현금흐름에 대하여는 별도로 위험을 고려하고 있지 않고 있다. 이에 따라, 옵션 권리자로부터 발생하는 현금흐름에 대하여는 무위험을 적용하는 것이 타당하다.

옵션 의무자로부터 발생하는 현금흐름과 관련하여, 모든 연구 결과에 있어서도, 옵션 의무자의 채무 불이행 위험을 반영하고 있다. 그리고, 이 때 주의하여야 할 사항이 있다. 즉, 콜옵션의 경우, 권리자 입장에서는 기초자산 자체로부터 발생하는 위험과 옵션 의무자로부터 발생하는 위험을 동시에 고려하여야 한다는 것이다. 다음과 같은 사례를 살펴 보자.

회사 A가 회사 B에게 사채를 발행하였고, 회사 B는 동 사채를 기초자산으로 하는 콜옵션을 회사 C에게 발행하였다고 가정하자. 이러한 경우, 회사 C는 회사 A의 사채 의무 불이행 위험과 회사 B의 옵션 의무 불이행 위험을 동시에 고려하여야 한다. 즉, 콜옵션 권리자 입장에서는 기초자산 발행자의 채무 불이행 위험과 콜옵션 발행자의 채무 불이행 위험 등 2중 위험이 고려되어야 한다.

현재, 상기 사례와 관련하여, 실무적인 문제점이 많이 발생하고 있다. 즉, 상기 사례 중 기초자산 발행자(회사 A)의 채무 불이행 위험은 기초자산 가격 Tree 등을 산정할 때 적절히 반영하고 있지만, 상기 사례 중 콜옵션 발행자(회사 B)의 채무 불이행 위험은 거의 반영하지 않고 있다. 즉, 기초자산 발행자 위험과 파생상품 발행자 위험이 2중으로 고려되어야 하지만, 기초자산 발행자 위험만 고려하고 있다. 다만, 옵션 의무자의 현금흐름 위험을 결정할 시에는 옵션 의무자의 불법 행위로 인한 위험은 고려하지 않아야 한다. 왜냐하면, 공정가치 평가는 신의성실 원칙에 입각하여 평가하여야 하며, 불법 행위 등은 예측이 불가능하기 때문이다.

본서에서는 이러한 2중 위험의 반영 방법에 대하여 추후 자세히 설명하기로 한다. 다만, 채무자 회생 및 파산에 관한 법률 제120조 제3항 및 동법 시행령 제14조 제1항에서는 다음과 같이 규정하고 있다.

채무자 회생 및 파산에 관한 법률 제120조 (지급결제제도 등에 대한 특칙)

③ 일정한 금융거래에 관한 기본적 사항을 정한 하나의 계약(이 항에서 "기본계약"이라 한다)에 근거하여 다음 각호의 거래(이 항에서 "적격금융거래"라고 한다)를 행하는 당사자 일방에 대하여 회생절차가 개시된 경우 적격금융거래의 종료 및 정산에 관하여는 이 법의 규정에 불구하고 기본계약에서 당사자가 정한 바에 따라 효력이 발생하고 해제, 해지, 취소 및 부인의 대상이 되지 아니하며, 제4호의 거래는 중지명령 및 포괄적 금지명령의 대상이 되지 아니한다. 다만, 채무자가 상대방과 공모하여 회생채권자 또는 회생담보권자를 해할 목적으로 적격금융거래를 행한 경우에는 그러하지 아니하다.

1. 통화, 유가증권, 출자지분, 일반상품, 신용위험, 에너지, 날씨, 운임, 주파수, 환경 등의 가격 또는 이자율이나 이를 기초로 하는 지수 및 그 밖의 지표를 대상으로 하는 선도, 옵션, 스왑 등 파생금융거래로서 대통령령이 정하는 거래
2. 현물환거래, 유가증권의 환매거래, 유가증권의 대차거래 및 담보콜거래
3. 제1호 내지 제2호의 거래가 혼합된 거래
4. 제1호 내지 제3호의 거래에 수반되는 담보의 제공·처분·충당

상기의 법 조항을 해석해 보면, 콜옵션 의무자의 Default 등으로 인하여, 콜옵션 의무자가 기초자산을 지급하지 못할 위험은 거의 없는 것으로 판단된다. 다만, 이는 실제 상황 및 법의 해석에 따라 달라질 수 있는 바, 2중 위험을 고려하기 전에, 실제 상황 및 법의 해석에 대한 검토가 반드시 먼저 이루어져야 할 것으로 판단된다.

3. 1기간 2항 모형

본 부분에서는 1기간 2항 모형에서 현금흐름 위험을 반영하여 주식에 대한 콜옵션 및 풋옵션의 가치를 산정하는 과정에 대하여 설명한다. 또한, 다 기간 2항 모형에서 현금흐름 위험을 반영하여 주식에 대한 콜옵션 및 풋옵션의 가치를 산정하는 과정은 다음 장에서 설명한다. 아울러, 차액 정산형 거래와 총액 교환형 거래로 분리하여 설명한다.

2항 모형에 현금흐름 위험을 반영하기 위해서는 각각의 Node에 포함되어 있는 현금흐름에 대한 위험을 먼저 파악하여야 한다. 즉, 당해 Node의 현금흐름이 무위험 현금흐름에 해당하는 경우에는 시간가치 산정 시 무위험 이자율로 할인하고, 위험 현금흐름에 해당하는 경우에는 시간가치 산정 시 위험 이자율로 할인한다. 다음과 같은 1기간 주가 2항 모형이 있다고 가정하자.

항목	내역
주가	900
주가 변동성 (로그 수익률 변동성)	55.236%
잔여 만기 기간	1년
행사가격	520

	RF	RC	RP
CYSPOT	4.000%	8.000%	9.000%
CYFWD	4.000%	8.000%	9.000%

(*1) RF : 무위험 이자율
(*2) RC : 콜옵션 의무자 이자율
(*3) RP : 풋옵션 의무자 이자율

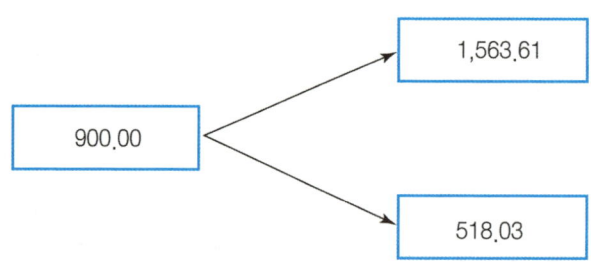

(*1) $u = e^{\sigma \sqrt{dt}} = e^{55.236\% \sqrt{1}} = 173.735\%$

(*2) $d = 1/u = 57.559\%$

(*3) $p_u = \dfrac{e^{r \times dt} - d}{u - d} = \dfrac{e^{4.000\% \times 1} - 57.559\%}{173.735\% - 57.559\%} = 40.045\%$

(*4) $p_d = 1 - p_u = 59.955\%$

동 사례와 관련하여, 콜옵션 의무자의 기초자산 현금흐름 위험은 없는 것으로 가정한다. 즉, 콜옵션이 행사되었을 때, 콜옵션 의무자가 기초자산을 지급하지 못할 위험은 고려하지 아니한다. 또한, 상기 옵션은 유러피언 옵션으로 가정한다.

(1) 차액 정산형 거래 – 콜옵션

차액 정산형 거래는 콜옵션의 행사가격과 기초자산인 주가와의 차액을 권리자와 의무자가 정산하는 거래에 해당한다. 그리고, 정산 차액은 콜옵션 의무자가 지급하여야 하기 때문에, 모든 Node의 현금흐름이 콜옵션 의무자의 위험 현금흐름에 해당하며, 이에 따라, 시간 가치 산정 시 할인율은 RC가 적용된다. 즉, 차액 정산형 거래의 1기간 2항 모형에 있어서, 콜옵션 가치는 다음과 같이 산정된다.

- 주가가 상승하였을 경우의 내재가치 = $IV(1, 0)$ = $MAX[1,563.61 - 520.00, 0]$ = 1,043.61
- 주가가 하락하였을 경우의 내재가치 = $IV(1, 1)$ = $MAX[518.03 - 520.00, 0]$ = 0
- 시간가치

$$TV(0,0) = \frac{p_u \times IV(1,0) + p_d \times IV(1,1)}{e^{RC \times dt}}$$
$$= \frac{40.045\% \times 1,043.61 + 59.955\% \times 0}{e^{8.000\% \times 1}} = 385.78$$

(2) 차액 정산형 거래 – 풋옵션

차액 정산형 거래는 풋옵션의 행사가격과 기초자산인 주가와의 차액을 권리자와 의무자가 정산하는 거래에 해당한다. 그리고, 정산 차액은 풋옵션 의무자가 지급하여야 하기 때문에, 모든 Node의 현금흐름이 풋옵션 의무자의 위험 현금흐름에 해당하며, 이에 따라, 시간 가치 산정 시 할인율은 RP가 적용된다. 즉, 차액 정산형 거래의 1기간 2항 모형에 있어서, 풋옵션 가치는 다음과 같이 산정된다.

- 주가가 상승하였을 경우의 내재가치 = $IV(1, 0)$ = $MAX[520.00 - 1,563.61, 0]$ = 0
- 주가가 하락하였을 경우의 내재가치 = $IV(1, 1)$ = $MAX[520.00 - 518.03, 0]$ = 1.97
- 시간가치

$$TV(0,0) = \frac{p_u \times IV(1,0) + p_d \times IV(1,1)}{e^{RP \times dt}}$$
$$= \frac{40.045\% \times 0 + 59.955\% \times 1.97}{e^{9.000\% \times 1}} = 1.08$$

(3) 총액 교환형 거래 – 콜옵션

총액 교환형 거래는 콜옵션의 행사가격 총액과 기초자산인 주식의 실물을 직접 교환하는 거래에 해당한다. 앞장에서 언급한 바와 같이, 총액 교환형 거래에 있어서는 기초자산인 주식을 보유한 자의 입장에서 평가를 진행하여야 하며, 이에 따라, 콜옵션의 경우에는 콜옵션 의무자 관점에서 평가를 진행하여야 한다.

앞서 언급한 바와 같이, 콜옵션 권리자의 행사가격 현금흐름 위험은 무위험에 해당하지만, 콜옵션 의무자의 기초자산 현금흐름 위험은 상황에 따라 달리 적용하여야 한다. 다만, 본 사례에서는 콜옵션 의무자의 기초자산 현금흐름 위험이 무위험이라고 가정하였기 때문에, 모든 Node의 현금흐름이 무위험 현금흐름에 해당하며, 시간가치 산정 시 할인율은 RF가 적용된다. 즉, 총액 교환형 거래의 1기간 2항 모형에 있어서, 콜옵션 가치는 다음과 같이 산정된다.

- 주가가 상승하였을 경우의 내재가치 = IV(1, 0) = MIN[1,563.61, 520.00] = 520.00
- 주가가 하락하였을 경우의 내재가치 = IV(1, 1) = MIN[518.03, 520.00] = 518.03
- 시간가치

$$TV(0,0) = \frac{p_u \times IV(1,0) + p_d \times IV(1,1)}{e^{RF \times dt}}$$

$$= \frac{40.045\% \times 520.00 + 59.955\% \times 518.03}{e^{4.000\% \times 1}} = 498.48$$

상기 가치는 Callable Stock의 가치에 해당하며, 총액 교환형 거래에 있어서의 콜옵션 가치는 주가 = 900.00에서 Callable Stock의 가치 = 498.48를 차감한 가치 = 401.52로 산정된다.

(4) 총액 교환형 거래 – 풋옵션

총액 교환형 거래는 풋옵션의 행사가격 총액과 기초자산인 주식의 실물을 직접 교환하는 거래에 해당한다. 앞장에서 언급한 바와 같이, 총액 교환형 거래에 있어서는 기초자산인 주식을 보유한 자의 입장에서 평가를 진행하여야 하며, 이에 따라, 풋옵션의 경우에는 풋옵션 권리자 관점에서 평가를 진행하여야 한다.

앞서 언급한 바와 같이, 주식은 무위험 현금흐름에 해당하고, 풋옵션의 행사가격은 위험 현금흐름에 해당하는 바, 각각의 Node의 현금흐름이 무위험 현금흐름과 풋옵션 의무자의 위험 현금흐름으로 구분되며, 시간가치 산정 시 할인율은 각각 RF와 RP가 적용된다. 즉, 총액 정산형 거래의 1기간 2항 모형에 있어서, 풋옵션 가치는 다음과 같이 산정된다.

- 주가가 상승하였을 경우의 내재가치 = IV(1, 0) = MAX[1,563.61, 520.00] = 1,563.61
- 주가가 하락하였을 경우의 내재가치 = IV(1, 1) = MAX[518.03, 520.00] = 520.00

- 시간가치

$$TV(0,0) = \frac{p_u \times IV(1,0)}{e^{RF \times dt}} + \frac{p_d \times IV(1,1)}{e^{RP \times dt}}$$

$$= \frac{40.045\% \times 1,563.61}{e^{4.000\% \times 1}} + \frac{59.955\% \times 520.00}{e^{9.000\% \times 1}} = 886.53$$

상기에서 시간가치 산정 시, 내재가치가 주가에 해당하면, RF로 할인하고, 내재가치가 풋옵션 행사가격에 해당하면, RP로 할인한다. 또한, 상기 가치는 Puttable Stock의 가치에 해당하며, 총액 교환형 거래에 있어서의 풋옵션 가치는 Puttable Stock의 가치 = 886.53에서 주가 = 900.00를 차감한 가치 = (-)13.47로 산정된다.

그러나, 상기에서 알 수 있는 바와 같이, 풋옵션이 없는 주식은 900.00원에 해당하고, 풋옵션이 있는 주식은 886.53에 해당하여, 풋옵션의 가치가 마이너스로 산정되고 있다. 즉, 풋옵션이 없는 주식에 풋옵션을 추가로 부여하였더니, 그 가치가 오히려 감소하는 현상이 발생하고 있다. 또한, 이는 옵션의 가치는 무조건 0보다 크거나 같아야 한다라는 대전제에 위배되고 있다. 그리고, 이는 앞서 언급한 바와 같이, 현금흐름의 선택 과정에서 미래 시점의 명목가액을 기준으로 선택하는 방법을 적용하고 있음에 기인하고 있다.

이제 이렇게 옵션의 가치가 (-)로 나타나는 현상을 제거하기 위하여, 다음의 2가지 방법으로 다시 평가하기로 한다.

㈎ 미래 현금흐름을 할인한 현재가치를 기준으로 선택하는 방법

1기간의 현금흐름에 대하여 요약하면 다음과 같다. 그리고, 현재가치를 기준으로 보다 큰 값을 선택하는 경우, 2개의 Node 모두 주가가 선택되게 된다.

	IV(1, 0)		IV(1, 1)	
	주가	행사가격	주가	행사가격
명목금액	1,563.61	520.00	518.03	520.00
현재가치	1,502.30	475.24	497.72	475.24
선택	주가		주가	

(*1) IV(1, 0) 주가 현재가치 = 1,563.61 / $e^{4.000\% \times 1}$ = 1,502.30
(*2) IV(1, 1) 주가 현재가치 = 518.03 / $e^{4.000\% \times 1}$ = 497.72
(*3) 행사가격 현재가치 = 520.00 / $e^{9.000\% \times 1}$ = 475.24

아울러, 상기와 같은 선택의 결과는 Puttable Stock = 900.00이 되며, 이에 따라, 풋옵션의 가치는 0.00에 해당한다.

(ㄴ) 미래 현금흐름의 확실성 등가를 기준으로 선택하는 방법

1기간의 현금흐름에 대하여 요약하면 다음과 같다. 그리고, 확실성 등가를 기준으로 보다 큰 값을 선택하는 경우, 2개의 Node 모두 주가가 선택되게 된다.

	IV(1, 0)		IV(1, 1)	
	주가	행사가격	주가	행사가격
명목금액	1,563.61	520.00	518.03	520.00
확실성 등가	1,563.61	494.64	518.03	494.64
선택	주가		주가	

(*) 행사가격 확실성 등가 = $520.00 \times e^{(4.000\% - 9.000\%) \times 1} = 494.64$

아울러, 상기와 같은 선택의 결과는 Puttable Stock = 900.00이 되며, 이에 따라, 풋옵션의 가치는 0.00에 해당한다.

결론적으로, 위험이 다른 현금흐름이 여러개 있는 경우, 이 중 하나를 선택하여야 하는 경우에는 평가기준일 현재로 할인한 현재가치를 비교하여 선택하거나, 확실성 등가 금액으로 변환한 가치를 비교하여 선택하여야 한다.

(5) 평가 결과의 비교

상기 평가 결과들을 요약하면, 다음과 같다. 여기에서, 총액 교환형 거래의 결과값은 현금흐름의 선택과정에서 미래 현금흐름을 할인한 현재가치를 기준으로 선택하는 방법 또는 미래 현금흐름의 확실성 등가를 기준으로 선택하는 방법을 적용한 결과에 해당한다.

	차액 정산형 거래	총액 교환형 거래
콜옵션	385.78	401.52
풋옵션	1.08	0.00

상기에서 알 수 있는 바와 같이, 현금흐름 위험을 반영하게 되면, 차액 정산형 거래와 총액 교환형 거래의 결과가 달라지게 된다. 왜냐하면, 차액 정산형 거래에 있어서는 차액에

대하여만 옵션 의무자의 현금흐름 위험이 적용되게 되지만, 총액 교환형 거래에 있어서는 행사가격과 기초자산 총액에 대하여 각각의 현금흐름 위험이 적용되기 때문이다. 이로 인하여, 앞서 언급한 바와 같이, 차액 정산형 거래에 대하여는 차액 정산법을 적용하여 평가하고, 총액 교환형 거래에 대하여는 총액 교환법을 적용하여 평가하는 것이 가장 합리적인 평가 방법에 해당한다.

Chapter 11

현금흐름 위험 Ⅱ

본 장에서는 다기간 2항 모형에서 현금흐름 위험을 반영하여 주식에 대한 옵션의 가치를 산정하는 과정에 대하여 설명한다. 또한, 본 장에서는 앞서 주가 N항 모형에서의 사례를 그대로 적용한다. 다만, 평가 모형은 Cox-Ross-Rubinstein(CRR) 2항 모형으로 한다.

다음은 앞서 주가 N항 모형에서의 사례에 해당한다. 또한, 총액 교환형 거래에 있어서, 콜옵션 의무자의 기초자산 현금흐름 위험은 무위험으로 가정하며, 배당 현금흐름 위험도 무위험으로 가정한다. 다만, 주식에 대한 배당은 없는 것으로 가정한다.

사례 1   다기간 콜옵션 및 풋옵션

항목	내역
주가	900
주가 변동성 (로그 수익률 변동성)	55.236%
잔여 만기 기간	5년

	1	2	3	4	5
행사가격			900	900	900

RF	1	2	3	4	5
CYSPOT	4.000%	4.200%	4.400%	4.600%	4.800%
CYFWD	4.000%	4.400%	4.800%	5.200%	5.600%
DF	0.9608	0.9570	0.9531	0.9493	0.9455

(*1) RF : 무위험 이자율
(*2) DF : CYFWD에 의한 1기간 할인 계수

또한, 상기 사례에 대한 dt, u, d, p_u, p_d 내역과 주가(S) Tree는 다음과 같다.

	1	2	3	4	5
dt	1.00	1.00	1.00	1.00	1.00
u	173.734%	173.734%	173.734%	173.734%	173.734%
d	57.559%	57.559%	57.559%	57.559%	57.559%
p_u	40.045%	40.404%	40.764%	41.126%	41.490%
p_d	59.955%	59.596%	59.236%	58.874%	58.510%

S	0	1	2	3	4	5
0	900.00	1,563.61	2,716.53	4,719.55	8,199.48	14,245.32
1		518.03	900.00	1,563.61	2,716.53	4,719.55
2			298.17	518.03	900.00	1,563.61
3				171.63	298.17	518.03
4					98.79	171.63
5						56.86

아울러, 콜옵션 의무자 이자율(RC)과 풋옵션 의무자 이자율(RP)이 다음과 같이 주어져 있다고 가정한다.

RC	1	2	3	4	5
CYSPOT	8.000%	8.500%	9.000%	9.500%	10.000%
CYFWD	8.000%	9.000%	10.000%	11.000%	12.000%
DF	0.9231	0.9139	0.9048	0.8958	0.8869

RP	1	2	3	4	5
CYSPOT	9.000%	9.500%	10.000%	10.500%	11.000%
CYFWD	9.000%	10.000%	11.000%	12.000%	13.000%
DF	0.9139	0.9048	0.8958	0.8869	0.8781

차액 정산형 콜옵션, 차액 정산형 풋옵션, 총액 교환형 콜옵션은 현금흐름 위험이 각각 콜옵션 의무자 위험, 풋옵션 의무자 위험, 무위험에 해당하며, 현금흐름 위험은 1개만 존재 하게 된다. 이에 따라, 이들에 대한 평가는 일반적 옵션 평가와 유사하다.

그러나, 총액 교환형 풋옵션은 현금흐름 위험이 풋옵션 권리자의 기초자산 위험(무위험 현금흐름)과 풋옵션 의무자의 행사가격 위험(위험 현금흐름)이 동시에 존재하며, 현금흐름 위험이 2개가 존재한다. 이러한 경우에는 일반적 옵션 평가 방법으로는 평가할 수 없으며, Goldman Sachs(GS), Tsiveriotis & Fernandes(T&F), Expected Present Value(EPV) 등을 적용하여 평가한다.

또한, 차액 정산형 거래의 경우, 현금흐름 위험이 적용되는 금액은 총액이 아닌 차액(기초자산 가격과 행사가격의 차이)에 해당한다. 그러나, 총액 교환형 거래의 경우, 현금흐름 위험이 적용되는 금액은 차액이 아닌 총액(기초자산 가격 전체 및 행사가격 전체)에 해당한다. 이에 따라, 거래의 실질이 차액 정산인지, 아니면, 총액 교환인지를 먼저 파악하는 것이 중요하다.

1 차액 정산형

차액 정산형 거래는 옵션의 행사가격과 기초자산 가격과의 차액에 대하여, 옵션의 권리자 및 의무자가 정산하는 거래에 해당한다. 즉, 옵션이 행사되면, 옵션의 의무자가 동 차액을 옵션의 권리자에게 지급하여야 한다. 그리고, 이 때에 옵션의 의무자가 차액을 지급하지 못할 위험이 존재하게 된다. 즉, 차액 정산형 거래의 현금흐름 위험은 옵션 의무자의 위험에 해당한다.

1. 내재가치, 시간가치, 옵션가치의 정의

(1) 내재가치(IV)

차액 정산형 콜옵션과 풋옵션의 내재가치는 다음과 같이 정의된다. 즉, 이는 일반적 옵션 평가에서의 내재가치 정의와 동일하다.

	콜옵션	풋옵션
옵션을 행사할 수 있는 경우	MAX[주가 - 행사가격, 0]	MAX[행사가격 - 주가, 0]
옵션을 행사할 수 없는 경우	0	0

(2) 시간가치(TV)

차액 정산형 콜옵션과 풋옵션의 시간가치는 다음과 같이 정의된다. 즉, 이는 시간가치 산정 시에 적용되는 할인 계수를 제외하고는 일반적 옵션 평가에서의 시간가치 정의와 동일하다.

	시간가치
콜옵션	$TV(i,j) = p_u \times OV(i+1,j) \times RC\_DF(i+1,j) + p_d \times OV(i+1,j+1) \times RC\_DF(i+1,j+1)$
풋옵션	$TV(i,j) = p_u \times OV(i+1,j) \times RP\_DF(i+1,j) + p_d \times OV(i+1,j+1) \times RP\_DF(i+1,j+1)$

(*1) p_u : Time Step = i와 Time Step = i + 1 구간에 적용되는 헤지 확률

(*2) $p_d = 1 - p_u$

(*3) $OV(i, j)$: $N(i, j)$에서의 옵션가치 (하기 참조)

(*4) RC_DF : 콜옵션 의무자 위험 할인 계수

(*5) RP_DF : 풋옵션 의무자 위험 할인 계수

(*6) 상기에 있어서, 본 사례에서는 이자율 변동성을 고려하지 않는 바, RC_DF(i+1, j) = RC_DF(i+1, j+1)에 해당하고, RP_DF(i+1, j) = RP_DF(i+1, j+1)에 해당한다.

(3) 옵션가치(OV)

차액 정산형 콜옵션과 풋옵션의 옵션가치는 다음과 같이 정의된다. 즉, 이는 일반적 옵션 평가에서의 옵션가치 정의와 동일하다.

$$OV(i,j) = MAX[IV(i,j), \ TV(i,j)]$$

2. 평가 결과

다음은 차액 정산형 콜옵션과 풋옵션에 대한 평가 결과를 요약한 내역에 해당한다. 다만, 내재가치, 시간가치, 옵션가치 별로 각각 Tree를 산정하는 대신, 옵션가치 Tree에서 일괄 반영한 결과에 해당한다.

(1) 콜옵션

OV	0	1	2	3	4	5
0	399.69	864.77	1,836.58	3,819.55	7,299.48	13,345.32
1		144.58	342.58	798.04	1,816.53	3,819.55
2			33.18	89.97	244.19	663.61
3				0.00	0.00	0.00
4					0.00	0.00
5						0.00

(*1) Time Step = 5는 만기 시점에 해당하여 시간가치가 없는 바, 옵션가치는 내재가치로만 구성된다.
(*2) OV(4, 0)은 다음과 같이 산정된다.

$$IV(4, 0) = MAX[8,199.48 - 900.00, 0] = 7,299.48$$

$$TV(4, 0) = p_u \times OV(5, 0) \times RC\_DF(5, 0) + p_d \times OV(5, 1) \times RC\_DF(5, 1)$$

$$= 41.490\% \times 13,345.32 \times 0.8869 + 58.510\% \times 3,819.55 \times 0.8869 = 6,892.92$$

$$OV(4, 0) = MAX[IV(4, 0), TV(4, 0)] = MAX[7,299.48, 6,892.92] = 7,299.48$$

(2) 풋옵션

OV	0	1	2	3	4	5
0	259.42	150.47	54.38	0.00	0.00	0.00
1		372.94	242.17	102.47	0.00	0.00
2			527.41	385.83	196.25	0.00
3				728.37	601.83	381.97
4					801.21	728.37
5						843.14

(*1) Time Step = 5는 만기 시점에 해당하여 시간가치가 없는 바, 옵션가치는 내재가치로만 구성된다.
(*2) OV(4, 4)은 다음과 같이 산정된다.

$$IV(4, 4) = MAX[900.00 - 98.79, 0] = 801.21$$

$$TV(4, 4) = p_u \times OV(5, 4) \times RP\_DF(5, 4) + p_d \times OV(5, 5) \times RP\_DF(5, 5)$$

$$= 41.490\% \times 728.37 \times 0.8781 + 58.510\% \times 843.14 \times 0.8781 = 698.55$$

$$OV(4, 4) = MAX[IV(4, 4), TV(4, 4)] = MAX[801.21, 698.55] = 801.21$$

총액 교환형 거래는 옵션의 행사가격 총액과 기초자산 총액을 옵션의 권리자 및 의무자가 교환하는 거래에 해당한다. 즉, 콜옵션이 행사되면, 옵션의 권리자는 옵션의 의무자에게 행사가격 총액을 지급하고, 옵션의 의무자는 옵션의 권리자에게 기초자산 총액을 지급하여야 한다. 그리고, 이 때에 옵션의 권리자가 행사가격 총액을 지급하지 못할 위험과 옵션의 의무자가 기초자산 총액을 지급하지 못할 위험이 존재하게 된다. 다만, 앞서 언급한 바와 같이, 콜옵션 권리자의 행사가격 위험은 무위험에 해당하며, 콜옵션 의무자의 기초자산 위험은 무위험으로 가정하였는 바, 본 사례의 총액 교환형 거래의 현금흐름 위험은 모두 무위험에 해당한다.

1. 내재가치, 시간가치, 옵션가치의 정의

(1) 내재가치(IV)

앞서 언급한 바와 같이, 총액 교환형 콜옵션에 있어서는 내재가치의 정의가 어렵다. 이에 따라, 총액 교환형 콜옵션에 있어서는 내재가치를 산정하지 아니하고, 내재가치 효과를 상품가치 산정 과정에서 직접 반영한다.

(2) 시간가치(TV)

총액 교환형 콜옵션의 시간가치는 다음과 같이 정의된다. 즉, 이는 일반적 옵션 평가에서의 시간가치 정의와 동일하다.

$$TV(i,j) = p_u \times FV(i+1,j) \times RF\_DF(i+1,j) + p_d \times FV(i+1,j+1) \times RF\_DF(i+1,j+1)$$

p_u : Time Step = i와 Time Step = i + 1 구간에 적용되는 헤지 확률
$p_d = 1 - p_u$
$FV(i, j)$: $N(i, j)$에서의 상품가치(하기 참조)
RF_DF : 무위험 할인 계수

(3) 상품가치(FV)

총액 교환형 콜옵션의 상품가치는 다음과 같이 정의된다. 또한, 동 가치는 기초자산 보유자인 콜옵션 의무자 관점에서 산정한다.

		콜옵션
만기	옵션을 행사할 수 있는 경우	MIN[행사가격, 주가] + 배당
	옵션을 행사할 수 없는 경우	주가 + 배당
만기 이외	옵션을 행사할 수 있는 경우	MIN[행사가격, 시간가치] + 배당
	옵션을 행사할 수 없는 경우	시간가치 + 배당

(*) 콜옵션은 콜옵션 행사 만기일까지 콜옵션 의무자가 기초자산을 매각할 수 없으므로, 만기 직전 시점까지는 주가를 옵션가치로 가질 수 없다.

2. 평가 결과

다음은 총액 교환형 콜옵션에 대한 평가 결과를 요약한 내역에 해당한다. 다만, 시간가치, 상품가치 별로 각각 Tree를 산정하는 대신, 상품가치 Tree에서 일괄 반영한 결과에 해당한다.

FV	0	1	2	3	4	5
0	412.05	558.85	703.32	807.86	850.99	900.00
1		342.05	503.09	689.76	850.99	900.00
2			258.68	416.39	639.67	900.00
3				171.63	298.17	518.03
4					98.79	171.63
5						56.86

(*1) 상품가치 산정 시, 기초자산 보유자에 대한 배당이 있는 경우, 이를 가산해 주어야 함에 주의하여야 한다. 다만, 본 사례의 경우, 무배당을 가정하였으므로, 해당사항은 없다.
(*2) FV(4, 2)은 다음과 같이 산정된다.

$$TV(4, 2) = p_u \times FV(5, 2) \times RF\_DF(5, 2) + p_d \times FV(5, 3) \times RF\_DF(5, 3)$$
$$= 41.490\% \times 900.00 \times 0.9455 + 58.510\% \times 518.03 \times 0.9455 = 639.67$$
$$FV(4, 2) = MIN[행사가격, TV(4, 2)] + 배당 = MIN[900.00, 639.67] + 0.00 = 639.67$$

그리고, 주가 = 900.00에서 상기 상품가치 = FV(0, 0) = 412.05를 차감한 가치 = 487.95가 최종 콜옵션의 가치에 해당한다.

총액 교환형 – 풋옵션 ; Goldman Sachs(GS)

총액 교환형 거래는 옵션의 행사가격 총액과 기초자산 총액을 옵션의 권리자 및 의무자가 교환하는 거래에 해당한다. 즉, 풋옵션이 행사되면, 옵션의 권리자는 옵션의 의무자에게 기초자산 총액을 지급하고, 옵션의 의무자는 옵션의 권리자에게 행사가격 총액을 지급하여야 한다. 그리고, 이 때에 옵션의 권리자가 기초자산 총액을 지급하지 못할 위험과 옵션의 의무자가 행사가격 총액을 지급하지 못할 위험이 존재하게 된다. 다만, 앞서 언급한 바와 같이, 풋옵션 권리자의 기초자산 위험은 무위험에 해당하며, 풋옵션 의무자의 행사가격 위험은 풋옵션 의무자의 위험에 해당하는 바, 본 사례이 총액 교환형 거래이 현금흐름 위험은 무위험과 풋옵션 의무자의 위험, 2가지가 존재하게 된다.

본 부분에서는 위험이 다른 현금흐름이 2개 이상이 있는 경우에 있어서의 공정가치 평가 방법에 대하여 설명한다. 그리고, 이 중 GS(Goldman Sachs)에 대하여 설명한다.

GS는 현금흐름 위험을 평가의 과정에 반영하는 방법 중 할인율 조정 기법에 해당하며, 그 중에서도 가중평균 할인율법에 해당한다. 즉, 무위험 현금흐름과 위험 현금흐름의 구성비율을 각각 산정한 후, 당해 구성비율을 이용하여 무위험 이자율과 위험 이자율을 가중평균한 후, 당해 가중평균 이자율로서 미래 현금흐름 총액을 할인하는 방식에 해당한다.

(STEP 1) 내재가치(IV) 및 내재가치 구성비율(IVP)을 다음과 같이 정의한다. 즉, 내재가치는 무위험 현금흐름과 위험 현금흐름 중 큰 금액으로 반영되며, 내재가치 구성비율은 내재가치가 1) 무위험 현금흐름에 해당하는 경우에는 100.00%, 2) 위험 현금흐름에 해당하는 경우에는 0.00%로 반영한다.

판단식 = MAX[주가, 행사가격]

	판단 결과	IV	IVP
옵션을 행사할 수 있는 경우	주가	주가	100.000%
	행사가격	행사가격	0.000%
옵션을 행사할 수 없는 경우		주가	100.000%

(*) 풋옵션은 콜옵션과 달리, 풋옵션 권리자가 기초자산을 언제든지 매각할 수 있으므로, 만기 이전 시점에서도 주가를 내재가치로 가질 수 있다.

(STEP 2) 내재가치(IV) 및 내재가치 구성비율(IVP) Tree를 다음과 같이 산정한다.

IV	0	1	2	3	4	5
0	900.00	1,563.61	2,716.53	4,719.55	8,199.48	14,245.32
1		518.03	900.00	1,563.61	2,716.53	4,719.55
2			298.17	900.00	900.00	1,563.61
3				900.00	900.00	900.00
4					900.00	900.00
5						900.00

IVP	0	1	2	3	4	5
0	100.000%	100.000%	100.000%	100.000%	100.000%	100.000%
1		100.000%	100.000%	100.000%	100.000%	100.000%
2			100.000%	0.000%	100.000%	100.000%
3				0.000%	0.000%	0.000%
4					0.000%	0.000%
5						0.000%

(*1) 내재가치가 주가인 경우, 내재가치 구성비율은 100.000%에 해당하고, 내재가치가 행사가격인 경우, 내재가치 구성비율은 0.000%에 해당한다.
(*2) 내재가치 구성비율은 100.000% 또는 0.000%만 가질 수 있다.

(STEP 3) 시간가치(TV) 및 시간가치 구성비율(TVP) Tree를 다음과 같이 산정한다.

$$TV(i,j) = p_u \times FV(i+1,j) \times DF(i+1,j) + p_d \times FV(i+1,j+1) \times DF(i+1,j+1)$$
$$TVP(i,j) = p_u \times FVP(i+1,j) + p_d \times FVP(i+1,j+1)$$

p_u : Time Step = i와 Time Step = i + 1 구간에 적용되는 헤지 확률
p_d : $1 - p_u$
FV(i, j) : N(i, j)에서의 상품가치[하기, (STEP 4) 상품가치 참조]
DF(i, j) : FV(i, j)를 1구간 할인할 시의 할인계수 [하기, (STEP 5) DF 참조]
FVP(i, j) : N(i, j)에서의 상품가치 구성비율 [하기, (STEP 4) 상품가치 구성비율 참조]

TV	0	1	2	3	4	5
0	1,082.97	1,649.58	2,739.22	4,719.55	8,199.48	0.00
1		843.25	1,100.72	1,638.41	2,716.53	0.00
2			806.25	873.58	1,075.80	0.00
3				798.23	790.29	0.00
4					790.29	0.00
5						0.00

TVP	0	1	2	3	4	5
0	25.728%	48.085%	79.595%	100.000%	100.000%	0.000%
1		10.797%	26.722%	65.553%	100.000%	0.000%
2			0.000%	17.063%	41.490%	0.000%
3				0.000%	0.000%	0.000%
4					0.000%	0.000%
5						0.000%

(*1) $TV(4, 2) = p_u \times FV(5, 2) \times DF(5, 2) + p_d \times FV(5, 3) \times DF(5, 3)$
$= 41.490\% \times 1,563.61 \times 0.9455 + 58.510\% \times 900.00 \times 0.8781 = 1,075.80$

(*2) $TV(3, 2) = p_u \times FV(4, 2) \times DF(4, 2) + p_d \times FV(4, 3) \times DF(4, 3)$
$= 41.126\% \times 1,075.80 \times 0.9123 + 58.874\% \times 900.00 \times 0.8869 = 873.58$

(*3) $TVP(4, 2) = p_u \times FVP(5, 2) + p_d \times FVP(5, 3)$
$= 41.490\% \times 100.000\% + 58.510\% \times 0.000\% = 41.490\%$

(*4) $TVP(3, 2) = p_u \times FVP(4, 2) + p_d \times FVP(4, 3)$
$= 41.126\% \times 41.490\% + 58.874\% \times 0.000\% = 17.063\%$

(STEP 4) 상품가치(FV) 및 상품가치 구성비율(FVP) Tree를 다음과 같이 산정한다.

$$판단식 = MAX[IV(i, j), TV(i, j)]$$

판단 결과	FV	FVP
$IV(i, j)$	$IV(i, j)$ + 배당	$IVP(i, j)$
$TV(i, j)$	$TV(i, j)$ + 배당	$TVP(i, j)$

(*) 내재가치가 시간가치보다 크면, 상품가치는 내재가치와 배당의 합계가 되고, 상품가치 구성비율은 내재가치 구성비율이 되며, 시간가치가 내재가치보다 크면, 상품가치는 시간가치와 배당의 합계가 되고, 상품가치 구성비율은 시간가치 구성비율이 된다.

FV	0	1	2	3	4	5
0	1,082.97	1,649.58	2,739.22	4,719.55	8,199.48	14,245.32
1		843.25	1,100.72	1,638.41	2,716.53	4,719.55
2			806.25	900.00	1,075.80	1,563.61
3				900.00	900.00	900.00
4					900.00	900.00
5						900.00

FVP	0	1	2	3	4	5
0	25.728%	48.085%	79.595%	100.000%	100.000%	100.000%
1		10.797%	26.722%	65.553%	100.000%	100.000%
2			0.000%	0.000%	41.490%	100.000%
3				0.000%	0.000%	0.000%
4					0.000%	0.000%
5						0.000%

(*1) 상품가치 산정 시, 기초자산 보유자에 대한 배당이 있는 경우, 이를 가산해 주어야 함에 주의하여야 한다. 다만, 본 사례의 경우, 무배당을 가정하였으므로, 해당사항은 없다.

(*2) $FV(4, 2) = MAX[IV(4, 2), TV(4, 2)] = MAX[900.00, 1,075.80] = 1,075.80$

(*3) $FV(3, 2) = MAX[IV(3, 2), TV(3, 2)] = MAX[900.00, 873.58] = 900.00$

(*4) $IV(4, 2) < TV(4, 2)$이므로, $FVP(4, 2) = TVP(4, 2) = 41.490\%$

(*5) $IV(3, 2) > TV(3, 2)$이므로, $FVP(3, 2) = IVP(3, 2) = 0.000\%$

(STEP 5) 가중평균 할인율(WADR) 및 할인 계수(DF) Tree를 다음과 같이 산정한다.

$$WADR(i,j) = RF\_CYFWD(i,j) \times FVP(i,j) + RP\_CYFWD(i,j) \times [1 - FVP(i,j)]$$

$$DF(i,j) = \frac{1}{e^{WADR(i,j) \times dt}}$$

$RF\_CYFWD(i, j)$: Time Step = i에서의 무위험 CYFWD

$RP\_CYFWD(i, j)$: Time Step = i에서의 풋옵션 의무자 위험 CYFWD

$FVP(i, j)$: $N(i, j)$에서의 상품가치 구성비율

dt : Time Step 간 연 기간. 본 사례의 경우, 1년

WADR	0	1	2	3	4	5
0	0.000%	6.596%	5.543%	4.800%	5.200%	5.600%
1		8.460%	8.504%	6.936%	5.200%	5.600%
2			10.000%	11.000%	9.179%	5.600%
3				11.000%	12.000%	13.000%
4					12.000%	13.000%
5						13.000%

DF	0	1	2	3	4	5
0	1.0000	0.9362	0.9461	0.9531	0.9493	0.9455
1		0.9189	0.9185	0.9330	0.9493	0.9455
2			0.9048	0.8958	0.9123	0.9455
3				0.8958	0.8869	0.8781
4					0.8869	0.8781
5						0.8781

(*1) $\text{WADR}(4, 2) = \text{RF\_CYFWD}(4, 2) \times \text{FVP}(4, 2) + \text{RD\_CYFWD}(4, 2) \times [1 - \text{FVP}(4, 2)]$
$= 5.200\% \times 41.490\% + 12.000\% \times [1 - 41.490\%] = 9.179\%$

(*2) $\text{WADR}(3, 2) = \text{RF\_CYFWD}(3, 2) \times \text{FVP}(3, 2) + \text{RD\_CYFWD}(3, 2) \times [1 - \text{FVP}(3, 2)]$
$= 4.800\% \times 0.000\% + 11.000\% \times [1 - 0.000\%] = 11.000\%$

(*3) $\text{DF}(4, 2) = 1/e^{9.179\% \times 1} = 0.9123$

(*4) $\text{DF}(3, 2) = 1/e^{11.000\% \times 1} = 0.8958$

그리고, 상기 상품가치 = $\text{FV}(0, 0)$ = 1,082.97에서 주가 = 900.00를 차감한 가치 = 182.97이 최종 풋옵션의 가치에 해당한다.

4 총액 교환형 - 풋옵션 ; Tsiveriotis & Fernandes(T&F)

본 부분에서는 위험이 다른 현금흐름이 2개 이상이 있는 경우에 있어서의 공정가치 평가 방법에 대하여 설명한다. 그리고, 이 중 T&F(Tsiveriotis & Fernandes)에 대하여 설명한다.

T&F는 현금흐름 위험을 평가의 과정에 반영하는 방법 중 할인율 조정 기법에 해당하며, 그 중에서도 현금흐름 구분 할인율법에 해당한다. 즉, 무위험 현금흐름과 위험 현금흐름을 각각 구분한 후, 무위험 현금흐름은 무위험 이자율로 할인하고, 위험 현금흐름은 위험 이자율로 할인한 후, 각각의 가치를 합산하는 방식에 해당한다.

(STEP 1) 무위험 내재가치(IVE) 및 위험 내재가치(IVD)를 다음과 같이 정의한다. 즉, 내재가치는 무위험 현금흐름과 위험 현금흐름 중 큰 금액으로서, 한쪽으로만 반영하며, 다른 쪽은 0으로 반영한다.

$$판단식 = MAX[주가, 행사가격]$$

	판단 결과	IVE	IVD
옵션을 행사할 수 있는 경우	주가	주가	0
	행사가격	0	행사가격
옵션을 행사할 수 없는 경우		주가	0

(*) 풋옵션은 콜옵션과 달리, 풋옵션 권리자가 기초자산을 언제든지 매각할 수 있으므로, 만기 이전 시점에서도 주가를 내재가치로 가질 수 있다.

(STEP 2) 무위험 내재가치(IVE) 및 위험 내재가치(IVD) Tree를 다음과 같이 산정한다.

IVE	0	1	2	3	4	5
0	900.00	1,563.61	2,716.53	4,719.55	8,199.48	14,245.32
1		518.03	900.00	1,563.61	2,716.53	4,719.55
2			298.17	0.00	900.00	1,563.61
3				0.00	0.00	0.00
4					0.00	0.00
5						0.00

IVD	0	1	2	3	4	5
0	0.00	0.00	0.00	0.00	0.00	0.00
1		0.00	0.00	0.00	0.00	0.00
2			0.00	900.00	0.00	0.00
3				900.00	900.00	900.00
4					900.00	900.00
5						900.00

(*1) 내재가치가 주가인 경우, 무위험 내재가치는 주가가 되고, 위험 내재가치는 0이 된다. 또한, 내재가치가 행사가격인 경우, 무위험 내재가치는 0이 되고, 위험 내재가치는 행사가격이 된다.
(*2) 내재가치는 무위험 내재가치와 위험 내재가치 중 한쪽에서만 발생한다. 그리고, 무위험 현금흐름은 무위험 내재가치 Tree에 계상하고, 위험 현금흐름은 위험 내재가치 Tree에 계상한다.

(STEP 3) 무위험 시간가치(TVE) 및 위험 시간가치(TVD) Tree를 다음과 같이 산정한다. 즉, 무위험 현금흐름에 대하여는 무위험 할인율로 할인하고, 위험 현금흐름에 대하여는 위험 할인율로 할인한다.

$$TVE(i,j) = p_u \times FVE(i+1,j) \times RF\_DF(i+1,j) + p_d \times FVE(i+1,j+1) \times RF\_DF(i+1,j+1)$$

$$TVD(i,j) = p_u \times FVD(i+1,j) \times RP\_DF(i+1,j) + p_d \times FVD(i+1,j+1) \times RP\_DF(i+1,j+1)$$

p_u : Time Step = i와 Time Step = i + 1 구간에 적용되는 헤지 확률
p_d : $1 - p_u$
FVE(i, j) : N(i, j)에서의 무위험 상품가치(하기, 상품가치 참조)
FVD(i, j) : N(i, j)에서의 위험 상품가치(하기, 상품가치 참조)
RF_DF(i, j) : FVE(i, j)를 1구간 할인할 시의 무위험 할인계수
RP_DF(i, j) : FVD(i, j)를 1구간 할인할 시의 위험 할인계수

TVE	0	1	2	3	4	5
0	631.75	1,326.35	2,626.09	4,719.55	8,199.48	0.00
1		210.83	545.29	1,403.43	2,716.53	0.00
2			0.00	239.49	613.40	0.00
3				0.00	0.00	0.00
4					0.00	0.00
5						0.00

TVD	0	1	2	3	4	5
0	480.37	351.93	128.13	0.00	0.00	0.00
1		641.61	565.76	241.45	0.00	0.00
2			806.25	638.61	462.40	0.00
3				798.23	790.29	0.00
4					790.29	0.00
5						0.00

(*1) TVE(4, 2) = $p_u \times$ FVE(5, 2) $\times$ RF_DF(5, 2) + $p_d \times$ FVE(5, 3) $\times$ RF_DF(5, 3)
      = 41.490% $\times$ 1,563.61 $\times$ 0.9455 + 58.510% $\times$ 0.00 $\times$ 0.9455 = 613.40
(*2) TVD(4, 2) = $p_u \times$ FVD(5, 2) $\times$ RP_DF(5, 2) + $p_d \times$ FVD(5, 3) $\times$ RP_DF(5, 3)
      = 41.490% $\times$ 0.00 $\times$ 0.8781 + 58.510% $\times$ 900.00 $\times$ 0.8781 = 462.40
(*3) TVE(3, 2) = $p_u \times$ FVE(4, 2) $\times$ RF_DF(4, 2) + $p_d \times$ FVE(4, 3) $\times$ RF_DF(4, 3)
      = 41.126% $\times$ 613.40 $\times$ 0.9493 + 58.874% $\times$ 0.00 $\times$ 0.9493 = 239.49
(*4) TVD(3, 2) = $p_u \times$ FVD(4, 2) $\times$ RP_DF(4, 2) + $p_d \times$ FVD(4, 3) $\times$ RP_DF(4, 3)
      = 41.126% $\times$ 462.40 $\times$ 0.8869 + 58.874% $\times$ 900.00 $\times$ 0.8869 = 638.61

(STEP 4) 무위험 상품가치(FVE) 및 위험 상품가치(FVD) Tree를 다음과 같이 산정한다. 즉, 내재가치 합계가 시간가치 합계보다 큰 경우에는 내재가치를 상품가치로 반영하고, 시간가치 합계가 내재가치 합계보다 큰 경우에는 시간가치를 상품가치로 반영한다.

$$판단식 = MAX[IVE(i, j) + IVD(i, j), TVE(i, j) + TVD(i, j)]$$

판단 결과	FVE	FVD
IVE(i, j) + IVD(i, j)	IVE(i, j) + 배당	IVD(i, j)
TVE(i, j) + TVD(i, j)	TVE(i, j) + 배당	TVD(i, j)

FVE	0	1	2	3	4	5
0	631.75	1,326.35	2,626.09	4,719.55	8,199.48	14,245.32
1		210.83	545.29	1,403.43	2,716.53	4,719.55
2			0.00	0.00	613.40	1,563.61
3				0.00	0.00	0.00
4					0.00	0.00
5						0.00

FVD	0	1	2	3	4	5
0	480.37	351.93	128.13	0.00	0.00	0.00
1		641.61	565.76	241.45	0.00	0.00
2			806.25	900.00	462.40	0.00
3				900.00	900.00	900.00
4					900.00	900.00
5						900.00

(*1) 상품가치 산정 시, 기초자산 보유자에 대한 배당이 있는 경우, 이를 가산해 주어야 함에 주의하여야 한다. 다만, 본 사례의 경우, 무배당을 가정하였으므로, 해당사항은 없다.

(*2) MAX[IVE(4, 2) + IVD(4, 2), TVE(4, 2) + TVD(4, 2)]
    = MAX[900.00 + 0.00, 613.40 + 462.40]
    = 613.40 + 462.40 = TVE(4, 2) + TVD(4, 2)에 해당하므로,
    FVE(4, 2) = TVE(4, 2) + 배당 = 613.40
    FVD(4, 2) = TVD(4, 2) = 462.40

(*3) MAX[IVE(3, 2) + IVD(3, 2), TVE(3, 2) + TVD(3, 2)]
    = MAX[0.00 + 900.00, 239.49 + 638.61] = 0.00 + 900.00
    = IVE(3, 2) + IVD(3, 2)에 해당하므로,

$$FVE(3,\ 2)\ =\ IVE(3,\ 2)\ +\ 배당\ =\ 0.00$$
$$FVD(3,\ 2)\ =\ IVD(3,\ 2)\ =\ 900.00$$

그리고, 상기 무위험 상품가치 = FVE(0, 0) = 631.75와 위험 상품가치 = FVD(0, 0) = 480.37의 합계 = 1,112.12에서 주가 = 900.00를 차감한 가치 = 212.12가 최종 풋옵션의 가치에 해당한다.

5 ▶ 총액 교환형 - 풋옵션 ; Expected Present Value(EPV)

본 부분에서는 위험이 다른 현금흐름이 2개 이상이 있는 경우에 있어서의 공정가치 평가 방법에 대하여 설명한다. 그리고, 이 중 EPV(Expected Present Value)에 대하여 설명한다.

EPV는 현금흐름 위험을 평가의 과정에 반영하는 방법 중 현금흐름에 직접 반영하는 기법에 해당하며, 확실성 등가 개념을 사용한다. 즉, 위험 현금흐름을 모두 확실성 등가로 변환한 후, 무위험 이자율로만 할인하는 방식에 해당한다.

(STEP 1) 다음과 같이, 위험 현금흐름을 모두 확실성 등가로 변환한다. 본 사례의 경우, 위험 현금흐름은 풋옵션 행사가격에 해당하므로, 이를 확실성 등가로 변환한다.

	1	2	3	4	5
명목 행사가격			900.00	900.00	900.00
RF_CYSPOT	4.000%	4.200%	4.400%	4.600%	4.800%
RP_CYSPOT	9.000%	9.500%	10.000%	10.500%	11.000%
CECFF	0.9512	0.8994	0.8454	0.7898	0.7334
CECF			760.82	710.80	660.10

(*1) RF_CYSPOT : 무위험 CYSPOT
(*2) RP_CYSPOT : 풋옵션 의무자 위험 CYSPOT
(*3) CECFF : 확실성 등가 변환 Factor $= e^{(RF\_CYSPOT - RP\_CYSPOT) \times T}$
$\quad CECFF_4 = e^{(4.600\% - 10.500\%) \times 4} = 0.7898$
(*4) CECF : 확실성 등가 = 명목 행사가격 × CECFF
$\quad$행사가격 $CECF_4 = 900.00 \times 0.7898 = 710.80$

(STEP 2) 내재가치(IV)를 다음과 같이 정의한다. 여기에서, 행사가격은 CECF를 적용하여
야 한다.

	IV
옵션을 행사할 수 있는 경우	MAX[주가, CECF_행사가격]
옵션을 행사할 수 없는 경우	주가

(*) 풋옵션은 콜옵션과 달리, 풋옵션 권리자가 기초자산을 언제든지 매각할 수 있으므로, 만기 이전 시점에
서도 주가를 내재가치로 가질 수 있다.

(STEP 3) 내재가치 Tree를 다음과 같이 산정한다.

IV	0	1	2	3	4	5
0	900.00	1,563.61	2,716.53	4,719.55	8,199.48	14,245.32
1		518.03	900.00	1,563.61	2,716.53	4,719.55
2			298.17	760.82	900.00	1,563.61
3				760.82	710.80	660.10
4					710.80	660.10
5						660.10

(STEP 4) 시간가치(TV) Tree를 다음과 같이 산정한다.

$$TV(i,j) = p_u \times FV(i+1,j) \times RF\_DF(i+1,j) + p_d \times FV(i+1,j+1) \times RF\_DF(i+1,j+1)$$

p_u : Time Step = i와 Time Step = i + 1 구간에 적용되는 헤지 확률
p_d : $1 - p_u$
FV(i, j) : N(i, j)에서의 상품가치 (하기, 상품가치 참조)
RF_DF(i, j) : FV(i, j)를 1구간 할인할 시의 무위험 할인계수

TV	0	1	2	3	4	5
0	1,119.11	1,667.07	2,741.33	4,719.55	8,199.48	0.00
1		829.29	1,064.60	1,607.54	2,716.53	0.00
2			732.36	779.34	978.60	0.00
3				674.79	624.15	0.00
4					624.15	0.00
5						0.00

(*1) $TV(4, 2) = p_u \times FV(5, 2) \times RF\_DF(5, 2) + p_d \times FV(5, 3) \times RF\_DF(5, 3)$
$= 41.490\% \times 1,563.61 \times 0.9455 + 58.510\% \times 660.10 \times 0.9455 = 978.60$

(*2) $TV(3, 2) = p_u \times FV(4, 2) \times RF\_DF(4, 2) + p_d \times FV(4, 3) \times RF\_DF(4, 3)$
$= 41.126\% \times 978.60 \times 0.9493 + 58.874\% \times 710.80 \times 0.9493 = 779.34$

(STEP 5) 상품가치(FV) Tree를 다음과 같이 산정한다.

$$FV(i,j) = MAX[IV(i,j), \; TV(i,j)] + 배당$$

FV	0	1	2	3	4	5
0	1,119.11	1,667.07	2,741.33	4,719.55	8,199.48	14,245.32
1		829.29	1,064.60	1,607.54	2,716.53	4,719.55
2			732.36	779.34	978.60	1,563.61
3				760.82	710.80	660.10
4					710.80	660.10
5						660.10

(*1) 상품가치 산정 시, 기초자산 보유자에 대한 배당이 있는 경우, 이를 가산해 주어야 함에 주의하여야 한다. 다만, 본 사례의 경우, 무배당을 가정하였으므로, 해당사항은 없다.

(*2) $FV(4, 2) = MAX[IV(4, 2), TV(4, 2)] + 배당 = MAX[900.00, 978.60] + 0.00 = 978.60$

(*3) $FV(3, 2) = MAX[IV(3, 2), TV(3, 2)] + 배당 = MAX[760.82, 779.34] + 0.00 = 779.34$

그리고, 상기 상품가치 $= FV(0, 0) = 1,119.11$에서 주가 $= 900.00$를 차감한 가치 $=$ 219.11가 최종 풋옵션의 가치에 해당한다.

6 ▶ 평가 방법 간 비교 - 1

지금까지의 평가 결과를 요약하면 다음과 같다.

	차액 정산형	총액 교환형		
		GS	T&F	EPV
콜옵션	399.69	487.95	487.95	487.95
풋옵션	259.42	182.97	212.12	219.11

상기에서 알 수 있는 바와 같이, 현금흐름 위험이 반영되는 경우, 차액 정산형 거래와 총액 교환형 거래 간에 콜옵션 및 풋옵션의 가치 차이가 발생한다. 이에 따라, 콜옵션 및 풋옵

션을 평가함에 있어서는, 먼저, 거래의 내역이 차액 정산형 거래인지, 총액 교환형 거래인지를 파악하는 것이 중요하다. 그런 다음, 거래의 실질에 부합하도록 차액 정산법 또는 총액 교환법을 적용하여 평가하여야 한다.

총액 교환형 콜옵션의 경우, GS, T&F, EPV가 모두 일치하고 있다. 그리고, 이는 총액 교환형 콜옵션에 있어서는 현금흐름 위험의 종류가 무위험 현금흐름 1개만 존재하기 때문이다. 그러나, 총액 교환형 풋옵션의 경우, GS, T&F, EPV가 모두 상이하다. 그리고, 이는 다음과 같은 사유에 기인한다.

- GS 경우, 가중평균 할인율법을 사용하고 있다. 그리고, 앞 장에서 설명한 바와 같이, 가중평균 할인율법은 현금흐름 구분 할인율법(T&F) 및 확실성 등가법에 비하여, 이론적 정합성이 낮은 방법에 해당한다.
- GS 및 T&F의 경우, 풋옵션의 행사 여부를 결정함에 있어서, 미래 시점의 명목금액을 기준으로 판단하고 있다. 즉, GS 및 T&F 모두 현금흐름 선택 시, 현금흐름에 포함된 신용 위험을 고려하지 않고 있다. 그리고, 앞 장에서 설명한 바와 같이, 미래 시점의 명목금액을 기준으로 판단하는 방법은 현재가치 기준으로 판단하는 방법 및 미래 시점의 확실성 등가 기준으로 판단하는 방법에 비하여, 이론적 정합성이 낮은 방법에 해당한다.

후술하는 Modified GS와 Modified T&F는 상기와 같은 문제점을 다음과 같이 보완하는 모형에 해당한다.

- Modified GS : 무보정 GS에서는 시간가치 구성비율 산정 시, Next 2개 Node의 상품가치를 고려하지 아니하고, 헤지 확률만 고려하여 산정하고 있다. 이러한 점을 고려하여, Modified GS에서는 시간가치 구성비율 산정 시, Next 2개 Node의 상품가치와 헤지 확률을 2중으로 고려하여 산정한다.
- Modified T&F : 무보정 T&F에서는 풋옵션의 행사 여부를 결정함에 있어서, 미래 시점의 명목금액을 기준으로 판단하고 있다. 이러한 점을 고려하여, Modified T&F에서는 명목금액을 기준으로 판단하는 대신, 현재가치 기준이나 확실성 등가 기준으로 판단한다.

7 총액 교환형 - 풋옵션 ; Modified Goldman Sachs(GS)

본 부분은 GS의 현금흐름 구성비율을 보정하였을 경우에 있어서의 평가 결과를 나타내는 내역에 해당한다. 이를 위하여, 시간가치 구성비율(TVP)를 다음과 같이 보정한다. 그리고, 이를 제외한 나머지 평가 과정은 기존의 총액 교환형 - 풋옵션 - GS와 동일하다.

	TVP(i,j)
보정 전	$p_u \times FVP(i+1,j) + p_d \times FVP(i+1,j+1)$
보정 후	$\dfrac{p_u \times FV(i+1,j) \times FVP(i+1,j) + p_d \times FV(i+1,j+1) \times FVP(i+1,j+1)}{p_u \times FV(i+1,j) + p_d \times FV(i+1,j+1)}$

즉, 시간가치 구성비율 산정 시, 기존에는 Next 2개 Node의 상품가치 구성비율에 대하여 헤지 확률로만 가중평균하여 산정하였지만, 보정에서는 Next 2개 Node의 상품가치 구성비율에 대하여 헤지 확률과 상품가치로 2중 가중평균하여 산정한다. 그리고, 다음은 그 결과에 해당한다.

(STEP 1) 내재가치(IV) 및 내재가치 구성비율(IVP)의 정의 : 이는 기존과 동일하다.

(STEP 2) 내재가치(IV) 및 내재가치 구성비율(IVP) Tree의 산정 : 이는 기존과 동일하다.

(STEP 3) 시간가치(TV) 및 시간가치 구성비율(TVP) Tree의 산정 : 이는 다음과 같이 수정된다.

TV	0	1	2	3	4	5
0	1,108.86	1,675.37	2,752.54	4,719.55	8,199.48	0.00
1		851.28	1,109.89	1,643.83	2,716.53	0.00
2			806.25	877.36	1,075.80	0.00
3				798.23	790.29	0.00
4					790.29	0.00
5						0.00

TVP	0	1	2	3	4	5
0	53.290%	76.693%	94.553%	100.000%	100.000%	0.000%
1		22.527%	46.664%	83.790%	100.000%	0.000%
2			0.000%	25.116%	55.196%	0.000%
3				0.000%	0.000%	0.000%
4					0.000%	0.000%
5						0.000%

(*1) $TVP(4, 2) = [p_u \times FV(5, 2) \times FVP(5, 2) + p_d \times FV(5, 3) \times FVP(5, 3)]$
$\qquad / [p_u \times FV(5, 2) + p_d \times FV(5, 3)]$
$\qquad = [41.490\% \times 1,563.61 \times 100.000\% + 58.510\% \times 900.00 \times 0.000\%]$
$\qquad / [41.490\% \times 1,563.61 + 58.510\% \times 900.00] = 55.196\%$

(*2) $TVP(3, 2) = [p_u \times FV(4, 2) \times FVP(4, 2) + p_d \times FV(4, 3) \times FVP(4, 3)]$
$\qquad / [p_u \times FV(4, 2) + p_d \times FV(4, 3)]$
$\qquad = [41.126\% \times 1,075.80 \times 55.196\% + 58.874\% \times 900.00 \times 0.000\%]$
$\qquad / [41.126\% \times 1,075.80 + 58.874\% \times 900.00] = 25.116\%$

(STEP 4) 상품가치(FV) 및 상품가치 구성비율(FVP) Tree의 산정 : 이는 다음과 같이 수정된다.

FV	0	1	2	3	4	5
0	1,108.86	1,675.37	2,752.54	4,719.55	8,199.48	14,245.32
1		851.28	1,109.89	1,643.83	2,716.53	4,719.55
2			806.25	900.00	1,075.80	1,563.61
3				900.00	900.00	900.00
4					900.00	900.00
5						900.00

FVP	0	1	2	3	4	5
0	53.290%	76.693%	94.553%	100.000%	100.000%	100.000%
1		22.527%	46.664%	83.790%	100.000%	100.000%
2			0.000%	0.000%	55.196%	100.000%
3				0.000%	0.000%	0.000%
4					0.000%	0.000%
5						0.000%

(*1) $IV(4, 2) < TV(4, 2)$이므로, $FVP(4, 2) = TVP(4, 2) = 55.196\%$

(*2) IV(3, 2) > TV(3, 2)이므로, FVP(3, 2) = IVP(3, 2) = 0.000%

(STEP 5) 가중평균 할인율(WADR) 및 할인 계수(DF) Tree의 산정 : 이는 다음과 같이 수정된다.

WADR	0	1	2	3	4	5
0	0.000%	5.165%	4.705%	4.800%	5.200%	5.600%
1		7.874%	7.387%	5.805%	5.200%	5.600%
2			10.000%	11.000%	8.247%	5.600%
3				11.000%	12.000%	13.000%
4					12.000%	13.000%
5						13.000%

DF	0	1	2	3	4	5
0	1.0000	0.9497	0.9540	0.9531	0.9493	0.9455
1		0.9243	0.9288	0.9436	0.9493	0.9455
2			0.9048	0.8958	0.9208	0.9455
3				0.8958	0.8869	0.8781
4					0.8869	0.8781
5						0.8781

그리고, 상기 상품가치 − FV(0, 0) −1,108.86에서 주가 = 900.00를 차감한 가치 = 208.86이 최종 풋옵션의 가치에 해당한다.

8 ▶ 총액 교환형 − 풋옵션 ; Modified Tsiveriotis & Fernandes (T&F)

본 부분은 T&F의 현금흐름 선택 기준을 보정하였을 경우에 있어서의 평가 결과를 나타내는 내역에 해당한다. 이를 위하여, 현금흐름 선택 기준을 명목금액 기준 대신, 다음과 같이 현재가치 기준 또는 확실성 등가 기준으로 보정한다. 그리고, 이를 제외한 나머지 평가 과정은 기존의 총액 교환형 − 풋옵션 − T&F와 동일하다.

1. 현재가치 비교법

앞서의 (STEP 1)과 (STEP 4)를 다음과 같이 수정한다. 그리고, 이를 제외한 나머지 평가 과정은 기존의 총액 교환형－풋옵션－T&F와 동일하다.

(ㄱ) (STEP 1) 수정

$$판단식 = MAX[PV\_주가, PV\_행사가격]$$

	판단 결과	IVE	IVD
옵션을 행사할 수 있는 경우	PV_주가	주가	0
	PV_행사가격	0	행사가격
옵션을 행사할 수 없는 경우		주가	0

(*1) PV_주가 : 당해 Node의 주가를 평가기준일 현재로 할인한 가치(무위험 CYSPOT로 할인)
(*2) PV_행사가격 : 당해 Node의 행사가격을 평가기준일 현재로 할인한 가치(위험 CYSPOT로 할인)

(ㄴ) (STEP 4) 수정

$$판단식 = MAX[PV\_IVE(i, j) + PV\_IVD(i, j), PV\_TVE(i, j) + PV\_TVD(i, j)]$$

판단 결과	FVE	FVD
PV_IVE(i, j) + PV_IVD(i, j)	IVE(i, j) + 배당	IVD(i, j)
PV_TVE(i, j) + PV_TVD(i, j)	TVE(i, j) + 배당	TVD(i, j)

(*1) PV_IVE(i, j) : 당해 Node의 무위험 내재가치를 평가기준일 현재로 할인한 가치(무위험 CYSPOT로 할인)
(*2) PV_IVD(i, j) : 당해 Node의 위험 내재가치를 평가기준일 현재로 할인한 가치(위험 CYSPOT로 할인)
(*3) PV_TVE(i, j) : 당해 Node의 무위험 시간가치를 평가기준일 현재로 할인한 가치(무위험 CYSPOT로 할인)
(*4) PV_TVD(i, j) : 당해 Node의 위험 시간가치를 평가기준일 현재로 할인한 가치(위험 CYSPOT로 할인)

즉, 선택의 판단만 현재가치 기준으로 수행하며, 선택의 결과는 당해 Node의 명목금액으로 기재한다. 그리고, 다음은 그 결과에 해당한다.

(STEP 1) 무위험 내재가치(IVE) 및 위험 내재가치(IVD)의 정의 : 이는 앞서 언급한 바와
같이 수정된다.

(STEP 2) 무위험 내재가치(IVE) 및 위험 내재가치(IVD) Tree의 산정 : 이는 다음과 같이
수정된다.

IVE	0	1	2	3	4	5
0	900.00	1,563.61	2,716.53	4,719.55	8,199.48	14,245.32
1		518.03	900.00	1,563.61	2,716.53	4,719.55
2			298.17	0.00	900.00	1,563.61
3				0.00	0.00	0.00
4					0.00	0.00
5						0.00

IVD	0	1	2	3	4	5
0	0.00	0.00	0.00	0.00	0.00	0.00
1		0.00	0.00	0.00	0.00	0.00
2			0.00	900.00	0.00	0.00
3				900.00	900.00	900.00
4					900.00	900.00
5						900.00

(*1) MAX[PV_S(4, 2), PV_행사가격(4, 2)]

$= \text{MAX}[900.00/e^{4.600\% \times 4}, 900.00/e^{10.500\% \times 4}] = \text{MAX}[748.74, 591.34] = 748.74$

$= \text{PV\_S(4, 2)}$에 해당하므로,

IVE(4, 2) = S(4, 2) = 900.00

IVD(4, 2) = 0.00

(*2) MAX[PV_S(3, 2), PV_행사가격(3, 2)]

$= \text{MAX}[518.03/e^{4.400\% \times 3}, 900.00/e^{10.000\% \times 3}] = \text{MAX}[453.97, 666.74] = 666.74$

$= \text{PV\_행사가격(3, 2)}$에 해당하므로,

IVE(3, 2) = 0.00

IVD(3, 2) = 행사가격(3, 2) = 900.00

(STEP 3) 무위험 시간가치(TVE) 및 위험 시간가치(TVD) Tree의 산정 : 이는 다음과 같이 수정된다.

TVE	0	1	2	3	4	5
0	722.11	1,403.46	2,626.09	4,719.55	8,199.48	0.00
1		316.18	680.50	1,403.43	2,716.53	0.00
2			93.05	239.49	613.40	0.00
3				0.00	0.00	0.00
4					0.00	0.00
5						0.00

TVD	0	1	2	3	4	5
0	397.00	277.13	128.13	0.00	0.00	0.00
1		539.42	427.05	241.45	0.00	0.00
2			710.80	638.61	462.40	0.00
3				798.23	790.29	0.00
4					790.29	0.00
5						0.00

(STEP 4) 무위험 상품가치(FVE) 및 위험 상품가치(FVD) Tree의 산정 : 이는 다음과 같이 수정된다.

FVE	0	1	2	3	4	5
0	722.11	1,403.46	2,626.09	4,719.55	8,199.48	14,245.32
1		316.18	680.50	1,403.43	2,716.53	4,719.55
2			93.05	239.49	613.40	1,563.61
3				0.00	0.00	0.00
4					0.00	0.00
5						0.00

FVD	0	1	2	3	4	5
0	397.00	277.13	128.13	0.00	0.00	0.00
1		539.42	427.05	241.45	0.00	0.00
2			710.80	638.61	462.40	0.00
3				900.00	900.00	900.00
4					900.00	900.00
5						900.00

(*1) $\text{MAX}[\text{PV\_IVE}(4, 2) + \text{PV\_IVD}(4, 2), \text{PV\_TVE}(4, 2) + \text{PV\_TVD}(4, 2)]$
  $= \text{MAX}[900.00/e^{4.600\% \times 4}+0.00/e^{10.500\% \times 4}, 613.40/e^{4.600\% \times 4}+462.40/e^{10.500\% \times 4}]$
  $= \text{MAX}[748.74 + 0.00, 510.31 + 303.82] = 510.31 + 303.82$
  $= \text{PV\_TVE}(4, 2) + \text{PV\_TVD}(4, 2)$에 해당하므로,
  $\text{FVE}(4, 2) = \text{TVE}(4, 2) + 배당 = 613.40$
  $\text{FVD}(4, 2) = \text{TVD}(4, 2) = 462.40$

(*2) $\text{MAX}[\text{PV\_IVE}(3, 2) + \text{PV\_IVD}(3, 2), \text{PV\_TVE}(3, 2) + \text{PV\_TVD}(3, 2)]$
  $= \text{MAX}[0.00/e^{4.400\% \times 3}+900.00/e^{10.000\% \times 3}, 239.49/e^{4.400\% \times 3}+638.61/e^{10.000\% \times 3}]$
  $= \text{MAX}[0.00 + 666.74, 209.87 + 473.09] = 209.87 + 473.09$
  $= \text{PV\_TVE}(3, 2) + \text{PV\_TVD}(3, 2)$에 해당하므로,
  $\text{FVE}(3, 2) = \text{TVE}(3, 2) + 배당 = 239.49$
  $\text{FVD}(3, 2) = \text{TVD}(3, 2) = 638.61$

상기에 있어서, $N(3, 2)$에서의 값이 기존 T&F에 비하여 Modified T&F에서 변경되었다. 즉, 기존 T&F에서는 명목금액 기준 내재가치 합계가 명목금액 기준 시간가치 합계보다 커서, 내재가치가 선택되었던 반면, Modified T&F에서는 현재가치 기준 시간가치 합계가 현재가치 기준 내재가치 합계보다 커서, 시간가치가 선택되었다.

그리고, 상기 무위험 상품가치 $= \text{FVE}(0, 0) = 722.11$와 위험 상품가치 $= \text{FVD}(0, 0) = 397.00$의 합계 $= 1,119.11$에서 주가 $= 900.00$를 차감한 가치 $= 219.11$이 최종 풋옵션의 가치에 해당한다.

2. 확실성 등가 비교법

앞서의 (STEP 1)과 (STEP 4)를 다음과 같이 수정한다. 그리고, 이를 제외한 나머지 평가 과정은 기존의 총액 교환형 – 풋옵션 – T&F와 동일하다.

(ㄱ) (STEP 1) 수정

$$판단식 = MAX[주가, CECF\_행사가격]$$

	판단 결과	IVE	IVD
옵션을 행사할 수 있는 경우	주가	주가	0
	CECF_행사가격	0	행사가격
옵션을 행사할 수 없는 경우		주가	0

(*1) 주가와 CECF_주가는 동일하기 때문에, 주가에 대하여는 별도로 CECF를 산정하지 않는다.
(*2) CECF_행사가격 : 당해 Node의 행사가격에 대한 확실성 등가
(*3) 확실성 등가 : $CECF_T = RCF_T \times e^{(r_f - r_d) \times T}$

(ㄴ) (STEP 4) 수정

$$판단식 = MAX[IVE(i, j) + CECF\_IVD(i, j), \ TVE(i, j) + CECF\_TVD(i, j)]$$

판단 결과	FVE	FVD
IVE(i, j) + CECF_IVD(i, j)인 경우	IVE(i, j) + 배당	IVD(i, j)
TVE(i, j) + CECF_TVD(i, j)인 경우	TVE(i, j) + 배당	TVD(i, j)

(*1) CECF_IVD(i, j) : 당해 Node의 위험 내재가치에 대한 확실성 등가
(*2) CECF_TVD(i, j) : 당해 Node의 위험 시간가치에 대한 확실성 등가
(*3) IVE와 CECF_IVE, TVE와 CECF_TVE는 동일하기 때문에, IVE와 TVE에 대하여는 별도로 CECF를 산정하지 않는다.

즉, 선택의 판단만 확실성 등가 기준으로 수행하며, 선택의 결과는 당해 Node의 명목금액으로 기재한다. 그리고, 다음은 그 결과에 해당한다.

(STEP 1) 무위험 내재가치(IVE) 및 위험 내재가치(IVD)의 정의 : 이는 앞서 언급한 바와 같이 수정된다.

(STEP 2) 무위험 내재가치(IVE) 및 위험 내재가치(IVD) Tree의 산정 : 이는 다음과 같이
수정된다.

IVE	0	1	2	3	4	5
0	900.00	1,563.61	2,716.53	4,719.55	8,199.48	14,245.32
1		518.03	900.00	1,563.61	2,716.53	4,719.55
2			298.17	0.00	900.00	1,563.61
3				0.00	0.00	0.00
4					0.00	0.00
5						0.00

IVD	0	1	2	3	4	5
0	0.00	0.00	0.00	0.00	0.00	0.00
1		0.00	0.00	0.00	0.00	0.00
2			0.00	900.00	0.00	0.00
3				900.00	900.00	900.00
4					900.00	900.00
5						900.00

(*1) MAX[S(4, 2), CECF_행사가격(4, 2)] = MAX[900.00, 900.00×e$^{(4.600\%-10.500\%)×4}$]
    = MAX[900.00, 710.80] = 900.00 = S(4, 2)에 해당하므로,
    IVE(4, 2) = S(4, 2) = 900.00
    IVD(4, 2) = 0.00

(*2) MAX[S(3, 2), CECF_행사가격(3, 2)] = MAX[518.03, 900.00×e$^{(4.400\%-10.00\%)×3}$]
    = MAX[518.03, 760.82] = 760.82 = CECF_행사가격(3, 2)에 해당하므로,
    IVE(3, 2) = 0.00
    IVD(3, 2) = 행사가격(3, 2) = 900.00

(STEP 3) 무위험 시간가치(TVE) 및 위험 시간가치(TVD) Tree의 산정 : 이는 다음과 같이
수정된다.

TVE	0	1	2	3	4	5
0	722.11	1,403.46	2,626.09	4,719.55	8,199.48	0.00
1		316.18	680.50	1,403.43	2,716.53	0.00
2			93.05	239.49	613.40	0.00
3				0.00	0.00	0.00
4					0.00	0.00
5						0.00

TVD	0	1	2	3	4	5
0	397.00	277.13	128.13	0.00	0.00	0.00
1		539.42	427.05	241.45	0.00	0.00
2			710.80	638.61	462.40	0.00
3				798.23	790.29	0.00
4					790.29	0.00
5						0.00

(STEP 4) 무위험 상품가치(FVE) 및 위험 상품가치(FVD) Tree의 산정 : 이는 다음과 같이 수정된다.

FVE	0	1	2	3	4	5
0	722.11	1,403.46	2,626.09	4,719.55	8,199.48	14,245.32
1		316.18	680.50	1,403.43	2,716.53	4,719.55
2			93.05	239.49	613.40	1,563.61
3				0.00	0.00	0.00
4					0.00	0.00
5						0.00

FVD	0	1	2	3	4	5
0	397.00	277.13	128.13	0.00	0.00	0.00
1		539.42	427.05	241.45	0.00	0.00
2			710.80	638.61	462.40	0.00
3				900.00	900.00	900.00
4					900.00	900.00
5						900.00

(*1) $\text{MAX}[\text{IVE}(4, 2) + \text{CECF\_IVD}(4, 2), \text{TVE}(4, 2) + \text{CECF\_TVD}(4, 2)]$

$= \text{MAX}[900.00 + 0.00 \times e^{(4.600\% - 10.500\%) \times 4}, 613.40 + 462.40 \times e^{(4.600\% - 10.500\%) \times 4}]$

$= \text{MAX}[900.00 + 0.00, 613.40 + 365.19] = 613.40 + 365.19$

$= \text{TVE}(4, 2) + \text{CECF\_TVD}(4, 2)$에 해당하므로,

$\text{FVE}(4, 2) = \text{TVE}(4, 2) + 배당 = 613.40$

$\text{FVD}(4, 2) = \text{TVD}(4, 2) = 462.40$

(*2) $\text{MAX}[\text{IVE}(3, 2) + \text{CECF\_IVD}(3, 2), \text{TVE}(3, 2) + \text{CECF\_TVD}(3, 2)]$

$= \text{MAX}[0.00 + 900.00 \times e^{(4.400\% - 10.000\%) \times 3}, 239.49 + 638.61 \times e^{(4.400\% - 10.000\%) \times 3}]$

$= \text{MAX}[0.00 + 760.82, 239.49 + 539.85] = 239.49 + 539.85$

$$= TVE(3,\ 2) + CECF\_TVD(3,\ 2)\text{에 해당하므로,}$$
$$FVE(3,\ 2) = TVE(3,\ 2) + \text{배당} = 239.49$$
$$FVD(3,\ 2) = TVD(3,\ 2) = 638.61$$

상기 무위험 상품가치 $= FVE(0,\ 0) = 722.11$와 위험 상품가치 $= FVD(0,\ 0) = 397.00$ 의 합계 $= 1,119.11$에서 주가 $= 900.00$를 차감한 가치 $= 219.11$이 최종 풋옵션의 가치에 해당한다. 그리고, 상기와 같이 진행한 결과는 앞서 진행한 현재가치 비교법의 결과와 정확히 일치한다.

9 ▶ 평가 방법 간 비교 - 2

지금까지의 평가 결과를 요약하면 다음과 같다.

	GS		T&F		EPV
	보정 전	보정 후	보정 전	보정 후	
콜옵션	487.95	487.95	487.95	487.95	487.95
풋옵션	182.97	208.86	212.12	219.11	219.11

상기에서 알 수 있는 바와 같이, GS의 현금흐름 구성비율을 보정하였을 경우의 가치는 T&F와 유사해 졌다. 그리고, GS는 현금흐름 구성비율을 보정하면 할수록, 그 결과가 T&F로 수렴하는 특성이 있다. 다만, GS는 가중평균 할인율법에 해당하기 때문에, 현금흐름 구성비율을 아무리 보정하더라도, 그 결과가 현금흐름 구분 할인율법인 T&F와 일치하지는 않는다.

T&F에서, 옵션의 행사 여부를 결정함에 있어서, 명목금액 기준 대신, 현재가치 기준 또는 확실성 등가 기준으로 판단하는 것으로 보정하였을 경우의 가치는 EPV와 항상 일치한다. 이에 따라, 현금흐름 위험을 평가의 과정에 반영하는 방법 중 가장 타당한 방법은 1) 옵션의 행사 여부를 결정함에 있어서, 현재가치 기준 또는 확실성 등가 기준으로 판단하는 것으로 보정한 T&F 방법과 2) EPV에 해당한다.

EPV는 무보정 GS와 무보정 T&F에 비하여 다음과 같은 장점이 있다.

• 무보정 GS는 현금흐름 할인 과정과 현금흐름 선택 과정에서 문제점이 있으며, 무보정

T&F는 현금흐름 선택 과정에서 문제점이 있지만, EPV는 이러한 문제점을 모두 해소하는 평가 방법에 해당한다.

- 평가를 진행하기 위하여, 무보정 GS는 현금흐름 구성비율 Tree가 추가적으로 필요하며, 무보정 T&F는 위험 현금흐름 Tree가 추가적으로 필요하지만, EPV는 이러한 추가 Tree가 필요 없다.
- 위험이 다른 현금흐름이 추가되는 경우, 무보정 GS는 현금흐름 구성비율 Tree가 하나 더 추가되어야 하며, 무보정 T&F는 위험 현금흐름 Tree가 하나 더 추가되어야 하지만, EPV는 당해 위험 현금흐름을 확실성 등가로 변환해 주기만 하면, 하나의 Tree에서 평가가 가능한 방법에 해당한다.

Chapter 12

전환증권 Ⅰ – 평가 방법

특정 금융상품에 다른 금융상품으로 전환할 수 있는 옵션("전환권")이 부여되어 있다면, 동 특정 금융상품을 전환증권이라고 부른다. 그리고, 이러한 전환증권의 예로는 전환사채 (Convertible Bond, "CB"), 전환우선주(Convertible Preferred Stock, "CPS"), 상환전환우선주(Redeemable Convertible Preferred Stock, "RCPS") 등이 있다.

본 장에서는 이러한 전환증권을 평가하는 방법에 대하여 설명한다. 그리고, 설명을 위하여 다음과 같은 보통주로 전환할 수 있는 전환사채를 예시로 든다. 다만, 보통주에 대한 배당은 없는 것으로 가정하며, 평가 모형은 Cox – Ross – Rubinstein(CRR) 2항 모형으로 한다.

사례 1 전환사채

회사 A는 투자자 B에게 2024년 12월 31일 다음과 같은 전환사채를 발행하였다. 또한, 투자자 B는 전환권을 행사하여, 동 전환사채를 회사 A의 보통주로 전환할 수 있으며, 조기 상환권(풋옵션)을 행사하여, 만기 이전이라도 상환을 청구할 수 있다.

- 액면금액 및 발행금액 = 90,000
- 만기 = 5년
- 액면이자 = 0.500% (매년 말 후급)
- 전환가격 = 900 (사채 액면금액 900원 당 보통주 1주로 전환 가능)
- 전환권 행사 기간 = 1년 말부터 매년 말
- 풋옵션 행사가격 = 90,000
- 풋옵션 행사 기간 = 3년 말부터 매년 말

발행일 현재 시장 정보는 다음과 같다.

항목	내역
보통주 주가	900
보통주 주가 변동성 (로그 수익률 변동성)	55.236%

RF	1	2	3	4	5
CYSPOT	4.000%	4.200%	4.400%	4.600%	4.800%
CYFWD	4.000%	4.400%	4.800%	5.200%	5.600%
DF	0.9608	0.9570	0.9531	0.9493	0.9455

RD	1	2	3	4	5
CYSPOT	9.000%	9.500%	10.000%	10.500%	11.000%
CYFWD	9.000%	10.000%	11.000%	12.000%	13.000%
DF	0.9139	0.9048	0.8958	0.8869	0.8781

(*1) RF : 무위험 이자율
(*2) RD : 발행자 위험 이자율
(*3) DF : CYFWD에 의한 1기간 할인 계수

상기 사례에 대한 미래 현금흐름은 다음과 같다.

	1	2	3	4	5
액면이자	450.00	450.00	450.00	450.00	450.00
만기 상환금액					90,000.00
풋옵션 행사가격			90,000.00	90,000.00	90,000.00

또한, 상기 사례에 대한 dt, u, d, p_u, p_d 내역과 주가(S) Tree는 다음과 같다.

	1	2	3	4	5
dt	1.00	1.00	1.00	1.00	1.00
u	173.734%	173.734%	173.734%	173.734%	173.734%
d	57.559%	57.559%	57.559%	57.559%	57.559%
p_u	40.045%	40.404%	40.764%	41.126%	41.490%
p_d	59.955%	59.596%	59.236%	58.874%	58.510%

S	0	1	2	3	4	5
0	900.00	1,563.61	2,716.53	4,719.55	8,199.48	14,245.32
1		518.03	900.00	1,563.61	2,716.53	4,719.55
2			298.17	518.03	900.00	1,563.61
3				171.63	298.17	518.03
4					98.79	171.63
5						56.86

본 사례의 전환사채의 경우, 전환으로 인하여 취득할 보통주와 관련한 현금흐름 위험, 액면이자 및 만기 상환금액과 관련한 현금흐름 위험, 풋옵션 행사와 관련한 현금흐름 위험 등이 있다. 그리고, 이들에 대한 현금흐름 위험의 분류는 다음과 같다.

현금흐름	위험
전환가치	무위험
액면이자 및 만기 상환금액	발행자 위험
풋옵션 행사가격	발행자 위험

(*1) 투자자 B가 전환권을 행사하는 경우, 회사 A는 보통주를 발행하여 지급할 수 있으므로, 전환가치에 대한 현금흐름 위험은 무위험에 해당한다. 그리고, 실무에 있어서는 이러한 전환권 행사가치를 Equity Value라고 부르고 있다.

(*2) 상환 Schedule에 따라 지급되는 액면이자 및 만기 상환금액은 전환사채 발행자의 채무 불이행 위험이 존재하므로, 발행자 위험에 해당한다. 그리고, 실무에 있어서는 이러한 액면이자 및 만기 상환금액을 Debt Value라고 부르고 있다.

(*3) 풋옵션 행사에 따라 지급되는 행사가격은 풋옵션 의무자의 채무 불이행 위험이 존재하고, 풋옵션 의무자는 발행자와 동일하므로, 발행자 위험에 해당한다. 그리고, 실무에 있어서는 이러한 풋옵션 행사가격을 Debt Value라고 부르고 있다.

상기에서 알 수 있는 바와 같이, 본 사례의 전환사채 현금흐름에는 무위험과 발행자 위험, 2개의 위험이 존재한다. 이에 따라, 이러한 경우에는 일반적 옵션 평가 방법으로는 평가할 수 없으며, Goldman Sachs(GS), Tsiveriotis & Fernandes(T&F), Expected Present Value(EPV) 등을 적용하여 평가한다. 또한, 전환사채 실물과 보통주 또는 풋옵션 행사가격이 총액으로서 교환되는 바, 총액 교환형 거래로 평가한다.

이를 위하여, 먼저, 다음과 같이 전환가치(CON) Tree를 생성한다.

CON	0	1	2	3	4	5
0	0.00	156,361.00	271,652.93	471,954.72	819,947.94	1,424,532.03
1		51,803.20	90,000.00	156,361.00	271,652.93	471,954.72
2			29,817.46	51,803.20	90,000.00	156,361.00
3				17,162.66	29,817.46	51,803.20
4					9,878.68	17,162.66
5						5,686.08

(*1) Time Step = 0에서는 전환권을 행사할 수 없는 바, 전환가치는 0에 해당한다.
(*2) 발행금액 = 90,000, 전환가격 = 900이므로, 본 전환사채는 전환권 행사 시 총 100주로 전환 가능하다. 이에 따라, 전환가치는 주가 × 100에 해당한다.

1 Goldman Sachs(GS)

본 부분에서는 상기 사례의 전환사채에 대하여, GS(Goldman Sachs)에 의하여 평가하는 방법에 대하여 설명한다.

(STEP 1) 내재가치(IV) 및 내재가치 구성비율(IVP)을 다음과 같이 정의한다. 이 때, 내재 가치 구성비율은 내재가치 총 금액 중 무위험 현금흐름의 구성비율로 산정한다.

판단식 = MAX[전환가치, 풋옵션 행사가격, 만기 상환금액]

판단 결과	IV	IVP
전환가치	전환가치	100.000%
풋옵션 행사가격	풋옵션 행사가격	0.000%
만기 상환금액	만기 상환금액	0.000%

(*1) 풋옵션 행사가격은 당해 Node에서 풋옵션을 행사하였을 경우에 획득할 가치로 산정한다. 또한, 당해 Node에서 풋옵션을 행사할 수 없는 경우에는 0에 해당한다.
(*2) 만기 상환금액은 당해 Node가 만기에 해당하는 경우에 획득할 가치로 산정한다. 또한, 당해 Node가 만기에 해당하지 않는 경우에는 0에 해당한다.

(STEP 2) 내재가치(IV) 및 내재가치 구성비율(IVP) Tree를 다음과 같이 산정한다.

IV	0	1	2	3	4	5
0	0.00	156,361.00	271,652.93	471,954.72	819,947.94	1,424,532.03
1		51,803.20	90,000.00	156,361.00	271,652.93	471,954.72
2			29,817.46	90,000.00	90,000.00	156,361.00
3				90,000.00	90,000.00	90,000.00
4					90,000.00	90,000.00
5						90,000.00

IVP	0	1	2	3	4	5
0	100.000%	100.000%	100.000%	100.000%	100.000%	100.000%
1		100.000%	100.000%	100.000%	100.000%	100.000%
2			100.000%	0.000%	100.000%	100.000%
3				0.000%	0.000%	0.000%
4					0.000%	0.000%
5						0.000%

(*1) 내재가치가 전환가치인 경우, 내재가치 구성비율은 100.000%에 해당하고, 내재가치가 풋옵션 행사가격 또는 만기 상환금액인 경우, 내재가치 구성비율은 0.000%에 해당한다.

(*2) 내재가치 구성비율은 100.000% 또는 0.000%만 가질 수 있다.

(*3) 투자자는 항상 투자자에게 보다 유리한 옵션을 행사하게 된다. 이에 따라, 전환가치와 풋옵션 행사가격이 동일한 경우에는 전환권이 먼저 행사되는 것으로 반영하여야 한다.

(STEP 3) 시간가치(TV) 및 시간가치 구성비율(TVP) Tree를 다음과 같이 산정한다.

$$TV(i,j) = p_u \times FV(i+1,j) \times DF(i+1,j) + p_d \times FV(i+1,j+1) \times DF(i+1,j+1)$$

$$TVP(i,j) = p_u \times FVP(i+1,j) + p_d \times FVP(i+1,j+1)$$

p_u : Time Step = i와 Time Step = i + 1 구간에 적용되는 헤지 확률

p_d : $1 - p_u$

FV(i, j) : N(i, j)에서의 상품가치[하기, (STEP 4) 상품가치 참조]

DF(i, j) : FV(i, j)를 1구간 할인할 시의 할인계수 [하기, (STEP 5) DF 참조]

FVP(i, j) : N(i, j)에서의 상품가치 구성비율 [하기, (STEP 4) 상품가치 참조]

TV	0	1	2	3	4	5
0	109,678.93	166,223.06	275,111.67	472,785.85	820,373.43	0.00
1		85,217.27	110,787.44	164,643.99	272,078.42	0.00
2			81,028.20	87,915.06	107,988.15	0.00
3				80,221.95	79,423.73	0.00
4					79,423.73	0.00
5						0.00

TVP	0	1	2	3	4	5
0	25.728%	48.085%	79.595%	100.000%	100.000%	0.000%
1		10.797%	26.722%	65.553%	100.000%	0.000%
2			0.000%	17.063%	41.490%	0.000%
3				0.000%	0.000%	0.000%
4					0.000%	0.000%
5						0.000%

(*1) $\text{TV}(4, 2) = p_u \times \text{FV}(5, 2) \times \text{DF}(5, 2) + p_d \times \text{FV}(5, 3) \times \text{DF}(5, 3)$
$= 41.490\% \times 156{,}811.00 \times 0.9455 + 58.510\% \times 90{,}450.00 \times 0.8781 = 107{,}988.15$

(*2) $\text{TV}(3, 2) = p_u \times \text{FV}(4, 2) \times \text{DF}(4, 2) + p_d \times \text{FV}(4, 3) \times \text{DF}(4, 3)$
$= 41.126\% \times 108{,}438.15 \times 0.9123 + 58.874\% \times 90{,}450.00 \times 0.8869 = 87{,}915.06$

(*3) $\text{TVP}(4, 2) = p_u \times \text{FVP}(5, 2) + p_d \times \text{FVP}(5, 3)$
$= 41.490\% \times 100.000\% + 58.510\% \times 0.000\% = 41.490\%$

(*4) $\text{TVP}(3, 2) = p_u \times \text{FVP}(4, 2) + p_d \times \text{FVP}(4, 3)$
$= 41.126\% \times 41.490\% + 58.874\% \times 0.000\% = 17.063\%$

(STEP 4) 상품가치(FV) 및 상품가치 구성비율(FVP) Tree를 다음과 같이 산정한다.

$$\text{판단식} = \text{MAX}[\text{IV}(i, j), \text{TV}(i, j)]$$

판단 결과	FV	FVP
IV(i, j)	IV(i, j) + 액면이자	IVP(i, j)
TV(i, j)	TV(i, j) + 액면이자	TVP(i, j)

(*) 내재가치가 시간가치보다 크면, 상품가치는 내재가치와 액면이자의 합계가 되고, 상품가치 구성비율은 내재가치 구성비율이 되며, 시간가치가 내재가치보다 크면, 상품가치는 시간가치와 액면이자의 합계가 되고, 상품가치 구성비율은 시간가치 구성비율이 된다.

FV	0	1	2	3	4	5
0	109,678.93	166,673.06	275,561.67	473,235.85	820,823.43	1,424,982.03
1		85,667.27	111,237.44	165,093.99	272,528.42	472,404.72
2			81,478.20	90,450.00	108,438.15	156,811.00
3				90,450.00	90,450.00	90,450.00
4					90,450.00	90,450.00
5						90,450.00

FVP	0	1	2	3	4	5
0	25.728%	48.085%	79.595%	100.000%	100.000%	100.000%
1		10.797%	26.722%	65.553%	100.000%	100.000%
2			0.000%	0.000%	41.490%	100.000%
3				0.000%	0.000%	0.000%
4					0.000%	0.000%
5						0.000%

(*1) 상품가치 산정 시, 기초자산 보유자에 대한 액면이자 지급이 있는 경우, 이를 가산해 주어야 함에 주의하여야 한다.

(*2) $FV(4, 2) = MAX[IV(4, 2), TV(4, 2)] + 액면이자$
   $= MAX[90,000.00, 107,988.15] + 450.00 = 108,438.15$

(*3) $FV(3, 2) = MAX[IV(3, 2), TV(3, 2)] + 액면이자$
   $= MAX[90,000.00, 87,915.06] + 450.00 = 90,450.00$

(*4) $IV(4, 2) < TV(4, 2)$이므로, $FVP(4, 2) = TVP(4, 2) = 41.490\%$

(*5) $IV(3, 2) > TV(3, 2)$이므로, $FVP(3, 2) = IVP(3, 2) = 0.000\%$

(STEP 5) 가중평균 할인율(WADR) 및 할인 계수(DF) Tree를 다음과 같이 산정한다.

$$WADR(i,j) = RF\_CYFWD(i,j) \times FVP(i,j) + RD\_CYFWD(i,j) \times [1 - FVP(i,j)]$$

$$DF(i,j) = \frac{1}{e^{WADR(i,j) \times dt}}$$

RF_CYFWD(i, j) : Time Step = i에서의 무위험 CYFWD
RD_CYFWD(i, j) : Time Step = i에서의 발행자 위험 CYFWD
FVP(i, j) : N(i, j)에서의 상품가치 구성비율
dt : Time Step 간 연 기간. 본 사례의 경우, 1년.

WADR	0	1	2	3	4	5
0	0.000%	6.596%	5.543%	4.800%	5.200%	5.600%
1		8.460%	8.504%	6.936%	5.200%	5.600%
2			10.000%	11.000%	9.179%	5.600%
3				11.000%	12.000%	13.000%
4					12.000%	13.000%
5						13.000%

DF	0	1	2	3	4	5
0	1.0000	0.9362	0.9461	0.9531	0.9493	0.9455
1		0.9189	0.9185	0.9330	0.9493	0.9455
2			0.9048	0.8958	0.9123	0.9455
3				0.8958	0.8869	0.8781
4					0.8869	0.8781
5						0.8781

(*1) $\text{WADR}(4, 2) = \text{RF\_CYFWD}(4, 2) \times \text{FVP}(4, 2) + \text{RD\_CYFWD}(4, 2) \times [1 - \text{FVP}(4, 2)]$
$\qquad = 5.200\% \times 41.490\% + 12.000\% \times [1 - 41.490\%] = 9.179\%$

(*2) $\text{WADR}(3, 2) = \text{RF\_CYFWD}(3, 2) \times \text{FVP}(3, 2) + \text{RD\_CYFWD}(3, 2) \times [1 - \text{FVP}(3, 2)]$
$\qquad = 4.800\% \times 0.000\% + 11.000\% \times [1 - 0.000\%] = 11.000\%$

(*3) $\text{DF}(4, 2) = 1/e^{9.179\% \times 1} = 0.9123$

(*4) $\text{DF}(3, 2) = 1/e^{11.000\% \times 1} = 0.8958$

그리고, 상기 상품가치 = FV(0, 0) = 109,678.93가 전환사채의 가치에 해당한다.

2 Tsiveriotis & Fernandes(T&F)

본 부분에서는 상기 사례의 전환사채에 대하여, T&F(Tsiveriotis & Fernandes)에 의하여 평가하는 방법에 대하여 설명한다.

(STEP 1) 무위험 내재가치(IVE) 및 위험 내재가치(IVD)를 다음과 같이 정의한다.

판단식 = MAX[전환가치, 풋옵션 행사가격, 만기 상환금액]

판단 결과	IVE	IVD
전환가치	전환가치	0
풋옵션 행사가격	0	풋옵션 행사가격
만기 상환금액	0	만기 상환금액

(*1) 풋옵션 행사가격은 당해 Node에서 풋옵션을 행사하였을 경우에 획득할 가치로 산정한다. 또한, 당해 Node에서 풋옵션을 행사할 수 없는 경우에는 0에 해당한다.

(*2) 만기 상환금액은 당해 Node가 만기에 해당하는 경우에 획득할 가치로 산정한다. 또한, 당해 Node가 만기에 해당하지 않는 경우에는 0에 해당한다.

(STEP 2) 무위험 내재가치(IVE) 및 위험 내재가치(IVD) Tree를 다음과 같이 산정한다.

IVE	0	1	2	3	4	5
0	0.00	156,361.00	271,652.93	471,954.72	819,947.94	1,424,532.03
1		51,803.20	90,000.00	156,361.00	271,652.93	471,954.72
2			29,817.46	0.00	90,000.00	156,361.00
3				0.00	0.00	0.00
4					0.00	0.00
5						0.00

IVD	0	1	2	3	4	5
0	0.00	0.00	0.00	0.00	0.00	0.00
1		0.00	0.00	0.00	0.00	0.00
2			0.00	90,000.00	0.00	0.00
3				90,000.00	90,000.00	90,000.00
4					90,000.00	90,000.00
5						90,000.00

(*1) 내재가치가 전환가치인 경우, 무위험 내재가치는 전환가치가 되고, 위험 내재가치는 0이 된다. 또한, 내재가치가 풋옵션 행사가격 또는 만기 상환금액인 경우, 무위험 내재가치는 0이 되고, 위험 내재가치는 풋옵션 행사가격 또는 만기 상환금액이 된다.

(*2) 내재가치는 무위험 내재가치와 위험 내재가치 중 한쪽에서만 발생한다. 그리고, 무위험 현금흐름은 무위험 내재가치 Tree에 계상하고, 위험 현금흐름은 위험 내재가치 Tree에 계상한다.

(*3) 전환가치는 RF에 의하여 할인되며, 풋옵션 행사가격은 RD에 의하여 할인된다. 그리고, 투자자는 항상 투자자에게 보다 유리한 옵션을 행사하게 된다. 이에 따라, 전환가치와 풋옵션 행사가격이 동일한 경우에는 전환권이 먼저 행사되는 것으로 반영하여야 한다.

(STEP 3) 무위험 시간가치(TVE) 및 위험 시간가치(TVD) Tree를 다음과 같이 산정한다.
즉, 무위험 현금흐름에 대하여는 무위험 할인율로 할인하고, 위험 현금흐름에 대하여는 위험 할인율로 할인한다.

$$TVE(i,j) = p_u \times FVE(i+1,j) \times RF\_DF(i+1,j) + p_d \times FVE(i+1,j+1) \times RF\_DF(i+1,j+1)$$

$$TVD(i,j) = p_u \times FVD(i+1,j) \times RD\_DF(i+1,j) + p_d \times FVD(i+1,j+1) \times RD\_DF(i+1,j+1)$$

p_u : Time Step = i와 Time Step = i+1 구간에 적용되는 헤지 확률
p_d : $1 - p_u$
$FVE(i, j)$: $N(i, j)$에서의 무위험 상품가치 (하기, 상품가치 참조)
$FVD(i, j)$: $N(i, j)$에서의 위험 상품가치 (하기, 상품가치 참조)
$RF\_DF(i, j)$: $FVE(i, j)$를 1구간 할인할 시의 무위험 할인계수
$RD\_DF(i, j)$: $FVD(i, j)$를 1구간 할인할 시의 위험 할인계수

TVE	0	1	2	3	4	5
0	63,175.27	132,634.59	262,609.23	471,954.72	819,947.94	0.00
1		21,083.16	54,528.51	140,343.00	271,652.93	0.00
2			0.00	23,948.70	61,340.45	0.00
3				0.00	0.00	0.00
4					0.00	0.00
5						0.00

TVD	0	1	2	3	4	5
0	49,352.18	36,357.80	13,887.19	749.57	395.14	0.00
1		65,032.59	57,252.96	24,894.42	395.14	0.00
2			81,028.20	64,404.33	46,635.10	0.00
3				80,221.95	79,423.73	0.00
4					79,423.73	0.00
5						0.00

(*1) $TVE(4, 2) = p_u \times FVE(5, 2) \times RF\_DF(5, 2) + p_d \times FVE(5, 3) \times RF\_DF(5, 3)$
      $= 41.490\% \times 156,361.00 \times 0.9455 + 58.510\% \times 0.00 \times 0.9455 = 61,340.45$

(*2) $TVD(4, 2) = p_u \times FVD(5, 2) \times RD\_DF(5, 2) + p_d \times FVD(5, 3) \times RD\_DF(5, 3)$
      $= 41.490\% \times 450.00 \times 0.8781 + 58.510\% \times 90,450.00 \times 0.8781 = 46,635.10$

(*3) $TVE(3, 2) = p_u \times FVE(4, 2) \times RF\_DF(4, 2) + p_d \times FVE(4, 3) \times RF\_DF(4, 3)$
      $= 41.126\% \times 61,340.45 \times 0.9493 + 58.874\% \times 0.00 \times 0.9493 = 23,948.70$

(*4) $TVD(3, 2) = p_u \times FVD(4, 2) \times RD\_DF(4, 2) + p_d \times FVD(4, 3) \times RD\_DF(4, 3)$
      $= 41.126\% \times 47,085.10 \times 0.8869 + 58.874\% \times 90,450.00 \times 0.8869 = 64,404.33$

(STEP 4) 무위험 상품가치(FVE) 및 위험 상품가치(FVD) Tree를 다음과 같이 산정한다. 즉, 내재가치 합계가 시간가치 합계보다 큰 경우에는 내재가치를 상품가치로 반영하고, 시간가치 합계가 내재가치 합계보다 큰 경우에는 시간가치를 상품가치로 반영한다.

$$판단식 = MAX[IVE(i,\ j) + IVD(i,\ j),\ TVE(i,\ j) + TVD(i,\ j)]$$

판단 결과	FVE	FVD
$IVE(i,\ j) + IVD(i,\ j)$	$IVE(i,\ j)$	$IVD(i,\ j) + 액면이자$
$TVE(i,\ j) + TVD(i,\ j)$	$TVE(i,\ j)$	$TVD(i,\ j) + 액면이자$

FVE	0	1	2	3	4	5
0	63,175.27	132,634.59	262,609.23	471,954.72	819,947.94	1,424,532.03
1		21,083.16	54,528.51	140,343.00	271,652.93	471,954.72
2			0.00	0.00	61,340.45	156,361.00
3				0.00	0.00	0.00
4					0.00	0.00
5						0.00

FVD	0	1	2	3	4	5
0	49,352.18	36,807.80	14,337.19	1,199.57	845.14	450.00
1		65,482.59	57,702.96	25,344.42	845.14	450.00
2			81,478.20	90,450.00	47,085.10	450.00
3				90,450.00	90,450.00	90,450.00
4					90,450.00	90,450.00
5						90,450.00

(*1) 상품가치 산정 시, 기초자산 보유자에 대한 액면이자가 있는 경우, 이를 FVD에 가산해 주어야 함에 주의하여야 한다.

(*2) $MAX[IVE(4,\ 2) + IVD(4,\ 2),\ TVE(4,\ 2) + TVD(4,\ 2)]$
   $= MAX[90,000.00 + 0.00,\ 61,340.45 + 46,635.10]$
   $= 61,340.45 + 46,635.10 = TVE(4,\ 2) + TVD(4,\ 2)$에 해당하므로,
   $FVE(4,\ 2) = TVE(4,\ 2) = 61,340.45$
   $FVD(4,\ 2) = TVD(4,\ 2) + 액면이자 = 47,085.10$

(*3) $MAX[IVE(3,\ 2) + IVD(3,\ 2),\ TVE(3,\ 2) + TVD(3,\ 2)]$
   $= MAX[0.00 + 90,000.00,\ 23,948.70 + 64,404.33] = 0.00 + 90,000.00$
   $= IVE(3,\ 2) + IVD(3,\ 2)$에 해당하므로,
   $FVE(3,\ 2) = IVE(3,\ 2) = 0.00$

$$\text{FVD}(3, 2) = \text{IVD}(3, 2) + 액면이자 = 90,450.00$$

그리고, 상기 무위험 상품가치 = FVE(0, 0) = 63,175.27와 위험 상품가치 = FVD(0, 0) = 49,352.18의 합계 = 112,527.44가 전환사채의 가치에 해당한다.

3. Expected Present Value(EPV)

본 부분에서는 상기 사례의 전환사채에 대하여, EPV(Expected Present Value)에 의하여 평가하는 방법에 대하여 설명한다.

(STEP 1) 다음과 같이, 위험 현금흐름을 모두 확실성 등가로 변환한다. 본 사례의 경우, 위험 현금흐름은 액면이자, 만기 상환금액 및 풋옵션 행사가격에 해당하므로, 이를 확실성 등가로 변환한다.

		1	2	3	4	5
	액면이자	450.00	450.00	450.00	450.00	450.00
명목금액	만기 상환금액					90,000.00
	행사가격			90,000.00	90,000.00	90,000.00
RF_CYSPOT		4.000%	4.200%	4.400%	4.600%	4.800%
RD_CYSPOT		9.000%	9.500%	10.000%	10.500%	11.000%
CECFF		0.9512	0.8994	0.8454	0.7898	0.7334
	액면이자	428.05	404.74	380.41	355.40	330.05
CECF	만기 상환금액					66,010.23
	행사가격			76,081.85	71,080.26	66,010.23

(*1) RF_CYSPOT : 무위험 CYSPOT
(*2) RD_CYSPOT : 발행자 위험 CYSPOT
(*3) CECFF : 확실성 등가 변환 Factor $= e^{(\text{RF\_CYSPOT} - \text{RD\_CYSPOT}) \times T}$
$$\text{CECFF}_4 = e^{(4.600\% - 10.500\%) \times 4} = 0.7898$$
(*4) CECF : 확실성 등가 = 명목 행사가격 × CECFF
행사가격 $\text{CECF}_4 = 90,000.00 \times 0.7898 = 71,080.26$

(STEP 2) 내재가치(IV)를 다음과 같이 정의한다. 여기에서, 풋옵션 행사가격 및 만기 상환 금액은 CECF를 적용하여야 한다.

판단식 = MAX[전환가치, CECF_풋옵션 행사가격, CECF_만기 상환금액]

판단 결과	IV
전환가치	전환가치
CECF_풋옵션 행사가격	CECF_풋옵션 행사가격
CECF_만기 상환금액	CECF_만기 상환금액

(*1) 상기 현금흐름은 무위험 현금흐름과 확실성 등기 현금흐름에 해낭하브로, 전환가치(무위험), 풋옵션 행사가격(확실성 등가), 만기 상환금액(확실성 등가) 중 가장 큰 금액을 내재가치로 한다.
(*2) 풋옵션 행사가격은 당해 Node에서 풋옵션을 행사하였을 경우에 획득할 가치의 확실성 등가로 산정한다. 또한, 당해 Node에서 풋옵션을 행사할 수 없는 경우에는 0에 해당한다.
(*3) 만기 상환금액은 당해 Node가 만기에 해당하는 경우에 획득할 가치의 확실성 등가로 산정한다. 또한, 당해 Node가 만기에 해당하지 않는 경우에는 0에 해당한다.

(STEP 3) 내재가치 Tree를 다음과 같이 산정한다.

IV	0	1	2	3	4	5
0	0.00	156,361.00	271,652.93	471,954.72	819,947.94	1,424,532.03
1		51,803.20	90,000.00	156,361.00	271,652.93	471,954.72
2			29,817.46	76,081.85	90,000.00	156,361.00
3				76,081.85	71,080.26	66,010.23
4					71,080.26	66,010.23
5						66,010.23

(STEP 4) 시간가치(TV) Tree를 다음과 같이 산정한다.

$$TV(i,j) = p_u \times FV(i+1,j) \times RF\_DF(i+1,j) + p_d \times FV(i+1,j+1) \times RF\_DF(i+1,j+1)$$

(*1) p_u : Time Step = i와 Time Step = i+1 구간에 적용되는 헤지 확률
(*2) p_d : $1-p_u$
(*3) FV(i, j) : N(i, j)에서의 상품가치 (하기, 상품가치 참조)
(*4) RF_DF(i, j) : FV(i, j)를 1구간 할인할 시의 무위험 할인계수

TV	0	1	2	3	4	5
0	113,399.45	167,963.43	275,099.71	472,588.38	820,260.01	0.00
1		83,960.78	107,328.19	161,387.60	271,965.01	0.00
2			73,776.79	78,393.15	98,171.96	0.00
3				67,815.94	62,727.33	0.00
4					62,727.33	0.00
5						0.00

(*1) $TV(4, 2) = p_u \times FV(5, 2) \times RF\_DF(5, 2) + p_d \times FV(5, 3) \times RF\_DF(5, 3)$
$= 41.490\% \times 156,691.06 \times 0.9455 + 58.510\% \times 66,340.28 \times 0.9455 = 98,171.96$

(*2) $TV(3, 2) = p_u \times FV(4, 2) \times RF\_DF(4, 2) + p_d \times FV(4, 3) \times RF\_DF(4, 3)$
$= 41.126\% \times 98,527.36 \times 0.9493 + 58.874\% \times 71,435.66 \times 0.9493 = 78,393.15$

(STEP 5) 상품가치(FV) Tree를 다음과 같이 산정한다. 여기에서, 액면이자는 CECF를 적용하여야 한다.

$$FV(i,j) = MAX[IV(i,j), \ TV(i,j)] + CECF\_액면이자$$

FV	0	1	2	3	4	5
0	113,399.45	168,391.48	275,504.45	472,968.79	820,615.41	1,424,862.08
1		84,388.83	107,732.93	161,768.01	272,320.41	472,284.77
2			74,181.53	78,773.56	98,527.36	156,691.06
3				76,462.25	71,435.66	66,340.28
4					71,435.66	66,340.28
5						66,340.28

(*1) 상품가치 산정 시, 기초자산 보유자에 대한 액면이자가 있는 경우, 이를 가산해 주어야 함에 주의하여야 한다. 또한, 여기에서, 액면이자는 CECF를 적용하여야 한다.

(*2) $FV(4, 2) = MAX[IV(4, 2), \ TV(4, 2)] + 액면이자$
$= MAX[90,000.00, \ 98,171.96] + 355.40 = 98,527.36$

(*3) $FV(3, 2) = MAX[IV(3, 2), \ TV(3, 2)] + 액면이자$
$= MAX[76,081.85, \ 78,393.15] + 380.41 = 78,773.56$

그리고, 상기 상품가치 $= FV(0, 0) = 113,399.45$가 전환사채의 가치에 해당한다.

4 > 평가 방법 간 비교 - 1

지금까지의 평가 결과를 요약하면 다음과 같다.

	GS	T&F	EPV
전환사채	109,678.93	112,527.44	113,399.45

상기에서 알 수 있는 바와 같이, GS, T&F, EPV가 모두 상이하다. 그리고, 이는, 앞서 언급한 바와 같이, GS에는 현금흐름 할인 과정과 현금흐름 선택 과정에서의 문제점이 포함되어 있으며, T&F에는 현금흐름 신댁 과정에서 문제점이 포함되어 있기 때문이다. 이에 따라, 후술하는 바와 같이, GS와 T&F를 보정해 보기로 한다.

5 > Modified Goldman Sachs(GS)

본 부분은 GS의 현금흐름 구성비율을 보정하였을 경우에 있어서의 평가 결과를 나타내는 내역에 해당한다. 이를 위하여, 시간가치 구성비율(TVP)를 다음과 같이 보정한다. 그리고, 이를 제외한 나머지 평가 과정은 기존의 GS와 동일하다.

	$TVP(i,j)$
보정 전	$p_u \times FVP(i+1,j) + p_d \times FVP(i+1,j+1)$
보정 후	$\dfrac{p_u \times FV(i+1,j) \times FVP(i+1,j) + p_d \times FV(i+1,j+1) \times FVP(i+1,j+1)}{p_u \times FV(i+1,j) + p_d \times FV(i+1,j+1)}$

즉, 시간가치 구성비율 산정 시, 기존에는 Next 2개 Node의 상품가치 구성비율에 대하여 헤지 확률로만 가중평균하여 산정하였지만, 보정에서는 Next 2개 Node의 상품가치 구성비율에 대하여 헤지 확률과 상품가치로 2중 가중평균하여 산정한다. 그리고, 다음은 그 결과에 해당한다.

(STEP 1) 내재가치(IV) 및 내재가치 구성비율(IVP)의 정의 : 이는 기존과 동일하다.

(STEP 2) 내재가치(IV) 및 내재가치 구성비율(IVP) Tree의 산정 : 이는 기존과 동일하다.

(STEP 3) 시간가치(TV) 및 시간가치 구성비율(TVP) Tree의 산정 : 이는 다음과 같이 수정된다.

TV	0	1	2	3	4	5
0	112,289.17	168,815.90	276,448.96	472,785.85	820,373.43	0.00
1		86,026.59	111,707.73	165,187.28	272,078.42	0.00
2			81,028.20	88,294.57	107,988.15	0.00
3				80,221.95	79,423.73	0.00
4					79,423.73	0.00
5						0.00

TVP	0	1	2	3	4	5
0	53.181%	76.623%	94.512%	100.000%	100.000%	0.000%
1		22.534%	46.680%	83.722%	100.000%	0.000%
2			0.000%	25.133%	55.144%	0.000%
3				0.000%	0.000%	0.000%
4					0.000%	0.000%
5						0.000%

(*1) $TVP(4, 2) = [p_u \times FV(5, 2) \times FVP(5, 2) + p_d \times FV(5, 3) \times FVP(5, 3)]$
$/ [p_u \times FV(5, 2) + p_d \times FV(5, 3)]$
$= [41.490\% \times 156,811.00 \times 100.000\% + 58.510\% \times 90,450.00 \times 0.000\%]$
$/ [41.490\% \times 156,811.00 + 58.510\% \times 90,450.00] = 55.144\%$

(*2) $TVP(3, 2) = [p_u \times FV(4, 2) \times FVP(4, 2) + p_d \times FV(4, 3) \times FVP(4, 3)]$
$/ [p_u \times FV(4, 2) + p_d \times FV(4, 3)]$
$= [41.126\% \times 108,438.15 \times 55.144\% + 58.874\% \times 90,450.00 \times 0.000\%]$
$/ [41.126\% \times 108,438.15 + 58.874\% \times 90,450.00] = 25.133\%$

(STEP 4) 상품가치(FV) 및 상품가치 구성비율(FVP) Tree의 산정 : 이는 다음과 같이 수정된다.

FV	0	1	2	3	4	5
0	112,289.17	169,265.90	276,898.96	473,235.85	820,823.43	1,424,982.03
1		86,476.59	112,157.73	165,637.28	272,528.42	472,404.72
2			81,478.20	90,450.00	108,438.15	156,811.00
3				90,450.00	90,450.00	90,450.00
4					90,450.00	90,450.00
5						90,450.00

FVP	0	1	2	3	4	5
0	53.181%	76.623%	94.512%	100.000%	100.000%	100.000%
1		22.534%	46.680%	83.722%	100.000%	100.000%
2			0.000%	0.000%	55.144%	100.000%
3				0.000%	0.000%	0.000%
4					0.000%	0.000%
5						0.000%

(*1) $IV(4, 2) < TV(4, 2)$이므로, $FVP(4, 2) = TVP(4, 2) = 55.144\%$

(*2) $IV(3, 2) > TV(3, 2)$이므로, $FVP(3, 2) = IVP(3, 2) = 0.000\%$

(STEP 5) 가중평균 할인율(WADR) 및 할인계수(DF) Tree의 산정 : 이는 다음과 같이 수정된다.

WADR	0	1	2	3	4	5
0	0.000%	5.169%	4.707%	4.800%	5.200%	5.600%
1		7.873%	7.386%	5.809%	5.200%	5.600%
2			10.000%	11.000%	8.250%	5.600%
3				11.000%	12.000%	13.000%
4					12.000%	13.000%
5						13.000%

DF	0	1	2	3	4	5
0	1.0000	0.9496	0.9540	0.9531	0.9493	0.9455
1		0.9243	0.9288	0.9436	0.9493	0.9455
2			0.9048	0.8958	0.9208	0.9455
3				0.8958	0.8869	0.8781
4					0.8869	0.8781
5						0.8781

그리고, 상기 상품가치 = $FV(0, 0)$ = 112,289.17가 전환사채의 가치에 해당한다.

6 ▷ Modified Tsiveriotis & Fernandes(T&F)

본 부분은 T&F의 현금흐름 선택 기준을 보정하였을 경우에 있어서의 평가 결과를 나타내는 내역에 해당한다. 이를 위하여, 현금흐름 선택 기준을 명목금액 기준 대신, 다음과 같이 현재가치 기준 또는 확실성 등가 기준으로 보정한다. 그리고, 이를 제외한 나머지 평가 과정은 기존의 T&F와 동일하다.

1. 현재가치 비교법

앞서의 (STEP 1)과 (STEP 4)를 다음과 같이 수정한다. 그리고, 이를 제외한 나머지 평가 과정은 기존의 T&F와 동일하다.

(ㄱ) (STEP 1) 수정

판단식 = MAX[PV_전환가치, PV_풋옵션 행사가격, PV_만기 상환금액]

판단 결과	IVE	IVD
PV_전환가치	전환가치	0
PV_풋옵션 행사가격	0	풋옵션 행사가격
PV_만기 상환금액	0	만기 상환금액

(*1) PV_전환가치 : 당해 Node의 전환가치를 평가기준일 현재로 할인한 가치 (무위험 CYSPOT로 할인)
(*2) PV_풋옵션 행사가격 : 당해 Node의 풋옵션 행사가격을 평가기준일 현재로 할인한 가치 (위험 CYSPOT로 할인)
(*3) PV_만기 상환금액 : 당해 Node의 만기 상환금액을 평가기준일 현재로 할인한 가치 (위험 CYSPOT로 할인)

(ㄴ) (STEP 4) 수정

판단식 = MAX[PV_IVE(i, j) + PV_IVD(i, j), PV_TVE(i, j) + PV_TVD(i, j)]

판단 결과	FVE	FVD
PV_IVE(i, j) + PV_IVD(i, j)	IVE(i, j)	IVD(i, j) + 액면이자
PV_TVE(i, j) + PV_TVD(i, j)	TVE(i, j)	TVD(i, j) + 액면이자

(*1) PV_IVE(i, j) : 당해 Node의 무위험 내재가치를 평가기준일 현재로 할인한 가치(무위험 CYSPOT로 할인)
(*2) PV_IVD(i, j) : 당해 Node의 위험 내재가치를 평가기준일 현재로 할인한 가치(위험 CYSPOT로 할인)

(*3) PV_TVE(i, j) : 당해 Node의 무위험 시간가치를 평가기준일 현재로 할인한 가치(무위험 CYSPOT로 할인)

(*4) PV_TVD(i, j) : 당해 Node의 위험 시간가치를 평가기준일 현재로 할인한 가치(위험 CYSPOT로 할인)

즉, 선택의 판단만 현재가치 기준으로 수행하며, 선택의 결과는 당해 Node의 명목금액으로 기재한다. 그리고, 다음은 그 결과에 해당한다.

(STEP 1) 무위험 내재가치(IVE) 및 위험 내재가치(IVD)의 정의 : 이는 앞서 언급한 바와 같이 수정된다.

(STEP 2) 무위험 내재가치(IVE) 및 위험 내재가치(IVD) Tree의 산정 : 이는 다음과 같이 수정된다.

IVE	0	1	2	3	4	5
0	0.00	156,361.00	271,652.93	471,954.72	819,947.94	1,424,532.03
1		51,803.20	90,000.00	156,361.00	271,652.93	471,954.72
2			29,817.46	0.00	90,000.00	156,361.00
3				0.00	0.00	0.00
4					0.00	0.00
5						0.00

IVD	0	1	2	3	4	5
0	0.00	0.00	0.00	0.00	0.00	0.00
1		0.00	0.00	0.00	0.00	0.00
2			0.00	90,000.00	0.00	0.00
3				90,000.00	90,000.00	90,000.00
4					90,000.00	90,000.00
5						90,000.00

(*1) MAX[PV_전환가치(4, 2), PV_풋옵션 행사가격(4, 2), PV_만기 상환금액(4, 2)]

$= \text{MAX}[90,000.00/e^{4.600\% \times 4}, 90,000.00/e^{10.500\% \times 4}, 0.00/e^{10.500\% \times 4}]$

= MAX[74,874.22, 59,134.21, 0.00] = 74,874.22 = PV_전환가치(4, 2)에 해당하므로,

IVE(4, 2) = 전환가치(4, 2) = 90,000.00

IVD(4, 2) = 0.00

(*2) MAX[PV_전환가치(3, 2), PV_풋옵션 행사가격(3, 2), PV_만기 상환금액(3, 2)]

$= \text{MAX}[51,803.20/e^{4.400\% \times 3}, 90,000.00/e^{10.000\% \times 3}, 0.00/e^{10.000\% \times 3}]$

$$= \text{MAX}[45{,}397.27, \ 66{,}673.64, \ 0.00] = 66{,}673.64 = \text{PV\_풋옵션 행사가격}(3, 2)\text{에 해당하므로,}$$
$$\text{IVE}(3, 2) = 0.00$$
$$\text{IVD}(3, 2) = \text{풋옵션 행사가격}(3, 2) = 90{,}000.00$$

(STEP 3) 무위험 시간가치(TVE) 및 위험 시간가치(TVD) Tree의 산정 : 이는 다음과 같이 수정된다.

TVE	0	1	2	3	4	5
0	72,210.61	140,345.94	262,609.23	471,954.72	819,947.94	0.00
1		31,617.83	68,049.86	140,343.00	271,652.93	0.00
2			9,304.97	23,948.70	61,340.45	0.00
3				0.00	0.00	0.00
4					0.00	0.00
5						0.00

TVD	0	1	2	3	4	5
0	41,188.84	29,033.47	13,887.19	749.57	395.14	0.00
1		55,026.63	43,670.51	24,894.42	395.14	0.00
2			71,681.18	64,404.33	46,635.10	0.00
3				80,221.95	79,423.73	0.00
4					79,423.73	0.00
5						0.00

(STEP 4) 무위험 상품가치(FVE) 및 위험 상품가치(FVD) Tree의 산정 : 이는 다음과 같이 수정된다.

FVE	0	1	2	3	4	5
0	72,210.61	140,345.94	262,609.23	471,954.72	819,947.94	1,424,532.03
1		31,617.83	68,049.86	140,343.00	271,652.93	471,954.72
2			9,304.97	23,948.70	61,340.45	156,361.00
3				0.00	0.00	0.00
4					0.00	0.00
5						0.00

FVD	0	1	2	3	4	5
0	41,188.84	29,483.47	14,337.19	1,199.57	845.14	450.00
1		55,476.63	44,120.51	25,344.42	845.14	450.00
2			72,131.18	64,854.33	47,085.10	450.00
3				90,450.00	90,450.00	90,450.00
4					90,450.00	90,450.00
5						90,450.00

(*1) $\text{MAX}[\text{PV\_IVE}(4, 2) + \text{PV\_IVD}(4, 2), \text{PV\_TVE}(4, 2) + \text{PV\_TVD}(4, 2)]$

$= \text{MAX}[90,000.00/e^{4.600\% \times 4}+0.00/e^{10.500\% \times 4}, 61,340.45/e^{4.600\% \times 4}+46,635.10/c^{10.500\% \times 4}]$

$= \text{MAX}[74,874.22 + 0.00, 51,031.32 + 30,641.45] = 51,031.32 + 30,641.45$

$= \text{PV\_TVE}(4, 2) + \text{PV\_TVD}(4, 2)$에 해당하므로,

$\text{FVE}(4, 2) = \text{TVE}(4, 2) = 61,340.45$

$\text{FVD}(4, 2) = \text{TVD}(4, 2) + 액면이자 = 47,085.10$

(*2) $\text{MAX}[\text{PV\_IVE}(3, 2) + \text{PV\_IVD}(3, 2), \text{PV\_TVE}(3, 2) + \text{PV\_TVD}(3, 2)]$

$= \text{MAX}[0.00/e^{4.400\% \times 3}+90,000.00/e^{10.000\% \times 3}, 23,948.70/e^{4.400\% \times 3}+64,404.33/e^{10.000\% \times 3}]$

$= \text{MAX}[0.00 + 66,673.64, 20,987.23 + 47,711.90] = 20,987.23 + 47,711.90$

$= \text{PV\_TVE}(3, 2) + \text{PV\_TVD}(3, 2)$에 해당하므로,

$\text{FVE}(3, 2) = \text{TVE}(3, 2) = 23,948.70$

$\text{FVD}(3, 2) = \text{TVD}(3, 2) + 액면이자 = 64,854.33$

상기에 있어서, N(3, 2)에서의 값이 기존 T&F에 비하여 Modified T&F에서 변경되었다. 즉, 기존 T&F에서는 명목금액 기준 내재가치 합계가 명목금액 기준 시간가치 합계보다 커서, 내재가치가 선택되었던 반면, Modified T&F에서는 현재가치 기준 시간가치 합계가 현재가치 기준 내재가치 합계보다 커서, 시간가치가 선택되었다.

그리고, 상기 무위험 상품가치 = FVE(0, 0) = 72,210.61와 위험 상품가치 = FVD(0, 0) = 41,188.84의 합계 = 113,399.45가 전환사채의 가치에 해당한다.

2. 확실성 등가 비교법

앞서의 (STEP 1)과 (STEP 4)를 다음과 같이 수정한다. 그리고, 이를 제외한 나머지 평가 과정은 기존의 T&F와 동일하다.

(ㄱ) (STEP 1) 수정

$$\text{판단식} = \text{MAX}[\text{전환가치, CECF\_풋옵션 행사가격, CECF\_만기 상환금액}]$$

판단 결과	IVE	IVD
전환가치	전환가치	0
CECF_풋옵션 행사가격	0	풋옵션 행사가격
CECF_만기 상환금액	0	만기 상환금액

(*1) 전환가치와 CECF_전환가치는 동일하기 때문에, 전환가치에 대하여는 별도로 CECF를 산정하지 않는다.

(*2) CECF_풋옵션 행사가격 : 당해 Node의 풋옵션 행사가격에 대한 확실성 등가

(*3) CECF_만기 상환금액 : 당해 Node의 만기 상환금액에 대한 확실성 등가

(*4) 확실성 등가 : $\text{CECF}_T = \text{RCF}_T \times e^{(r_f - r_d) \times T}$

(ㄴ) (STEP 4) 수정

$$\text{판단식} = \text{MAX}[\text{IVE}(i, j) + \text{CECF\_IVD}(i, j), \text{TVE}(i, j) + \text{CECF\_TVD}(i, j)]$$

판단 결과	FVE	FVD
IVE(i, j) + CECF_IVD(i, j)	IVE(i, j)	IVD(i, j) + 액면이자
TVE(i, j) + CECF_TVD(i, j)	TVE(i, j)	TVD(i, j) + 액면이자

(*1) CECF_IVD(i, j) : 당해 Node의 위험 내재가치에 대한 확실성 등가

(*2) CECF_TVD(i, j) : 당해 Node의 위험 시간가치에 대한 확실성 등가

(*3) IVE와 CECF_IVE, TVE와 CECF_TVE는 동일하기 때문에, IVE와 TVE에 대하여는 별도로 CECF를 산정하지 않는다.

즉, 선택의 판단만 확실성 등가 기준으로 수행하며, 선택의 결과는 당해 Node의 명목금액으로 기재한다. 그리고, 다음은 그 결과에 해당한다.

(STEP 1) 무위험 내재가치(IVE) 및 위험 내재가치(IVD)의 정의 : 이는 앞서 언급한 바와 같이 수정된다.

(STEP 2) 무위험 내재가치(IVE) 및 위험 내재가치(IVD) Tree의 산정 : 이는 다음과 같이 수정된다.

IVE	0	1	2	3	4	5
0	0.00	156,361.00	271,652.93	471,954.72	819,947.94	1,424,532.03
1		51,803.20	90,000.00	156,361.00	271,652.93	471,954.72
2			29,817.46	0.00	90,000.00	156,361.00
3				0.00	0.00	0.00
4					0.00	0.00
5						0.00

IVD	0	1	2	3	4	5
0	0.00	0.00	0.00	0.00	0.00	0.00
1		0.00	0.00	0.00	0.00	0.00
2			0.00	90,000.00	0.00	0.00
3				90,000.00	90,000.00	90,000.00
4					90,000.00	90,000.00
5						90,000.00

(*1) MAX[전환가치(4, 2), CECF_풋옵션 행사가격(4, 2), CECF_만기 상환금액(4, 2)]
　　 = MAX[90,000.00, 90,000.00×e$^{(4.600\%-10.500\%)\times4}$, 0.00×e$^{(4.600\%-10.500\%)\times4}$]
　　 = MAX[90,000.00, 71,080.26, 0.00] = 90,000.00 = 전환가치(4, 2)에 해당하므로,
　　 IVE(4, 2) = 전환가치(4, 2) = 90,000.00
　　 IVD(4, 2) = 0.00

(*2) MAX[전환가치(3, 2), CECF_풋옵션 행사가격(3, 2), CECF_만기 상환금액(3, 2)]
　　 = MAX[51,803.20, 90,000.00×e$^{(4.400\%-10.00\%)\times3}$, 0.00××e$^{(4.400\%-10.00\%)\times3}$]
　　 = MAX[51,803.20, 76,081.85, 0.00] = 76,081.85 = CECF_행사가격(3, 2)에 해당하므로,
　　 IVE(3, 2) = 0.00
　　 IVD(3, 2) = 행사가격(3, 2) = 90,000.00

(STEP 3) 무위험 시간가치(TVE) 및 위험 시간가치(TVD) Tree의 산정 : 이는 다음과 같이 수정된다.

TVE	0	1	2	3	4	5
0	72,210.61	140,345.94	262,609.23	471,954.72	819,947.94	0.00
1		31,617.83	68,049.86	140,343.00	271,652.93	0.00
2			9,304.97	23,948.70	61,340.45	0.00
3				0.00	0.00	0.00
4					0.00	0.00
5						0.00

TVD	0	1	2	3	4	5
0	41,188.84	29,033.47	13,887.19	749.57	395.14	0.00
1		55,026.63	43,670.51	24,894.42	395.14	0.00
2			71,681.18	64,404.33	46,635.10	0.00
3				80,221.95	79,423.73	0.00
4					79,423.73	0.00
5						0.00

(STEP 4) 무위험 상품가치(FVE) 및 위험 상품가치(FVD) Tree의 산정 : 이는 다음과 같이 수정된다.

FVE	0	1	2	3	4	5
0	72,210.61	140,345.94	262,609.23	471,954.72	819,947.94	1,424,532.03
1		31,617.83	68,049.86	140,343.00	271,652.93	471,954.72
2			9,304.97	23,948.70	61,340.45	156,361.00
3				0.00	0.00	0.00
4					0.00	0.00
5						0.00

FVD	0	1	2	3	4	5
0	41,188.84	29,483.47	14,337.19	1,199.57	845.14	450.00
1		55,476.63	44,120.51	25,344.42	845.14	450.00
2			72,131.18	64,854.33	47,085.10	450.00
3				90,450.00	90,450.00	90,450.00
4					90,450.00	90,450.00
5						90,450.00

(*1) $\text{MAX}[\text{IVE}(4, 2) + \text{CECF\_IVD}(4, 2), \text{TVE}(4, 2) + \text{CECF\_TVD}(4, 2)]$

  $= \text{MAX}[90,000.00 + 0.00 \times e^{(4.600\% - 10.500\%) \times 4}, 61,340.45 + 46,635.10 \times e^{(4.600\% - 10.500\%) \times 4}]$

  $= \text{MAX}[90,000.00 + 0.00, 61,340.45 + 36,831.50] = 61,340.45 + 36,831.50$

  $= \text{TVE}(4, 2) + \text{CECF\_TVD}(4, 2)$에 해당하므로,

  $\text{FVE}(4, 2) = \text{TVE}(4, 2) = 61,340.45$

  $\text{FVD}(4, 2) = \text{TVD}(4, 2) + 액면이자 = 47,085.10$

(*2) $\text{MAX}[\text{IVE}(3, 2) + \text{CECF\_IVD}(3, 2), \text{TVE}(3, 2) + \text{CECF\_TVD}(3, 2)]$

  $= \text{MAX}[0.00 + 90,000.00 \times e^{(4.400\% - 10.000\%) \times 3}, 23,948.70 + 64,404.33 \times e^{(4.400\% - 10.000\%) \times 3}]$

  $= \text{MAX}[0.00 + 76,081.85, 23,948.70 + 54,444.45] = 23,948.70 + 54,444.45$

$= TVE(3, 2) + CECF\_TVD(3, 2)$에 해당하므로,

$FVE(3, 2) = TVE(3, 2) = 23,948.70$

$FVD(3, 2) = TVD(3, 2) + 액면이자 = 64,854.33$

상기 무위험 상품가치 $= FVE(0, 0) = 72,210.61$와 위험 상품가치 $= FVD(0, 0) = 41,188.84$의 합계 $= 113,399.45$가 전환사채의 가치에 해당한다. 그리고, 상기와 같이 진행한 결과는 앞서 진행한 현재가치 비교법의 결과와 정확히 일치한다.

7 ▶ 평가 방법 간 비교 - 2

본 부분에서는 지금까지 수행해 온 GS, Modified GS, T&F, Modified T&F, EPV에 대한 결과를 비교하고, 주가 및 주가 변동성 변동에 따른 민감도 분석에 대하여 설명한다.

1. 결과의 요약

지금까지의 평가 결과를 요약하면 다음과 같다.

	GS		T&F		EPV
	보정 전	보정 후	보정 전	보정 후	
전환사채	109,678.93	112,289.17	112,527.44	113,399.45	113,399.45

상기에서 알 수 있는 바와 같이, GS의 현금흐름 구성비율을 보정하였을 경우의 가치는 T&F와 유사해 졌다. 또한, T&F의 현금흐름 선택 기준을 보정하였을 경우의 가치는 EPV와 일치해 졌다. 그리고 이는 GS는 현금흐름 구성비율을 보정하면 할수록, 그 결과가 T&F로 수렴하는 특성이 있으며, T&F는 명목금액 기준 대신, 현재가치 기준 또는 확실성 등가 기준으로 판단하는 것으로 보정하였을 경우의 결과가 EPV와 항상 일치하는 특성이 있기 때문이다.

이제 각각의 모형별로 어떠한 특성이 있는지를 파악하기 위하여, 민감도 분석을 수행해 보기로 한다.

2. 주가 및 주가 변동성 민감도 분석

본 부분에서는 다음과 같은 전환사채 사례에 대한 주가 및 주가 변동성 변동에 따른 민감도 분석에 대하여 설명한다.

> ### 사례 2 　전환사채
>
> 회사 A는 투자자 B에게 2022년 7월 15일 다음과 같은 전환사채를 발행하였다. 또한, 투자자 B는 전환권을 행사하여, 동 전환사채를 회사 A의 보통주로 전환할 수 있으며, 조기 상환권 (풋옵션)을 행사하여, 만기 이전이라도 상환을 청구할 수 있다.
>
> - 액면금액 및 발행금액 = 20,000,000,000
> - 만기 = 3년
> - 액면이자 = 0.00% 또는 4.00% (매 분기 말 1/4 씩 후급)
> - 전환가격 = 6,891 (사채 액면금액 6,891원 당 보통주 1주로 전환 가능)
> - 전환권 행사 기간 = 1년 경과 후부터 만기까지 월 주기
> - 풋옵션 행사가격 = 액면금액에 연 복리 1.00%를 적용한 금액
> - 풋옵션 행사 기간 = 1년 경과 후부터 만기까지 월 주기
>
> | 항목 | 내역 |
> |---|---|
> | 보통주 주가 | 6,891 |
> | 보통주 주가 변동성 (로그 수익률 변동성) | 60.000% |
>
> | YTM | 0.25 | 0.50 | 0.75 | 1.00 | 1.50 | 2.00 | 2.50 | 3.00 |
> |---|---|---|---|---|---|---|---|---|
> | RF | 2.260% | 2.415% | 2.745% | 2.990% | 3.090% | 3.157% | 3.157% | 3.190% |
> | RD | 9.775% | 10.805% | 11.969% | 12.875% | 13.729% | 14.657% | 15.319% | 16.056% |
>
> (*1) YTM : Yield To Maturity
> (*2) RF : 무위험 이자율
> (*3) RD : 발행자 위험 이자율

또한, 주식에 대한 배당은 없는 것으로 가정하였고, 평가 모형은 Cox-Ross-Rubinstein (CRR) 2항 모형을 적용하였으며, Time Step 수는 120개를 적용하였다. 아울러, 평가 방법은 다음과 같이 구분하여 접근하였다.

구분	평가 방법
GS_1	무보정 GS
GS_2	현금흐름 구성비율을 보정한 GS
TF_1	무보정 T&F
TF_2	전환권의 행사, 풋옵션의 행사 및 보유 여부를 결정함에 있어서, 현재가치 기준으로 판단하는 것으로 보정한 T&F
EPV	EPV

또한, 민감도 분석은 각각의 평가 방법에 의하여 산정된 전환사채 가치에서 EPV에 의하여 산정된 전환사채 가치를 차감한 금액으로 표시하였다.

(1) 주가 민감도 분석

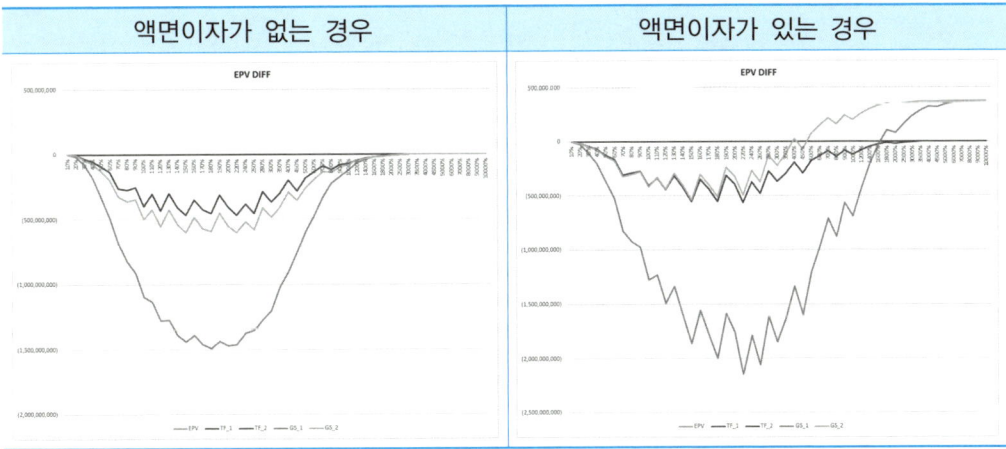

상기의 결과를 요약하면 다음과 같다.

- 보정 T&F인 TF_2와 EPV는 항상 일치한다.
- 보정 GS인 GS_2와 무보정 T&F인 TF_1에서는 실무적 사용 영역에서 중요한 차이가 발생하지 않는다.
- 무보정 GS인 GS_1은 다른 평가 방법과 상당한 차이가 발생한다.

상기에서 알 수 있는 바와 같이, 액면이자가 있는 경우, 주가가 일정 수준을 상회하면, GS_1 및 GS_2에 의한 결과가 TF_1, TF_2 및 EPV를 초과하는 결과가 발생하고 있다. 그리고, 이는 GS에서 무위험 현금흐름 및 위험 현금흐름 구성비율 산정 시 액면이자를 전혀 고려하지 않고 있음에 기인한다. 즉, 주가가 상승하면, 2항 모형 Node의 무위험 구성비율이 증가하게 되고, 무위험 구성비율이 증가하게 되면, 가중평균 할인율이 하락하게 되며, 가중평균 할인율이 하락하게 되면, 액면이자에 대한 할인율도 낮아지게 되어, 결과적으로, 액면이자에 대하여 과소 할인 현상이 발생하기 때문이다.

(2) 주가 변동성 민감도 분석

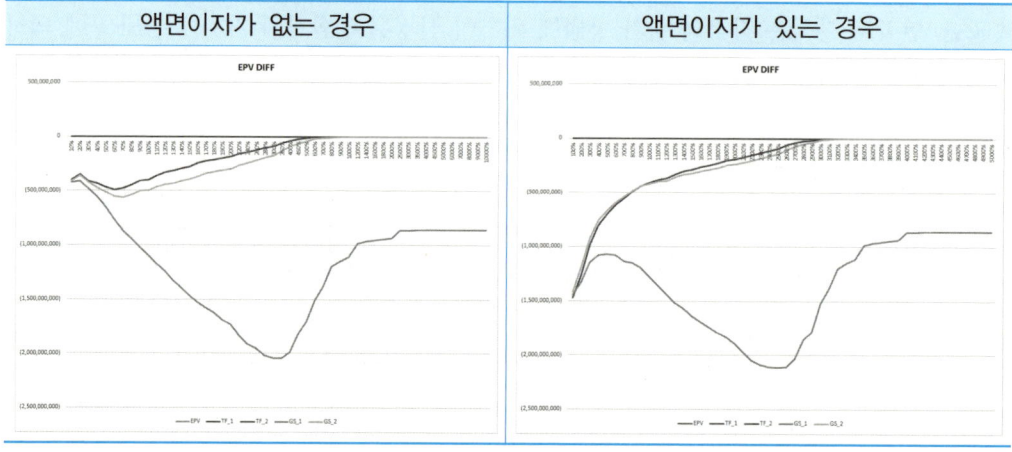

상기의 결과를 요약하면 다음과 같다.

- 보정 T&F인 TF_2와 EPV는 항상 일치한다.
- 보정 GS인 GS_2와 무보정 T&F인 TF_1에서는 실무적 사용 영역에서 중요한 차이가 발생하지 않는다.
- 무보정 GS인 GS_1은 다른 평가 방법과 상당한 차이가 발생한다.

상기에서 알 수 있는 바와 같이, 주가 변동성이 일정 수준을 상회하는 경우, GS_1은 다른 평가 방법과는 다른 금액으로 수렴하고 있다. 그리고, 이는 주가 변동성이 증가하면, 헤지 확률이 감소하게 되고, 헤지 확률이 감소하면, 무위험 구성비율이 감소하게 되며, 무위험 구성비율이 감소하면, 가중평균 할인율이 증가하게 되고, 가중평균 할인율이 증가하게 되면, 전환가치에 대한 할인율도 증가하게 되어, 결과적으로, 전환가치에 대하여 과대 할인 현상이 발생하기 때문이다.

(3) 결론

상기에서 알 수 있는 바와 같이, 전환증권의 평가에 있어서, TF_2는 EPV와 항상 일치한다. 그러나, GS_1, GS_2, TF_1은 TF_2 및 EPV와 일치하지 않는다. 앞서 언급한 바와 같이, K-IFRS 제1113호 공정가치 측정 문단 B17에서는 현금흐름 위험을 평가에 반영하는 방법으로서 3가지를 언급하고 있다. 그러나, 이 중 적용하는 방법에 따라 평가 결과가 달라진다면, 가치 평가 결과에 대한 신뢰성을 확보하기 어렵다.

앞서 언급한 바와 같이, GS에서는 가중평균 할인율법을 적용하고 있기 때문에, 할인 과정에서 문제가 발생하고 있으며, 현금흐름 선택 과정에서 명목 현금흐름을 기준으로 판단하고 있기 때문에, 현금흐름 선택 과정에서도 문제가 발생하고 있다. 또한, T&F도 현금흐름 선택 과정에서 명목 현금흐름을 기준으로 판단하고 있기 때문에, 현금흐름 선택 과정에서 문제가 발생하고 있다.

TF_2는 이러한 현금흐름 선택과정에서의 문제점을 보완한 방법에 해당한다. 그리고, 그 결과는 EPV와 항상 일치한다. 이에 따라, 현금흐름 위험을 반영하여 평가하는 방법은 TF_2 또는 EPV가 가장 합리적이다.

8 〉 회계처리를 고려한 평가

K-IFRS 제1109호 금융상품에서는 투자자 입장과 발행자 입장에서의 전환증권 회계처리에 대하여 언급하고 있다. 먼저, 투자자 입장에서의 회계처리에 있어서는 전환증권 전체에 대하여 공정가치로 측정하는 방법을 적용한다. 이에 따라, 앞서 설명한 평가 방법에 따라 전환증권 전체에 대한 공정가치만 산정하면 된다. 다음, 발행자 입장에서의 회계처리에 있어서는 1) 전환증권 전체에 대하여 공정가치로 측정하는 방법, 2) 주계약, 상환전환권, 상환권(풋옵션), 전환권 등으로 분리하여 측정하는 방법 중에서 하나를 발행자가 선택할 수 있다.

본 부분에서는 전환증권의 회계처리에 대하여 발행자가 주계약, 상환전환권, 상환권, 전환권 등으로 분리하여 측정하는 방법을 선택한 경우에 있어서, 각각의 공정가치를 산정하는 방법에 대하여 설명한다.

1. 주계약 공정가치의 산정

주계약은 복합금융상품 중 내재파생상품을 제외한 잔여 부분에 해당한다. 즉, 본 사례의 전환사채의 경우, 내재파생상품은 상환권과 전환권에 해당하므로, 주계약은 전환사채에서 이들을 제외한 사채 부분에 해당한다. 그리고, 이러한 사채 부분은 미래 현금흐름을 평가 기준일 현재로 할인한 현재가치의 합계로 산정한다.

	1	2	3	4	5
액면이자	450.00	450.00	450.00	450.00	450.00
원금					90,000.00
합계	450.00	450.00	450.00	450.00	90,450.00
CYSPOT	9.000%	9.500%	10.000%	10.500%	11.000%
PVF_t	0.9139	0.8270	0.7408	0.6570	0.5769
PV_t	411.27	372.13	333.37	295.67	52,185.11
PV 합계	53,597.55				

(*1) CYSPOT : Time Step = t에서의 발행자 위험 CYSPOT
(*2) PVF_t : $1 / e^{CYSPOT \times t}$
(*3) PV_t : (액면이자 + 원금) $\times PVF_t$

2. 상환전환권 공정가치의 산정

상환전환권은 상환권 또는 전환권 중 하나의 옵션을 행사할 수 있는 옵션으로서, 전환사채 총 가치에서 상기 주계약의 가치를 차감하여 산정한다. 이에 따라, 각각의 방법에 의하여 산정된 상환전환권의 내역은 다음과 같다. 또한, 상환전환권은 1) 전환권이 부채로 분류되고, 2) 상환권과 전환권이 주계약으로부터 분리되는 경우에 사용된다.

	GS		T&F		EPV
	보정 전	보정 후	보정 전	보정 후	
전환사채	109,678.93	112,289.17	112,527.44	113,399.45	113,399.45
주계약	53,597.55				
상환전환권	56,081.38	58,691.61	58,929.89	59,801.90	59,801.90

3. 독립적 상환권 공정가치의 산정

상환권과 전환권은 둘 중 하나의 옵션 만을 행사할 수 있으므로, 상호 독립적, 배타적이지 않은 바, 원칙적으로 상환권과 전환권을 각각 분리하여 평가할 수 없다. 그러나, K-IFRS에서는 전환권이 자본으로 분류되는 경우, 상환권을 강제적으로 전환권으로부터 분리하여 평가할 것으로 요구하고 있다. 그리고, 이 때의 상환권을 독립적 상환권이라고 부른다.

독립적 상환권은 전환권이 없다고 가정할 시에 조기상환을 청구할 수 있는 옵션으로서, 조기상환권부사채(Puttable Bond)에서 주계약을 차감하여 산정한다. 또한, 조기상환권부사채는 난순 선노 모형, HL 2항 모형, BDT 2항 모형, HW 3항 모형 등을 통하여 산정한다. 다음은 단순 선도 모형에 의한 독립적 상환권의 가치에 해당한다.

	0	1	2	3	4	5
액면이자		450.00	450.00	450.00	450.00	450.00
원금						90,000.00
행사가격				90,000.00	90,000.00	90,000.00
CYFWD		9.000%	10.000%	11.000%	12.000%	13.000%
DF_t		0.9139	0.9048	0.8958	0.8869	0.8781
PB_t	67,790.41	74,174.52	81,478.20	90,450.00	90,450.00	90,450.00

(*1) $CYFWD_t$: Time Step = t에서의 발행자 위험 CYFWD
(*2) DF_t : t-1시점과 t 시점 사이에 적용되는 연속 선도이자율에 의한 1기간 할인 계수
(*3) PB_t(Puttable Bond) : MAX[행사가격, 원금, $PB_{t+1} \times DF_{t+1}$] + 액면이자

상기 결과, 독립적 상환권의 가치는 조기상환권부사채의 가치 67,790.41에서 주계약의 가치 = 53,597.55를 차감한 가치 = 14,192.86에 해당한다. 다만, 전환권이 자본으로 분류되는 경우에는 독립적 상환권의 가치 산정 시 단순 선도 모형보다는 BDT 2항 모형 등이 주로 사용되고 있다. BDT 2항 모형에 의한 결과는 독자들이 직접 산정해 보기 바란다.

4. 전환권 공정가치의 산정

전환권은 전환사채를 보통주로 전환할 수 있는 옵션으로서, 상환전환권의 가치에서 독립적 상환권의 가치를 차감하여 산정한다. 다만, 회계처리에 있어서, 이렇게 산정된 전환권 공정가치가 활용되는 경우는 거의 없다.

1. Time Step 수

본 사례의 전환사채의 경우, 설명의 용이를 위하여 Time Step 수를 5개로 적용하고 있다. 그러나, GS, T&F, EPV 모두 주가 2항 모형에 기초하고 있는 바, 주가 2항 모형의 기본적 특성이 그대로 적용된다. 즉, Time Step 수가 증가할수록, GS, T&F, EPV의 정확성은 증가하게 된다. 이에 따라, 전환증권의 평가 시, 적절한 Time Step 수를 확보하는 것은 평가 과정 중 매우 중요한 요소에 해당한다.

2. T&F 역설(Paradox)

T&F는 전환증권으로부터 발생하는 현금흐름에 대하여, 주식 등의 무위험 현금흐름과 채권 등의 위험 현금흐름으로 구분한 후, 무위험 현금흐름은 무위험 이자율로 할인하고, 위험 현금흐름은 위험 이자율로 할인하는 모형에 해당한다. 그러나, 실제 회사의 부도(Default)가 발생하는 경우, 회수 가능한 금액을 산정하게 되면, 채권뿐만 아니라 주식도 영향을 받게 된다. 즉, 주식도 부도의 영향을 받을 수밖에 없기 때문에, 위험 현금흐름에 해당하지만, T&F에서는 이를 무위험 현금흐름으로 가정하고 있다. 그리고, 이러한 가정으로 인하여, T&F에서는 다음과 같은 상황이 발생하게 된다.

- 경우 1 : 전환사채의 가치가 전환가치(주식가치)보다 낮게 평가되는 경우가 발생
- 경우 2 : 풋옵션이 있는 전환사채의 가치가 풋옵션이 없는 전환사채의 가치보다 낮게 평가되는 경우가 발생
- 경우 3 : 콜옵션이 있는 전환사채의 가치가 콜옵션이 없는 전환사채의 가치보다 높게 평가되는 경우가 발생

T&F에서 주식은 무위험 현금흐름으로 분류하고, 채권만 위험 현금흐름으로 분류함에 따라, 상기와 같은 경우가 발생하는 현상을 T&F 역설이라고 부른다. 그리고, 이러한 현상이 발생하는 핵심 사유는 주식 등에는 위험을 반영하지 않고, 채권 등에만 위험을 반영한 상황에서, 상환, 전환, 보유에 대한 판단을 당해 Node의 명목금액으로 수행하고 있음에 기인하고 있다. 또한, 이러한 현상은 Goldman Sachs 모형에서도 발생한다. 즉, 이러한 현상은 현금흐름 위험을 평가의 과정에 반영하는 방법 중 할인율 조정 기법을 사용하는 방법들에

서 공통적으로 발생할 수 있는 현상에 해당한다.

이러한 T&F 역설을 해소하기 위하여, 현재까지 다양한 연구가 진행되어 왔고, 현재에도 그 연구가 진행되고 있다. 예를 들면, Jarrow & Turnbull (1995, JT) 응용 모형, Ayache & Forsyth & Vetzal (2003, AFV) 모형 등이 있다. 또한, 최근에는 머신 러닝에 의한 방법도 연구되고 있다. 그리고, 본서에서 설명하고 있는 Modified T&F 및 EPV도 하나의 대안에 해당한다. 왜냐하면, 현금흐름을 선택함에 있어서, 평가 기준일 현재의 가치를 최대로 하는 현금흐름을 선택함으로써, 상기의 역설적인 경우들을 해소할 수 있기 때문이다.

3. 용어 사용의 주의

보편적으로, 파생상품을 평가함에 있어서는 CRR 2항 모형과 GS, T&F, EPV를 결합하여 평가하고 있다. 간혹, GS, T&F, EPV가 CRR 2항 모형과는 별개의 평가 방법인 것으로 오인하는 경우가 있는데, GS, T&F, EPV는 공정가치 평가 시 현금흐름 위험을 반영하는 방법에 해당하는 것이며, CRR 2항 모형과 결합된 것임에 주의하여야 한다. 즉, 이러한 현금흐름 위험 반영 방법은 CRR 2항 모형뿐만 아니라, 다른 2항 모형 또는 3항 모형과도 얼마든지 결합하여 사용이 가능하다. 이에 따라, 실무에서 평가할 시에는 파생상품의 평가 방법(CRR 2항 모형 등)과 현금흐름 위험 반영 방법(T&F 등)을 명시적으로 기재하여 주어야 한다.

본서 EPV에 대한 고찰

기대현재가치기법(EPV)은 2항 모형 상 모든 Node의 가치를 확실성 등가로 변환한 후, 무위험 이자율로만 할인하여 파생상품의 가치를 산정하는 방법에 해당한다. 즉, EPV를 적용하기 위하여는 모든 Node의 확실성 등가를 먼저 산정하여야 한다.

원칙적으로, 확실성 등가는 1) 각각의 Node에서 발생할 수 있는 모든 경우를 고려하고, 2) 그 각각의 경우별로 파생상품의 가치를 산정한 후, 3) 그 각각의 경우가 발생할 확률과 그 각각의 경우의 파생상품 가치를 곱한 값을 모두 합산한 금액(기대가치)으로 산출하여야 한다.

그러나, 본서에서 설명하는 확실성 등가는 1) 모든 위험 현금흐름에 대하여, 각각의 위험 현금흐름 별로 확실성 등가를 산정하고, 2) 그 확실성 등가에 기초하여 파생상품의 가치를 산출한다. 즉, 원칙적으로는 각각의 경우 별로 파생상품 가치를 먼저 산출한 후, 확실성 등가를 후에 산출하여야 하지만, 본서에서는 확실성 등가를 먼저 산출한 후, 파생상품 가치를 후에 산출한다.

이에 대하여, 보다 자세히 살펴 보자. 그리고, 각각의 Node에서 발생할 수 있는 모든 경우는 PD의 확률로 부도가 발생하는 경우와 1-PD의 확률로 부도가 발생하지 않는 경우 밖에 없다고 가정하자.

1. 원칙적 EPV 접근

앞에서 언급한 바와 같이, 먼저, 당해 Node에서 발생할 수 있는 모든 경우를 고려하여야 한다. 본 설명에서는 PD의 확률로 부도가 발생하는 경우와 1-PD의 확률로 부도가 발생하지 않는 경우 밖에 없다고 가정하였기 때문에, 모든 경우는 2가지가 있다.

그리고, 이제 각각의 Node 별, 경우별로 내재가치, 시간가치, 상품가치를 산정한 후, 당해 Node의 확실성 등가를 산정하여야 한다. 또한, 이는 다음과 같이 산정된다.

(ㄱ) 경우별 내재가치(IV_N)

	내재가치
경우 1 (부도 미발생 시)	IV_ND = MAX[MAT, PUT, CON]
경우 2 (부도 발생 시)	IV_DF = MAX[MAT_R, PUT_R, CON_R]

(*1) 부도가 발생하지 않은 경우의 내재가치는 MAT(만기 상환금액의 명목금액, 만기가 아닌 경우에는 0), PUT(풋옵션 행사가격의 명목금액, 풋옵션 행사 기간이 아닌 경우에는 0), CON(전환권 행사가치의 명목금액, 전환권 행사 기간이 아닌 경우에는 0) 중 최대가치에 해당한다.

(*2) 부도가 발생한 경우의 내재가치는 MAT_R(MAT 금액에 예상 회수율을 곱한 금액), PUT_R(PUT 금액에 예상 회수율을 곱한 금액), CON_R(CON 금액에 예상 회수율을 곱한 금액) 중 최대가치에 해당한다.

(*3) 상기에서, MAT_R, PUT_R, CON_R에 적용되는 예상 회수율은 각각 상이할 수 있으며, CON_R에는 부도로 인한 주가 추가 하락(Jump)도 반영된다.

(ㄴ) 경우별 시간가치(TV_N)

	시간가치
경우 1 (부도 미발생 시)	$TV\_ND = \dfrac{p_u \times FV_u + p_d \times FV_d}{e^{RF\_CYFWD \times dt}}$
경우 2 (부도 발생 시)	$TV\_DF = 0$

(*1) p_u : 주가 상승 확률(헤지 확률)

(*2) p_d : 주가 하락 확률$(1-p_u)$

(*3) FV_u : Next Time Step에서 주가가 상승하는 경우에 있어서의 최종 상품가치(하기 (ㄹ) 참조)

(*4) FV_d : Next Time Step에서 주가가 하락하는 경우에 있어서의 최종 상품가치(하기 (ㄹ) 참조)

(*5) RF_CYFWD : 당해 Time Step과 Next Time Step 간에 적용되는 무위험 CYFWD

(*6) 부도가 발생하지 않은 경우의 시간가치는 Next 2개 Node의 최종 상품가치(하기 (ㄹ) 참조)에 대한 기대가치를 RF_CYFWD를 적용하여 당해 Node의 가치로 할인한 가치에 해당한다. 여기에서, 할인율로 RF_CYFWD가 적용되는 사유는 최종 상품가치가 확실성 등가 금액에 해당하기 때문이다.

(*7) 부도가 발생한 경우의 시간가치는 없다. 왜냐하면, 공정가치 평가에 있어서, 부도가 발생하는 경우, 예상 회수가능가액으로 청산됨을 가정하기 때문이다.

(ㄷ) 경우별 상품가치(FV_N)

	상품가치
경우 1 (부도 미발생 시)	FV_ND = MAX[IV_ND, TV_ND] + INT
경우 2 (부도 발생 시)	FV_DF = MAX[IV_DF, TV_DF] + INT_R

(*1) 부도가 발생하지 않은 경우의 상품가치는 부도가 발생하지 않은 경우의 내재가치와 시간가치 중 큰 금액에 INT(액면이자의 명목금액, 당해 Time Step이 액면이자 지급일이 아닌 경우에는 0)를 합산한 금액에 해당한다.

(*2) 부도가 발생한 경우의 상품가치는 부도가 발생한 경우의 내재가치와 시간가치 중 큰 금액에 INT_R (INT 금액에 예상 회수율을 곱한 금액)를 합산한 금액에 해당한다. 다만, 부도가 발생한 경우의 상품가치는 시간가치가 0에 해당하기 때문에, 결과적으로, 부도가 발생한 경우의 내재가치와 액면이자의 회수 가능 금액의 합계에 해당한다.

㈃ 최종 상품가치(FV)

최종 상품가치(FV)는 각각의 경우가 발생할 확률과 그 각각의 경우의 상품가치를 곱한 값을 모두 합산한 기대가치로서 산출한다. 또한, 이는 확실성 등가 금액에 해당하며, 다음은 최종 상품가치를 산출하는 산식을 나타내는 내역에 해당한다.

$$FV = (1 - PD) \times FV\_ND + PD \times FV\_DF$$

상기와 같이 접근하는 방법이 Jarrow & Turnbull (1995, JT) 응용 모형, Ayache & Forsyth & Vetzal (2003, AFV) 모형 등이 해당한다. 그리고, JT 응용 모형은 기대현재가치기법의 방법 1을 지원하고, AFV는 기대현재가치기법의 방법 1 및 기대현재가치기법의 방법 2를 모두 지원한다. 즉, 이들 모형은 부도 발생 확률과 부도 시 회수율에 기초하여, 1) 각각의 Node의 확실성 등가를 산정한 후, 무위험 이자율로 할인하거나, 2) 위험 프리미엄을 산출한 후, 이를 할인율에 반영하는 모형에 해당한다. 또한, 이들 모형은 전환권 현금흐름에도 부도 시 회수율을 반영하여, 전환권 현금흐름도 위험 현금흐름으로 분류한다.

또한, 부도 발생 확률과 부도 시 회수율의 추정을 위하여, 포아송 부도 프로세스(Poisson Default Process), Credit Default Swap (CDS) Spread, CDS Premium Leg, CDS Protection Leg, 과거 회수 경험률 및 다양한 시장 정보 등을 사용한다. 아울러, 부도 발생 확률은 모든 Node에서 동일한 고정 확률을 사용할 수도 있지만, 당해 Node의 주가에 비례하는 변동 확률을 사용할 수도 있다. 그리고, 다음은 AFV 모형에서 제시하는 당해 Node의 주가에 비례하는 부도 발생 확률을 산정하는 산식에 해당한다.

$$PD = PD_0 \times \left(\frac{S}{S_0}\right)^\alpha$$

상기에서, PD는 당해 Node의 부도 발생 확률에 해당하고, PD_0는 평가 기준일 현재 부도 발생 확률에 해당하며, S_0는 평가 기준일 현재 주가에 해당하고, S는 당해 Node의 주가에 해당한다. 그리고, α는 Calibration을 통하여 산출되는 승수에 해당한다.

다만, 이들 모형은, 평가를 위하여 많은 기초 정보가 필요하지만, 상당한 정보가 공개되어 있지 않고, α 등 기초 변수를 산출하는 과정이 어렵기 때문에, T&F 등의 모형보다 사용 빈도가 낮게 나타나고 있다. 그러나, 이들 모형은 T&F 보다 합리적인 모형에 해당하기 때문에, 추후 기초 정보의 공개가 확대되는 경우에는 사용 빈도가 증가할 것으로 예상되고 있다.

2. 본서 EPV 접근

본서에서 사용하고 있는 EPV에 대한 설명을 위하여, 특정 Time Step에서의 무보정 T&F와 EPV의 내재가치를 비교하기로 한다. 특정 Time Step에서의 주가가 아래와 같이 주어져 있다고 가정하자. 그리고, 이 때의 PUT(풋옵션 행사가격의 명목금액)은 1,500.00이고, CECF_PUT(PUT의 확실성 등가)은 1,191.80이며, CECFF(확실성 등가 변환 계수)는 0.7945라고 가정하자. 그러면, 당해 Time Step에서의 무보정 T&F와 EPV의 내재가치는 다음과 같게 된다.

Node 번호	주가	무보정 T&F		EPV		차이
		선택	내재가치	선택	내재가치	
0	255,331.47	CON	255,331.47	CON	255,331.47	0.00
:	:	:	:	:	:	:
44	1,587.06	CON	1,587.06	CON	1,587.06	0.00
45	1,413.98	PUT	1,500.00	CON	1,413.98	86.02
46	1,259.78	PUT	1,500.00	CON	1,259.78	240.22
47	1,122.40	PUT	1,500.00	PUT	1,191.80	308.20
48	1,000.00	PUT	1,500.00	PUT	1,191.80	308.20
49	890.95	PUT	1,500.00	PUT	1,191.80	308.20
50	793.79	PUT	1,500.00	PUT	1,191.80	308.20
51	707.22	PUT	1,500.00	PUT	1,191.80	308.20
52	630.10	PUT	1,500.00	PUT	1,191.80	308.20
:	:	:	:	:	:	:
96	3.92	PUT	1,500.00	PUT	1,191.80	308.20

보편적으로, 무보정 T&F와 EPV 간에는 평가 결과에서 차이가 발생한다. 그리고, 그 사유는, 상기 Node 번호 45와 46에서 알 수 있는 바와 같이, 상호 방법에 있어서 선택하는

현금흐름의 종류가 달라지기 때문이다. 즉, 동 번호들에 있어서, 무보정 T&F는 PUT을 선택하게 되지만, EPV에서는 CON을 선택하게 되기 때문이다. 그리고, 이러한 현금흐름 선택 과정에서의 차이로 인하여, T&F 역설이 발생하게 된다.

T&F에서는 주식 등은 무위험 현금흐름으로 구분하고, 채권 등은 위험 현금흐름으로 구분하고 있다. 그리고, 이러한 사항은 본서 EPV도 마찬가지다. 다만, T&F는 현금흐름 위험을 할인율에 적용하고, 본서 EPV는 현금흐름 위험을 현금흐름에 적용하는 점과 T&F는 현금흐름 선택 시 명목금액을 기준으로 하고, 본서 EPV는 현금흐름 선택 시 확실성 등가(CECF)를 기준으로 하는 점이 다르다.

확실성 등가는 명목금액에서 기대 손실을 차감한 금액에 해당한다. 즉, 다음의 관계가 성립한다.

$$CECF = Nominal\ Cash\ Flow - Expected\ Loss$$

본서 EPV는 당해 Node에서 1) 위험 현금흐름의 명목금액이 전환가치(무위험 현금흐름)보다 작아서, 전환가치가 선택되는 경우에는 기대 손실을 반영하지 않고, 2) 위험 현금흐름의 명목금액이 전환가치(무위험 현금흐름)보다 커서, 위험 현금흐름이 선택되는 경우에만 기대 손실을 반영한다. 왜냐하면, 무위험 현금흐름은 위험이 없기 때문에, 기대 손실이 0에 해당하기 때문이다.

보편적으로, 위험 현금흐름의 기대 손실은 위험 현금흐름의 명목금액과 확실성 등가 간의 차이에 해당한다. 즉, 본 사례의 경우에는 위험 현금흐름의 기대 손실이 $PUT - CECF\_PUT = 308.20$에 해당한다. 그리고, 당해 Node에서 위험 현금흐름이 선택되는 경우에는, 원칙적으로, 동 금액이 모두 차감되어야 한다. 그러나, 본서 EPV에서는 위험 현금흐름이 선택되더라도, 전환가치(CON)가 CECF_PUT보다 큰 경우에는, 기대 손실을 모두 차감하지 않고, 일정 부분($PUT - CON$)까지만 차감한다. 왜냐하면, 무위험 현금흐름을 선택할 시의 기대 손실($PUT - CON$)이 위험 현금흐름을 선택할 시의 기대 손실($PUT - CECF\_PUT$)보다 작다면, 위험 현금흐름을 선택하는 대신 무위험 현금흐름을 선택함으로써, 일정 부분만큼의 기대 손실을 회피할 수 있기 때문이다. 즉, 본서 EPV에서 적용하고 있는 위험 현금흐름의 기대 손실은 다음과 같다.

$$Expected\ Loss = MAX[PUT - MAX(CON,\ CECF\_PUT), 0]$$

이에 따라, Node 번호 45와 46의 경우에는 위험 현금흐름의 기대 손실 = 308.20이 모두 차감되지 않고, 각각 86.02와 240.22만 차감되었다. 즉, 이러한 경우에는 위험 현금흐름 대신 무위험 현금흐름을 선택함으로써, 일정 부분만큼의 기대 손실을 회피할 수 있기 때문이다. 그러나, Node 번호 47 이상의 경우에는 CECF_PUT이 전환가치보다 크기 때문에, 위험 현금흐름의 기대 손실이 모두 차감되고 있다. 다만, Node 번호 44 이하의 경우에는 전환가치가 CECF_PUT보다 크기 때문에, 기대 손실이 발생하지 않고 있다.

3. 결론

상기에서 언급한 JT 응용 모형 및 AFV 모형은 부도 발생 확률과 부도 시 회수율을 모형 자체에서 명시적으로 반영하는 모형에 해당한다. 그러나, T&F와 본서 EPV는 부도 발생 확률과 부도 시 회수율을 할인율을 통하여 간접적으로 반영하는 모형에 해당한다. 즉, 이들 모형들은 위험 현금흐름에 대하여 당해 위험을 반영하는 과정만 서로 다를 뿐, 위험 현금흐름에 대하여 당해 위험을 반영하는 자체는 동일하다.

AFV 모형은 주식 등에도 위험(부도 발생 시 주가 추가 하락 등)을 반영한다. 그러나, T&F와 본서 EPV는 주식 등은 무위험으로 반영하고 있다. 그리고, 실제 부도 발생 시 주가가 추가적으로 하락하고 있는 현황을 고려하여 볼 때, T&F와 본서 EPV보다는 AFV가 보다 합리적인 모형에 해당한다. 다만, AFV 논문 자체에서도 Total Default라고 하여 주가 추가 하락률을 100.00%로 반영하는 성우와 Partial Default라고 하여 주가 추가 하락률을 0.00%로 반영하는 사례만 제공하고 있을 뿐, 실제 부도 발생 시 얼마만큼의 주가 추가 하락률을 반영할 지에 대하여는 언급하고 있지 않다. 결국, 부도 발생 시 주가 추가 하락률을 반영하기 위하여는 시장 경험률을 적용할 수밖에 없는 것으로 판단되지만, 현재 이러한 정보를 획득하는 것은 매우 어려운 상황에 해당한다.

AFV 모형은 주가 수준에 따른 부도 발생 확률을 반영하고 있다. 다만, 이를 반영하기 위하여는 α값 등 기초 정보가 필요하며, 이를 산출하는 과정이 쉽지 않다는 문제점이 있다. 그러나, T&F에서는 이를 전혀 반영하고 있지 않으며, 본서 EPV에서는 간접적으로 반영하고 있다. 왜냐하면, 앞에서 살펴 본 바와 같이, 본서 EPV는 주가 수준에 따라 기대 손실이 달라지기 때문이다.

결론적으로, 본서 EPV는 주식 등은 무위험 현금흐름으로 구분하고, 채권 등은 위험 현금흐름으로 구분하는 점에서는 T&F와 동일하다. 다만, 본서 EPV는 현금흐름 선택 과정에서 기대 손실을 최소화하는 선택을 함으로써, T&F 역설을 보완하고 있다. 그러나, 본서 EPV는 주식 등을 무위험 현금흐름으로 구분함으로써, 부도 발생 시 주가의 추가 하락 등을 반영하지 않고 있으며, 주가 수준에 따른 부도 발생 확률을 명시적으로 반영하지 못하고 있다. 이에 따라, 본서 EPV는, 이론적 측면에서, 동 사항 등을 명시적으로 반영하는 AFV 모형보다는 완성되지 못한 모형에 해당한다. 다만, AFV 모형은 여러 가지 제약으로 인하여, 현실적으로 사용이 쉽지 않은 바, 본서 EPV는 T&F와 AFV 사이에서 사용할 수 있는 하나의 대안에 해당한다.

Chapter 13

전환증권 Ⅱ – 차액 정산법

　총액 교환형 거래에 대하여는 총액 교환법을 적용하여 평가하고, 차액 정산형 거래에 대하여는 차액 정산법을 적용하여 평가하는 것이 가장 합리적이다. 그러나, 특정 사유로 인하여, 총액 교환형 거래라고 할지라도, 차액 정산법으로 평가하는 것이 유리할 때가 있다. 다만, 이러한 경우일지라도, 총액 교환법을 적용하여 평가하든, 차액 정산법을 적용하여 평가하든, 그 결과는 항상 일치하여야 한다. 본 부분에서는 총액 교환형 전환증권 거래와 관련하여, 총액 교환법으로 평가하든, 차액 정산법으로 평가하든, 그 결과가 항상 일치함을 보여주기 위하여, 총액 교환형 전환증권 거래를 차액 정산법으로 평가하는 과정에 대하여 설명한다. 즉, 평가의 과정에서 가장 중요한 부분은 총액 교환형 및 차액 정산형 등 거래 유형 자체에 해당하며, 이를 총액 교환법으로 평가하든, 차액 정산법으로 평가하든, 그 결과는 항상 일치하여야 한다.

　상기와 관련하여, 부연 설명하면, 거래 유형에는 차액 정산형 거래와 총액 교환형 거래가 있고, 이를 평가하는 방법에는 차액 정산법과 총액 교환법이 있다. 그리고, 이들의 관계는 다음과 같다.

		거래 유형	
		차액 정산형	총액 교환형
평가 방법	차액 정산법	가장 합리적	가능
	총액 교환법	가능	가장 합리적

- 차액 정산형 거래를 차액 정산법으로 평가하고, 총액 교환형 거래를 총액 교환법으로 평가하는 것이 가장 합리적인 방법에 해당한다.
- 차액 정산형 거래를 총액 교환법으로 평가할 수 있다. 다만, 이 때의 총액 교환법 적용

시, 주식 등 기초자산의 현금흐름 위험을 옵션의 행사가격 현금흐름 위험과 동일한 위험으로 가정하여 평가하여야 한다. 다만, 이러한 가정을 하는 경우에는 차액 정산형 거래를 차액 정산법으로 평가하는 경우와 동일하게 되므로, 실무에 있어서의 활용도는 거의 없다.

- 총액 교환형 거래를 차액 정산법으로 평가할 수 있다. 다만, 이 때의 차액 정산법 적용 시, 주식 등은 무위험 현금흐름으로 반영하고, 옵션 의무자의 지급 금액 등은 위험 현금흐름으로 반영하여야 한다.
- 차액 정산형 거래를 차액 정산법으로 평가하든, 총액 교환법으로 평가하든, 그 결과는 일치하여야 한다. 또한, 총액 교환형 거래를 총액 교환법으로 평가하든, 차액 정산법으로 평가하든, 그 결과는 일치하여야 한다.
- 차액 정산형 거래의 평가 결과와 총액 교환형 거래의 평가 결과는 일치하지 않는 경우가 대부분이다. 왜냐하면, 각각의 거래로부터 발생하는 현금흐름의 크기와 위험이 서로 상이하기 때문이다. 즉, 차액 정산형 거래는 현금흐름이 차액으로 발생하며, 동 차액에 대한 현금흐름 위험이 옵션 의무자의 위험에 해당하지만, 총액 교환형 거래는 현금흐름이 기초자산 및 옵션 행사가격의 총액으로 발생하며, 동 총액에 대한 현금흐름 위험이 각각 기초자산 위험과 옵션 행사가격 위험에 해당하기 때문이다.

본 부분에서는 상기 중 총액 교환형 거래를 차액 정산법으로 평가하는 과정에 대하여 설명한다. 다만, 설명은 Tsiveriotis & Fernandes(T&F), Expected Present Value(EPV)에 한하여 진행하며, Goldman Sachs(GS), Modified Goldman Sachs(Modified GS), Modified Tsiveriotis & Fernandes(Modified T&F)에 대하여는 진행하지 않는다. 왜냐하면, GS 및 Modified GS는 현금흐름 할인 과정과 현금흐름 선택 과정에서 문제점을 포함하고 있는 모형에 해당하며, Modified T&F의 결과는 EPV의 결과와 항상 일치하기 때문이다.

본 장에서는 앞에서 예시를 든 전환사채를 기초로 하여 설명한다. 또한, 주식에 대한 배당은 없는 것으로 가정하며, 평가 모형은 Cox-Ross-Rubinstein(CRR) 2항 모형으로 한다. 다음은 앞에서 예시를 든 전환사채에 대한 내역에 해당한다.

사례 1 **전환사채**

회사 A는 투자자 B에게 2024년 12월 31일 다음과 같은 전환사채를 발행하였다. 또한, 투자자 B는 전환권을 행사하여, 동 전환사채를 회사 A의 보통주로 전환할 수 있으며, 조기 상환권(풋옵션)을 행사하여, 만기 이전이라도 상환을 청구할 수 있다.

- 액면금액 및 발행금액 = 90,000
- 만기 = 5년
- 액면이자 = 0.500% (매년 말 후급)
- 전환가격 = 900 (사채 액면금액 900원 당 보통주 1주로 전환 가능)
- 전환권 행사 기간 = 1년 말부터 매년 말
- 풋옵션 행사 가격 = 90,000
- 풋옵션 행사 기간 = 3년 말부터 매년 말

항목	내역
보통주 주가	900
보통주 주가 변동성 (로그 수익률 변동성)	55.236%

RF	1	2	3	4	5
CYSPOT	4.000%	4.200%	4.400%	4.600%	4.800%
CYFWD	4.000%	4.400%	4.800%	5.200%	5.600%
DF	0.9608	0.9570	0.9531	0.9493	0.9455

RD	1	2	3	4	5
CYSPOT	9.000%	9.500%	10.000%	10.500%	11.000%
CYFWD	9.000%	10.000%	11.000%	12.000%	13.000%
DF	0.9139	0.9048	0.8958	0.8869	0.8781

(*1) RF : 무위험 이자율
(*2) RD : 발행자 위험 이자율
(*3) DF : CYFWD에 의한 1기간 할인 계수

상기 사례에 대한 미래 명목 현금흐름은 다음과 같다.

	1	2	3	4	5
액면이자	450.00	450.00	450.00	450.00	450.00
만기 상환금액					90,000.00
풋옵션 행사가격			90,000.00	90,000.00	90,000.00

또한, 상기 사례에 대한 dt, u, d, p_u, p_d 내역, 주가(S) Tree, 전환가치(CON) Tree는 다음과 같다.

	1	2	3	4	5
dt	1.00	1.00	1.00	1.00	1.00
u	173.734%	173.734%	173.734%	173.734%	173.734%
d	57.559%	57.559%	57.559%	57.559%	57.559%
p_u	40.045%	40.404%	40.764%	41.126%	41.490%
p_d	59.955%	59.596%	59.236%	58.874%	58.510%

S	0	1	2	3	4	5
0	900.00	1,563.61	2,716.53	4,719.55	8,199.48	14,245.32
1		518.03	900.00	1,563.61	2,716.53	4,719.55
2			298.17	518.03	900.00	1,563.61
3				171.63	298.17	518.03
4					98.79	171.63
5						56.86

CON	0	1	2	3	4	5
0	0.00	156,361.00	271,652.93	471,954.72	819,947.94	1,424,532.03
1		51,803.20	90,000.00	156,361.00	271,652.93	471,954.72
2			29,817.46	51,803.20	90,000.00	156,361.00
3				17,162.66	29,817.46	51,803.20
4					9,878.68	17,162.66
5						5,686.08

총액 교환형 거래에 해당하는 전환증권을 차액 정산법으로 평가하기 위하여는 내재가치를 다음의 방법 중 하나로 정의하여야 한다. 즉, 기초자산이 당해 Node에서의 액면이자가 제거된 사채(UA)이며, 행사가격이 전환권 행사가치(CON)와 풋옵션 행사가격(PUT) 중 큰 금액인 일종의 풋옵션으로서 반영하는 것이다. 다만, 본 부분에서는 방법 2로 접근하기로 한다.

$$내재가치 = \begin{cases} 방법\,1: \ MAX\,[MAX\,(CON,PUT) - UA,\ 0] \\ 방법\,2: \ MAX\,[CON - UA,\ PUT - UA,\ 0] \end{cases}$$

1 ▶ Tsiveriotis & Fernandes(T&F)

본 부분에서는 상기 사례의 전환사채에 대하여, T&F(Tsiveriotis & Fernandes)에 의하여 상환전환권을 평가하는 방법에 대하여 설명한다.

(STEP 1) Time Step 별 사채(주계약) 가치 및 기초자산 가치를 다음과 같이 산정한다. 여기에서, 기초자산은 사채 가치에서 액면이자를 차감하여 산정한다. 왜냐하면, 사채의 보유자는 상환권 또는 전환권을 행사하더라도 액면이자를 지급받기 때문에, 액면이자가 상환권 또는 전환권의 가치에 영향을 미치지 않기 때문이다.

BOND	0	1	2	3	4	5
INT_i		450.00	450.00	450.00	450.00	450.00
MAT_i						90,000.00
$CYFWD_i$		9.000%	10.000%	11.000%	12.000%	13.000%
DF_i		0.9139	0.9048	0.8958	0.8869	0.8781
B_i	53,597.55	58,645.06	64,315.49	71,291.65	79,873.73	90,450.00
UA_i	53,597.55	58,195.06	63,865.49	70,841.65	79,423.73	90,000.00

(*1) INT_i : i시점에서의 액면이자
(*2) MAT_i : i시점에서의 만기 상환금액. i시점이 만기가 아닌 경우에는 0.
(*3) 상기 현금흐름은 미래 명목 현금흐름에 해당한다.
(*4) $CYFWD_i$: Time Step = i-1과 Time Step = i 사이에 적용되는 발행자 위험 CYFWD
(*5) DF_i : i-1시점과 i 시점 사이에 적용되는 연속 선도이자율에 의한 1기간 할인 계수
(*6) B_i (Bond) : $MAT_i + INT_i + B_{i+1} \times DF_{i+1}$
(*7) UA_i (기초자산) : $B_i - INT_i$

(STEP 2) 무위험 내재가치(IVE) 및 위험 내재가치(IVD)를 다음과 같이 정의한다.

$$판단식 = MAX[CON(i, j) - UA_i, PUT(i, j) - UA_i, 0]$$

판단 결과	IVE	IVD
$CON(i, j) - UA_i$	$CON(i, j)$	$-UA_i$
$PUT(i, j) - UA_i$	0	$PUT(i, j) - UA_i$
0	0	0

(*1) $CON(i, j)$: 전환가치는 전환으로 인하여 획득할 보통주 주식수에 당해 Node의 주가를 곱하여 산정한다. 또한, 당해 Node에서 전환권을 행사할 수 없는 경우에는 0에 해당한다.

(*2) PUT(i, j) : 풋옵션 행사가격은 당해 Node에서 풋옵션을 행사하였을 경우에 획득할 가치로 산정한다. 또한, 당해 Node에서 풋옵션을 행사할 수 없는 경우에는 0에 해당한다.

(STEP 3) 무위험 내재가치(IVE) 및 위험 내재가치(IVD) Tree를 다음과 같이 산정한다.

IVE	0	1	2	3	4	5
0	0.00	156,361.00	271,652.93	471,954.72	819,947.94	1,424,532.03
1		0.00	90,000.00	156,361.00	271,652.93	471,954.72
2			0.00	0.00	90,000.00	156,361.00
3				0.00	0.00	0.00
4					0.00	0.00
5						0.00

IVD	0	1	2	3	4	5
0	0.00	(58,195.06)	(63,865.49)	(70,841.65)	(79,423.73)	(90,000.00)
1		0.00	(63,865.49)	(70,841.65)	(79,423.73)	(90,000.00)
2			0.00	19,158.35	(79,423.73)	(90,000.00)
3				19,158.35	10,576.27	0.00
4					10,576.27	0.00
5						0.00

(*1) 내재가치가 CON(i, j)−UA$_i$인 경우, 무위험 내재가치는 CON(i, j)가 되고, 위험 내재가치는 −UA$_i$이 된다. 또한, 내재가치가 PUT(i, j)−UA$_i$인 경우, 무위험 내재가치는 0이 되고, 위험 내재가치는 PUT(i, j)−UA$_i$이 된다.
(*2) 무위험 현금흐름은 무위험 내재가치 Tree에 계상하고, 위험 현금흐름은 위험 내재가치 Tree에 계상한다.

(STEP 4) 무위험 시간가치(TVE) 및 위험 시간가치(TVD) Tree를 다음과 같이 산정한다. 즉, 무위험 현금흐름에 대하여는 무위험 할인율로 할인하고, 위험 현금흐름에 대하여는 위험 할인율로 할인한다.

$$TVE(i,j) = p_u \times OVE(i+1,j) \times RF\_DF(i+1,j) + p_d \times OVE(i+1,j+1) \times RF\_DF(i+1,j+1)$$

$$TVD(i,j) = p_u \times OVD(i+1,j) \times RD\_DF(i+1,j) + p_d \times OVD(i+1,j+1) \times RD\_DF(i+1,j+1)$$

p_u : Time Step = i와 Time Step = i + 1 구간에 적용되는 헤지 확률
p_d : $1-p_u$
OVE(i, j) : N(i, j)에서의 무위험 옵션가치 (하기, 옵션가치 참조)
OVD(i, j) : N(i, j)에서의 위험 옵션가치 (하기, 옵션가치 참조)

RF_DF(i, j) : OVE(i, j)를 1구간 할인할 시의 무위험 할인계수
RD_DF(i, j) : OVD(i, j)를 1구간 할인할 시의 위험 할인계수

TVE	0	1	2	3	4	5
0	63,175.27	132,634.59	262,609.23	471,954.72	819,947.94	0.00
1		21,083.16	54,528.51	140,343.00	271,652.93	0.00
2			0.00	23,948.70	61,340.45	0.00
3				0.00	0.00	0.00
4					0.00	0.00
5						0.00

TVD	0	1	2	3	4	5
0	(4,245.38)	(21,837.26)	(49,978.30)	(70,092.07)	(79,028.59)	0.00
1		6,837.53	(6,612.53)	(45,947.23)	(79,028.59)	0.00
2			17,162.71	(6,437.31)	(32,788.63)	0.00
3				9,380.31	0.00	0.00
4					0.00	0.00
5						0.00

(*1) $TVE(4, 2) = p_u \times OVE(5, 2) \times RF\_DF(5, 2) + p_d \times OVE(5, 3) \times RF\_DF(5, 3)$
$= 41.490\% \times 156,361.00 \times 0.9455 + 58.510\% \times 0.00 \times 0.9455 = 61,340.45$

(*2) $TVD(4, 2) = p_u \times OVD(5, 2) \times RD\_DF(5, 2) + p_d \times OVD(5, 3) \times RD\_DF(5, 3)$
$= 41.490\% \times (90,000.00) \times 0.8781 + 58.510\% \times 0.00 \times 0.8781 = (32,788.63)$

(*3) $TVE(3, 2) = p_u \times OVE(4, 2) \times RF\_DF(4, 2) + p_d \times OVE(4, 3) \times RF\_DF(4, 3)$
$= 41.126\% \times 61,340.45 \times 0.9493 + 58.874\% \times 0.00 \times 0.9493 = 23,948.70$

(*4) $TVD(3, 2) = p_u \times OVD(4, 2) \times RD\_DF(4, 2) + p_d \times OVD(4, 3) \times RD\_DF(4, 3)$
$= 41.126\% \times (32,788.63) \times 0.8869 + 58.874\% \times 10,576.27 \times 0.8869 = (6,437.31)$

(STEP 5) 무위험 옵션가치(OVE) 및 위험 옵션가치(OVD) Tree를 다음과 같이 산정한다. 즉, 내재가치 합계가 시간가치 합계보다 큰 경우에는 내재가치를 옵션가치로 반영하고, 시간가치 합계가 내재가치 합계보다 큰 경우에는 시간가치를 옵션가치로 반영한다.

판단식 $= MAX[IVE(i, j) + IVD(i, j), TVE(i, j) + TVD(i, j)]$

판단 결과	OVE	OVD
IVE(i, j) + IVD(i, j)	IVE(i, j)	IVD(i, j)
TVE(i, j) + TVD(i, j)	TVE(i, j)	TVD(i, j)

OVE	0	1	2	3	4	5
0	63,175.27	132,634.59	262,609.23	471,954.72	819,947.94	1,424,532.03
1		21,083.16	54,528.51	140,343.00	271,652.93	471,954.72
2			0.00	0.00	61,340.45	156,361.00
3				0.00	0.00	0.00
4					0.00	0.00
5						0.00

OVD	0	1	2	3	4	5
0	(4,245.38)	(21,837.26)	(49,978.30)	(70,092.07)	(79,028.59)	(90,000.00)
1		6,837.53	(6,612.53)	(45,947.23)	(79,028.59)	(90,000.00)
2			17,162.71	19,158.35	(32,788.63)	(90,000.00)
3				19,158.35	10,576.27	0.00
4					10,576.27	0.00
5						0.00

(*1) MAX[IVE(4, 2) + IVD(4, 2), TVE(4, 2) + TVD(4, 2)]

   = MAX[90,000.00 + (79,423.73), 61,340.45 + (32,788.63)]

   = 61,340.45 + (32,788.63) = TVE(4, 2) + TVD(4, 2)에 해당하므로,

   OVE(4, 2) = TVE(4, 2) = 61,340.45

   OVD(4, 2) = TVD(4, 2) = (32,788.63)

(*2) MAX[IVE(3, 2) + IVD(3, 2), TVE(3, 2) + TVD(3, 2)]

   = MAX[0.00 + 19,158.35, 23,948.70 + (6,437.31)]

   = 0.00 + 19,158.35 = IVE(3, 2) + IVD(3, 2)에 해당하므로,

   OVE(3, 2) = IVE(3, 2) = 0.00

   OVD(3, 2) = IVD(3, 2) = 19,158.35

그리고, 상기 무위험 옵션가치 = OVE(0, 0) = 63,175.27와 위험 옵션가치 = OVD(0, 0) = (4,245.38)의 합계 = 58,929.89가 상환전환권의 가치에 해당한다.

2 Expected Present Value(EPV)

　본 부분에서는 상기 사례의 전환사채에 대하여, EPV(Expected Present Value)에 의하여 상환전환권을 평가하는 방법에 대하여 설명한다.

(STEP 1) 다음과 같이, 위험 현금흐름을 모두 확실성 등가로 변환한다. 본 사례의 경우, 위험 현금흐름은 액면이자, 만기 상환금액 및 풋옵션 행사가격에 해당하므로, 이를 확실성 등가로 변환한다.

		1	2	3	4	5
	액면이자	450.00	450.00	450.00	450.00	450.00
명목금액	만기 상환금액					90,000.00
	행사가격			90,000.00	90,000.00	90,000.00
RF_CYSPOT		4.000%	4.200%	4.400%	4.600%	4.800%
RD_CYSPOT		9.000%	9.500%	10.000%	10.500%	11.000%
CECFF		0.9512	0.8994	0.8454	0.7898	0.7334
	액면이자	428.05	404.74	380.41	355.40	330.05
CECF	만기 상환금액					66,010.23
	행사가격			76,081.85	71,080.26	66,010.23

(*1) RF_CYSPOT : 무위험 CYSPOT
(*2) RD_CYSPOT : 발행사 위험 CYSPOT
(*3) CECFF : 확실성 등가 변환 Factor $= e^{(RF\_CYSPOT - RD\_CYSPOT) \times T}$
　　$CECFF_4 = e^{(4.600\% - 10.500\%) \times 4} = 0.7898$
(*4) CECF : 확실성 등가 $=$ 명목 행사가격 $\times$ CECFF
　　행사가격 $CECF_4 = 90,000.00 \times 0.7898 = 71,080.26$

(STEP 2) Time Step 별 사채(주계약) 가치 및 기초자산 가치를 다음과 같이 산정한다. 여기에서, 기초자산은 사채 가치에서 액면이자를 차감하여 산정한다. 왜냐하면, 사채의 보유자는 상환권 또는 전환권을 행사하더라도 액면이자를 지급받기 때문에, 액면이자가 상환권 또는 전환권의 가치에 영향을 미치지 않기 때문이다.

BOND	0	1	2	3	4	5
INT_i		428.05	404.74	380.41	355.40	330.05
MAT_i						66,010.23
$CYFWD_i$		4.000%	4.400%	4.800%	5.200%	5.600%
DF_i		0.9608	0.9570	0.9531	0.9493	0.9455
B_i	53,597.55	55,784.91	57,846.94	60,266.67	63,082.73	66,340.28
UA_i	53,597.55	55,356.85	57,442.20	59,886.26	62,727.33	66,010.23

(*1) INT_i : i시점에서의 액면이자의 CECF

(*2) MAT_i : i시점에서의 만기 상환금액의 CECF. i시점이 만기가 아닌 경우에는 0.

(*3) 상기 현금흐름은 확실성 등가 현금흐름에 해당한다.

(*4) $CYFWD_i$: Time Step = i-1과 Time Step = i 사이에 적용되는 무위험 CYFWD

(*5) DF_i : i-1시점과 i 시점 사이에 적용되는 연속 선도이자율에 의한 1기간 할인 계수

(*6) B_i (Bond) : $MAT_i + INT_i + B_{i+1} \times DF_{i+1}$

(*7) UA_i (기초자산) : $B_i - INT_i$

(STEP 3) 내재가치(IV)를 다음과 같이 정의한다. 여기에서, 풋옵션 행사가격 및 UA_i는 CECF를 적용하여야 한다.

$$판단식 = MAX[CON(i, j) - UA_i, PUT(i, j) - UA_i, 0]$$

판단 결과	IV
$CON(i, j) - UA_i$	$CON(i, j) - UA_i$
$PUT(i, j) - UA_i$	$PUT(i, j) - UA_i$
0	0

(*1) 상기 현금흐름은 모두 무위험 현금흐름 또는 확실성 등가 현금흐름에 해당한다.

(*2) $CON(i, j)$: 전환가치는 전환으로 인하여 획득할 보통주 주식수에 당해 Node의 주가를 곱하여 산정한다. 또한, 당해 Node에서 전환권을 행사할 수 없는 경우에는 0에 해당한다.

(*3) $PUT(i, j)$: 풋옵션 행사가격은 당해 Node에서 풋옵션을 행사하였을 경우에 획득할 가치의 확실성 등가로 산정한다. 또한, 당해 Node에서 풋옵션을 행사할 수 없는 경우에는 0에 해당한다.

(STEP 4) 내재가치 Tree를 다음과 같이 산정한다.

IV	0	1	2	3	4	5
0	0.00	101,004.15	214,210.73	412,068.46	757,220.61	1,358,521.80
1		0.00	32,557.80	96,474.75	208,925.60	405,944.50
2			0.00	16,195.59	27,272.67	90,350.78
3				16,195.59	8,352.93	0.00
4					8,352.93	0.00
5						0.00

(*1) $IV(4, 2) = MAX[90,000.00 - 62,727.33, 71,080.26 - 62,727.33, 0] = 27,272.67$
(*2) $IV(3, 2) = MAX[51,803.20 - 59,886.26, 76,081.85 - 59,886.26, 0] = 16,195.59$

(STEP 5) 시간가치(TV) Tree를 다음과 같이 산정한다.

$$TV(i,j) = p_u \times OV(i+1,j) \times RF\_DF(i+1,j) + p_d \times OV(i+1,j+1) \times RF\_DF(i+1,j+1)$$

p_u : Time Step = i와 Time Step = i + 1 구간에 적용되는 헤지 확률
p_d : $1 - p_u$
$OV(i, j)$: $N(i, j)$에서의 옵션가치 (하기, 옵션가치 참조)
$RF\_DF(i, j)$: $OV(i, j)$를 1구간 할인할 시의 무위험 할인계수

TV	0	1	2	3	4	5
0	59,801.90	112,606.57	217,657.51	412,702.12	757,532.68	0.00
1		28,603.92	49,885.99	101,501.34	209,237.68	0.00
2			16,334.59	18,506.89	35,444.63	0.00
3				7,929.68	0.00	0.00
4					0.00	0.00
5						0.00

(*1) $TV(4, 2) = p_u \times OV(5, 2) \times RF\_DF(5, 2) + p_d \times OV(5, 3) \times RF\_DF(5, 3)$
$= 41.490\% \times 90,350.78 \times 0.9455 + 58.510\% \times 0.00 \times 0.9455 = 35,444.63$
(*2) $TV(3, 2) = p_u \times OV(4, 2) \times RF\_DF(4, 2) + p_d \times OV(4, 3) \times RF\_DF(4, 3)$
$= 41.126\% \times 35,444.63 \times 0.9493 + 58.874\% \times 8,352.93 \times 0.9493 = 18,506.89$

(STEP 6) 옵션가치(OV) Tree를 다음과 같이 산정한다.

$$OV(i,j) = MAX[IV(i,j), \ TV(i,j)]$$

OV	0	1	2	3	4	5
0	59,801.90	112,606.57	217,657.51	412,702.12	757,532.68	1,358,521.80
1		28,603.92	49,885.99	101,501.34	209,237.68	405,944.50
2			16,334.59	18,506.89	35,444.63	90,350.78
3				16,195.59	8,352.93	0.00
4					8,352.93	0.00
5						0.00

(*1) OV(4, 2) = MAX[IV(4, 2), TV(4, 2)] = MAX[27,272.67, 35,444.63] = 35,444.63
(*2) OV(3, 2) = MAX[IV(3, 2), TV(3, 2)] = MAX[16,195.59, 18,506.89] = 18,506.89

그리고, 상기 옵션가치 = OV(0, 0) = 59,801.90가 상환전환권의 가치에 해당한다.

3 　평가 방법 간 비교

지금까지의 평가 결과를 요약하면 다음과 같다. 아울러, 참고 목적으로서, Modified T&F에 의한 평가 결과도 함께 기재한다.

평가 방법	구분	T&F	Modified T&F	EPV
총액 교환법	전환사채	112,527.44	113,399.45	113,399.45
	사채	53,597.55	53,597.55	53,597.55
	상환전환권	58,929.89	59,801.90	59,801.90
차액 정산법	상환전환권	58,929.89	59,801.90	59,801.90

(*) 총액 교환법에 의한 결과는 Chapter 12 참조

상기에서 알 수 있는 바와 같이, 총액 교환형 거래에 해당하는 전환증권을 총액 교환법과 차액 정산법으로 평가한 결과는 모두 일치한다. 또한, Modified T&F와 EPV는 항상 일치한다.

Chapter **14**

전환증권 Ⅲ- Refixing

보편적으로, 전환증권에 있어서는 하나 이상의 전환가격 조정(Refixing) 조건을 포함하고 있다. 그리고, 다음은 이러한 전환가격 조정 조건 중 일부 사례를 열거한 내역에 해당한다.

(ㄱ) 무상증자, 주식분할, 주식병합 등에 따른 전환가격 조정

(ㄴ) 유상증자, 전환증권 추가 발행 등에 따른 전환가격 조정

(ㄷ) 합병, 분할 등에 따른 전환가격 조정

(ㄹ) 영업 성과에 따른 전환가격 조정

(ㅁ) 시가 변동에 따른 전환가격 조정

(ㅂ) IPO 공모가격에 따른 전환가격 조정

전환가격이 조정되는 경우, 이는 전환증권의 가치에 영향을 미치게 된다. 이에 따라, 전환 가격 조정 조건은 전환증권의 평가 과정에서 매우 중요한 사항에 해당한다. 다만, 전환가격 조정 조건의 반영은 전환가격 조정 조건들의 미래 발생 가능성을 합리적으로 예측할 수 있을 때에 한하여 반영되어야 한다.

본 장에서는 상기 사례와 같은 전환가격 조정 조건을 평가의 과정에 반영하는 방법에 대하여 설명한다. 그리고, 설명을 위하여 앞 장에서 예시한 전환사채를 예시로 든다. 또한, 주식에 대한 배당은 없는 것으로 가정하며, 평가 모형은 Cox–Ross–Rubinstein(CRR) 2항 모형으로 한다. 다음은 앞에서 예시를 든 전환사채에 대한 내역에 해당한다.

회사 A는 투자자 B에게 2024년 12월 31일 다음과 같은 전환사채를 발행하였다. 또한, 투자자 B는 전환권을 행사하여, 동 전환사채를 회사 A의 보통주로 전환할 수 있으며, 조기 상환권(풋옵션)을 행사하여, 만기 이전이라도 상환을 청구할 수 있다.

- 액면금액 및 발행금액 = 90,000
- 만기 = 5년
- 액면이자 = 0.500% (매년 말 후급)
- 전환가격 = 900 (사채 액면금액 900원 당 보통주 1주로 전환 가능)
- 전환권 행사 기간 = 1년 말부터 매년 말
- 풋옵션 행사가격 = 90,000
- 풋옵션 행사 기간 = 3년 말부터 매년 말

항목	내역
보통주 주가	900
보통주 주가 변동성 (로그 수익률 변동성)	55.236%

RF	1	2	3	4	5
CYSPOT	4.000%	4.200%	4.400%	4.600%	4.800%
CYFWD	4.000%	4.400%	4.800%	5.200%	5.600%
DF	0.9608	0.9570	0.9531	0.9493	0.9455

RD	1	2	3	4	5
CYSPOT	9.000%	9.500%	10.000%	10.500%	11.000%
CYFWD	9.000%	10.000%	11.000%	12.000%	13.000%
DF	0.9139	0.9048	0.8958	0.8869	0.8781

(*1) RF : 무위험 이자율
(*2) RD : 발행자 위험 이자율
(*3) DF : CYFWD에 의한 1기간 할인 계수

상기 사례에 대한 미래 현금흐름은 다음과 같다.

	1	2	3	4	5
액면이자	450.00	450.00	450.00	450.00	450.00
만기 상환금액					90,000.00
풋옵션 행사가격			90,000.00	90,000.00	90,000.00

또한, 상기 사례에 대한 dt, u, d, p_u, p_d 내역과 주가 Tree는 다음과 같다.

	1	2	3	4	5
dt	1.00	1.00	1.00	1.00	1.00
u	173.734%	173.734%	173.734%	173.734%	173.734%
d	57.559%	57.559%	57.559%	57.559%	57.559%
p_u	40.045%	40.404%	40.764%	41.126%	41.490%
p_d	59.955%	59.596%	59.236%	58.874%	58.510%

S	0	1	2	3	4	5
0	900.00	1,563.61	2,716.53	4,719.55	8,199.48	14,245.32
1		518.03	900.00	1,563.61	2,716.53	4,719.55
2			298.17	518.03	900.00	1,563.61
3				171.63	298.17	518.03
4					98.79	171.63
5						56.86

아울러, 현금흐름 위험을 평가의 과정에 반영하는 방법과 관련하여서는 무보정 T&F와 EPV에 한하여 설명한다.

1 ▷ 기본 반영 방법

전환가격 조정 조건이 있는 경우, 당해 Time Step이 전환가격 조정일에 해당하는지의 여부에 따라, 당해 Time Step에 속해 있는 Node들의 전환가격 반영 과정이 달라지게 된다.

1. 당해 Time Step이 전환가격 조정일에 해당하는 경우

당해 Time Step이 전환가격 조정일에 해당하는 경우에는 당해 Time Step에 속해 있는 모든 Node들의 전환가격을 투자 계약 상의 전환가격 조정 내역을 반영하여 조정해 준다. 이에 대하여는 하기에서 자세히 설명하기로 한다.

2. 당해 Time Step이 전환가격 조정일에 해당하지 않는 경우

당해 Time Step이 전환가격 조정일에 해당하지 않는 경우에는 당해 Time Step에 속해 있는 모든 Node들의 전환가격을 직전 Time Step의 Node들의 전환가격을 고려하여 산정해 준다. 그리고, 이를 반영하는 방법에는 다음과 같은 방법이 있다.

$$\text{방법} = \begin{cases} 1: & \text{UPDN 방법} \\ 2: & \text{DNUP 방법} \\ 3: & \text{헤지 확률 가중 방법} \\ 4: & \text{경로의 수 가중 방법} \\ 5: & \text{헤지 확률 \& Node 확률 가중 방법} \end{cases}$$

(1) 방법 1 : UPDN 방법

UPDN 방법은 당해 Node에 도달하는 직전 Time Step의 1개~2개의 Node 중, 직전 상위 Node의 전환가격을 당해 Node의 전환가격으로 반영하는 방법에 해당한다. 다만, 당해 Node가 최상위 Node에 해당하여, 직전 상위 Node가 없는 경우에는 직전 하위 Node의 전환가격으로 반영한다. 그리고, 이를 요약하면 다음과 같다.

	$CP(i, j)$
$j = 0$인 경우	$CP(i-1, j)$
상기 이외의 경우	$CP(i-1, j-1)$

(*) $CP(i, j)$: $N(i, j)$에서의 전환가격

예를 들어, $N(3, 1)$의 전환가격 $CP(3, 1) = 900$이고, $N(3, 2)$의 전환가격 $CP(3, 2) = 850$이라면, $N(4, 2)$의 전환가격 $CP(4, 2)$는 다음과 같이 산정된다.

$$CP(4, 2) = CP(3, 1) = 900$$

(2) 방법 2 : DNUP 방법

DNUP 방법은 당해 Node에 도달하는 직전 Time Step의 1개~2개의 Node 중, 직전 하위 Node의 전환가격을 당해 Node의 전환가격으로 반영하는 방법에 해당한다. 다만, 당해 Node가 최하위 Node에 해당하여, 직전 하위 Node가 없는 경우에는 직전 상위 Node의 전

환가격으로 반영한다. 그리고, 이를 요약하면 다음과 같다.

	CP(i, j)
j = i인 경우	CP(i−1, j−1)
상기 이외의 경우	CP(i−1, j)

예를 들어, N(3, 1)의 전환가격 CP(3, 1) = 900이고, N(3, 2)의 전환가격 CP(3, 2) = 850이라면, N(4, 2)의 전환가격 CP(4, 2)는 다음과 같이 산정된다.

$$CP(4, 2) = CP(3, 2) = 850$$

(3) 방법 3 : 헤지 확률 가중 방법

헤지 확률 가중 방법은 당해 Node에 도달하는 직전 Time Step의 1개~ 2개의 Node 중, 직전 상위 Node의 전환가격과 직전 하위 Node의 전환가격을 헤지 확률로 가중평균한 전환가격을 당해 Node의 전환가격으로 반영하는 방법에 해당한다. 다만, 당해 Node가 최상위 Node에 해당하여, 직전 상위 Node가 없는 경우에는 직전 하위 Node의 전환가격으로 반영하고, 당해 Node가 최하위 Node에 해당하여, 직전 하위 Node가 없는 경우에는 직전 상위 Node의 전환가격으로 반영한다. 그리고, 이를 요약하면 다음과 같다.

	CP(i, j)
j = 0인 경우	CP(i−1, j)
j = i인 경우	CP(i−1, j−1)
상기 이외의 경우	$p_d \times$ CP(i−1, j−1) + $p_u \times$ CP(i−1, j)

(*1) p_u : Time Step = i−1과 Time Step = i 사이에 적용되는 헤지 확률
(*2) p_d : 1−p_u
(*3) 직전 상위 Node에서는 주가가 하락하는 경로로 당해 Node에 도달하기 때문에, 적용 확률이 p_d가 되고, 직전 하위 Node에서는 주가가 상승하는 경로로 당해 Node에 도달하기 때문에, 적용 확률이 p_u가 됨에 주의하여야 한다.

예를 들어, N(3, 1)의 전환가격 CP(3, 1) = 900이고, N(3, 2)의 전환가격 CP(3, 2) = 850이라면, N(4, 2)의 전환가격 CP(4, 2)는 다음과 같이 산정된다. 여기에서, p_u 및 p_d는 상기 사례에서 언급한 값에 해당하며, 각각 41.126% 및 58.874%에 해당한다.

$$CP(4, 2) = p_d \times CP(3, 1) + p_u \times CP(3, 2) = 58.874\% \times 900 + 41.126\% \times 850 = 879.44$$

(4) 방법 4 : 경로의 수 가중 방법

N(0, 0)에서 N(2, 1)에 도달하는 주가 경로의 수는 총 2개가 있다. 즉, 주가 상승 → 주가 하락, 주가 하락 → 주가 상승의 경우이다. 또한, N(0, 0)에서 N(3, 1)에 도달하는 주가 경로의 수는 총 3개가 있다. 즉, 주가 상승 → 주가 상승 → 주가 하락, 주가 상승 → 주가 하락 → 주가 상승, 주가 하락 → 주가 상승 → 주가 상승의 경우이다. 그리고, 일반적으로, N(0, 0)에서 N(i, j)에 도달하는 주가 경로의 수는 다음과 같이 산출한다.

$$NOC(i, j) = COMBIN(i, j)$$

NOC(i, j) : N(0, 0)에서 N(i, j)에 도달하는 주가 경로의 수
COMBIN(i, j) : i개에서 j개를 뽑는 엑셀 조합 함수

상기의 산식을 통하여 산출한 NOC Tree는 다음과 같다.

NOC	0	1	2	3	4	5
0	1	1	1	1	1	1
1		1	2	3	4	5
2			1	3	6	10
3				1	4	10
4					1	5
5						1

경로의 수 가중 방법은 당해 Node에 도달하는 직전 Time Step의 1개~2개의 Node 중, 직전 상위 Node의 전환가격과 직전 하위 Node의 전환가격에 대하여, 직전 상위 Node의 경로의 수와 직전 하위 Node의 경로의 수로 가중평균한 전환가격을 당해 Node의 전환가격으로 반영하는 방법에 해당한다. 다만, 당해 Node가 최상위 Node에 해당하여, 직전 상위 Node가 없는 경우에는 직전 하위 Node의 전환가격으로 반영하고, 당해 Node가 최하위 Node에 해당하여, 직전 하위 Node가 없는 경우에는 직전 상위 Node의 전환가격으로 반영한다. 그리고, 이를 요약하면 다음과 같다.

	CP(i, j)
j = 0인 경우	CP(i−1, j)
j = i인 경우	CP(i−1, j−1)
상기 이외의 경우	$\dfrac{NOC(i-1,\ j-1)\times CP(i-1,\ j-1)+NOC(i-1,\ j)\times CP(i-1,\ j)}{NOC(i-1,\ j-1)+NOC(i-1,\ j)}$

예를 들어, N(3, 1)의 전환가격 CP(3, 1) = 900이고, N(3, 2)의 전환가격 CP(3, 2) = 850 이라면, N(4, 2)의 전환가격 CP(4, 2)는 다음과 같이 산정된다.

$$CP(4,2)=\frac{NOC(3,1)\times CP(3,1)+NOC(3,2)\times CP(3,2)}{NOC(3,1)+NOC(3,2)}=\frac{3\times900+3\times850}{3+3}=875.00$$

(5) 방법 5 : 헤지 확률 & Node 확률 가중 방법

앞서 주가 N항 모형에서 설명한 바와 같이, N(i, j)의 2항 확률 분포에 의한 Node 확률 NP(i, j)는 다음과 같다. 여기에서, p_u 및 p_d는 상기 사례에서 언급한 값에 해당한다.

구분	NP(i, j)
j = 0	$NP(i-1,\ j)\times p_u$
j = i	$NP(i-1,\ j-1)\times p_d$
상기 이외	$NP(i-1,\ j-1)\times p_d+NP(i-1,\ j)\times p_u$

NP	0	1	2	3	4	5
0	100.000%	40.045%	16.180%	6.595%	2.712%	1.125%
1		59.955%	48.089%	29.187%	15.887%	8.178%
2			35.731%	43.052%	34.889%	23.771%
3				21.166%	34.051%	34.541%
4					12.461%	25.093%
5						7.291%
합계	100.000%	100.000%	100.000%	100.000%	100.000%	100.000%

헤지 확률 & Node 확률 가중 방법은 당해 Node에 도달하는 직전 Time Step의 1개~2개 의 Node 중, 직전 상위 Node의 전환가격과 직전 하위 Node의 전환가격에 대하여, 직전 상 위 Node의 Node 확률 및 헤지 확률과 직전 하위 Node의 Node 확률 및 헤지 확률로 2 중

가중평균한 전환가격을 당해 Node의 전환가격으로 반영하는 방법에 해당한다. 다만, 당해 Node가 최상위 Node에 해당하여, 직전 상위 Node가 없는 경우에는 직전 하위 Node의 전환가격으로 반영하고, 당해 Node가 최하위 Node에 해당하여, 직전 하위 Node가 없는 경우에는 직전 상위 Node의 전환가격으로 반영한다. 그리고, 이를 요약하면 다음과 같다.

	CP(i, j)
j = 0인 경우	CP(i−1, j)
j = i인 경우	CP(i−1, j−1)
상기 이외의 경우	$\dfrac{p_d \times NP(i-1,j-1) \times CP(i-1,j-1) + p_u \times NP(i-1,j) \times CP(i-1,j)}{p_d \times NP(i-1,j-1) + p_u \times NP(i-1,j)}$

예를 들어, N(3, 1)의 전환가격 CP(3, 1) = 900이고, N(3, 2)의 전환가격 CP(3, 2) = 850이라면, N(4, 2)의 전환가격 CP(4, 2)는 다음과 같이 산정된다.

$$CP(4, \ 2) = \frac{p_d \times NP(3, \ 1) \times CP(3, 1) + p_u \times NP(3, \ 2) \times CP(3, \ 2)}{p_d \times NP(3, \ 1) + p_u \times NP(3, \ 2)}$$

$$= \frac{58.874\% \times 29.187\% \times 900 + 41.126\% \times 43.052\% \times 850}{58.874\% \times 29.187\% + 41.126\% \times 43.052\%} = 874.63$$

(6) 주의 사항

전환가격 조정 조건이 있는 경우, 2항 모형 각각의 Node들의 전환가격은 주가 Path에 의한 영향을 받으며, 이로 인하여, 하나의 Node에는 여러 개의 전환가격이 존재하게 된다. 예를 들면, N(3, 1)의 전환가격 CP(3, 1) = 900이고, N(3, 2)의 전환가격 CP(3, 2) = 850이라면, 주가 Path가 N(3, 1)을 경유하면 N(4, 2)의 전환가격 CP(4, 2) = 900이 되고, 주가 Path가 N(3, 2)를 경유하면 N(4, 2)의 전환가격 CP(4, 2) = 850이 된다. 그리고, 전환가격이 900인 경우와 전환가격이 850인 경우에는 전환권 가치가 달라지게 된다. 아울러, 이렇게 주가 Path에 따라 옵션의 가치가 달라지는 옵션을 Path Dependent Option(경로 의존 옵션)이라고 부른다.

Path Dependent Option의 가치를 가장 정확하게 산정하는 방법은 모든 Path를 고려하고, 각각의 Path 별로 가치를 산정하는 방법 밖에 없다. 그러나, 이는 실무적으로 거의 불가능한 접근법에 해당한다. 왜냐하면, 총 Time Step 수가 N개인 2항 모형에 있어서는 발생 가능한 주가 Path의 수가 총 2^N개가 되기 때문이다.

Path Dependent Option에서 모든 Path를 고려하는 접근법이 실무적으로 거의 불가능하기 때문에, 실무에서는 근사값으로 평가를 진행할 수밖에 없다. 그리고, 이러한 근사값으로 평가하는 방식으로서, 앞서 언급한 바와 같이, 5개의 방법이 사용되고 있다.

다만, UPDN 방식과 DNUP 방식은 사용하지 않는 것이 바람직하다. 왜냐하면, 최상위 Node와 최하위 Node를 제외한 모든 Node에서는 직전 상위 Node에서 오는 전환가격과 직전 하위 Node에서 오는 전환가격이 모두 존재하게 되는데, 이 중 특정 전환가격을 선택하여 평가를 진행하게 되면, 평가 결과가 왜곡되기 때문이다. 즉, 이러한 선택의 결과는 평가 결과를 최소(UPDN 선택의 경우) 또는 최대(DNUP 선택의 경우)로 만들게 된다. 그러나, 직전 상위 Node에서 오는 전환가격과 직전 하위 Node에서 오는 전환가격을 모두 고려하게 되면, 그 결과는 UPDN 방식의 결과와 DNUP 방식의 결과 사이에 위치하게 된다. 이에 따라, UPDN 방식과 DNUP 방식은 참고 목적으로서 만 사용하는 것이 바람직하다.

앞서 설명한 5개의 방법 중 가장 합리적인 방법은 방법 5에 해당한다. 왜냐하면, 특정 Node에 도달하는 전환가격은 직전 상위 Node에서 오는 전환가격과 직전 하위 Node에서 오는 전환가격 2개가 존재하고 있는데, 직전 상위 Node의 Node 확률과 직전 하위 Node의 Node 확률이 동일하지 않기 때문이다. 즉, Node 확률이 높으면 높을수록, 그 Node를 통하여 도달했을 가능성이 더 높을 수밖에 없기 때문에, 이를 평가의 과정에 반영해 주는 것이 타당하기 때문이다.

방법 4의 경우, 2항 모형 전체에 대하여, 선도이자율 대신 단일 이자율을 적용하는 경우에는 그 결과가 방법 5와 일치하게 된다. 즉, 2항 모형 전체에 대하여, 단일 이자율이 적용되어, p_u와 p_d가 변동하지 않는 경우, 방법 4와 방법 5는 일치한다. 다음은 이를 증명하는 과정에 해당한다.

2항 모형 전체에 대하여, 단일 이자율이 적용되어, p_u와 p_d가 변동하지 않으면, 다음의 관계식이 성립한다.

$$NP(i,j) = COMBIN(i,j) \times p_u^{i-j} \times p_d^j = NOC(i,j) \times p_u^{i-j} \times p_d^j$$
$$p_d \times NP(i-1, j-1) = p_d \times NOC(i-1,j-1) \times p_u^{i-1-(j-1)} \times p_d^{j-1} = NOC(i-1,j-1) \times p_u^{i-j} \times p_d^j$$
$$p_u \times NP(i-1, j) = p_u \times NOC(i-1,j) \times p_u^{i-1-j} \times p_d^j = NOC(i-1,j) \times p_u^{i-j} \times p_d^j$$

이를 방법 5의 산식에 대입한 후 정리하면, 다음과 같다.

$$CP(i,j) = \frac{p_d \times NP(i-1,\ j-1) \times CP(i-1,\ j-1) +\ p_u \times NP(i-1,\ j) \times CP(i-1,\ j)}{p_d \times NP(i-1,\ j-1) +\ p_u \times NP(i-1,\ j)}$$

$$= \frac{NOC(i-1,j-1) \times p_u^{i-j} \times p_d^j \times CP(i-1,j-1) +\ NOC(i-1,j) \times p_u^{i-j} \times p_d^j \times CP(i-1,j)}{NOC(i-1,j-1) \times p_u^{i-j} \times p_d^j +\ NOC(i-1,j) \times p_u^{i-j} \times p_d^j}$$

$$= \frac{NOC(i-1,j-1) \times CP(i-1,j-1) +\ NOC(i-1,j) \times CP(i-1,j)}{NOC(i-1,j-1) + NOC(i-1,j)}$$

즉, 2항 모형 전체에 대하여, 단일 이자율이 적용되어, p_u와 p_d가 변동하지 않으면, 방법 5에 의한 결과와 방법 4에 의한 결과가 동일하다. 그러나, 보편적으로, 2항 모형 전체에 대하여 선도이자율을 적용하고 있는 바, 방법 5가 가장 합리적인 방법에 해당한다.

2 특정 Event Refixing

도입 부분에서 설명한 특정 Event Refixing 중 (ㄱ), (ㄴ), (ㄷ)은 미래의 특정 Event에 기초하여 전환가격이 조정되는 사항들에 해당한다. 그리고, 보편적으로, 이러한 특정 Event의 미래 발생 가능성은 합리적으로 예측하기가 어렵다. 이에 따라, 보편적으로, 동 사항들은 전환증권 평가 시에 고려하지 아니한다. 다만, 평가 기준일 현재, 1) 이러한 특정 Event와 관련한 계약이 체결되어 있고, 2) 이러한 계약 정보가 공개되어 있으며, 3) 이러한 계약의 이행이 강제되거나, 후속적으로 계약의 이행이 확인되는 경우에는 동 사항들을 전환증권 평가 시에 반영하여야 한다.

1. 평가 기준일 현재 미래 Event가 확정되어 있지 않은 경우

평가 기준일 현재, 1) 미래 Event와 관련한 계약이 체결되어 있지 않거나, 2) 계약이 체결되어 있다고 할지라도, 이러한 계약 정보가 공개되어 있지 않거나, 3) 계약 정보가 공개되어 있다고 할지라도, 이러한 계약의 이행이 강제되지 않고, 후속적으로도 계약의 이행이 확인되지 않는 경우에는 전환증권 평가 시에 이를 반영하지 아니한다. 왜냐하면, 이러한 특정 Event는 미래의 발생 가능성을 합리적으로 예측하기가 어렵기 때문이다.

2. 평가 기준일 현재 미래 Event가 확정되어 있는 경우

평가 기준일 현재, 미래 Event와 관련한 계약이 체결되어 있고, 이러한 계약 정보가 공개되어 있으며, 이러한 계약의 이행이 강제되거나, 후속적으로 계약의 이행이 확인되는 경우, 이는 전환증권 평가 시에 반영하여야 한다. 예를 들어, 평가 기준일로부터 가까운 미래에 제3자 유상증자 계획이 있고, 1) 이러한 유상증자와 관련한 계약이 체결되어 있으며, 2) 이러한 계약 내역이 공개되어 있고, 3) 이러한 계약의 이행이 강제되거나, 후속적으로 계약의 이행이 확인된다면, 당해 유상증자로 인하여 변동하게 될 전환가격을 평가의 과정에 반영하여 주어야 한다. 왜냐하면, 이는 시장에서 충분히 예측가능한 Event에 해당하기 때문에, 이러한 정보는 평가 기준일 현재의 전환증권 가치에 반영된다고 가정하는 것이 합리적이기 때문이다.

그리고, 이러한 사항을 평가의 과정에 반영하는 방법으로서, 당해 Event 발생일에 해당하는 Time Step의 모든 Node의 전환가격을, Event(유상증자)로 인하여 변동하게 될 전환가격으로 조정해 주어야 한다.

> **사례 2**　유상증자 전환가격
>
> 사례 1 전환사채와 관련하여, 발행일 현재에 다음과 같은 유상증자 관련 전환가격 조정 조건이 있다고 가정한다.
>
> 발행일 현재 회사 A는 투자자 C와 2025년 12월 31일에 유상증자를 진행하기로 하는 계약을 체결하고 있었다. 이러한 계약 정보는 평가 기준일 현재 공개되어 있었으며, 이러한 계약은 반드시 이행되어야 한다. 그리고, 이러한 계약이 이행되고 나면, 사례 1 전환사채의 전환가격은 900에서 850으로 하락하게 된다.

다만, 상기 사례에 대하여, 전환가격 조정 방법은 UPDN 방법을 적용하기로 한다. 그리고, 상기 유상증자로 인한 주가 변동 효과(권리락 효과)는 없는 것으로 가정한다.

(1) 전환가격 Tree

다음은 전환가격 변동에 대하여, UPDN 방식을 적용하였을 경우의 전환가격 Tree에 해당한다.

CP	0	1	2	3	4	5
0	900.00	850.00	850.00	850.00	850.00	850.00
1		850.00	850.00	850.00	850.00	850.00
2			850.00	850.00	850.00	850.00
3				850.00	850.00	850.00
4					850.00	850.00
5						850.00

(*1) 발행일로부터 1년 후 시점인 Time Step = 1에서의 전환가격은 모두 850.00으로 변경된다.
(*2) UPDN 방식에 해당하므로, N(2, 1)에서의 전환가격 CP(2, 1)은 N(1, 0)에서의 전환가격 CP(1, 0)과 동일하다.

(2) 전환가치 Tree

CON	0	1	2	3	4	5
0	0.00	165,558.71	287,632.51	499,716.76	868,180.17	1,508,328.03
1		54,850.44	95,294.12	165,558.71	287,632.51	499,716.76
2			31,571.43	54,850.44	95,294.12	165,558.71
3				18,172.23	31,571.43	54,850.44
4					10,459.77	18,172.23
5						6,020.55

(*1) N(i, j)에서의 전환가치 = N(i, j)에서의 주가 × 평가 기준일 현재 전환가격 × 평가 기준일 현재 전환주식수 / N(i, j)에서의 전환가격
(*2) CON(3, 2) = 518.03 × 900.00 × 100 / 850.00 = 54,850.44

본 사례의 경우, 유상증자로 인한 주가 변동 효과(권리락 효과)는 없는 것으로 가정한 후, 전환가치 Tree를 산정하였다. 그러나, 실무에서는 유상증자로 인한 권리락 효과로 인하여, 주가가 변동하는 것이 일반적이다. 그리고, 이러한 경우에는 유상증자로 인한 권리락 효과를 주가 Tree에 반영해 주어야 한다. 다만, 유상증자로 인한 권리락 효과를 주가 Tree에 반영해 주게 되면, Recombination이 성립하지 않게 되기 때문에, 유상증자로 인한 권리락 효과 반영일의 Time Step의 모든 Node에서, 새로운 2항 모형을 생성하여야 한다.

도입 부분에서 설명한 특정 Event Refixing 중 (ㄹ)은 미래의 영업 Event에 기초하여 전환가격이 조정되는 사항에 해당한다. 그리고, 보편적으로, 이러한 영업 Event의 미래 발생 가능성은 합리적으로 예측이 가능하다. 이에 따라, 동 사항들은 전환증권 평가 시에 반영하여야 한다.

1. 평가 기준일 현재 영업 성과 달성 여부가 거의 확실한 경우

> **사례 3** 영업 성과 전환가격 - 1
>
> 사례 1 전환사채와 관련하여, 발행일 현재에 다음과 같은 영업 성과 관련 전환가격 조정 조건이 있다고 가정한다.
>
> 발행일인 2024년 12월 31일 현재, 회사 A와 투자자 B 간의 투자 계약서에는 2024년 감사 보고서 상 주당 영업이익이 특정 금액에 미달할 경우, 사례 1 전환사채의 전환가격을 900에서 850으로 조정하기로 하는 내역이 포함되어 있다. 2025년 초 회사 A의 가결산 재무제표 상 2024년 주당 영업이익은 상기 특정 금액에 미달하고 있으며, 과거 경험 상, 회사 A의 감사 후 주당 영업이익과 가결산 재무제표 상 주당 영업이익 간의 차이는 거의 발생하지 않았다.

상기 사례 3의 경우, 회사 A의 가결산 재무제표와 과거 경험을 고려하는 경우, 영업 Event의 미래 발생 가능성은 합리적으로 예측이 가능하다. 이에 따라, 전환가격 조정 조건은 평가의 과정에 반영되어야 한다. 즉, 예상 감사보고서일에 해당하는 Time Step의 모든 Node의 전환가격을 영업 성과 미달성으로 인하여 변동하게 될 전환가격으로 조정해 주어야 한다.

2. 평가 기준일 현재 영업 성과 달성 여부가 불확실한 경우

> **사례 4** 영업 성과 전환가격 - 2
>
> 사례 1 전환사채와 관련하여, 발행일 현재에 다음과 같은 영업 성과 관련 전환가격 조정 조건이 있다고 가정한다.

발행일 현재, 회사 A와 투자자 B 간의 투자 계약서에는 2025년 재무제표에 대한 감사보고서 상 주당 영업이익이 12에 미달할 경우, 사례 1 전환사채의 전환가격을 900에서 850으로 조정하기로 하는 내역이 포함되어 있다. 발행일 현재, 회사 A의 주가 / 주당 영업이익 비율(PER)은 90.00에 해당하고 있다.

본 사례와 관련하여, 회사의 사업계획에 기초하여 1년 후의 영업 성과 달성 가능성을 추정하고, 이에 기초하여 2항 모형 상 1년 후의 Time Step 내의 모든 Node에 대하여 단일의 전환가격으로 조정해 주는 경우가 있다. 그러나, 이는 잘못된 접근법에 해당한다. 왜냐하면, 회사의 사업계획은 발생 가능한 여러 가지 영업 성과 중 하나의 경우에 불과하기 때문이다.

2항 모형의 주가는 0에서 ∞까지 발생할 수 있으며, 각각의 주가는 2항 확률 분포를 따른다. 그리고, 보편적으로, 주가에는 영업 성과가 반영되게 된다. 이에 따라, 본 사례는 2항 모형 상 각각의 Node의 주가에 기초하여, 영업 성과 달성 가능성을 추정하여 반영하는 것이 합리적이다. 그리고, 이 과정에서 주가 / 주당 영업이익 비율 등의 지표를 사용한다.

다만, 상기 사례에 대하여, 전환가격 조정 방법은 DNUP 방법을 적용하기로 한다.

(1) 주당 영업이익 Tree

평가 기준일인 발행일 현재의 주가 / 주당 영업이익 비율(PER)은 평가의 과정 동안 변동하지 않는 것으로 가정한다. 이러한 가정하에, 주당 영업이익(EBITPS) Tree를 산정하면 다음과 같다.

EBITPS	0	1	2	3	4	5
0	10.00	17.37	30.18	52.44	91.11	158.28
1		5.76	10.00	17.37	30.18	52.44
2			3.31	5.76	10.00	17.37
3				1.91	3.31	5.76
4					1.10	1.91
5						0.63

(*) EBITPS(3, 2) = N(3, 2)에서의 주가 / PER = 518.03 / 90.00 = 5.76

(2) 전환가격 Tree

다음은 전환가격 변동에 대하여, DNUP 방식을 적용하였을 경우의 전환가격 Tree에 해당한다.

CP	0	1	2	3	4	5
0	900.00	900.00	900.00	900.00	900.00	900.00
1		850.00	850.00	850.00	850.00	850.00
2			850.00	850.00	850.00	850.00
3				850.00	850.00	850.00
4					850.00	850.00
5						850.00

(*1) 발행일로부터 1년 후 시점인 Time Step = 1에서의 전환가격은 1) N(1, 0)의 경우, 성과를 달성하였으므로, 900.00이 유지되고, 2) N(1, 1)의 경우, 성과를 달성하지 못하였으므로, 850.00으로 변경된다.

(*2) DNUP 방식에 해당하므로, N(2, 1)에서의 전환가격 = CP(2, 1)은 N(1, 1)에서의 전환가격 = CP(1, 1)과 동일하며, N(2, 2)에서의 전환가격 = CP(2, 2)은 N(1, 1)에서의 전환가격 = CP(1, 1)와 동일하다.

(3) 전환가치 Tree

CON	0	1	2	3	4	5
0	0.00	156,361.00	271,652.93	471,954.72	819,947.94	1,424,532.03
1		54,850.44	95,294.12	165,558.71	287,632.51	499,716.76
2			31,571.43	54,850.44	95,294.12	165,558.71
3				18,172.23	31,571.43	54,850.44
4					10,459.77	18,172.23
5						6,020.55

(*1) N(i, j)에서의 전환가치 = N(i, j)에서의 주가 × 평가 기준일 현재 전환가격 × 평가 기준일 현재 전환주식수 / N(i, j)에서의 전환가격

(*2) CON(3, 2) = 518.03 × 900.00 × 100 / 850.00 = 54,850.44

3. 주가 / 주당 영업이익 비율

상기에 있어서, 평가 기준일인 발행일 현재의 주가 / 주당 영업이익 비율(PER)은 평가의 과정 동안 변동하지 않는 것으로 가정하였다. 그러나, 현실 세계에서는 이러한 PER은 계속하여 변동한다. 즉, PER은 변동성을 갖는 또 하나의 기초자산에 해당한다. 이에 따라, 본 사례의 경우에는 변동성을 갖는 기초자산이 주가 및 PER 등 2개가 존재하게 되며, 이러한 경우에는 2^2항 모형을 통하여 평가를 하는 것이 타당하다(2^2항 모형에 대하여는 후에 자세히 설명함).

그러나, 보편적으로, 회사의 영업성과 변동은 주가의 변동에 직접 반영되게 되며, 그 변동성의 상관계수 또한 높게 형성되고 있다. 이로 인하여, 다음과 같은 가정이 합리적일 수 있다.

$$가정 = \begin{cases} 1: \ 주가 \ 변동성 \ = \ EBITPS \ 변동성 \\ 2: \ 주가 \ 변동성과 EBITPS \ 변동성 \ 간의 \ 상관계수 = \ 1 \end{cases}$$

그리고, 상기와 같이 가정하게 되면, PER은 변동하지 않게 된다. 그러나, 상기의 가정에서 중요한 차이가 발생한다면, 이는 반드시 2^2항 모형을 통하여 평가하여야 한다.

실무에 있어서, PER이 음수로 산출되거나, 비현실적으로 매우 높게 산출되는 경우가 있다. 그리고, 이러한 경우에는 상기와 같은 PER 접근법을 사용할 수 없으며, 다른 합리적인 대안을 고려하여야 한다. 그러나, 그렇다 할지라도, 회사의 사업계획에 기초하여 1년 후의 영업 성과 달성 가능성을 추정하고, 이에 기초하여 2항 모형 상 1년 후 Time Step 내의 모든 Node에 대하여 단일의 전환가격으로 조정해 주는 방법을 적용하는 것은 바람직하지 않다. 아울러, 합리적인 대안으로서는 유사회사의 PER을 사용하는 방법 등을 고려할 수 있다.

4 ▷ 시가 변동 Refixing

도입 부분에서 설명한 특정 Event Refixing 중 (ㅁ)은 미래 주가에 기초하여 전환가격이 조정되는 사항에 해당한다. 그리고, 보편적으로, 이러한 전환가격 조정의 미래 발생 가능성은 예측이 가능하다. 왜냐하면, 2항 모형은 주가 Tree에 해당하므로, 이러한 주가에 기초하여 전환가격을 조정할 수 있기 때문이다. 이에 따라, 동 사항들은 전환증권 평가 시에 반영하여야 한다.

1. 시가 상승 & 하락 Refixing

> **사례 5** 시가 상승 & 하락 전환가격
>
> 사례 1 전환사채와 관련하여, 발행일 현재에 다음과 같은 시가 상승 & 하락 관련 전환가격 조정 조건이 있다고 가정한다.
>
> 발행일 현재, 회사 A와 투자자 B 간의 투자 계약서에는 발행일로부터 3년이 되는 시점에, 당해 시점의 주가로 전환가격을 조정하기로 하는 내역이 포함되어 있다. 다만, 전환가격 조정의 상한은 발행일 현재의 전환가격(900.00)으로 하고, 전환가격 조정의 하한은 발행일 현재의 전환가격에 50%를 곱한 금액(450.00)으로 한다.

본 사례는 미래 주가에 기초하여 전환가격이 조정되기 때문에, 합리적으로 예측이 가능하다. 이에 따라, 본 전환가격 조정 사항은 평가의 과정에 반영되어야 한다.

다만, 상기 사례에 대하여, 전환가격 조정 방법은 헤지 확률 가중 방법을 적용하기로 한다.

(1) 전환가격 Tree

다음은 전환가격 변동에 대하여, 헤지 확률 가중 방식을 적용하였을 경우의 전환가격 Tree에 해당한다.

CP	0	1	2	3	4	5
0	900.00	900.00	900.00	900.00	900.00	900.00
1		900.00	900.00	900.00	900.00	900.00
2			900.00	518.03	742.91	834.82
3				450.00	490.05	638.00
4					450.00	473.44
5						450.00

(*1) 발행일로부터 3년 후 시점인 Time Step = 3에서의 전환가격은 1) N(3, 0)과 N(3, 1)의 경우, 주가가 전환가격 조정의 상한을 상회하므로, 상한인 900.00이 되고, 2) N(3, 2)의 경우, 주가가 전환가격 조정의 상한과 하한 사이에 있으므로, 주가인 518.03이 되며, 3) N(3, 3)의 경우, 주가가 전환가격 조정의 하한에 미달하므로, 하한인 450.00이 된다.

(*2) 헤지 확률 가중 방식에 해당하므로, N(4, 2)에서의 전환가격 = CP(4, 2)는 다음과 같다. CP(4, 2) = CP(3, 1) × p_d + CP(3, 2) × p_u = 900.00 × 58.874% + 518.03 × 41.126% = 742.91

(2) 전환가치 Tree

CON	0	1	2	3	4	5
0	0.00	156,361.00	271,652.93	471,954.72	819,947.94	1,424,532.03
1		51,803.20	90,000.00	156,361.00	271,652.93	471,954.72
2			29,817.46	90,000.00	109,030.53	168,568.25
3				34,325.33	54,760.83	73,076.45
4					19,757.35	32,626.21
5						11,372.16

(*1) $N(i, j)$에서의 전환가치 = $N(i, j)$에서의 주가 × 평가 기준일 현재 전환가격 × 평가 기준일 현재 전환 주식수 / $N(i, j)$에서의 전환가격

(*2) $CON(4, 2) = 900.00 × 900.00 × 100 / 742.91 = 109,030.53$

2. 시가 하락 Refixing

> **사례 6** 시가 하락 전환가격
>
> 사례 1 전환사채와 관련하여, 발행일 현재에 다음과 같은 시가 하락 관련 전환가격 조정 조건이 있다고 가정한다.
>
> 발행일 현재, 회사 A와 투자자 B 간의 투자 계약서에는 발행일로부터 3년이 되는 시점에, 당해 시점의 조정 전 전환가격과 주가 중 낮은 가액으로 전환가격을 조정하기로 하는 내역이 포함되어 있다. 다만, 전환가격 조정의 하한은 발행일 현재의 전환가격에 50%를 곱한 금액(450.00)으로 한다.

본 사례는 미래 주가에 기초하여 전환가격이 조정되기 때문에, 합리적으로 예측이 가능하다. 이에 따라, 본 전환가격 조정 사항은 평가의 과정에 반영되어야 한다.

다만, 상기 사례에 대하여, 전환가격 조정 방법은 경로의 수 가중 방법을 적용하기로 한다.

(1) 전환가격 Tree

다음은 전환가격 변동에 대하여, 경로의 수 가중 방식을 적용하였을 경우의 전환가격 Tree에 해당한다.

CP	0	1	2	3	4	5
0	900.00	900.00	900.00	900.00	900.00	900.00
1		900.00	900.00	900.00	900.00	900.00
2			900.00	518.03	709.02	785.41
3				450.00	501.02	625.82
4					450.00	490.82
5						450.00

(*1) 발행일로부터 3년 후 시점인 Time Step = 3에서의 전환가격은 1) N(3, 0)과 N(3, 1)의 경우, 주가가 조정 전 전환가격을 상회하므로, 조정 전 전환가격인 900.00이 되고, 2) N(3, 2)의 경우, 주가가 조정 선 전환가격과 전환가격 조정의 하한 사이에 있으므로, 주가인 518.03이 되며, 3) N(3, 3)의 경우, 주가가 전환가격 조정의 하한에 미달하므로, 하한인 450.00이 된다.

(*2) 경로의 수 가중 방식에 해당하므로, N(4, 2)에서의 전환가격 = CP(4, 2)는 다음과 같다.

$$CP(4, 2) = [CP(3, 1) \times NOC(3, 1) + CP(3, 2) \times NOC(3, 2)] / [NOC(3, 1) + NOC(3, 2)]$$
$$= [900.00 \times 3 + 518.03 \times 3] / [3 + 3] = 709.02$$

(2) 전환가치 Tree

CON	0	1	2	3	4	5
0	0.00	156,361.00	271,652.93	471,954.72	819,947.94	1,424,532.03
1		51,803.20	90,000.00	156,361.00	271,652.93	471,954.72
2			29,817.46	90,000.00	114,242.84	179,173.91
3				34,325.33	53,561.73	74,498.96
4					19,757.35	31,470.65
5						11,372.16

(*1) N(i, j)에서의 전환가치 = N(i, j)에서의 주가 × 평가 기준일 현재 전환가격 × 평가 기준일 현재 전환주식수 / N(i, j)에서의 전환가격

(*2) CON(4, 2) = 900.00 × 900.00 × 100 / 709.02 = 114,242.84

5 ▷ IPO Refixing

도입 부분에서 설명한 특정 Event Refixing 중 (ㅂ)은 미래 주가(IPO 공모가격)에 기초하여 전환가격이 조정되는 사항에 해당한다. 그리고, 보편적으로, 이러한 전환가격 조정의 미래 발생 가능성은 예측이 가능하다. 왜냐하면, 2항 모형은 주가 Tree에 해당하므로, 이러한 주가에 기초하여 전환가격을 조정할 수 있기 때문이다. 이에 따라, 동 사항들은 전환증

권 평가 시에 반영하여야 한다.

다만, IPO Refixing은 IPO라는 Event를 포함하고 있다. 이에 따라, IPO Refixing이 있는 경우에는 회사의 IPO 준비 상황을 먼저 검토하여야 한다. 또한, 이러한 준비 상황에 대한 검토 시에는 최소한 다음과 같은 사항들을 고려한다.

- 회사의 IPO 일정 및 계획
- 회사의 IPO 준비 상황 : 주간사 선정 여부, K-IFRS 전환 여부, 내부회계관리제도 구축 여부, 지정 감사인 선임 여부, 기술 상장을 추진하는 경우에는 기술 심사 통과 여부 등
- 전반적 IPO 시장 상황

그리고, 상기의 검토 결과, 회사의 IPO 준비 상황이 가시화되어 있는지의 여부에 따라 다음과 같이 평가를 진행한다.

1. IPO 준비 상황이 가시화 되어 있지 않은 경우

상기의 검토 결과, 회사의 IPO 준비 상황이 가시화 되어 있지 않다면, IPO Refixing을 평가의 과정에 반영하지 아니한다. 왜냐하면, 이러한 경우에는 IPO라는 Event의 발생 가능성을 예측하기가 어렵기 때문이다.

2. IPO 준비 상황이 가시화 되어 있는 경우

상기의 검토 결과, 회사의 IPO 준비 상황이 가시화 되어 있다면, IPO Refixing을 평가의 과정에 반영한다. 그리고, IPO Refixing을 평가의 과정에 반영하기 위하여는 다음의 사항을 합리적으로 추정하여야 한다.

- IPO 예정일
- IPO 최저 공모가격 : 회사가 계획하고 있는, IPO에 성공하기 위한, 최저 공모가격 수준. 즉, 회사는 실제 IPO 공모가격이 특정 주가 이상인 경우에만 IPO를 추진하며, 실제 IPO 공모가격이 동 특정 주가 미만인 경우에는 IPO를 추진하지 않는다고 가정한다.

그리고, 상기 IPO 최저 공모가격으로 IPO에 성공할 시, 전환가격 조정이 발생하는지의 여부에 따라, 각각 다음과 같이 평가를 진행한다.

(1) IPO 최저 공모가격이 IPO Refixing이 발생하지 않는 주가 수준 이상인 경우

회사가 계획하고 있는 IPO 최저 공모가격이 높은 경우, 동 최저 공모가격으로 IPO에 성공할 시, IPO Refixing이 발생하지 않을 수 있다. 그리고, 이러한 경우에는 IPO Refixing을 평가의 과정에 반영하지 아니한다. 왜냐하면, 회사가 IPO에 성공하든, 실패하든, IPO Refixing이 발생하지 않기 때문이다. 즉, 1) 회사가 IPO에 성공하면, IPO 최저 공모가격이 높아서, IPO Refixing이 발생하지 않으며, 2) 회사가 IPO에 실패하면, 아예 IPO Refixing이 적용되지 않기 때문이다.

(2) IPO 최저 공모가격이 IPO Refixing이 발생하지 않는 주가 수준 미만인 경우

회사가 계획하고 있는 IPO 최저 공모가격이 낮은 경우, 동 최저 공모가격으로 IPO에 성공할 시, IPO Refixing이 발생할 수 있다. 그리고, 이러한 경우에는 IPO Refixing을 평가의 과정에 반영하여야 한다.

사례 7   IPO 공모가격에 의한 전환가격

사례 1 전환사채와 관련하여, 발행일 현재에 다음과 같은 IPO 공모가격에 의한 전환가격 조정 조건이 있다고 가정한다.

발행일 현재, 회사 A와 투자자 B 간의 투자 계약서에는 발행일로부터 3년 이내에 IPO에 성공하여야 하며, IPO 공모가격의 50.00%에 해당하는 금액이 조정 전 선환가격보다 낮은 경우, 전환가격을 IPO 공모가격의 50.00%로 조정하기로 하는 내역이 포함되어 있다. 또한, 발행일 현재, 회사 A의 IPO 준비 상황은 가시화 되어 있으며, 주요 내역은 다음과 같다.

- IPO 예정일 : 발행일로부터 3년 후
- IPO 최저 공모가격 : 1,200.00
- IPO 전환가격 조정의 하한 : 100.00 (주당 액면금액)

본 사례는 미래 주가에 기초하여 전환가격이 조정되기 때문에, 합리적으로 예측이 가능하다. 이에 따라, 본 전환가격 조정 사항은 평가의 과정에 반영되어야 한다.

다만, 상기 사례에 대하여, 전환가격 조정 방법은 헤지 확률 & Node 확률 가중 방법을 적용하기로 한다.

① 전환가격 Tree

다음은 전환가격 변동에 대하여, 헤지 확률 & Node 확률 가중 방식을 적용하였을 경우의 전환가격 Tree에 해당한다.

CP	0	1	2	3	4	5
0	900.00	900.00	900.00	900.00	900.00	900.00
1		900.00	900.00	781.81	810.69	828.02
2			900.00	900.00	841.79	829.63
3				900.00	900.00	865.60
4					900.00	900.00
5						900.00

(*1) 발행일로부터 3년 후 시점인 Time Step = 3에서의 전환가격은 1) N(3, 0)의 경우, IPO에 성공하면서, 주가의 50.00%인 2,359.77이 조정 전 전환가격을 상회하므로, 조정 전 전환가격인 900.00이 되고, 2) N(3, 1)의 경우, IPO에 성공하면서, 주가의 50.00%인 781.81이 조정 전 전환가격과 전환가격 조정의 하한 사이에 있으므로, 주가의 50.00%인 781.81로 변경되며, 3) N(3, 2) 및 N(3, 3)의 경우, IPO에 실패하므로, 조정 전 전환가격 900.00이 유지된다.

(*2) 헤지 확률 & Node 확률 가중 방식에 해당하므로, N(4, 2)에서의 전환가격 = CP(4, 2)는 다음과 같다.

$$CP(4, 2) = [p_d \times NP(3, 1) \times CP(3, 1) + p_u \times NP(3, 2) \times CP(3, 2)]$$
$$/ [p_d \times NP(3, 1) + p_u \times NP(3, 2)]$$
$$= [58.874\% \times 29.187\% \times 781.81 + 41.126\% \times 43.052\% \times 900.00]$$
$$/ [58.874\% \times 29.187\% + 41.126\% \times 43.052\%] = 841.79$$

② 전환가치 Tree

CON	0	1	2	3	4	5
0	0.00	156,361.00	271,652.93	471,954.72	819,947.94	1,424,532.03
1		51,803.20	90,000.00	180,000.00	301,578.14	512,979.02
2			29,817.46	51,803.20	96,223.94	169,624.09
3				17,162.66	29,817.46	53,862.17
4					9,878.68	17,162.66
5						5,686.08

(*1) N(i, j)에서의 전환가치 = N(i, j)에서의 주가 × 평가 기준일 현재 전환가격 × 평가 기준일 현재 전환주식수 / N(i, j)에서의 전환가격

(*2) CON(4, 2) = 900.00 × 900.00 × 100 / 841.79 = 96,223.94

본 부분에서는 상기 사례 5와 상기 사례 7에 대하여, T&F와 EVP로 평가한 결과를 요약한다. 또한, 상기 사례 5와 상기 사례 7에서 산출한 전환가격 Tree와 전환가치 Tree를 그대로 적용하여 평가한다. 다만, 내재가치 Tree, 시간가치 Tree, 상품가치 Tree를 각각 기재하지 아니하고, 상품가치 Tree만 기재한다.

1. 사례 5 : 시가 상승 & 하락 Refixing

(1) T&F

① 내재가치의 정의

$$판단식 = MAX[전환가치, 풋옵션 행사가격, 만기 상환금액]$$

판단 결과	IVE	IVD
전환가치	전환가치	0
풋옵션 행사가격	0	풋옵션 행사가격
만기 상환금액	0	만기 상환금액

(*) 상기 전환가치는, 앞서 산정한, 전환가격 조정이 반영된 전환가치 Tree의 값을 적용한다.

② 시간가치의 정의

$$TVE(i,j) = p_u \times FVE(i+1,j) \times RF\_DF(i+1,j) + p_d \times FVE(i+1,j+1) \times RF\_DF(i+1,j+1)$$

$$TVD(i,j) = p_u \times FVD(i+1,j) \times RP\_DF(i+1,j) + p_d \times FVD(i+1,j+1) \times RP\_DF(i+1,j+1)$$

③ 상품가치의 정의

$$판단식 = MAX[IVE(i, j) + IVD(i, j), TVE(i, j) + TVD(i, j)]$$

판단 결과	FVE	FVD
IVE(i, j) + IVD(i, j)	IVE(i, j)	IVD(i, j) + 액면이자
TVE(i, j) + TVD(i, j)	TVE(i, j)	TVD(i, j) + 액면이자

④ 평가 결과

FVE	0	1	2	3	4	5
0	74,493.20	143,852.24	267,075.65	475,729.31	819,947.94	1,424,532.03
1		33,238.47	71,169.89	145,656.28	278,406.45	471,954.72
2			10,031.41	25,818.39	66,129.36	168,568.25
3				0.00	0.00	0.00
4					0.00	0.00
5						0.00

FVD	0	1	2	3	4	5
0	41,188.84	29,483.47	14,337.19	1,199.57	845.14	450.00
1		55,476.63	44,120.51	25,344.42	845.14	450.00
2			72,131.18	64,854.33	47,085.10	450.00
3				90,450.00	90,450.00	90,450.00
4					90,450.00	90,450.00
5						90,450.00

(2) EPV

① 확실성 등가 변환

		1	2	3	4	5
명목금액	액면이자	450.00	450.00	450.00	450.00	450.00
	만기 상환금액					90,000.00
	행사가격			90,000.00	90,000.00	90,000.00
RF_CYSPOT		4.000%	4.200%	4.400%	4.600%	4.800%
RD_CYSPOT		9.000%	9.500%	10.000%	10.500%	11.000%
CECFF		0.9512	0.8994	0.8454	0.7898	0.7334
CECF	액면이자	428.05	404.74	380.41	355.40	330.05
	만기 상환금액					66,010.23
	행사가격			76,081.85	71,080.26	66,010.23

② 내재가치의 정의

$$판단식 = MAX[전환가치, 풋옵션 행사가격, 만기 상환금액]$$

판단 결과	IV
전환가치	전환가치
풋옵션 행사가격	풋옵션 행사가격
만기 상환금액	만기 상환금액

③ 시간가치의 정의

$$TV(i,j) = p_u \times FV(i+1,j) \times RF\_DF(i+1,j) + p_d \times FV(i+1,j+1) \times RF\_DF(i+1,j+1)$$

④ 상품가치의 정의

$$FV(i,j) = MAX[IV(i,j), \ TV(i,j)] + 액면이자$$

⑤ 평가 결과

FV	0	1	2	3	4	5
0	120,223.37	176,525.35	281,886.19	476,743.37	820,615.41	1,424,862.08
1		90,802.32	117,668.59	170,473.66	279,073.93	472,284.77
2			78,691.22	90,380.41	109,385.93	168,898.30
3				76,462.25	71,435.66	73,406.50
4					71,435.66	66,340.28
5						66,340.28

2. 사례 7 : IPO Refixing

(1) T&F

내재가치의 정의, 시간가치의 정의, 상품가치의 정의는 앞서 상기 사례 5에서의 각각의 정의와 동일하다. 다음은 평가 결과를 나타내는 내역에 해당한다.

FVE	0	1	2	3	4	5
0	84,599.35	162,288.30	294,940.74	497,541.23	842,644.18	1,424,532.03
1		38,468.92	84,605.01	180,000.00	301,578.14	512,979.02
2			10,094.25	25,980.11	66,543.57	169,624.09
3				0.00	0.00	0.00
4					0.00	0.00
5						0.00

FVD	0	1	2	3	4	5
0	35,795.97	19,724.10	1,051.51	993.25	845.14	450.00
1		52,153.10	35,029.57	450.00	450.00	450.00
2			72,131.18	64,854.33	47,085.10	450.00
3				90,450.00	90,450.00	90,450.00
4					90,450.00	90,450.00
5						90,450.00

(2) EPV

확실성 등가의 변환, 내재가치의 정의, 시간가치의 정의, 상품가치의 정의는 앞서 상기 사례 5에서의 각각의 정의와 동일하다. 다음은 평가 결과를 나타내는 내역에 해당한다.

FV	0	1	2	3	4	5
0	120,395.32	181,050.45	295,886.49	498,380.88	843,311.65	1,424,862.08
1		88,078.48	116,111.47	180,380.41	301,933.54	513,309.07
2			74,970.81	80,804.97	103,730.47	169,954.14
3				76,462.25	71,435.66	66,340.28
4					71,435.66	66,340.28
5						66,340.28

7 ▷ 평가 방법 - 2

전환가격 조정이 있는 전환증권은, 조정된 전환가격이 이후의 Time Step에 영향을 미치게 되므로, 경로 의존(Path Dependent) 전환증권에 해당한다. 그리고, 보편적으로, 이러한 경로 의존 전환증권의 가치는 정확하게 산정하는 것이 거의 불가능하다. 그러나, 이전 주가 및 이전 전환가격과 무관하게, 전환가격 조정 Time Step의 모든 Node에서 단일의 조정 전환가격이 산정되는 경우에는, 모든 경로 의존을 반영하여 전환증권의 가치를 정확하게 산정할 수 있다. 즉, 전환가격 조정 Time Step의 모든 Node에서, 각각 새로이 출발하는 2항 Tree를 작성하여 평가할 수 있다. 그리고, 이렇게 평가하는 방법을 Sub Tree 기법이라고 한다.

상기 사례 5의 경우, 조정 전환가격은, 이전 주가 및 이전 전환가격과 무관하게, 당해 Node의 주가에만 의존하여 산정된다. 즉, 조정 전환가격은 다음과 같이 산정된다.

$$조정\ 전환가격 = MAX[최저\ 전환가격,\ MIN\{최고\ 전환가격,\ 주가\}]$$
$$= MAX[최초\ 전환가격 \times 50\%,\ MIN\{최초\ 전환가격,\ 주가\}]$$

그리고, 이러한 경우에는 Sub Tree 기법의 적용이 가능하다.

상기 사례 7의 경우, 조정 전환가격은, 이전 주가와는 무관하지만, 이전 전환가격에는 영향을 받는다. 즉, 조정 전환가격은 다음과 같이 산정된다.

$$조정\ 전환가격 = MAX[최저\ 전환가격,\ MIN\{조정\ 전\ 전환가격,\ 주가 \times 50\%\}]$$
$$= MAX[액면금액,\ MIN\{조정\ 전\ 전환가격,\ 주가 \times 50\%\}]$$

상기 조정 전환가격은 이전 전환가격에 의한 영향을 받는다. 그러나, 본 사례의 IPO Refixing은 1회만 발생하며, 당해 전환가격 조정 Time Step에서의 조정 전 전환가격은 모두 최초 전환가격으로서 동일하다. 이에 따라, 전환가격 조정 Time Step의 모든 Node에서의 조정 전환가격은 단일의 조정 전환가격으로 산출된다. 그리고, 이러한 경우에는 Sub Tree 기법의 적용이 가능하다.

상기 사례 6은 상기 사례 7과 유사하다. 왜냐하면, 상기 사례 6의 경우, 조정 전환가격은 이전 주가와는 무관하지만, 이전 전환가격에는 영향을 받기 때문이다. 즉, 조정 전환가격은 다음과 같이 산정된다.

$$조정\ 전환가격 = MAX[최저\ 전환가격,\ MIN\{조정\ 전\ 전환가격,\ 주가\}]$$
$$= MAX[최초\ 전환가격 \times 50\%,\ MIN\{조정\ 전\ 전환가격,\ 주가\}]$$

상기 조정 전환가격은 이전 전환가격에 의한 영향을 받지만, Sub Tree 기법의 적용이 가능하다. 왜냐하면, 전환가격 조정이 1회만 발생하여, 전환가격 조정 Time Step의 모든 Node에서의 조정 전 전환가격이 모두 최초 전환가격과 동일하기 때문이다. 다만, 시가 하락 Refixing이 2회 이상 발생하는 경우에는 Sub Tree 기법의 적용이 매우 까다로워진다. 왜냐하면, 2회부터는 조정 전 전환가격이 1개가 아니라 1개 이상에 해당하여, 조정 후 전환가격도 1개 이상으로 산출되기 때문이다. 예를 들면, 2회 차 조정 Time Step에 있는 특정 Node는 1회 차 조정 Time Step에 있는 수개의 Node들로부터 도달할 수 있으며, 이에 따라, 2회 차 조정 Time Step에 있는 특정 Node의 조정 전 전환가격은 당해 1회 차 조정 Time Step에 있는 수개의 Node들의 조정 전환가격들로 구성될 수밖에 없기 때문이다.

Sub Tree 기법은 각각의 Node 별로 적용하는 것이 원칙이다. 그러나, 평가의 효율성을 위하여 동일한 변수 별로 그룹화하여 적용할 수도 있다. 그리고, 본 부분에서는 당해 변수가 조정 전환가격에 해당하므로, 조정 전환가격 별로 그룹화하여 Sub Tree 기법을 적용하여 평가하기로 한다.

본 부분에서는 상기 사례 5와 상기 사례 7에 대하여, Sub Tree 기법을 적용하여 EPV로 평가하는 과정에 대하여 설명한다.

1. 사례 5 : 시가 상승 & 하락 Refixing

(STEP 1) 경로 의존이 발생하게 하는 Time Step (전환가격 조정일) = 3에서 다음과 같이 조정 후 전환가격이 동일한 Node 별로 그룹화한다.

그룹	조정 전환가격	해당 Node
1	900.00	N(3, 0) & N(3, 1)
2	518.03	N(3, 2)
3	450.00	N(3, 3)

(STEP 2) 상기 (STEP 1)의 그룹별로, Refixing 이후의 Time Step 부분에 대하여 상품가치(FV) Sub Tree를 작성한다.

(ㄱ) 그룹 1 Sub Tree

FV	0	1	2	3	4	5
0				472,968.79	820,615.41	1,424,862.08
1				161,768.01	272,320.41	472,284.77
2					98,527.36	156,691.06
3						66,340.28
4						
5						

(*1) 상기 Sub Tree에서의 전환가격은 모두 900.00에 해당하며, 선환가치는 동 선환가격에 기초하여 산성된다.

(*2) 상기 Sub Tree에서의 내재가치 정의, 시간가치 정의, 상품가치의 정의는 평가 방법-1에서의 정의와 동일하다.

(ㄴ) 그룹 2 Sub Tree

FV	0	1	2	3	4	5
0						
1						
2				102,205.18	157,028.48	271,982.98
3					72,493.92	90,330.05
4						66,340.28
5						

(*1) 상기 Sub Tree에서의 전환가격은 모두 518.03에 해당하며, 전환가치는 동 전환가격에 기초하여 산정된다.

(*2) 상기 Sub Tree에서의 내재가치 정의, 시간가치 정의, 상품가치의 정의는 평가 방법-1에서의 정의와 동일하다.

(ㄷ) 그룹 3 Sub Tree

FV	0	1	2	3	4	5
0						
1						
2						
3				76,462.25	77,831.71	103,936.45
4					71,435.66	66,340.28
5						66,340.28

(*1) 상기 Sub Tree에서의 전환가격은 모두 450.00에 해당하며, 전환가치는 동 전환가격에 기초하여 산정된다.

(*2) 상기 Sub Tree에서의 내재가치 정의, 시간가치 정의, 상품가치의 정의는 평가 방법-1에서의 정의와 동일하다.

(STEP 3) 상기 Sub Tree들을 하나의 Tree로 합친다. 그런 다음, Time Step = 3의 Payoff를 기준으로, Backwardation 진행하여 상품가치를 평가한다.

FV	0	1	2	3	4	5
0	122,239.71	175,936.34	275,504.45	472,968.79	←그룹 1	
1		94,696.05	120,962.34	161,768.01	←그룹 1	
2			83,285.59	102,205.18	←그룹 2	
3				76,462.25	←그룹 3	
4						
5						

(*1) 상기 Tree에 있어서, Time Step = 0~Time Step = 2에서의 전환가격은 모두 조정 전 전환가격인 900.00에 해당하며, 전환가치는 동 전환가격에 기초하여 산정된다.

(*2) 상기 Tree에 있어서, Time Step = 0~Time Step = 2에서의 내재가치 정의, 시간가치 정의, 상품가치의 정의는 평가 방법-1에서의 정의와 동일하다.

2. 사례 7 : IPO Refixing

(STEP 1) 경로 의존이 발생하게 하는 Time Step(전환가격 조정일) = 3에서 다음과 같이 조정 후 전환가격이 동일한 Node 별로 그룹화한다. 다만, 이 때, IPO 성공 시와 IPO 실패 시를 구분하여 평가하는 것이 좋다. 왜냐하면, 후에 설명하는 IPO 성공 시와 실패 시에 각각 다르게 적용되는 풋옵션의 행사가격 변동 등도 대비할 수 있기 때문이다.

IPO	그룹	조정 전환가격	해당 Node
성공	1	900.00	N(3, 0)
	2	781.81	N(3, 1)
실패	3	900.00	N(3, 2) & N(3, 3)

(STEP 2) 상기 (STEP 1)의 그룹별로, Refixing 이후의 Time Step 부분에 대하여 상품가
치(FV) Sub Tree를 작성한다.

(ㄱ) 그룹 1 Sub Tree

FV	0	1	2	3	4	5
0				472,968.79	820,615.41	1,424,862.08
1					272,320.41	472,284.77
2						156,691.06
3						
4						
5						

(*1) 상기 Sub Tree에서의 전환가격은 모두 900.00에 해당하며, 전환가치는 동 전환가격에 기초하여 산정
된다.
(*2) 상기 Sub Tree에서의 내재가치 정의, 시간가치 정의, 상품가치의 정의는 평가 방법-1에서의 정의와
동일하다.

(ㄴ) 그룹 2 Sub Tree

FV	0	1	2	3	4	5
0						
1				182,985.37	313,389.49	543,635.91
2					107,800.94	180,330.05
3						66,340.28
4						
5						

(*1) 상기 Sub Tree에서의 전환가격은 모두 781.81에 해당하며, 전환가치는 동 전환가격에 기초하여 산정
된다.
(*2) 상기 Sub Tree에서의 내재가치 정의, 시간가치 정의, 상품가치의 정의는 평가 방법-1에서의 정의와
동일하다.

(ㄷ) 그룹 3 Sub Tree

FV	0	1	2	3	4	5
0						
1						
2				78,773.56	98,527.36	156,691.06
3				76,462.25	71,435.66	66,340.28
4					71,435.66	66,340.28
5						66,340.28

(*1) 상기 Sub Tree에서의 전환가격은 모두 900.00에 해당하며, 전환가치는 동 전환가격에 기초하여 산정된다.

(*2) 상기 Sub Tree에서의 내재가치 정의, 시간가치 정의, 상품가치의 정의는 평가 방법-1에서의 정의와 동일하다.

(STEP 3) 상기 Sub Tree들을 하나의 Tree로 합친다. 그런 다음, Time Step = 3의 Payoff
를 기준으로, Backwardation 진행하여 상품가치를 평가한다.

FV	0	1	2	3	4	5
0	118,826.43	177,724.67	287,483.69	472,968.79	← 그룹 1	
1		87,576.23	115,976.67	182,985.37	← 그룹 2	
2			74,181.53	78,773.56	← 그룹 3	
3				76,462.25	← 그룹 3	
4						
5						

(*1) 상기 Tree에 있어서, Time Step = 0~Time Step = 2에서의 전환가격은 모두 조정 전 전환가격인 900.00에 해당하며, 전환가치는 동 전환가격에 기초하여 산정된다.

(*2) 상기 Tree에 있어서, Time Step = 0~Time Step = 2에서의 내재가치 정의, 시간가치 정의, 상품가치의 정의는 평가 방법-1에서의 정의와 동일하다.

3. 평가 결과의 비교

상기 사례 5 및 사례 7에 대하여, 평가한 결과를 요약하면 다음과 같다.

	Sub Tree 미적용			Sub Tree 적용
	T&F	Modified T&F	EPV	EPV
사례 5	115,682.04	120,223.37	120,223.37	122,239.71
사례 7	120,395.32	120,395.32	120,395.32	118,826.43

(*) Modified T&F에 대하여는 별첨 엑셀 파일 참조

상기에서 알 수 있는 바와 같이, Modified T&F에 의한 결과와 EPV에 의한 결과는 항상 일치한다. 그리고, Sub Tree 기법을 적용하여 평가하였을 경우와 적용하지 않고 평가하였을 경우의 결과는 일치하지 않는다. 이에 따라, 전환가격 조정 조건이 있는 전환증권을 정확히 평가하고자 하는 경우에는 Sub Tree 기법을 적용하여 평가하여야 한다.

본 사례들의 경우, Refixing이 1회만 발생하는 경우에 해당하고 있다. 그러나, 만약, Refixing이 2회 이상 발생한다면, 만기 시점에 가까운 전환가격 조정일의 Time Step부터 Sub Tree 기법을 적용하여 Backwardation을 진행하여야 한다. 그리고, Sub Tree 기법은 매 전환가격 조정일 Time Step에서 적용되어야 한다.

4. Time Step 수 민감도 분석

전환가격 조정 조건이 있는 경우, 평가의 과정에 적용하는 Time Step 수에 따라, 그 결과는 중요하게 달라질 수 있다. 왜냐하면, 적용하는 Time Step 수가 증가할수록, 전환가격 조정의 영향을 받는 Node 수가 증가하기 때문이다. 다음은 특정 사례를 기준으로, Time Step 수를 변동해 가면서, 평가 결과들 중 최대값에서 최소값을 차감한 값을 최소값으로 나눈 결과(이하, 차이율)를 요약하는 내역에 해당한다(상세 내역은 별첨 엑셀 파일 참조). 그리고, Time Step 수는 최소에서 최대까지 12씩 증가시키면서 Test하였다.

(ㄱ) 시가 상승 & 하락 Refixing

Time Step 수	방법	SUB TREE	HP	NOC	NP+HP
최소 36 ~ 최대 240	EPV	0.631%	0.643%	0.675%	0.675%
	T&F		0.716%	0.951%	0.952%
최소 120 ~ 최대 240	EPV	0.167%	0.292%	0.296%	0.296%
	T&F		0.705%	0.879%	0.880%

(ㄴ) 시가 하락 Refixing

		SUB TREE	HP	NOC	NP+HP
최소 36 ~ 최대 240	EPV	1.008%	0.681%	1.126%	1.131%
	T&F		1.056%	1.848%	1.854%
최소 120 ~ 최대 240	EPV	0.342%	0.308%	0.362%	0.364%
	T&F		0.382%	0.765%	0.769%

　상기에서 알 수 있는 바와 같이, 전환가격 조정 조건, 현금흐름 위험 반영 방법, 전환가격 조정 방법에 따라, 다양한 차이율을 나타내고 있다. 다만, Time Step가 증가할수록, 그 차이율은 감소하고 있다. 결론적으로, 전환가격 조정 조건이 있는 경우, 평가의 과정에 적용하는 Time Step 수에 따라, 상당한 수준의 차이가 발생할 수 있으며, 이러한 차이는 Time Step 수가 증가할수록 감소하는 특성이 있는 바, 적정 수준의 Time Step 수를 확보하는 것이 필요하다.

8 ▷ 주의 사항

　본 부분에서는 실무에 있어서 주의하거나 참고하여야 할 사항에 대하여 요약한다.

1. 시가 변동 Refixing

　보편적으로, 상장회사가 발행하는 전환증권 투자 계약에는 시가 변동 Refixing이 포함되어 있으며, 다음은 이러한 시가 변동 Refixing과 관련한 사례에 해당한다.

• 시가 하락 Refixing : 본 사채 발행 후 매 3월이 경과한 날을 전환가격 조정일로 하고, 각 전환가격 조정일 전일을 기산일로 하여, 그 기산일로부터 소급한 1개월, 1주일 및

최근일 가중산술평균주가를 산술평균한 가액과 최근일 가중산술평균주가 중 높은 가격(이하, "시가 산정액")이 해당 조정일 직전일 현재의 전환가격(이하, "조정 전 전환가격")보다 낮은 경우 동 낮은 가격을 새로운 전환가격으로 한다. 단, 새로운 전환가격은 최초 전환가격의 70%까지로 한다.

- 시가 상승 Refixing : 상기와 같이 전환가격을 하향조정한 이후, 상기에 따라 산정한 시가 산정액이 해당 조정일 직전일 현재의 전환가격보다 높은 경우, 높은 가격을 새로운 전환가격으로 한다. 단, 새로운 전환가격은 발행 당시 전환가격 이내로 한다.

상기 사례에서 알 수 있듯이, 시가 변동 Refixing에는 주로 다음과 같은 특성이 포함되어 있다.

- 시가 산정액이 이전 주가 Path(1개월, 1주일 및 최근일)에 영향을 받는다.
- 조정 전환가격이 시가 산정액 및 조정 전 전환가격에 영향을 받는다.
- 전환가격 조정이 주기적(매 3개월)으로 발생한다.

다음은 상기의 특성이 포함되어 있는 시가 변동 Refixing과 관련하여, 실무에서의 접근법에 대한 설명에 해당한다.

(1) Path Dependent 시가 산정액

시가 산정액이 이전 주가 Path에 의존하는 경우, 전환가격 조정 Time Step 내에 있는 모든 Node들은 1개 이상의 시가 산정액을 갖게 되며, 이에 따라, 조정 전환가격도 1개 이상으로 산출된다. 왜냐하면, 과거 1개월 등의 가중산술평균주가 등은 주가 Path에 따라, 그 값이 달라지기 때문이다. 그리고, 이러한 경우에는 각각의 시가 산정액으로 산정된 조정 전환가격 별로 Sub Tree를 작성하여야만 정확한 평가 결과를 얻을 수 있다.

그러나, 각각의 Node에서 산출되는 조정 전환가격이 2개 이상인 경우에는 실무적으로 Sub Tree 기법을 적용하기가 어렵다. 왜냐하면, 2항 모형의 Time Step 간격을 Weekly로 적용하는 경우, 1개월(상기 사례의 시가 산정액 최대 기간) 동안의 Time Step 수는 4~5개에 해당하게 되며, 이에 따라, 1개월 가중산술평균주가는 최대 2^4 (16)~2^5 (32)개가 존재하게 되며, 각각의 Node에서 최대 2^4 (16)~2^5 (32)개에 해당하는 2항 모형을 새로이 출발하여야 하기 때문이다. 이에 따라, 시가 산정액이 단일의 금액으로 산정되지 않는 경우에는 다음과 같이 전환가격 조정 과정을 단순화하여, 근사치로서 평가를 진행할 수밖에 없다.

- 방법 1 : 전환가격 조정 Time Step 내에 있는 각각의 Node의 주가를 상기 시가 산정액으로 가정
- 방법 2 : 전환가격 조정 Time Step 내에 있는 각각의 Node 별로 주가 Path 별 시가 산정액을 모두 산정한 후, 이를 확률 가중평균한 값을 시가 산정액으로 가정

즉, 상기와 같이 가정하여, 다수의 시가 산정액을 1개의 시가 산정액으로 변환한 후, 조정 전환가격을 산출한다. 그리고, 실무적으로는 상기 방법 1이 많이 사용되고 있다. 다만, 상기 방법 이외에도 합리적인 다양한 방법들이 사용될 수 있다. 왜냐하면, 모든 경우의 수를 평가하지 않는 한, 평가 결과는 근사값으로서 산정할 수밖에 없으며, 근사값으로서 평가하는 방법에 있어서는 어떠한 방법이 보다 타당하다고 판단할 수가 없기 때문이다.

(2) Path Dependent 조정 전 전환가격

조정 전 전환가격이 이전 주가 Path에 의존하는 경우, 전환가격 조정 Time Step 내에 있는 모든 Node들은 1개 이상의 조정 전 전환가격을 갖게 되며, 이에 따라, 조정 전환가격도 1개 이상으로 산출된다. 왜냐하면, 당해 조정 전 전환가격은 직전 전환가격 조정 Time Step에서의 각각의 Node들의 조정 전환가격에 따라, 그 값이 달라지기 때문이다. 그리고, 이러한 경우에는 각각의 조정 전 전환가격으로 산정된 조정 전환가격 별로 Sub Tree를 작성하여야만 정확한 평가 결과를 얻을 수 있다.

그러나, 각각의 Node에서 산출되는 조정 전환가격이 2개 이상인 경우에는 실무적으로 Sub Tree 기법을 적용하기가 어렵다. 왜냐하면, 2항 모형의 Time Step 간격을 Weekly로 적용하는 경우, 3개월(상기 사례의 전환가격 조정 주기) 동안의 Time Step 수는 13에 해당하게 되고, 이에 따라, 조정 전 전환가격은 최대 14개가 존재하게 되며, 각각의 Node에서 최대 14개에 해당하는 2항 모형을 새로이 출발하여야 하기 때문이다. 이에 따라, 조정 전 전환가격이 단일의 금액으로 산정되지 않는 경우에는 다음과 같이 전환가격 조정 과정을 단순화하여, 근사치로서 평가를 진행할 수밖에 없다.

- 방법 1 : UPDN, DNUP, 헤지 확률 가중 방법, 경로의 수 가중 방법, 헤지 확률 & Node 확률 가중 방법 등에 의하여 산출된 전환가격을 조정 전 전환가격으로 가정
- 방법 2 : 당해 Node의 주가 Path 별 조정 전 전환가격을 모두 산정한 후, 이를 확률 가중평균한 값을 조정 전 전환가격으로 가정

즉, 상기와 같이 가정하여, 다수의 조정 전 전환가격을 1개의 조정 전 전환가격으로 변환한 후, 조정 전환가격을 산출한다. 그리고, 실무적으로는 상기 방법 1이 많이 사용되고 있다. 다만, 상기 방법 이외에도 합리적인 다양한 방법들이 사용될 수 있다. 왜냐하면, 모든 경우의 수를 평가하지 않는 한, 평가 결과는 근사값으로서 산정할 수밖에 없으며, 근사값으로서 평가하는 방법에 있어서는 어떠한 방법이 보다 타당하다고 판단할 수가 없기 때문이다. 그리고, 상기 방법 1 중 헤지 확률 & Node 확률 가중 방법을 적용한 결과는 상기 방법 2와 항상 일치한다.

(3) Sub Tree 기법 적용 여부

상기 (1)~(2)의 내용을 반영하게 되면, 전환가격 조정일의 조정 후 전환가격은 다음과 같이 산정된다.

- 시가 상승 & 하락 Refixing : MAX[최저 전환가격, MIN(최고 전환가격, 주가)]
- 시가 하락 Refixing : MAX[최저 전환가격, MIN(조정 전 전환가격, 주가)]

상기 산식에서 알 수 있는 바와 같이, 시가 산정액은 당해 Node의 주가로 가정되었고, 조정 전 전환가격은 단일의 조정 전 전환가격으로 가정되었는 바, 조정 전환가격은 단일의 금액으로 산출된다. 그리고, 이러한 경우에는 Sub Tree 기법을 적용하여 평가를 진행하는 것이 가능하다. 즉, 만기 시점에 가까운 전환가격 조정일의 Time Step부터 Sub Tree 기법을 적용하여, Backwardation을 진행하여 산정한다. 다만, 이러한 과정은 엑셀 Sheet의 수식만을 통하여는 산정하기가 어려우며, VBA(Visual Basic for Application)나 다른 프로그래밍 언어를 통하여 프로그래밍하는 과정이 필요하다.

다만, Path Dependent를 조정하기 위하여, 시가 산정액을 주가로 가정하고, 조정 전 전환가격을 단일의 조정 전 전환가격으로 가정하고 있기 때문에, Sub Tree를 적용하든, 적용하지 않든, 그 결과는 무차별하다. 왜냐하면, 모든 경우의 수를 평가하지 않는 한, 결과는 근사값으로서 산정할 수밖에 없으며, 근사값으로서 평가하는 방법에 있어서는 어떠한 방법이 보다 타당하다고 판단할 수가 없기 때문이다. 다만, Sub Tree 기법은 상기에서 언급한 가정들을 보다 합리적으로 반영하는 평가 방법에 해당한다.

2. 특정 Event에 따른 옵션의 행사 조건 또는 행사가격 변동

일부 투자 계약에는 특정 Event의 성패 여부에 따라 옵션의 행사 조건 또는 행사가격이 변동하는 경우가 있다. 예를 들면, 특정일까지 IPO에 성공하는 경우, 낮은 보장 수익률의 풋옵션 행사가격이 적용되지만, 동 특정일까지 IPO에 실패하는 경우, 높은 보장 수익률의 풋옵션 행사가격이 적용되는 경우이다. 그리고, 이러한 경우에는 IPO의 성패 여부를 반영하여 평가를 진행하여야 한다.

IPO라는 특정 Event에 기초하여 옵션의 행사 조건 또는 행사가격이 변동하는 경우, 앞에서 언급한 IPO Refixing에 준하여 IPO 성패 여부를 판단한다. 즉, 먼저, IPO 준비 상황의 가시화 여부를 판단한다. 그런 다음, 가시화 되어 있지 않으면, 2항 모형 전체에 대하여 IPO 실패를 반영하여 평가하고, 가시화 되어 있다면, IPO 예정일과 IPO 최저 공모가격을 추정한다. 그리고, Sub Tree 기법을 적용하여, IPO 성공 Path에 대하여는 낮은 보장 수익률의 풋옵션 행사가격을 반영하고, IPO 실패 Path에 대하여는 높은 보장 수익률의 풋옵션 행사가격을 반영한다. 아울러, 이러한 경우에는 Sub Tree 상 IPO 성공 또는 실패의 2개의 그룹이 존재하게 된다.

Chapter 15

전환증권 Ⅳ - 콜옵션

보편적으로, 전환증권에 부가된 콜옵션은 행사가격 총액을 지급하고, 전환증권 총액을 획득하는 거래에 해당하는 바, 총액 교환형 거래에 해당한다. 또한, 일부 전환증권 투자 계약에는 콜옵션 권리자의 콜옵션 행사를 보장하기 위하여 투자자의 권리를 제한하는 경우가 있으며, 콜옵션과 투자자의 권리가 경합하는 경우에는 우선 순위를 지정하는 경우도 있다. 이에 따라, 콜옵션이 있는 경우에는 다음과 같은 사항을 필수적으로 고려하여야 한다.

(ㄱ) 투자자의 권리 제한 여부
(ㄴ) 콜옵션과 전환증권의 전환권 또는 상환권이 경합하는 경우, 권리 우선 순위

상기 (ㄱ)과 관련하여, 일부 전환증권 투자 계약에 있어서는 발행자 등의 콜옵션 행사를 보장하기 위하여, 콜옵션 행사 가능 기간 동안 투자자의 전환권 또는 상환권 행사를 제한하는 경우가 있다. 이러한 경우에는 콜옵션의 기초자산이 전환권 또는 상환권 행사가 제한된 전환증권에 해당한다. 다만, 콜옵션 권리자가 콜옵션을 행사하게 되면, 콜옵션 권리자는 전환증권을 획득한 후, 이러한 전환권 또는 상환권을 어떠한 제한 없이 바로 행사할 수 있다. 즉, 이 때의 콜옵션에는 권리 제한을 해제하는 권리(이하, "권리 제한 해제권")이 포함되어 있으며, 이러한 권리 제한 해제권의 가치는 콜옵션의 가치 산정 시 고려되어야 한다. 이에 따라, 투자자의 권리 제한 여부에 따라, 콜옵션의 가치는 서로 상이하게 산출되게 된다.

상기 (ㄴ)과 관련하여, 일부 전환증권 투자 계약에 있어서는 특정일에 발행자 등의 콜옵션, 투자자의 전환권 또는 상환권이 동시에 행사될 수 있는 경우가 있다. 이러한 경우에는 콜옵션, 전환권, 상환권 중 어떠한 권리가 우선하는지에 따라 콜옵션의 가치가 달라지게 된다. 예를 들면, 1) 투자자의 전환권이 콜옵션에 우선하는 경우에는, 콜옵션은 행사되지 않고, 콜옵션이 투자자의 전환권 행사를 앞당기는 역할만 하게 되지만, 2) 발행자 등의 콜옵

션이 투자자의 전환권 및 상환권보다 우선하는 경우에는, 콜옵션은 행사되어, 발행자 등은 기초자산과 행사가격과의 차익을 얻게 된다. 이에 따라, 권리 우선 순위에 따라, 콜옵션의 가치는 서로 상이하게 산출되게 된다.

본 장에서는 앞에서 예시를 든 전환사채를 기초로 하여 설명한다. 또한, 주식에 대한 배당은 없고, 전환가격 조정도 없는 것으로 가정하며, 평가 모형은 Cox－Ross－Rubinstein(CRR) 2항 모형으로 한다. 아울러, 콜옵션 의무자의 기초자산 현금흐름 위험은 무위험으로 가정한다. 즉, 콜옵션이 행사되었을 때, 콜옵션 의무자가 기초자산을 지급하지 못할 위험은 고려하지 아니한다. 다음은 앞에서 예시를 든 전환사채에 대한 내역에 해당한다.

> ### 사례 1   전환사채
>
> 회사 A는 투자자 B에게 2024년 12월 31일 다음과 같은 전환사채를 발행하였다. 또한, 투자자 B는 전환권을 행사하여, 동 전환사채를 회사 A의 보통주로 전환할 수 있으며, 조기 상환권(풋옵션)을 행사하여, 만기 이전이라도 상환을 청구할 수 있다.
>
> - 액면금액 및 발행금액 = 90,000
> - 만기 = 5년
> - 액면이자 = 0.500% (매년 말 후급)
> - 전환가격 = 900 (사채 액면금액 900원 당 보통주 1주로 전환 가능)
> - 전환권 행사 기간 = 1년 말부터 매년 말
> - 풋옵션 행사가격 = 90,000
> - 풋옵션 행사 기간 = 3년 말부터 매년 말
>
> | 항목 | | | 내역 | | |
> |---|---|---|---|---|---|
> | 보통주 주가 | | | | | 900 |
> | 보통주 주가 변동성 (로그 수익률 변동성) | | | | | 55.236% |
>
> | RF | 1 | 2 | 3 | 4 | 5 |
> |---|---|---|---|---|---|
> | CYSPOT | 4.000% | 4.200% | 4.400% | 4.600% | 4.800% |
> | CYFWD | 4.000% | 4.400% | 4.800% | 5.200% | 5.600% |
> | DF | 0.9608 | 0.9570 | 0.9531 | 0.9493 | 0.9455 |

RD	1	2	3	4	5
CYSPOT	9.000%	9.500%	10.000%	10.500%	11.000%
CYFWD	9.000%	10.000%	11.000%	12.000%	13.000%
DF	0.9139	0.9048	0.8958	0.8869	0.8781

(*1) RF : 무위험 이자율
(*2) RD : 발행자 위험 이자율
(*3) DF : CYFWD에 의한 1기간 할인 계수

상기 사례에 대한 미래 현금흐름은 다음과 같다.

	1	2	3	4	5
액면이자	450.00	450.00	450.00	450.00	450.00
만기 상환금액					90,000.00
풋옵션 행사가격			90,000.00	90,000.00	90,000.00

또한, 상기 사례에 대한 dt, u, d, p_u, p_d 내역, 주가 Tree, 전환가치(CON) Tree는 다음과 같다.

	1	2	3	4	5
dt	1.00	1.00	1.00	1.00	1.00
u	173.734%	173.734%	173.734%	173.734%	173.734%
d	57.559%	57.559%	57.559%	57.559%	57.559%
p_u	40.045%	40.404%	40.764%	41.126%	41.490%
p_d	59.955%	59.596%	59.236%	58.874%	58.510%

S	0	1	2	3	4	5
0	900.00	1,563.61	2,716.53	4,719.55	8,199.48	14,245.32
1		518.03	900.00	1,563.61	2,716.53	4,719.55
2			298.17	518.03	900.00	1,563.61
3				171.63	298.17	518.03
4					98.79	171.63
5						56.86

CON	0	1	2	3	4	5
0	0.00	156,361.00	271,652.93	471,954.72	819,947.94	1,424,532.03
1		51,803.20	90,000.00	156,361.00	271,652.93	471,954.72
2			29,817.46	51,803.20	90,000.00	156,361.00
3				17,162.66	29,817.46	51,803.20
4					9,878.68	17,162.66
5						5,686.08

또한, 콜옵션은 다음과 같이 행사 가능한 것으로 가정한다. 아울러, 콜옵션 행사가격에 대한 현금흐름 위험은 무위험으로 가정한다.

	1	2	3	4	5
콜옵션 행사가격	91,000.00	91,000.00	91,000.00		

아울러, 현금흐름 위험을 평가의 과정에 반영하는 방법과 관련하여서는 T&F와 EPV에 한하여 설명한다.

1 ▶ 평가 방법

전환증권에 부여된 콜옵션을 평가하는 방법에는 크게 With / Without 방법과 Compound 방법이 있다. 그리고, 어떠한 방법을 적용하더라도, 2가지 방법에 의한 결과는 반드시 일치하여야 한다.

1. With / Without(W/WO)

W/WO 방법은 총액 교환형 평가 방법에 해당한다. 그리고, 전환증권에 부여된 콜옵션은 거래의 실질이 총액 교환형 거래에 해당하므로, 가장 타당한 방법에 해당한다. 아울러, W/WO 방법에서는 1) 콜옵션이 없는 경우(Without)에 산정되는 전환증권 가치와 2) 콜옵션이 있는 경우(With)에 산정되는 전환증권 가치의 차이로서, 콜옵션의 가치를 산정한다.

2. Compound

Compound 방법은 차액 정산형 평가 방법에 해당한다. 그러나, 전환증권에 부여된 콜옵션은 거래의 실질이 총액 교환형 거래에 해당하므로, 총액 교환형 거래에 대하여 차액 정산법을 적용하기 위하여는 다소 복잡한 보정 과정이 필요하게 된다.

2 >> Tsiveriotis & Fernandes(T&F)

본 부분에서는 다음과 같은 권리 제한과 권리 우선 순위가 있는 경우에 대하여 설명한다. 다만, CASE 3에 대하여는 평가 과정에 대하여 모두 설명하고, 나머지 CASE에 대하여는 평가 결과만 요약하기로 한다.

CASE	전환권	풋옵션	콜옵션
1	1 순위	2 순위	3 순위
2	1 순위	3 순위	2 순위
3	1 순위	4 순위	2 순위
4	2 순위	1 순위	3 순위
5	3 순위	1 순위	2 순위
6	4 순위	1 순위	2 순위
7	3 순위	2 순위	1 순위
8	4 순위	2 순위	1 순위
9	2 순위	3 순위	1 순위
10	2 순위	4 순위	1 순위
11	4 순위	4 순위	1 순위

(*) 상기 중 4순위는 콜옵션 행사 가능 기간 동안 투자자가 전환권 또는 풋옵션을 행사할 수 없는 경우를 의미한다.

1. With / Without(W/WO)

(1) Without 콜옵션

Without 콜옵션의 가치는 앞 장에서 산정한 결과와 동일하다. 다음은 앞 장에서 산정한 결과 중 상품가치 Tree에 대하여 요약하는 내역에 해당한다.

FVE	0	1	2	3	4	5
0	63,175.27	132,634.59	262,609.23	471,954.72	819,947.94	1,424,532.03
1		21,083.16	54,528.51	140,343.00	271,652.93	471,954.72
2			0.00	0.00	61,340.45	156,361.00
3				0.00	0.00	0.00
4					0.00	0.00
5						0.00

FVD	0	1	2	3	4	5
0	49,352.18	36,807.80	14,337.19	1,199.57	845.14	450.00
1		65,482.59	57,702.96	25,344.42	845.14	450.00
2			81,478.20	90,450.00	47,085.10	450.00
3				90,450.00	90,450.00	90,450.00
4					90,450.00	90,450.00
5						90,450.00

(2) With 콜옵션

With 콜옵션의 가치는 기초자산 보유자(콜옵션 의무자)인 투자자 입장에서 가치를 산정한다. 그리고, 이 때 투자자의 전환권 및 풋옵션에 대한 권리 제한 여부 및 콜옵션, 전환권, 풋옵션의 권리 우선 순위를 고려하여야 한다. 다음은 권리 우선 순위를 고려한 With 콜옵션의 상품가치를 산정하는 산식을 요약한 내역에 해당한다.

$$DEF\_A(i, j) = MAX[CON(i, j), PUT(i, j), MAT(i, j), TVE(i, j) + TVD(i, j)]$$
$$DEF\_B(i, j) = MIN[CALL(i, j), DEF\_A(i, j)]$$

콜옵션 행사	권리 우선 순위	판단식 = DEF_C(i, j)
불가능		DEF_A(i, j)
가능	콜옵션 > 전환권 & 풋옵션	DEF_B(i, j)
	전환권 > 콜옵션 > 풋옵션	MAX[CON(i, j), DEF_B(i, j)]
	풋옵션 > 콜옵션 > 전환권	MAX[PUT(i, j), DEF_B(i, j)]
	전환권 & 풋옵션 > 콜옵션	MAX[CON(i, j), PUT(i, j), DEF_B(i, j)]

(*1) CALL(i, j) : N(i, j)에서의 콜옵션 행사가격
(*2) CON(i, j) : N(i, j)에서의 전환가치. 당해 Node에서 전환권을 행사할 수 없거나 투자자의 권리가

제한되는 경우에는 0에 해당한다.

(*3) PUT(i, j) : N(i, j)에서의 풋옵션 행사가격. 당해 Node에서 풋옵션을 행사할 수 없거나 투자자의 권리가 제한되는 경우에는 0에 해당한다.

(*4) MAT(i, j) : 만기 시점에서의 만기 상환금액. 당해 Node가 만기에 해당하지 않는 경우에는 0에 해당한다.

(*5) TVE(i, j) & TVD(i, j) : N(i, j)에서의 무위험 시간가치 및 위험 시간가치

$$TVE(i, j) = p_u \times FVE(i+1, j) \times RF\_DF(i+1, j) + p_d \times FVE(i+1, j+1) \times RF\_DF(i+1, j+1)$$

$$TVD(i, j) = p_u \times FVD(i+1, j) \times RD\_DF(i+1, j) + p_d \times FVD(i+1, j+1) \times RD\_DF(i+1, j+1)$$

상기 판단식 = DEF_C(i, j)의 내역은 다음과 같다.

- 콜옵션을 행사할 수 없는 경우 : 콜옵션을 행사할 수 없으므로, 투자자는 전환가치, 풋옵션 행사가격, 만기 상환금액, 시간가치 중 가장 큰 금액(DEF_A)을 선택하게 된다.

- 콜옵션 > 전환권 & 풋옵션인 경우 : 콜옵션이 행사 가능하므로, 콜옵션 권리자는 콜옵션 이익이 발생하는 경우, 콜옵션을 행사하게 된다. 또한, 콜옵션이 전환권 및 풋옵션에 모두 우선하므로, 투자자가 얻을 수 있는 가치는 콜옵션 행사가격과 DEF_A 중 작은 금액(DEF_B)에 해당한다.

- 전환권 > 콜옵션 > 풋옵션인 경우 : 콜옵션이 행사 가능하므로, 콜옵션 권리자는 콜옵션 이익이 발생하는 경우, 콜옵션을 행사하게 된다. 그러나, 전환권이 콜옵션에 우선하므로, 투자자가 얻을 수 있는 가치는 전환가치와 DEF_B 중 큰 금액에 해당한다.

- 풋옵션 > 콜옵션 > 전환권인 경우 : 콜옵션이 행사 가능하므로, 콜옵션 권리자는 콜옵션 이익이 발생하는 경우, 콜옵션을 행사하게 된다. 그러나, 풋옵션이 콜옵션에 우선하므로, 투자자가 얻을 수 있는 가치는 풋옵션 행사가격과 DEF_B 중 큰 금액에 해당한다.

- 전환권 & 풋옵션 > 콜옵션인 경우 : 콜옵션이 행사 가능하므로, 콜옵션 권리자는 콜옵션 이익이 발생하는 경우, 콜옵션을 행사하게 된다. 그러나, 전환권 및 풋옵션이 콜옵션에 우선하므로, 투자자가 얻을 수 있는 가치는 전환가치, 풋옵션 행사가격과 DEF_B 중 큰 금액에 해당한다.

또한, 상기 판단식 = DEF_C(i, j)의 결과에 따라, 다음과 같이 상품가치를 산정한다.

판단 결과	FVE	FVD
CALL(i, j)	CALL(i, j)	액면이자
CON(i, j)	CON(i, j)	액면이자
PUT(i, j)	0	PUT(i, j) + 액면이자
MAT(i, j)	0	MAT(i, j) + 액면이자
TVE(i, j) + TVD(i, j)	TVE(i, j)	TVD(i, j) + 액면이자

이제 CASE 3에 대하여 평가해 보자. CASE 3의 경우, 풋옵션에 대한 권리가 제한되어 있기 때문에, 상기 풋옵션 행사가격 내역은 다음과 같이 변경된다. 즉, 콜옵션 행사 가능 기간인 Time Step = 3까지는 풋옵션을 행사할 수 없다.

	1	2	3	4	5
풋옵션 행사가격			N/A	90,000.00	90,000.00

상기 풋옵션 행사가격을 이용하여, 전환증권 With 콜옵션의 시간가치 Tree 및 상품가치 Tree를 다음과 같이 산정한다.

TVE	0	1	2	3	4	5
0	83,483.88	156,931.31	271,652.93	471,954.72	819,947.94	0.00
1		40,491.38	74,273.45	140,343.00	271,652.93	0.00
2			9,304.97	23,948.70	61,340.45	0.00
3				0.00	0.00	0.00
4					0.00	0.00
5						0.00

TVD	0	1	2	3	4	5
0	20,281.72	407.18	403.13	749.57	395.14	0.00
1		36,263.19	34,579.57	24,894.42	395.14	0.00
2			66,492.41	64,404.33	46,635.10	0.00
3				80,221.95	79,423.73	0.00
4					79,423.73	0.00
5						0.00

(*1) N(3, 2)에서의 시간가치는 다음과 같이 산정된다.

$$TVE(3, 2) = p_u \times FVE(4, 2) \times RF\_DF(4, 2) + p_d \times FVE(4, 3) \times RF\_DF(4, 3)$$
$$= 41.126\% \times 61,340.45 \times 0.9493 + 58.874\% \times 0.00 \times 0.9493 = 23,948.70$$
$$TVD(3, 2) = p_u \times FVD(4, 2) \times RD\_DF(4, 2) + p_d \times FVD(4, 3) \times RD\_DF(4, 3)$$
$$= 41.126\% \times 47,085.10 \times 0.8869 + 58.874\% \times 90,450.00 \times 0.8869 = 64,404.33$$

(*2) N(2, 1)에서의 시간가치는 다음과 같이 산정된다.

$$TVE(2, 1) = p_u \times FVE(3, 1) \times RF\_DF(3, 1) + p_d \times FVE(3, 2) \times RF\_DF(3, 2)$$
$$= 40.764\% \times 156,361.00 \times 0.9531 + 59.236\% \times 23,948.70 \times 0.9531 = 74,273.45$$
$$TVD(2, 1) = p_u \times FVD(3, 1) \times RD\_DF(3, 1) + p_d \times FVD(3, 2) \times RD\_DF(3, 2)$$
$$= 40.764\% \times 450.00 \times 0.8958 + 59.236\% \times 64,854.33 \times 0.8958 = 34,579.57$$

FVE	0	1	2	3	4	5
0	83,483.88	156,361.00	271,652.93	471,954.72	819,947.94	1,424,532.03
1		40,491.38	91,000.00	156,361.00	271,652.93	471,954.72
2			9,304.97	23,948.70	61,340.45	156,361.00
3				0.00	0.00	0.00
4					0.00	0.00
5						0.00

FVD	0	1	2	3	4	5
0	20,281.72	450.00	450.00	450.00	845.14	450.00
1		36,713.19	450.00	450.00	845.14	450.00
2			66,942.41	64,854.33	47,085.10	450.00
3				80,671.95	90,450.00	90,450.00
4					90,450.00	90,450.00
5						90,450.00

(*1) 콜옵션 행사 가능 기간이 아닌 Time Step = 4 및 Time Step = 5에서의 시간가치 및 상품가치는 콜옵션이 없는 전환사채의 경우와 동일하다.

(*2) N(3, 2)에서의 상품가치는 다음과 같이 산정된다.

$$DEF\_A(3, 2) = MAX[CON(3, 2), PUT(3, 2), MAT(3, 2), TVE(3, 2) + TVD(3, 2)]$$
$$= MAX[51,803.20, 0.00, 0.00, 23,948.70 + 64,404.33] = 88,803.03$$
$$= TVE(3, 2) + TVD(3, 2)$$
$$DEF\_B(3, 2) = MIN[CALL(3, 2), DEF\_A(3, 2)]$$
$$= MIN[91,000.00, 88,803.03] = 88,803.03 = TVE(3, 2) + TVD(3, 2)$$
$$DEF\_C(3, 2) = MAX[CON(3, 2), DEF\_B(3, 2)]$$
$$= MAX[51,803.20, 88,803.03] = 88,803.03 = TVE(3, 2) + TVD(3, 2)$$
$$FVE(3, 2) = TVE(3, 2) = 23,948.70$$
$$FVD(3, 2) = TVD(3, 2) + 액면이자 = 64,404.33 + 450.00 = 64,854.33$$

(*3) N(2, 1)에서의 상품가치는 다음과 같이 산정된다.

$$DEF\_A(2, 1) = MAX[CON(2, 1), PUT(2, 1), MAT(2, 1), TVE(2, 1) + TVD(2, 1)]$$
$$= MAX[90,000.00, 0.00, 0.00, 74,273.45 + 34,579.57] = 108,853.02$$
$$= TVE(2, 1) + TVD(2, 1)$$
$$DEF\_B(2, 1) = MIN[CALL(2, 1), DEF\_A(2, 1)]$$
$$= MIN[91,000.00, 108,853.02] = 91,000.00 = CALL(2, 1)$$
$$DEF\_C(2, 1) = MAX[CON(2, 1), DEF\_B(2, 1)]$$
$$= MAX[90,000.00, 91,000.00] = 91,000.00 = CALL(2, 1)$$
$$FVE(2, 1) = CALL(2, 1) = 91,000.00$$
$$FVD(2, 1) = 액면이자 = 450.00$$

그리고, 전환사채 Without 콜옵션 = FVE(0, 0) + FVD(0, 0) = 63,175.27 + 49,352.18 = 112,527.44에서 전환사채 With 콜옵션 = FVE(0, 0) + FVD(0, 0) = 83,483.88 + 20,281.72 = 103,765.60를 차감한 금액 = 8,761.84가 콜옵션의 가치에 해당한다.

2. Compound

본 부분에서는 어떠한 보정도 적용하지 아니하고, Compound 기법을 적용하여, 콜옵션의 가치를 산출하는 과정에 대하여 설명한다. 또한, 동 방법에서는 콜옵션의 기초자산을 액면이자가 제외된 전환증권 Without 콜옵션으로 한 후, 차액 정산법을 적용하여 평가한다. 아울러, 내재가치, 시간가치, 옵션가치를 다음과 같이 정의한다.

(1) 기초자산 Tree

UAE	0	1	2	3	4	5
0	63,175.27	132,634.59	262,609.23	471,954.72	819,947.94	1,424,532.03
1		21,083.16	54,528.51	140,343.00	271,652.93	471,954.72
2			0.00	0.00	61,340.45	156,361.00
3				0.00	0.00	0.00
4					0.00	0.00
5						0.00

(*) UAE(i, j) = 전환사채 Without 콜옵션 Tree 상 N(i, j)에서의 무위험 현금흐름 = FVE(i, j)

UAD	0	1	2	3	4	5
0	49,352.18	36,357.80	13,887.19	749.57	395.14	0.00
1		65,032.59	57,252.96	24,894.42	395.14	0.00
2			81,028.20	90,000.00	46,635.10	0.00
3				90,000.00	90,000.00	90,000.00
4					90,000.00	90,000.00
5						90,000.00

(*1) $INT(i, j)$ = $N(i, j)$에서의 액면이자

(*2) $UAD(i, j)$ = 전환사채 Without 콜옵션 Tree 상 $N(i, j)$에서의 위험 현금흐름에서 액면이자를 차감한 금액 = $FVD(i, j) - INT(i, j)$

(*3) 콜옵션의 행사 여부에 상관없이, 액면이자는 전환사채 보유자에게 지급되므로, 콜옵션의 기초자산은 액면이자가 제외된 전환사채에 해당한다.

(2) 내재가치

$$판단식 = MAX[UAE(i, j) + UAD(i, j) - CALL(i, j), 0]$$

콜옵션 행사	판단 결과	IVE	IVD
불가능		0	0
가능	$UAE(i, j) + UAD(i, j) - CALL(i, j)$	$UAE(i, j) - CALL(i, j)$	$UAD(i, j)$
	0	0	0

(*) $CALL(i, j)$: $N(i, j)$에서의 콜옵션 행사가격(상기에서 콜옵션 행사가격에 대한 현금흐름 위험은 무위험으로 가정하였는 바, 콜옵션 행사가격은 IVE에 귀속함)

IVE	0	1	2	3	4	5
0	0.00	41,634.59	171,609.23	380,954.72	0.00	0.00
1		0.00	(36,471.49)	49,343.00	0.00	0.00
2			0.00	0.00	0.00	0.00
3				0.00	0.00	0.00
4					0.00	0.00
5						0.00

IVD	0	1	2	3	4	5
0	0.00	36,357.80	13,887.19	749.57	0.00	0.00
1		0.00	57,252.96	24,894.42	0.00	0.00
2			0.00	0.00	0.00	0.00
3				0.00	0.00	0.00
4					0.00	0.00
5						0.00

(*) $MAX[UAE(2, 1) + UAD(2, 1) - CALL(2, 1), 0]$
$= MAX[54,528.51 + 57,252.96 - 91,000.00, 0] = 20,781.47$
$= UAE(2, 1) + UAD(2, 1) - CALL(2, 1)$에 해당하므로,
$IVE(2, 1) = UAE(2, 1) - CALL(2, 1) = 54,528.51 - 91,000.00 = (36,471.49)$
$IVD(2, 1) = 57,252.96$

(3) 시간가치

$$TVE(i,j) = p_u \times OVE(i+1,j) \times RF\_DF(i+1,j) + p_d \times OVE(i+1,j+1) \times RF\_DF(i+1,j+1)$$

$$TVD(i,j) = p_u \times OVD(i+1,j) \times RD\_DF(i+1,j) + p_d \times OVD(i+1,j+1) \times RD\_DF(i+1,j+1)$$

TVE	0	1	2	3	4	5
0	34,639.61	78,934.52	175,874.05	0.00	0.00	0.00
1		7,412.60	19,171.60	0.00	0.00	0.00
2			0.00	0.00	0.00	0.00
3				0.00	0.00	0.00
4					0.00	0.00
5						0.00

TVD	0	1	2	3	4	5
0	5,419.41	9,831.89	13,484.06	0.00	0.00	0.00
1		3,323.53	9,090.94	0.00	0.00	0.00
2			0.00	0.00	0.00	0.00
3				0.00	0.00	0.00
4					0.00	0.00
5						0.00

(*1) $TVE(2, 1) = p_u \times OVE(3, 1) \times RF\_DF(3, 1) + p_d \times OVE(3, 2) \times RF\_DF(3, 2)$
$= 40.764\% \times 49,343.00 \times 0.9531 + 59.236\% \times 0.00 \times 0.9531 = 19,171.60$

(*2) $TVD(2, 1) = p_u \times OVD(3, 1) \times RD\_DF(3, 1) + p_d \times OVD(3, 2) \times RD\_DF(3, 2)$
$= 40.764\% \times 24,894.42 \times 0.8958 + 59.236\% \times 0.00 \times 0.8958 = 9,090.94$

(4) 옵션가치

판단식 $= MAX[IVE(i, j) + IVD(i, j), TVE(i, j) + TVD(i, j)]$

판단 결과	OVE	OVD
$IVE(i, j) + IVD(i, j)$	$IVE(i, j)$	$IVD(i, j)$
$TVE(i, j) + TVD(i, j)$	$TVE(i, j)$	$TVD(i, j)$

OVE	0	1	2	3	4	5
0	34,639.61	78,934.52	175,874.05	380,954.72	0.00	0.00
1		7,412.60	19,171.60	49,343.00	0.00	0.00
2			0.00	0.00	0.00	0.00
3				0.00	0.00	0.00
4					0.00	0.00
5						0.00

OVD	0	1	2	3	4	5
0	5,419.41	9,831.89	13,484.06	749.57	0.00	0.00
1		3,323.53	9,090.94	24,894.42	0.00	0.00
2			0.00	0.00	0.00	0.00
3				0.00	0.00	0.00
4					0.00	0.00
5						0.00

(*) $MAX[IVE(2, 1) + IVD(2, 1), TVE(2, 1) + TVD(2, 1)]$
$= MAX[(36,471.49) + 57,252.96, 19,171.60 + 9,090.94] = 19,171.60 + 9,090.94$
$= TVE(2, 1) + TVD(2, 1)$에 해당하므로,
$OVE(2, 1) = TVE(2, 1) = 19,171.60$
$OVD(2, 1) = TVD(2, 1) = 9,090.94$

그리고, 상기 무위험 옵션가치 $= OVE(0, 0) = 34,639.61$와 위험 옵션가치 $= OVD(0, 0)$ $= 5,419.41$의 합계 $= 40,059.02$가 콜옵션의 가치에 해당한다.

3 » Expected Present Value(EPV)

본 부분에서는 T&F에서 설명한 CASE 3에 대하여 EPV로 평가하는 과정에 대하여 설명한다. 또한, T&F와 동일하게, 나머지 CASE에 대하여는 평가 결과만 요약하기로 한다.

1. 확실성 등가 변환

		1	2	3	4	5
명목금액	액면이자	450.00	450.00	450.00	450.00	450.00
	만기 상환금액					90,000.00
	PUT			90,000.00	90,000.00	90,000.00
	CALL	91,000.00	91,000.00	91,000.00		
RF_CYSPOT			4.000%	4.200%	4.400%	4.600%	4.800%
RD_CYSPOT			9.000%	9.500%	10.000%	10.500%	11.000%
CECFF			0.9512	0.8994	0.8454	0.7898	0.7334
CECF	액면이자	428.05	404.74	380.41	355.40	330.05
	만기 상환금액					66,010.23
	PUT			76,081.85	71,080.26	66,010.23
	CALL	91,000.00	91,000.00	91,000.00		

(*1) RF_CYSPOT : 무위험 연속 CYSPOT
(*2) RD_CYSPOT : 발행자 위험 연속 CYSPOT
(*3) CECFF : 확실성 등가 변환 Factor $= e^{(RF\_CYSPOT - RD\_CYSPOT) \times T}$
$CECFF_4 = e^{(4.600\% - 10.500\%) \times 4} = 0.7898$
(*4) CECF : 확실성 등가 = 명목 행사가격 × CECFF
PUT 행사가격 $CECF_4 = 90,000.00 \times 0.7898 = 71,080.26$
(*5) 콜옵션 행사가격은 RFCF(Risk Free Cash Flow)에 해당함.

2. With / Without(W/WO)

(1) Without 콜옵션

Without 콜옵션의 가치는 앞 장에서 산정한 결과와 동일하다. 다음은 앞 장에서 산정한 결과 중 상품가치 Tree에 대하여 요약하는 내역에 해당한다.

FV	0	1	2	3	4	5
0	113,399.45	168,391.48	275,504.45	472,968.79	820,615.41	1,424,862.08
1		84,388.83	107,732.93	161,768.01	272,320.41	472,284.77
2			74,181.53	78,773.56	98,527.36	156,691.06
3				76,462.25	71,435.66	66,340.28
4					71,435.66	66,340.28
5						66,340.28

(2) With 콜옵션

With 콜옵션의 가치는 기초자산 보유자인 투자자 입장에서 가치를 산정한다. 그리고, 이 때 투자자의 전환권 및 풋옵션에 대한 권리 제한 여부 및 콜옵션, 전환권, 풋옵션의 권리 우선 순위를 고려하여야 한다. 다음은 권리 우선 순위를 고려한 With 콜옵션의 상품가치를 산정하는 산식을 요약한 내역에 해당한다. 또한, 모든 현금흐름은 무위험 현금흐름 또는 확실성 등가(CECF)에 해당한다.

$$DEF\_A(i, j) = MAX[CON(i, j), PUT(i, j), MAT(i, j), TV(i, j)]$$
$$DEF\_B(i, j) = MIN[CALL(i, j), DEF\_A(i, j)]$$

콜옵션 행사	권리 우선 순위	판단식 = DEF_C(i, j)
불가능		$DEF\_A(i, j)$
가능	콜옵션 > 전환권 & 풋옵션	$DEF\_B(i, j)$
	전환권 > 콜옵션 > 풋옵션	$MAX[CON(i, j), DEF\_B(i, j)]$
	풋옵션 > 콜옵션 > 전환권	$MAX[PUT(i, j), DEF\_B(i, j)]$
	전환권 & 풋옵션 > 콜옵션	$MAX[CON(i, j), PUT(i, j), DEF\_B(i, j)]$

(*1) CALL(i, j) : N(i, j)에서의 콜옵션 행사가격
(*2) CON(i, j) : N(i, j)에서의 전환가치. 당해 Node에서 전환권을 행사할 수 없거나 투자자의 권리가 제한되는 경우에는 0에 해당한다.
(*3) PUT(i, j) : N(i, j)에서의 풋옵션 행사가격. 당해 Node에서 풋옵션을 행사할 수 없거나 투자자의 권리가 제한되는 경우에는 0에 해당한다.
(*4) MAT(i, j) : 만기 시점에서의 만기 상환금액. 당해 Node가 만기에 해당하지 않는 경우에는 0에 해당한다.
(*5) TV(i, j) : N(i, j)에서의 시간가치
$$TV(i,j) = p_u \times FV(i+1,j) \times RF\_DF(i+1,j) + p_d \times FV(i+1,j+1) \times RF\_DF(i+1,j+1)$$

상기 판단식 = DEF_C(i, j)의 내역은 앞서 T&F에서 언급한 내역과 동일하다. 또한, 상기 판단식 = DEF_C(i, j)의 결과에 따라, 다음과 같이 상품가치를 산정한다.

판단 결과	FV
CALL(i, j)	CALL(i, j) + 액면이자
CON(i, j)	CON(i, j) + 액면이자
PUT(i, j)	PUT(i, j) + 액면이자
MAT(i, j)	MAT(i, j) + 액면이자
TV(i, j)	TV(i, j) + 액면이자

이제 CASE 3에 대하여 평가해 보자. CASE 3의 경우, 풋옵션에 대한 권리가 제한되어 있기 때문에, 상기 풋옵션 행사가격(확실성 등가 기준) 내역은 다음과 같이 변경된다. 즉, 콜옵션 행사 가능 기간인 Time Step = 3까지는 풋옵션을 행사할 수 없다.

	1	2	3	4	5
풋옵션 행사가격			N/A	71,080.26	66,010.23

상기 풋옵션 행사가격을 이용하여, 전환증권 With 콜옵션의 시간가치 Tree 및 상품가치 Tree를 다음과 같이 산정한다.

TV	0	1	2	3	4	5
0	103,765.60	157,318.63	272,015.51	472,588.38	820,260.01	0.00
1		74,985.99	105,375.17	161,387.60	271,965.01	0.00
2			69,109.88	78,393.15	98,171.96	0.00
3				67,815.94	62,727.33	0.00
4					62,727.33	0.00
5						0.00

(*1) N(3, 2)에서의 시간가치는 다음과 같이 산정된다.

$$TV(3, 2) = p_u \times FV(4, 2) \times RF\_DF(4, 2) + p_d \times FV(4, 3) \times RF\_DF(4, 3)$$
$$= 41.126\% \times 98,527.36 \times 0.9493 + 58.874\% \times 71,435.66 \times 0.9493 = 78,393.15$$

(*2) N(2, 1)에서의 시간가치는 다음과 같이 산정된다.

$$TV(2, 1) = p_u \times FV(3, 1) \times RF\_DF(3, 1) + p_d \times FV(3, 2) \times RF\_DF(3, 2)$$
$$= 40.764\% \times 156,741.41 \times 0.9531 + 59.236\% \times 78,773.56 \times 0.9531 = 105,375.17$$

FV	0	1	2	3	4	5
0	103,765.60	156,789.06	272,057.67	472,335.13	820,615.41	1,424,862.08
1		75,414.05	91,404.74	156,741.41	272,320.41	472,284.77
2			69,514.62	78,773.56	98,527.36	156,691.06
3				68,196.35	71,435.66	66,340.28
4					71,435.66	66,340.28
5						66,340.28

(*1) 콜옵션 행사 가능 기간이 아닌 Time Step = 4 및 Time Step = 5에서의 시간가치 및 상품가치는 콜옵션이 없는 전환사채의 경우와 동일하다.

(*2) N(3, 2)에서의 상품가치는 다음과 같이 산정된다.

$$DEF\_A(3, 2) = MAX[CON(3, 2), PUT(3, 2), MAT(3, 2), TV(3, 2)]$$
$$= MAX[51,803.20, 0.00, 0.00, 78,393.15] = 78,393.15 = TV(3, 2)$$
$$DEF\_B(3, 2) = MIN[CALL(3, 2), DEF\_A(3, 2)] = MIN[91,000.00, 78,393.15]$$
$$= 78,393.15 = TV(3, 2)$$
$$DEF\_C(3, 2) = MAX[CON(3, 2), DEF\_B(3, 2)] = MAX[51,803.20, 78,393.15]$$
$$= 78,393.15 = TV(3, 2)$$
$$FV(3, 2) = TV(3, 2) + 액면이자 = 78,393.15 + 380.41 = 78,773.56$$

(*3) N(2, 1)에서의 상품가치는 다음과 같이 산정된다.

$$DEF\_A(2, 1) = MAX[CON(2, 1), PUT(2, 1), MAT(2, 1), TV(2, 1)]$$
$$= MAX[90,000.00, 0.00, 0.00, 105,375.17] = 105,375.17 = TV(2, 1)$$
$$DEF\_B(2, 1) = MIN[CALL(2, 1), DEF\_A(2, 1)] = MIN[91,000.00, 105,375.17]$$
$$= 91,000.00 = CALL(2, 1)$$
$$DEF\ C(2, 1) = MAX[CON(2, 1), DEF\_B(2, 1)] = MAX[90,000.00, 91,000.00]$$
$$= 91,000.00 = CALL(2, 1)$$
$$FV(2, 1) = CALL(2, 1) + 액면이자 = 91,000.00 + 404.75 = 91,404.74$$

그리고, 전환사채 Without 콜옵션 = FV(0, 0) = 113,399.45에서 전환사채 With 콜옵션 = FV(0, 0) = 103,765.60를 차감한 금액 = 9,633.85가 콜옵션의 가치에 해당한다.

3. Compound

본 부분에서는 어떠한 보정도 적용하지 아니하고, Compound 기법을 적용하여, 콜옵션의 가치를 산출하는 과정에 대하여 설명한다. 또한, 동 방법에서는 콜옵션의 기초자산을 액면 이자가 제외된 전환증권 Without 콜옵션으로 한 후, 차액 정산법을 적용하여 평가한다. 아울러, 내재가치, 시간가치, 옵션가치를 다음과 같이 정의한다. 또한, 모든 현금흐름은 무위험 현금흐름 또는 확실성 등가(CECF)에 해당한다.

(1) 기초자산

UA	0	1	2	3	4	5
0	113,399.45	167,963.43	275,099.71	472,588.38	820,260.01	1,424,532.03
1		83,960.78	107,328.19	161,387.60	271,965.01	471,954.72
2			73,776.79	78,393.15	98,171.96	156,361.00
3				76,081.85	71,080.26	66,010.23
4					71,080.26	66,010.23
5						66,010.23

(*1) INT(i, j) = N(i, j)에서의 액면이자

(*2) UA(i, j) = 전환사채 Without 콜옵션 Tree 상 N(i, j)에서 액면이자를 차감한 금액 = FV(i, j) − INT(i, j)

(*3) 콜옵션의 행사 여부에 상관없이, 액면이자는 전환사채 보유자에게 지급되므로, 콜옵션의 기초자산은 액면이자가 제외된 전환사채에 해당한다.

(2) 내재가치

$$판단식 = MAX[UA(i, j) - CALL(i, j), 0]$$

콜옵션 행사	판단 결과	IV
불가능		0
가능	UA(i, j) − CALL(i, j)	UA(i, j) − CALL(i, j)
	0	0

(*) CALL(i, j) : N(i, j)에서의 콜옵션 행사가격

IV	0	1	2	3	4	5
0	0.00	76,963.43	184,099.71	381,588.38	0.00	0.00
1		0.00	16,328.19	70,387.60	0.00	0.00
2			0.00	0.00	0.00	0.00
3				0.00	0.00	0.00
4					0.00	0.00
5						0.00

(*) MAX[UA(2, 1) − CALL(2, 1), 0] = MAX[107,328.19 − 91,000.00, 0] = 16,328.19
   = UA(2, 1) − CALL(2, 1)에 해당하므로, IV(2, 1) = UA(2, 1) − CALL(2, 1) = 16,328.19

(3) 시간가치

$$TV(i,j)= p_u \times OV(i+1,j) \times RF\_DF(i+1,j) + p_d \times OV(i+1,j+1) \times RF\_DF(i+1,j+1)$$

TV	0	1	2	3	4	5
0	40,059.02	88,286.90	188,001.95	0.00	0.00	0.00
1		10,574.04	27,348.22	0.00	0.00	0.00
2			0.00	0.00	0.00	0.00
3				0.00	0.00	0.00
4					0.00	0.00
5						0.00

(*) $TV(2, 1) = p_u \times OV(3, 1) \times RF\_DF(3, 1) + p_d \times OV(3, 2) \times RF\_DF(3, 2)$
　　　　$= 40.764\% \times 70,387.60 \times 0.9531 + 59.236\% \times 0.00 \times 0.9531 = 27,348.22$

(4) 옵션가치

$$판단식 = MAX[IV(i, j), TV(i, j)]$$

판단 결과		OV
IV(i, j)		IV(i, j)
TV(i, j)		TV(i, j)

OV	0	1	2	3	4	5
0	40,059.02	88,286.90	188,001.95	381,588.38	0.00	0.00
1		10,574.04	27,348.22	70,387.60	0.00	0.00
2			0.00	0.00	0.00	0.00
3				0.00	0.00	0.00
4					0.00	0.00
5						0.00

(*) $MAX[IV(2, 1), TV(2, 1)] = MAX[16,328.19, 27,348.22] = 27,348.22 = TV(2, 1)$에 해당하므로, $OV(2, 1) = TV(2, 1) = 27,348.22$

그리고, 상기 옵션가치 = OV(0, 0) = 40,059.02가 콜옵션의 가치에 해당한다.

상기의 평가 결과를 요약하면 다음과 같다. 또한, 본 장에서 설명되지는 않았지만, 다른 모든 CASE 및 Modified T&F에 의한 결과도 포함하여 요약한다.

CASE	T&F		Modified T&F		EPV	
	W/WO	Compound	W/WO	Compound	W/WO	Compound
1	7,523.68	40,059.02	8,100.66	40,059.02	8,100.66	40,059.02
2	7,523.68	40,059.02	8,100.66	40,059.02	8,100.66	40,059.02
3	8,761.84	40,059.02	9,633.85	40,059.02	9,633.85	40,059.02
4	7,523.68	40,059.02	8,100.66	40,059.02	8,100.66	40,059.02
5	32,893.68	40,059.02	33,470.67	40,059.02	33,470.67	40,059.02
6	40,059.02	40,059.02	40,059.02	40,059.02	40,059.02	40,059.02
7	32,893.68	40,059.02	33,470.67	40,059.02	33,470.67	40,059.02
8	40,059.02	40,059.02	40,059.02	40,059.02	40,059.02	40,059.02
9	32,893.68	40,059.02	33,470.67	40,059.02	33,470.67	40,059.02
10	34,131.85	40,059.02	35,003.86	40,059.02	35,003.86	40,059.02
11	40,720.20	40,059.02	41,592.21	40,059.02	41,592.21	40,059.02

상기에서 알 수 있는 바와 같이, 무보정 Compound 결과는 모든 CASE에 있어서 변동하지 않는다. 왜냐하면, 무보정 Compound에서는 권리 제한 여부 및 권리 우선 순위가 고려되지 않았기 때문이다. 그리고, 이렇게 평가된 무보정 Compound 결과는 W/WO 결과와 차이를 발생시키고 있다.

상기에서 알 수 있는 바와 같이, T&F에 의한 W/WO과 Modified T&F에 의한 W/WO 간에는 차이가 발생하고 있다. 그리고, 이는 앞서 언급한 바와 같이, T&F에는 현금흐름 판단 시점과 관련한 문제점이 포함되어 있음에 기인하고 있다. 그러나, Modified T&F에 의한 W/WO 결과는 EPV에 의한 W/WO 결과와 일치하고 있다.

상기에서 알 수 있는 바와 같이, 각각의 CASE 별로 W/WO에 의한 콜옵션의 가치가 달라지고 있다. 즉, 어떠한 권리 제한 여부 및 권리 우선 순위를 반영하는지에 따라, W/WO 방법에 의한 콜옵션의 가치는 달라지게 된다. 이에 따라, 콜옵션 가치 산정 시, 투자 계약 상의 권리 제한 여부 및 권리 우선 순위를 반드시 평가의 과정에 반영하여 주어야 한다.

앞서 W/WO에 의한 콜옵션 가치와 Compound에 의한 콜옵션 가치는 반드시 일치하여야 한다고 언급하였다. 그러나, 앞서 언급한 평가 방법 간 비교에서는 CASE 별로 일치하는 경우도 있었고, 일치하지 않는 경우도 있었다. 본 부분에서는 Compound 방법을 일부 보정하여, 모든 CASE에 있어서, W/WO에 의한 콜옵션 가치와 Compound에 의한 콜옵션 가치를 일치시키는 방법에 대하여 설명한다. 다만, Compound 방법에서 계약 사항을 반영하는 과정은 매우 복잡하기 때문에, 보정의 과정도 매우 복잡할 수 밖에 없음에 주의하여야 한다.

그리고, 이를 위하여, EPV에 의한 방법으로 설명한다. 다만, T&F, Modified T&F에 의한 결과도 요약하여 기재한다.

1. Compound 방법 하에서 고려하여야 할 사항

W/WO에 의한 콜옵션 가치와 Compound에 의한 콜옵션 가치의 일치를 위하여는 Compound 방법에서 반드시 고려하여야 할 사항이 있다. 즉, 다음과 같은 사항이 고려되어야 한다.

- 투자자의 권리 제한 여부
- 콜옵션과 전환증권의 진환권 또는 싱환권이 경합하는 경우, 권리 우선 순위

(1) 권리 제한 여부

다음에 대하여 고려해 보자. 발행자 등이 일정 기간 동안 투자자가 풋옵션 및 전환권을 행사할 수 없도록 하는 행사 제한권을 갖고 있다고 가정하자. 그렇다면, 이러한 행사 제한권의 가치는 행사 제한이 없는 전환증권의 가치와 행사 제한이 있는 전환증권의 가치를 각각 산출한 후, 차이 금액으로서 산출된다.

콜옵션 행사 가능 기간 동안 풋옵션 및 전환권의 행사가 제한되게 되면, 기본적으로 콜옵션에는 행사 제한권이 자동적으로 내포되게 된다. 이에 따라, Compound 방법에 의한 평가 시, 이러한 콜옵션은 반드시 다음과 같이 평가하여야 한다.

(ㄱ) 행사 제한권 가치 = 행사 제한이 없는 전환증권의 가치 − 행사 제한이 있는 전환증

권의 가치

(ㄴ) 콜옵션의 가치 = 행사 제한이 있는 전환증권을 기초자산으로 하는 콜옵션의 가치

(ㄷ) 최종 콜옵션 가치 = 상기 (ㄱ) + 상기 (ㄴ)

(2) 권리 우선 순위

상기 (1)에서 (ㄴ)의 가치를 산정함에 있어서는 전환권, 풋옵션, 콜옵션의 권리 우선 순위를 고려하여야 한다. 먼저, 다음과 같은 예시들을 살펴 보자.

│ 예시 1 │

Compound 방법에 있어서의 권리 우선 순위 고려

특정 시점에, 전환권 및 풋옵션에 대한 권리 제한은 없고, 전환권, 풋옵션 및 콜옵션이 모두 행사 가능하며, 콜옵션이 전환권 및 풋옵션에 우선하는 것으로 가정한다. 또한, Compound 방식에 의한 콜옵션의 내재가치는 20, 시간가치는 30이고, 투자자가 전환권을 행사할 시의 행사 손실은 15이고, 투자자가 풋옵션을 행사할 시의 행사 손실은 10이라고 가정한다.

이러한 경우에 있어서, 콜옵션 권리자는 시간가치가 내재가치보다 크므로, 콜옵션을 행사하지 않으려 할 것이다. 그러나, 콜옵션이 행사되지 않으면, 투자자는 전환권 또는 풋옵션을 행사할 수 있다. 그리고, 투자자는 전환권 행사 손실 15, 풋옵션 행사 손실 10, 시간 손실 30(콜옵션 권리자의 시간가치는 투자자의 시간 손실에 해당함)을 비교하여, 전환권의 행사 여부 및 풋옵션의 행사 여부를 결정하게 된다. 즉, 투자자는 이 중 가장 작은 손실인 풋옵션을 행사하게 된다.

투자자가 풋옵션을 행사하게 되면, 콜옵션 권리자는 10의 이익(투자자의 풋옵션 행사 손실)만큼을 얻게 된다. 그런데, 만약, 콜옵션 권리자가 먼저 콜옵션을 행사한다면(상기에서 콜옵션 권리가 전환권 및 풋옵션에 우선한다고 가정하였기 때문임), 내재가치인 20의 이익을 얻게 된다. 따라서, 이러한 경우에는 콜옵션 권리자가 반드시 먼저 콜옵션을 행사하게 된다. 그리고, 콜옵션 권리자가 콜옵션을 행사하게 되면, 이 때의 콜옵션 가치는 20이 되게 된다.

│ 예시 2 │

Compound 방법에 있어서의 권리 우선 순위 고려

특정 시점에, 전환권 및 풋옵션에 대한 권리 제한은 없고, 전환권, 풋옵션 및 콜옵션이 모두 행사 가능하며, 콜옵션이 풋옵션에는 우선하지만, 전환권에는 차선하는 것으로 가정한다. 또한, Compound 방식에 의한 콜옵션의 내재가치는 20, 시간가치는 30 이고, 투자자가 전환권을 행사할 시의 행사 손실은 15이고, 투자자가 풋옵션을 행사할 시의 행사 손실은 10이라고 가정한다.

먼저, 콜옵션과 풋옵션을 분석한다. 이러한 경우에 있어서, 콜옵션 권리자는 시간가치가 내재가치보다 크므로, 콜옵션을 행사하지 않으려 할 것이다. 그러나, 콜옵션이 행사되지 않으면, 투자자는 풋옵션을 행사할 수 있다. 그리고, 투자자는 풋옵션 행사 손실 10, 시간 손실 30(콜옵션 권리자의 시간가치는 투자자의 시간 손실에 해당함)을 비교하여, 풋옵션의 행사 여부를 결정하게 된다. 즉, 투자자는 이 중 가장 작은 손실인 풋옵션을 행사하게 된다. 그런데, 만약, 콜옵션 권리자가 먼저 콜옵션을 행사한다면(상기에서 콜옵션 권리가 풋옵션에 우선한다고 가정하였기 때문임), 내재가치인 20의 이익을 얻게 된다. 따라서, 이러한 경우에는 콜옵션 권리자가 반드시 먼저 콜옵션을 행사하게 된다.

다음, 전환권과 콜옵션을 분석한다. 이러한 경우에 있어서, 전환권 권리자는 전환권을 행사하게 되면, 전환권 손실 15를 얻게 되지만, 전환권을 행사하지 않으면, 상기에서 언급한, 콜옵션 행사 손실 20을 얻게 된다. 따라서, 이러한 경우에는 전환권 권리자가 반드시 먼저 전환권을 행사하게(상기에서 전환권 권리가 콜옵션에 우선한다고 가정하였기 때문임) 된다. 그리고, 전환권 권리자가 전환권을 행사하게 되면, 이 때의 콜옵션 가치는 전환권 행사 손실 금액인 15가 되게 된다.

| 예시 3 |

Compound 방법에 있어서의 권리 우선 순위 고려

특정 시점에, 전환권 및 풋옵션에 대한 권리 제한은 없고, 전환권, 풋옵션 및 콜옵션이 모두 행사 가능하며, 전환권 및 풋옵션이 모두 콜옵션에 우선하는 것으로 가정한다. 또한, Compound 방식에 의한 콜옵션의 내재가치는 20, 시간가치는 30이고, 투자자가 전환권을 행사할 시의 행사 손실은 15이고, 투자자가 풋옵션을 행사할 시의 행사 손실은 10이라고 가정한다.

먼저, 콜옵션을 분석한다. 이러한 경우에 있어서, 콜옵션 권리자는 시간가치가 내재가치보다 크므로, 콜옵션을 행사하지 않으려 할 것이다. 그리고, 이 때의 가치는 시간가치인 30에 해당한다.

다음, 전환권 및 풋옵션과 콜옵션을 분석한다. 이러한 경우에 있어서, 전환권 및 풋옵션 권리자는 전환권 행사 손실 15, 풋옵션 행사 손실 10, 콜옵션 시간 손실 30을 비교하게 된다. 그리고, 이 중 가장 작은 손실인 풋옵션 행사 손실을 선택하여, 풋옵션을 행사하게 된다. 그리고, 풋옵션 권리자가 풋옵션을 행사하게 되면, 이 때의 콜옵션 가치는 풋옵션 행사 손실 금액인 10이 되게 된다.

상기 예시들에서 알 수 있는 바와 같이, 전환권, 풋옵션, 콜옵션의 권리 우선 순위에 따라 콜옵션의 가치는 달라지게 된다. 그리고, 이를 일반화할 수 있으며, 이를 일반화하기 위하여는 다음과 같은 PUTLOSS와 CONLOSS라는 개념의 도입이 필요하다.

- PUTLOSS : 투자자가 풋옵션을 행사하거나 행사하지 않았을 경우의 최소 손실 금액
- CONLOSS : 투자자가 전환권을 행사하거나 행사하지 않았을 경우의 최소 손실 금액

2. 보정 Compound

다음은 앞서 설명한 CASE 3에 대하여, Compound 방법을 보정하는 과정에 해당한다.

(STEP 1) 투자자의 권리 제한 여부가 반영된 전환사채 상품가치(CB_FV) Tree를 새로 작성한다.

CB_FV	0	1	2	3	4	5
0	111,866.26	168,391.48	275,504.45	472,968.79	820,615.41	1,424,862.08
1		81,727.25	107,732.93	161,768.01	272,320.41	472,284.77
2			69,514.62	78,773.56	98,527.36	156,691.06
3				68,196.35	71,435.66	66,340.28
4					71,435.66	66,340.28
5						66,340.28

(*) CASE 3의 경우, 풋옵션에 대한 권리가 제한되어 있기 때문에, Time Step = 3까지는 풋옵션을 행사할 수 없는 바, 상기 Tree는 이를 반영한 전환사채 상품가치 Tree에 해당한다.

(STEP 2) 상기 (STEP 1) CB_FV Tree를 기초로, UA Tree를 산정한다.

UA	0	1	2	3	4	5
0	111,866.26	167,963.43	275,099.71	472,588.38	820,260.01	1,424,532.03
1		81,299.20	107,328.19	161,387.60	271,965.01	471,954.72
2			69,109.88	78,393.15	98,171.96	156,361.00
3				67,815.94	71,080.26	66,010.23
4					71,080.26	66,010.23
5						66,010.23

(*1) INT(i, j) = N(i, j)에서의 액면이자
(*2) UA(i, j) = CB_FV(i, j) − INT(i, j)
(*3) 콜옵션의 행사 여부에 상관없이, 액면이자는 전환사채 보유자에게 지급되므로, 콜옵션의 기초자산은 액면이자가 제외된 전환사채에 해당한다.

(STEP 3) 상기 (STEP 2)의 UA Tree를 기초로, 콜옵션의 내재가치(IV) Tree를 산정한다.

콜옵션 행사	IV(i, j)
불가능	0
가능	MAX[UA(i, j) − CALL(i, j), 0]

(*1) UA(i, j) : 상기 (STEP 2) UA Tree 상 N(i, j)에서의 기초자산 가치
(*2) CALL(i, j) : N(i, j)에서의 콜옵션 행사가격

IV	0	1	2	3	4	5
0	0.00	76,963.43	184,099.71	381,588.38	0.00	0.00
1		0.00	16,328.19	70,387.60	0.00	0.00
2			0.00	0.00	0.00	0.00
3				0.00	0.00	0.00
4					0.00	0.00
5						0.00

(*1) IV(2, 1) = MAX[UA(2, 1) − CALL(2, 1), 0]
$\qquad\qquad$ = MAX[107,328.19 − 91,000.000, 0] = 16,328.19
(*2) IV(1, 0) = MAX[UA(1, 0) − CALL(1, 0), 0]
$\qquad\qquad$ = MAX[167,963.43 − 91,000.000, 0] = 76,963.43

(STEP 4) 콜옵션의 시간가치(TV) Tree를 산정한다.

$$TV(i,j) = p_u \times OV(i+1,j) \times RF\_DF(i+1,j) + p_d \times OV(i+1,j+1) \times RF\_DF(i+1,j+1)$$

TV	0	1	2	3	4	5
0	8,100.66	10,644.79	3,084.19	0.00	0.00	0.00
1		6,313.21	1,953.02	0.00	0.00	0.00
2			0.00	0.00	0.00	0.00
3				0.00	0.00	0.00
4					0.00	0.00
5						0.00

(*1) OV(i, j) : 하기 (STEP 6)에서의 옵션가치
(*2) TV(2, 1) = $p_u \times$ OV(3, 1) $\times$ RF_DF(3, 1) + $p_d \times$ OV(3, 2) $\times$ RF_DF(3, 2)
$\qquad\qquad$ = 40.764% × 5,026.59 × 0.9531 + 59.236% × 0.00 × 0.9531 = 1,953.02

(*3) $TV(1, 0) = p_u \times OV(2, 0) \times RF\_DF(2, 0) + p_d \times OV(2, 1) \times RF\_DF(2, 1)$
$= 40.404\% \times 3{,}446.78 \times 0.9570 + 59.596\% \times 16{,}328.19 \times 0.9570 = 10{,}644.79$

(STEP 5) MV(당해 Node에서 풋옵션 및 전환권을 행사할 수 없는 경우의 콜옵션 가치), PUTLOSS 및 CONLOSS를 정의한다. 여기에서, IV(i, j) 및 TV(i, j)는 각각 상기 (STEP 3)에서의 내재가치와 상기 (STEP 4)에서의 시간가치를 의미한다.

(ㄱ) $MV(i, j) = MAX[IV(i, j), TV(i, j)]$

(ㄴ) PUTLOSS(i, j)

풋옵션 행사	우선 순위	PUTLOSS(i, j)
불가능		$MV(i, j)$
가능	풋옵션	$MIN[MAX\{UA(i, j) - PUT(i, j), 0\}, MV(i, j)]$
	콜옵션	$MIN[MAX\{UA(i, j) - PUT(i, j), 0\}, TV(i, j)]$

(*1) 당해 Node에서 풋옵션 행사가 불가능한 경우, 콜옵션 권리자는 콜옵션 내재가치와 콜옵션 시간가치 중 큰 금액(MV)을 선택할 수 있으므로, 콜옵션 권리자는 MV를 획득하게 된다. 여기에서, MV가 PUTLOSS에 해당한다.

(*2) 당해 Node에서 풋옵션 행사가 가능하고, 풋옵션이 콜옵션에 우선하는 경우, 풋옵션 권리자는 풋옵션 행사 손실이 MV에 미달하면, 풋옵션을 행사하게 된다. 이에 따라, 콜옵션 권리자는 풋옵션 행사 손실과 MV 중 작은 금액을 획득하게 된다. 여기에서, 풋옵션 행사 손실과 MV 중 작은 금액이 PUTLOSS에 해당한다.

(*3) 당해 Node에서 풋옵션 행사가 가능하고, 콜옵션이 풋옵션에 우선하는 경우, 콜옵션 권리자가 콜옵션을 행사하지 않으면, 풋옵션 권리자는 풋옵션 행사 손실이 콜옵션의 시간가치에 미달하면, 풋옵션을 행사하게 된다. 즉, 풋옵션 권리자는 풋옵션 행사 손실과 콜옵션 시간가치 중 작은 금액을 손실로 획득하게 된다. 또한, 여기에서, 풋옵션 행사 손실과 콜옵션 시간가치 중 작은 금액이 PUTLOSS에 해당한다. 아울러, 콜옵션 권리자는 콜옵션의 행사가 가능하고, 콜옵션이 풋옵션에 우선하므로, 콜옵션 내재가치(IV)와 PUTLOSS 중 큰 금액을 획득하게 된다(하기 OV 참조).

(*4) 풋옵션 행사 손실은 마이너스 금액이 될 수 없다. 왜냐하면, 풋옵션 손실은 콜옵션 이익에 해당하는데, 본 사례의 전환사채의 경우, 콜옵션 권리자는 어떠한 경우에도 손실을 부담하지 아니하므로, 콜옵션 이익이 마이너스가 될 수 없기 때문이다.

(ㄷ) CONLOSS(i, j)

전환권 행사	우선 순위	CONLOSS(i, j)
불가능		$MV(i, j)$
가능	전환권	$MIN[MAX\{UA(i, j) - CON(i, j), 0\}, MV(i, j)]$
	콜옵션	$MIN[MAX\{UA(i, j) - CON(i, j), 0\}, TV(i, j)]$

(*1) 당해 Node에서 전환권 행사가 불가능한 경우, 콜옵션 권리자는 콜옵션 내재가치와 콜옵션 시간가치 중 큰 금액(MV)을 선택할 수 있으므로, 콜옵션 권리자는 MV를 획득하게 된다. 여기에서, MV가 CONLOSS에 해당한다.

(*2) 당해 Node에서 전환권 행사가 가능하고, 전환권이 콜옵션에 우선하는 경우, 전환권 권리자는 전환권 행사 손실이 MV에 미달하면, 전환권을 행사하게 된다. 이에 따라, 콜옵션 권리자는 전환권 행사 손실과 MV 중 작은 금액을 획득하게 된다. 여기에서, 전환권 행사 손실과 MV 중 작은 금액이 CONLOSS에 해당한다.

(*3) 당해 Node에서 전환권 행사가 가능하고, 콜옵션이 전환권에 우선하는 경우, 콜옵션 권리자가 콜옵션을 행사하지 않으면, 전환권 권리자는 전환권 행사 손실이 콜옵션의 시간가치에 미달하면, 전환권을 행사하게 된다. 즉, 전환권 권리자는 전환권 행사 손실과 콜옵션 시간가치 중 작은 금액을 손실로 획득하게 된다. 또한, 여기에서, 전환권 행사 손실과 콜옵션 시간가치 중 작은 금액이 CONLOSS에 해당한다. 아울러, 콜옵션 권리자는 콜옵션의 행사가 가능하고, 콜옵션이 전환권에 우선하므로, 콜옵션 내재가치와 CONLOSS 중 큰 금액을 획득하게 된다(하기 OV 참조).

(*4) 전환권 행사 손실은 마이너스 금액이 될 수 없다. 왜냐하면, 전환권 손실은 콜옵션 이익에 해당하는데, 본 사례의 전환사채의 경우, 콜옵션 권리자는 어떠한 경우에도 손실을 부담하지 아니하므로, 콜옵션 이익이 마이너스가 될 수 없기 때문이다.

(STEP 6) 콜옵션의 옵션가치(OV) Tree를 산정한다.

콜옵션 행사	권리 우선 순위	OV(i, j)
불가능		$MIN[CONLOSS(i, j), PUTLOSS(i, j)]$
가능	콜옵션 > 전환권 & 풋옵션	$MAX[IV(i, j), MIN\{PUTLOSS(i, j), CONLOSS(i, j)\}]$
	전환권 > 콜옵션 > 풋옵션	$MIN[CONLOSS(i, j), MAX\{IV(i, j), PUTLOSS(i, j)\}]$
	풋옵션 > 콜옵션 > 전환권	$MIN[PUTLOSS(i, j), MAX\{IV(i, j), CONLOSS(i, j)\}]$
	전환권 & 풋옵션 > 콜옵션	$MIN[CONLOSS(i, j), PUTLOSS(i, j), MV(i, j)]$

(*1) 당해 Node에서 콜옵션 행사가 불가능한 경우, 콜옵션 권리자는 PUTLOSS와 CONLOSS 중 작은 금액을 획득할 수 있다.

(*2) 콜옵션이 전환권 및 풋옵션에 모두 우선하는 경우, 콜옵션 권리자는 전환권 및 풋옵션이 행사되기 전에 콜옵션을 먼저 행사할 수 있다. 이에 따라, 콜옵션 권리자는 PUTLOSS와 CONLOSS 중 작은 금액과 콜옵션 내재가치 중 큰 금액을 획득할 수 있다.

(*3) 전환권이 콜옵션에 우선하고, 콜옵션이 풋옵션에 우선하는 경우, 콜옵션 권리자는 PUTLOSS와 콜옵션 내재가치 중 큰 금액을 획득할 수 있다. 그러나, 전환권이 콜옵션에 우선하므로, 최종적으로, 콜옵션 권리자는 1) PUTLOSS와 콜옵션 내재가치 중 큰 금액과 2) CONLOSS 중 작은 금액을 획득할 수 있다.

(*4) 풋옵션이 콜옵션에 우선하고, 콜옵션이 전환권에 우선하는 경우, 콜옵션 권리자는 CONLOSS와 콜옵션 내재가치 중 큰 금액을 획득할 수 있다. 그러나, 풋옵션이 콜옵션에 우선하므로, 최종적으로, 콜옵션 권리자는 1) CONLOSS와 콜옵션 내재가치 중 큰 금액과 2) PUTLOSS 중 작은 금액을 획득할 수 있다.

(*5) 전환권 및 풋옵션이 모두 콜옵션에 우선하는 경우, 콜옵션 권리자는 콜옵션 내재가치와 콜옵션 시간가치 중 큰 금액(MV)을 획득할 수 있다. 그러나, 전환권 및 풋옵션이 모두 콜옵션에 우선하므로, 최종적으로, 콜옵션 권리자는 CONLOSS, PUTLOSS, MV 중 작은 금액을 획득할 수 있다.

OV	0	1	2	3	4	5
0	8,100.66	11,602.42	3,446.78	633.66	0.00	0.00
1		6,313.21	16,328.19	5,026.59	0.00	0.00
2			0.00	0.00	0.00	0.00
3				0.00	0.00	0.00
4					0.00	0.00
5						0.00

(*1) $OV(2, 1) = MIN[CONLOSS(2, 1), MAX\{IV(2, 1), PUTLOSS(2, 1)\}]$
$= MIN[16,328.19, MAX\{16,328.19, 16,328.19\}] = 16,328.19$
$MV(2, 1) = MAX[IV(2, 1), TV(2, 1)] = MAX[16,328.19, 1,953.02] = 16,328.19$
$PUTLOSS(2, 1) = MV(2, 1) = 16,328.19$
$CONLOSS(2, 1) = MIN[MAX\{UA(2, 1) - CON(2, 1), 0\}, MV(2, 1)]$
$= MIN[MAX\{107,328.19 - 90,000.00, 0\}, 16,328.19] = 16,328.19$

(*2) $OV(1, 0) = MIN[CONLOSS(1, 0), MAX\{IV(1, 0), PUTLOSS(1, 0)\}]$
$= MIN[11,602.42, MAX\{76,963.43, 76,963.43\}] = 11,602.42$
$MV(1, 0) = MAX[IV(1, 0), TV(1, 0)] = MAX[76,963.43, 10,644.79] = 76,963.43$
$PUTLOSS(1, 0) = MV(1, 0) = 76,963.43$
$CONLOSS(1, 0) = MIN[MAX\{UA(1, 0) - CON(1, 0), 0\}, MV(1, 0)]$
$= MIN[MAX\{167,963.43 - 156,361.00, 0\}, 76,963.43] = 11,602.42$

(STEP 7) 최종적으로, 콜옵션의 가치를 산정한다.

	금액
행사 제한권 가치	1,533.19
OV(0, 0)	8,100.66
합계	9,633.85

(*) 행사 제한권 가치 = 행사 제한이 없는 전환증권의 가치 - 행사 제한이 있는 전환증권의 가치
$= 113,399.45 - 111,866.26 = 1,533.19$

　　상기에서 산출한, 보정 Compound에 의한 콜옵션 가치 = 9,633.85는 W/WO에 의하여 산출한 콜옵션 가치 = 9,633.85와 정확히 일치한다. 다음은 앞서 언급한 모든 사례에 대하여, Compound 과정에 보정을 반영하였을 경우의 결과와 W/WO에 의한 결과를 비교하는 내역에 해당한다. 다만, 현금흐름 위험 반영 방법은 EPV에 해당한다.

CASE	보정 Compound			W/WO
	행사 제한권	OV(0, 0)	합계	
1	0.00	8,100.66	8,100.66	8,100.66
2	0.00	8,100.66	8,100.66	8,100.66
3	1,533.19	8,100.66	9,633.85	9,633.85
4	0.00	8,100.66	8,100.66	8,100.66
5	0.00	33,470.67	33,470.67	33,470.67
6	0.00	40,059.02	40,059.02	40,059.02
7	0.00	33,470.67	33,470.67	33,470.67
8	0.00	40,059.02	40,059.02	40,059.02
9	0.00	33,470.67	33,470.67	33,470.67
10	1,533.19	33,470.67	35,003.86	35,003.86
11	1,533.19	40,059.02	41,592.21	41,592.21

상기에서 알 수 있는 바와 같이, 모든 경우에 있어서, 보정 Compound에 의한 결과와 W/WO에 의한 결과가 일치한다. 즉, 전환사채에 부여된 콜옵션의 가치를 Compound 방법에 의하여 산출하기 위하여는 상기와 같은 보정 과정을 반드시 포함하여야 한다.

3. 평가 방법 간 비교

다음은 T&F, Modified T&F, EPV에 있어서, 각각의 Case 별로 보정 Compound와 W/WO에 의한 결과를 비교하는 내역에 해당한다.

CASE	T&F		Modified T&F		EPV	
	W/WO	Compound	W/WO	Compound	W/WO	Compound
1	7,523.68	7,523.68	8,100.66	8,100.66	8,100.66	8,100.66
2	7,523.68	7,523.68	8,100.66	8,100.66	8,100.66	8,100.66
3	8,761.84	8,761.84	9,633.85	9,633.85	9,633.85	9,633.85
4	7,523.68	7,523.68	8,100.66	8,100.66	8,100.66	8,100.66
5	32,893.68	32,893.68	33,470.67	33,470.67	33,470.67	33,470.67
6	40,059.02	40,059.02	40,059.02	40,059.02	40,059.02	40,059.02
7	32,893.68	32,893.68	33,470.67	33,470.67	33,470.67	33,470.67
8	40,059.02	40,059.02	40,059.02	40,059.02	40,059.02	40,059.02
9	32,893.68	32,893.68	33,470.67	33,470.67	33,470.67	33,470.67
10	34,131.85	34,131.85	35,003.86	35,003.86	35,003.86	35,003.86
11	40,720.20	40,720.20	41,592.21	41,592.21	41,592.21	41,592.21

상기에서 알 수 있는 바와 같이, 모든 방법 및 모든 경우에 있어서, 보정 Compound에 의한 결과와 W/WO에 의한 결과가 일치한다. 즉, 전환사채에 부여된 콜옵션의 가치를 Compound 방법에 의하여 산출하기 위하여는 상기와 같은 보정 과정을 반드시 포함하여야 한다.

다만, T&F는 VE와 VD로 현금흐름 Tree가 구분되기 때문에, Compound에서 보정을 적용하는 과정이 EPV보다 더 복잡하다. 또한, Modified T&F는 T&F에 현금흐름 선택에 대한 보정 과정이 추가되기 때문에, Compound에서 보정을 적용하는 과정이 T&F보다 더 복잡하다.

결과적으로, 전환증권에 부여된 콜옵션을 평가함에 있어서, 보정 Compound에 의한 결과와 W/WO에 의한 결과가 일치하기 때문에, 복잡한 보정 Compound를 사용하는 것보다 W/WO을 사용하는 것이 훨씬 더 효율적이다.

6 ▷ 기타의 콜옵션 평가 방법

2023년 12월 한국공인회계사회는 K-IFRS 실무사례와 해설 Series 11 복합금융상품(이하, "해설서")을 발표하였다. 그리고, 동 해설서는 전환증권에 대한 콜옵션을 평가함에 있어서, 다양한 평가 방법을 제시하고 있으며, 주요 내용은 다음과 같다. 다만, 현금흐름 위험 반영 방법은 T&F 기준에 해당한다.

- 방법 1 : W/WO 방법으로서, 콜옵션 행사가격 현금흐름을 모두 무위험 현금흐름으로 반영
- 방법 2 : W/WO 방법으로서, 콜옵션 행사가격 현금흐름을 모두 전환증권 발행자 위험 현금흐름으로 반영
- 방법 3 : Compound 방법으로서, 내재가치를 FVE + FVD − 콜옵션 행사가격으로 정의하고, 콜옵션 행사가격 현금흐름을 모두 무위험 현금흐름에서 차감
- 방법 4 : Compound 방법으로서, 내재가치를 FVE + FVD − 콜옵션 행사가격으로 정의하고, 콜옵션 행사가격 현금흐름을 모두 전환증권 발행자 위험 현금흐름에서 차감
- 방법 5 : Compound 방법으로서, 내재가치를 FVE + FVD − 콜옵션 행사가격으로 정의하고, 콜옵션 행사가격 현금흐름을 무위험 현금흐름이 0 이 될 때까지 무위험 현금흐름에서 우선 차감한 후, 잔여액이 있는 경우, 잔여액을 전환증권 발행자 위험 현금흐름에서 차감
- 방법 6 : Compound 방법으로서, 내재가치를 FVE + FVD − 콜옵션 행사가격으로 정의하고, 콜옵션 행사가격 현금흐름을 전환증권 발행자 위험 현금흐름이 0 이 될 때까지 전환증권 발행자 위험 현금흐름에서 우선 차감한 후, 잔여액이 있는 경우, 잔여액을 무위험 현금흐름에서 차감
- 방법 7 : Compound 방법으로서, 내재가치를 FVE + FVD − 콜옵션 행사가격으로 정의하고, 콜옵션 행사가격 현금흐름을 FVE와 FVD의 금액에 비례하여, 각각 무위험 현금흐름 및 전환증권 발행자 위험 현금흐름에서 차감
- 방법 8 : Compound 방법으로서, 내재가치를 FVE + FVD − 콜옵션 행사가격으로 정의하고, 시간가치 산정 시 할인율을 FVE와 FVD의 금액에 비례한 가중평균 할인율로서 할인
- 방법 9 : Compound 방법으로서, 내재가치를 FVE + FVD − 콜옵션 행사가격으로 정의하고, 시간가치 산정 시 할인율을 Goldman Sachs의 전환확률에 기초한 가중평균 할인율로서 할인

우선, 상기 중 방법 3~방법 9에서는 중요한 오류가 공통적으로 3개 포함되어 있다. 첫째, Compound 방법에서 기초자산을 산정할 시, 투자자의 권리 제한 여부를 고려하지 않고 있다. 둘째, Compound 방법에서 기초자산을 산정할 시, 액면이자를 차감해 주지 않고 있다.

셋째, Compound 방법에서 콜옵션, 풋옵션, 전환권의 권리 우선 순위를 고려하지 않고 있다. 이로 인하여, 콜옵션의 가치가 잘못 평가되고 있다. 이에 따라, 동 오류는 추후 보완되어야 할 부분에 해당한다.

상기에서 설명한 오류 사항을 제외하고는, 상기 중 방법 1 및 방법 3은 지금까지 설명한 W/WO 방법 및 Compound 방법과 모두 동일하다. 그리고, 동 방법들은 가장 타당한 방법에 해당한다.

상기 중 방법 2 및 방법 4는 한 가지 사항만 제외하고는 방법 1 및 방법 3과 동일하다. 즉, 콜옵션 행사가격 현금흐름을 무위험 현금흐름으로 보지 않고, 전환증권 발행자 위험 현금흐름으로 보는 점만 다르다. 그러나, 앞 장에서 언급한 바와 같이, 콜옵션 행사가격 현금흐름은 무위험 현금흐름이 타당하기 때문에, 동 방법은 타당하지 않다. 다만, 콜옵션을 발행자 만이 행사할 수 있는 경우에는 동 방법이 타당할 수도 있다. 왜냐하면, 콜옵션을 발행자 만이 행사할 수 있는 경우에는 콜옵션의 행사가 발행자에 의한 전환증권의 상환에 해당하기 때문이다. 그러나, 그렇다 할지라도, 발행자가 콜옵션을 행사한 후, 획득한 전환증권을 제3자에게 매각할 수 있다면, 콜옵션 행사가격 현금흐름은 무위험 현금흐름이 타당하다. 이에 따라, 동 방법을 적용하기 위하여는 사전에 신중한 검토가 필요하다.

상기 중 방법 5, 6, 7은 콜옵션 행사가격 현금흐름에 대하여, 일부는 무위험 현금흐름으로, 나머지는 전환증권 발행자 위험 현금흐름으로 반영하는 방법이다. 그러나, 이는 타당하지 않은 방법에 해당한다. 왜냐하면, 콜옵션 행사가격 현금흐름은 한 사람이 지급하는 단일 위험의 현금흐름에 해당하는데, 이를 무위험 현금흐름과 전환증권 발행자 위험 현금흐름으로 인위적으로 구분하는 것은 타당하지 않기 때문이다.

상기 중 방법 8과 9는 현금흐름 구분 할인율법을 적용하지 아니하고, 가중평균 할인율법을 적용하는 방법에 해당한다. 그러나, 이는 타당하지 않은 방법에 해당한다. 왜냐하면, 앞 장에서 언급한 바와 같이, 가중평균 할인율법은 현금흐름 할인 과정에 문제점이 포함되기 때문이다. 전환증권 평가 방법 중 Goldman Sachs에서의 문제점을 생각해 보면, 동 방법에는 중요한 문제점이 포함될 수밖에 없음을 충분히 판단할 수 있다.

결론적으로, 전환증권에 부여된 콜옵션을 평가함에 있어서는 상기 중 방법 1 및 방법 3이 타당하다. 다만, 방법 3에서는 공통적 오류 사항 3개에 대한 보정이 반드시 필요하다. 이에 따라, 효율성 측면에서 방법 1이 가장 합리적이다.

전환증권 평가와 관련하여, 대부분의 평가인은 콜옵션 의무자(보편적으로, 투자자)의 기초자산 현금흐름 위험(콜옵션이 행사되었을 시, 콜옵션 의무자가 기초자산을 지급하지 못할 위험)은 없는 것으로 가정하여 평가하고 있다. 또한, 앞에서 언급한 바와 같이, 본 장에서 설명한 내역도 콜옵션 의무자의 기초자산 현금흐름 위험은 없는 것으로 가정하여 설명한 결과에 해당한다. 그러나, 콜옵션 의무자의 기초자산 현금흐름 위험이 있는 경우에는 상기 설명이 모두 수정되어야 한다. 그리고, 이러한 콜옵션 의무자의 기초자산 현금흐름 위험은 실제 상황 및 법의 해석에 따라 달라질 수 있는 바, 콜옵션 의무자의 기초자산 위험을 고려하여 2중 위험을 반영하기 전에, 실제 상황 및 법의 해석에 대한 검토가 반드시 먼저 이루어져야 한다.

콜옵션 의무자의 기초자산 현금흐름 위험이 있는 경우, 콜옵션 의무자의 기초자산 현금흐름 위험을 반드시 평가의 과정에 반영하여야 한다. 예를 들면, 회사 A가 회사 B에게 사채를 발행하였고, 회사 B는 동 사채를 기초자산으로 하는 콜옵션을 회사 C에게 발행하였다면, 회사 C는 회사 A의 채무 불이행 위험과 회사 B의 옵션 의무 불이행 위험을 모두 고려하여야 한다. 그리고, 이러한 2중 위험을 반영하는 방법으로는 Robert Jarrow & Stuart Turnbull, Taoshun He, Damiano Brigo & Agostino Capponi 등의 논문이 이미 발표되어 있다. 다만, 이러한 논문은 1) 기초자산 발행자의 신용 위험 및 부도 위험, 2) 파생상품 발행자의 신용 위험 및 부도 위험, 3) 각각의 위험 간의 상관관계 등을 종합적으로 고려하고 있는 바, 평가 과정에 많은 정보가 필요하며, 평가 과정 또한 매우 복잡하다.

다음은 총액 교환형 전환사채 및 총액 교환형 콜옵션에 대하여 이러한 2중 위험을 반영할 수 있는 하나의 대안으로서, 실무에서 적용할 수 있는 가장 단순한 대안에 해당하며, 근사치를 산정할 수 있는 대안에 해당한다. 즉, 기초자산 발행자의 위험과 파생상품 발행자의 위험이 독립적이라고 가정한 후, 각각의 위험을 할인율에 반영하는 방식이다.

현금흐름	투자자 → 발행자	콜옵션 권리자 → 콜옵션 의무자
사채	r_d	$r_d + r_s$
풋옵션	r_d	$r_d + r_s$
전환권	r_f	$r_f + r_s = r_c$
콜옵션	N/A	r_f

(*1) r_f : 무위험 CYSPOT or CYFWD
(*2) r_d : 발행자 위험 CYSPOT or CYFWD
(*3) r_c : 콜옵션 의무자 위험 CYSPOT or CYFWD
(*4) r_s : 콜옵션 의무자 위험 Spread = r_c - r_f

상기에서 알 수 있는 바와 같이, 발행자가 발행한 총액 교환형 전환사채를 투자자가 평가할 경우, 투자자는 무위험과 발행자 위험을 고려하여야 하지만, 콜옵션 의무자가 당해 전환사채를 기초자산으로 하여 발행한 총액 교환형 콜옵션을 콜옵션 권리자가 평가할 경우, 콜옵션 권리자는 무위험, 기초자산 발행자 위험 및 파생상품 발행자 위험을 모두 고려하여야 한다. 그리고, 이러한 2중 위험을 고려하는 방법으로서, 기초자산 현금흐름인 사채, 풋옵션, 전환권에 대하여, 콜옵션 의무자의 위험 Spread(r_s)을 가산해 주어야 한다. 다만, 콜옵션 권리자의 콜옵션 현금흐름은 무위험에 해당하므로, 콜옵션 의무자의 위험 Spread를 가산하지 않는다.

상기 내역을 T&F로 평가하는 경우, 현금흐름 위험이 3개(사채 및 풋옵션, 전환권, 콜옵션)가 존재하는 바, 현금흐름 Tree는 총 3 종류가 생성되어야 한다. 그러나, EPV로 평가하는 경우, 사채 및 풋옵션, 전환권 현금흐름을 모두 확실성 등가로 변환한 후, 하나의 현금흐름 Tree에서 평가를 진행할 수 있다.

상기 대안은 근사치를 산정하는 대안에 해당한다. 이에 따라, 정확한 값을 산정하고자 하는 경우에는 상기 논문 등에서 언급한 방법을 적용하여야 함에 주의하여야 한다.

Chapter 16

전환증권 Ⅴ - 주의 사항

본 장에서는 다음과 같은 복합금융상품을 평가할 시에 주의하여야 할 사항과 투자 계약에 특수한 사항이 포함되어 있는 경우에 있어서의 평가 방법에 대하여 설명한다.

(ㄱ) 전환사채(Convertible Bond, 이하 "CB")
(ㄴ) 교환사채(Exchangeable Bond, 이하 "EB")
(ㄷ) 비분리형신주인수권부 사채(Non-Detachable Bond with Warrant, 이하 "BW")
(ㄹ) 분리형 신주인수권부 사채(Detachable Bond with Warrant, 이하 "DBW")
(ㅁ) 전환우선주(Convertible Preferred Stock, 이하 "CPS")
(ㅂ) 상환전환우선주(Redeemable and Convertible Preferred Stock, 이하 "RCPS")

상기에서, CB는 사채(Bond)를 다른 금융상품 등으로 전환(Convert)할 수 있는 사채에 해당한다. 그리고, 이 때의 다른 금융상품 등은 보편적으로 당해 CB 발행자의 보통주에 해당한다. 또한, 전환권을 행사하게 되면, 사채가 소멸하게 된다.

상기에서, EB는 사채(Bond)를 다른 금융상품 등과 교환(Exchange) 할 수 있는 사채에 해당한다. 그리고, 이 때의 다른 금융상품 등은 보편적으로 제3자가 발행한 보통주에 해당한다. 또한, 교환권을 행사하게 되면, 사채가 소멸하게 된다.

상기에서, BW는 사채 발행 시 신주인수권(Warrant)도 함께 제공되는 사채에 해당한다. 그리고, 비분리형에 해당하기 때문에, 신주인수권을 행사할 시, 주식 인수대금으로서 사채를 지급하여야 한다. 또한, 신주인수권을 행사하게 되면, 사채가 소멸하게 된다. 결과적으로, BW는 CB와 유사한 금융상품에 해당한다.

상기에서, DBW는 사채 발행 시 신주인수권(Warrant)도 함께 제공되는 사채에 해당한다. 그러나, 분리형에 해당하기 때문에, 신주인수권을 행사할 시, 주식 인수대금으로서 현금을 지급하여야 한다. 또한, 신주인수권이 행사되더라도, 사채는 소멸하지 않는다. 이에 따라, DBW에서는 사채와 신주인수권을 별도의 금융상품으로 보아 각각 평가하여야 한다. 그리고, 보편적으로, 신주인수권의 행사 시, 현금 대신 사채를 대용 납입할 수 있는 옵션이 부여되고 있다.

상기에서, CPS는 우선주(Preferred Stock)를 다른 금융상품 등으로 전환할 수 있는 우선주에 해당한다. 그리고, 이 때의 다른 금융상품 등은 보편적으로 당해 CPS 발행자의 보통주에 해당한다. 또한, 전환권을 행사하게 되면, 우선주가 소멸하게 된다.

상기에서, RCPS는 우선주(Preferred Stock)를 현금 상환 청구할 수 있거나, 다른 금융상품 등으로 전환할 수 있는 우선주에 해당한다. 그리고, 이 때의 다른 금융상품 등은 보편적으로 당해 RCPS 발행자의 보통주에 해당한다. 또한, 상환권을 행사하거나, 전환권을 행사하게 되면, 우선주가 소멸하게 된다.

1 ▷ 일반 목적 평가

본 부분에서는 상기 복합금융상품에 대한 일반 목적 평가 방법에 대하여 설명한다. 또한, 이에 대한 원칙적 평가 방법과 간소화 평가 방법에 대하여 설명한다. 그리고, 원칙적 평가 방법은 상기 복합금융상품의 공정가치를 정확하게 평가할 수는 있지만, 다소 복잡한 방법에 해당하며, 간소화 평가 방법은 상기 복합금융상품의 공정가치를 근사치로 평가할 수는 있지만, 다소 단순한 방법에 해당한다.

1. 원칙적 평가

도입 부분에서 언급한 복합금융상품 중 (ㄹ) DBW를 제외한 복합금융상품들은 특정 금융상품을 다른 금융상품으로 전환하거나, 다른 금융상품과 교환할 수 있는 금융상품에 해당한다. 이에 따라, 평가의 과정에는 특정 금융상품과 다른 금융상품이라는 2개의 변동성을 갖는 금융상품이 존재하게 된다. 그리고, 이렇게 변동성을 갖는 기초자산이 2개인 경우에는 다음과 같은 $2^2 = 4$항 모형으로 평가하여야 한다. 다만, 본 부분에서는 $2^2 = 4$항 모형의 구현 방법에 대하여는 설명하지 아니하고, 후에 자세히 설명하기로 한다.

CASE	특정 금융상품	다른 금융상품
1	상승	상승
2	상승	하락
3	하락	상승
4	하락	하락

(1) CB, BW 및 EB

보편적으로, 동 복합금융상품들은 사채를 보통주로 전환하거나, 보통주와 교환할 수 있는 사채에 해당한다. 이에 따라, 사채에 적용되는 이자율 변동성과 보통주에 적용되는 주가 변동성이 동시에 존재하게 된다. 결과적으로, 이러한 복합금융상품들을 평가하기 위하여는 이자율 변동성과 주가 변동성이 모두 반영된 평가 모형을 적용하여야 한다.

또한, 이자율 변동성을 반영할 시에는 사채에 적용되는 위험 이자율 변동성뿐만 아니라, 주가 변동 과정에 적용되는 무위험 이자율 변동성도 동시에 반영해 주어야 한다. 왜냐하면, 하나의 평가 과정에서, 위험 이자율 변동성만 반영하고, 무위험 이자율 변동성은 반영하지 않게 되면, 평가 과정의 일관성이 훼손되기 때문이다.

결과적으로, 동 복합금융상품들은 위험 이자율 변동성, 무위험 이자율 변동성, 주가 변동성 등 총 3개의 변동성이 존재하게 된다. 그리고, 이를 평가하기 위하여는 $2^3 = 8$항 모형의 적용이 필요하다. 다만, 위험 현금흐름을 무위험 현금흐름으로 변환하는 EPV 방법을 적용하게 되면, 위험 이자율 변동성은 필요가 없게 되므로, $2^2 = 4$항 모형으로 평가할 수 있다. 다만, 본 부분에서는 $2^2 = 4$항 모형의 구현 방법에 대하여는 설명하지 아니하고, 후에 자세히 설명하기로 한다.

(2) DBW

DBW는 사채와 신주인수권이 분리되어 있는 금융상품에 해당한다. 이에 따라, 사채와 신주인수권을 별개의 금융상품으로 보아 각각 평가한다. 즉, 사채에 대하여는 이자율 변동성을 반영한 사채 평가 모형을 적용하여 평가하고, 신주인수권에 대하여는 주가 변동성을 반영한 콜옵션 평가 모형을 적용하여 평가한다.

그러나, 신주인수권을 행사할 시, 주식 인수대금으로서 현금이 아닌 사채를 대용 납입할 수 있는 권리가 투자자에게 부여된 경우가 있다. 그리고, 이러한 경우에는 이자율 변동성을 갖는 사채와 주가 변동성을 갖는 주식이 모두 존재하게 된다. 결과적으로, 대용 납입이 있는 경우에는, 신주인수권을 평가함에 있어서, 상기 (1)에서 설명한 바와 같이, 이자율 변동성과 주가 변동성을 모두 고려하여 평가하여야 한다. 다만, 본 부분에서는 $2^2 = 4$항 모형의 구현 방법에 대하여는 설명하지 아니하고, 후에 자세히 설명하기로 한다.

(3) CPS

보편적으로, 동 복합금융상품은 우선주를 보통주로 전환할 수 있는 우선주에 해당한다. 이에 따라, 우선주에 적용되는 주가 변동성과 보통주에 적용되는 주가 변동성이 동시에 존재하게 된다. 결과적으로, 이러한 복합금융상품을 평가하기 위하여는 우선주 주가 변동성과 보통주 주가 변동성이 모두 반영된 평가 모형을 적용하여야 한다.

결과적으로, 동 복합금융상품은 우선주 주가 변동성, 보통주 주가 변동성 등 총 2개의 변동성이 존재하게 된다. 그리고, 이를 평가하기 위하여는 $2^2 = 4$항 모형의 적용이 필요하다. 다만, 본 부분에서는 $2^2 = 4$항 모형의 구현 방법에 대하여는 설명하지 아니하고, 후에 자세히 설명하기로 한다.

(4) RCPS

보편적으로, 동 복합금융상품은 우선주를 현금 상환 청구할 수 있거나, 다른 금융상품 등으로 전환할 수 있는 우선주에 해당한다. 이에 따라, 상환 현금에 적용되는 이자율 변동성, 우선주에 적용되는 주가 변동성과 보통주에 적용되는 주가 변동성이 동시에 존재하게 된다. 결과적으로, 이러한 복합금융상품을 평가하기 위하여는 이자율 변동성과 주가 변동성이 모두 반영된 평가 모형을 적용하여야 한다.

또한, 이자율 변동성을 반영할 시에는 상환 현금에 적용되는 위험 이자율 변동성뿐만 아니라, 주가 변동 과정에 적용되는 무위험 이자율 변동성도 동시에 반영해 주어야 한다. 왜냐하면, 하나의 평가 과정에서, 위험 이자율 변동성만 반영하고, 무위험 이자율 변동성은 반영하지 않게 되면, 평가 과정의 일관성이 훼손되기 때문이다.

결과적으로, 동 복합금융상품은 위험 이자율 변동성, 무위험 이자율 변동성, 우선주 주가 변동성, 보통주 주가 변동성 등 총 4개의 변동성이 존재하게 된다. 그리고, 이를 평가하기 위하여는 $2^4 = 16$항 모형의 적용이 필요하다. 다만, 위험 현금흐름을 무위험 현금흐름으로 변환하는 EPV 방법을 적용하게 되면, 위험 이자율 변동성은 필요가 없게 되므로, $2^3 = 8$항 모형으로 평가할 수 있다. 다만, 본 부분에서는 $2^3 = 8$항 모형의 구현 방법에 대하여는 설명하지 아니하고, 후에 자세히 설명하기로 한다.

2. 간소화 평가

상기 원칙적 평가에서 설명한 바와 같이, 변동성을 갖는 기초자산이 N개인 경우에는 2^N항 모형을 적용하여 평가하여야 한다. 그러나, 이는 매우 복잡한 과정에 해당하며, 에셀 Sheet로는 구현이 어렵고(불가능하지는 않음), 프로그래밍을 통하여 평가할 수밖에 없다. 이러한 사유로, 보편적으로, 평가의 과정에 일부 가정을 한 후, 간소화하여 평가하고 있다.

(1) CB, BW 및 EB

보편적으로, 간소화 평가에서는 다음과 같은 사항에 기반하여, 이자율 변동성은 없는 것으로 가정하여 평가하고 있다. 즉, 이자율과 관련하여서는 단순 선도 이자율을 반영하고 있다.

- 사유 1 : 이자율 변동성의 크기가 주가 변동성의 크기에 비하여 매우 작다.
- 사유 2 : 변동성 요인이 증가함에 따라, 구현 과정 및 계산 과정이 매우 복잡해진다.
- 사유 3 : 실무에 있어서, 이자율 변동성이 평가 결과에 미치는 영향은 주가 변동성이 평가 결과에 미치는 영향에 비하여 미미하게 발생하고 있다.

(2) DBW

대용 납입 옵션이 없는 경우, 사채에 대하여는 이자율 변동성을 반영한 사채 평가 모형을 적용하여 평가하고, 신주인수권에 대하여는 주가 변동성을 반영한 콜옵션 평가 모형을 적용하여 평가한다.

그러나, 대용 납입 옵션이 있는 경우, 상기 (1)에서 언급한 바와 같이, 이자율 변동성은 없는 것으로 가정하여 평가하고 있다. 즉, 이자율과 관련하여서는 단순 선도 이자율을 반영하고 있다.

(3) CPS

보편적으로, 간소화 평가에서는 다음과 같은 가정을 하여, 2항 모형 주가 Tree 전체 Node에서 우선주 주가와 보통주 주가는 동일한 것으로 가정하여 평가하고 있다. 다만, 동 가정이 타당하지 않고, 그 사항이 중요한 경우에는 타당하지 않은 사항에 대하여 평가의 과정에서 수정해 주어야 한다.

- 보통주 및 우선주에 대한 미래 배당은 없다.
- 계속기업 가정이 성립하며, 청산 가능성은 없다.
- 보통주 의결권 및 우선주 의결권의 가치는 없다.
- 평가 기준일 현재 우선주 주가와 보통주 주가는 동일하다.
- 우선주 주가 변동성과 보통주 주가 변동성은 동일하다.
- 우선주 주가 변동성과 보통주 주가 변동성의 상관계수는 1에 해당한다.

(4) RCPS

상기 (1)에서 언급한 바와 같이, 이자율 변동성은 없는 것으로 가정하여 평가하고 있다. 즉, 이자율과 관련하여서는 단순 선도 이자율을 반영하고 있다. 또한, 상기 (3)에서 언급한 바와 같이, 2항 모형 주가 Tree 전체 Node에서 우선주 주가와 보통주 주가는 동일한 것으로 가정하여 평가하고 있다. 다만, 동 가정이 타당하지 않을 경우에는 타당하지 않은 사항에 대하여 평가의 과정에서 수정해 주어야 한다.

2 회계 목적 평가

본 부분에서는 상기 복합금융상품에 대한 회계 목적 평가 방법에 대하여 설명한다. 또한, 이를 위하여 K-IFRS 제1032호 금융상품 표시, K-IFRS 제1109호 금융상품, K-IFRS 제1113호 공정가치 측정을 참고한다. 다만, 기준서에 대한 해석 및 적용은 이용자에 따라 달라질 수 있으며, 본서에서 설명하는 내용과 상이할 수도 있음에 주의하여야 한다.

K-IFRS 제1032호 금융상품 표시 및 K-IFRS 제1109호 금융상품에서는 복합금융상품 보유자의 회계처리와 복합금융상품 발행자의 회계처리에 대하여 언급하고 있다.

먼저, 복합금융상품 보유자의 경우, 복합금융상품 전체를 단일 금융상품으로 보아 회계처리한다. 이에 따라, 공정가치 평가도 단일 금융상품으로서 평가한다.

다음, 복합금융상품 발행자의 경우, 다음의 2가지 회계처리 방법 중 하나를 선택하여 회계처리한다.

- 회계처리 1 : 복합금융상품 전체를 당기손익 – 공정가치 측정 항목으로 지정하여 회계처리한다. 이에 따라, 공정가치 평가도 단일 금융상품으로서 평가한다.
- 회계처리 2 : 복합금융상품을 주계약 및 내재파생상품으로 분리한 후, 각각에 대하여 상각후원가 및 공정가치 회계처리를 적용한다. 이러한 경우, 공정가치 평가는 내재파생상품에 대하여만 평가한다. 다만, 내재파생상품의 공정가치를 산출하기 위하여는 주계약의 공정가치도 필요한 바, 실제 평가에 있어서는 주계약의 공정가치도 평가하고 있다.

1. CPS 및 RCPS의 주계약

다음은 복합금융상품 발행자 관점에서의 회계처리 2에 의한 회계처리를 위하여, CPS 및 RCPS의 주계약의 평가에 대하여 설명하는 내역에 해당한다.

(1) RCPS 주계약

K – IFRS 제1109호 금융상품 문단 B4.3.3에 따르면, 복합금융상품에서의 주계약은 복합금융상품에서 내재파생상품을 분리하고 남은 잔여 부분에 해당한다. 그리고, RCPS에서의 내재파생상품은 상환권 및 전환권에 해당하므로, RCPS에서 내재파생상품을 분리하고 남은 잔여 부분은 우선주에 해당하게 된다.

> K – IFRS 제1109호 금융상품 문단 B4.3.3 : 비옵션 내재파생상품(예: 내재된 선도계약이나 스왑)은 명시적이거나 묵시적인 실질조건에 기초하여 최초 인식시점의 공정가치가 영(0)이 되도록 주계약에서 분리한다. 옵션에 기초하는 내재파생상품(예: 내재된 풋, 콜, 캡, 플로어, 스왑션)은 옵션특성의 명시적인 조건에 기초하여 주계약에서 분리한다. 주계약의 최초 장부금액은 내재파생상품을 분리한 후에 남은 금액이다.

즉, RCPS의 주계약은 우선주에 해당한다. 다만, 이러한 주계약인 우선주는 K – IFRS 제1032호 금융상품 표시에 의하여, 풋가능 금융상품에 해당하는 바, 자본으로 분류되지 못하고, 부채로 분류된다.

우선주가 부채로 분류되면, 이러한 우선주를 어떻게 평가할 것인지에 대한 문제가 발생한다. 왜냐하면, 회계처리 상 우선주가 부채로 분류되지만, 만기에 상환하여야 할 금액이 확정되어 있지 않기 때문이다. 이로 인하여, 주계약과 관련하여, 다음과 같은 방법을 생각해 볼 수 있다.

- 방법 1 : 우선주 가치를 지분증권 평가 방법으로 평가하는 방법
- 방법 2 : 우선주에 대하여, 만기 시점에 만기 풋옵션 행사가격으로 상환되는 사채로 가정하여 평가하는 방법

상기 중 방법 1은 방법 2보다 논리적으로 타당한 방법에 해당하지만, 여전히 만기 상환금액이 확정되어 있지 못하다는 단점이 있다. 상기 중 방법 2는 방법 1보다 논리적으로 타당한 방법은 아니지만, 만기 상환금액이 확정되어 있다는 장점이 있다.

실무에 있어서는 방법 1은 거의 사용되지 않고, 방법 2가 주로 사용되고 있다. 왜냐하면, 방법 2는 만기 상환금액이 확정되어 있어서, 발행자 입장에서 주계약과 내재파생상품을 분리하는 회계처리를 쉽게 적용할 수 있기 때문이다. 다만, 상기 중 방법 2와 관련하여서는 다음과 같은 문제점이 있다.

- 투자 계약의 위배 : 보편적으로, RCPS는 만기 자동 전환의 조건을 포함하고 있다. 그러나, RCPS의 주계약을 방법 2로 가정하게 되면, 만기 자동 상환을 가정하게 되어 투자 계약을 위배하게 된다.
- 옵션 정의의 위배 : 상기 중 방법 2는 상환권을 조기 상환권과 만기 상환권으로 구분한 후, 만기 상환권은 자동 행사된다고 가정하는 방법에 해당한다. 그러나, 옵션은 권리자의 이익이 발생하는 경우에만 행사되므로, 만기 자동 상환을 가정하는 것은 옵션 정의를 위배하게 된다.
- 상환 가능 재원의 미고려 : 상기 중 방법 2는 2항 모형 상의 모든 Node에서 상환 가능 재원이 충분하다고 가정하는 방법에 해당한다. 그러나, 주가가 낮으면 낮을수록, 상환 가능 재원도 낮아지게 되는 바, 상기 중 방법 2는 이러한 사항을 전혀 고려하지 못하는 방법에 해당한다.
- K-IFRS 위배 : K-IFRS 제1109호 문단 B4.3.4에 의하는 경우, 조기 상환권과 만기 상환권은 분리할 수가 없다. 왜냐하면, 조기 상환권을 행사하면, 만기 상환권을 행사할 수 없어서, 상호 독립적이지 않기 때문이다. 이에 따라, 상기 중 방법 2는 K-IFRS 위배에 해당한다.

K-IFRS 제1109 호 문단 B4.3.4 : 일반적으로 하나의 복합계약에 포함된 복수의 내재파생상품은 하나의 복합내재파생상품으로 처리한다. 그러나 자본으로 분류되는 내재파생상품(기업회계기준서 제1032호 '금융상품: 표시' 참조)은 자산이나 부채로 분류되는 내재파생상품과 분리하여 회계처리한다. 또 복합계약에 포함된 둘 이상의 내재파생상품이 서로 다른 위험 익스포저와 관계가 있으며, 각각 쉽게 분리할 수 있고 서로 독립적인 경우에는 각각의 내재파생상품을 분리하여 회계처리한다.

이에 따라, 현재 관행적으로 적용하고 있는, 상기 중 방법 2는 향후 보완이 필요할 것으로 판단되고 있다.

(2) CPS 주계약

상기 (1)에서 언급한 내용에 기반하면, CPS의 주계약도 우선주에 해당하게 된다. 왜냐하면, CPS에서의 내재파생상품은 전환권에 해당하므로, CPS에서 이러한 내재파생상품을 분리하고 남은 잔여 부분은 우선주에 해당하기 때문이다.

K-IFRS 제1032호 금융상품 표시에 따르면, 전환권에 전환가격 조정 사항이 포함되어 있어서, 전환권의 행사 시 획득하게 되는 보통주 수량이 변동하게 되면, 전환권이 부채로 분류된다. 그리고, CPS에 있어서, 전환권이 부채로 분류되는 경우에는 CPS 전체가 부채로 분류된다.

우선주가 부채로 분류되면, 이러한 우선주를 어떻게 평가할 것인지에 대한 문제가 발생한다. 왜냐하면, 회계처리 상 우선주가 부채로 분류되지만, 만기에 상환하여야 할 금액이 확정되어 있지 않기 때문이다. 다만, 다음과 같은 방법을 생각해 볼 수 있다.

- 방법 1 : 우선주 가치를 지분증권 평가 방법으로 평가하는 방법
- 방법 2 : 우선주에 대하여, 만기 시점에 발행가액 등으로 반드시 상환되는 사채로 가정하여 평가하는 방법

상기 중 방법 2는 적용이 어렵다. 왜냐하면, CPS는 회사의 청산 과정을 제외하고는 절대로 상환이 발생하지 않기 때문이다. 이에 따라, 방법 1을 적용할 수밖에 없다. 그리고, 방법 1을 적용하게 되면, 복합금융상품 발행자 관점에서의 회계처리도 복합금융상품 전체를 당기손익 – 공정가치 측정 항목으로 지정하는 회계처리를 선택할 수밖에 없다.

실무에 있어서, 간혹 방법 2를 적용하는 경우가 있다. 그러나, 이는 잘못된 회계처리 및 평가 방법에 해당한다.

2. 콜옵션

다음은 복합금융상품 발행자 관점에서의 콜옵션의 평가에 대하여 설명하는 내역에 해당한다.

일부 복합금융상품에는 발행자 등이 행사할 수 있는 콜옵션이 부가되어 있는 경우가 있다. 그리고, 투자 계약 상 발행자만이 콜옵션을 행사할 수 있다면, 이 때의 콜옵션은 내재파생상품에 해당하고, 발행자뿐만 아니라 제3자도 콜옵션을 행사할 수 있다면, 이 때의 콜옵션은 별도금융상품에 해당한다. 그리고, 콜옵션이 별도금융상품에 해당하는 경우에는 전환증권과 분리하여, 별도의 금융상품으로서 평가하여야 한다. 다음은 이러한 사항을 언급하고 있는 K-IFRS 제1109호 금융상품 문단 4.3.1을 발췌한 내역에 해당한다.

> K-IFRS 제1109호 금융상품 문단 4.3.1 : 내재파생상품은 파생상품이 아닌 주계약을 포함하는 복합상품의 구성요소로, 복합상품의 현금흐름 중 일부를 독립적인 파생상품의 경우와 비슷하게 변동시키는 효과를 가져온다. 내재파생상품은 내재파생상품이 포함되지 않았을 경우의 계약에 따른 현금흐름의 전부나 일부를 특정된 이자율, 금융상품가격, 일반상품가격, 환율, 가격 또는 비율의 지수, 신용등급이나 신용지수 또는 그 밖의 변수에 따라 변동시킨다. 이 때 해당 변수가 비금융변수인 경우는 계약의 당사자에게 특정되지 않아야 한다. 특정 금융상품에 부가되어 있더라도, 계약상 해당 금융상품과는 독립적으로 양도할 수 있거나 해당 금융상품과는 다른 거래상대방이 있는 파생상품은 내재파생상품이 아니며, 별도의 금융상품이다.

회계처리 상 복합금융상품의 전환권이 부채로 분류되는 경우, 콜옵션이 내재파생상품과 별도금융상품 중 어느 것에 해당하는지의 여부와 상관없이, 콜옵션의 공정가치는 동일하게 산정된다. 그러나, 회계처리 상 복합금융상품의 전환권이 자본으로 분류되는 경우, 콜옵션이 내재파생상품과 별도금융상품 중 어느 것에 해당하는지의 여부에 따라 콜옵션의 공정가치가 달라지게 된다. 다음은 이러한 사항을 언급하고 있는 K-IFRS 제1032호 금융상품 표시 문단 32를 발췌한 내역에 해당한다.

> K-IFRS 제1032호 금융상품 표시 문단 32 : 보통주로 전환될 수 있는 사채의 발행자는 문단 31에서 기술한 접근방법에 따라 자본 요소를 포함하지 않은(내재되어 있는 비자본요소인 파생상품의 특성이 모두 포함된) 비슷한 사채의 공정가치를 측정하여 부채요소의 장부금액을 우선 결정한다. 그 다음, 지분상품(금융상품을 보통주로 전환할 수 있는 전환권)의 장부금액은 복합금융상품 전체의 공정가치에서 금융부채의 공정가치를 차감하여 결정한다.

상기에서 알 수 있는 바와 같이, 전환권이 자본으로 분류되고, 콜옵션을 발행자만이 행사할 수 있는 경우, 이 때의 콜옵션(내재파생상품)의 기초자산은 전환권이 제외된 복합금융상품에 해당한다. 예를 들면, 이 때의 콜옵션은 전환권이 제외된 조기 상환권부 사채 등을 기초자산으로 하는 콜옵션에 해당한다. 그러나, 전환권이 부채로 분류되거나, 콜옵션을 발행자뿐만 아니라 제3자도 행사할 수 있는 경우, 이 때의 콜옵션(별도금융상품)의 기초자산은 전환권이 포함된 복합금융상품에 해당한다. 이에 따라, 콜옵션 행사 가능자 범위, 전환권의 부채 및 자본 분류 여부에 따라 콜옵션의 가치는 서로 상이하게 산출되게 된다.

보편적으로, 콜옵션 행사가격은 풋옵션 행사가격보다 높게 형성되고 있다. 이에 따라, 전환권이 자본으로 분류되고, 콜옵션을 발행자만이 행사할 수 있는 경우의 콜옵션(내재파생상품)의 가치는 거의 산출되지 않는다.

3. 발행일 및 후속 평가

다음은 복합금융상품 발행자 관점에서의 회계처리 2에 의한 회계처리를 위하여, 발행일 및 후속 평가에 대하여 설명하는 내역에 해당한다.

K-IFRS 제1032호 금융상품 표시 및 K-IFRS 제1109호 금융상품에서는 발행일 및 후속 평가에 대하여 언급하고 있다. 그리고, 다음은 그 결과를 요약한 내역에 해당한다.

(1) 발행일 평가

계정	구분	전환권 등 = 부채	전환권 등 = 자본
부채	주계약	PI : 사채 & 우선주	FV : 사채 & 우선주
	내재파생상품	FV : 상환권 & 전환권 등	FV : 상환권
자본			PI : 전환권 등

(*1) 상기에서 전환권 등은 CB의 전환권, EB의 교환권, BW의 신주인수권, CPS의 전환권, RCPS의 전환권을 의미한다.
(*2) DBW의 신주인수권은 별도금융상품에 해당하는 바, 별도로 평가하고 회계처리하여야 한다.
(*3) 제3자가 행사할 수 있는 콜옵션, 제3자에게 행사할 수 있는 풋옵션 등은 별도 금융상품에 해당하는 바, 별도로 평가하고 회계처리하여야 한다.
(*4) 전환권 등이 부채로 분류되는 경우, 내재파생상품을 공정가치(FV)로 평가하고, 주계약을 복합금융상품의 공정가치에서 내재파생상품의 공정가치를 차감한 금액(Plugin)으로 평가한다.
(*5) 전환권 등이 자본으로 분류되는 경우, 주계약 및 내재파생상품을 공정가치(FV)로 평가하고, 전환권 등을 복합금융상품의 공정가치에서 주계약 및 내재파생상품의 공정가치를 차감한 금액(Plugin)으로 평가한다.

상기에 있어서, 전환권 등이 부채로 분류되는 경우, Plugin한 주계약 금액이 마이너스가 되는 경우에는 K-IFRS 제1109호 금융상품 문단 B5.1.2A에 따라 회계처리한다. 그리고, 이러한 경우에는 주계약 금액도 공정가치(FV)로 평가한다.

K-IFRS 제1109호 금융상품 문단 B5.1.2A : 최초 인식시점에 금융상품 공정가치의 최선의 증거는 일반적으로 거래가격(제공하거나 수취한 대가의 공정가치, 기업회계기준서 제1113호 참조)이다. 최초 인식시점에 문단 5.1.1A에 언급된 바와 같이 공정가치가 거래가격과 다르다고 결정한다면, 금융상품을 그 날짜에 다음과 같이 회계처리한다.
(1) 그러한 공정가치가 같은 자산이나 부채에 대한 활성시장의 공시가격(수준 1 투입변수)에 따라 입증되거나 관측 가능한 시장의 자료만을 사용하는 평가기법에 기초한다면, 문단 5.1.1에 따라 회계처리한다. 최초 인식시점에 공정가치와 거래가격 간의 차이는 손익으로 인식한다.
(2) 그 밖의 모든 경우에는 최초 인식시점의 공정가치와 거래가격 간의 차이를 이연하기 위해 문단 5.1.1에서 요구하는 측정치에서 그러한 차이를 조정하여 회계처리한다. 최초 인식 후에는 시장참여자가 자산이나 부채의 가격을 결정하는 데에 고려하는 요소(시간 포함)의 변동에서 생기는 정도까지만 이연된 차이를 손익으로 인식한다.

(2) 후속 평가

전환권 등이 부채로 분류되는 경우, 보편적으로, 주계약에 대하여는 후속적으로 상각 후원가 회계처리를 적용하고, 내재파생상품인 상환권 & 전환권 등에 대하여는 후속적으로 공정가치 회계처리를 적용한다. 이에 따라, 후속적으로 내재파생상품인 상환권 & 전환권 등에 대한 공정가치 평가가 필요하다.

전환권 등이 자본으로 분류되는 경우, 보편적으로, 주계약에 대하여는 후속적으로 상각후원가 회계처리를 적용하고, 내재파생상품인 상환권에 대하여는 후속적으로 공정가치 회계처리를 적용하며, 내재파생상품인 전환권에 대하여는 후속적으로 역사적원가 회계처리를 적용한다. 이에 따라, 후속적으로 내재파생상품인 상환권에 대한 공정가치 평가가 필요하다. 다만, 전환권 등이 자본으로 분류되는 경우, 주계약과 상환권의 분리 가능성을 검토한 후, 주계약과 상환권을 분리하지 아니하고, 합쳐서 상각후원가 회계처리를 적용하는 경우가 있다. 그리고, 이러한 경우에는 후속적으로 공정가치를 평가할 대상이 없다.

3 CPS 및 RCPS

본 부분에서는 CPS 및 RCPS와 관련한 우선 배당과 RCPS와 관련한 상환권과 관련하여, 주의하여야 할 사항에 대하여 설명한다. 아울러, 이 때의 주계약은 "만기 시점에 특정 금액으로 상환되는 사채"가 아니라, "우선주 자체인 지분증권"으로 가정한다.

1. 우선 배당

보편적으로, CPS 및 RCPS 투자 계약에는 주계약인 우선주와 관련한 우선 배당 사항이 포함되어 있다. 그리고, 이를 평가의 과정에 반영하기 위하여는 다음과 같은 사항을 고려하여야 한다.

- 우선 배당의 의무 여부
- 배당 가능 재원
- 배당 현금흐름 위험

(1) 우선 배당의 의무 여부

CPS 및 RCPS와 관련한 투자 계약에 있어서, 보편적으로, 배당의 선언권은 회사에게 있다. 이에 따라, 주계약인 우선주에 대한 우선 배당은 회사의 의무에 해당하지 아니한다. 다만, 일부 투자 계약에 있어서는 "배당 가능 이익이 있는 경우, 반드시 배당하여야 한다"라는 사항을 포함하여, 우선 배당을 의무화하는 경우도 있다.

우선 배당이 회사의 의무인 경우, 우선 배당은 평가의 과정에 반드시 반영되어야 한다. 그러나, 우선 배당이 회사의 의무가 아닌 경우, 다음과 같은 사항을 복합적으로 고려하여, 우선 배당의 평가 과정에의 반영 여부를 결정하여야 한다. 다만, 다음의 고려 항목은 예시로서 나타낸 것일 뿐, 모든 고려 항목을 나타낸 것은 아니다.

- 회사의 미래 배당 계획
- 회사의 과거 배당 이력
- 다른 주주에 대한 계약적 또는 실질적 배당 의무

그리고, 상기의 검토 결과, 회사가 우선 배당을 지급할 가능성이 높다면, 이는 평가의 과정에 반영되어야 한다.

(2) 배당 가능 재원

상기 (1)의 검토 결과, 회사의 배당 가능성이 높다면, 배당 가능 재원의 충분성 여부를 검토하여야 한다. 즉, 배당은 배당 가능 이익이 있는 경우에만 선언할 수 있으므로, 회사에 충분한 배당 가능 이익이 있는지를 검토하여야 한다.

- 자본잉여금 등의 이익잉여금 전입 가능성
- 평가 기준일 현재 회사의 재무 상황
- 미래 배당 가능 재원의 충분성 여부

먼저, 자본잉여금 등의 이익잉여금 전입 가능성에 대하여 검토한다. 일부 투자 계약에서는 배당 시의 배당 가능 재원의 확보를 위하여 자본잉여금 등의 이익잉여금 전입을 의무화하는 내역을 포함하고 있다. 그리고, 이러한 내역이 있는 경우에는 배당 가능 재원의 검토시, 이를 반영해 주어야 한다.

다음, 평가 기준일 현재 회사의 재무 상황 및 미래 배당 가능 재원의 충분성 여부를 검토한다. 실무에 있어서, 회사의 사업계획 또는 비상장주식 평가 시 DCF(Discounted Cash Flow)에서 사용한 미래 현금흐름 등(이하, 통칭하여 "회사의 사업계획 등")에 기초하여 배당 가능 재원의 충분성 여부를 검토하는 경우가 있다. 그러나, 이는 잘못된 접근법에 해당한다. 왜냐하면, 회사의 사업계획 등은 미래에 발생 가능한 모든 대안 중 하나의 대안에 불과하기 때문이다. 이에 따라, 이러한 하나의 대안을 일률적으로 주가 2항 모형 전체에 반영하는 것은 잘못된 접근법에 해당한다.

주가 2항 모형은 매우 많은 미래에 발생 가능한 대안을 포함하고 있다. 즉, 주가 2항 모형에서, Time Step 수를 N개로 적용하는 경우, 발생 가능한 주가 Path는 총 2^N개가 된다. 그리고, 사업계획 등은 이러한 주가 Path 중 특정 하나의 Path와 동일한 것으로 볼 수 있다. 이에 따라, 배당 가능 재원의 검토는 회사의 사업계획 등을 기준으로 검토하는 것보다 주가 2항 모형 상의 각각의 Node의 주가를 기준으로 검토하는 것이 타당하다.

(3) 배당 현금흐름 위험

보편적으로, 배당은 지급이 가능한 경우에 한하여, 회사의 의사결정에 의하여 선언되고 지급된다. 만약, 배당 가능 재원이 부족하거나 배당을 지급할 현금 등이 부족하다면, 회사는 배당을 선언하지 않게 된다. 즉, 회사는 충분히 배당을 지급할 수 있는 경우에만 배당을 선언하고 지급하게 된다. 이에 따라, 배당의 현금흐름 위험은 무위험에 해당한다.

다만, 투자 계약 등에 의하여, 배당이 의무화되어 있는 경우에는 배당의 현금흐름에 발행자 위험이 적용되어야 한다. 왜냐하면, 배당이 의무인 상황에서는 발행자의 채무 불이행 위험이 존재하기 때문이다.

(4) 문제점

상기의 검토 결과, 우선 배당을 반영하는 것이 합리적이라고 판단하였다면, 다음과 같은 문제점을 추가적으로 고민하여야 한다.

- 우선 배당에 따른 우선주 주가 Tree의 조정
- 불균등 배당에 따른 우선주 및 보통주 주가 Tree 조정
- 수종의 우선주가 발행된 경우

첫째, 우선 배당에 따른 우선주 주가 Tree의 조정이다. 보편적으로, 우선 배당은 정액 배당에 해당한다. 그리고, 정액 배당을 평가의 과정에 반영하는 방법은 주가 Tree에 Escrow 기법을 적용하는 방법에 해당한다. 그러나, 2항 모형 상의 각각의 Node의 주가를 기준으로 배당 가능 재원을 검토하게 되면, 일부 Node에서는 배당 가능 재원이 충분하여 배당이 가능하지만, 다른 Node에서는 배당 가능 재원이 부족하여 배당이 불가능하게 된다. 이에 따라, 2항 모형 상의 전체 Node에서의 배당을 가정하는 Escrow 기법의 적용이 불가능하게 되어, 2항 모형 상의 각각의 Node의 주가에서 배당을 직접 차감할 수밖에 없다. 그러나, 2항 모형 상의 각각의 Node의 주가에서 배당을 직접 차감하게 되면, 2항 모형의 Recombination 이 성립하지 않게 된다. 이에 따라, 배당이 발생하는 Time Step의 모든 Node에서 새로운 2항 모형을 시작(Sub Tree 기법)하여야 한다. 그러나, 이러한 배당이 수차례 발생하는 경우에는 각각의 경우에서 또 다시 새로운 2항 모형을 시작하여야 하는 바, 이는 실무적으로 매우 어려운 상황에 해당한다.

둘째, 불균등 배당에 따른 우선주 및 보통주 주가 Tree의 조정이다. 보편적으로, 배당이 지급되면, 동 금액만큼 주가에 배당락으로 반영되게 된다. 그리고, 보통주에 대한 배당은 없고, 우선주에 대한 우선 배당만 지급된다고 하더라도, 이는 보통주 주가에도 영향을 미치게 된다. 왜냐하면, 배당으로 인하여, 자기자본가치가 하락하게 되면, 이는 우선주 및 보통주 모두에게 영향을 미치기 때문이다. 그리고, 우선 배당에 의하여 보통주 주가가 변동하게 되면, 2항 모형 상 보통주 주가 Tree에서도 Recombination이 성립하지 않게 된다. 이에 따라, 보통주 주가 Tree에서도 배당이 발생하는 Time Step의 모든 Node에서 새로운 2항 모형을 시작(Sub Tree 기법)하여야 한다. 그러나, 이러한 배당이 수차례 발생하는 경우에는 각각의 경우에서 또 다시 새로운 2항 모형을 시작하여야 하는 바, 이는 실무적으로 매우 어려운 상황에 해당한다.

셋째, 수종의 우선주가 발행된 경우이다. 보편적으로, 하나의 우선주에 대하여 우선 배당이 지급되면, 다른 우선주에게도 우선 배당이 지급되어야 한다. 이에 따라, 우선주 우선 배당은 평가 기준일 현재 발행된 모든 우선주를 대상으로 하여, 배당 가능 재원을 일괄적으로 검토하여야 한다.

상기 중 세 번째 문제점은 비교적 쉽게 해결할 수 있는 문제점에 해당한다. 그러나, 첫 번째와 두 번째 문제점은 해결하기에 매우 어려운 문제점에 해당하며, 실무 적용도 사실상 거의 불가능하다. 이에 따라, 평가의 과정에 우선 배당을 반영하기 위하여는 다른 합리적 대안을 모색할 수밖에 없다. 그리고, 다음은 이러한 대안들 중 일부 예시에 해당한다.

- 우선 배당이 의무일지라도, 금액적 효과가 중요하지 않다면, 모든 우선 배당은 발생하지 않는다고 가정한다. 왜냐하면, 이렇게 가정하게 되면, 우선 배당을 고려할 필요성이 없어지기 때문이다.
- 우선 배당이 발생하더라도, 모든 Node에서의 우선 배당 금액은 동일하고, 우선 배당으로 인한 보통주 및 우선주의 배당락 효과는 발생하지 않는다고 가정한다. 왜냐하면, 이렇게 가정하게 되면, 2항 모형 상에서 Recombination을 성립시킬 수 있기 때문이다.
- 우선 배당이 발생하더라도, 만기 시점에서만 발생하며, 그 금액은 누적 미지급 배당금 합계라고 가정한다. 왜냐하면, 이렇게 가정하게 되면, 2항 모형 상에서 Recombination을 고민할 필요성이 없어지기 때문이다.

2. RCPS의 상환권(풋옵션)

RCPS 투자 계약에는 투자자의 상환권과 관련한 사항이 포함되어 있다. 그리고, 이를 평가의 과정에 반영하기 위하여는 다음과 같은 사항을 고려하여야 한다.

- 상환 가능 재원
- Path Dependent

(1) 상환 가능 재원

보편적으로, RCPS와 관련하여, 투자자의 상환권이 행사되면, 배당 가능 재원의 한도 내에서 상환이 이루어지며, 배당 가능 재원이 부족한 경우에는 배당 가능 재원이 확보될 때까지 상환이 이월된다. 이에 따라, RCPS의 상환권과 관련하여서는 다음과 같은 4가지 요소를 고려하여야 한다.

- 자본잉여금 등의 이익잉여금 전입 가능성
- 평가 기준일 현재 회사의 재무 상황
- 미래 상환 가능 재원의 충분성 여부
- 상환 가능 재원의 부족 시 상환권 행사 가능 여부 및 상환의 이월 여부

먼저, 자본잉여금 등의 이익잉여금 전입 가능성에 대하여 검토한다. 일부 투자 계약에서

는 상환권 행사 시의 상환 가능 재원의 확보를 위하여 자본잉여금 등의 이익잉여금 전입을 의무화하는 내역을 포함하고 있다. 그리고, 이러한 내역이 있는 경우에는 상환 가능 재원의 검토 시, 이를 반영해 주어야 한다.

다음, 평가 기준일 현재 회사의 재무 상황 및 미래 상환 가능 재원의 충분성 여부를 검토한다. 앞서 배당 가능 재원 부분에서 언급한 바와 동일하게, 실무에 있어서, 회사의 사업계획 등에 기초하여 상환 가능 재원의 충분성 여부를 검토하는 경우가 있다. 그러나, 이는 잘못된 접근법에 해당한다. 왜냐하면, 회사의 사업계획 등은 미래에 발생 가능한 모든 대안 중 하나의 대안에 불과하기 때문이다. 이에 따라, 이러한 하나의 대안을 일률적으로 주가 2항 모형 전체에 반영하는 것은 잘못된 접근법에 해당한다.

결론적으로, 상환 가능 재원의 검토는 회사의 사업계획 등을 기준으로 검토하는 것보다 주가 2항 모형 상의 각각의 Node의 주가를 기준으로 검토하는 것이 타당하다. 다만, 상환 가능 재원의 검토 과정은 배당 가능 재원의 검토 과정과 중요한 차이가 있다. 즉, 발행자가 배당을 지급한다고 하여, 투자 계약이 종료되지는 않지만, 투자자가 상환권을 행사하게 되면, 투자 계약 자체가 종료된다는 점이다. 이러한 사유로, 상환 가능 재원을 검토하는 과정에서는 2항 모형 상의 Recombination의 성립 여부를 고려할 필요가 없다.

다음, 상환 가능 재원의 부족 시 상환권 행사 가능 여부 및 상환의 이월 여부에 대하여 검토한다. 보편적으로, 상환 가능 재원이 부족하더라도 투자자는 상환권을 행사할 수 있다. 즉, 상환 가능 재원의 부족이 투자자의 권리 행사에 영향을 미치지는 않는다. 다만, 상환 가능 재원이 부족한 경우에는 즉시 상환이 이루어지지 않고, 이월될 뿐이다.

그리고, 다음은 상환 가능 재원을 고려하여 RCPS의 상환권을 평가할 수 있는 다양한 대안 중 일부 예시에 해당한다.

- 대안 1 : 상환 가능 재원의 충분성 여부를 고려하지 않는 방법
- 대안 2 : 상환 가능 재원이 충분한 경우에만 투자자가 상환권을 행사할 수 있다고 가정하는 방법
- 대안 3 : 상환 가능 재원의 확보 여부와 무관하게, 투자자는 상환권을 행사할 수 있지만, 상환 가능 재원이 부족한 경우에는 상환이 이월된다고 가정하는 방법
- 대안 4 : 상환권을 조기 상환권과 만기 상환권으로 분리한 후, 조기 상환권에는 상기 대안 2를 적용하고, 만기 상환권에는 상기 대안 1을 적용하는 방법

상기 중 대안 1은 가장 단순한 방법에 해당하지만, 현실 상황과는 괴리가 있는 방법에 해당한다. 그러나, 상기에서 언급하고 있는, RCPS 주계약 방법 2(주계약을 만기 시점에 만기 풋옵션 행사가격으로 상환되는 사채로 가정하는 방법)에 부합하는 방법에 해당한다. 왜냐하면, 상기 방법 2에서 언급하고 있는 RCPS의 주계약은 모든 Node에 있어서 상환 가능 재원이 충분하다고 가정하는 방법에 해당하기 때문이다.

상기 중 대안 2는 추가적인 검토 과정이 필요하지만, 현실 상황을 많이 반영하는 방법에 해당한다. 그러나, 상기에서 언급하고 있는, RCPS 주계약 방법 2에 부합하지 못하는 방법에 해당한다. 왜냐하면, 대안 2를 적용하게 되면, 만기 시점에서도 상환 가능 재원이 부족한 경우에는 투자자가 상환권을 행사할 수 없기 때문이다. 즉, 상기 방법 2와 대안 2에서, 상환 가능 재원과 관련한 가정의 충돌이 발생한다.

상기 중 대안 3은 매우 복잡한 평가 절차가 필요하지만, 현실 상황을 가장 잘 반영하는 방법에 해당한다. 그러나, 상기에서 언급하고 있는, RCPS 주계약 방법 2에 부합하지 못하는 방법에 해당한다. 또한, 평가 절차의 구현도 매우 복잡하기 때문에, 실무적 적용이 매우 어려운 방법에 해당한다. 왜냐하면, 본 대안을 사용하기 위하여는, 2항 모형 각각의 Node에서, 1) 상환 가능 재원의 추정, 2) 풋옵션 행사 시 이월되는 금액의 추정, 3) 이월된 금액의 회수 일정 추정, 4) 회수 일정에 기초한 기대 현재가치 산출 등을 모두 진행하여야 하지만, 이를 엑셀 함수로만 구현하는 것은 사실상 불가능하기 때문이다.

상기 중 대안 4는 논리적 일관성이 매우 결여된 방법에 해당한다. 그러나, 상기에서 언급하고 있는, RCPS 주계약 방법 2에 부합하는 방법에 해당하며, 비교적 수월한 추가적인 검토 과정을 진행할 수 있는 방법에 해당한다. 또한, 현재, 대다수가 RCPS 주계약에 대하여 상기 방법 2를 적용하고 있는 실무적 관행을 고려할 때, 이러한 관행과 잘 부합하는 대안에 해당한다.

본 부분에서는 2항 모형 각각의 Node에서, 상환 가능 재원을 파악하고, 이를 상환권 행사 가능 여부에 반영하는 방법에 대하여 설명한다. 또한, 이를 위하여, PBR(Price to Book value Ratio) Multiple과 PER(Price to Earnings Ratio) Multiple을 이용하는 방법에 대하여 설명한다.

첫째, 다음은 PBR Multiple을 이용하는 방법에 해당한다.

(STEP 1) 평가 기준일 현재 자기자본가치(시가총액)를 재무상태표 상 자본총계로 나누어 PBR을 산출한 후, 동 PBR이 평가의 과정 동안 변동하지 않는다고 가정한다.

(STEP 2) 주가 2항 모형 각각의 Node에서, 주가를 상기 (STEP 1)의 PBR로 나누어 BPS (Book value Per Share)를 산출한 후, 동 BPS에 평가 기준일 현재의 총 발행 주식수를 곱하여 당해 Node의 자본총계를 산출한다.

(STEP 3) 상기 (STEP 2)의 자본총계에서 평가 기준일 현재의 상환 가능 재원이 아닌 자본 요소를 차감하여 당해 Node의 상환 가능 재원을 산출한다. 이 때, 자본잉여금 등의 이익잉여금 전입이 의무화되어 있다면, 이익잉여금 전입이 가능한 자본잉여금 등은 상환 가능 재원으로 반영해 준다. 또한, 이러한 상환 가능 재원을 상환권 행사가격과 비교하여 상환권 행사 가능 여부를 판단한다.

둘째, 다음은 PER Multiple을 이용하는 방법에 해당한다.

(STEP 1) 평가 기준일 현재 자기자본가치(시가총액)를 손익계산서 상 당기순이익으로 나누어 PER을 산출한 후, 동 PER이 평가의 과정 동안 변동하지 않는다고 가정한다.

(STEP 2) 평가 기준일 현재 자본총계에서 상환 가능 재원이 아닌 자본 요소를 차감하여 상환 가능 재원(RE, Redeemable Earnings)을 산출한다. 이 때, 자본잉여금 등의 이익잉여금 전입이 의무화되어 있다면, 이익잉여금 전입이 가능한 자본잉여금 등은 상환 가능 재원으로 반영해 준다.

(STEP 3) 주가 2항 모형 각각의 Node에서, 직전 Time Step으로부터 이월된 상환 가능 재원(RRE, Retained Redeemable Earnings) 및 당해 Time Step의 당기순이익(NI, Net Income)을 다음과 같이 산출한 후, 이를 합산하여 당해 Node의 상환 가능 재원 RE(i, j)를 산정한다.

$$RRE(i,j) = \frac{p_d \times NP(i-1,j-1) \times RE(i-1,j-1) + p_u \times NP(i-1,j) \times RE(i-1,j)}{p_d \times NP(i-1,j-1) + p_u \times NP(i-1,j)}$$

$$NI(i,j) = \frac{S(i,j) \times N}{PER} \times dt$$

$$RE(i,j) = RRE(i,j) + NI(i,j)$$

RRE(i, j) : N(i, j)에서의 이월 상환 가능 재원
RE(i, j) : N(i, j)에서의 상환 가능 재원
p_u : Time Step = i−1과 Time Step = i 사이에 적용되는 헤지 확률
p_d : $1 - p_u$
NP(i, j) : N(i, j)에서의 Node 확률
NI(i, j) : N(i, j)에서의 기간 당기순이익
S(i, j) : N(i, j)에서의 주가
N : 평가 기준일 현재의 총 발행 주식수
dt : 2항 모형 Time Step 간 기간(연 단위)
PER : 평가 기준일 현재의 PER

(STEP 4) 상기 (STEP 3)의 상환 가능 재원[RE(i, j)]을 상환권 행사가격과 비교하여 상환권 행사 가능 여부를 판단한다.

다만, 상기 중 PBR Multiple은 완전 자본잠식 상태를 반영하기 어려운 단점이 있으며, PER Multiple은 당기순손실을 반영하기 어려운 단점이 있다. 또한, Multiple의 변동성이 큰 경우에는 2항 모형을 적용하기 어려우며, $2^2 = 4$항 모형을 적용하여야 한다($2^2 = 4$항 모형에 대하여는 후에 자세히 설명함). 이에 따라, 회사 각각의 재무 상황에 따라 가장 합리적인 방법을 선택하여 평가를 진행하여야 한다. 아울러, 상기 이외에 EBITDA(Earnings Before Interest, Tax, Depreciation and Amortization) Multiple, Sales Multiple 등 다른 Multiple을 적용하는 대안도 고려해 볼 수도 있으며, Multiple 접근법이 아닌 다른 접근법(유사회사 접근법, 회귀 분석법, 확률 분포 분석법 등)도 고려해 볼 수도 있다.

다만, 상기와 같이 상환 가능 재원을 검토하게 되면, 상환권의 가치가 거의 산정되지 않는다. 왜냐하면, 주가가 낮은 영역에서는 상환권이 행사되어야 하는데, 상환 가능 재원의 부족으로 상환권이 행사될 수 없으며, 주가가 높은 영역에서는 상환 가능 재원은 충분하지만, 전환권의 행사가 상환권의 행사보다 유리하기 때문이다.

본 부분에서는 대안 3과 관련한 이월 상환에 대하여는 다루지 아니한다. 왜냐하면, 구현 과정이 매우 복잡하고, 어려울 뿐만 아니라, 보편적인 경우, 이월 상환을 고려한다고 할지라도, 그 금액적 효과가 비교적 중요하지 않게 발생하기 때문이다.

(2) Path Dependent

RCPS와 관련하여, 보편적으로, 투자자의 풋옵션 행사가격은 과거 배당 금액과 연관하여 확정되고 있다. 예를 들면, 풋옵션 행사가격이 보장 수익률에 의하여 산정한 값에서, 과거 배당 금액을 차감하여 산정하도록 되어 있다. 그리고, 이러한 경우에 있어서, 각각의 Node 에서의 배당 가능 재원 확보 여부를 고려하여 각각의 Node 별로 배당 금액을 반영하게 되면, 각각의 Node에서의 풋옵션 행사가격이 누적 배당 금액(Path Dependent)에 따라 변동하게 된다.

풋옵션 행사가격이 누적 배당 금액에 따라 Path Dependent 하게 결정되는 경우, 실무적으로 이를 평가에 반영하는 것은 매우 어렵다. 다만, 전환가격 Refixing에서 언급한 바와 같이, 누적 배당금을 다음과 같이 추정하여 반영할 수는 있다. 그러나, 이러한 경우에도 하기 방법 1 및 방법 2는 사용이 권장되지는 않는다.

$$\text{방법} = \begin{cases} 1: & \text{UPDN 방법} \\ 2: & \text{DNUP 방법} \\ 3: & \text{헤지 확률 가중 방법} \\ 4: & \text{경로의 수 가중 방법} \\ 5: & \text{헤지 확률 \& Node 확률 가중 방법} \end{cases}$$

4 제3자에 대한 풋옵션

일부 전환증권 투자 계약에는 투자자가 발행자의 지배회사 등 제3자에게 행사할 수 있는 풋옵션이 부여된 경우가 있다. 그리고, 이러한 경우의 풋옵션은, 앞서 설명한 제3자가 행사할 수 있는 콜옵션과 유사하게 평가한다.

풋옵션 의무자인 제3자의 신용도와 발행자의 신용도가 다른 경우, 평가의 과정에는 제3자의 위험이 반영된 현금흐름이 하나 더 추가되게 된다. 이러한 경우, 1) GS에서는 제3자 신용도를 반영할 수 있는 전환확률 Tree를 추가해 주어야 하고, 2) T&F에서는 제3자 신용도를 반영할 수 있는 위험 현금흐름 Tree를 추가해 주어야 한다. 그러나, EPV에서는 제3자의 위험 현금흐름을 확실성 등가로 변환한 후 평가를 진행하면 되는 바, Tree가 추가되지 않는다.

또한, 제3자에 대한 풋옵션은 전환증권 총액과 풋옵션 행사가격 총액을 교환하는 거래에 해당하므로, 총액 교환형으로 평가를 진행하는 것이 효율적이다. 왜냐하면, 앞서 설명한 바와 같이, 총액 교환형 제3자 콜옵션을 차액 정산법으로 평가를 진행하려면, 차액 정산법 적용 과정에서 복잡한 보정 과정을 반영해 주어야 하였고, 이는 총액 교환형 제3자 풋옵션에도 동일하게 적용되기 때문이다.

아울러, 제3자에 대한 풋옵션이 있는 경우에는, 동 제3자가 행사할 수 있는 콜옵션도 동시에 부여되는 경우가 많다. 이에 따라, 이러한 경우에는 1) 제3자 콜옵션 행사를 보장하기 위한 제3자 풋옵션 행사 제한 여부, 2) 제3자 콜옵션과 제3자 풋옵션의 권리 우선 순위 등도 고려하여야 한다.

5 > 희석화

전환증권의 전환권이 행사되면, 자기자본가치(시가총액)가 증가하고, 발행 주식 수가 증가하게 된다. 그리고, 이로 인하여, 전환권 행사 전후의 주가가 달라질 수 있다. 왜냐하면, 전환권 행사 후 주가는 다음과 같이 산정되기 때문이다.

$$S^* = \frac{S \times N + CS}{N + N^*}$$

S^* : 전환권 행사 후 주가
S : 전환권 행사 전 주가
N^* : 전환권 행사로 인하여 증가하는 주식 수
N : 전환권 행사 전 총 주식 수
CS : 전환권 행사 전 전환증권 가치

이러한 현상을 희석화 효과라고 부르며, 이는 평가의 과정에 반영되어야 한다. 그리고, 이러한 평가 과정은 평가 기준일 현재의 주가와 주가 변동성에 희석화 효과가 반영되어 있는지의 여부에 따라 달라진다.

희석화 반영 여부와 관련하여, 평가 기준일 현재의 주가와 주가 변동성은 반드시 통일된 자료를 사용하여야 한다. 즉, 평가 기준일 현재의 주가가 희석화 주가에 해당하면, 주가 변동성도 희석화 주가 변동성을 사용하고, 평가 기준일 현재 주가가 비희석화 주가에 해당하면, 주가 변동성도 비희석화 주가 변동성을 사용하여야 한다. 그리고, 1) 희석화 주가와 주가 변동성을 적용하여 평가하는 경우에는 추후 전환증권의 전환 시점에서 희석화 효과를 고려하지 않고(일부 예외 사항 제외), 2) 비희석화 주가와 주가 변동성을 적용하여 평가하는 경우에는 추후 전환증권의 전환 시점에서 희석화 효과를 고려하여야 한다.

보편적으로, 모든 상장회사의 주가 및 주가 변동성을 희석화 주가 및 주가 변동성으로 가정하고 있다. 그리고, 비상장회사의 경우에는 상장회사를 유사회사로 사용하여 주가 변동성을 산정하고 있다. 이에 따라, 비상장회사의 경우에는 평가 기준일 현재의 주가를 희석화 주가로 변환하여 평가를 진행하여야 한다.

다음은 이러한 희석화 효과를 평가의 과정에 반영하는 방법을 자세히 설명하는 내역에 해당한다.

1. 평가 기준일 현재 주가 희석화

평가 기준일 현재 주가 희석화는 평가 대상 회사가 상장회사인 경우와 비상장회사인 경우에 따라 달라진다.

(1) 평가 대상 회사가 상장회사인 경우

상장회사의 경우, 전환증권 발행과 관련한 정보가 공시되어, 이를 모든 투자자가 알 수 있게 된다. 그리고, 이러한 전환증권 발행과 관련한 정보는 주가에 반영되게 된다. 또한, 이러한 주가에는 당해 전환증권이 미래의 어느 시점에 몇 주로 전환될 것이라는 기대도 반영된다고 볼 수 있다. 결과적으로, 상장회사의 경우에는 평가 기준일 현재의 주가가 희석화 주가에 해당하며, 주가 희석화를 별도로 고려하지 않는다.

(2) 평가 대상 회사가 비상장회사인 경우

비상장회사의 경우, 기초자산 평가 방법에 따라 다음과 같이 달라진다.

- 평가 방법이 DCF(Discounted Cash Flow)인 경우 : DCF 평가 방법은 미래 영업현금 흐름을 가중평균 할인율로 할인한 후, 비영업자산을 가산하고, 비영업부채 및 타인자본을 차감하여 주가를 산정하는 방법에 해당한다. 그리고, 이러한 과정에서는 희석화 효과가 전혀 반영되지 않게 된다. 이에 따라, 본 평가 방법을 적용할 시에는 별도로 주가 희석화를 고려해 주어야 한다.
- 평가 방법이 거래 사례법(Backsolve 포함)인 경우 : 거래 사례법은 실제 거래 사례(매

매 사례, 유상증자 사례, 신규 전환증권 발행 사례 등)에 기초하여 주가를 산정하는 방법에 해당한다. 또한, 이렇게 거래 사례에 기초하여 산정된 주가는 상장회사의 주가와 별반 다를 바가 없다. 이에 따라, 거래 사례법으로 주가를 산정할 경우에는 평가 기준일 현재 주가 희석화를 별도로 고려하지 않는다.

• 평가 방법이 상대 가치법인 경우 : 상대 가치법은 PBR, PER, EBITDA(Earnings Before Interest, Tax, Depreciation, Amortization) Multiple 등을 이용하여 주가를 평가하는 방법에 해당한다. 이 방법은 평가의 과정에 따라 달라지게 된다. 즉, 유사회사의 주가가 희석화 주가에 해당하면, 상대 가치법으로 산정한 당해 평가 대상 회사의 주가도 희석화 주가에 해당하며, 유사회사의 주가가 비희석화 주가에 해당하면, 상대 가치법으로 산정한 당해 평가 대상 회사의 주가도 비희석화 주가에 해당한다. 이에 따라, 유사회사의 주가가 비희석화 주가에 해당하면, 평가 기준일 현재 평가 대상 회사의 주가 희석화를 별도로 고려해 주어야 한다.

(3) 비상장회사의 평가 기준일 현재 주가 희석화

비상장회사의 주가에 희석화 효과를 반영하여 주는 방법으로서는 다음과 같은 방법이 사용될 수 있다.

$$대안 = \begin{cases} 1 : \ 완전 \ 희석법 \\ 2 : \ 부분 \ 희석법 \\ 3 : \ 미래 \ 기대 \ 희석법 \end{cases}$$

① 대안 1 : 완전 희석법

평가 기준일 현재 발행된 모든 전환증권 등에 대하여, 100.00% 전환 또는 행사되었다고 가정하여 희석화 효과를 주가에 반영하는 방법에 해당한다. 본 방법은 비교적 쉽게 접근할 수 있는 장점이 있는 반면, 미래에 전환 또는 행사되지 않고, 상환될 수 있는 가능성 등을 고려하지 못하는 단점이 있다. 다만, 현재 가장 많이 사용되고 있는 방법에 해당한다.

② 대안 2 : 부분 희석법

평가 기준일 현재 발행된 모든 전환증권 등에 대하여, 전환권 등을 행사하였을 경우의 가치(행사 후 주가 × 행사로 인하여 증가하는 주식 수)와 상환권 등을 행사하였을 경우의 가치를 비교하여, 전환권 등을 행사하였을 경우의 가치가 상환권 등을 행사하였을 경우의 가치보다 큰 경우에 한하여, 전환권 등이 행사되었다고 가정하여 희석화 효과를 주가에 반영하는 방법에 해당한다. 본 방법은 상기 대안 1 : 완전 희석법보다 논리적으로 타당한 방법에 해당하지만, 미전환으로 반영한 전환증권 등이 미래에 전환될 수 있는 가능성 및 전환으로 반영한 전환증권 등이 미래에 상환될 수 있는 가능성을 고려하지 못하는 단점이 있다.

③ 대안 3 : 미래 기대 희석법

평가 기준일 현재 발행된 모든 전환증권 등에 대하여, 미래에 전환될 확률을 산정한 후, 동 확률만큼 전환증권 등이 전환 또는 행사된다고 가정하여 희석화 효과를 주가에 반영하는 방법에 해당한다. 여기에서, 미래에 전환될 확률은 GS의 전환 확률, T&F의 자본비율 [VE / (VE + VD)] 등으로 반영할 수 있으며, EPV에서는 별도로 산정해 주어야 한다. 본 방법은 논리적으로 가장 타당한 방법에 해당하며, 미래에 전환될 확률을 가장 적합하게 산출할 수 있는 장점이 있다. 그러나, 희석 후 주가와 미래에 전환될 확률 간에 순환 참조가 발생하며, 평가 대상 전환증권 등이 많은 경우에는 전환증권 모두를 만족시키는 희석 후 주가를 찾기 어려울 수도 있는 단점이 있다.

2. 평가 기준일 현재 주가 변동성 희석화

앞서 언급한 바와 같이, 보편적으로, 상장회사의 주가 변동성은 희석화 주가 변동성으로 가정하고 있다. 또한, 비상장회사의 경우, 주가 변동성은 유사회사의 주가 변동성에 기초하여 산정하고 있는 바, 비상장회사의 주가 변동성도 희석화 주가 변동성으로 가정하고 있다.

3. 미래 전환권 행사 시점의 희석화

본 부분에서는 전환가격 Refixing 조항이 없어서, 전환가격이 변동하지 않는 경우에 대하여 설명한다. 그리고, 전환가격 Refixing 조항이 있어서, 전환가격이 변동하는 경우에는 다음 절에서 설명한다.

주가 2항 모형 상 특정 Node에서의 전환증권 가치는 전환권 행사가치보다 항상 크거나 같다. 왜냐하면, 전환증권 가치는 전환권 행사가치(내재가치)와 시간가치 중 큰 가치로 산정되기 때문이다. 이에 따라, 전환권 행사 후 주가는 전환권 행사 전 주가보다 항상 크거나 같아야 한다.

상기와 같은 사유로, 합리적인 사람이라면, 투자자가 특정 시점에서 전환권을 행사한다는 것은 당해 특정 시점에서의 전환권 행사 전 전환증권 가치와 전환권 행사가치가 무차별하다고 판단하기 때문이라고 가정할 수 있다. 그리고, 전환권 행사 전 전환증권 가치와 전환권 행사가치가 무차별한 경우에는 전환권 행사 전후 주가가 동일한 경우에 해당한다. 왜냐하면, 다음의 산식이 성립하여야 하기 때문이다.

$$S^* = \frac{S \times N + CS}{N + N^*} = \frac{S \times N + S^* \times N^*}{N + N^*} \leftrightarrow S^* \times N = S \times N$$

S^* : 전환권 행사 후 주가
S : 전환권 행사 전 주가
N^* : 전환권 행사로 인하여 증가하는 주식 수
N : 전환권 행사 전 총 주식 수
CS : 전환권 행사 전 전환증권 가치 $= S^* \times N^*$

상기에서 알 수 있는 바와 같이, 전환권의 행사 전후로 주가는 변동하지 않는다. 결론적으로, 미래 전환권 행사로 인한 희석화 효과는 없다고 볼 수 있다. 또한, 한국거래소(KRX)에서도 전환증권이 전환되는 경우, 주가는 조정하지 않고, 상장 주식 수만 증가시키고 있다.

4. 전환가격 Refixing 희석화

전환가격 Refixing이 있는 경우의 주가 희석화는 평가 대상 회사가 상장회사인 경우와 비상장회사인 경우에 따라 달라진다.

(1) 평가 대상 회사가 상장회사인 경우

앞서, 평가 기준일 현재 주가 희석화 부분에서, 상장회사의 주가에는 전환증권 발행과 관련한 정보가 주가에 반영되어 있으며, 이러한 주가에는 당해 전환증권이 미래의 어느 시점에 몇 주로 전환될 것이라는 기대도 반영되어 있다고 설명하였다. 이에 따라, 이러한 주가에는 전환가격 Refixing으로 인하여 변경 발행될 주식 수도 이미 반영되어 있다고 볼 수 있으므로, 별도의 희석화 효과를 반영하지 않는다.

(2) 평가 대상 회사가 비상장회사인 경우

비상장회사일지라도, 성과 Refixing, IPO Refixing, IPO 후 시가 Refixing 등으로 인하여, 전환가격이 변동할 수 있다. 그리고, 비상장회사의 주가를 DCF로 산정하거나 상대 가치법에서 별도로 주가 희석화를 고려해 주는 방법으로 산정한 경우에는 전환가격 Refixing으로 인한 희석화 효과를 별도로 반영해 주어야 한다.

비상장회사에 있어서, 평가 기준일 현재 주가 희석화를 진행한 후, 전환가격 Refixing을 반영하게 되면, 평가 기준일 현재의 희석 주식 수와 실제 전환되는 시점의 발행 주식 수가 달라질 수 있다. 그리고, 이러한 경우에는 전환 시점에서 주가 희석화를 추가적으로 반영해 주어야 한다. 다음은 평가 기준일 현재 완전 희석법을 적용하여 주가 희석화를 진행한 경우에 있어서의 당해 전환 시점의 희석화 주가를 산정하는 산식에 해당한다.

$$S^* = \frac{S \times (N + M_0)}{N + M_1}$$

S^* : 전환으로 인한 희석화 효과가 반영된 주가
S : 전환 직전 주가
N : 평가 기준일 현재 전환증권의 희석화 효과가 제외된 주식 수
M_0 : 평가 기준일 현재 전환증권의 희석화 효과로 반영된 희석 주식 수
M_1 : 전환 시점의 실제 전환 주식 수

6 기타

1. DBW의 대용 납입 옵션

보편적으로, DBW의 신주인수권은 행사 대가로서 현금을 지급하여야 한다. 그러나, 신주인수권의 행사 대가로서 사채를 대용 납입할 수 있는 권리가 투자자에게 부여되는 경우가 자주 있다. 그리고, 이러한 경우에는 신주인수권 평가 시, 대용 납입권의 가치를 포함시켜 주어야 한다.

신주인수권은 일종의 콜옵션에 해당한다. 이에 따라, 신주인수권은 콜옵션 평가 방법으로서 평가한다. 그리고, 신주인수권 평가 시, 대용 납입권의 가치를 포함시켜 주는 방법은 다음과 같이 신주인수권의 행사가격을 조정해 주는 방법이 있다.

신주인수권 행사가격 = MIN[현금 행사가격, 사채 공정가치]

그리고, 이렇게 산출한 신주인수권 가치는 현금 행사가격에 의한 신주인수권 가치보다 항상 크거나 같게 된다. 다만, 신주인수권자가 사채를 보유하지 않고 있으며, 시장에서 동 사채를 매입할 수도 없는 경우(대용 납입이 불가능한 경우)에는 신주인수권 가치를 현금 행사가격에 의한 신주인수권 가치로 평가하여야 한다.

2. 특정 Event의 성패에 의존하는 옵션 등

일부 전환증권 투자 계약에는 특정 Event의 성패 결과에 따라, 옵션의 행사 가능 여부가 결정되거나, 옵션의 행사가격이 변동하는 사항이 포함되어 있다. 그리고, 다음은 이러한 사항에 대한 일부 사례를 요약한 내역에 해당한다.

- IPO 성패 여부에 따라, 만기 상환금액이 변동하는 전환사채
- IPO 성패 여부에 따라, 풋옵션 행사 가능 여부가 결정되는 전환증권
- IPO 성패 여부에 따라, 풋옵션 행사가격이 변동하는 전환증권

즉, IPO라는 Event에 기초하여, 성공하는 경우와 실패하는 경우에 있어서, 상기와 같이 행사 가능 여부 및 행사가격 등이 변동하는 경우가 있다. 그리고, 이러한 경우에는 모두 Sub Tree 기법을 적용하여 평가하여야 한다. 왜냐하면, 특정 Path에 있어서, 특정 Event에 성공하는 경우와 실패하는 경우는 동시에 존재할 수 없기 때문이다. 즉, 이러한 경우에는 특정 Event에 성공하는 Sub Tree와 특정 Event에 실패하는 Sub Tree로 구분하여 평가를 진행하여야 한다.

Chapter 17

이색 옵션 Ⅰ

본 장에서는 이색 옵션(Exotic Option)에 대하여 설명한다. 이색 옵션은 일반 옵션에 특정 조건이 포함되거나, 일반 옵션보다 복잡한 구조를 갖고 있는 옵션에 해당한다. 다음은 이색 옵션의 사례에 해당한다. 다만, 이는 일부 사례에 해당하며, 금융 기법이 발전함에 따라, 이색 옵션은 더욱 더 다양해 지고 있다.

(ㄱ) 갭 옵션(Gap Option)

(ㄴ) 클리켓 옵션(Cliquet Option)

(ㄷ) 복합 옵션(Compound Option)

(ㄹ) 장애물 옵션(Barrier Option)

(ㅁ) 이원 옵션(Binary Option)

(ㅂ) 콴토 옵션(Quanto Option)

상기 중 갭 옵션은 기초자산 가격이 특정 금액 이상(또는 이하)인 경우에만 행사 가능하며, 행사 이익은 행사가격과 기초자산 가격과의 차이에 해당하는 옵션이다. 예를 들면, 기초자산 가격이 10,000원 이상인 경우에만 행사 가능하며, 행사자는 행사가격 5,000원으로 기초자산을 매수할 수 있는 주식선택권을 들 수 있다.

상기 중 클리켓 옵션은 옵션의 행사가격이 변동하는 옵션에 해당하며, 행사 이익은 변동된 행사가격과 기초자산 가격과의 차이에 해당하는 옵션이다. 또한, 이러한 옵션을 래칫 옵션(Ratchet Option)이라고도 부른다. 예를 들면, 행사가격이 보장 수익률만큼 증가하는 풋 옵션을 들 수 있다.

상기 중 복합 옵션은 다른 옵션에 대한 옵션에 해당하며, 행사 이익은 복합 옵션의 행사가격과 다른 옵션의 가치와의 차이에 해당하는 옵션이다. 예를 들면, 기초자산이 회사 A 주식인 콜옵션을 기초자산으로 하는 콜옵션을 들 수 있다.

상기 중 장애물 옵션은 1) 기초자산 가격이 최저(또는 최대) 금액을 한번이라도 초과(또는 미달)하는 경우에는 행사할 수 없거나, 2) 기초자산 가격이 최저(또는 최대) 금액을 한 번이라도 초과(또는 미달)하는 경우에만 행사할 수 있는 옵션으로서, 옵션 이익은 행사가격과 기초자산 가격과의 차이에 해당하는 옵션이다. 또한, 이러한 옵션을 KIKO(Knock-In Knock-Out) 옵션이라고도 부른다. 예를 들면, 기초자산 가격이 한번이라도 10,000원을 초과하는 경우에는 행사할 수 없는 풋옵션을 들 수 있다.

상기 중 이원 옵션은 기초자산 가격이 특정 금액 이상(또는 이하)인 경우에만 행사 가능하며, 행사 이익은 확정 현금(Cash or Nothing) 또는 확정 기초자산 수(Asset or Nothing)에 해당하는 옵션이다. 또한, 이러한 옵션을 디지털 옵션(Digital Option)이라고도 부른다. 예를 들면, 기초자산 가격이 10,000원 이상인 경우에만 행사 가능하며, 행사 이익은 확정 현금 3,000원을 지급받는 콜옵션을 들 수 있다.

상기 중 퀀토 옵션은 기초자산 통화, 기초자산 변동성 통화, 행사가격 통화, 최종 결제 통화 중 하나 이상이 다른 통화에 해당하는 옵션에 해당한다. 예를 들면, 기초자산이 미국에 소재하는 회사의 주식이고, 기초자산 통화는 USD이며, 행사가격 통화도 USD이지만, 행사 이익인 행사가격과 기초자산 가격과의 차이가 고정 환율에 의하여 환산된 KRW로 지급되는 콜옵션을 들 수 있다.

1 > 갭 옵션

앞서 언급한 바와 같이, 갭 옵션은 기초자산 가격이 특정 금액 이상(또는 이하)인 경우에만 행사 가능하며, 행사 이익은 행사가격과 기초자산 가격과의 차이에 해당하는 옵션이다. 여기에서, 동 특정 금액을 B라고 하고, 행사가격을 EXE라고 하며, 주가를 S라고 하면, 다음과 같은 4가지의 콜옵션 및 풋옵션의 경우가 존재하게 된다.

- 경우 1 : $S \geq B$인 경우, EXE로 행사할 수 있는 콜옵션
- 경우 2 : $S \leq B$인 경우, EXE로 행사할 수 있는 콜옵션
- 경우 3 : $S \geq B$인 경우, EXE로 행사할 수 있는 풋옵션

• 경우 4 : S ≤ B인 경우, EXE로 행사할 수 있는 풋옵션

여기에서, EXE ≥ B인 경우에는 상기 경우 1은 S ≥ B라는 조건이 없는 경우와 동일하며, 경우 2는 항상 0에 해당한다. 또한, EXE ≤ B인 경우에는 경우 3은 항상 0에 해당하며, 경우 4는 S ≤ B라는 조건이 없는 경우와 동일하다.

실무에서는, 근로자의 근로 의욕을 고취시켜 성과를 개선하고자, 갭 옵션 형식의 주식매수선택권을 부여하는 경우가 종종 있다. 예를 들면, 주가가 10,000(B)원 이상인 경우에만 행사가격 5,000(EXE)원으로 행사할 수 있는 주식선택권을 부여하는 것이다. 이러한 경우에는 다음과 같이 주식선택권을 평가하여야 한다.

(STEP 1) 내재가치를 다음과 같이 정의하고, 내재가치(IV) Tree를 생성한다. 다만, 본 부분에서는 IV Tree 생성 과정은 생략한다.

행사 가능 기간	구분	내재가치
해당	S(i, j) ≥ B	MAX[S(i, j) − EXE(i, j), 0]
	S(i, j) 〈 B	0
미해당		0

(*1) S(i, j) : N(i, j)에서의 주가
(*2) EXE(i, j) : N(i, j)에서의 주식선택권 행사가격

(STEP 2) 시간가치를 다음과 같이 산정하고, 시간가치(TV) Tree를 생성한다. 다만, 본 부분에서는 TV Tree 생성 과정은 생략한다.

$$TV(i,j) = \frac{p_u \times OV(i+1, j) + p_d \times OV(i+1, j+1)}{e^{r \times dt}}$$

p_u : Time Step = i + 1에 적용되는 헤지 확률
p_d : $1 - p_u$
OV(i, j) : N(i, j)에서의 옵션 가치 (하기 참조)
r : Time Step = i + 1에 적용되는 무위험 CYFWD
dt : Time Step 간 기간(연 단위)

(STEP 3) 옵션가치를 다음과 같이 산정하고, 옵션가치(OV) Tree를 생성한다. 다만, 본 부분에서는 OV Tree 생성 과정은 생략한다.

$$OV(i,j) = MAX[IV(i,j),\ TV(i,j)]$$

앞서 언급한 바와 같이, 클리켓 옵션은 옵션의 행사가격이 변동하는 옵션에 해당하며, 행사 이익은 변동된 행사가격과 기초자산 가격과의 차이에 해당하는 옵션이다. 보편적으로, 투자자는 최소 이익을 보장 받고자 하는 경향이 있다. 그리고, 이에 따라, 투자 금액에 일정 수익률이 적용된 금액을 행사가격으로 하는 풋옵션 계약 등을 체결한다.

간혹, 투자자는 풋옵션 계약 대신 공동매각요구권(Drag－Along) 계약을 체결하기도 한다. 보편적으로, 공동매각요구권은 투자자가 투자자 보유의 주식을 매각하고자 할 때, 대주주 등이 보유하고 있는 주식도 함께 매각하도록 요구할 수 있는 권리에 해당한다. 또한, 투자자가 공동매각요구권을 보유하는 사유는 투자자 보유 주식과 대주주 등 보유 주식을 함께 매각하게 되면, 경영권 이전이 수반되기 때문에, 매수자를 찾는 과정이 훨씬 수월해지기 때문이다.

다음은 이러한 공동매각요구권의 간략한 사례에 해당한다.

- 투자일 현재, 대주주는 A주를 보유하고 있으며, 투자자는 주당 Y원으로 B주만큼을 투자한다.
- 투자일 현재, 투자자는 투자일 이후 3년 경과일에, 대주주가 보유하고 있는 주식과 투자자가 보유하고 있는 주식을 합쳐서 제3자에 매각할 수 있는 권리를 부여받았다.
- 상기 주식의 매각 대금은 다음과 같은 순서로 분배된다.
  ⅰ. 투자자 투자 대금에 연 복리 $\alpha\%$를 적용한 금액$[= Y \times B \times (1 + \alpha)^3]$을 투자자에게 우선 분배
  ⅱ. 동일한 수익률이 적용된 금액$[= Y \times A \times (1 + \alpha)^3]$을 대주주에게 차선 분배
  ⅲ. 잔여액이 있는 경우, 투자자와 대주주의 주식 수에 따라 비례 분배

상기 공동매각요구권은 일종의 풋옵션에 해당한다. 왜냐하면, 특정 주가 수준 이상에서는 옵션 이익이 발생하지 않고, 그 특정 주가 수준 이하에서만 옵션 이익이 발생하기 때문이다. 그리고, 2항 모형 상 각각의 Time Step 및 각각의 Node의 주가에 따라 행사가격이 변동하는 클리켓 옵션에 해당한다. 다만, 행사가격과 내재가치를 산정할 시에는 투자자 주식 수 B주뿐만 아니라 대주주 주식 수 A주도 고려하여야 하기 때문에, 주당 가치를 기준으로 산정하지 않고, 거래 총액을 기준으로 산정하여야 한다.

상기 사례의 풋옵션 행사가격은 다음과 같이 산정된다. 즉, 1) 대주주 주식과 투자자 주식의 매각 금액 합계와 2) 투자자 지분 가치에 대한 보장 금액 중 작은 금액에 해당한다.

$$EXE(i, j) = MIN[S(i, j) \times (A + B), Y \times B \times (1 + \alpha)^3]$$

또한, 상기 사례의 내재가치는 다음과 같이 산정된다. 즉, 1) 상기 행사가격과 2) 투자자 지분 가치의 차이와 0 중 큰 금액에 해당한다.

$$IV(i, j) = MAX[EXE(i, j) - S(i, j) \times B, 0]$$

이렇게 내재가치를 산정하고 나면, 나머지 시간가치 산정 과정 및 옵션가치 산정 과정은 일반 옵션의 시간가치 산정 과정 및 옵션가치 산정 과정과 동일하다.

일반 풋옵션과 상기 공동매각요구권은 다음과 같은 중요한 차이가 있다.

- 일반 풋옵션은 주가가 하락할수록 내재가치가 증가하지만, 상기 공동매각요구권은 주가가 하락할수록 내재가치가 증가하다가, 주가가 특정 수준 이하로 더 하락하게 되면, 오히려 내재가치가 감소한다. 왜냐하면, 공동매각요구권의 행사가격은 주가에 영향을 받기 때문이다.
- 일반 풋옵션의 행사가격에 대한 현금흐름 위험은 풋옵션 의무자 현금흐름 위험에 해당하지만, 상기 공동매각요구권에 대한 현금흐름 위험은 무위험에 해당한다. 왜냐하면, 상기 공동매각요구권은 주식을 제3자에게 매각한 후 분배 받는 현금흐름에 해당하기 때문이다. 다만, 공동매각요구권 의무자의 기초자산 현금흐름 위험이 있는 경우에는 당해 현금흐름에 대하여는 공동매각요구권 의무자의 위험이 적용된다.

3 복합 옵션

앞서 언급한 바와 같이, 복합 옵션은 다른 옵션에 대한 옵션에 해당하며, 행사 이익은 복합 옵션의 행사가격과 다른 옵션의 가치와의 차이에 해당하는 옵션이다. 즉, 일반 옵션은 기초자산이 주식 등 비파생 금융상품 등에 해당하지만, 복합 옵션은 기초자산이 파생상품인 옵션에 해당한다.

기초자산이 옵션에 해당하므로, 다음과 같이 평가를 진행한다.

(STEP 1) 기초자산인 옵션의 옵션가치 Tree를 생성한다.

(STEP 2) 상기 (STEP 1)의 옵션가치 Tree를 기초자산으로 하여, 복합 옵션의 옵션가치 Tree를 생성한다.

복합 옵션에 있어서, 기초자산인 옵션과 복합 옵션이 모두 차액 정산형 거래에 해당한다면, 이는 차액 정산법으로 비교적 수월하게 평가할 수 있다. 그러나, 기초자산인 옵션과 복합 옵션 중 하나 이상이 총액 교환형 거래에 해당한다면, 평가 과정이 상당히 복잡해 진다. 예를 들면, 전환증권에 부여된 제3자 콜옵션을 기초자산으로 하는 콜옵션의 경우이다. 다만, 이러한 경우는 실무에서는 거의 발생하지 않는 바, 본 서에서의 추가 설명은 생략하기로 한다.

4 장애물 옵션

앞서 언급한 바와 같이, 장애물 옵션은 1) 기초자산 가격이 최저(또는 최대) 금액을 한 번이라도 초과(또는 미달)하는 경우에는 행사할 수 없거나, 2) 기초자산 가격이 최저(또는 최대) 금액을 한 번이라도 초과(또는 미달)하는 경우에만 행사할 수 있는 옵션으로서, 옵션 이익은 행사가격과 기초자산 가격과의 차이에 해당하는 옵션이다.

간혹, 투자 계약에는 IPO에 실패할 경우에만 행사할 수 있는 풋옵션이 부여되는 경우가 있다. 즉, IPO에 성공하면 Knock-Out 되고, IPO에 실패하면 Knock-In 되는 옵션에 해당한다. 그리고, 투자자가 이러한 조건부 풋옵션을 보유하는 사유는, 투자자는 회사의 상장 후, 투자 주식을 시장에서 매각하여 Exit 하고자 하지만, 이러한 과정이 어려울 시에는 투자 주식을 회사 또는 회사의 지배회사 등에게 매각하여 Exit 하고자 하기 때문이다.

다음은 장애물 옵션과 관련한 특정 사례에 해당하며, 이에 대하여 평가하는 방법에 대하여 설명하기로 한다.

회사 A는 투자자 B에게 2024년 12월 31일 다음과 같은 제3자 유상증자를 실시하였다. 또한, 투자자 B는 2029년 12월 31일까지 회사 A가 적격 IPO에 실패하는 경우, 동 일자에 당해 유상증자로 취득한 주식을 회사 A의 지배회사인 회사 C에게 매각할 수 있는 풋옵션을 획득하였다.

- 발행금액 = 120,000.00
- 발행 주식 수 = 100 [주당 발행금액 = 1,200.00]
- 풋옵션 행사가격 = 발행금액에 연 복리 8.00%를 적용한 금액 [주당 풋옵션 행사가격 $= 1,200.00 \times (1 + 8.00\%)^{5년} = 1,763.19$]

발행일 현재, 주가, 주가 변동성, 무위험(RF) YTM Curve, 회사 C 위험(RD) YTM Curve는 다음과 같다.

항목	내역
보통주 주가	900
보통주 주가 변동성 (로그 수익률 변동성)	55.236%

YTM	0.25	0.50	0.75	1.00	1.50
RF	2.860%	2.795%	2.705%	2.710%	2.775%
RD	12.904%	13.947%	14.799%	15.426%	16.503%

YTM	2.00	2.50	3.00	4.00	5.00
RF	2.767%	2.715%	2.597%	2.820%	2.765%
RD	17.729%	18.656%	19.394%	20.426%	20.949%

또한, 적격 IPO는 2029년 12월 31일까지 주당 1,800.00 이상으로 KOSPI 또는 KOSDAQ에 상장하는 것이다. 아울러, 발행일 현재, 회사 A는 모든 상장 준비를 완료한 상태에 있으며, 이에 따라, 상기 주가 조건이 충족하는 경우에는 즉시 상장에 성공하는 것으로 가정한다.

회사 A의 배당 계획은 없다. 또한, 주가 2항 모형으로는 CRR 2항 모형을 적용하며, 현금흐름 위험 반영 방법으로는 EPV를 적용한다. 아울러, Time Step 수는 120을 적용한다.

(STEP 1) 주가 2항 모형 상 Time Step 간 dt를 산정하고, 이에 따라, Time Step 별 누적 dt (T)를 산정한다.

	0	1	2	⋯	118	119	120
dt		0.042	0.042	⋯	0.042	0.042	0.042
T	0.000	0.042	0.083	⋯	4.917	4.958	5.000

(STEP 2) 상기 사례 1의 RF YTM Curve 및 RD YTM Curve를 기초로 Bootstrapping을 진행하고, Time Step 별 CYFWD를 산출한다. 다만, Time Step = 0에서의 YTM은 0.000%로 가정한다.

RF	0	1	2	⋯	118	119	120
DHSPOT	0.000%	0.238%	0.477%	⋯	1.386%	1.384%	1.383%
DYSPOT	0.000%	0.477%	0.956%	⋯	2.791%	2.788%	2.786%
CYSPOT	0.000%	0.476%	0.951%	⋯	2.752%	2.750%	2.747%
CYFWD		0.476%	1.426%	⋯	2.467%	2.462%	2.457%

RD	0	1	2	⋯	118	119	120
DQSPOT	0.000%	0.538%	1.075%	⋯	5.498%	5.506%	5.514%
DYSPOT	0.000%	2.168%	4.371%	⋯	23.875%	23.912%	23.948%
CYSPOT	0.000%	2.145%	4.278%	⋯	21.410%	21.440%	21.470%
CYFWD		2.145%	6.412%	⋯	24.867%	24.926%	24.985%

(STEP 3) 상기 (STEP 1) 및 (STEP 2) 정보에 기초하여, 주가 상승률(u), 주가 하락률 (d), 주가 상승 확률(p_u), 주가 하락 확률(p_d)을 산정한다.

	0	1	2	⋯	118	119	120
u		111.935%	111.935%	⋯	111.935%	111.935%	111.935%
d		89.337%	89.337%	⋯	89.337%	89.337%	89.337%
p_u		47.272%	47.447%	⋯	47.639%	47.638%	47.638%
p_d		52.728%	52.553%	⋯	52.361%	52.362%	52.362%

(*) $u = e^{\sigma \sqrt{dt}}$ & $d = 1/u$ & $p_u = (e^{RF\_CYFWD_i \times dt} - d)/(u - d)$ & $p_d = 1 - p_u$

(STEP 4) 상기 (STEP 1)~(STEP 3)의 정보에 기초하여, 주가 (S) Tree를 생성한다.

S	0	1	2	...	118	119	120
0	900.00	1,007.42	1,127.65	...	539,900,964.07	604,339,264.08	676,468,408.85
1		804.04	900.00	...	430,904,159.30	482,333,464.55	539,900,964.07
2			718.31	...	343,911,952.11	384,958,556.98	430,904,159.30
:				:	:	:	:
118					0.00	0.00	0.00
119						0.00	0.00
120							0.00

(STEP 5) 각각의 Time Step에서의 명목 풋옵션 행사가격(PUT)의 확실성 등가(CECF_PUT)를 산정한다.

CECF_PUT	0	1	2	...	118	119	120
T	0.000	0.042	0.083	...	4.917	4.958	5.000
RF_CYSPOT	0.000%	0.476%	0.951%	...	2.752%	2.750%	2.747%
RD_CYSPOT	0.000%	2.145%	4.278%	...	21.410%	21.440%	21.470%
CECFF		0.9993	0.9972	...	0.3996	0.3959	0.3922
PUT				...			1,763.19
CECF_PUT				...			691.44

(*1) $CECFF_i$ = 확실성 등가 변환 Factor : $e^{(RF\_CYSPOT_i - RD\_CYSPOT_i) \times T_i}$

(*2) $CECF\_PUT_i$: $PUT_i \times CECFF_i$

(*3) 본 사례의 경우, 만기에만 풋옵션을 행사할 수 있음.

이제, 상기 자료를 기초로, 상기 사례 1의 장애물 옵션에 대하여 평가해 보자. 그리고, 이를 평가하는 방법에는 다음과 같이 4가지 방법이 있다.

$$방법 = \begin{cases} 1: \text{Sub Tree Approach} \\ 2: \text{Backward Approach} \\ 3: \text{Forward Approach} \\ 4: \text{Black}-\text{Scholes}-\text{Merton Approach} \end{cases}$$

1. 방법 1 : Sub Tree Approach

본 방법은 Event가 발생하는 Time Step의 모든 Node들에 대하여, 당해 각각의 Node로부터 새로이 출발하는 2항 Tree를 작성하여 평가하는 방식에 해당한다. 그리고, 본 방법은 대부분의 Path Dependent 옵션을 평가함에 있어서, 가장 적합한 평가 방식에 해당한다. 다만, 본 방법은 Event가 발생하는 Time Step의 수가 적은 경우에 한하여 효율적으로 적용할 수 있다.

본 사례의 경우, 평가 기준일 이후의 모든 Time Step에서 IPO 성패 여부를 반영해 주어야 하기 때문에, 모든 Time Step이 Event가 발생하는 Time Step에 해당한다. 이러한 경우, Sub Tree 기법을 적용하게 되면, 2항 모형의 모든 Node에서 각각 새로이 출발하는 2항 Tree를 작성해 주어야 한다. 이에 따라, 본 방법은 비효율적인 방법에 해당하며, 실무적으로도 적용이 매우 어려운 바, 추가적인 설명은 생략하기로 한다.

2. 방법 2 : Backward Approach

본 방법은 Backward 과정에서, 조건부 특성을 반영하여 소거해 가는 방식에 해당한다. 다음은 본 방법을 적용하는 절차에 대하여 설명하는 내역에 해당한다.

(STEP 1) 각각의 Node에서의 내재가치를 정의하고, 내재가치(IV) Tree를 생성한다.

풋옵션 행사	구분	IV(i, j)
불가능		0
가능	$S(i, j) \geq IPO(i, j)$	0
	$S(i, j) < IPO(i, j)$	$MAX[CECF\_PUT(i, j) - S(i, j), 0]$

IV	0	1	2	⋯	118	119	120
0	0.00	0.00	0.00	⋯	0.00	0.00	0.00
1		0.00	0.00	⋯	0.00	0.00	0.00
2			0.00	⋯	0.00	0.00	0.00
⋮				⋮	⋮	⋮	⋮
118					0.00	0.00	691.44
119						0.00	691.44
120							691.44

(*1) $S(i, j)$: $N(i, j)$에서의 주가

(*2) $IPO(i, j)$: $N(i, j)$에서 IPO에 성공하기 위한 주가 = 1,800.00

(*3) $CECF\_PUT(i, j)$: $N(i, j)$에서의 명목 풋옵션 행사가격의 확실성 등가

(*4) 풋옵션 행사 가능 기간일지라도, $S(i, j) \geq IPO(i, j)$에 해당하면, 당해 Node는 IPO에 성공한 Node에 해당하므로, 내재가치가 존재하지 않는다.

(STEP 2) 다음과 같이 시간가치(TV) Tree를 생성한다.

구분	TV(i, j)
$S(i, j) \geq IPO(i, j)$	0
$S(i, j) < IPO(i, j)$	$\dfrac{p_u \times OV(i+1, j) + p_d \times OV(i+1, j+1)}{e^{RF\_CYFWD_{i+1} \times dt}}$

TV	0	1	2	⋯	118	119	120
0	194.14	170.02	145.12	⋯	0.00	0.00	0.00
1		215.84	192.70	⋯	0.00	0.00	0.00
2			236.98	⋯	0.00	0.00	0.00
⋮				⋮	⋮	⋮	⋮
118					690.02	690.73	0.00
119						690.73	0.00
120							0.00

(*1) p_u : Time Step = $i + 1$에 적용되는 헤지 확률

(*2) p_d : $1 - p_u$

(*3) $OV(i, j)$: $N(i, j)$에서의 옵션가치 (하기 참조)

(*4) 당해 Node에서, $S(i, j) \geq IPO(i, j)$인 경우에는, 당해 Node는 IPO에 성공한 Node에 해당하므로, 당해 Node 이후에서는 풋옵션을 행사할 수 없는 바, 시간가치가 존재하지 않는다.

(STEP 3) 다음과 같이 옵션가치(OV) Tree를 생성한다.

$$OV(i, j) = MAX[IV(i, j), TV(i, j)]$$

OV	0	1	2	...	118	119	120
0	194.14	170.02	145.12	...	0.00	0.00	0.00
1		215.84	192.70	...	0.00	0.00	0.00
2			236.98	...	0.00	0.00	0.00
:				:	:	:	:
118					690.02	690.73	691.44
119						690.73	691.44
120							691.44

3. 방법 3 : Forward Approach

본 방법은 각각의 Node에서의 IPO 성공 확률을 Forward 방식으로 산정하여 평가하는 방법에 해당한다. 다만, 이는 유러피언 옵션에서만 적용이 가능하며, 아메리칸 옵션에서는 적용이 불가능하다. 본 사례의 경우, 만기에만 풋옵션을 행사할 수 있으므로, 유러피언 옵션에 해당하며, 본 방법의 적용이 가능하다. 다음은 본 방법을 적용하는 절차에 대하여 설명하는 내역에 해당한다.

(STEP 1) Node 확률(NP) Tree를 다음과 같이 생성한다. 여기에서, NP는 특정 Time Step 내에서의 Node 확률에 해당한다.

구분	NP(i, j)
j = 0	$NP(i-1, j) \times p_u$
j = i	$NP(i-1, j-1) \times p_d$
상기 이외	$NP(i-1, j-1) \times p_d + NP(i-1, j) \times p_u$

NP	0	1	2	...	118	119	120
0	100.000%	47.272%	22.429%	...	0.000%	0.000%	0.000%
1		52.728%	49.861%	...	0.000%	0.000%	0.000%
2			27.710%	...	0.000%	0.000%	0.000%
⋮				⋮	⋮	⋮	⋮
118					0.000%	0.000%	0.000%
119						0.000%	0.000%
120							0.000%
합계	100.000%	100.000%	100.000%	100.000%	100.000%	100.000%	100.000%

(STEP 2) 각각의 Node에서의 내재 IPO 성공 확률을 정의하고, 내재 IPO 성공 확률(IP) Tree를 생성한다.

구분	IP(i, j)
$S(i, j) \geq IPO(i, j)$	100.000%
$S(i, j) < IPO(i, j)$	0.000%

IP	0	1	2	...	118	119	120
0	0.000%	0.000%	0.000%	...	100.000%	100.000%	100.000%
1		0.000%	0.000%	...	100.000%	100.000%	100.000%
2			0.000%	...	100.000%	100.000%	100.000%
⋮				⋮	⋮	⋮	⋮
118					0.000%	0.000%	0.000%
119						0.000%	0.000%
120							0.000%

(*) N(i, j)에서, S(i, j) ≥ IPO(i, j)이면, IPO에 성공하므로, 내재 IPO 성공 확률은 100.000%에 해당한다. 그러나, 그 반대의 경우에는 IPO에 실패하므로, 내재 IPO 성공 확률은 0.000%에 해당한다.

(STEP 3) 다음과 같이 시간 IPO 성공 확률(TP) Tree를 생성한다. 즉, 전환증권 Refixing 장에서 설명한, 헤지 확률 & Node 확률 가중 방법으로 시간 IPO 성공 확률을 산정한다.

구분	TP(i, j)
j = 0	OP(i−1, j)
j = i	OP(i−1, j−1)
상기 이외	$\dfrac{OP(i-1,j-1)\times NP(i-1,j-1)\times p_d + OP(i-1,j)\times NP(i-1,j)\times p_u}{NP(i-1,j-1)\times p_d + NP(i-1,j)\times p_u}$

TP	0	1	2	⋯	118	119	120
0	0.000%	0.000%	0.000%	⋯	100.000%	100.000%	100.000%
1		0.000%	0.000%	⋯	100.000%	100.000%	100.000%
2			0.000%	⋯	100.000%	100.000%	100.000%
⋮				⋮	⋮	⋮	⋮
118					0.000%	0.000%	0.000%
119						0.000%	0.000%
120							0.000%

(*1) p_u : Time Step = i에 적용되는 헤지 확률
(*2) p_d : $1-p_u$
(*3) OP(i, j) : N(i, j)에서의 옵션 IPO 성공 확률 (하기 참조)

(STEP 4) 다음과 같이 옵션 IPO 성공 확률(OP) Tree를 생성한다.

$$OP(i, j) = MAX[IP(i, j), TP(i, j)]$$

OP	0	1	2	⋯	118	119	120
0	0.000%	0.000%	0.000%	⋯	100.000%	100.000%	100.000%
1		0.000%	0.000%	⋯	100.000%	100.000%	100.000%
2			0.000%	⋯	100.000%	100.000%	100.000%
⋮				⋮	⋮	⋮	⋮
118					0.000%	0.000%	0.000%
119						0.000%	0.000%
120							0.000%

(STEP 5) 다음과 같이, 만기 시점(Time Step = 120)에서의 Node 별 기대 풋옵션 내재가치를 산정한 후, 합계 금액을 평가 기준일 현재로 할인한다.

	주가 (S)	내재가치 (IV)	IPO 성공 확률 (OP)	Node 확률 (NP)	기대가치 (E)
0	676,468,408.85	0.00	100.000%	0.000%	0.00
1	539,900,964.07	0.00	100.000%	0.000%	0.00
2	430,904,159.30	0.00	100.000%	0.000%	0.00
⋮	⋮	⋮	⋮	⋮	⋮
118	0.00	691.44	0.000%	0.000%	0.00
119	0.00	691.44	0.000%	0.000%	0.00
120	0.00	691.44	0.000%	0.000%	0.00
합계				100.000%	222.73
현재가치					194.14

(*1) 내재가치 = $IV(i, j) = MAX[CECF\_PUT(i, j) - S(i, j), 0]$

(*2) 기대가치 $E(i, j) = IV(i, j) \times [1 - OP(i, j)] \times NP(i, j)$

(*3) 현재가치 $= \sum_{j=0}^{120} E(120, j)/e^{RF\_CYSPOT_5 \times 5} = 222.73/e^{2.747\% \times 5} = 194.14$

4. 방법 4 : Black - Scholes - Merton Approach

본 방법은 Black - Scholes - Merton(BSM) 모형을 풀어서 평가하는 수학적 모형에 해당한다. 다만, 이는 유러피언 옵션에서만 적용이 가능하며, 아메리칸 옵션에서는 적용이 불가능하다. 본 사례의 경우, 만기에만 풋옵션을 행사할 수 있으므로, 유러피언 옵션에 해당하며, 본 방법의 적용이 가능하다. 다만, 본 BSM 모형은 특정 Case에 대하여만 적용할 수 있으며, 본 사례는 본 BSM 모형을 적용할 수 있는 Case에 해당한다. 다음은 본 방법을 적용하는 절차에 대하여 설명하는 내역에 해당한다.

(STEP 1) 일반 풋옵션(PO)의 가치를 다음과 같이 산정한다. 여기에서, PO는 장애물 조건이 없는 일반 풋옵션에 해당한다.

$$PO = Ke^{-rT}N(-d_2) - S_0 e^{-qT}N(-d_1)$$

$$d_1 = \frac{LN\left(\frac{S_0}{K}\right) + (r - q + 0.5\sigma^2)T}{\sigma\sqrt{T}} \ \& \ d_2 = d_1 - \sigma\sqrt{T}$$

(STEP 2) IPO에 성공하였을 경우에 행사할 수 있는 풋옵션(PO_{ui})의 가치를 다음과 같이 산정한다. 여기에서, PO_{ui}는 주가가 특정 주가(H)를 한번이라도 상회한 경우에만 행사할 수 있는 풋옵션에 해당한다.

$$PO_{ui} = -S_0 e^{-qT}\left(\frac{H}{S_0}\right)^{2\alpha} N(-y) + K e^{-rT}\left(\frac{H}{S_0}\right)^{2\alpha-2} N(-y + \sigma\sqrt{T})$$

$$\alpha = \frac{r - q + 0.5\sigma^2}{\sigma^2} \ \& \ y = \frac{LN\left(\frac{H^2}{S_0 K}\right)}{\sigma\sqrt{T}} + \alpha\sigma\sqrt{T}$$

(STEP 3) IPO에 실패하였을 경우에 행사할 수 있는 풋옵션(PO_{uo})의 가치를 다음과 같이 산정한다. 여기에서, PO_{uo}는 주가가 특정 주가(H)를 한 번이라도 상회한 경우에는 행사할 수 없는 풋옵션에 해당한다. 본 사례의 풋옵션의 경우, 주가가 1,800.00을 한 번이라도 상회한 경우에는 그 시점에서 IPO에 성공하여, 그 시점 이후로는 풋옵션을 행사할 수 없는 바, PO_{uo}에 해당한다.

$$PO_{uo} = PO - PO_{ui}$$

다음은 상기 절차에 따라 평가한 결과에 해당한다.

평가 기준일 정보		BSM 정보	
구분	내역	구분	내역
S_0 : 주가	900.00	d_1	0.9422
σ : 주가 변동성	55.236%	d_2	(0.2929)
K : 행사가격	691.44	α	0.5901
H : 특정 주가	1,800.00	y	2.0646
r : 무위험 이자율	2.747%	$N(-d_1)$	17.304%
q : 배당 수익률	0.000%	$N(-d_2)$	61.520%
T : 만기	5.000	$N(-y)$	1.948%
		$N(-y + \sigma\sqrt{T})$	20.341%

구분	금액
PO	215.04
PO_{ui}	29.72
PO_{uo}	185.32

5. 평가 결과 간 비교

다음은 상기의 평가 결과를 요약한 내역에 해당한다.

	방법 1	방법 2	방법 3	방법 4
상세 내역	Sub Tree	Backward	Forward	BSM
결과	N/A	194.14	194.14	185.32
차이	N/A	8.83	8.83	
차이 비율	N/A	4.763%	4.763%	

(*) 차이 및 차이 비율은 각각의 방법과 방법 4 간의 차이 및 차이 비율에 해당한다.

상기에서 알 수 있듯이, 방법 2와 방법 3은 항상 일치한다. 다만, 방법 2 및 방법 3이 방법 4와 일치하지 않고 있는데, 이는 본 평가에서 적용한 Time Step 수가 적기 때문이다. 즉, 본 평가에서 적용한 Time Step 수 = 120은 부족한 상태에 해당한다. 그리고, Time Step 수를 증가시키면 시킬수록 상기 차이 비율은 감소해 나가며, 결과적으로, 방법 2 및 방법 3은 방법 4의 결과로 수렴해 간다. 예를 들어, Time Step = 500을 적용하는 경우, 방법 3에 의한 결과는 187.95에 해당하며, 방법 4와의 차이가 현저히 줄어든다.

본 평가 중 방법 3을 적용하는 과정에 있어서, Forward에 의한 IPO 성공 확률을 산정하는 절차에서 헤지 확률 & Node 확률 가중 방법을 적용하였다. 그러나, 만약, 헤지 확률 가중 방법을 적용한다든가 경로의 수 가중 방법을 적용하게 되면, 방법 2와 차이가 발생하게 된다. 즉, 헤지 확률 & Node 확률 가중 방법을 적용하여야만, 적합한 평가가 이루어지게 된다. 전환증권 Refixing 부분을 설명할 때, 헤지 확률 & Node 확률 가중 방법이 가장 합리적이라고 언급하였던 것은 바로 이러한 점에 기인하고 있다.

상기 중 방법 3과 방법 4는 유러피언 옵션에서만 적용이 가능하다. 이에 따라, 평가 대상 장애물 옵션이 아메리칸 옵션인 경우에는 방법 1 또는 방법 2를 적용하여야 한다. 아울러, 유러피언 옵션이라고 할지라도, 장애물 조건이 평가 기준일부터가 아닌 특정 시점 이후부터 적용되는 경우에는 방법 4를 적용할 수 없다. 왜냐하면, 방법 4는 장애물 조건이 평가 기준일부터 적용되는 경우를 기준으로 개발되었기 때문이다.

앞서 언급한 바와 같이, 이원 옵션은 기초자산 가격이 특정 금액 이상(또는 이하)인 경우에만 행사 가능하며, 행사 이익은 확정 현금(Cash or Nothing) 또는 확정 기초자산 수(Asset or Nothing)에 해당하는 옵션이다.

투자 계약에서는 투자 후 성과에 따라, 투자 금액을 일부 추가적으로 지급하기도 하고, 투자 금액을 일부 반환받기도 한다. 예를 들면, 투자 후 1년 동안의 영업이익이 특정 금액 이상에 해당하는 경우, 확정된 투자 금액을 추가적으로 지급하기로 하는 계약 등이 해당한다. 이러한 경우에는 다음과 같이 평가를 진행한다.

(STEP 1) 평가 기준일 현재의 PER(Price to Earning Ratio, 이 때의 Earnings는 영업이익을 적용)을 산정하고, 동 PER은 평가의 기간 동안 변동하지 않는 것으로 가정한다.

(STEP 2) 1년 시점에 해당하는 Time Step에서, 각각의 Node의 내재가치를 다음과 같이 정의하고, 내재가치(IV) Tree를 생성한다. 다만, 본 부분에서는 IV Tree 생성 과정은 생략한다.

	$IV(i, j)$
$EBIT(i, j) \geq B$	F
$EBIT(i, j) < B$	0

(*1) $EBIT(i, j)$: $N(i, j)$에서의 영업이익 = $S(i, j)$ / PER × 총 주식 수
(*2) $S(i, j)$: $N(i, j)$에서의 주가
(*3) B : 확정 투자 대금 추가 지급의 기준이 되는 영업이익
(*4) F : 영업 성과를 달성하였을 시, 지급하여야 하는 확정 투자 대금

(STEP 3) 시간가치를 산정하고, 시간가치(TV) Tree를 생성한다. 다만, TV Tree 생성 과정은 일반 옵션의 TV Tree 생성 과정과 동일하다. 또한, 본 부분에서는 TV Tree 생성 과정은 생략한다.

(STEP 4) 옵션가치를 산정하고, 옵션가치(OV) Tree를 생성한다. 다만, OV Tree 생성 과정은 일반 옵션의 OV Tree 생성 과정과 동일하다. 또한, 본 부분에서는 OV Tree 생성 과정은 생략한다.

아울러, 본 사례의 경우, 유러피언 옵션에 해당하므로, 상기 (STEP 3) 및 (STEP 4)를 수행하지 아니하고, 장애물 옵션의 방법 3에서 설명한 바와 같이, 2항 모형 확률 분포를 이용하여 산정할 수도 있다.

다만, 본 방법은 1) 평가 기준일 현재의 PER 이 마이너스이거나, 2) 평가 기준일 현재의 PER 이 비정상적으로 높거나, 3) PER의 변동성이 큰 경우에는 적용이 어려운 단점이 있다. 그러나, 상기 1)~2)는 유사회사의 PER을 적용함으로써, 해결할 수 있으며, 상기 3)은 후에 설명하는 $2^2 = 4$항 모형을 적용하여 해결할 수 있다.

6 콴토 옵션

앞서 언급한 바와 같이, 콴토 옵션은 기초자산 통화, 기초자산 변동성 통화, 행사가격 통화, 최종 결제 통화 중 하나 이상이 다른 통화에 해당하는 옵션에 해당한다. 콴토는 환율 위험 없이 외국 자산에 대한 투자 기회를 원하는 투자자에게 매력적인 금융상품에 해당하며, 기본적으로 명목 금액이 변동하는 통화 선도계약을 내포하는 금융상품에 해당한다. 그리고, 바로 이 변동 명목 금액 때문에 콴토라고 불리고 있는데, 콴토는 수량 조정 옵션 (Quantity Adjustment Option)의 약자에 해당한다.

그리고, 이렇게 서로 다른 통화가 적용되는 경우에는 주가 변동성뿐만 아니라 환율 변동성도 함께 고려해 주어야 한다. 주가 변동성과 환율 변동성이 모두 있는 경우, 변동성을 갖는 기초자산이 2개에 해당하므로, 이는 원칙적으로 $2^2 = 4$항 모형으로서 평가하여야 한다. 그러나, 특정 통화로 표시된 가치는 환율과의 곱을 통하여, 다른 통화로 표시된 가치로 환산될 수 있으며, 이러한 특성을 이용하여, $2^2 = 4$항 모형을 적용하지 않고, 2항 모형을 적용하여 평가를 진행할 수 있다. 다음은 콴토가 발생하는 대표적 3가지 경우에 해당한다.

- Type A 콴토 : 주가, 주가 변동성 및 행사가격의 통화는 동일하지만, 행사 이익은 고정 환율에 의하여 다른 통화로 환산된 금액으로 최종 결제되는 경우
- Type B 콴토 : 주가 및 주가 변동성의 통화는 동일하지만, 행사가격 통화가 다른 경우
- Type C 콴토 : 주가 변동성 산정 시, 주가 통화와 다른 통화를 사용하는 유사회사를 적용하는 경우

Type A 콴토가 발생하는 금융상품은 대부분 시장에서 거래되고 있다. 예를 들면, 일본의

NIKKEI를 기초자산으로 하는 콜옵션 등에 있어서, 결제는 엔화가 아닌 고정 환율에 의한 USD로 이루어지는 콜옵션 등이다. 이에 따라, 실무적으로는 Type A 퀀토를 평가할 경우가 거의 없다. 다만, Type B 퀀토와 Type C 퀀토는 일반 거래에서 발생하는 퀀토에 해당하므로, 실무에서 자주 평가하게 된다. 다음은 상기 각각의 Type의 퀀토에 대하여, 평가를 진행하는 방법에 대하여 설명하는 내역에 해당한다.

1. Type A 퀀토

예를 들면, 한국의 투자자가 한국의 콜옵션에 투자하였고, 주가, 주가 변동성 및 행사가격은 모두 KRW에 해당하지만, 콜옵션 행사 시, 고정 환율이 적용되어 USD로 결제되는 경우가 해당된다. 또한, 이러한 경우는 퀀토가 발생하는 대표적인 사례에 해당하며, 이러한 Type의 퀀토에 대한 평가를 위하여, 다음과 같은 사례를 적용하기로 한다.

사례 2   퀀토 옵션

한국인 A는 한국인 B와 다음과 같은 콜옵션 계약을 체결하였다.

- 기초자산 : 한국 회사 C 보통주
- 주당 행사가격 : KRW 19,500.00
- 주당 결제금액 : 고정 환율 0.000714 USD / KRW로 환산된 USD로 결제
- 행사 가능 기간 : 계약일로부터 3년 후 (유러피언 옵션)

평가 기준일 현재 시장 정보는 다음과 같다.

항목	내역
회사 C 주가 (KRW)	20,000.00
회사 C 주가 변동성 (KRW)	15.000%
회사 C 주식 배당 수익률 (수익률 배당을 가정)	2.000%
환율 (USD / KRW)	0.000714
환율 변동성 (USD / KRW)	10.000%
주가 변동성과 환율 (USD / KRW) 변동성 간의 상관계수	0.200

평가 기준일 현재 3년 만기에 해당하는 무위험 CYSPOT(RF_CYSPOT)은 다음과 같다.

항목	내역
대한민국	4.000%
미국	8.000%

먼저, 퀀토와 관련한 확률 과정에 대하여 살펴 본다. 퀀토가 없는 일반 주식은 기하 브라운 운동을 하며, 다음의 산식을 만족한다.

$$dS = \mu_S S dt + \sigma_S S dZ \ \rightarrow dS = (r_S - q) S dt + \sigma_S S dZ$$

r_S : 주식에 적용되는 (주식을 발행한 회사가 속하는 국가의) 무위험 이자율(본 사례의 경우, 한국의 무위험 이자율)
q : 주식의 배당 수익률
σ_S : 주식의 주가 변동성(본 사례의 경우, KRW 기준으로 산정하여야 함)

그러나, Type A 퀀토가 발생하는 경우에는 상기 산식이 다음과 같이 변경된다. 즉, Drift 부분에서 $\rho \sigma_S \sigma_F$가 차감된다.

$$dS = (r_S - q) S dt + \sigma_S S dZ \ \rightarrow dS = (r_S - q - \rho \sigma_S \sigma_F) S dt + \sigma_S S dZ$$

σ_F : 환율 변동성 (본 사례의 경우, KRW / USD 기준이 아닌 USD / KRW 기준으로 산정하여야 함)
ρ : 상기 주가 변동성(σ_S)과 환율 변동성(σ_F) 간의 상관계수

상기 사항을 제외하고는 일반 옵션의 평가 과정과 거의 동일하다. 이제 Black – Scholes – Merton(BSM) 모형과 2항 모형을 적용하여, 상기 Type A 퀀토를 평가해 보자

(1) BSM

먼저, Drift(D)를 다음과 같이 정의한다.

$$D = r_S - q - \rho \sigma_S \sigma_F$$

그리고, BSM에 의한 콜옵션 산정 산식을 다음과 같이 변경한다.

$$c = Fe^{-r_U T} \left[S_0 e^{DT} N(d_1) - K N(d_2) \right]$$

$$d_1 = \frac{\ln \left(\dfrac{S_0}{K} \right) + (D + 0.5 \sigma_S^2) T}{\sigma_S \sqrt{T}} \ \& \ d_2 = d_1 - \sigma_S \sqrt{T}$$

F : 미래 환산에 적용될 고정 환율 (본 사례의 경우, 0.000714)
r_U : 미래 가치의 할인에 적용되는 할인율로서, 결제 통화 국가 (본 사례의 경우, USD를 발행한 미국)의 무위험 이자율
T : 만기 (본 사례의 경우, 3년)
S_0 : 평가 기준일 현재의 주가 (본 사례의 경우, KRW 기준)
K : 옵션의 행사가격 (본 사례의 경우 KRW 기준)

그리고, 상기 식을 풀면, 다음과 같다.

$$D = r_s - q - \rho\sigma_S\sigma_F = 4.000\% - 2.000\% - 0.200 \times 15.000\% \times 10.000\% = 1.700\%$$

$$d_1 = \frac{\ln\left(\frac{S_0}{K}\right) + \left(D + 0.5\sigma_s^2\right)T}{\sigma_s\sqrt{T}} = \frac{\ln\left(\frac{20,000.00}{19,500.00}\right) + \left(1.700\% + 0.5 \times 15.000\%^2\right) \times 3}{15.000\% \times \sqrt{3}} = 0.4237$$

$$d_2 = d_1 - \sigma_s\sqrt{T} = 0.4237 - 15.000\% \times \sqrt{3} = 0.1638$$

$$c = Fe^{-r_uT}\left[S_0e^{DT}N(d_1) - KN(d_2)\right]$$

$$= 0.000714e^{-8.000\% \times 3} \times \left[20,000.00e^{1.700\% \times 3} \times N(0.4237) - 19,500.00 \times N(0.1638)\right]$$

$$= 1.6613$$

상기에서 알 수 있는 바와 같이, Type A 퀀토의 경우, 다음과 같은 사항에 주의하여야 한다.

- 확률 과정에 적용되는 Drift가 $r_S - q$에서 $r_S - q - \rho\sigma_S\sigma_F$로 변경된다.
- 미래 가치의 할인에 적용되는 할인율은 결제 통화 국가의 무위험 이자율에 해당한다.
- 상기 사례와 같이, 환율 변동성 산정 시, 일반 형식의 환율(KRW / USD)을 기준으로 하지 않고, 환율의 역수(USD / KRW)를 기준으로 하여 산정하는 경우가 있으므로, 경우에 따라 적절히 반영하여야 한다.

(2) 2항 모형

2항 모형에서는 BSM에서 산정한 자료를 그대로 적용하여 평가한다. 다음은 2항 모형을 통하여 상기 사례를 평가하는 과정에 해당한다. 또한, 주가 2항 모형으로는 CRR 2항 모형을 적용하며, 현금흐름 위험 반영 방법으로는 EPV를 적용한다. 아울러, Time Step 수는 120을 적용한다.

(STEP 1) dt, Drift (D), u, d, p를 다음과 같이 정의한다.

	내역	결과
dt	T / N	0.025
Drift (D)	$r_S - q - \rho\sigma_S\sigma_F$	1.700%
u	$e^{\sigma_S\sqrt{dt}}$	102.400%
d	1 / u	97.656%
p	$\dfrac{e^{D \times dt} - d}{u - d}$	50.303%

(*1) 본 사례의 경우, 유러피언 옵션에 해당한다. 이에 따라, 주가 2항 모형에 Time Step 별 선도이자율을 적용하지 아니하고, Time Step 전체에 대하여 단일의 현물이자율을 적용하더라도 무방하다. 이에 따라, 2항 모형 전체에 대하여 단일의 현물이자율을 적용하였다.
(*2) Drift 산정 시 적용되는 무위험 이자율은 주식에 적용되는 (주식을 발행한 회사가 속하는 국가의) 무위험 이자율(본 사례의 경우, 한국의 무위험 이자율)에 해당한다.

(STEP 2) KRW 주가 Tree를 생성한다.

S	0	1	2	⋯	118	119	120
0	20,000.00	20,480.01	20,971.54	⋯	328,437.97	336,320.67	344,392.56
1		19,531.24	20,000.00	⋯	313,222.51	320,740.03	328,437.97
2			19,073.47	⋯	298,711.93	305,881.19	313,222.51
⋮				⋮	⋮	⋮	⋮
118					1,217.89	1,247.12	1,277.05
119						1,189.34	1,217.89
120							1,161.47

(STEP 3) 내재가치를 다음과 같이 정의하고, 내재가치(IV) Tree를 생성한다.

콜옵션 행사	IV(i, j)
불가능	0
가능	$F \times MAX[S(i, j) - EXE(i, j), 0]$

IV	0	1	2	...	118	119	120
0	0.0000	0.0000	0.0000	...	0.0000	0.0000	231.9733
1		0.0000	0.0000	...	0.0000	0.0000	220.5817
2			0.0000	...	0.0000	0.0000	209.7179
:				:	:	:	:
118					0.0000	0.0000	0.0000
119						0.0000	0.0000
120							0.0000

(*1) F : 미래 환산에 적용될 고정 환율 (본 사례의 경우, 0.000714)

(*2) S(i, j) : N(i, j)에서의 주가 (본 사례의 경우, KRW 기준)

(*3) EXE(i, j) : N(i, j)에서의 콜옵션 행사가격 (본 사례의 경우, KRW 기준)

(STEP 4) 시간가치를 다음과 같이 정의하고, 시간가치(TV) Tree를 생성한다.

$$TV(i,j)= \frac{p_u \times OV(i+1,j)+p_d \times OV(i+1,j+1)}{e^{r_U \times dt}}$$

TV	0	1	2	...	118	119	120
0	1.6635	1.8521	2.0551	...	219.8998	225.8599	0.0000
1		1.4793	1.6541	...	209.0701	214.7528	0.0000
2			1.3084	...	198.7421	204.1603	0.0000
:				:	:	:	:
118					0.0000	0.0000	0.0000
119						0.0000	0.0000
120							0.0000

(*1) p_u : 헤지 확률

(*2) p_d : $1-p_u$

(*3) OV(i, j) : N(i, j)에서의 옵션가치 (하기 참조)

(*4) r_U : 미래 가치의 할인에 적용되는 할인율로서, 결제 통화 국가 (본 사례의 경우, USD를 발행한 미국)의 무위험 이자율

(STEP 5) 옵션가치를 다음과 같이 정의하고, 옵션가치(OV) Tree를 생성한다.

$$OV(i,j) = MAX[IV(i,j), \ TV(i,j)]$$

OV	0	1	2	⋯	118	119	120
0	1.6635	1.8521	2.0551	⋯	219.8998	225.8599	231.9733
1		1.4793	1.6541	⋯	209.0701	214.7528	220.5817
2			1.3084	⋯	198.7421	204.1603	209.7179
⋮				⋮	⋮	⋮	⋮
118					0.0000	0.0000	0.0000
119						0.0000	0.0000
120							0.0000

(3) 평가 방법 간 비교

상기의 평가 결과를 요약하면, 다음과 같다.

	BSM	2항 모형	차이	차이 비율
콜옵션	1.6613	1.6635	0.0022	0.135%

상기에서 알 수 있는 바와 같이, BSM과 2항 모형 간 약간의 차이가 발생하고 있다. 그리고, 이러한 차이는 2항 모형의 Time Step 수에 기인하고 있다. 아울러, 2항 모형 상 Time Step 수가 증가하면 할수록, 이러한 차이는 감소하며, BSM의 결과로 수렴하게 된다.

본 사례의 경우, 유러피언 옵션에 해당한다. 이에 따라, BSM의 적용도 가능하였다. 다만, 아메리칸 옵션의 경우에는 반드시 2항 모형을 적용하여야 한다.

2. Type B 퀀토

주가 및 주가 변동성은 동일한 통화가 적용되지만, 행사가격은 다른 통화에 해당하는 경우이다. 예를 들면, 한국의 투자자가 주가 및 주가 변동성 통화가 KRW인 콜옵션에 투자하였고, 당해 콜옵션의 행사가격은 USD인 경우이다. 이러한 경우는 퀀토가 발생하는 대표적인 사례에 해당하지만, Type A 퀀토보다는 평가 과정이 수월하다.

Type B 콴토는 주가 및 주가 변동성의 통화를 행사가격 통화로 일치시킴으로써 해결한다. 즉, 주가의 경우, 평가 기준일 현재의 환율을 적용하여 행사가격 통화로 변환한다. 또한, 주가 변동성의 경우, 다음 중 하나를 적용하여 행사가격 통화로 변환한다. 하기 2가지 방법에 의한 결과는 항상 일치한다.

- 방법 1 : 과거 일정 기간 동안의 주가를 각각의 일자의 환율을 적용하여 행사가격 통화로 변환한 후, 행사가격 통화 주가를 기준으로 주가 변동성을 산출한다.
- 방법 2 : 다음의 관계식을 이용하여 행사가격 통화 주가 변동성을 산출한다.

$$\sigma_E = \sqrt{\sigma_A^2 + \sigma_F^2 + 2\rho\sigma_A\sigma_F}$$

σ_E : 행사가격 통화 주가 변동성
σ_A : 통화 변환 전 주가 변동성
σ_F : 환율 변동성
ρ : 통화 변환 전 주가 변동성(σ_A)과 환율 변동성(σ_F) 간의 상관계수

그런 다음, 행사가격 통화로 변환된 주가와 주가 변동성을 이용하여, 일반 옵션과 동일하게 평가를 진행하면 된다. 다만, 2항 모형의 헤지 확률 산정 시 적용되는 무위험 이자율과 시간가치 산정 시 적용되는 무위험 이자율은 모두 행사가격 통화를 발행한 국가의 무위험 이자율(본 사례의 경우, 행사가격 통화가 USD에 해당하므로, 미국의 무위험 이자율에 해당함)을 적용하여야 한다.

3. Type C 콴토

주가, 행사가격 및 결제 통화는 모두 동일한 통화에 해당하지만, 주가 변동성은 다른 통화에 해당하는 경우이다. 예를 들면, 한국의 콜옵션을 평가할 시, 해외 유사회사를 적용하여 주가 변동성을 산출하는 경우이다.

Type C 콴토도 Type B 콴토와 유사하게, 주가 변동성 통화를 행사가격 통화로 일치시킴으로써 해결한다. 즉, 상기 Type B 콴토에서 언급한 바와 같이, 2가지 변환 방법 중 하나를 적용하여 주가 변동성 통화를 변환하면 된다. 그런 다음, 행사가격 통화로 변환된 주가 변동성을 이용하여, 일반 옵션과 동일하게 평가를 진행하면 된다. 또한, Type B 콴토와 동일하게, 2항 모형의 헤지 확률 산정 시 적용되는 무위험 이자율과 시간가치 산정 시 적용되는 무위험 이자율은 모두 행사가격 통화를 발행한 국가의 무위험 이자율을 적용하여야 한다.

앞 장 기초 변수-주가 변동성에서 해외 유사회사를 적용할 경우, 상기와 같이, 행사가격 통화와 일치하는 주가 변동성을 적용하여야 한다고 언급하였는데, 이는 바로 콴토 이슈를 제거하기 위함이다.

4. $2^2 = 4$항 모형의 적용

앞서 언급한 바와 같이, 주가 변동성과 환율 변동성이 모두 있는 금융상품은, 변동성을 갖는 기초자산이 2개에 해당하므로, $2^2 = 4$항 모형을 적용하여야 한다고 하였다. 다만, 콴토는 주가와 환율 간의 곱에 의하여 산정되는 특성 때문에, Drift 등을 조정하여 2항 모형을 적용할 수 있다.

그러나, 하나의 투자 계약에 1) 해외 통화와 국내 통화가 모두 적용되거나, 2) 해외 통화만 있다고 할지라도, 고정 환율과 변동 환율이 모두 적용되는 경우에는 2항 모형을 적용하여 해결할 수 없다. 예를 들면, 해외 통화 전환증권의 발행 시, 사채는 해외 통화 기준으로 지급되지만, 전환가격 조정은 국내 통화 기준으로 이루어지는 경우이다. 그리고, 이러한 경우에는, 반드시, $2^2 = 4$항 모형을 적용하여야 한다.

Chapter 18

이색 옵션 Ⅱ

본 장에서는 추가적인 이색 옵션(Exotic Option)에 대하여 설명한다. 그리고, 본 장에서 다루게 될 이색 옵션은 모두 Path Dependent 옵션에 해당한다. Path Dependent 옵션은 평가하기가 매우 어려운 옵션에 해당하며, 이에 따라, 대부분 근사치로서 평가하고 있다. 다음은 이러한 Path Dependent 옵션의 사례에 해당한다. 다만, 이는 일부 사례에 해당하며, 금융 기법이 발전함에 따라, 이색 옵션은 더욱 더 다양해지고 있다.

(ㄱ) 룩백 옵션(Lookback Option)
(ㄴ) 아시안 옵션(Asian Option)

상기 중 룩백 옵션은 일정 기간 동안의 기초자산의 최대 가격 또는 최소 가격에 의하여 행사 이익이 결정되는 옵션에 해당한다. 예를 들면, 일정 기간 동안의 기초자산의 최대 가격과 옵션 행사일의 기초자산 가격과의 차이를 행사 이익으로 하는 콜옵션을 들 수 있다.

상기 중 아시안 옵션은 일정 기간 동안의 기초자산의 평균 가격에 의하여 행사 이익이 결정되는 옵션에 해당한다. 예를 들면, 일정 기간 동안의 기초자산의 평균 가격과 옵션 행사일의 기초자산 가격과의 차이를 행사 이익으로 하는 콜옵션을 들 수 있다.

1 〉 룩백 옵션

앞서 언급한 바와 같이, 룩백 옵션은 일정 기간 동안의 기초자산의 최대 가격 또는 최소 가격에 의하여 행사 이익이 결정되는 옵션에 해당한다. 즉, 이러한 옵션은 Path Dependent 옵션에 해당한다. 이에 따라, 이러한 옵션의 정확한 가치를 평가하는 방법은 모든 주가 Path를 검토하는 방법 밖에 없다. 그러나, 앞서 언급해 온 바와 같이, 이를 실무적으로 적용하는 것은 매우 어려운 일에 해당한다.

룩백 옵션은 다음과 같은 대안을 통하여 근사치를 산정할 수 있다. 그리고, 다음의 대안은 합리적인 대안 중 일부 사례에 해당하는 것으로서, 대안 전부를 열거하는 것은 아니다.

$$\text{대안} = \begin{cases} 1: & \text{All Path Approach} \\ 2: & \text{확률 분포 Approach} \\ 3: & \text{Monte Carlo Simulation} \end{cases}$$

그리고, 상기 대안에 대한 평가를 위하여 다음과 같은 사례를 기준으로 설명하기로 한다.

사례 1 룩백 옵션

투자자 A는 대주주 B 로부터 주당 가격 900원으로 회사 C 주식 100주를 매수하였다. 아울러, 매수일 현재, 투자자 A는 매수일로부터 1년이 경과한 후에, 연간 최대 주가로 동 매수 주식을 대주주 B에게 매도할 수 있는 풋옵션 계약을 체결하였다.

매수일 현재, 주가, 주가 변동성, 무위험(RF) YTM Curve, 대주주 B 위험(RD) YTM Curve는 다음과 같다.

항목				내역
보통주 주가				900
보통주 주가 변동성 (로그 수익률 변동성)				55.236%

YTM	0.25	0.50	0.75	1.00	1.50
RF	2.860%	2.795%	2.705%	2.710%	2.775%
RD	12.904%	13.947%	14.799%	15.426%	16.503%

YTM	2.00	2.50	3.00	4.00	5.00
RF	2.767%	2.715%	2.597%	2.820%	2.765%
RD	17.729%	18.656%	19.394%	20.426%	20.949%

회사 C의 배당 계획은 없다. 또한, 주가 2항 모형으로는 CRR 2항 모형을 적용하며, 현금 흐름 위험 반영 방법으로는 EPV를 적용한다.

1. 대안 1 : All Path Approach

본 사례의 경우, 매수일로부터 1년 간의 주가 변동에 의존하여 풋옵션의 행사가격이 결정되는 바, Path Dependent 풋옵션에 해당한다. 그리고, 앞서 언급해 온 바와 같이, Path Dependent 옵션의 가치를 정확히 평가하기 위하여는 모든 Path를 검토하여야 하지만, 이를 실무적으로 적용하는 것은 매우 어려운 일에 해당한다. 다만, 2항 모형에서의 Time Step 수를 축소하여, 다소 정확성은 떨어지더라도, 모든 Path를 검토하는 방법으로써, 근사치를 구할 수는 있다.

본 방법은 2항 모형 전체에 최소 수준의 Time Step 수를 적용한 후, 모든 주가 Path를 검토하여 근사치를 산정하는 방법에 해당한다. 예를 들면, 1년의 기간에 대하여, 12개의 Time Step을 적용하면, 총 Path의 수는 $2^{12} = 4,096$개에 해당하며, 이는 실무적으로 해결할 수 있는 수준에 해당한다. 다만, 앞서 언급한 바와 같이, 최소 수준의 Time Step 수를 적용하기 때문에, 정확성의 손실은 감수할 수밖에 없다.

다음은 All Path Approach로 상기 사례의 룩백 옵션을 평가하는 내역에 해당한다. 다만, Time Step 수는 12를 적용한다.

(STEP 1) 주가 2항 모형 상 Time Step 간 dt를 산정하고, 이에 따라, Time Step 별 누적 dt (T)를 산정한다.

	0	1	2	⋯	10	11	12
dt		0.083	0.083	⋯	0.083	0.083	0.083
T	0.000	0.083	0.167	⋯	0.833	0.917	1.000

(STEP 2) 상기 사례 1의 RF YTM Curve 및 RD YTM Curve를 기초로 Bootstrapping을 진행하고, Time Step 별 CYFWD를 산출한다. 다만, Time Step = 0에서의 YTM은 0.000%로 가정한다.

RF	0	1	2	⋯	10	11	12
DHSPOT	0.000%	0.477%	0.953%	⋯	1.369%	1.362%	1.355%
DYSPOT	0.000%	0.956%	1.916%	⋯	2.757%	2.742%	2.728%
CYSPOT	0.000%	0.951%	1.898%	⋯	2.719%	2.705%	2.691%
CYFWD		0.951%	2.844%	⋯	2.593%	2.565%	2.536%

RD	0	1	2	⋯	10	11	12
DQSPOT	0.000%	1.075%	2.151%	⋯	3.766%	3.820%	3.875%
DYSPOT	0.000%	4.371%	8.884%	⋯	15.935%	16.179%	16.423%
CYSPOT	0.000%	4.278%	8.511%	⋯	14.786%	14.996%	15.206%
CYFWD		4.278%	12.745%	⋯	16.679%	17.098%	17.518%

(STEP 3) 상기 (STEP 1) 및 (STEP 2) 정보에 기초하여, 주가 상승률(u), 주가 하락률(d), 주가 상승 확률(p_u), 주가 하락 확률(p_d)을 산정한다.

	0	1	2	⋯	10	11	12
u		117.287%	117.287%	⋯	117.287%	117.287%	117.287%
d		85.261%	85.261%	⋯	85.261%	85.261%	85.261%
p_u		46.270%	46.763%	⋯	46.697%	46.690%	46.683%
p_d		53.730%	53.237%	⋯	53.303%	53.310%	53.317%

(*) $u = e^{\sigma\sqrt{dt}}$ & $d = 1/u$ & $p_u = (e^{RF\_CYFWD_i \times dt} - d)/(u - d)$ & $p_d = 1 - p_u$

(STEP 4) 다음과 같이, 주가의 UP or DOWN Path를 생성한다.

UPDN	0	1	2	⋯	10	11	12
0		0	0	⋯	0	0	0
1		0	0	⋯	0	0	1
2		0	0	⋯	0	1	0
⋮		⋮	⋮	⋮	⋮	⋮	⋮
4,093		1	1	⋯	1	0	1
4,094		1	1	⋯	1	1	0
4,095		1	1	⋯	1	1	1

(*1) 상기에서, 0은 UP을 의미하고, 1은 DOWN을 의미한다.
(*2) 상기 Path는 다음과 같은 엑셀 산식을 통하여 쉽게 작성할 수 있다. 여기에서, i는 Time Step 번호에 해당하고, j는 Path 번호에 해당한다.
  UPDN(i, j) = MOD(QUOTIENT(j, 2^{12-i}), 2)
(*3) MOD : 엑셀에서 나머지를 구하는 함수
(*4) QUOTIENT : 엑셀에서 몫을 구하는 함수

(STEP 5) 상기 (STEP 3)~(STEP 4)의 정보에 기초하여, 주가(S) Path를 생성한다.

S	0	1	2	···	10	11	12
0	900.00	1,055.58	1,238.06	···	4,433.39	5,199.79	6,098.67
1	900.00	1,055.58	1,238.06	···	4,433.39	5,199.79	4,433.39
2	900.00	1,055.58	1,238.06	···	4,433.39	3,779.96	4,433.39
⋮	⋮	⋮	⋮	⋮	⋮	⋮	⋮
4,093	900.00	767.35	654.25	···	182.70	214.29	182.70
4,094	900.00	767.35	654.25	···	182.70	155.78	182.70
4,095	900.00	767.35	654.25	···	182.70	155.78	132.82

(*1) S(i, j)는 N(i, j)에서의 주가로서, 다음과 같이 산출된다.

$$S(i,j) = \begin{cases} UPDN(i,j) = 0 & : S(i-1,j) \times u \\ UPDN(i,j) = 1 & : S(i-1,j) \times d \end{cases}$$

(*2) S(2, 2) = S(1, 2) × u = 1,055.58 × 117.287% = 1,238.06

(STEP 6) 각각의 Path 별로 이동 확률(MP) Path를 산정한다.

MP	0	1	2	···	10	11	12
0		46.270%	46.763%	···	46.697%	46.690%	46.683%
1		46.270%	46.763%	···	46.697%	46.690%	53.317%
2		46.270%	46.763%	···	46.697%	53.310%	46.683%
⋮		⋮	⋮	⋮	⋮	⋮	⋮
4,093		53.730%	53.237%	···	53.303%	46.690%	53.317%
4,094		53.730%	53.237%	···	53.303%	53.310%	46.683%
4,095		53.730%	53.237%	···	53.303%	53.310%	53.317%

(*1) MP(i, j)는 N(i, j)에서의 주가 상승 또는 하락 확률로서, 다음과 같이 산출된다.

$$MP(i,j) = \begin{cases} UPDN(i,j) = 0 & : p_u \\ UPDN(i,j) = 1 & : p_d \end{cases}$$

(*2) UPDN(2, 2) = 0 → MP(2, 2) = p_u = 46.763%

(STEP 7) 다음과 같이, 풋옵션의 가치를 산정한다.

	MAXS	CECF	IV	PP	E
0	6,098.67	5,381.26	0.00	0.011%	0.00
1	5,199.79	4,588.12	154.73	0.012%	0.02
2	4,433.39	3,911.88	0.00	0.012%	0.00
:	:	:	:	:	:
4,093	900.00	794.13	611.43	0.046%	0.28
4,094	900.00	794.13	611.43	0.046%	0.28
4,095	900.00	794.13	661.31	0.052%	0.35
합계				100.000%	249.10
현재가치					242.48

(*1) MAXS : Path 별 최대 주가

$MAXS(j) = MAX[S(0, j), S(1, j), S(2, j), \cdots, S(12, j)]$

(*2) CECF : 상기 (*1) MAXS의 확실성 등가. 본 풋옵션은 총액 교환형 거래에 해당하고, 상기 (*1) MAXS는 풋옵션의 행사가격에 해당하므로, 상기 (*1) MAXS의 확실성 등가를 산정하여야 함.

$CECF(j) = MAXS(j) \times e^{(RF\_CYSPOT_{12} - RD\_CYSPOT_{12}) \times 1.000}$

(*3) IV : Path 별 풋옵션 내재가치

$IV(j) = MAX[CECF(j) - S(12, j), 0]$

(*4) PP : Path 별 Path 확률

$$PP(j) = MP(1,j) \times MP(2,j) \times \cdots \times MP(12,j) = \prod_{i=1}^{12} MP(i,j)$$

(*5) E : Path 별 풋옵션 내재가치의 기대가치

$E(j) = IV(j) \times PP(j)$

(*6) Path 별 확률(PP)의 합계는 항상 100.000%가 되어야 함.

(*7) 현재가치 : Path 별 E의 합계에 대하여 평가 기준일 현재로 할인한 가치

$$현재가치 = \frac{\sum_{j=0}^{4,095} E(j)}{e^{RF\_CYSPOT_{12} \times 1.000}}$$

2. 대안 2 : 확률 분포 Approach

본 방법은 각 Node 별로 이전 주가 Path들의 최대값의 확률 분포를 작성한 후, 이에 기초하여 룩백 옵션의 가치를 평가하는 방법에 해당한다. 다만, 본 방법은 엑셀 Sheet로는 구현이 어렵고, 프로그래밍을 통하여 평가하여야 한다. 이에 따라, 본 부분에서는 본 방법의 기본 개념에 대하여만 설명하고, 실제 평가는 생략하기로 한다.

먼저, 2항 모형에 의한 주가(S) Tree를 생성한다. 다음은 그 결과에 해당한다.

S	0	1	2	···	10	11	12
0	900.00	1,055.58	1,238.06	···	4,433.39	5,199.79	6,098.67
1		767.35	900.00	···	3,222.83	3,779.96	4,433.39
2			654.25	···	2,342.82	2,747.82	3,222.83
⋮				⋮	⋮	⋮	⋮
10					182.70	214.29	251.33
11						155.78	182.70
12							132.82

다음은 상기 주가(S) Tree를 기초로 하여, 각각의 Node에서 최대값의 확률 분포를 생성하는 절차를 설명하는 내역에 해당한다.

(STEP 1) Time Step = 0에서, 다음과 같이 최대값의 확률 분포를 생성한다. Time Step = 0에서는 이동이 없으므로, 최대값은 당해 Node의 주가가 되며, 확률은 100.00%에 해당한다.

이동 후 NODE	이동 과정	최대값	확률
N(0, 0)	N/A	900.00	100.000%

(STEP 2) Time Step = 1에서, 다음과 같이 최대값의 확률 분포를 생성한다.

이동 후 NODE	이동 과정	최대값	확률
N(1, 0)	u	1,055.58	46.270%
N(1, 1)	d	900.00	53.730%

(STEP 3) Time Step = 2에서, 다음과 같이 최대값의 확률 분포를 생성한다.

이동 후 NODE	이동 과정	최대값	확률
N(2, 0)	u → u	1,238.06	21.637%
N(2, 1)	u → d	1,055.58	24.633%
	d → u	900.00	25.126%
N(2, 2)	d → d	900.00	28.604%

(STEP 4) Time Step = 3에서, 다음과 같이 최대값의 확률 분포를 생성한다.

이동 후 NODE	이동 과정	최대값	확률
N(3, 0)	u → u → u	1,452.08	10.224%
N(3, 1)	u → u → d	1,238.06	11.413%
	u → d → u	1,055.58	11.640%
	d → u → u	1,055.58	11.873%
N(3, 2)	u → d → d	1,055.58	12.993%
	d → u → d	900.00	13.253%
	d → d → u	900.00	13.517%
N(3, 3)	d → d → d	900.00	15.088%

(*1) 상기 중 N(3, 1)은 상기 (STEP 3)의 결과를 기초로 하여, 다음과 같이 산정할 수 있다. 즉, N(3, 1)은 N(2, 0)에서 주가가 하락하는 확률로 도달하거나, N(2, 1)에서 주가가 상승하는 확률로 도달하므로, 각각의 경우별로 다음과 같이 산정한다.

N(3, 1)에서의 경우별 최대값 = MAX[경우별 직전 Time Step에서의 최대값, S(3, 1)]

N(3, 1)에서의 경우별 확률 = 경우별 직전 Time Step에서의 확률 × (p_u 또는 p_d)

이동 전 NODE			이동 후 NODE		
번호	최대값	확률	번호	최대값	확률
N(2, 0)	1,238.06	21.637%	N(3, 1)	1,238.06	11.413%
N(2, 1)	1,055.58	24.633%		1,055.58	11.640%
	900.00	25.126%		1,055.58	11.873%

(*2) 상기 (*1)의 과정을 N(3, 2)에 적용하는 경우, 그 결과는 다음과 같다.

이동 전 NODE			이동 후 NODE		
번호	최대값	확률	번호	최대값	확률
N(2, 1)	1,055.58	24.633%	N(3, 2)	1,055.58	12.993%
	900.00	25.126%		900.00	13.253%
N(2, 2)	900.00	28.604%		900.00	13.517%

(STEP 5) 상기 (STEP 4)의 결과에 대하여, 각각의 Node 별로, 최대값이 같은 항목을 하나로 통합한다. 즉, 각각의 Node 별로, 최대값이 같은 항목의 확률을 합산하여 정리한다.

이동 후 NODE	이동 과정	최대값	확률
N(3, 0)	u → u → u	1,452.08	10.224%
N(3, 1)	u → u → d	1,238.06	11.413%
	통합	1,055.58	23.513%
N(3, 2)	u → d → d	1,055.58	12.993%
	통합	900.00	26.770%
N(3, 3)	d → d → d	900.00	15.088%

(STEP 6) 상기 (STEP 4)와 (STEP 5) 과정을 만기까지 계속하여 진행한다. 이 때, 상기 (STEP 4)와 관련하여서는 상기 (STEP 4)의 본문에서 설명하고 있는 방법(모든 주가 Path를 고려하여 최대값과 확률을 산정하는 방법) 대신, 상기 (STEP 4)의 주기에서 설명하고 있는 방법(직전 Time Step의 최대값과 확률을 고려하여 최대값과 확률을 산정하는 방법)을 적용한다.

(STEP 7) 상기 (STEP 6)에서 산정된 만기 시점에서의 각각의 Node에서의 최대값과 그 확률 분포를 이용하여, 옵션의 가치를 산정한다.

3. 대안 3 : Monte Carlo Simulation

본 방법은 Monte Carlo Simulation 기법을 적용하여 평가하는 방법에 해당한다. 즉, 다수의 임의의 주가 Path를 생성한 후, 각각의 Path 별로 최대값을 산정하고, 이에 기초하여 룩백 옵션의 가치를 평가하는 방법이다. 그리고, 이는 상기 대안 1 : All Path Approach와 유사한 방법에 해당하며, 다음과 같은 차이점만 있다.

- All Path Approach에서는 주가 Path가 2항 모형에 기초하여 산정되지만, Monte Carlo Simulation에서는 임의 확률 변수를 통하여 산정된다.
- All Path Approach에서는 각각의 Path 별 Path 확률이 2항 모형에 의한 헤지 확률을 기준으로 산정되지만, Monte Carlo Simulation에서는 "1 / 시행 횟수"로 산정된다.

앞서 언급한 바와 같이, Monte Carlo Simulation은 평가를 진행할 때마다 결과가 달라지며, 정확성도 다소 떨어지는 문제점이 있다. 그러나, 룩백 옵션처럼 Path Dependent 한 옵션들은 근사치로서 밖에 평가할 수 없는 바, 이러한 경우에는 Monte Carlo Simulation 기법도 좋은 대안이 되게 된다. 이에 따라, 대안 1 : All Path Approach 또는 대안 2 : 확률 분포 Approach와 본 대안을 함께 사용하는 것이 가장 바람직한 방법에 해당한다.

4. 아메리칸 룩백 옵션

앞에서 설명한 사항은 모두 룩백 옵션이 유러피언 옵션에 해당하는 경우에 해당한다. 그러나, 룩백 옵션이 아메리칸 옵션에 해당하는 경우에는 상기 방법들에 대하여 추가적인 절차를 진행해 주어야 한다. 다음은 각각의 대안 별로 아메리칸 스타일의 룩백 옵션의 가치를 산정하기 위하여, 추가적으로 진행해 주어야 하는 절차에 대하여 설명하는 내역에 해당한다. 또한, 상기 사례의 풋옵션은 모든 Time Step에서 행사 가능한 것으로 가정한다.

(1) 대안 1 : All Path Approach

(STEP 1) 이미 생성해 놓은 주가 Path에 기초하여, 모든 Node에서의 최대값 (MAXS), MAXS의 확실성 등가 (CECF) 및 내재가치(IV)를 다음과 같이 생성한다.

$MAXS(i,j)= MAX [S(0,j),S(1,j),S(2,j),\cdots,S(i,j)]$							
NO	0	1	2	⋯	10	11	12
0	900.00	1,055.58	1,238.06	⋯	4,433.39	5,199.79	6,098.67
1	900.00	1,055.58	1,238.06	⋯	4,433.39	5,199.79	5,199.79
2	900.00	1,055.58	1,238.06	⋯	4,433.39	4,433.39	4,433.39
⋮	⋮	⋮	⋮	⋮	⋮	⋮	⋮
4,093	900.00	900.00	900.00	⋯	900.00	900.00	900.00
4,094	900.00	900.00	900.00	⋯	900.00	900.00	900.00
4,095	900.00	900.00	900.00	⋯	900.00	900.00	900.00

(*) MAXS(i, j) : Time Step = i & Path No = j에서의 과거 주가의 최대값

$\text{CECF}(i,j)= \text{MAX}\,S(i,j)\times e^{(\text{RF\_CYSPOT}_i - \text{RD\_CYSPOT}_i)\times i\times dt}$							
NO	0	1	2	···	10	11	12
0	900.00	1,052.66	1,224.49	···	4,009.29	4,645.76	5,381.26
1	900.00	1,052.66	1,224.49	···	4,009.29	4,645.76	4,588.12
2	900.00	1,052.66	1,224.49	···	4,009.29	3,961.02	3,911.88
⋮	⋮	⋮	⋮	⋮	⋮	⋮	⋮
4,093	900.00	897.51	890.13	···	813.90	804.11	794.13
4,094	900.00	897.51	890.13	···	813.90	804.11	794.13
4,005	900.00	897.51	890.13	···	813.90	804.11	794.13

(*) CECF(i, j) : Time Step = i & Path No = j에서의 MAXS의 확실성 등가

$\text{IV}(i,j)= \text{MAX}\,[\text{CECF}(i,j)- S(i,j),0]$							
NO	0	1	2	···	10	11	12
0	0.00	0.00	0.00	···	0.00	0.00	0.00
1	0.00	0.00	0.00	···	0.00	0.00	154.73
2	0.00	0.00	0.00	···	0.00	181.07	0.00
⋮	⋮	⋮	⋮	⋮	⋮	⋮	⋮
4,093	0.00	130.16	235.88	···	631.20	589.82	611.43
4,094	0.00	130.16	235.88	···	631.20	648.33	611.43
4,095	0.00	130.16	235.88	···	631.20	648.33	661.31

(*) IV(i, j) : Time Step = i & Path No = j에서의 풋옵션의 내재가치

(STEP 2) 다음과 같이, 각각의 Node에서의 시간가치(TV)를 산정한다. 만기 Time Step에서의 모든 Node의 시간가치는 0에 해당한다.

조건	TV(i, j)
$\text{MOD}(j,\ 2^{12-i}) = 0$	$\dfrac{p_u \times \text{OV}(i+1,j)+p_d \times \text{OV}(i+1,j+2^{12-i-1})}{e^{\text{RF\_CYFWD}_{i+1}\times dt}}$
$\text{MOD}(j,\ 2^{12-i}) \neq 0$	N/A

TV	0	1	2	...	10	11	12
0	355.04	397.64	441.90	...	366.55	82.32	0.00
1				...			0.00
2				...		366.61	0.00
3				...			0.00
4				...	527.97	59.84	0.00
:				:	:	:	:
4,092					604.69	578.17	0.00
4,093							0.00
4,094						636.68	0.00
4,095							0.00

(*1) 상기에서, MOD함수는 나머지를 구하는 엑셀 함수에 해당한다. 즉, 상기 식은 j를 2^{12-i}로 나눈 나머지가 0인 경우를 판단하는 식에 해당한다.

(*2) 상기 시간가치 산정 산식은 계속하여 Path 2개를 하나로 합쳐가는 과정에 해당한다. 이로 인하여, 각각의 Time Step에서의 시간가치를 갖는 Node 개수는 지속적으로 1/2로 줄어들게 되며, 최종적으로는 Time Step = 0에서는 1개의 시간가치만 존재하게 된다. 또한, 만기 Time Step이 아닌 각각의 Time Step = i에서 시간가치를 갖는 Node의 개수는 2^i에 해당한다.

(*3) $N(11, 0)$은 $MOD(0, 2^{12-11}) = 0$이 되어 시간가치를 갖는다. 그리고, $OV(11 + 1, 0) = OV(12, 0)$과 $OV(11 + 1, 0 + 2^{12-11-1}) = OV(12, 1)$을 기준으로 시간가치를 산정한다.

(*4) $N(11, 1)$은 $MOD(1, 2^{12-11}) = 1 \neq 0$이 되어 시간가치를 갖지 않는다.

(*5) $N(10, 0)$은 $MOD(0, 2^{12-10}) = 0$이 되어 시간가치를 갖는다. 그리고, $OV(10 + 1, 0) = OV(11, 0)$과 $OV(10 + 1, 0 + 2^{12-10-1}) = OV(11, 2)$을 기준으로 시간가치를 산정한다.

(*6) $N(10, 1)$은 $MOD(1, 2^{12-10}) = 1 \neq 0$이 되어 시간가치를 갖지 않는다.

(*7) $N(10, 4)$은 $MOD(4, 2^{12-10}) = 0$이 되어 시간가치를 갖는다. 그리고, $OV(10 + 1, 4) = OV(11, 4)$과 $OV(10 + 1, 4 + 2^{12-10-1}) = OV(11, 6)$을 기준으로 시간가치를 산정한다.

(STEP 3) 다음과 같이, 각각의 Node에서의 옵션가치(OV)를 산정한다. 즉, 시간가치를 갖는 Node에서만 옵션가치도 존재하게 된다.

조건	OV(i, j)
$MOD(j, 2^{12-i}) = 0$	$MAX[IV(i,j), TV(i,j)]$
$MOD(j, 2^{12-i}) \neq 0$	N/A

OV	0	1	2	⋯	10	11	12
0	355.04	397.64	441.90	⋯	366.55	82.32	0.00
1				⋯			0.00
2				⋯		366.61	0.00
3				⋯			0.00
4				⋯	527.97	59.84	0.00
⋮				⋮	⋮	⋮	⋮
4,092					604.69	578.17	0.00
4,093							0.00
4,094						636.68	0.00
4,095							0.00

(2) 대안 2 : 확률 분포 Approach

본 방법으로 아메리칸 옵션을 구현하는 과정은 매우 어렵다. 왜냐하면, 각각의 최대값 Case 별로 내재가치와 시간가치를 산정하여야 하며, 시간가치 산정 시에는 Next Node에서의 최대값 변동도 고려해 주어야 하기 때문이다. 아울러, 앞서 언급한 바와 같이, 이는 엑셀 Sheet로는 구현이 어렵고, 프로그래밍을 통하여 평가하여야 한다. 이에 따라, 본 방법으로 아메리칸 옵션을 구현하는 과정에 대한 설명은 생략하기로 한다.

(3) 대안 3 : Monte Carlo Simulation

앞서 언급한 바와 같이, 본 방법은 Monte Carlo Simulation 기법을 적용하여 평가하는 방법에 해당한다. 즉, 다수의 임의의 주가 Path를 생성한 후, 각각의 Node 별로 최대값을 산정하고, 이에 기초하여 룩백 옵션의 가치를 평가하는 방법이다. 그리고, 이는 상기 대안 1 : All Path Approach와 유사한 방법에 해당하며, 다음과 같은 차이점만 있다. 다만, 아메리칸 룩백 옵션에 해당하므로, Least Square Monte Carlo 기법을 적용하여야 한다.

- All Path Approach에서는 주가 Path가 2항 모형에 기초하여 산정되지만, Monte Carlo Simulation에서는 임의 확률 변수를 통하여 산정된다.
- All Path Approach에서는 각각의 Path 별 Path 확률이 2항 모형에 의한 헤지 확률을 기준으로 산정되지만, Monte Carlo Simulation에서는 "1 / 시행 횟수"로 산정된다.

앞서 언급한 바와 같이, Monte Carlo Simulation은 평가를 진행할 때마다 결과가 달라지며, 정확성도 다소 떨어지는 문제점이 있다. 그러나, 룩백 옵션처럼 Path Dependent한 옵션들은 근사치로서 밖에 평가할 수 없는 바, 이러한 경우에는 Monte Carlo Simulation 기법도 좋은 대안이 되게 된다. 이에 따라, 대안 1 : All Path Approach와 본 대안을 함께 사용하는 것이 가장 바람직한 방법에 해당한다.

5. 기타의 대안

룩백 옵션은 Path Dependent 옵션에 해당하므로, 원칙적으로, 모든 Path를 검토하여야 한다. 그러나, 이는 실무적으로 매우 어려운 바, 앞서 전환가격 Refixing에서 언급한, 다음과 같은 방법을 이용하여 산출할 수도 있다. 즉, 각각의 Node에서의 기초자산의 최대 가격 또는 최소 가격의 기대가치를 산정한 후, 이를 이용하여 평가하는 것이다. 그러나, 이 경우에도 하기 방법 1 및 방법 2는 평가 결과의 최대 및 최소를 반영하는 방법에 해당하므로, 사용이 권장되지는 않는다.

$$
\text{방법} = \begin{cases}
1 : \text{UPDN 방법} \\
2 : \text{DNUP 방법} \\
3 : \text{헤지 확률 가중 방법} \\
4 : \text{경로의 수 가중 방법} \\
5 : \text{헤지 확률 \& Node 확률 가중 방법}
\end{cases}
$$

그리고, 상기 방법을 이용하여 산정한 결과는 All Path Approach, 확률 분포 Approach, Monte Carlo Simulation 등을 이용하여 산정한 결과와 크게 차이가 발생할 수도 있다. 왜냐하면, 상기 방법을 이용하여 산정하게 되면, 최대 가격 또는 최소 가격의 확률 분포를 반영하지 못하기 때문이다(실제 구현 내역은 엑셀 파일 참조).

앞서 언급한 바와 같이, 아시안 옵션은 일정 기간 동안의 기초자산의 평균 가격에 의하여 행사 이익이 결정되는 옵션에 해당한다. 즉, 이러한 옵션은 Path Dependent 옵션에 해당한다. 이에 따라, 이러한 옵션의 정확한 가치를 평가하는 방법은 모든 주가 Path를 검토하는 방법 밖에 없다. 그러나, 앞서 언급해 온 바와 같이, 이를 실무적으로 적용하는 것은 매우 어려운 일에 해당한다.

아시안 옵션은, 룩백 옵션과 동일하게, 다음과 같은 대안을 통하여 근사치를 산정할 수 있다. 그리고, 다음의 대안은 합리적인 대안 중 일부 사례에 해당하는 것으로서, 대안 전부를 열거하는 것은 아니다.

$$\text{대안} = \begin{cases} 1: \text{All Path Approach} \\ 2: \text{확률 분포 Approach} \\ 3: \text{Monte Carlo Simulation} \end{cases}$$

그리고, 상기 대안에 대한 평가를 위하여, 룩백 옵션에서 언급하였던 사례를 기준으로 설명하기로 한다. 다만, 행사가격만 주가의 최대값 또는 최소값이 아닌 평균값으로 수정한다.

1. 대안 1 : All Path Approach

본 사례의 경우, 매수일로부터 1년 간의 주가 변동에 의존하여 풋옵션의 행사가격이 결정되는 바, Path Dependent 풋옵션에 해당한다. 그리고, 앞서 언급해 온 바와 같이, Path Dependent 옵션의 가치를 정확히 평가하기 위하여는 모든 Path를 검토하여야 하지만, 이를 실무적으로 적용하는 것은 매우 어려운 일에 해당한다. 다만, 2항 모형에서의 Time Step 수를 축소하여, 다소 정확성은 떨어지더라도, 모든 Path를 검토하는 방법으로써, 근사치를 구할 수는 있다.

본 방법은 2항 모형 전체에 최소 수준의 Time Step 수를 적용한 후, 모든 주가 Path를 검토하여 근사치를 산정하는 방법에 해당한다. 예를 들면, 1년의 기간에 대하여, 12개의 Time Step을 적용하면, 총 Path의 수는 $2^{12} = 4,096$개에 해당하며, 이는 실무적으로 해결할 수 있는 수준에 해당한다. 다만, 앞서 언급한 바와 같이, 최소 수준의 Time Step 수를 적용하기 때문에, 정확성의 손실은 감수할 수밖에 없다.

　다음은 All Path Approach로 상기 사례의 아시안 옵션을 평가하는 내역에 해당한다. 다만, Time Step 수는 12를 적용한다.

(STEP 1) 룩백 옵션에서 언급한 (STEP 1)~(STEP 6) 사항을 진행한다.

(STEP 2) 다음과 같이, 풋옵션의 가치를 산정한다. 즉, 룩백 옵션에서의 Path 별 최대 주가
　　　　　(MAXS)를 Path 별 평균 주가(AVES)로 수정한다.

	AVES	CECF	IV	PP	E
0	2,782.43	2,455.13	0.00	0.011%	0.00
1	2,654.33	2,342.10	0.00	0.012%	0.00
2	2,545.12	2,245.73	0.00	0.012%	0.00
⋮	⋮	⋮	⋮	⋮	⋮
4,093	418.95	369.67	186.96	0.046%	0.09
4,094	414.45	365.70	182.99	0.046%	0.08
4,095	410.61	362.31	229.49	0.052%	0.12
합계				100.000%	59.71
현재가치					58.12

(*1) AVES : Path 별 평균 주가
　　　$AVES(j) = AVERAGE[S(0, j), S(1, j), S(2, j), \cdots, S(12, j)]$
(*2) CECF : 상기 (*1) AVES의 확실성 등가. 본 풋옵션은 총액 교환형 거래에 해당하고, 상기 (*1) AVES는 풋옵션의 행사가격에 해당하므로, 상기 (*1) AVES의 확실성 등가를 산정하여야 함.
　　　$CECF(j) = AVES(j) \times e^{(RF\_CYSPOT_{12} - RD\_CYSPOT_{12}) \times 1.000}$
(*3) IV : Path 별 풋옵션 내재가치
　　　$IV(j) = MAX[CECF(j)-S(12, j), 0]$
(*4) PP : Path 별 Path 확률

$$PP(j) = MP(1,j) \times MP(2,j) \times \cdots \times MP(12,j) = \prod_{i=1}^{12} MP(i,j)$$

(*5) E : Path 별 풋옵션 내재가치의 기대가치
　　　$E(j) = IV(j) \times PP(j)$
(*6) Path 별 확률(PP)의 합계는 항상 100.000%가 되어야 함.
(*7) 현재가치 : Path 별 E의 합계에 대하여 평가 기준일 현재로 할인한 가치

$$현재가치 = \frac{\sum_{j=0}^{4,095} E(j)}{e^{RF\_CYSPOT_{12} \times 1.000}}$$

2. 대안 2 : 확률 분포 Approach

본 방법은 각 Node 별로 이전 주가 Path들의 평균값의 확률 분포를 작성한 후, 이에 기초하여 아시안 옵션의 가치를 평가하는 방법에 해당한다. 다만, 본 방법은 다음과 같은 제약으로 인하여, 실무적으로 적용이 어려운 바, 설명을 생략하기로 한다.

- 제약 1 : Time Step = 12를 적용하게 되면, 룩백 옵션의 경우, 2항 모형 상의 모든 Node에서 발생할 수 있는 최대값의 종류는 13개(주가가 한번도 상승하지 않은 경우부터 12번 상승한 경우까지 총 13개)에 해당하지만, 아시안 옵션의 경우, Time Step = 12에 있는 모든 Node에서 발생할 수 있는 평균값의 종류는 989개(총 주가 Path 수에 따른 평균값 종류 = 2^{12} = 4,096개에서 중복되는 평균값 종류 = 3,107개를 제외)에 해당한다. 이로 인하여, 아시안 옵션은 평균값의 확률 분포 산정 시, 특정 금액의 주가를 기준으로 확률을 산정하기가 어렵다.
- 제약 2 : 상기 제약 1을 해결하기 위하여는, 평균값의 확률 분포 산정 시, 특정 금액의 주가를 기준으로 확률을 산정하는 대신, 주가의 구간을 기준으로 확률을 산정하는 방법을 적용할 수 있다. 그러나, 정확성을 높이기 위하여는 주가의 구간 수를 증가시켜야 하는데, 주가의 구간 수가 증가할수록 실무 적용은 매우 어려워진다.

3. 대안 3 : Monte Carlo Simulation

본 방법은 Monte Carlo Simulation 기법을 적용하여 평가하는 방법에 해당한다. 즉, 다수의 임의의 주가 Path를 생성한 후, 각각의 Path 별로 평균값을 산정하고, 이에 기초하여 아시안 옵션의 가치를 평가하는 방법이다. 그리고, 이는 상기 대안 1 : All Path Approach와 유사한 방법에 해당하며, 다음과 같은 차이점만 있다.

- All Path Approach에서는 주가 Path가 2항 모형에 기초하여 산정되지만, Monte Carlo Simulation에서는 임의 확률 변수를 통하여 산정된다.
- All Path Approach에서는 각각의 Path 별 Path 확률이 2항 모형에 의한 헤지 확률을 기준으로 산정되지만, Monte Carlo Simulation에서는 "1 / 시행 횟수"로 산정된다.

앞서 언급한 바와 같이, Monte Carlo Simulation은 평가를 진행할 때마다 결과가 달라지며, 정확성도 다소 떨어지는 문제점이 있다. 그러나, 아시안 옵션처럼 Path Dependent한

옵션들은 근사치로서 밖에 평가할 수 없는 바, 이러한 경우에는 Monte Carlo Simulation 기법도 좋은 대안이 되게 된다. 이에 따라, 대안 1 : All Path Approach와 본 대안을 함께 사용하는 것이 가장 바람직한 방법에 해당한다.

4. 아메리칸 아시안 옵션

앞에서 설명한 사항은 모두 아시안 옵션이 유러피언 옵션에 해당하는 경우에 해당한다. 그러나, 아시안 옵션이 아메리칸 옵션에 해당하는 경우에는 상기 방법들에 대하여 추가적인 절차를 진행해 주어야 한다. 다음은 각각의 대안 별로 아메리칸 스타일의 아시안 옵션의 가치를 산정하기 위하여, 추가적으로 진행해 주어야 하는 절차에 대하여 설명하는 내역에 해당한다. 또한, 상기 사례의 풋옵션은 모든 Time Step에서 행사 가능한 것으로 가정한다.

(1) 대안 1 : All Path Approach

(STEP 1) 이미 생성해 놓은 주가 Path에 기초하여, 모든 Node에서의 평균값(AVES), AVES의 확실성 등가(CECF) 및 내재가치(IV)를 다음과 같이 생성한다.

AVES(i,j)= AVERAGE [S(0,j),S(1,j),S(2,j),…,S(i,j)]							
NO	0	1	2	…	10	11	12
0	900.00	977.79	1,064.55	…	2,261.20	2,506.08	2,782.43
1	900.00	977.79	1,064.55	…	2,261.20	2,506.08	2,654.33
2	900.00	977.79	1,064.55	…	2,261.20	2,387.76	2,545.12
⋮	⋮	⋮	⋮	⋮	⋮	⋮	⋮
4,093	900.00	833.67	773.87	…	459.03	438.64	418.95
4,094	900.00	833.67	773.87	…	459.03	433.76	414.45
4,095	900.00	833.67	773.87	…	459.03	433.76	410.61

(*) AVES(i, j) : Time Step = i & Path No = j에서의 과거 주가의 평균값

$\text{CECF}(i,j) = \text{AVES}(i,j) \times e^{(\text{RF\_CYSPOT}_i - \text{RD\_CYSPOT}_i) \times i \times dt}$							
CECF	0	1	2	⋯	10	11	12
0	900.00	975.08	1,052.88	⋯	2,044.89	2,239.06	2,455.13
1	900.00	975.08	1,052.88	⋯	2,044.89	2,239.06	2,342.10
2	900.00	975.08	1,052.88	⋯	2,044.89	2,133.35	2,245.73
⋮	⋮	⋮	⋮	⋮	⋮	⋮	⋮
4,093	900.00	831.37	765.38	⋯	415.12	391.90	369.67
4,094	900.00	831.37	765.38	⋯	415.12	387.55	365.70
4,095	900.00	831.37	765.38	⋯	415.12	387.55	362.31

(*) CECF(i, j) : Time Step = i & Path No = j에서의 AVES의 확실성 등가

$\text{IV}(i,j) = \text{MAX}\,[\text{CECF}(i,j) - \text{S}(i,j), 0]$							
IV	0	1	2	⋯	10	11	12
0	0.00	0.00	0.00	⋯	0.00	0.00	0.00
1	0.00	0.00	0.00	⋯	0.00	0.00	0.00
2	0.00	0.00	0.00	⋯	0.00	0.00	0.00
⋮	⋮	⋮	⋮	⋮	⋮	⋮	⋮
4,093	0.00	64.02	111.13	⋯	232.42	177.61	186.96
4,094	0.00	64.02	111.13	⋯	232.42	231.77	182.99
4,095	0.00	64.02	111.13	⋯	232.42	231.77	229.49

(*) IV(i, j) : Time Step = i & Path No = j에서의 풋옵션의 내재가치

(STEP 2) 다음과 같이, 각각의 Node에서의 시간가치(TV)를 산정한다. 만기 Time Step에서의 모든 Node의 시간가치는 0에 해당한다.

조건	TV(i, j)
$\text{MOD}(j,\ 2^{12-i}) = 0$	$\dfrac{p_u \times \text{OV}(i+1,j) + p_d \times \text{OV}(i+1, j+2^{12-i-1})}{e^{\text{RF\_CYFWD}_{i+1} \times dt}}$
$\text{MOD}(j,\ 2^{12-i}) \neq 0$	N/A

TV	0	1	2	$\cdots$	10	11	12
0	123.21	155.48	185.39	$\cdots$	0.00	0.00	0.00
1				$\cdots$			0.00
2				$\cdots$		0.00	0.00
3				$\cdots$			0.00
4				$\cdots$	0.00	0.00	0.00
$\vdots$				$\vdots$	$\vdots$	$\vdots$	$\vdots$
4,092					179.39	156.77	0.00
4,093							0.00
4,094						207.35	0.00
4,095							0.00

(*1) 상기에서, MOD 함수는 나머지를 구하는 엑셀 함수에 해당한다. 즉, 상기 식은 j를 2^{12-i}로 나눈 나머지가 0인 경우를 판단하는 식에 해당한다.

(*2) 상기 시간가치 산정 산식은 계속하여 Path 2개를 하나로 합쳐가는 과정에 해당한다. 이로 인하여, 각각의 Time Step에서의 시간가치를 갖는 Node 개수는 지속적으로 1/2로 줄어들게 되며, 최종적으로는 Time Step = 0에서는 1개의 시간가치만 존재하게 된다. 또한, 만기 Time Step이 아닌 각각의 Time Step = i에서 시간가치를 갖는 Node의 개수는 2^i에 해당한다.

(*3) N(11, 0)은 MOD(0, 2^{12-11}) = 0이 되어 시간가치를 갖는다. 그리고, OV(11 + 1, 0) = OV(12, 0)과 OV(11 + 1, 0 + $2^{12-11-1}$) = OV(12, 1)을 기준으로 시간가치를 산정한다.

(*4) N(11, 1)은 MOD(1, 2^{12-11}) = 1 ≠ 0이 되어 시간가치를 갖지 않는다.

(*5) N(10, 0)은 MOD(0, 2^{12-10}) = 0이 되어 시간가치를 갖는다. 그리고, OV(10 + 1, 0) = OV(11, 0)과 OV(10 + 1, 0 + $2^{12-10-1}$) = OV(11, 2)을 기준으로 시간가치를 산정한다.

(*6) N(10, 1)은 MOD(1, 2^{12-10}) = 1 ≠ 0이 되어 시간가치를 갖지 않는다.

(*7) N(10, 4)은 MOD(4, 2^{12-10}) = 0이 되어 시간가치를 갖는다. 그리고, OV(10 + 1, 4) = OV(11, 4)과 OV(10 + 1, 4 + $2^{12-10-1}$) = OV(11, 6)을 기준으로 시간가치를 산정한다.

(STEP 3) 다음과 같이, 각각의 Node에서의 옵션가치(OV)를 산정한다. 즉, 시간가치를 갖는 Node에서만 옵션가치도 존재하게 된다.

조건	OV(i, j)
MOD(j, 2^{12-i}) = 0	MAX [IV(i,j), TV(i,j)]
MOD(j, 2^{12-i}) ≠ 0	N/A

OV	0	1	2	...	10	11	12
0	123.21	155.48	185.39	...	0.00	0.00	0.00
1				...			0.00
2				...		0.00	0.00
3				...			0.00
4				...	0.00	0.00	0.00
:				:	:	:	:
4,092					232.42	177.61	122.99
4,093							186.96
4,094						231.77	182.99
4,095							229.49

(2) 대안 2 : 확률 분포 Approach

본 방법은 유러피언 옵션의 경우에도 적용이 매우 어려워서 설명을 생략하였다. 아울러, 아메리칸 옵션의 경우에는 구현 과정이 실무적으로 거의 불가능에 가깝다. 이에 따라, 본 대안에 대한 설명은 생략하기로 한다.

(3) 대안 3 : Monte Carlo Simulation

앞서 언급한 바와 같이, 본 방법은 Monte Carlo Simulation 기법을 적용하여 평가하는 방법에 해당한다. 즉, 다수의 임의의 주가 Path를 생성한 후, 각각의 Node 별로 평균값을 산정하고, 이에 기초하여 아시안 옵션의 가치를 평가하는 방법이다. 그리고, 이는 상기 대안 1 : All Path Approach와 유사한 방법에 해당하며, 다음과 같은 차이점만 있다. 다만, 아메리칸 아시안 옵션에 해당하므로, Least Square Monte Carlo 기법을 적용하여야 한다.

- All Path Approach에서는 주가 Path가 2항 모형에 기초하여 산정되지만, Monte Carlo Simulation에서는 임의 확률 변수를 통하여 산정된다.
- All Path Approach에서는 각각의 Path 별 Path 확률이 2항 모형에 의한 헤지 확률을 기준으로 산정되지만, Monte Carlo Simulation에서는 "1 / 시행 횟수"로 산정된다.

앞서 언급한 바와 같이, Monte Carlo Simulation은 평가를 진행할 때마다 결과가 달라지며, 정확성도 다소 떨어지는 문제점이 있다. 그러나, 아시안 옵션처럼 Path Dependent한 옵션들은 근사치로서 밖에 평가할 수 없는 바, 이러한 경우에는 Monte Carlo Simulation

기법도 좋은 대안이 되게 된다. 이에 따라, 대안 1 : All Path Approach와 본 대안을 함께 사용하는 것이 가장 바람직한 방법에 해당한다.

5. 기타의 대안

아시안 옵션은 Path Dependent 옵션에 해당하므로, 원칙적으로, 모든 Path를 검토하여야 한다. 그러나, 이는 실무적으로 매우 어려운 바, 앞서 전환가격 Refixing에서 언급한, 다음과 같은 방법을 이용하여 산출할 수도 있다. 즉, 각각의 Node에서의 기초자산의 평균 가격의 기대가치를 산정한 후, 이를 이용하여 평가하는 것이다. 그러나, 이 경우에도 하기 방법 1 및 방법 2는 평가 결과의 최대 및 최소를 반영하는 방법에 해당하므로, 사용이 권장되지는 않는다.

$$
\text{방법} = \begin{cases} 1: \text{UPDN 방법} \\ 2: \text{DNUP 방법} \\ 3: \text{헤지 확률 가중 방법} \\ 4: \text{경로의 수 가중 방법} \\ 5: \text{헤지 확률 \& Node 확률 가중 방법} \end{cases}
$$

그리고, 상기 방법을 이용하여 산정한 결과는 All Path Approach, 확률 분포 Approach, Monte Carlo Simulation 등을 이용하여 산정한 결과와 크게 차이가 발생할 수도 있다. 왜냐하면, 상기 방법을 이용하여 산정하게 되면, 평균 가격의 확률 분포를 반영하지 못하기 때문이다(실제 구현 내역은 엑셀 파일 참조).

Chapter 19

다중 기초자산

본 장에서는 기초자산이 2개 이상인 경우, 이에 대하여, 평가하는 방법에 대하여 설명한다. 기초자산이 N(단, N≥2)개인 경우, 이는 단순한 2항 모형으로는 평가할 수 없다. 즉, 2^N항 모형, 3^N항 모형, Monte Carlo 등을 적용하여 평가하여야 한다.

이와 관련하여, 먼저, 기초자산이 2개인 경우의 2^2항 모형에 대하여 설명하고, 3개 이상인 경우로 확장하여 설명한다. 그런 다음, 기초자산이 2개 이상인 경우의 Monte Carlo에 대하여도 설명한다. 아울러, 기초자산이 2개인 경우에 있어서, 특정 사례들에 대하여 설명한다.

1 > 2^2 모형

기초자산이 2개인 경우, 각각의 기초자산은 상승 또는 하락할 수 있는 바, 다음과 같은 4가지 경우의 Path가 존재하게 된다.

PATH	기초자산 1	기초자산 2
1	상승	상승
2	상승	하락
3	하락	상승
4	하락	하락

그리고, 이렇게 기초자산이 2개인 경우의 기초자산 Tree를 생성해 보면 다음과 같다.

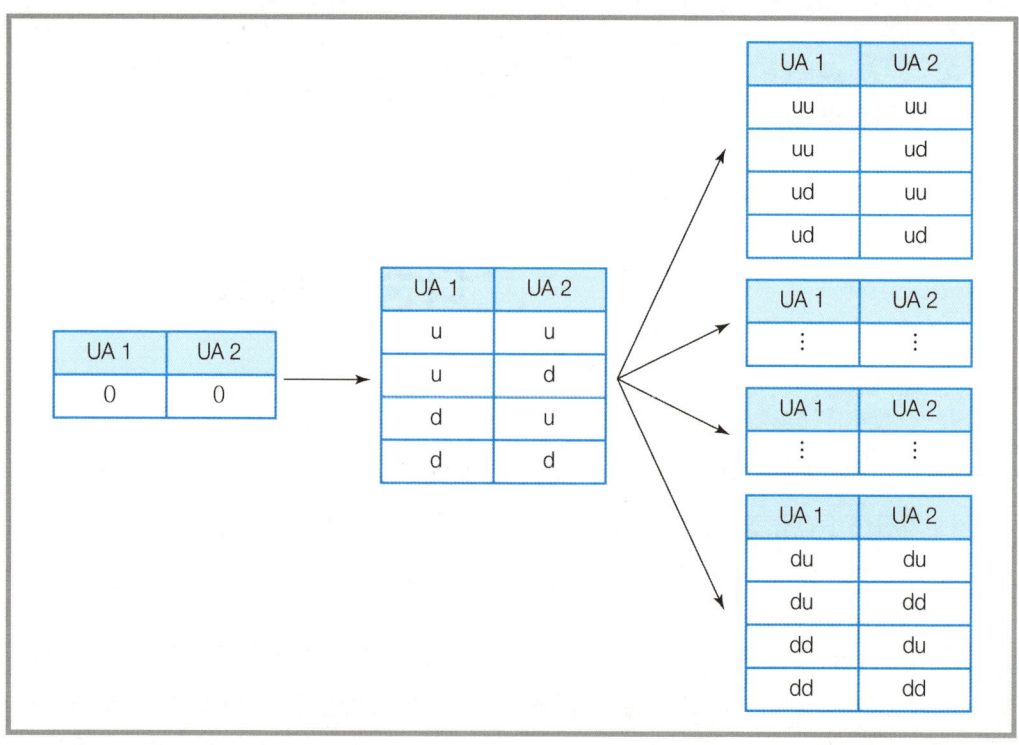

즉, Time Step 번호가 i인 경우, 이 때의 총 Node 개수는 $2^{2 \times i}$개가 존재하게 된다. 다만, 이 중 일부의 Node는 상호 동일한 값을 갖는 경우가 있기 때문에, 동일한 값을 갖는 Node들을 하나의 Node로 합치면, Node의 수를 일부 줄일 수는 있다. 예를 들면, ud & ud와 du & du는 동일한 값을 갖는 Node에 해당한다. 다만, Node의 수를 줄인다 하더라도, 단순 2항 모형처럼 Recombination을 구성할 수 없기 때문에, 상기의 그림처럼 기초자산 Tree를 생성하지 않는다.

이에 따라, 기초자산이 2개인 경우의 기초자산 Tree는 다음과 같이 생성한다.

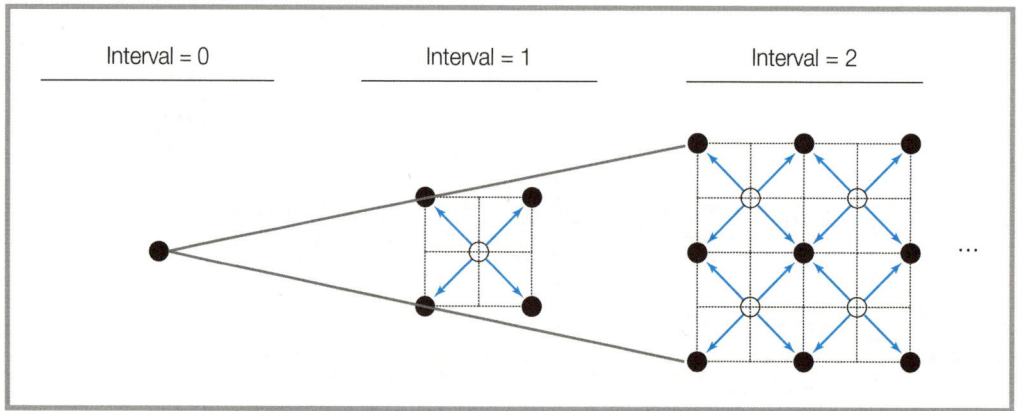

상기 그림에서, Interval은 Time Step과 동일한 의미에 해당한다. 또한, 가로축은 기초자산 1의 변동을 의미하고, 세로축은 기초자산 2의 변동을 의미한다. 아울러, 오른쪽 또는 위쪽으로 이동하면, 각각 기초자산 1 또는 2의 상승을 의미하고, 왼쪽 또는 아래쪽으로 이동하면 각각 기초자산 1 또는 2의 하락을 의미한다. 결과적으로, 기초자산 2개가 1번 이동하면, 상기 그림과 같이 4개의 점으로 이동하게 된다. 이제 상기 그림을 아래와 같은 좌표로서 표현해 보자.

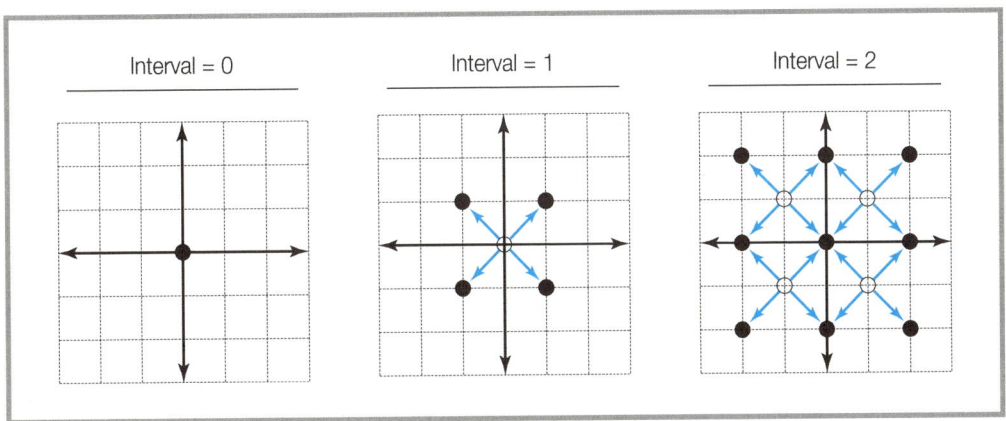

평가 기준일 현재의 좌표는 N(0, 0)에 해당한다. 그리고, N(0, 0)에서 1번째 이동하게 되면, N(1, 1), N(1, −1), N(−1, 1), N(−1, −1)로 이동하며, 각각 기초자산 1과 기초자산 2의 상승 & 상승, 상승 & 하락, 하락 & 상승, 하락 & 하락을 의미한다.

또한, 1번째 이동한 후에, 2번째 이동하는 경우에 대하여 살펴 보자. N(1, 1)에서, 기초자산 1과 기초자산 2가 상승 & 상승, 상승 & 하락, 하락 & 상승, 하락 & 하락하면, 각각 N(2, 2), N(2, 0), N(0, 2), N(0, 0)으로 이동한다. 그리고, 나머지 N(1, −1), N(−1, 1), N(−1, −1)도 동일한 방식으로 이동한다. 결과적으로, 2번째 이동을 하게 되면, 4개의 점이 9개의 점으로 이동하게 된다. 즉, Time Step = i에서 가질 수 있는 총 Node의 수는 $(i + 1)^2$에 해당한다.

앞서, 일반 Tree에 대하여 설명을 할 때, 일부의 Node는 상호 동일한 값을 갖는 경우가 있기 때문에, 동일한 값을 갖는 Node들을 하나의 Node로 합치면, Node의 수를 일부 줄일 수 있다고 언급하였다. 즉, 일반 Tree의 경우, Time Step = i에서 가질 수 있는 총 Node의 수는 $2^{2 \times i}$개였지만, 동일한 값을 갖는 Node들을 하나로 합치면, 총 Node의 수는 $(i + 1)^2$로 줄어 들게 된다. 그리고, 이렇게 좌표 방식으로서 접근하여야만, Recombination의 특성을 만족시키게 된다. 왜냐하면, 기초자산 1과 기초자산 2가, 각각 상승 & 상승하고, 하락 & 하락하면, 원래의 좌표로 되돌아오기 때문이다.

이제, 2^2 모형에 있어서, 주가 상승률, 주가 하락률, 주가 상승 확률에 대하여 알아보기로 한다. 이는 앞에서 설명한, 주가 2항 모형을 확장하여 생성한다. 이에 따라, 2^2 모형에는 Boyle – Evnine – Gibbs(BEG) 모형, Jarrow – Rudd(JR) 확장 모형, Log – Transformed(LT) 모형 등이 있으며, 여기에서, BEG 모형은 Cox, Ross and Rubinstein(CRR) 확장 모형에 해당한다.

본 절에서는 상기 모형들에 의한 주가 상승률, 주가 하락률, 주가 상승 확률 산출 식에 대하여 간략히 요약한다. 그런 다음, 교환 옵션 등에서, 실제 2^2 모형을 적용하여 평가하는 방법에 대하여 설명하기로 한다.

1. BEG 모형

BEG 2^2 모형은 CRR 2항 모형을 확장하여 생성한다. 이에 따라, 주가 상승률 및 주가 하락률은 CRR 2항 모형과 동일하며, 주가 상승 확률의 과정만 다르다. 다음은 BEG 2^2 모형을 요약하는 내역에 해당한다. 여기에서, i는 기초자산 번호에 해당한다.

대구분	소구분	내역
u_i		$e^{\sigma_i \sqrt{dt}}$
d_i		$e^{-\sigma_i \sqrt{dt}}$
p	p_{uu}	$\dfrac{1}{4}\left[1 + \rho_{12} + \dfrac{D_1\sqrt{dt}}{\sigma_1} + \dfrac{D_2\sqrt{dt}}{\sigma_2}\right]$
	p_{ud}	$\dfrac{1}{4}\left[1 - \rho_{12} + \dfrac{D_1\sqrt{dt}}{\sigma_1} - \dfrac{D_2\sqrt{dt}}{\sigma_2}\right]$
	p_{du}	$\dfrac{1}{4}\left[1 - \rho_{12} - \dfrac{D_1\sqrt{dt}}{\sigma_1} + \dfrac{D_2\sqrt{dt}}{\sigma_2}\right]$
	p_{dd}	$\dfrac{1}{4}\left[1 + \rho_{12} - \dfrac{D_1\sqrt{dt}}{\sigma_1} - \dfrac{D_2\sqrt{dt}}{\sigma_2}\right]$

(*1) $D_i = r - q_i - 0.5 \times \sigma_i^2$
(*2) u_i 및 d_i : 기초자산 i의 주가 상승률 및 주가 하락률
(*3) r : 무위험 수익률
(*4) q_i : 기초자산 i의 배당 수익률

(*5) σ_i : 기초자산 i의 가격 변동성
(*6) ρ_{12} : 기초자산 1 및 기초자산 2의 가격 변동성 간의 상관계수
(*7) p : 주가 변동 확률

	기초자산 1	기초자산 2
p_{uu}	상승	상승
p_{ud}	상승	하락
p_{du}	하락	상승
p_{dd}	하락	하락

2. JR 확장 모형

JR 확장 모형은 JR 2항 모형을 확장하여 생성한다. 이에 따라, 주가 상승률 및 주가 하락률은 JR 2항 모형과 동일하며, 주가 상승 확률의 과정만 다르다. 다음은 JR 확장 모형을 요약하는 내역에 해당한다. 여기에서, i는 기초자산 번호에 해당한다.

대구분	소구분	내역
u_i		$e^{\left(r - q_i - 0.5 \times \sigma_i^2\right) \times dt + \sigma_i \sqrt{dt}}$
d_i		$e^{\left(r - q_i - 0.5 \times \sigma_i^2\right) \times dt - \sigma_i \sqrt{dt}}$
p	p_{uu}	$\dfrac{1}{4}\left(1 + \rho_{12}\right)$
	p_{ud}	$\dfrac{1}{4}\left(1 - \rho_{12}\right)$
	p_{du}	$\dfrac{1}{4}\left(1 - \rho_{12}\right)$
	p_{dd}	$\dfrac{1}{4}\left(1 + \rho_{12}\right)$

3. LT 모형

LT 2^2 모형은 LT 2항 모형을 확장하여 생성한다. 이에 따라, 주가 상승률 및 주가 하락률은 LT 2항 모형과 동일하며, 주가 상승 확률의 과정만 다르다. 다음은 LT 2^2 모형을 요약하는 내역에 해당한다. 여기에서, i는 기초자산 번호에 해당한다.

대구분	소구분	내역
u_i		e^{h_i}
d_i		e^{-h_i}
p	p_{uu}	$\frac{1}{4}\left[1+\left(R_{12}\rho_{12}+M_1M_2\right)+M_1+M_2\right]$
	p_{ud}	$\frac{1}{4}\left[1-\left(R_{12}\rho_{12}+M_1M_2\right)+M_1-M_2\right]$
	p_{du}	$\frac{1}{4}\left[1-\left(R_{12}\rho_{12}+M_1M_2\right)-M_1+M_2\right]$
	p_{dd}	$\frac{1}{4}\left[1+\left(R_{12}\rho_{12}+M_1M_2\right)-M_1-M_2\right]$

(*1) $\mu_i = \dfrac{r-q_i}{\sigma_i^2} - \dfrac{1}{2}$ & $k_i = \sigma_i\sqrt{dt}$

(*2) $h_i = \sqrt{k_i^2 + \left(k_i^2\mu_i\right)^2}$ & $R_{ij} = \dfrac{k_ik_j}{h_ih_j}$ & $M_i = \dfrac{k_i^2\mu_i}{h_i}$

2 2^N 모형

본 절에서는 먼저 기초자산이 3개인 경우에 대하여 간략히 설명하고, 기초자산이 N개인 경우로 확장하는 과정에 대하여 설명한다.

기초자산이 2개인 경우에는, 기초자산의 변동을 표현하기 위하여, x축, y축이라는 평면 좌표가 필요하였다. 이런 사유로, 기초자산이 3개인 경우에는, 기초자산의 변동을 표현하기 위하여, x축, y축, z축이라는 공간 좌표가 필요하다. 다음은 기초자산이 3개인 경우에 있어서의 기초자산 변동을 요약하는 그림에 해당한다.

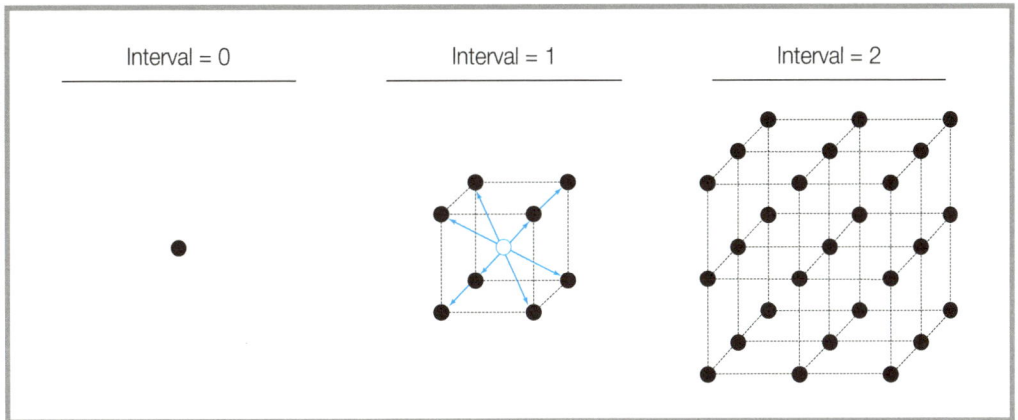

평가 기준일 현재의 좌표는 N(0, 0, 0)에 해당한다. 그리고, N(0, 0, 0)에서 1번째 이동하게 되면, N(1, 1, 1), N(1, 1, −1), N(1, −1, 1), N(1, −1, −1), N(−1, 1, 1), N(−1, 1, −1), N(−1, −1, 1), N(−1, −1, −1)로 이동하며, 각각 기초자산 1, 기초자산 2, 기초자산 3의 상승 & 상승 & 상승, 상승 & 상승 & 하락, 상승 & 하락 & 상승, 상승 & 하락 & 하락, 하락 & 상승 & 상승, 하락 & 상승 & 하락, 하락 & 하락 & 상승, 하락 & 하락 & 하락을 의미한다.

또한, 1번째 이동한 후에, 2번째 이동하는 경우에 대하여 살펴 보자. N(1, 1, 1)에서, 기초자산 1, 기초자산 2, 기초자산 3이 변동하면, 각각 N(2, 2, 2), N(2, 2, 0), N(2, 0, 2), N(2, 0, 0), N(0, 2, 2), N(0, 2, 0), N(0, 0, 2), N(0, 0, 0)으로 이동한다. 그리고, 나머지 7개의 점에서도 동일한 방식으로 이동한다. 결과적으로, 2번째 이동을 하게 되면, 8개의 점이 27개의 점으로 이동하게 된다. 즉, Time Step = i에서 가질 수 있는 총 Node의 수는 $(i+1)^3$에 해당한다.

상기 사항에 기초하여, 기초자산이 N개인 경우에 대하여 일반화하면, 그 내역은 다음과 같다. 또한, 2^N 모형에 적용되는 총 Time Step 수는 TS라고 가정한다.

- 기초자산이 1개 증가할 때마다, 축도 1개 증가한다.
- 각각의 기초자산의 좌표의 범위는 −TS부터 TS까지에 해당하며, 총 좌표 개수는 $2 \times TS + 1$개에 해당한다.
- Time Step = i에서 값을 갖는 Node 개수는 총 $(i+1)^N$개에 해당한다.
- 계산 과정에 필요한 총 Node 개수는 $(2 \times TS + 1)^N$이다.

상기에 따르면, 기초자산이 4개인 경우에, 총 Time Step 수를 100개 적용하면, 총 Node 개수는 $(2 \times 100 + 1)^4 = 1{,}632{,}240{,}801$에 해당한다. 그리고, 이 정도의 숫자는 컴퓨터의 메모리 부족 등으로 인하여, 엑셀이 돌아가지 못할 위험이 있다. 이에 따라, 2^N항 모형에서는 기초자산 개수를 고려하여 Time Step 수를 적절히 선택하여야 한다.

이제 각각의 모형 별로, 2^N 모형에서의 주가 상승률, 주가 하락률, 주가 변동 확률을 정의한다.

1. BEG 모형

다음은 기초자산이 N(단, $N \geq 2$)개인 경우에 있어서의 BEG 2^N항 모형을 일반화한 결과를 요약한 내역에 해당한다.

구분	내역
u_i	$e^{\sigma_i \sqrt{dt}}$
d_i	$e^{-\sigma_i \sqrt{dt}}$
p	$p_k = \dfrac{1}{2^N}\left[1 + \sum_{1 \leq i < j \leq N} \delta_i \delta_j \rho_{ij} + \sum_{i=1}^{N} \delta_i \dfrac{D_i \sqrt{dt}}{\sigma_i}\right]$

(*) $D_i = r - q_i - 0.5 \times \sigma_i^2$

상기에서, N = 3인 경우, p_k의 k는 다음과 같이 정의된다. 즉, p_k는 다음과 같은 표에서의 k번째 경우로 주가가 변동할 확률에 해당한다.

k	기초자산 1	기초자산 2	기초자산 3
1	상승	상승	상승
2	상승	상승	하락
3	상승	하락	상승
4	상승	하락	하락
5	하락	상승	상승
6	하락	상승	하락
7	하락	하락	상승
8	하락	하락	하락

상기에서, δ_i는 부호 계수로서, 기초자산 i가 상승하는 경우에는 1, 하락하는 경우에는 -1의 값을 갖는다. 예를 들면, k = 3인 경우, 변동 확률은 p_{udu}로서, 기초자산 1 및 기초자산 3은 상승하고, 기초자산 2는 하락하므로, 부호 계수 δ_1, δ_2, δ_3는 각각 1, -1, 1에 해당한다. 또한, k = 6인 경우, 변동 확률은 p_{dud}로서, 기초자산 1 및 기초자산 3은 하락하고, 기초자산 2는 상승하므로, 부호 계수 δ_1, δ_2, δ_3는 각각 -1, 1, -1에 해당한다.

상기에서, 다음의 식은 N개의 기초자산 중에서 2개를 선택한 후, 그 상관계수에 부호 계수를 곱한 다음, 그 합계를 구하는 산식에 해당한다.

$$\sum_{1 \le i < j \le N}^{N} \delta_i \delta_j \rho_{ij}$$

예를 들면, N = 3인 경우, 3개의 기초자산 중에서 2개를 뽑는 경우는 기초자산 1 & 기초자산 2, 기초자산 1 & 기초자산 3, 기초자산 2 & 기초자산 3의 3가지 경우가 있다. 그리고, 이들의 상관계수는 각각 ρ_{12}, ρ_{13}, ρ_{23}에 해당한다. 이러한 경우에 있어서, k = 3인 경우, 변동 확률은 p_{udu}로서, $\delta_1 = 1$, $\delta_2 = -1$, $\delta_3 = 1$에 해당하므로, 상기 수식의 결과는 다음과 같다.

$$\delta_1 \delta_2 \rho_{12} + \delta_1 \delta_3 \rho_{13} + \delta_2 \delta_3 \rho_{23} = -\rho_{12} + \rho_{13} - \rho_{23}$$

결과적으로, N = 3 & k = 4인 경우, 변동 확률인 p_{udd}의 구성 내역은 다음과 같다. 또한, $\delta_1 = 1$, $\delta_2 = -1$, $\delta_3 = -1$ 해당한다.

$$\sum_{1 \le i < j \le N}^{N} \delta_i \delta_j \rho_{ij} = \sum_{1 \le i < j \le N}^{3} \delta_i \delta_j \rho_{ij} = \delta_1 \delta_2 \rho_{12} + \delta_1 \delta_3 \rho_{13} + \delta_2 \delta_3 \rho_{23} = -\rho_{12} - \rho_{13} + \rho_{23}$$

$$\sum_{i=1}^{N} \delta_i \frac{D_i \sqrt{dt}}{\sigma_i} = \sum_{i=1}^{3} \delta_i \frac{D_i \sqrt{dt}}{\sigma_i} = \delta_1 \frac{D_1 \sqrt{dt}}{\sigma_1} + \delta_2 \frac{D_2 \sqrt{dt}}{\sigma_2} + \delta_3 \frac{D_3 \sqrt{dt}}{\sigma_3}$$

$$= \frac{D_1 \sqrt{dt}}{\sigma_1} - \frac{D_2 \sqrt{dt}}{\sigma_2} - \frac{D_3 \sqrt{dt}}{\sigma_3}$$

그리고, N = 4 & k = 4인 경우, 변동 확률인 p_{uudd}의 구성 내역은 다음과 같다. 또한, $\delta_1 = 1$, $\delta_2 = 1$, $\delta_3 = -1$, $\delta_4 = -1$에 해당한다.

$$\sum_{1 \leq i \langle j \leq N}^{N} \delta_i \delta_j \rho_{ij} = \sum_{1 \leq i \langle j \leq N}^{4} \delta_i \delta_j \rho_{ij}$$

$$= \delta_1 \delta_2 \rho_{12} + \delta_1 \delta_3 \rho_{13} + \delta_2 \delta_3 \rho_{14} + \delta_2 \delta_3 \rho_{23} + \delta_2 \delta_3 \rho_{24} + \delta_3 \delta_4 \rho_{34}$$

$$= \rho_{12} - \rho_{13} - \rho_{14} - \rho_{23} - \rho_{24} + \rho_{34}$$

$$\sum_{i=1}^{N} \delta_i \frac{D_i \sqrt{dt}}{\sigma_i} = \sum_{i=1}^{4} \delta_i \frac{D_i \sqrt{dt}}{\sigma_i} = \delta_1 \frac{D_1 \sqrt{dt}}{\sigma_1} + \delta_2 \frac{D_2 \sqrt{dt}}{\sigma_2} + \delta_3 \frac{D_3 \sqrt{dt}}{\sigma_3} + \delta_4 \frac{D_4 \sqrt{dt}}{\sigma_4}$$

$$= \frac{D_1 \sqrt{dt}}{\sigma_1} + \frac{D_2 \sqrt{dt}}{\sigma_2} - \frac{D_3 \sqrt{dt}}{\sigma_3} - \frac{D_4 \sqrt{dt}}{\sigma_4}$$

2. JR 확장 모형

다음은 기초자산이 N(단, N $\geq$ 2)개인 경우에 있어서의 JR 2^N항 모형을 일반화한 결과를 요약한 내역에 해당한다.

구분	내역
u_i	$e^{(r - q_i - 0.5 \times \sigma_i^2) \times dt + \sigma_i \sqrt{dt}}$
d_i	$e^{(r - q_i - 0.5 \times \sigma_i^2) \times dt - \sigma_i \sqrt{dt}}$
p	$p_k = \dfrac{1}{2^N} \left[1 + \sum_{1 \leq i \langle j \leq N}^{N} \delta_i \delta_j \rho_{ij} \right]$

상기에서, k, δ_i, $\sum_{1 \leq i \langle j \leq N}^{N} \delta_i \delta_j \rho_{ij}$은 앞의 BEG 모형에서 언급한 바와 같다.

3. LT 모형

다음은 기초자산이 N(단, N $\geq$ 2)개인 경우에 있어서의 LT 2^N항 모형을 일반화한 결과를 요약한 내역에 해당한다.

구분	내역
u_i	e^{h_i}
d_i	e^{-h_i}
p	$p_k = \dfrac{1}{2^N}\left[1 + \displaystyle\sum_{1\le i<j\le N}\delta_i\delta_j\left(r_{ij}\rho_{ij}+M_iM_j\right)+\sum_{i=1}^{N}\delta_iM_i\right]$

상기에서, μ_i, k_i, h_i, R_{ij}, M_i는 2^2 모형 부분 LT 모형에서 언급한 바와 같으며, k, δ_i는 앞의 BEG 모형에서 언급한 바와 같다. 또한, 상기에서, 다음의 식은 N개의 기초자산 중에서 2개를 선택한 후, 값을 산성한 나음, ㅗ 합셰를 구하는 산식에 해당한다.

$$\sum_{1\le i<j\le N}\delta_i\delta_j\left(R_{ij}\rho_{ij}+M_iM_j\right)$$

예를 들면, N = 3인 경우, 3개의 기초자산 중에서 2개를 뽑는 경우는 기초자산 1 & 기초자산 2, 기초자산 1 & 기초자산 3, 기초자산 2 & 기초자산 3의 3가지 경우가 있다. 그리고, 이들의 상관계수는 각각 ρ_{12}, ρ_{13}, ρ_{23}에 해당한다. 이러한 경우에 있어서, k = 3인 경우, 변동 확률은 p_{udu}로서, $\delta_1 = 1$, $\delta_2 = -1$, $\delta_3 = 1$에 해당하므로, 상기 수식의 결과는 다음과 같다.

$$\delta_1\delta_2\left(R_{12}\rho_{12}+M_1M_2\right)+\delta_1\delta_3\left(R_{13}\rho_{13}+M_1M_3\right)+\delta_2\delta_3\left(R_{23}\rho_{23}+M_2M_3\right)$$
$$=-\left(R_{12}\rho_{12}+M_1M_2\right)+\left(R_{13}\rho_{13}+M_1M_3\right)-\left(R_{23}\rho_{23}+M_2M_3\right)$$

상기에서, 다음의 식은 N개의 기초자산에 대하여, 값을 산정한 다음, 그 합계를 구하는 산식에 해당한다.

$$\sum_{i=1}^{N}\delta_iM_i$$

예를 들면, N = 3 및 k = 3인 경우, 변동 확률은 p_{udu}로서, $\delta_1 = 1$, $\delta_2 = -1$, $\delta_3 = 1$에 해당하므로, 상기 수식의 결과는 다음과 같다.

$$\delta_1M_1 + \delta_2M_2 + \delta_3M_3 = M_1 - M_2 + M_3$$

4. 주의 사항

2^{N}항 모형들도 2항 모형에 기초하고 있기 때문에, Time Step 수가 증가하면 증가할수록, 정확성이 증가하는 특성이 있다. 그리고, 2^{N}항 모형은 일반 2항 모형에 비하여 Convergency 가 느리기 때문에, 일반 2항 모형보다 더 많은 Time Step 수가 요구된다. 그러나, 앞서 언급 한 바와 같이, 2^{N}항 모형은 일반 2항 모형보다 Time Step 수에 대한 제약을 더 크게 받는다. 왜냐하면, 기초자산 개수가 증가할 때마다, 메모리 용량과 컴퓨팅 시간이 기하급수적으로 증가하기 때문이다. 이에 따라, 가장 합리적인 수준에서 Time Step 수를 선정하는 것이 가 장 중요하다.

3 ▶ **3^N 모형**

1. 개요

3^N 모형에는 Boyle 모형, Kamrad-Ritchken(KR) 모형 등이 있다. 그러나, 이들 모형은 주가 3항 모형에 기반하고는 있지만, 엄밀히 말하면 3^N 모형은 아니며, 2^N + 1 모형에 해당 한다. 즉, 주가가 한번 이동할 시, 각각의 자산이 3항(상승, 유지, 하락)으로 이동하는 것이 아니라, 각각의 자산이 2항(상승, 하락)으로 이동하는 경우와 모든 자산이 유지되는 경우의 모형에 해당한다. 예를 들면, N = 2인 경우, 다음의 주가 이동을 반영하는 모형에 해당한다.

경우	UA1	UA2
1	u	u
2	u	d
3	d	u
4	d	d
5	m	m

즉, 주가는 다음과 같이 이동한다.

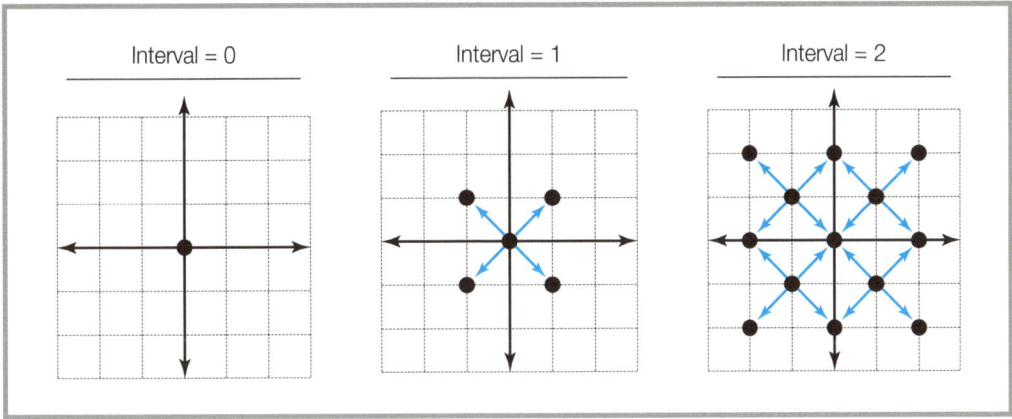

상기 그림을 자세히 살펴 보면, 앞서 언급한 2^2 모형과 거의 유사하지만, 차이점이 하나 있다. 즉, 주가가 한번 이동할 때, 2^2 모형에서는 이동 후의 좌표는 이동 전의 좌표를 가질 수 없었지만, $2^2 + 1$ 모형에서는 이동 후의 좌표는 이동 전의 좌표를 가질 수 있다는 점이다. 이에 따라, $2^2 + 1$ 모형에서는 Time Step = i에서의 총 Node 수가 $2i^2 + 2i + 1$개가 된다. 만약, 3^2항 모형을 각각의 자산이 3항(상승, 유지, 하락)으로 이동하는 모형으로 구현한다면, 이 때의 Time Step = i에서의 총 Node 수는 $(2i+1)^2 = 4i^2 + 4i + 1$개에 해당하게 되며, 이는 $2^2 + 1$ 모형보다 훨씬 더 많은 Node 수에 해당한다.

3^N 모형의 경우, N이 증가할수록, Time Step 수가 증가할수록, Computer의 계산 시간이 기하 급수적으로 증가하게 된다. 이에 따라, 실무에서는 거의 사용되지 않고 있다. 이러한 사유로, 본서에서는 3^N 모형인 Boyle 모형과 KR 모형에 대하여 간략히 소개만 하고, 자세한 사항 및 평가 과정 등에 대하여는 설명하지 아니한다.

2. Boyle 모형

Boyle은 그의 논문에서 N = 2인 경우에 대하여는 자세히 기술하고 있지만, N ≥ 3인 경우에 대하여는 자세히 기술하지 않고 있다. 다만, N = 2인 경우에 기반하여, N ≥ 3인 경우로 확장할 수 있다고 언급하고 있다. 이에 따라, 본서에서는 N = 2인 경우에 대하여만 요약한다. Boyle 모형의 주요 변수는 다음과 같이 정의된다.

구분	내역
u_i	$e^{\lambda \sigma_i \sqrt{dt}}$
m_i	1
d_i	$e^{-\lambda \sigma_i \sqrt{dt}}$
비고	상기 중 λ는 Simulation을 통하여 최적의 값을 찾아야 하는 변수에 해당하며, 보편적으로는 $\sqrt{2}$ 또는 $\sqrt{3}$을 적용하고 있음

Boyle 모형에서 확률은 다음과 같이 정의된다.

p	UA1	UA2	확률
1	u	u	$\dfrac{u_1 u_2 (R-1) - f_1(u_1^2-1) - f_2(u_2^2-1) + (f_2+g_2)(u_1 u_2 -1)}{(u_1^2-1)(u_2^2-1)}$
2	u	d	$\dfrac{-u_1 u_2 (R-1) + f_1(u_1^2-1)u_2^2 + f_2(u_2^2-1) - (f_2+g_2)(u_1 u_2 -1)}{(u_1^2-1)(u_2^2-1)}$
3	d	u	$\dfrac{-u_1 u_2 (R-1) + f_1(u_1^2-1) + f_2(u_2^2-1)u_1^2 - (f_2+g_2)(u_1 u_2 -1)}{(u_1^2-1)(u_2^2-1)}$
4	d	d	$\dfrac{u_1 u_2 (R-1) - f_1(u_1^2-1)u_2^2 + g_2(u_2^2-1)u_1^2 + (f_2+g_2)(u_1 u_2 - u_2^2)}{(u_1^2-1)(u_2^2-1)}$
5	m	m	$1 - p_1 - p_2 - p_3 - p_4$

(*1) $M_i = e^{r_i dt}$ & $V_i = \left(e^{\sigma_i^2 dt} - 1\right)M_i^2$ & $R = M_1 M_2 e^{\rho \sigma_1 \sigma_2 dt}$

(*2) $f_1 = p_1 + p_2 = \dfrac{(V_1 + M_1^2 - M_1)u_1 - (M_1-1)}{(u_1-1)(u_1^2-1)}$

(*3) $g_1 = p_3 + p_4 = \dfrac{(V_1 + M_1^2 - M_1)u_1^2 - (M_1-1)u_1^3}{(u_1-1)(u_1^2-1)}$

(*4) $f_2 = p_1 + p_3 = \dfrac{(V_2 + M_2^2 - M_2)u_2 - (M_2-1)}{(u_2-1)(u_2^2-1)}$

(*5) $g_2 = p_2 + p_4 = \dfrac{(V_2 + M_2^2 - M_2)u_2^2 - (M_2-1)u_2^3}{(u_2-1)(u_2^2-1)}$

3. KR 모형

KR은 그의 논문에서 N = 2인 경우 및 N ≥ 3인 경우 모두에 대하여 자세히 기술하고 있다. 이에 따라, 본서에서는 N = 2인 경우와 N ≥ 3인 경우를 구분하여 요약한다. KR 모형의 주요 변수는 다음과 같이 정의된다.

구분	내역
u_i	$e^{\lambda \sigma_i \sqrt{dt}}$
m_i	1
d_i	$e^{-\lambda \sigma_i \sqrt{dt}}$
비고	상기 중 λ는 Simulation을 통하여 최적의 값을 찾아야 하는 변수에 해당하며, 보편적으로는 $\sqrt{2}$ 또는 $\sqrt{3}$을 적용하고 있음

또한, KR 모형의 확률은 다음과 같다.

(1) N = 2인 경우

p	UA1	UA2	확률
1	u	u	$\frac{1}{4}\left[\frac{1}{\lambda^2} + \frac{\sqrt{dt}}{\lambda}\left(\frac{D_1}{\sigma_1} + \frac{D_2}{\sigma_2}\right) + \frac{\rho}{\lambda^2}\right]$
2	u	d	$\frac{1}{4}\left[\frac{1}{\lambda^2} + \frac{\sqrt{dt}}{\lambda}\left(\frac{D_1}{\sigma_1} - \frac{D_2}{\sigma_2}\right) - \frac{\rho}{\lambda^2}\right]$
3	d	u	$\frac{1}{4}\left[\frac{1}{\lambda^2} + \frac{\sqrt{dt}}{\lambda}\left(-\frac{D_1}{\sigma_1} + \frac{D_2}{\sigma_2}\right) - \frac{\rho}{\lambda^2}\right]$
4	d	d	$\frac{1}{4}\left[\frac{1}{\lambda^2} + \frac{\sqrt{dt}}{\lambda}\left(-\frac{D_1}{\sigma_1} - \frac{D_2}{\sigma_2}\right) + \frac{\rho}{\lambda^2}\right]$
5	m	m	$1 - \frac{1}{\lambda^2}$
비고			(*1) $D_i = r - 0.5 \times \sigma_i^2$ (*2) 상기에서 $\lambda = 1$을 적용하는 경우, BEG 2항 모형과 일치하게 됨

(2) N ≥ 3인 경우

대구분	소구분	내역
p_k	$k \leq 2^N$	$\frac{1}{2^N}\left[\frac{1}{\lambda^2} + \frac{1}{\lambda^2}\sum_{1 \leq i < j \leq N} \delta_i \delta_j \rho_{ij} + \frac{\sqrt{dt}}{\lambda}\sum_{i=1}^{k}\delta_i \frac{D_i}{\sigma_i}\right]$
	$k = 2^N + 1$	$1 - \frac{1}{\lambda^2}$

본 방법은 Monte Carlo Simulation 기법을 적용하여 평가하는 방법에 해당한다. 즉, 다수의 임의의 기초자산 가격 Path를 생성한 후, 각각의 Path 별로 금융상품의 가치를 평가하는 방법이다. 다만, 기초자산이 N개에 해당하므로, 각각의 기초자산 별로 기초자산 가격 Path를 생성해 주어야 한다. 아울러, 각각의 기초자산 가격 Path를 산정할 시에는 기초자산 간의 가격 변동성에 대한 상관계수를 반영해 주어야 한다.

기초자산이 N개인 경우, 각각의 기초자산 Path는 다음과 같이 산정된다. 여기에서, i는 1, 2, 3, ⋯, N에 해당한다.

$$S_{i,t} = S_{i,t-1} \times e^{\left(r - q_i - 0.5 \times \sigma_i^2\right)dt + \varepsilon_i \sigma_i \sqrt{dt}}$$

여기에서, 확률 변수인 ϵ_1, ϵ_2, ϵ_3, ⋯, ϵ_N는 각각의 기초자산 간의 가격 변동성에 대한 상관계수를 고려하여 생성하여야 한다.

먼저, 기초자산이 2개인 경우에 대하여 설명한다. 기초자산이 2개인 경우에는 ϵ_1과 ϵ_2 사이에 다음의 관계가 성립한다.

$$\varepsilon_1 = x_1$$
$$\varepsilon_2 = x_1 \rho + x_2 \sqrt{1 - \rho^2}$$

x_1 = NORM.S.INV[RAND()] : 임의의 확률 변수
x_2 = NORM.S.INV[RAND()] : 임의의 확률 변수
ρ : 기초자산 1 및 기초자산 2의 가격 변동성의 상관계수

즉, 엑셀에서 RAND() 함수와 NORM.S.INV() 함수를 이용하여, 2개의 확률 변수(x_1 및 x_2)를 산정한 후, 기초자산 간의 상관계수를 반영하여, 최종적으로, 2개의 확률 변수(ϵ_1 및 ϵ_2)를 산정한다. 그리고, 이렇게 최종적으로 산정된 확률 변수를 적용하여, 다음과 같이, 2개의 임의의 기초자산 가격 Path를 완성하여야 한다.

$$S_{1,t} = S_{1,t-1} \times e^{\left(r - q_1 - 0.5 \times \sigma_1^2\right)dt + \epsilon_1 \sigma_1 \sqrt{dt}}$$
$$S_{2,t} = S_{2,t-1} \times e^{\left(r - q_2 - 0.5 \times \sigma_2^2\right)dt + \epsilon_2 \sigma_2 \sqrt{dt}}$$

그런 다음, 상기의 기초자산 가격 Path에 기초하여, 금융상품의 가치를 평가하면 된다.

이제, 기초자산이 N개인 경우로 확장해 보자. 기초자산이 N개인 경우에 있어서, 최종 확률 변수를 산정하기 위하여는, 먼저 상관계수 행렬을 하삼각 행렬과 상삼각 행렬로 분해하여야 한다. 아래와 같이, 상관계수 행렬을 정의한다.

$$
A = \begin{bmatrix}
1 & \rho_{12} & \rho_{13} & \cdots & \rho_{1N} \\
\rho_{21} & 1 & \rho_{23} & \cdots & \rho_{2N} \\
\rho_{31} & \rho_{32} & 1 & \cdots & \rho_{3N} \\
\vdots & \vdots & \vdots & \ddots & \vdots \\
\rho_{N1} & \rho_{N2} & \rho_{N3} & \cdots & 1
\end{bmatrix}
$$

상기 행렬은 대칭 행렬로서, 하삼각 행렬과 ㄱ 전치 행렬루 분해가 가능하다. 즉, 하삼각 행렬을 다음과 같이 정의한다.

$$
L = \begin{bmatrix}
L_{11} & 0 & 0 & \cdots & 0 \\
L_{21} & L_{22} & 0 & \cdots & 0 \\
L_{31} & L_{32} & L_{33} & \cdots & 0 \\
\vdots & \vdots & \vdots & \ddots & \vdots \\
L_{N1} & L_{N2} & L_{N3} & \cdots & L_{NN}
\end{bmatrix}
$$

그러면, 상관계수 행렬, 하삼각 행렬, 하삼각 행렬의 전치 행렬 간에 다음의 관계가 성립한다.

$$
A = \begin{bmatrix}
1 & \rho_{12} & \rho_{13} & \cdots & \rho_{1N} \\
\rho_{21} & 1 & \rho_{23} & \cdots & \rho_{2N} \\
\rho_{31} & \rho_{32} & 1 & \cdots & \rho_{3N} \\
\vdots & \vdots & \vdots & \ddots & \vdots \\
\rho_{N1} & \rho_{N2} & \rho_{N3} & \cdots & 1
\end{bmatrix}
= \begin{bmatrix}
L_{11} & 0 & 0 & \cdots & 0 \\
L_{21} & L_{22} & 0 & \cdots & 0 \\
L_{31} & L_{32} & L_{33} & \cdots & 0 \\
\vdots & \vdots & \vdots & \ddots & \vdots \\
L_{N1} & L_{N2} & L_{N3} & \cdots & L_{NN}
\end{bmatrix}
\begin{bmatrix}
L_{11} & L_{12} & L_{13} & \cdots & L_{1N} \\
0 & L_{22} & L_{23} & \cdots & L_{2N} \\
0 & 0 & L_{33} & \cdots & L_{3N} \\
\vdots & \vdots & \vdots & \ddots & \vdots \\
0 & 0 & 0 & \cdots & L_{NN}
\end{bmatrix}
= LL^{T}
$$

여기에서, 하삼각 행렬의 요소인 L_{ij}는 다음의 산식을 통하여 산정한다. 그리고, 이를 숄레스키 분해(Cholesky Decomposition)라고 한다.

$$
L_{ij} = \begin{cases}
i = j : & \sqrt{A_{jj} - \sum_{k=1}^{j-1} L_{jk}^{2}} \\
i > j : & \dfrac{1}{L_{jj}} \left(A_{ij} - \sum_{k=1}^{j-1} L_{ik} L_{jk} \right)
\end{cases}
$$

그리고, 엑셀에서 RAND( ) 함수와 NORM.S.INV( ) 함수를 이용하여, N개의 확률 변수 $(x_1, x_2, x_3, \cdots x_N)$를 생성한 후, 다음의 행렬식을 이용하여, 최종적으로 N개의 확률 변수 $(\epsilon_1, \epsilon_2, \epsilon_3, \cdots, \epsilon_N)$를 산정한다.

$$\begin{bmatrix} \epsilon_1 \\ \epsilon_2 \\ \epsilon_3 \\ \vdots \\ \epsilon_N \end{bmatrix} = \begin{bmatrix} L_{11} & 0 & 0 & \cdots & 0 \\ L_{12} & L_{22} & 0 & \cdots & 0 \\ L_{13} & L_{23} & L_{33} & \cdots & 0 \\ \vdots & \vdots & \vdots & \ddots & \vdots \\ L_{1N} & L_{2N} & L_{3N} & \cdots & L_{NN} \end{bmatrix} \begin{bmatrix} x_1 \\ x_2 \\ x_3 \\ \vdots \\ x_N \end{bmatrix}$$

그런 다음, 이렇게 최종적으로 산정된 확률 변수를 적용하여, 다음과 같이, N개의 임의의 기초자산 가격 Path를 완성하여야 한다.

$$S_{1,t} = S_{1,t-1} \times e^{(r - q_1 - 0.5 \times \sigma_1^2)dt + \epsilon_1 \sigma_1 \sqrt{dt}}$$

$$S_{2,t} = S_{2,t-1} \times e^{(r - q_2 - 0.5 \times \sigma_2^2)dt + \epsilon_2 \sigma_2 \sqrt{dt}}$$

$$S_{3,t} = S_{3,t-1} \times e^{(r - q_3 - 0.5 \times \sigma_3^2)dt + \epsilon_3 \sigma_3 \sqrt{dt}}$$

$$\vdots$$

$$S_{N,t} = S_{N,t-1} \times e^{(r - q_N - 0.5 \times \sigma_N^2)dt + \epsilon_N \sigma_N \sqrt{dt}}$$

이제, 상기 숄레스키 분해에 대한 풀이를 진행해 본다. 또한, 다음에서, A_{ij}는 A행렬의 i행 및 j열에 해당하는 요소를 의미하며, $\rho_{ij} = \rho_{ji}$이며, $\rho_{jj} = 1$에 해당한다.

(STEP 1) L_{11}을 산정한다. 또한, 아래 수식에서, k = 1부터 0까지의 합은 항상 0에 해당한다.

$$L_{11} = \sqrt{A_{11} - \sum_{k=1}^{1-1} L_{1k}^2} = \sqrt{A_{11}} = \sqrt{1} = 1$$

(STEP 2) L_{21}를 산정한다. 또한, 아래 수식에서, k = 1부터 0까지의 합은 항상 0에 해당한다.

$$L_{21} = \frac{1}{L_{11}}\left(A_{21} - \sum_{k=1}^{1-1} L_{2k}L_{1k}\right) = \frac{A_{21}}{L_{11}} = \frac{\rho_{21}}{1} = \rho_{21}$$

(STEP 3) L_{22}를 산정한다.

$$L_{22} = \sqrt{A_{22} - \sum_{k=1}^{2-1} L_{2k}^2} = \sqrt{A_{22} - L_{21}^2} = \sqrt{1 - \rho_{21}^2}$$

(STEP 4) L_{31}를 산정한다. 또한, 아래 수식에서, k = 1부터 0까지의 합은 항상 0에 해당한다.

$$L_{31} = \frac{1}{L_{11}}\left(A_{31} - \sum_{k=1}^{1-1} L_{3k}L_{1k}\right) = \frac{A_{31}}{L_{11}} = \frac{\rho_{31}}{1} = \rho_{31}$$

(STEP 5) L_{32}를 산정한다.

$$L_{32} = \frac{1}{L_{22}}\left(A_{32} - \sum_{k=1}^{2-1} L_{3k}L_{2k}\right) = \frac{A_{32} - L_{31}L_{21}}{L_{22}} = \frac{\rho_{32} - \rho_{31}\rho_{21}}{\sqrt{1-\rho_{21}^2}}$$

(STEP 6) L_{33}을 산정한다.

$$L_{33} = \sqrt{A_{33} - \sum_{k=1}^{3-1} L_{3k}^2} = \sqrt{A_{33} - L_{31}^2 - L_{32}^2} = \sqrt{1 - \rho_{31}^2 - \left[\frac{\rho_{32} - \rho_{31}\rho_{21}}{\sqrt{1-\rho_{21}^2}}\right]^2}$$

(STEP 7) 기초자산 개수인 N행까지, 상기 절차를 계속적으로 진행한다.

이제, 상기 내역을 이용하여, 최종적으로 확률 변수(ϵ_1, ϵ_2, ϵ_3, $\cdots$, ϵ_N)를 산정하면 다음과 같다.

$$\begin{bmatrix} \epsilon_1 \\ \epsilon_2 \\ \epsilon_3 \\ \vdots \end{bmatrix} = \begin{bmatrix} L_{11} & 0 & 0 & \cdots & 0 \\ L_{12} & L_{22} & 0 & \cdots & 0 \\ L_{13} & L_{23} & L_{33} & \cdots & 0 \\ \vdots & \vdots & \vdots & \ddots & \vdots \end{bmatrix}\begin{bmatrix} x_1 \\ x_2 \\ x_3 \\ \vdots \end{bmatrix} = \begin{bmatrix} 1 & 0 & 0 & \cdots & 0 \\ \rho_{21} & \sqrt{1-\rho_{21}^2} & 0 & \cdots & 0 \\ \rho_{31} & \dfrac{\rho_{32}-\rho_{31}\rho_{21}}{\sqrt{1-\rho_{21}^2}} & \sqrt{1-\rho_{31}^2-\left[\dfrac{\rho_{32}-\rho_{31}\rho_{21}}{\sqrt{1-\rho_{21}^2}}\right]^2} & \cdots & 0 \\ \vdots & \vdots & \vdots & \ddots & \vdots \end{bmatrix}\begin{bmatrix} x_1 \\ x_2 \\ x_3 \\ \vdots \end{bmatrix}$$

$$= \begin{bmatrix} x_1 \\ x_1\rho_{21} + x_2\sqrt{1-\rho_{21}^2} \\ x_1\rho_{31} + x_2\dfrac{\rho_{32}-\rho_{31}\rho_{21}}{\sqrt{1-\rho_{21}^2}} + x_3\sqrt{1-\rho_{31}^2-\left[\dfrac{\rho_{32}-\rho_{31}\rho_{21}}{\sqrt{1-\rho_{21}^2}}\right]^2} \\ \vdots \end{bmatrix}$$

5 교환 옵션

교환 옵션은 본인이 보유하고 있는 기초자산 A를 다른 기초자산 B로 교환할 수 있는 옵션에 해당한다. 이에 따라, 차액 정산형 교환 옵션의 내재가치는 $MAX[S_B - S_A, 0]$에 해당한다. 여기에서, S_A는 기초자산 A의 가격에 해당하며, S_B는 기초자산 B의 가격에 해당한다.

상기에서 언급한 바와 같이, 교환 옵션은 기초자산이 2개인 옵션에 해당한다. 이에 따라, 일반 2항 모형으로 평가할 수는 없으며, 2^2항 모형 또는 Monte Carlo 모형을 적용하여 평가하여야 한다. 본 절에서는 교환 옵션의 평가 방법에 대하여 설명하며, 이를 위하여 다음과 같은 사례를 이용하기로 한다.

투자자 A는 주식 S_A를 보유하고 있으며, 투자자 B가 보유하고 있는 주식 S_B와 1 : 1로 교환할 수 있는 옵션을 갖고 있다. 또한, 교환 옵션의 행사 가능 기간은 3년 후에 해당한다. 아울러, 평가 기준일 현재, 시장 정보는 다음과 같다.

	S_A	S_B	상관계수
주가	900.00	900.00	
주가 변동성	40.000%	50.000%	0.500

또한, 평가 기준일 현재, 무위험 수익률의 YTM Curve는 다음과 같다.

	0.25	0.50	0.75	1.00
무위험	2.860%	2.795%	2.705%	2.710%

	1.50	2.00	2.50	3.00
무위험	2.775%	2.767%	2.715%	2.597%

상기 S_A와 S_B는 만기일까지 배당은 발생하지 않는다.

상기 YTM Curve를 기준으로, Bootstrapping을 진행하여 산정한, 만기 3년의 무위험 CYSPOT은 2.575%에 해당한다. 또한, 상기 거래는 차액 정산형 거래로 가정하며, 옵션 의무자의 기초자산 현금흐름 위험은 무위험으로 가정한다.

1. 2^2 모형

2^2 모형에 있어서는 BEG 모형을 적용하며, Time Step은 3을 적용한다. 또한, 본 사례의 옵션은 유러피언 옵션에 해당하므로, 전 평가 과정에 대하여 만기 3년의 현물이자율을 적용한다.

(STEP 1) 2^2 모형 적용을 위한 변수를 다음과 같이 산정한다.

	S_A	S_B	S_A & S_B
u	149.182%	164.872%	
d	67.032%	60.653%	
D	-5.425%	-9.925%	
p_{uu}			29.147%
p_{ud}			14.072%
p_{du}			10.928%
p_{dd}			45.853%

(*1) $u_A = e^{\sigma_A\sqrt{dt}} = e^{40.000\% \times \sqrt{T}} = 149.182\%$ & $d_A = 1/u_A = 67.032\%$

(*2) $u_B = e^{\sigma_B\sqrt{dt}} = e^{50.000\% \times \sqrt{T}} = 164.872\%$ & $d_B = 1/u_B = 60.653\%$

(*3) $D_A = r - 0.5\sigma_A^2 = 2.575\% - 0.5 \times 40.000\%^2 = -5.425\%$

(*4) $D_B = r - 0.5\sigma_B^2 = 2.575\% - 0.5 \times 50.000\%^2 = -9.925\%$

(*5) $p_{uu} = \dfrac{1}{4}\left[1 + \rho_{AB} + \dfrac{D_A\sqrt{dt}}{\sigma_A} + \dfrac{D_B\sqrt{dt}}{\sigma_B}\right]$

$\quad = \dfrac{1}{4}\left[1 + 0.500 + \dfrac{-5.425\% \times \sqrt{1}}{40.000\%} + \dfrac{-9.925\% \times \sqrt{1}}{50.000\%}\right] = 29.147\%$

(*6) $p_{ud} = \dfrac{1}{4}\left[1 - \rho_{AB} + \dfrac{D_A\sqrt{dt}}{\sigma_A} - \dfrac{D_B\sqrt{dt}}{\sigma_B}\right]$

$\quad = \dfrac{1}{4}\left[1 - 0.500 + \dfrac{-5.425\% \times \sqrt{1}}{40.000\%} - \dfrac{-9.925\% \times \sqrt{1}}{50.000\%}\right] = 14.072\%$

(*7) $p_{du} = \dfrac{1}{4}\left[1 - \rho_{AB} - \dfrac{D_A\sqrt{dt}}{\sigma_A} + \dfrac{D_B\sqrt{dt}}{\sigma_B}\right]$

$\quad = \dfrac{1}{4}\left[1 - 0.500 - \dfrac{-5.425\% \times \sqrt{1}}{40.000\%} + \dfrac{-9.925\% \times \sqrt{1}}{50.000\%}\right] = 10.928\%$

(*8) $p_{dd} = \dfrac{1}{4}\left[1 + \rho_{AB} - \dfrac{D_A\sqrt{dt}}{\sigma_A} - \dfrac{D_B\sqrt{dt}}{\sigma_B}\right]$

$\quad = \dfrac{1}{4}\left[1 + 0.500 - \dfrac{-5.425\% \times \sqrt{1}}{40.000\%} - \dfrac{-9.925\% \times \sqrt{1}}{50.000\%}\right] = 45.853\%$

(STEP 2) Time Step = 3에서, 내재가치(IV), 시간가치(TV), 옵션가치(OV) Table을 다음과 같이 생성한다. 2^2 모형에서는 Time Step = i, S_A의 좌표 = j, S_B의 좌표 = k인 Node를 N(i, j, k)로 표시한다.

IV(i,j,k)= MAX [S_B(i,j,k)− S_A(i,j,k), 0]							
S_A \ S_B	(3)	(2)	(1)	0	1	2	3
	271.07	404.40	603.29	900.00	1,342.64	2,002.99	2,988.11
3 — 4,033.52	3,762.45		3,430.23		2,690.88		1,045.41
2 — 2,446.45							
1 — 1,483.85	1,212.77		880.56		141.21		0.00
0 — 900.00							
(1) — 545.88	274.80		0.00		0.00		0.00
(2) — 331.09							
(3) — 200.82	0.00		0.00		0.00		0.00

(*1) 상단에 (−) Time Step 수부터 (+) Time Step 수까지의 정수를 기입한다.

(*2) 좌측에 (+) Time Step 수부터 (−) Time Step 수까지의 정수를 기입한다.

(*3) 상단에 다음과 같이 S_A의 주가를 기입한다. 여기에서, j는 상단의 정수 숫자에 해당한다.
$$S_A(j)=S_A(0)\times u_A^j$$

(*4) 좌측에 다음과 같이 S_B의 주가를 기입한다. 여기에서, k는 좌측의 정수 숫자에 해당한다.
$$S_B(k)=S_B(0)\times u_B^k$$

(*5) Time Step = 3에서는 1) 주가가 3번 상승하면, 3의 좌표를 갖게 되고, 2) 주가가 2번 상승하면, 1번은 하락하여야 하므로, 1의 좌표를 갖게 되며, 3) 주가가 1번 상승하면, 2번은 하락하여야 하므로, −1의 좌표를 갖게 되고, 4) 주가가 0번 상승하면, 3번 하락하여야 하므로, −3의 좌표를 갖게 된다. 즉, Time Step = 3에서, 옵션의 가치가 존재할 수 있는 좌표는 3, 1, −1, −3에 해당한다. 이는 S_A 및 S_B에 동일하게 적용되므로, 상기 Table 상 16개의 좌표에서만 옵션의 가치를 가질 수 있다. 이에 따라, 이러한 점을 고려하여, 동 16개의 좌표에서만, 내재가치를 산정한다.

(*6) IV(3, −3, 3)=MAX[S_B(3, −3, 3)-S_A(3, −3, 3), 0]=MAX[4,033.52−271.07, 0]=3,762.45

TV(i,j,k)= [p_{uu}×OV(i+1,j+1,k+1)+p_{ud}×OV(i+1,j+1,k−1)+p_{du}×OV(i+1,j−1,k+1)+p_{dd}×OV(i+1,j−1,k−1)]/e^{CYSPOT×dt}							
S_A \ S_B	(3)	(2)	(1)	0	1	2	3
	271.07	404.40	603.29	900.00	1,342.64	2,002.99	2,988.11
3 — 4,033.52	0.00		0.00		0.00		0.00
2 — 2,446.45							
1 — 1,483.85	0.00		0.00		0.00		0.00
0 — 900.00							
(1) — 545.88	0.00		0.00		0.00		0.00
(2) — 331.09							
(3) — 200.82	0.00		0.00		0.00		0.00

(*) Time Step = 3는 만기에 해당하므로, 시간가치는 모두 0에 해당한다. 또한, 앞서 언급한 바와 같이, 시간 가치도 상기 16개의 좌표에서만 가치를 가질 수 있다.

OV(i,j,k)= MAX [IV(i,j,k), TV(i,j,k)]							
S_B ＼ S_A	(3) 271.07	(2) 404.40	(1) 603.29	0 900.00	1 1,342.64	2 2,002.99	3 2,988.11
3	4,033.52	3,762.45		3,430.23		2,690.88		1,045.41
2	2,446.45							
1	1,483.85	1,212.77		880.56		141.21		0.00
0	900.00							
(1)	545.88	274.80		0.00		0.00		0.00
(2)	331.09							
(3)	200.82	0.00		0.00		0.00		0.00

(STEP 3) 상기 (STEP 2)의 절차와 동일하게, Time Step = 2에서의 IV Table, TV Table, OV Table을 생성한다.

IV(i,j,k)= MAX [S_B(i,j,k)− S_A(i,j,k), 0]							
S_B ＼ S_A	(3) 271.07	(2) 404.40	(1) 603.29	0 900.00	1 1,342.64	2 2,002.99	3 2,988.11
3	4,033.52							
2	2,446.45		0.00		0.00		0.00	
1	1,483.85							
0	900.00		0.00		0.00		0.00	
(1)	545.88							
(2)	331.09		0.00		0.00		0.00	
(3)	200.82							

(*) Time Step = 2에서는 1) 주가가 2번 상승하면, 2의 좌표를 갖게 되고, 2) 주가가 1번 상승하면, 1번
은 하락하여야 하므로, 0의 좌표를 갖게 되며, 3) 주가가 0번 상승하면, 2번 하락하여야 하므로, −2의
좌표를 갖게 된다. 즉, Time Step = 2에서, 옵션의 가치가 존재할 수 있는 좌표는 2, 0, −2에 해당한
다. 이는 S_A 및 S_B에 동일하게 적용되므로, 상기 Table 상 9개의 좌표에서만 옵션의 가치를 가질 수
있다. 이러한 점을 고려하여, 동 9개의 좌표에서만, 내재가치를 산정한다. 다만, 본 사례의 경우, 유러피
언 옵션에 해당하므로, Time Step = 2에서의 IV Table의 값은 모두 0에 해당한다.

$$TV(i,j,k) = [p_{uu} \times OV(i+1,j+1,k+1) + p_{ud} \times OV(i+1,j+1,k-1)$$
$$+ p_{du} \times OV(i+1,j-1,k+1) + p_{dd} \times OV(i+1,j-1,k-1)]/e^{CYSPOT \times dt}$$

S_B \\ S_A		(3) 271.07	(2) 404.40	(1) 603.29	0 900.00	1 1,342.64	2 2,002.99	3 2,988.11
3	4,033.52							
2	2,446.45		2,037.82		1,542.57		646.65	
1	1,483.85							
0	900.00		502.10		133.89		15.04	
(1)	545.88							
(2)	331.09		29.27		0.00		0.00	
(3)	200.82							

(*) 예를 들면, TV(2, -2, 2)는 다음과 같이 산정된다.

$$TV(2,-2,2) = \frac{p_{uu} \times OV(3,-1,3) + p_{ud} \times OV(3,-1,1) + p_{du} \times OV(3,-3,3) + p_{dd} \times OV(3,-3,1)}{e^{CYSPOT \times dt}}$$

$$= \frac{29.147\% \times 3,430.23 + 14.072\% \times 880.56 + 10.928\% \times 3,762.45 + 45.853\% \times 1,212.77}{e^{2.575\% \times 1}}$$

$$= 2,037.82$$

$$OV(i,j,k) = MAX[IV(i,j,k),\ TV(i,j,k)]$$

S_B \\ S_A		(3) 271.07	(2) 404.40	(1) 603.29	0 900.00	1 1,342.64	2 2,002.99	3 2,988.11
3	4,033.52							
2	2,446.45		2,037.82		1,542.57		646.65	
1	1,483.85							
0	900.00		502.10		133.89		15.04	
(1)	545.88							
(2)	331.09		29.27		0.00		0.00	
(3)	200.82							

(*) 본 사례의 경우, Time Step = 2에서는 내재가치가 존재하지 않으므로, 옵션가치는 시간가치와 동일하다.

(STEP 4) 상기 (STEP 3)의 절차를 Time Step = 0이 될 때까지 순차적으로 반복한다. 다음은 이렇게 순차적으로 반복하였을 경우에 있어서의 Time Step = 0에서의 OV Table에 해당한다.

		OV(i,j,k)= MAX [IV(i,j,k), TV(i,j,k)]						
S_B ╲ S_A		(3)	(2)	(1)	0	1	2	3
		271.07	404.40	603.29	900.00	1,342.64	2,002.99	2,988.11
3	4,033.52							
2	2,446.45							
1	1,483.85							
0	900.00				261.34			
(1)	545.88							
(2)	331.09							
(3)	200.82							

(*) 결과적으로, Time Step = 0에서는 N(0, 0, 0)에서만 가치를 갖게 되며, 이 때의 가치가 교환 옵션의 가치에 해당한다.

상기에서, Time Step = 0이 될 때까지, Time Step = 3부터 순차적으로 감소시켜 가며 교환 옵션의 가치를 산정하는 이유는, 이렇게 하지 않았을 경우, 엑셀에서 순환 참조가 발생할 수 있기 때문이다. 즉, 각각의 Time Step에서, IV Table, TV Table, OV Table을 새로이 생성하지 아니하고, 단일의 IV Table, TV Table, OV Table에서 교환 옵션의 가치를 산정할 경우, 엑셀에서 순환 참조가 발생하며, 이에 따라, 상기에서 설명한 방법 등과 같이 진행하여야만, 순환 참조를 피할 수 있기 때문이다.

2. Monte Carlo 모형

본 사례의 경우, 유러피언 옵션에 해당하므로, Monte Carlo 모형에 Time Step = 1을 적용하고, 시행 횟수 = 10,000을 적용한다. 또한, 전 평가 과정에 대하여 만기 3년의 현물이자율을 적용한다.

(STEP 1) S_A와 관련하여, 임의의 난수 10,000개를 생성하고, 확률 변수 ϵ_A을 생성한 후, 주가를 산정한다.

NO	RANDOM	x_A	ϵ_A	$S_A(T)$
1	0.4314	(0.1728)	(0.1728)	678.54
2	0.1354	(1.1013)	(1.1013)	356.61
3	0.8578	1.0707	1.0707	1,605.94
4	0.7592	0.7038	0.7038	1,245.48
5	0.2564	(0.6544)	(0.6544)	486.02
⋮	⋮	⋮	⋮	⋮
9996	0.4977	(0.0057)	(0.0057)	761.84
9997	0.4919	(0.0203)	(0.0203)	754.16
9998	0.4291	(0.1788)	(0.1788)	675.74
9999	0.3428	(0.4048)	(0.4048)	577.79
10000	0.4273	(0.1832)	(0.1832)	673.66

(*1) $x_A = NORM.S.INV(RAND())$

(*2) $\epsilon_A = x_A$

(*3) $S_A(T) = S_A(0) \times e^{(r - q_A - 0.5 \times \sigma_A^2)\,T + \epsilon_A \sigma_A \sqrt{T}}$

$\qquad = 900.00 \times e^{(2.575\% - 0.5 \times 40.000\%^2) \times 3 + \epsilon_A \times 40.000\% \times \sqrt{3}}$

(STEP 2) S_B와 관련하여, 임의의 난수 10,000개를 생성하고, 확률 변수 ϵ_B을 생성한 후, 주가를 산정한다.

NO	RANDOM	x_B	ϵ_B	$S_B(T)$
1	0.3745	(0.3201)	(0.3636)	487.74
2	0.3544	(0.3734)	(0.8740)	313.48
3	0.7179	0.5765	1.0347	1,637.12
4	0.1792	(0.9185)	(0.4435)	455.11
5	0.4662	(0.0849)	(0.4008)	472.28
⋮	⋮	⋮	⋮	⋮
9996	0.5345	0.0867	0.0723	711.40
9997	0.3903	(0.2787)	(0.2515)	537.48
9998	0.5604	0.1520	0.0422	693.14
9999	0.1589	(0.9991)	(1.0677)	265.08
10000	0.9887	2.2803	1.8832	3,413.69

(*1) $x_B = NORM.S.INV(RAND())$

(*2) $\varepsilon_B = x_A \times \rho + x_B \times \sqrt{1-\rho^2} = x_A \times 0.500 + x_B \times \sqrt{1-0.500^2}$

(*3) $S_B(T) = S_B(0) \times e^{(r-q_B-0.5 \times \sigma_B^2)T + \epsilon_B \sigma_B \sqrt{T}}$

$\qquad = 900.00 \times e^{(2.575\% - 0.5 \times 50.000\%^2) \times 3 + \epsilon_B \times 50.000\% \times \sqrt{3}}$

(STEP 3) 내재가치를 $MAX[S_B(T) - S_A(T), 0]$으로 정의하고, 내재가치를 산정한다. 그런 다음, 내재가치의 평균을 구하고, 그 평균을 평가 기준일 현재로 할인한다.

NO	S_A	S_B	내재가치
1	678.54	487.74	0.00
2	356.61	313.48	0.00
3	1,605.94	1,637.12	31.19
4	1,245.48	455.11	0.00
5	486.02	472.28	0.00
⋮	⋮	⋮	⋮
9996	761.84	711.40	0.00
9997	754.16	537.48	0.00
9998	675.74	693.14	17.40
9999	577.79	265.08	0.00
10000	673.66	3,413.69	2,740.03
합계			2,984,138.36
평균			298.41
현재가치			276.23

상기 현재가치가 Monte Carlo 모형에 의한 교환옵션의 가치에 해당한다.

3. Black - Scholes - Merton 모형

본 사례의 교환 옵션은 유러피언 옵션에 해당한다. 그리고, 이렇게 유러피언 옵션에 해당하는 교환 옵션에 대하여는 Black - Scholes - Merton(BSM) 모형이 개발되어 있다. 다음은 유러피언 교환 옵션에 대한 BSM 산식에 해당한다.

$$S_B(0)e^{-q_B T}N(d_1) - S_A(0)e^{-q_A T}N(d_2)$$

$$d_1 = \frac{LN\left(\dfrac{S_B(0)}{S_A(0)}\right) + \left(q_A - q_B + 0.5\sigma_C^2\right)T}{\sigma_C\sqrt{T}} \;\&\; d_2 = d_1 - \sigma_C\sqrt{T}$$

$$\sigma_C = \sqrt{\sigma_A^2 + \sigma_B^2 - 2\rho\sigma_A\sigma_B}$$

$S_A(0)$ 및 $S_B(0)$: 평가 기준일 현재의 주식 A 및 주식 B의 가격
q_A 및 q_B : 주식 A 및 주식 B의 배당 수익률
σ_A 및 σ_B : 주식 A 및 주식 B의 주가 변동성
ρ : 주식 A 및 주식 B의 주가 변동성 간의 상관계수

다음은 상기 산식을 이용하여, 산정한 결과에 해당한다. 이를 위하여, 먼저, 평가 기준일 현재의 정보와 BSM 관련 정보를 요약한다.

평가 기준일 정보			BSM 정보	
구분	주식 A	주식 B	구분	내역
$S(0)$	900.00	900.00	d_1	0.3969
q	0.000%	0.000%	d_2	(0.3969)
σ	40.000%	50.000%	σ_C	45.826%
ρ	0.500		$N(d_1)$	65.427%
			$N(d_2)$	34.573%

(*1) $\sigma_C = \sqrt{\sigma_A^2 + \sigma_B^2 - 2\rho\sigma_A\sigma_B} = \sqrt{40.000\%^2 + 50.000\%^2 - 2 \times 0.500 \times 40.000\% \times 50.000\%}$
$= 45.826\%$

(*2) $d_1 = \dfrac{LN\left(\dfrac{S_B(0)}{S_A(0)}\right) + (q_A - q_B + 0.5\sigma_C^2)T}{\sigma_C\sqrt{T}}$

$= \dfrac{LN\left(\dfrac{900.00}{900.00}\right) + (0.000\% - 0.000\% + 0.5 \times 45.826\%^2) \times 3}{45.826\% \times \sqrt{3}} = 0.3969$

(*3) $d_2 = d_1 - \sigma_C\sqrt{T} = 0.3969 - 45.826\% \times \sqrt{3} = (0.3969)$
(*4) $N(d_1) = NORM.S.DIST(0.3969) = 65.427\%$
(*5) $N(d_2) = NORM.S.DIST(-0.3969) = 34.573\%$

상기 자료를 이용하여 교환 옵션의 가치를 산정하면, 277.68에 해당한다.

4. 평가 결과의 비교

지금까지의 평가 결과를 요약하면 다음과 같다.

	2^2 모형		Monte Carlo		BSM
	TS = 3	TS = 36	N = 10,000	N = 300,000	
교환 옵션	261.34	277.10	276.23	276.84	277.68
BSM 차이	(16.34)	(0.58)	(1.45)	(0.84)	

(*1) 2^2 모형은 Time Step 수가 3인 경우와 36인 경우(별첨 엑셀 파일 참조)를 구분하여 기재하였음.
(*2) Monte Carlo 모형은 시행 횟수가 10,000인 경우와 300,000인 경우(별첨 엑셀 파일 참조)를 구분하여 기재하였음.

상기의 결과, 2^2 모형의 경우, 적은 Time Step 수에서는 정확성이 상당히 떨어지지만, Time Step 수가 증가할수록 정확성이 높아지고 있음을 알 수 있다. 또한, Monte Carlo의 경우, 시행 횟수에 따른 영향이 미미하게 나타나고 있음을 알 수 있다. 다만, 이러한 Monte Carlo의 결과는 항상 긍정적으로 나타나는 것은 아니며, 시행을 할 때마다 결과값이 달라진 다는 점에 주의하여야 한다.

앞서 BSM 식을 보면, 한 가지 특이한 점이 있다. 즉, 교환 옵션의 가치를 산정하는 과정에 있어서, 무위험 수익률은 전혀 영향을 미치지 않고 있다. 그러나, 2^2 모형에서는 무위험 수익률에 의한 영향을 받는다. 다만, 2^2 모형에서도 Time Step 수를 증가시키면 증가시킬수록, 무위험 수익률에 의한 영향 정도는 지속적으로 감소하며, 결과적으로는 영향 정도가 0으로 수렴한다.

6 > 퀀토 옵션

앞 장에서 언급한 바와 같이, 퀀토 옵션은 기초자산 통화, 기초자산 변동성 통화, 행사가격 통화, 최종 결제 통화 중 하나 이상이 다른 통화에 해당하는 옵션에 해당한다. 그리고, 이러한 퀀토 옵션은 성격에 따라, Type A 퀀토, Type B 퀀토, Type C 퀀토로 구분된다.

Type A 퀀토의 경우, 주가의 변동에 적용되는 Drift와 미래 현금흐름의 할인에 적용되는 할인율을 조정함으로써, 2항 모형을 적용할 수 있었고, Type B 퀀토 및 Type C 퀀토의 경우, 주가 및 주가 변동성 통화를 행사가격 통화에 일치시킴으로써, 2항 모형을 적용할 수 있었다.

그러나, 하나의 투자 계약에 1) 해외 통화와 국내 통화가 모두 적용되거나, 2) 해외 통화만 있다고 할지라도, 고정 환율과 변동 환율이 모두 적용되는 경우에는 2항 모형을 적용하여 해결할 수 없다. 예를 들면, 해외 통화 전환증권의 발행 시, 사채는 해외 통화 기준으로 지급되지만, 전환가격 조정은 국내 통화 기준으로 이루어지는 경우이다. 그리고, 이러한 경우에는, 반드시, $2^2 = 4$항 모형을 적용하여야 한다.

다음은 해외 통화 전환증권의 발행 시, 사채는 해외 통화 기준으로 지급되지만, 전환가격 조정은 국내 통화 기준으로 이루어지는 경우를 기준으로 하는 사례에 해당한다. 본 부분에서는, 이에 대하여, $2^2 = 4$항 모형을 적용하여 평가하는 과정에 대하여 설명한다.

사례 2 퀀토 옵션

대한민국에 소재하는 회사 A는 다음과 같은 해외 통화 전환사채를 발행하였다.

- 발행 금액 : USD 100.00
- 액면이자율 : 0.000%
- 만기 : 3년
- 만기 상환금액 : USD 140.00
- 발행 시 전환가격 : KRW 900.00
- 발행 시 전환 가능 주식 수 : 160주
- 전환권 행사 가능 기간 : 계약일로부터 3년 후 (유러피언 옵션)
- 전환가격 조정 : 만기 시점에 KRW 기준으로 MAX[500.00, MIN{900.00, 당해 주가 × 70.000%}]로 조정
- 풋옵션 : 해당사항 없음.

평가 기준일 현재 시장 정보는 다음과 같다.

항목	주식 (KRW)	환율 (KRW / USD)
기초자산 가격	900.00	1,440.00
기초자산 가격 변동성	45.000%	15.000%
배당 수익률	0.000%	
주가 변동성과 환율 변동성 간의 상관계수	0.200	

평가 기준일 현재 3년 만기에 해당하는 CYSPOT은 다음과 같다.

항목	내역
대한민국 무위험 (r_K)	4.000%
미국 무위험 (r_U)	8.000%
회사 A 위험 (r_A)	15.000%

상기 사례와 관련하여, 2^2 모형은 BEG 모형을 적용하며, 현금흐름 위험은 EPV를 반영하여 평가하기로 한다. 또한, Time Step = 3를 적용한다. 먼저, 만기 상환금액의 확실성 등가는 다음과 같이 산정된다.

	내역
만기 상환금액 = MAT (USD)	140.00
확실성 등가 변환 계수 = CECFF	0.7189
확실성 등가 = CECF_MAT (USD)	100.65

(*) 확실성 등가 변환 계수 $= e^{(r_K - r_A) \times T} = e^{(4.000\% - 15.000\%) \times 3} = 0.7189$

(STEP 1) 2^2 모형 적용을 위한 변수를 다음과 같이 산정한다. 여기에서, S는 KRW에 의한 주가를 의미하여, F는 KRW / USD에 의한 환율을 의미한다.

	S	F	S & F
u	156.831%	116.183%	
d	63.763%	86.071%	
D	−6.125%	−5.125%	
p_{uu}			18.056%
p_{ud}			25.139%
p_{du}			14.861%
p_{dd}			41.944%

(*1) $u_S = e^{\sigma_S \sqrt{dt}} = e^{40.000\% \times \sqrt{1}} = 156.831\%$ & $d_S = 1/u_S = 63.763\%$

(*2) $u_F = e^{\sigma_F \sqrt{dt}} = e^{15.000\% \times \sqrt{1}} = 116.183\%$ & $d_F = 1/u_F = 86.071\%$

(*3) $D_S = r_K - q_S - 0.5\sigma_S^2 = 4.000\% - 0.000\% - 0.5 \times 45.000\%^2 = -6.125\%$

(*4) $D_F = r_K - r_U - 0.5\sigma_F^2 = 4.000\% - 8.000\% - 0.5 \times 15.000\%^2 = -5.125\%$

$$(*5) \quad p_{uu} = \frac{1}{4}\left[1+\rho_{SF}+\frac{D_S\sqrt{dt}}{\sigma_S}+\frac{D_F\sqrt{dt}}{\sigma_F}\right]$$
$$= \frac{1}{4}\left[1+0.200+\frac{-6.125\%\times\sqrt{1}}{45.000\%}+\frac{-5.125\%\times\sqrt{1}}{15.000\%}\right]=18.056\%$$

$$(*6) \quad p_{ud} = \frac{1}{4}\left[1-\rho_{SF}+\frac{D_S\sqrt{dt}}{\sigma_S}-\frac{D_F\sqrt{dt}}{\sigma_F}\right]$$
$$= \frac{1}{4}\left[1-0.200+\frac{-6.125\%\times\sqrt{1}}{45.000\%}-\frac{-5.125\%\times\sqrt{1}}{15.000\%}\right]=25.139\%$$

$$(*7) \quad p_{du} = \frac{1}{4}\left[1-\rho_{SF}-\frac{D_S\sqrt{dt}}{\sigma_S}+\frac{D_F\sqrt{dt}}{\sigma_F}\right]$$
$$= \frac{1}{4}\left[1-0.200-\frac{-6.125\%\times\sqrt{1}}{45.000\%}+\frac{-5.125\%\times\sqrt{1}}{15.000\%}\right]=14.861\%$$

$$(*8) \quad p_{dd} = \frac{1}{4}\left[1+\rho_{SF}-\frac{D_S\sqrt{dt}}{\sigma_S}-\frac{D_F\sqrt{dt}}{\sigma_F}\right]$$
$$= \frac{1}{4}\left[1+0.200-\frac{-6.125\%\times\sqrt{1}}{45.000\%}-\frac{-5.125\%\times\sqrt{1}}{15.000\%}\right]=41.944\%$$

(STEP 2) Time Step = 3에서, 내재가치(IV), 시간가치(TV), 상품가치(FV) Table을 다음과 같이 생성한다. 2^2 모형에서는 Time Step = i, S의 좌표 = j, F의 좌표 = k인 Node를 N(i, j, k)로 표시한다.

$$IV(i,j,k)=MAX\left[CECF\_MAT\times F(i,j,k),\ S(i,j,k)\times NS(0,0,0)\times\frac{CP(0,0,0)}{CP(i,j,k)}\right]$$

F \ S		(3)	(2)	(1)	0	1	2	3
		233.32	365.91	573.87	900.00	1,411.48	2,213.64	3,471.68
3	2,258.37	227,303.37		227,303.37		227,303.37		555,469.28
2	1,943.80							
1	1,673.04	168,390.47		168,390.47		225,836.95		555,469.28
0	1,440.00							
(1)	1,239.42	124,746.73		165,273.22		225,836.95		555,469.28
(2)	1,066.78							
(3)	918.18	92,414.65		165,273.22		225,836.95		555,469.28

(*1) 상단에 (−) Time Step 수부터 (+) Time Step 수까지의 정수를 기입한다.
(*2) 좌측에 (+) Time Step 수부터 (−) Time Step 수까지의 정수를 기입한다.
(*3) 상단에 다음과 같이 주가 S를 기입한다. 여기에서, j는 상단의 정수 숫자에 해당한다.
$$S(j)=S(0)\times u_S^j$$
(*4) 좌측에 다음과 같이 KRW / USD에 의한 환율 F를 기입한다. 여기에서, k는 좌측의 정수 숫자에 해당한다.

$$F(k) = F(0) \times u_F^k$$

(*5) CECF_MAT : 만기 상환금액의 확실성 등가 = USD 100.65

(*6) F(i, j, k) : N(i, j, k)에서의 KRW / USD에 의한 환율

(*7) S(i, j, k) : N(i, j, k)에서의 KRW에 의한 주가

(*8) NS(0, 0, 0) : 평가 기준일 현재의 전환 가능 주식 수

(*9) CP(0, 0, 0) : 평가 기준일 현재의 KRW에 의한 전환가격

(*10) CP(i, j, k) : N(i, j, k)에서의 KRW에 의한 전환가격. 다음과 같이 산정된다.

$$CP(i,j,k) = MAX[500.00, \ MIN\{900.00, \ S(i,j,k) \times 70.000\%\}]$$

	(3)	(2)	(1)	0	1	2	3
주가	233.32	365.91	573.87	900.00	1,411.48	2,213.64	3,471.68
전환가격	500.00	500.00	500.00	630.00	900.00	900.00	900.00

(*11) Time Step = 3에서는 1) 주가가 3번 상승하면, 3의 좌표를 갖게 되고, 2) 주가가 2번 상승하면, 1번은 하락하여야 하므로, 1의 좌표를 갖게 되며, 3) 주가가 1번 상승하면, 2번은 하락하여야 하므로, -1의 좌표를 갖게 되고, 4) 주가가 0번 상승하면, 3번 하락하여야 하므로, -3의 좌표를 갖게 된다. 즉, Time Step = 3에서, 옵션의 가치가 존재할 수 있는 좌표는 3, 1, -1, -3에 해당한다. 이는 S 및 F에 동일하게 적용되므로, 상기 Table 상 16개의 좌표에서만 가치를 가질 수 있다. 이러한 점을 고려하여, 동 16개의 좌표에서만, 내재가치를 산정한다.

(*12)
$$IV(3,-3,3) = MAX\left[CECF\_MAT \times F(3,-3,3), \ S(3,-3,3) \times NS(0,0,0) \times \frac{CP(0,0,0)}{CP(3,-3,3)}\right]$$
$$= MAX\left[100.65 \times 2,258.37, 233.32 \times 160 \times \frac{900.00}{500.00}\right]$$
$$= MAX[227,303.37, \ 67,195.08] = 227,303.37$$

$$TV(i,j,k) = [p_{uu} \times FV(i+1,j+1,k+1) + p_{ud} \times FV(i+1,j+1,k-1)$$
$$+ p_{du} \times FV(i+1,j-1,k+1) + p_{dd} \times FV(i+1,j-1,k-1)]/e^{r_K \times dt}$$

F \ S		(3)	(2)	(1)	0	1	2	3
		233.32	365.91	573.87	900.00	1,411.48	2,213.64	3,471.68
3	2,258.37	0.00		0.00		0.00		0.00
2	1,943.80							
1	1,673.04	0.00		0.00		0.00		0.00
0	1,440.00							
(1)	1,239.42	0.00		0.00		0.00		0.00
(2)	1,066.78							
(3)	918.18	0.00		0.00		0.00		0.00

(*) Time Step = 3는 만기에 해당하므로, 시간가치는 모두 0에 해당한다. 또한, 앞서 언급한 바와 같이, 시간가치도 상기 16개의 좌표에서만 가치를 가질 수 있다.

FV(i,j,k)= MAX [IV(i,j,k), TV(i,j,k)]							
F \ S		(3)	(2)	(1)	0	1	2	3
		233.32	365.91	573.87	900.00	1,411.48	2,213.64	3,471.68
3	2,258.37	227,303.37		227,303.37		227,303.37		555,469.28
2	1,943.80							
1	1,673.04	168,390.47		168,390.47		225,836.95		555,469.28
0	1,440.00							
(1)	1,239.42	124,746.73		165,273.22		225,836.95		555,469.28
(2)	1,066.78							
(3)	918.18	92,414.65		165,273.22		225,836.95		555,469.28

(STEP 3) 상기 (STEP 2)의 절차와 동일하게, Time Step = 2에서의 IV Table, TV Table, FV Table을 생성한다.

$IV(i,j,k)= MAX \left[CECF\_MAT \times F(i,j,k),\ S(i,j,k) \times NS(0,0,0) \times \dfrac{CP(0,0,0)}{CP(i,j,k)} \right]$							
F \ S		(3)	(2)	(1)	0	1	2	3
		233.32	365.91	573.87	900.00	1,411.48	2,213.64	3,471.68
3	2,258.37							
2	1,943.80		0.00		0.00		0.00	
1	1,673.04							
0	1,440.00		0.00		0.00		0.00	
(1)	1,239.42							
(2)	1,066.78		0.00		0.00		0.00	
(3)	918.18							

(*) Time Step = 2에서는 1) 주가가 2번 상승하면, 2의 좌표를 갖게 되고, 2) 주가가 1번 상승하면, 1번은 하락하여야 하므로, 0의 좌표를 갖게 되며, 3) 주가가 0번 상승하면, 2번 하락하여야 하므로, -2의 좌표를 갖게 된다. 즉, Time Step = 2에서, 옵션의 가치가 존재할 수 있는 좌표는 2, 0, -2에 해당한다. 이는 S 및 F에 동일하게 적용되므로, 상기 Table 상 9개의 좌표에서만 가치를 가질 수 있다. 이러한 점을 고려하여, 동 9개의 좌표에서만, 내재가치를 산정한다. 다만, 본 사례의 경우, 유러피언 옵션에 해당하므로, Time Step = 2에서의 IV Table의 값은 모두 0에 해당한다.

$$TV(i,j,k) = [p_{uu} \times FV(i+1,j+1,k+1) + p_{ud} \times FV(i+1,j+1,k-1)$$
$$+ p_{du} \times FV(i+1,j-1,k+1) + p_{dd} \times FV(i+1,j-1,k-1)]/e^{r_K \times dt}$$

F \ S	S	(3)	(2)	(1)	0	1	2	3
		233.32	365.91	573.87	900.00	1,411.48	2,213.64	3,471.68
3	2,258.37							
2	1,943.80		180,419.57		194,294.72		353,991.08	
1	1,673.04							
0	1,440.00		143,446.54		184,372.27		353,781.70	
(1)	1,239.42							
(2)	1,066.78		123,644.39		183,927.18		353,781.70	
(3)	918.18							

(*) 예를 들면, TV(2, -2, 2)는 다음과 같이 산정된다.

$$TV(2,-2,2) = \frac{p_{uu} \times FV(3,-1,3) + p_{ud} \times FV(3,-1,1) + p_{du} \times FV(3,-3,3) + p_{dd} \times FV(3,-3,1)}{e^{r_K \times dt}}$$

$$= \frac{18.056\% \times 227,303.37 + 25.139\% \times 168,390.47 + 14.861\% \times 227,303.37 + 41.944\% \times 168,390.47}{e^{4.000\% \times 1}}$$

$$= 180,419.57$$

F \ S	S	(3)	(2)	(1)	0	1	2	3
		233.32	365.91	573.87	900.00	1,411.48	2,213.64	3,471.68
3	2,258.37							
2	1,943.80		180,419.57		194,294.72		353,991.08	
1	1,673.04							
0	1,440.00		143,446.54		184,372.27		353,781.70	
(1)	1,239.42							
(2)	1,066.78		123,644.39		183,927.18		353,781.70	
(3)	918.18							

Table title: $FV(i,j,k) = MAX[IV(i,j,k), TV(i,j,k)]$

(*) 본 사례의 경우, Time Step = 2에서는 내재가치가 존재하지 않으므로, 상품가치는 시간가치와 동일하다.

(STEP 4) 상기 (STEP 3)의 절차를 Time Step = 0이 될 때까지 순차적으로 반복한다. 다음은 이렇게 순차적으로 반복하였을 경우에 있어서의 Time Step = 0에서의 FV Table에 해당한다.

FV(i,j,k)= MAX [IV(i,j,k), TV(i,j,k)]							
F \ S		(3)	(2)	(1)	0	1	2	3
		233.32	365.91	573.87	900.00	1,411.48	2,213.64	3,471.68
3	2,258.37							
2	1,943.80							
1	1,673.04							
0	1,440.00				185,132.78			
(1)	1,239.42							
(2)	1,066.78							
(3)	918.18							

(*) 결과적으로, Time Step = 0에서는 N(0, 0, 0)에서만 가치를 갖게 되며, 이 때의 가치가 해외 통화 전환사채의 가치에 해당한다.

다음은 상기 사례와 관련하여, Time Step을 각각 3, 36, 120개를 적용하였을 경우의 전환 사채 가치를 요약하는 내역에 해당한다. 또한, 이를 통하여 알 수 있는 바와 같이, $2^2 = 4$항 모형에서는 적절한 Time Step 수를 확보하는 것이 가장 중요하다.

	3	36	120
전환사채 가치	185,132.78	168,265.32	167,986.95

7 ▷ 전환사채

전환사채는 사채를 주식 등의 다른 금융상품으로 전환할 수 있는 사채에 해당한다. 이에 따라, 이자율 변동에 의하여 가치가 변동하는 사채와 주가 변동에 의하여 가치가 변동하는 주식 등 2개의 기초자산이 존재하게 된다. 즉, 위험을 갖는 기초자산이 2개에 해당하므로, 이는 원칙적으로 $2^2 = 4$항 모형으로 평가하여야 한다.

전환사채를 $2^2 = 4$항 모형으로 평가하는 방법으로는 Brennan and Schwartz (1980), Longstaff and Schwartz (1993), Ho and Pfeffer (1996) 모형 등(주가 변동성과 이자율 변동성을 모두 반영하는 Model 로서, 2 Factor Model이라고 함)이 이미 개발되어 있다. 그리고, 앞서 언급한 주가 2항 모형 등과 이자율 2항 모형 등을 결합하여, 얼마든지 새로운 $2^2 = 4$항 모형을 평가의 과정에 반영할 수도 있다. 그러나, 다음과 같은 사유로 인하여, 보편적으로, 전환사채의 평가에 있어서는 이자율 변동성은 없는 것으로 가정하여 평가하고 있다.

- 사유 1 : 이자율 변동성의 크기가 주가 변동성의 크기에 비하여 매우 작다.
- 사유 2 : 변동성 요인이 증가함에 따라, 구현 과정 및 계산 과정이 매우 복잡해 진다.
- 사유 3 : 실무에 있어서, 이자율 변동성이 평가 결과에 미치는 영향은 주가 변동성이 평가 결과에 미치는 영향에 비하여 미미하게 발생하고 있다.

Chapter 20

실무 사례

  본 장에서는 저자가 실무에서 경험하였던, 여러 사례들에 대하여 평가하였던 방법을 소개한다. 이를 위하여, 별다른 언급이 없는 한, 주가 2항 모형은 CRR 2항 모형을 적용하며, 현금흐름 위험 반영 방법으로는 EPV를 적용하기로 한다. 또한, 주식에 대한 배당은 발생하지 않는 것으로 가정한다.

1 주식선택권 기대 만기

  K-IFRS 제1102호 주식기준보상 문단 B16에 의하는 경우, 주식선택권은 1) 양도 제한에 따른 유동성 확보 목적, 2) 퇴사에 따른 상실 사유 등으로 인하여 조기 행사될 수 있으며, 평가의 과정에 이를 반영하도록 요구하고 있다.

> K-IFRS 제1102호 주식기준보상 문단 B16 : 주식선택권을 부여 받은 종업원은 여러 가지 이유로 주식선택권을 때때로 조기에 행사하기도 한다. 예를 들면, 전형적인 종업원 주식선택권은 양도가 제한되어 있어 흔히 종업원이 주식선택권을 조기에 행사하게 하는 원인이 된다. 왜냐하면 주식선택권의 조기행사가 유동성을 확보하기 위해 종업원이 선택할 수 있는 유일한 방법이기 때문이다. 그리고 또 다른 예로 종업원이 퇴사하면 가득된 모든 주식선택권을 단시일 내에 행사하여야 하는 경우도 있다. 이 경우 퇴사한 종업원이 지정된 단시일 내에 행사하지 않는다면 가득된 주식선택권은 상실된다. 위험회피성향이나 분산투자수단부족은 조기행사를 하게 하는 또 다른 요인이다.

  그리고, 이러한 조기 행사 가능성을 평가의 과정에 반영하기 위하여는, 2항 모형에서 계약 만기를 기준으로 모형을 구현하고, 기대 만기를 설정한 후, 기대 만기까지는 행사가 가능하고 그 이후부터 계약 만기까지는 행사가 불가능하다고 가정하여 평가를 진행하여야 한다.

> K-IFRS 제1102호 주식기준보상 문단 BC160 : 그러나 ED 2에 대한 의견제출자의 외부검토 의견과 IASB의 재심의과정에서 가치평가전문가로부터 받은 조언을 바탕으로, IASB는 하나의 기대존속 기간을 옵션가격결정모형(예: 블랙-숄즈-머튼모형)의 가격결정요소로 사용하는 것이 주식선택권 가치평가에 조기행사효과를 반영하는 최선의 방법은 아니라고 결론 내렸다. 예를 들면 그러한 접근법에서는 주가와 조기행사 간의 상관관계가 고려되고 있지 않다. 또한 기대존속 기간이 지난 시점에 주식선택권이 행사될 가능성도 가치평가에 고려되고 있지 않다. 따라서 많은 경우에, 주식선택권의 계약상 만기를 결정요소로 사용하고 옵션의 존속 기간동안 다양한 시점에 조기행사가 이루어질 가능성이 고려되며 주가와 조기행사 간의 상관관계와 예상되는 종업원 퇴사와 같은 가격결정요소가 고려되는 이항모형과 같이, 보다 유연한 모형이 주식선택권의 공정가치에 대해 보다 정확한 추정치를 산출할 가능성이 높다.

상기에서 알 수 있는 바와 같이, 기대 만기를 어떻게 설정하여야 하는지에 대하여는 간략한 가이드만 있을 뿐, 명확한 지침은 없는 상태이다. 이에 따라, 과거의 행사 이력, 근속 기간 등을 종합적으로 고려하여, 합리적으로 기대 만기를 추정할 수 밖에 없다. 본 절에서는 기대 만기의 추정 방법에 대하여는 다루지 않으며, 기대 만기가 추정되었다고 가정한 후에 평가를 진행하는 방법에 대하여 설명한다. 아울러, 다음과 같은 사례를 적용한다.

사례 1 주식선택권 기대 만기

회사 A는 2024.12.31.에 직원 B에게 다음과 같은 주식선택권을 부여하였다.

- 총 부여 주식 수 : 100주
- 주당 행사 가격 : 900.00
- 행사 가능 기간 : 50주(Type A)는 2026.12.31.부터 2029.12.31.까지 행사 가능하고, 잔여 50주 (Type B)는 2027.12.31.부터 2029.12.31.까지 행사 가능함.
- 행사 조건 : 주식선택권 행사일 현재 재직 중에 있어야 하며, 퇴사를 하는 경우, 미행사 주식 선택권은 소멸함.

다음은 평가 기준일 현재의 시장 정보에 해당한다.

항목	내역
보통주 주가	900
보통주 주가 변동성 (로그 수익률 변동성)	55.236%

YTM	0.25	0.50	0.75	1.00	1.50
RF	2.860%	2.795%	2.705%	2.710%	2.775%

YTM	2.00	2.50	3.00	4.00	5.00
RF	2.767%	2.715%	2.597%	2.820%	2.765%

또한, 직원 B의 예상 퇴사일은 2028.12.31.에 해당하였다. 이에 따라, 동 예상 퇴사일을 기대 만기로 설정한다.

본 사례의 경우, 행사 시작일이 다른 2가지 주식선택권이 부여되었으며, 이는 각각 별도의 주식선택권으로서 평가하여야 한다. 본 사례의 평가를 위하여, 계약 만기 기간인 5년에 대하여, Time Step = 120을 적용한다. 또한, 이를 통하여 산정되는 2항 모형 정보는 다음과 같다.

(STEP 1) 주가 2항 모형 상 Time Step 간 dt를 산정하고, 이에 따라, Time Step 별 누적 dt(T)를 산정한다.

	0	1	2	⋯	118	119	120
dt		0.042	0.042	⋯	0.042	0.042	0.042
T	0.000	0.042	0.083	⋯	4.917	4.958	5.000

(STEP 2) 상기 사례 1의 RF YTM Curve를 기초로 Bootstrapping을 진행하고, Time Step 별 CYFWD를 산출한다. 다만, Time Step = 0에서의 YTM은 0.000%로 가정한다.

RF	0	1	2	⋯	118	119	120
DHSPOT	0.000%	0.238%	0.477%	⋯	1.386%	1.384%	1.383%
DYSPOT	0.000%	0.477%	0.956%	⋯	2.791%	2.788%	2.786%
CYSPOT	0.000%	0.476%	0.951%	⋯	2.752%	2.750%	2.747%
CYFWD		0.476%	1.426%	⋯	2.467%	2.462%	2.457%

(STEP 3) 상기 (STEP 1) 및 (STEP 2) 정보에 기초하여, 주가 상승률(u), 주가 하락률 (d), 주가 상승 확률(p_u), 주가 하락 확률(p_d)을 산정한다.

	0	1	2	⋯	118	119	120
u		111.935%	111.935%	⋯	111.935%	111.935%	111.935%
d		89.337%	89.337%	⋯	89.337%	89.337%	89.337%
p_u		47.272%	47.447%	⋯	47.639%	47.638%	47.638%
p_d		52.728%	52.553%	⋯	52.361%	52.362%	52.362%

(*)　$u = e^{\sigma \sqrt{dt}}$ & $d = 1/u$ & $p_u = (e^{RF\_CYFWD_i \times dt} - d)/(u - d)$ & $p_d = 1 - p_u$

(STEP 4) 상기 (STEP 1)～(STEP 3)의 정보에 기초하여, 주가(S) Tree를 생성한다.

S	0	1	2	⋯	118	119	120
0	900.00	1,007.42	1,127.65	⋯	539,900,964.07	604,339,264.08	676,468,408.85
1		804.04	900.00	⋯	430,904,159.30	482,333,464.55	539,900,964.07
2			718.31	⋯	343,911,952.11	384,958,556.98	430,904,159.30
⋮				⋮	⋮	⋮	⋮
118					0.00	0.00	0.00
119						0.00	0.00
120							0.00

(STEP 5) Type A 주식선택권과 관련하여, 각각의 Node에서의 내재가치를 정의하고, 내재가치(IV) Tree를 생성한다.

주식선택권 행사	IV(i, j)
불가능	0
가능	MAX[S(i, j) - CALL(i, j), 0]

IV	0	1	2	⋯	118	119	120
0	0.00	0.00	0.00	⋯	0.00	0.00	0.00
1		0.00	0.00	⋯	0.00	0.00	0.00
2			0.00	⋯	0.00	0.00	0.00
⋮				⋮	⋮	⋮	⋮
118					0.00	0.00	0.00
119						0.00	0.00
120							0.00

(*1) 상기 주식선택권은 행사 시작일인 2026.12.31.부터 기대 만기일인 2028.12.31.까지 행사 가능한 것으로 가정하여 평가한다.

(*2) S(i, j) : N(i, j)에서의 주가

(*3) CALL(i, j) : N(i, j)에서의 주식선택권 행사 가격

(*4) 상기 Tree 상 모든 Node의 값이 0으로 표시되고 있지만, 이는 Tree를 축약하는 과정에서 발생하는 현상에 불과하며, 실제 Tree에서는 축약된 Node(Time Step = 48~Time Step = 96)들에서 값이 존재한다. 이에 따라, 전체 Tree에 대하여는 별첨 Excel 파일을 참고하기 바란다.

(STEP 6) Type A 주식선택권과 관련하여, 각각의 Node에서의 시간가치를 정의하고, 시간가치(TV) Tree를 생성한다.

$$TV(i,j) = \frac{p_u \times OV(i+1, \ j) + p_d \times OV(i+1, j+1)}{e^{RF\_CYFWD_{i+1} \times dt}}$$

TV	0	1	2	⋯	118	119	120
0	405.85	485.62	578.55	⋯	0.00	0.00	0.00
1		334.48	402.27	⋯	0.00	0.00	0.00
2			273.66	⋯	0.00	0.00	0.00
⋮				⋮	⋮	⋮	⋮
118					0.00	0.00	0.00
119						0.00	0.00
120							0.00

(*1) p_u : Time Step = i + 1에 적용되는 헤지 확률

(*2) p_d : $1 - p_u$

(*3) OV(i, j) : N(i, j)에서의 옵션가치 (하기 참조)

(STEP 7) Type A 주식선택권과 관련하여, 각각의 Node에서의 옵션가치를 정의하고, 옵션 가치(OV) Tree를 생성한다.

$$OV(i, j) = MAX[IV(i, j), TV(i, j)]$$

OV	0	1	2	...	118	119	120
0	405.85	485.62	578.55	...	0.00	0.00	0.00
1		334.48	402.27	...	0.00	0.00	0.00
2			273.66	...	0.00	0.00	0.00
:				:	:	:	:
118					0.00	0.00	0.00
119						0.00	0.00
120							0.00

(STEP 8) Type B 주식선택권에 대하여, 상기 (STEP 5)~(STEP 7)의 절차를 진행한다. 여기에서, 내재가치 산정 시, 주식선택권의 행사 기능 기간은 행사 시작일인 2027.12.31.부터 기대 만기일인 2028.12.31.까지로 가정하여 평가한다. 다음은 이러한 절차를 완료하였을 경우의 OV Tree에 해당한다.

OV	0	1	2	...	118	119	120
0	405.85	485.62	578.55	...	0.00	0.00	0.00
1		334.48	402.27	...	0.00	0.00	0.00
2			273.66	...	0.00	0.00	0.00
:				:	:	:	:
118					0.00	0.00	0.00
119						0.00	0.00
120							0.00

(*) 상기 OV Tree는 Type A 주식선택의 OV Tree와 동일하게 산정된다. 왜냐하면, Type A와 Type B의 기대 만기가 동일하고, 각각의 Node에서의 시간가치가 내재가치보다 크게 나타나서, 모두 시간가치가 선택되기 때문이다. 즉, Type A 및 Type B 모두 기대 만기 시점에서 행사하는 것이 유리하게 된다.

또한, 본 사례의 주식선택권은 기대 만기일에만 행사할 수 있는 유러피언 옵션과 가치가 동일하다. 이를 증명하기 위하여, 기대 만기일에만 행사할 수 있는 유러피언 옵션의 가치를 Black-Scholes-Merton(BSM) 모형을 통하여 산정해 보자. 상기 (STEP 2)에 따르면, 주식선택권의 기대 만기인 4년에 대한 무위험 CYSPOT은 2.806%에 해당한다.

$$d_1 = \frac{\ln\left(\dfrac{S_0}{K}\right) + (r + 0.5\sigma^2)T}{\sigma\sqrt{T}} = \frac{\ln\left(\dfrac{900}{900}\right) + (2.806\% + 0.5 \times 55.236\%^2) \times 4}{55.236\% \times \sqrt{4}} = 0.6540$$

$$d_2 = d_1 - \sigma\sqrt{T} = 0.6540 - 55.236\% \times \sqrt{4} = (0.4508)$$

$$N(d_1) = N(0.6540) = 74.343\% \ \& \ N(d_2) = N((0.4508)) = 32.608\%$$

$$c = S_0 N(d_1) - Ke^{-rT}N(d_2) = 900 \times 74.343\% - 900 \times e^{-2.806\% \times 4} \times 32.608\% = 406.77$$

상기의 결과들을 요약하면, 다음과 같다.

	2항 모형		BSM
	Type A	Type B	
주당 주식선택권	405.85	405.85	406.77

상기에서 알 수 있는 바와 같이, Type A와 Type B는 정확히 일치한다. 아울러, 2항 모형과 BSM 간에는 약간의 차이가 발생하고 있는데, 이는 2항 모형에서의 Time Step 수를 증가시키면 시킬수록 줄어드는 차이에 해당한다. 결과적으로, 상기 3가지 경우는 모두 일치하는 것으로 볼 수 있다. 그리고, 이렇게 상기 3가지 경우가 일치하는 사유는 다음과 같다.

첫째, Type A와 Type B가 일치하는 이유는, Type A와 Type B에 적용되는 주식선택권 행사가격이 동일하고, 변동하지 않으며, 기대 만기가 동일하기 때문이다. 본 사례와 같이, 콜옵션 행사가격에 대한 보장 수익률(0.000%)이 미래 현금흐름 할인에 적용되는 무위험 이자율보다 작은 경우에는, 콜옵션을 만기에 행사하는 것이 가장 유리하다. 왜냐하면, 이러한 경우에는 시간가치가 내재가치보다 항상 크게 나타나기 때문이다. 이에 따라, Type A와 Type B는 모두 기대 만기 시점에 행사하는 것이 유리하고, 또, 기대 만기일이 동일하기 때문에, 비록 행사 시작일이 다르다 할지라도, 그 가치는 동일하게 나타난다.

둘째, 2항 모형과 BSM이 일치하는 이유는, 상기에서 언급한 바와 같이, Type A 및 Type B 모두 기대 만기일에 행사하는 것이 가장 유리하기 때문이다. 즉, 결과적으로, 2항 모형에서도 기대 만기일에 행사가 되며, 이는 BSM과 동일하기 때문이다. 다만, 여기에서 중요한 점이 하나 있다. 상기에서 2항 모형을 적용할 시에는 기본적으로 5년의 계약 만기를 기준으로 하여 2항 모형을 구현하였다. 그런데, 이러한 결과가 4년의 만기를 적용한 BSM

과 일치하고 있다. 즉, 모형에 적용한 만기가 다름에도 불구하고, 2항 모형과 BSM이 일치하고 있다. 그리고, 그 사유는 2항 모형에서 선도이자율을 적용하고 있기 때문이다. 만약, 2항 모형에서 선도이자율이 아닌 5년 만기 현물이자율을 적용한다면, 그 결과는 일치하지 않게 된다.

2 콜옵션과 풋옵션이 동시에 있는 경우

투자자가 특정 회사에 투자할 때, 투자자는 그 특정 회사의 지배회사에 대하여 풋옵션을 행사할 수 있고, 그 특정 회사의 지배회사는 투자자에게 콜옵션을 행사할 수 있는 계약을 체결하는 경우가 자주 있다. 다음은 이러한 경우에 대하여 평가하는 방법에 대하여 설명한다. 아울러, 다음과 같은 사례를 적용한다.

사례 2 콜옵션과 풋옵션이 동시에 있는 경우

투자자 A는 회사 B의 제3자 배정 유상증자에 참여하였으며, 그와 동시에, 회사 B의 지배회사인 회사 C에게 동 주식을 매도할 수 있는 풋옵션을 획득하였다. 또한, 회사 C는 투자자 A에게 동 주식을 매입할 수 있는 콜옵션을 획득하였다.

- 투자자 A의 총 투자 주식 수 : 100주
- 주당 발행가격 : 900.00
- 투자자 A의 풋옵션 행사가격 : 1,600.00
- 투자자 A의 풋옵션 행사기간 : 투자일 이후 5년 경과 후 (유러피언 옵션)
- 회사 C의 콜옵션 행사가격 : 1,700.00
- 회사 C의 콜옵션 행사기간 : 투자일 이후 4년 경과 후부터 5년 경과후까지 (아메리칸 옵션)
- 기타 : 회사 C의 콜옵션과 투자자 A의 풋옵션이 동시에 행사되는 경우, 회사 C의 콜옵션이 우선함.

다음은 평가 기준일 현재의 시장 정보에 해당한다.

항목	내역
보통주 주가	900
보통주 주가 변동성 (로그 수익률 변동성)	55.236%

YTM	0.25	0.50	0.75	1.00	1.50
RF	2.860%	2.795%	2.705%	2.710%	2.775%
RD : 회사 C	12.904%	13.947%	14.799%	15.426%	16.503%

YTM	2.00	2.50	3.00	4.00	5.00
RF	2.767%	2.715%	2.597%	2.820%	2.765%
RD : 회사 C	17.729%	18.656%	19.394%	20.426%	20.949%

본 사례의 평가를 위하여, Time Step = 120을 적용한다. 또한, 총액 교환법과 차액 정산법을 적용하여 각각 평가하기로 한다.

(STEP 1) 주가 2항 모형 상 Time Step 간 dt를 산정하고, 이에 따라, Time Step 별 누적 dt(T)를 산정한다.

	0	1	2	⋯	118	119	120
dt		0.042	0.042	⋯	0.042	0.042	0.042
T	0.000	0.042	0.083	⋯	4.917	4.958	5.000

(STEP 2) 상기 사례 2의 YTM Curve를 기초로 Bootstrapping을 진행하고, Time Step 별 CYFWD를 산출한다. 다만, Time Step=0에서의 YTM은 0.000%로 가정한다.

RF	0	1	2	⋯	118	119	120
DHSPOT	0.000%	0.238%	0.477%	⋯	1.386%	1.384%	1.383%
DYSPOT	0.000%	0.477%	0.956%	⋯	2.791%	2.788%	2.786%
CYSPOT	0.000%	0.476%	0.951%	⋯	2.752%	2.750%	2.747%
CYFWD		0.476%	1.426%	⋯	2.467%	2.462%	2.457%

RD	0	1	2	⋯	118	119	120
DQSPOT	0.000%	0.538%	1.075%	⋯	5.498%	5.506%	5.514%
DYSPOT	0.000%	2.168%	4.371%	⋯	23.875%	23.912%	23.948%
CYSPOT	0.000%	2.145%	4.278%	⋯	21.410%	21.440%	21.470%
CYFWD		2.145%	6.412%	⋯	24.867%	24.926%	24.985%

(STEP 3) 상기 (STEP 1) 및 (STEP 2) 정보에 기초하여, 주가 상승률(u), 주가 하락률(d), 주가 상승 확률(p_u), 주가 하락 확률(p_d)을 산정한다.

	0	1	2	...	118	119	120
u		111.935%	111.935%	...	111.935%	111.935%	111.935%
d		89.337%	89.337%	...	89.337%	89.337%	89.337%
p_u		47.272%	47.447%	...	47.639%	47.638%	47.638%
p_d		52.728%	52.553%	...	52.361%	52.362%	52.362%

(*) $u = e^{\sigma\sqrt{dt}}$ & $d = 1/u$ & $p_u = (e^{RF\_CYFWD_i \times dt} - d)/(u - d)$ & $p_d = 1 - p_u$

(STEP 4) 상기 (STEP 1)~(STEP 3)의 정보에 기초하여, 주가(S) Tree를 생성한다.

S	0	1	2	...	118	119	120
0	900.00	1,007.42	1,127.65	...	539,900,964.07	604,339,264.08	676,468,408.85
1		804.04	900.00	...	430,904,159.30	482,333,464.55	539,900,964.07
2			718.31	...	343,911,952.11	384,958,556.98	430,904,159.30
⋮				⋮	⋮	⋮	⋮
118					0.00	0.00	0.00
119						0.00	0.00
120							0.00

(STEP 5) 투자자 A가 행사할 수 있는 풋옵션의 행사가격은 위험 현금흐름에 해당한다. 이에 따라, 각각의 Time Step에서의 명목 풋옵션 행사가격(PUT)의 확실성 등가(CECF_PUT)를 산정한다. 또한, 이 때의 현금흐름 위험은 회사 C의 위험에 해당한다. 다만, 회사 C가 행사할 수 있는 콜옵션의 행사가격은 무위험 현금흐름에 해당하므로, 별도로 확실성 등가를 산정하지 아니한다.

CECF_PUT	0	1	2	...	118	119	120
T	0.000	0.042	0.083	...	4.917	4.958	5.000
RF_CYSPOT	0.000%	0.476%	0.951%	...	2.752%	2.750%	2.747%
RD_CYSPOT	0.000%	2.145%	4.278%	...	21.410%	21.440%	21.470%
CECFF		0.9993	0.9972	...	0.3996	0.3959	0.3922
PUT				...			1,600.00
CECF_PUT				...			627.44

(*1) $CECFF_i$ = 확실성 등가 변환 Factor : $e^{(RF\_CYSPOT_i - RD\_CYSPOT_i) \times T_i}$

(*2) $CECF\_PUT_i$: $PUT_i \times CECFF_i$

1. 총액 교환법

총액 교환법에서는 먼저 1) 풋옵션만 있는 경우의 Puttable Stock 가치와 2) 풋옵션과 콜옵션이 모두 있는 경우의 Puttable & Callable Stock 가치를 산정하여야 한다. 그런 다음, 1)과 주가와의 차이를 풋옵션의 가치로 산정하고, 2)와 1)의 차이를 콜옵션의 가치로 산정한다. 또한, 총액 교환법은 기초자산을 보유한 자(콜옵션 의무자 또는 풋옵션 권리자) 입장에서, 상기 1)과 2)의 가치를 산정한다.

본 부분에서는 내재가치(IV) Tree, 시간가치(TV) Tree, 상품가치(FV) Tree로 구분하여 평가를 진행하지 아니하고, Puttable Stock Tree 또는 Puttable & Callable Stock Tree 등 하나의 Tree로 통합하여 평가를 진행하기로 한다.

(STEP 1) 다음과 같이 풋옵션만 있는 경우의 Puttable Stock(PS) Tree를 생성한다.

만기 여부	PS(i, j)
만기	MAX[CECF_PUT(i, j), S(i, j)]
만기 이외	MAX[S(i, j), TV(i, j)]

PS	0	1	2	⋯	118	119	120
0	1,081.98	1,172.98	1,277.41	⋯	539,900,964.07	604,339,264.08	676,468,408.85
1		1,000.80	1,080.03	⋯	430,904,159.30	482,333,464.55	539,900,964.07
2			930.40	⋯	343,911,952.11	384,958,556.98	430,904,159.30
⋮				⋮	⋮	⋮	⋮
118					626.16	626.80	627.44
119						626.80	627.44
120							627.44

(*1) CECF_PUT(i, j) : N(i, j)에서의 풋옵션 행사가격의 확실성 등가
(*2) S(i, j) : N(i, j)에서의 주가
(*3) TV(i, j) : N(i, j)에서의 시간가치

$$TV(i,j) = \frac{p_u \times PS(i+1, j) + p_d \times PS(i+1, j+1)}{e^{RF\_CYFWD_{i+1} \times dt}}$$

(*4) 본 사례의 경우, 풋옵션은 만기 시점에서만 행사가 가능하다.

(STEP 2) 상기 (STEP 1)의 Puttable Stock 가치 = 1,081.98과 주가 = 900.00의 차이 = 181.98을 풋옵션 가치로 산정한다.

(STEP 3) 다음과 같이 풋옵션과 콜옵션이 모두 있는 경우의 Puttable & Callable Stock (PCS) Tree를 생성한다.

만기 여부	콜옵션 행사	PCS(i, j)
만기	가능	MIN[CALL(i, j), MAX{CECF_PUT(i, j), S(i, j)}]
만기 이외	불가능	TV(i, j)
	가능	MIN[CALL(i, j), TV(i, j)]

PCS	0	1	2	⋯	118	119	120
0	783.39	811.67	841.93	⋯	1,696.52	1,698.26	1,700.00
1		758.34	785.26	⋯	1,696.52	1,698.26	1,700.00
2			734.90	⋯	1,696.52	1,698.26	1,700.00
⋮				⋮	⋮	⋮	⋮
118					626.16	626.80	627.44
119						626.80	627.44
120							627.44

(*1) CALL(i, j) : N(i, j)에서의 콜옵션 행사가격
(*2) TV(i, j) : N(i, j)에서의 시간가치

$$TV(i,j) = \frac{p_u \times PCS(i+1, j) + p_d \times PCS(i+1, j+1)}{e^{RF\_CYFWD_{i+1} \times dt}}$$

(*3) 본 사례의 경우, 풋옵션은 만기 시점에서만 행사 가능하다.

(STEP 4) 상기 (STEP 3)의 Puttable & Callable Stock 가치 = 783.39와 상기 (STEP 1)의 Puttable Stock의 가치 = 1,081.98의 차이 = 298.59를 콜옵션 가치로 산정한다.

2. 차액 정산법

차액 정산법에서는 먼저 1) 풋옵션만 있는 경우의 Put Option 가치와 2) 풋옵션과 콜옵션이 모두 있는 경우의 Put & Call Option 가치를 산정하여야 한다. 그런 다음, 2)와 1)의 차이를 콜옵션의 가치로 산정한다. 또한, 차액 정산법은 풋옵션 권리자와 콜옵션 권리자 중 권리가 우선하는 자의 입장에서, 상기 1)과 2)의 가치를 산정한다. 본 사례는 콜옵션 권리자의 권리가 우선하므로, 콜옵션 권리자의 입장에서 평가를 진행한다.

본 부분에서는 내재가치(IV) Tree, 시간가치(TV) Tree, 옵션가치(OV) Tree로 구분하여 평가를 진행하지 아니하고, Put Option Tree 또는 Put & Call Option Tree 등 하나의

Tree로 통합하여 평가를 진행하기로 한다.

(STEP 1) 다음과 같이 풋옵션만 있는 경우의 Put Option(PO) Tree를 생성한다.

만기 여부	PO(i, j)
만기	$-MAX[CECF\_PUT(i, j) - S(i, j), 0]$
만기 이외	$TV(i, j)$

PO	0	1	2	...	118	119	120
0	(181.98)	(165.57)	(149.75)	...	0.00	0.00	0.00
1		(196.77)	(180.03)	...	0.00	0.00	0.00
2			(212.10)	...	0.00	0.00	0.00
⋮				⋮	⋮	⋮	⋮
118					(626.16)	(626.80)	(627.44)
119						(626.80)	(627.44)
120							(627.44)

(*1) CECF_PUT(i, j) : N(i, j)에서의 풋옵션 행사가격의 확실성 등가
(*2) S(i, j) : N(i, j)에서의 주가
(*3) TV(i, j) : N(i, j)에서의 시간가치

$$TV(i,j) = \frac{p_u \times PO(i+1, j) + p_d \times PO(i+1, j+1)}{e^{RF\_CYFWD_{i+1} \times dt}}$$

(*4) 본 사례의 경우, 풋옵션은 만기 시점에서만 행사 가능하다.
(*5) 본 사례의 경우, 콜옵션 권리자의 입장에서 평가를 진행한다. 이에 따라, 풋옵션 권리자의 이익은 콜옵션 권리자의 손실에 해당하므로, PO Tree의 가치가 (-)로 표시된다.

(STEP 2) 상기 (STEP 1)의 결과에 따라, Put Option의 가치 = 181.98에 해당한다. 그리고, 이는 총액 교환법에 의한 결과와 정확히 일치한다.

(STEP 3) 다음과 같이 풋옵션과 콜옵션이 모두 있는 경우의 Put & Call Option(PCO) Tree를 생성한다.

만기 여부	콜옵션 행사	PCO(i, j)
만기	가능	$MAX[S(i, j) - CALL(i, j), -MAX\{CECF\_PUT(i, j) - S(i, j), 0\}]$
만기 이외	불가능	$TV(i, j)$
	가능	$MAX[S(i, j) - CALL(i, j), TV(i, j)]$

PCO	0	1	2	⋯	118	119	120
0	116.61	195.75	285.72	⋯	539,899,267.56	604,337,565.82	676,466,708.85
1		45.69	114.74	⋯	430,902,462.78	482,331,766.29	539,899,264.07
2			(16.60)	⋯	343,910,255.59	384,956,858.72	430,902,459.30
⋮				⋮	⋮	⋮	⋮
118					(626.16)	(626.80)	(627.44)
119						(626.80)	(627.44)
120							(627.44)

(*1) CALL(i, j) : N(i, j)에서이 콜옵션 행사가격

(*2) TV(i, j) : N(i, j)에서의 시간가치

$$TV(i,j) = \frac{p_u \times PCO(i+1,\ j) + p_d \times PCO(i+1, j+1)}{e^{RF\_CYFWD_{i+1} \times dt}}$$

(*3) 본 사례의 경우, 풋옵션은 만기 시점에서만 행사 가능하다.

(*4) 보편적인 경우, 콜옵션의 옵션가치는 MAX[내재가치, 시간가치]로 산정되며, 내재가치는 MAX[S(i, j) −CALL(i, j), 0]으로 산정된다. 즉, 내재가치는 항상 0보다 크거나 같다. 그러나, 본 사례의 경우, 콜옵션을 행사하지 않으면, 풋옵션이 행사될 수 있고, 이러한 풋옵션 행사로 인하여, 콜옵션 권리자의 손실이 발생할 수 있다. 이에 따라, 콜옵션 권리자는 콜옵션 행사로 인한 손실과 풋옵션 행사로 인한 손실을 비교하여, 적은 손실이 발생하는 쪽을 선택하여야 한다. 상기 식 중, 만기 시점의 옵션가치는 바로 이러한 적은 손실을 선택하는 수식에 해당한다.

(*5) 보편적인 경우, 콜옵션의 내재가치가 항상 0보다 크거나 같기 때문에, 시간가치 또한 항상 0보다 크거나 같다. 그러나, 본 사례의 경우, 상기 (*4)에서 언급한 바에 따라, 시간가치가 (−)로 발생할 수 있다. 이에 따라, 콜옵션 권리자는 콜옵션 행사로 인한 손실과 시간가치 손실을 비교하여, 적은 손실이 발생히는 쪽을 선택하여야 한다. 상기 시 중, 만기 이외에서의 콜옵션 행사 가능 시의 옵션가치는 바로 이러한 적은 손실을 선택하는 수식에 해당한다.

(STEP 4) 상기 (STEP 3)의 Put & Call Option 가치 = 116.61과 상기 (STEP 2)의 Put Option의 가치 = (181.98)의 차이 = 298.59를 콜옵션 가치로 산정한다. 그리고, 이는 총액 교환법에 의한 결과와 정확히 일치한다.

본 사례의 경우, 총액 교환형 거래에 해당하기 때문에, 총액 교환법을 적용하여 평가하는 것이 보다 효율적이다. 그러나, 차액 정산법으로도 평가는 가능하다. 다만, 총액 교환형 거래를 차액 정산법으로 평가하기 위하여는, 상기와 같이, 차액 정산법에서 다소 복잡한 보정을 반영해 주어야 한다.

3 ▷ 사후 정산(Claw Back & Incentive)

투자자가 특정 회사의 주식을 대주주 등으로부터 매입할 때, 그 특정 회사의 미래 영업실적에 기초하여, 매매 대금을 추가적으로 지급(Incentive)하거나 환수(Claw Back)하는 계약을 체결하는 경우가 자주 있다. 다음은 이러한 경우에 대하여 평가하는 방법에 대하여 설명한다. 아울러, 다음과 같은 사례를 적용한다.

사례 3 ▪ 사후 정산

투자자 A는 회사 B의 대주주로부터 회사 B 주식 100주를 주당 900.00에 매입하였다. 아울러, 투자자 A와 대주주는 회사 B의 미래 영업실적에 따라, 다음과 같이 추가적으로 매매 대금을 정산하기로 하는 계약을 체결하였다.

주당 영업이익	1년 후		2년 후	
	Incentive	Claw Back	Incentive	Claw Back
200.00 이상	50.00%		50.00%	
200.00 미만		50.00%		50.00%
	주당 80.00 한도		누적 Net 기준 주당 140.00 한도	

(*) 상기 중 Incentive는 투자자 A가 대주주에게 지급하는 금액에 해당하며, 주당 영업이익 200.00을 초과하는 주당 영업이익 금액의 50.00%에 해당한다. 또한, 상기 중 Claw Back은 대주주가 투자자 A에게 지급하는 금액에 해당하며, 주당 영업이익 200.00에 미달하는 주당 영업이익 금액의 50.00%에 해당한다. 또한, 1년차의 정산 금액은 주당 80.00을 초과할 수 없으며, 2년차의 정산 금액은 누적 Net 기준으로 주당 140.00을 초과할 수 없다. 예를 들면, 1년차에 Claw Back이 20 발생하고, 2년차에 Incentive 산정액이 150.00인 경우, 2년차의 최종 Incentive 지급액은 150.00에 해당한다(누적 Net 금액이 130.00으로서, 140.00을 초과하지 않기 때문).

다음은 평가 기준일 현재의 시장 정보에 해당한다.

항목	내역
보통주 주가	900
보통주 주가 변동성 (로그 수익률 변동성)	55.236%
PER (Price to 영업이익 Ratio)	4.50

YTM	0.25	0.50	0.75	1.00	1.50	2.00
RF	2.860%	2.795%	2.705%	2.710%	2.775%	2.767%
RD1 : 투자자 A	7.525%	8.258%	8.848%	9.248%	9.945%	10.861%
RD2 : 대주주	12.904%	13.947%	14.799%	15.426%	16.503%	17.729%

본 사례의 평가를 위하여, Time Step = 120을 적용한다. 또한, 상기 PER은 평가의 기간 동안 변동하지 않는 것으로 가정한다.

본 계약은 2년차의 정산 금액이 1년차의 정산 금액에 영향을 받고 있는 바, Path Dependent 계약에 해당한다. 그리고, 이러한 Path Dependent 계약을 평가할 수 있는 방법으로는 All Path 방법과 Sub Tree 방법이 있으며, 이 중 효율적인 방법으로 평가하여야 한다. 다만, 본 계약은 1년차에 1차 정산, 2년차에 2차 정산이 발생하고, 나머지 기간에서는 옵션의 행사 등 어떠한 Event가 발생하지 않는 Bermudan Style의 계약에 해당한다. 이러한 경우에는 중요한 Time Step만을 고려하여 평가하는 것이 효율적이다.

본 계약은 1년차의 Time Step에 해당하는 Time Step = 60과 2년차의 Time Step에 해당하는 Time Step = 120의 정보만 있으면, 쉽게 해결이 가능하다. 그리고, 이 때의 Time Step = 60과 Time Step = 120을 Key Time Step(KTS)이라고 부르기로 한다. 본 계약의 경우, KTS = 1(1년차, Time Step = 60)에 있는 Node 수는 61개로서, 각각 KTS = 2(2년차, Time Step = 120)에 있는 Node 중 61개까지만 이동이 가능하다. 즉, $N(60, j)$에 있는 Node는 $N(120, j)$부터 $N(120, j + 60)$까지의 Node까지만 이동이 가능하다. 결과적으로, 총 Node 조합 수는 KTS = 1의 Node 수와 KTS = 1에서 KTS = 2로 이동 가능한 Node 수의 곱인 $61 \times 61 = 3,721$개에 해당한다.

KTS 기법에서는 KTS 간에 적용되는 CYFWD로 평가를 진행한다. 왜냐하면, KTS 사이에서는 어떠한 Event도 없어서, 할인만 진행하면 되기 때문이다. 이에 따라, 본 사례의 경우, 0년과 1년 기간에 적용되는 CYFWD와 1년과 2년 기간에 적용되는 CYFWD만 있으면 된다. 다음은 본 사례의 특성을 이용하여, KTS 기법으로 평가를 진행하는 과정에 해당한다.

(STEP 1) 무위험 이자율(RF), 투자자 A 위험 이자율(RD1), 대주주 위험 이자율(RD2)에 대하여, 평가 기준일과 KTS = 1기간에 적용되는 CYFWD와 KTS = 1과 KTS = 2기간에 적용되는 CYFWD를 산정한다.

	RF		RD1		RD2	
	KTS = 1	KTS = 2	KTS = 1	KTS = 2	KTS = 1	KTS = 2
D(H or Q)SPOT	1.355%	1.384%	2.319%	2.748%	3.875%	4.509%
DYSPOT	2.728%	2.786%	9.604%	11.452%	16.423%	19.293%
CYSPOT	2.691%	2.748%	9.171%	10.842%	15.206%	17.641%
CYFWD	2.691%	2.805%	9.171%	12.513%	15.206%	20.077%
PVF	0.9734	0.9465	0.9124	0.8051	0.8589	0.7027

(STEP 2) 주가 2항 모형 상 KTS 간 dt를 산정하고, u, d, p_u를 산정한다.

	KTS = 1	KTS = 2
총 기간	1.000년	1.000년
총 Time Step	60	60
dt	0.017년	0.017년
RF_CYFWD	2.691%	2.805%
u	107.391%	107.391%
d	93.117%	93.117%
p_u	48.532%	48.546%

(*1) 본 사례의 경우, KTS는 각각의 연차를 나타내는 Time Step에 해당하므로, KTS 간 총 기간은 1년에 해당한다.

(*2) 총 2년의 기간에 대하여, 총 120개의 Time Step을 적용하기로 하였는 바, KTS 내의 총 Time Step 수는 60개에 해당한다.

(*3) RF_CYFWD는 상기 (STEP 1)에서 산출한, 각각의 KTS에 적용되는 무위험 CYFWD에 해당한다.

(*4) KTS 간 dt가 동일하므로, KTS 내 u와 d는 동일하다.

$$u = e^{\sigma \sqrt{dt}} \ \& \ d = 1/u$$

(*5) KTS 간 RF_CYFWD가 상이하므로, KTS 내 p_u는 동일하지 않다.

$$p_u = (e^{RF\_CYFWD_i \times dt} - d)/(u - d)$$

(STEP 3) 상기 (STEP 2)의 2항 모형 정보에 기초하여, KTS에서의 주가 내역, KTS = 1의 Node 확률(NP), KTS = 1에서 KTS = 2로 이동할 확률(MP)을 산정한다.

Node 번호 (j)	주가		확률	
	KTS = 1	KTS = 2	KTS = 1 NP	KTS = 2 MP
0	64,922.98	4,683,325.95	0.000%	0.000%
1	56,293.72	4,060,839.77	0.000%	0.000%
2	48,811.41	3,521,091.59	0.000%	0.000%
⋮	⋮	⋮	⋮	⋮
29	1,037.96	74,875.02	9.122%	9.131%
30	900.00	64,922.98	9.996%	10.001%
31	780.38	56,293.72	10.259%	10.258%
⋮	⋮	⋮	⋮	⋮
59	14.39	1,037.96	0.000%	0.000%
60	12.48	900.00	0.000%	0.000%
61		780.38		
⋮		⋮		
118		0.23		
119		0.20		
120		0.17		

(*1) KTS = 1은 Time Step = 60에 해당하므로, 총 61개의 주가 Node가 발생하며, 주가는 다음과 같이 산정된다. 여기에서, S(0, 0)는 평가 기준일 현재의 주가에 해당한다.

$$S(60,j) = S(0,0) \times u^{60-j} \times d^j$$

(*2) KTS = 2는 Time Step = 120에 해당하므로, 총 121개의 주가 Node가 발생하며, 주가는 다음과 같이 산정된다. 여기에서, S(0, 0)는 평가 기준일 현재의 주가에 해당한다.

$$S(120,j) = S(0,0) \times u^{120-j} \times d^j$$

(*3) KTS = 1은 Time Step = 60에 해당하므로, 총 61개의 Node가 발생하며, Node 확률(NP)은 다음과 같이 산정된다. 여기에서, p_u는 KTS = 1에 적용되는 p_u에 해당한다.

$$NP(60,j) = COMBIN(60,j) \times p_u^{60-j} \times (1-p_u)^j$$

(*4) 앞서 언급한 바와 같이, KTS = 1에 있는 Node들은 각각 KTS = 2의 61개의 Node로 이동할 수 있다. 즉, KTS = 1에서 KTS = 2까지, 0번 하락, 1번 하락, 2번 하락, …, 60번 하락하는 경우가 있다. 그리고, 이 때의 확률(MP)은 다음과 같다. 여기에서, j는 이동 시의 하락 횟수를 의미하며, p_u는 KTS = 2에 적용되는 p_u에 해당한다.

$$MP(60,j) = COMBIN(60,j) \times p_u^{60-j} \times (1-p_u)^j$$

(*5) 상기에서, KTS = 1에서의 NP는 평가 기준일 현재에서 KTS = 1로 이동할 확률(MP)과 동일한 의미에 해당한다.

(STEP 4) 상기 (STEP 3)의 자료에 기초하여, 주가 조합을 생성하고, EPS를 추정하며, Incentive 및 Claw Back 금액을 산정한다.

조합 번호	Node Mapping		주가		EPS		산정액	
	KTS = 1	KTS = 2	KTS = 1	KTS = 2	KTS = 1	KTS = 2	KTS = 1	KTS = 2
0	0	0	64,922.98	4,683,325.95	14,427.33	1,040,739.10	(7,113.66)	(520,269.55)
1	0	1	64,922.98	4,060,839.77	14,427.33	902,408.84	(7,113.66)	(451,104.42)
2	0	2	64,922.98	3,521,091.59	14,427.33	782,464.80	(7,113.66)	(391,132.40)
⋮	⋮	⋮	⋮	⋮	⋮	⋮	⋮	⋮
59	0	59	64,922.98	1,037.96	14,427.33	230.66	(7,113.66)	(15.33)
60	0	60	64,922.98	900.00	14,427.33	200.00	(7,113.66)	(0.00)
61	1	0	56,293.72	4,060,839.77	12,509.71	902,408.84	(6,154.86)	(451,104.42)
⋮	⋮	⋮	⋮	⋮	⋮	⋮	⋮	⋮
3658	59	59	14.39	0.23	3.20	0.05	98.40	99.97
3659	59	60	14.39	0.20	3.20	0.04	98.40	99.98
3660	60	0	12.48	900.00	2.77	200.00	98.61	(0.00)
⋮	⋮	⋮	⋮	⋮	⋮	⋮	⋮	⋮
3718	60	58	12.48	0.23	2.77	0.05	98.61	99.97
3719	60	59	12.48	0.20	2.77	0.04	98.61	99.98
3720	60	60	12.48	0.17	2.77	0.04	98.61	99.98

(*1) KTS = 1과 KTS = 2의 주가 조합은 총 61 × 61 = 3,721개가 존재한다. 이에 따라, 각각의 조합 번호를 0부터 3,720으로 설정한다.

(*2) 상기 (*1)의 조합 번호 별로 KTS = 1에서의 주가 Node와 KTS = 2에서의 주가 Node를 Mapping할 수 있게 하는 번호를 생성한다. Node Mapping 번호는 (0, 0), (0, 1), ..., (0, 60), (1, 0), (1, 1), ..., (1, 60), (2, 0), ..., (60, 60)이 되어야 한다. 그리고, 이는 다음과 같이, 엑셀 함수를 이용하면 쉽게 생성할 수 있다.

    (ㄱ) KTS = 1에서의 Mapping 번호 = QUOTIENT(조합 번호, KTS = 2의 총 Time Step 수 + 1) → QUOTIENT(조합 번호, 61)

    (ㄴ) KTS = 2에서의 Mapping 번호 = MOD(조합 번호, KTS = 2의 총 Time Step 수 + 1) → MOD(조합 번호, 61)

(*3) 상기 (*2)의 Node Mapping 번호에 따라 주가를 Mapping한다. 예를 들면, (59, 60)인 경우, KTS = 1에서의 주가는 상기 (STEP 3)의 KTS = 1 & j = 59인 14.39를 Mapping하고, KTS = 2에서의 주가는 상기 (STEP 3)의 KTS = 2 & j = 59 + 60 = 119인 0.20을 Mapping한다. 여기에서, KTS = 1의 주가를 Mapping하는 경우에는 당해 Node 번호인 59로 직접 Mapping하지만, KTS = 2의 주가를 Mapping할 경우에는 각각의 Node 번호를 합산한 119로 Mapping하여야 함에 주의하여야 한다. 왜냐하면, 상기 (*2)의 (ㄴ)은 KTS = 1에서 KTS = 2로 이동할 때의 번호에 해당하며, (59, 60)은 KTS = 1의 59번째 Node에서, 60번 하락하였을 경우를 의미하기 때문이다. 그리고, 이러

한 Mapping 과정은 엑셀의 INDEX, VLOOKUP 등의 함수를 이용하면 쉽게 Mapping할 수 있다.

(*4) 본 사례에서는 PER이 변동하지 않는 것으로 가정하였다. 이에 따라, 상기 (*3)의 주가를 PER로 나누어 KTS = 1과 KTS = 2에서의 EPS를 각각 산정한다.

(*5) 상기 (*4)의 EPS에 기초하여, 조합 번호 별, KTS 별로, 다음과 같이 Incentive 및 Claw Back을 산정한다. 여기에서, (−)는 Incentive로서, 투자자 A의 추가 지급액을 의미하여, (+)는 Claw Back 으로서, 대주주의 추가 지급액에 해당한다.

$$\text{산정액}_{\text{조합 번호}} = (200.00 - \text{EPS}_{\text{조합 번호}}) \times 50.00\%$$

(STEP 5) 상기 (STEP 4)의 자료에 기초하여, Incentive 및 Claw Back 금액을 확정하고, 현재가치를 산정하며, 각각의 확률에 의한 기대가치를 생성한다.

조합 번호	확정액		현재가치			확률		기대 가치
	KTS = 1	KTS = 2	KTS = 1	KTS = 2	합계	KTS = 1	KTS = 2	
0	(80.00)	(60.00)	(72.99)	(48.30)	(121.29)	0.000%	0.000%	(0.00)
1	(80.00)	(60.00)	(72.99)	(48.30)	(121.29)	0.000%	0.000%	(0.00)
2	(80.00)	(60.00)	(72.99)	(48.30)	(121.29)	0.000%	0.000%	(0.00)
⋮	⋮	⋮	⋮	⋮	⋮	⋮	⋮	⋮
59	(80.00)	(15.33)	(72.99)	(12.34)	(85.33)	0.000%	0.000%	(0.00)
60	(80.00)	(0.00)	(72.99)	(0.00)	(72.99)	0.000%	0.000%	(0.00)
61	(80.00)	(60.00)	(72.99)	(48.30)	(121.29)	0.000%	0.000%	(0.00)
⋮	⋮	⋮	⋮	⋮	⋮	⋮	⋮	⋮
3658	80.00	60.00	68.71	42.16	110.88	0.000%	0.000%	0.00
3659	80.00	60.00	68.71	42.16	110.88	0.000%	0.000%	0.00
3660	80.00	(0.00)	68.71	(0.00)	68.71	0.000%	0.000%	0.00
⋮	⋮	⋮	⋮	⋮	⋮	⋮	⋮	⋮
3718	80.00	60.00	68.71	42.16	110.88	0.000%	0.000%	0.00
3719	80.00	60.00	68.71	42.16	110.88	0.000%	0.000%	0.00
3720	80.00	60.00	68.71	42.16	110.88	0.000%	0.000%	0.00
합계								5.92

(*1) 다음과 같이, KTS = 1 및 KTS = 2에서의 확정액을 산정한다.

$$\text{KTS = 1에서의 확정액} = C = \begin{cases} \text{A} \geq 80.00\text{인 경우} & : 80.00 \\ \text{A} \leq (80.00)\text{인 경우} & : (80.00) \\ \text{상기 이외의 경우} & : \text{A} \end{cases}$$

$$\text{KTS = 2에서의 확정액} = D = \begin{cases} \text{B} + \text{C} \geq 140.00\text{인 경우} & : 140.00 - \text{C} \\ \text{B} + \text{C} \leq (140.00)\text{인 경우} & : (140.00) - \text{C} \\ \text{상기 이외의 경우} & : \text{B} \end{cases}$$

A: 상기 (STEP 4)의 KTS = 1 산정액

B: 상기 (STEP 4)의 KTS = 2 산정액

C: KTS = 1 확정액

D: KTS = 2 확정액

(*2) 평가 기준일 현재로 할인한 현재가치를 산정한다. 즉, 확정액이 (+)인 경우에는 대주주가 추가 지급하는 Claw Back에 해당하므로, 대주주 위험으로 할인하고, 확정액이 (−)인 경우에는 투자자 A가 추가 지급하는 Incentive에 해당하므로, 투자자 A 위험으로 할인한다.

(*3) 상기 (STEP 3)의 NP 및 MP, 상기 (STEP 4)의 Node Mapping 번호를 이용하여, KTS = 1 및 KTS = 2에서의 확률을 Mapping한다. 예를 들면, Node Mapping 번호가 (29, 31)인 경우, KTS = 1의 확률은 상기 (STEP 3)의 KTS = 1 & j = 29에서의 NP인 9.122%에 해당하고 KTS = 2의 확률은 상기 (STEP 3)의 KTS = 2 & j = 31에서의 MP인 10.258%에 해당한다. 그리고, 이러한 Mapping 과정은 엑셀의 INDEX, VLOOKUP 등의 함수를 이용하면 쉽게 Mapping 할 수 있다.

(*4) 상기 (*2)의 현재가치 합계, 상기 (*3)의 KTS = 1 및 KTS = 2의 확률을 모두 곱하여 기대가치를 산정한다. 그리고, 동 기대가치의 합계가 본 사례의 최종 가치에 해당한다.

본 사례의 경우, 현금흐름 위험을 반영하기 위하여, EPV를 적용할 수 있지만, 적용하지 않았다. 왜냐하면, 본 사례의 경우에는 옵션처럼 현금흐름 선택을 위한 과정이 발생하지 않기 때문이다. 즉, 본 사례의 경우에는 Incentive 및 Claw Back이 명목 금액에 의하여 산정되고, 이후 현재가치 할인 과정과 확률에 의한 기대가치 산정 과정만 필요하기 때문에, 현금흐름을 선택하는 과정이 발생하지 않는다. 이러한 경우에는 앞서 설명한 바와 같이, 각각의 현금흐름 위험에 대하여 적절한 할인율로 할인만 하면 된다.

4 ▷ 단순 사후 정산

본 부분에서는 앞선 사례처럼 복잡한 사후 정산이 아닌 단순한 사례의 사후 정산에 대하여 평가하는 절차를 설명한다. 아울러, 다음과 같은 사례를 적용한다.

사례 4 단순 사후 정산

투자자 A는 회사 B의 대주주로부터 회사 B 주식 100주를 주당 900.00에 매입하였다. 아울러, 투자자 A와 대주주는 1년 후 회사 B의 미래 영업실적에 따라, 다음과 같이 추가적으로 매매 대금을 정산하기로 하는 계약을 체결하였다.

주당 영업이익	Incentive	Claw Back
200.00 이상	10,000.00	
200.00 미만		10,000.00

(*) 상기 중 Incentive는 투자자 A가 대주주에게 지급하는 금액에 해당하며, Claw Back은 대주주가 투자자 A에게 지급하는 금액에 해당한다. 또한, 1년 후의 주당 영업이익이 200.00 이상에 해당하면, 투자자 A가 Incentive로서 대주주에게 10,000.00을 지급하고, 1년 후의 주당 영업이익

이 200.00 미만에 해당하면, 대주주가 Claw Back으로서 투자자 A에게 10,000.00을 지급한다.

다음은 평가 기준일 현재의 시장 정보에 해당한다.

항목	내역
보통주 주가	900
보통주 주가 변동성 (로그 수익률 변동성)	55.236%
PER (Price to 영업이익 Ratio)	4.50

YTM	0.25	0.50	0.75	1.00	1.50	2.00
RF	2.860%	2.795%	2.705%	2.710%	2.775%	2.767%
RD1 : 투자자 A	7.525%	8.258%	8.848%	9.248%	9.945%	10.861%
RD2 : 대주주	12.904%	13.947%	14.799%	15.426%	16.503%	17.729%

본 사례의 평가를 위하여, 상기 PER은 평가의 기간 동안 변동하지 않는 것으로 가정한다.

본 사례는 1년 후 시점에 1번 정산하기 때문에, 유러피언 형태의 계약에 해당한다. 또한, 정산 금액이 주가에 연동하지 않고, 확정되어 있다. 이러한 경우에는 앞선 사례처럼 Key Time Step 방법을 적용하여 평가할 수도 있지만, 다음과 같이 보다 효율적인 평가가 가능하다.

(STFP 1) 무위험 이자율(RF), 투자자 A 위험 이자율(RD1), 대주주 위험 이자율(RD2)에 대하여, 평가 기준일로 부터 1년 후 기간에 적용되는 CYFWD를 산정한다. 이는 앞선 사례에서 산출한 바와 동일하며, 다음은 이를 요약하는 내역에 해당한다.

	RF	RD1	RD2
D(H or Q)SPOT	1.355%	2.319%	3.875%
DYSPOT	2.728%	9.604%	16.423%
CYSPOT	2.691%	9.171%	15.206%
CYFWD	2.691%	9.171%	15.206%
PVF	0.9734	0.9124	0.8589

(STEP 2) 1년 후 주당 영업이익이 200.00이 되는 주가 수준을 다음과 같이 산정한다.

$$PER = \frac{S}{EPS} \quad \leftrightarrow \quad S = PER \times EPS = 4.50 \times 200.00 = 900.00$$

(STEP 3) 확률 과정에 의한 주가 산식으로 부터, 1년 후 주가가 상기 (STEP 2)의 900.00 이상이 될 확률을 다음과 같이 산정한다. 여기에서, S_0는 평가 기준일 현재의 주가를 의미하며, S_T은 T년 후 주가를 의미한다. 또한, 다음의 식은 기하 브라운 운동 하에서의 주가 추정식에 해당하며, Monte Carlo에서 주가를 추정할 시의 식과도 동일하다.

$$S_T = S_0 \times e^{(\mu - 0.5 \times \sigma^2)T + \epsilon\sigma\sqrt{T}}$$

여기에서, $S_0 = 900.00$, $T = 1$, $S_T = 900.00$, $\mu = $ RF_CYSPOT $= 2.691\%$, $\sigma = 55.236\%$ 를 대입하면,

$$900.00 = 900.00 \times e^{(2.691\% - 0.5 \times 55.236\%^2) \times 1 + \epsilon \times 55.236\%\sqrt{1}}$$

이 되고, 양변을 900.00으로 나눈 후, 양변에 LN(자연로그)를 취하여 정리하면,

$$\ln(1) = (2.691\% - 0.5 \times 55.236\%^2) \times 1 + \epsilon \times 55.236\%\sqrt{1}$$
$$\epsilon = 0.2275$$

이 된다. 그리고, $\epsilon = 0.2275$에서의 표준 정규분포 상 누적 확률은 다음과 같다.

$$\text{NORM.S.DIST}(0.2275) = 58.997\%$$

즉, 1년 후 주가가 900.00 미만일 확률은 58.997%에 해당하고, 1년 후 주가가 900.00 이상일 확률은 $1 - 58.997\% = 41.003\%$에 해당한다.

(STEP 4) 상기 (STEP 3)의 확률을 이용하여 1년 후의 정산 금액을 산정한 후, 평가 기준일 현재로 할인한 현재가치를 산정한다. 즉, 정산액이 (+)인 경우에는 대주주가 추가 지급하는 Claw Back에 해당하므로, 대주주 위험으로 할인하고, 정산액이 (−)인 경우에는 투자자 A가 추가 지급하는 Incentive에 해당하므로, 투자자 A 위험으로 할인한다.

	정산 금액	현재가치
Incentive	$= -10,000.00 \times 41.003\% = -4,100.34$	−3,741.03
Claw Back	$= 10,000.00 \times 58.997\% = 5,899.66$	5,067.44
Net		1,326.40

만약, 2항 모형의 Key Time Step 방법을 적용하여, 1년 후의 주가가 900.00 이상에 해당할 확률을 산정하면, 그 결과는 42.746%(Time Step = 500 적용 시)로서, 앞서 설명한 결과보다 약간 높게 산정된다. 그러나, 이는 Time Step 수가 증가하면 할수록 줄어드는 차이에 해당하며, 결과적으로는 앞서 설명한 방법에 의한 확률(41.003%)로 수렴해 나간다.

5 복잡한 공동매각요구권(Drag - Along)

투자자가 특정 회사에 투자할 때, 투자자는 그 특정 회사의 지배회사에 대하여 풋옵션을 행사할 수 있는 계약을 체결하는 경우가 자주 있으며, 풋옵션 계약 대신 공동매각요구권 (Drag - Along) 계약을 체결하는 경우도 가끔 있다. 보편적으로, 공동매각요구권은 투자자가 투자자 보유의 주식을 매각하고자 할 때, 대주주 등이 보유하고 있는 주식도 함께 매각하도록 요구할 수 있는 권리에 해당한다. 또한, 투자자가 공동매각요구권을 보유하는 사유는 투자자 보유 주식과 대주주 등 보유 주식을 함께 매각하게 되면, 경영권 이전이 수반되기 때문에, 매수자를 찾는 과정이 훨씬 수월해 지기 때문이다.

본 부분에서는 공동매각요구권과 관련한 복잡한 사례에 대한 평가 절차를 설명한다. 아울러, 다음과 같은 사례를 적용한다.

사례 5 복잡한 공동매각요구권

투자자 A와 투자자 B는 회사 C(미국 소재 비상장회사)의 지분 100.00%를 다음과 같이 인수하였다(단위 : 주, USD).

	투자자 A	투자자 B
투자 주식 수	99	101
총 투자 금액	99.00	101.00
주당 단가	1.00	1.00

투자자 A는 회사 C의 지분 인수 시, 투자자 B와 다음과 같은 공동매각요구권(Drag - Along) 계약을 체결하였다. 아울러, 다음의 사항은 모두 인수일 현재의 원화(KRW) 가격을 기준으로 하는 계약 내용에 해당한다.

- 적격 IPO는 최초 투자액에 연 복리 5.00%를 적용한 금액 이상으로 회사 C가 IPO에 성공하는 것을 의미함.
- 인수일로부터 5년 이내에 회사 C가 적격 IPO에 성공하지 못하는 경우, 투자자 A는 5년 후에 투자자 B에 대하여 공동매각요구권을 행사할 수 있음.

- 투자자 A가 공동매각요구권을 행사하면, 투자자 A는 투자자 A 보유 C 주식과 투자자 B 보유 C 주식을 모두 제3자에게 매각한 후, 다음의 순서로 매각 대금을 배분함.
  - (ㄱ) 투자자 A의 최초 투자액에 연 복리 5.00%를 적용한 금액을 투자자 A에게 우선 배분함.
  - (ㄴ) 투자자 B의 최초 투자액에 연 복리 5.00%를 적용한 금액을 투자자 B에게 차선 배분함.
  - (ㄷ) 상기 (ㄱ)과 (ㄴ)을 진행한 후, 잔여액이 있는 경우, 잔여액은 투자자 A와 투자자 B의 지분 비율에 따라 배분함.

인수일 현재, 회사 C의 유사회사는 회사 X, 회사 Y, 회사 Z가 있으며, 모두 미국 소재 상장회사에 해당한다. 다음은 유사회사들의 주가 변동성(USD 기준)과 환율(KRW / USD) 변동성을 요약한 내역에 해당한다.

	회사 X	회사 Y	회사 Z	환율
연 환산 변동성	20.000%	25.000%	29.000%	10.000%
환율 변동성과의 상관계수	0.200	0.250	0.150	

다음은 평가 기준일(인수일) 현재의 시장 정보에 해당한다. 또한, 하기에서 RF는 대한민국의 무위험 이자율에 해당한다.

항목	내역
회사 C 주가 (USD)	1.00
환율 (KRW / USD)	1,500.00

YTM	0.25	0.50	0.75	1.00	1.50
RF	2.860%	2.795%	2.705%	2.710%	2.775%
RD : 투자자 B	12.904%	13.947%	14.799%	15.426%	16.503%

YTM	2.00	2.50	3.00	4.00	5.00
RF	2.767%	2.715%	2.597%	2.820%	2.765%
RD : 투자자 B	17.729%	18.656%	19.394%	20.426%	20.949%

인수일 현재, 회사 C는 IPO를 준비하고 있으며, 1년 후에는 주가 요건을 제외하고는 모든 IPO 요건이 충족될 것으로 판단되고 있다.

본 사례의 평가를 위하여, Time Step = 120을 적용한다. 또한, 인수일 이후 1년 후부터 2항 모형 상 각각의 Node에서의 주가가 적격 IPO를 위한 주가 수준 이상에 해당하는 경우에는 즉시 IPO에 성공하는 것으로 가정한다. 아울러, 공동매각요구권 의무자(투자자 B)의 기초자산 현금흐름 위험은 무위험으로 가정한다.

먼저, 상기의 계약 내역을 분석하면, 다음과 같다.

(ㄱ) 상기 공동매각요구권은 일종의 풋옵션에 해당한다. 왜냐하면, 특정 주가 수준 이상에서는 옵션 이익이 발생하지 않고, 그 특정 주가 수준 이하에서만 옵션 이익이 발생하기 때문이다.

(ㄴ) 상기 공동매각요구권은 일종의 클리켓 옵션에 해당한다. 왜냐하면, 행사가격에 영향을 주는 총 매각 대금이 2항 모형 상 주가 수준에 따라 달라지기 때문이다.

(ㄷ) 상기 공동매각요구권은 일종의 장애물 옵션에 해당한다. 왜냐하면, 적격 IPO에 실패한 경우에만 행사할 수 있기 때문이다.

(ㄹ) 상기 공동매각요구권은 콴토 옵션에 해당한다. 왜냐하면, 행사가격은 원화(KRW) 기준에 해당하지만, 회사 C의 주가 및 유사회사의 주가 변동성은 USD에 해당하기 때문이다.

상기 (ㄴ)에서 언급한 바와 같이, 본 사례의 공동매각요구권은 2항 모형 상 주가 수준에 따라 총 매각 대금이 달라지기 때문에, 기초자산을 회사 C의 주식으로 정의하지 않고, 투자자 A의 지분가치 총액으로 정의한다. 또한, 상기 (ㄷ)에서 언급한 바와 같이, 본 사례의 공동매각요구권은 장애물 옵션에 해당하는 바, 이에 대하여는 Backward Approach 또는 Forward Approach로 해결한다.

(STEP 1) 콴토 이슈를 제거하기 위하여, 모든 통화를 공동매각요구권 행사가격 통화인 원화(KRW)로 변경한다.

⑴ 인수일 현재 투자 금액

	투자자 A	투자자 B
총 투자 금액 (USD)	99.00	101.00
환율 (KRW / USD)	1,500.00	1,500.00
총 투자 금액 (KRW)	148,500.00	151,500.00

(*) 인수일 현재 주당 투자 금액과 주당 공정가치가 동일하기 때문에, 상기 원화(KRW) 기준 총 투자 금액은 원화(KRW) 기준 지분가치 총액의 공정가치와 동일하다.

(ㄴ) 인수일 현재 주가 변동성

	회사 X	회사 Y	회사 Z	환율
연 환산 변동성	20.000%	25.000%	29.000%	10.000%
환율 변동성과의 상관계수	0.200	0.250	0.150	
연 환산 변동성 (KRW)	24.083%	29.155%	32.062%	
연 환산 변동성 (KRW) 평균	28.433%			

$$\sigma_{KRW} = \sqrt{\sigma_{USD}^2 + \sigma_{FER}^2 + 2\rho\sigma_{USD}\sigma_{FER}}$$

(STEP 2) 주가 2항 모형 상 Time Step 간 dt를 산정하고, 이에 따라, Time Step 별 누적 dt(T)를 산정한다.

	0	1	2	⋯	118	119	120
dt		0.042	0.042	⋯	0.042	0.042	0.042
T	0.000	0.042	0.083	⋯	4.917	4.958	5.000

(STEP 3) 상기 사례 5의 YTM Curve를 기초로 Bootstrapping을 진행하고, Time Step 별 CYFWD를 산출한다. 다만, Time Step = 0에서의 YTM은 0.000%로 가정한다. 본 사례의 경우, 공동매각요구권 의무자의 기초자산 현금흐름 위험을 무위험으로 가정하였고, 공동매각요구권 행사로 인한 현금흐름은 주식의 매각 대금으로 회수되는 바, 모두 무위험 현금흐름에 해당한다. 이에 따라, RD는 필요가 없으므로, 산정하지 아니한다. 다만, 공동매각요구권 의무자의 기초자산 현금흐름 위험이 있는 경우에는 평가의 과정에 이를 적절히 반영해 주어야 한다.

RF	0	1	2	⋯	118	119	120
DHSPOT	0.000%	0.238%	0.477%	⋯	1.386%	1.384%	1.383%
DYSPOT	0.000%	0.477%	0.956%	⋯	2.791%	2.788%	2.786%
CYSPOT	0.000%	0.476%	0.951%	⋯	2.752%	2.750%	2.747%
CYFWD		0.476%	1.426%	⋯	2.467%	2.462%	2.457%

(STEP 4) 상기 (STEP 1) 및 (STEP 2) 정보에 기초하여, 주가 상승률(u), 주가 하락률(d), 주가 상승 확률(p_u), 주가 하락 확률(p_d)을 산정한다.

	0	1	2	···	118	119	120
u		105.976%	105.976%	···	105.976%	105.976%	105.976%
d		94.361%	94.361%	···	94.361%	94.361%	94.361%
p_u		48.720%	49.061%	···	49.435%	49.433%	49.431%
p_d		51.280%	50.939%	···	50.565%	50.567%	50.569%

(*) $u = e^{\sigma \sqrt{dt}}$ & $d = 1/u$ & $p_u = (e^{RF\_CYFWD_i \times dt} - d)/(u - d)$ & $p_d = 1 - p_u$

(STEP 5) 기초자산을 투자자 A의 원화 지분가치 총액으로 정의하고, 상기 (STEP 1)~(STEP 3)의 정보에 기초하여, 기초자산(S) Tree를 생성한다.

S	0	1	2	···	118	119	120
0	148,500.00	157,373.90	166,778.08	···	139,979,788.81	148,344,550.05	157,209,163.68
1		140,126.47	148,500.00	···	124,638,671.29	132,086,694.58	139,979,788.81
2			132,225.11	···	110,978,867.11	117,610,622.56	124,638,671.29
⋮				⋮	⋮	⋮	⋮
118					157.54	166.95	176.93
119						148.66	157.54
120							140.27

(STEP 6) Time Step 별 적격 IPO 성공을 위한 지분가치 수준을 산정한다.

	0	1	2	···	118	119	120
지분가치	148,500.00	148,802.20	149,105.01	···	188,758.79	189,142.91	189,527.81

(*) 상기 금액은 투자자 A의 원화 기준 최초 투자액(148,500.00)에 연 복리 5.00%를 적용한 금액에 해당함.

1. Backward Approach

내재가치(IV), 시간가치(TV), 옵션가치(OV)를 다음과 같이 정의하고, 옵션가치 Tree를 생성한다.

내재가치		
대구분	소구분	IV(i, j)
만기인 경우	기초자산이 IPO 성공을 위한 지분가치 수준 = 189,527.81 이상인 경우	0
	상기 이외의 경우	하기 참조
만기 이외의 경우		0

(*) $IV(i, j) = MAX[MIN\{A \times (B + C) / B, D\} - A, 0]$
    A: 투자자 A의 원화 지분가치 총액 = $S(i, j)$
    B: 투자자 A 보유 C 주식 수 = 99
    C: 투자자 B 보유 C 주식 수 = 101
    D: 보장 수익률에 의한 행사가격

시간가치		
대구분	소구분	TV(i, j)
만기인 경우		0
만기 이외의 경우	누적 기간(T)이 1년 이상에 해당하고, 기초자산이 IPO 성공을 위한 지분가치 수준 이상인 경우	0
	상기 이외의 경우	하기 참조

(*) $TV(i,j) = \dfrac{p_u \times OV(i+1, j) + p_d \times OV(i+1, j+1)}{e^{RF\_CYFWD_{i+1} \times dt}}$

옵션가치						
OV(i, j)						
MAX[IV(i, j), TV(i, j)]						
OV	0	1	2	⋯	118	119	120
---	---	---	---	---	---	---	---
0	15,490.33	12,385.39	9,540.27	⋯	0.00	0.00	0.00
1		18,446.29	15,140.09	⋯	0.00	0.00	0.00
2			21,652.13	⋯	0.00	0.00	0.00
⋮				⋮	⋮	⋮	⋮
118					160.72	170.33	180.50
119						151.66	160.72
120							143.11

2. Forward Approach

(STEP 1) 각각의 Node에서의 Node 확률(NP)을 정의하고, Node 확률 Tree를 다음과 같이 생성한다.

구분	NP(i, j)
j = 0	$NP(i-1,\ j) \times p_u$
j = i	$NP(i-1,\ j-1) \times p_d$
상기 이외	$NP(i-1,\ j-1) \times p_d + NP(i-1,\ j) \times p_u$

NP	0	1	2	⋯	118	119	120
0	100.000%	48.720%	23.903%	⋯	0.000%	0.000%	0.000%
1		51.280%	49.976%	⋯	0.000%	0.000%	0.000%
2			26.121%	⋯	0.000%	0.000%	0.000%
⋮				⋮	⋮	⋮	⋮
118					0.000%	0.000%	0.000%
119						0.000%	0.000%
120							0.000%
합계	100.000%	100.000%	100.000%	100.000%	100.000%	100.000%	100.000%

(STEP 2) 각각의 Node에서의 내재 IPO 성공 확률(IP), 시간 IPO 성공 확률(TP), 옵션 IPO 성공 확률(OP)을 정의하고, 옵션 IPO 성공 확률 Tree를 다음과 같이 생성한다.

내재 IPO 성공 확률	
구분	IP(i, j)
누적 기간(T)이 1년 이상에 해당하고, 기초자산이 IPO 성공을 위한 지분가치 수준 이상인 경우	100.000%
상기 이외의 경우	0.000%

시간 IPO 성공 확률	
구분	$TP(i, j)$
$j = 0$	$OP(i-1, j)$
$j = i$	$OP(i-1, j-1)$
상기 이외	$\dfrac{OP(i-1, j-1) \times NP(i-1, j-1) \times p_d + OP(i-1, j) \times NP(i-1, j) \times p_u}{NP(i-1, j-1) \times p_d + NP(i-1, j) \times p_u}$

옵션 IPO 성공 확률
$OP(i, j)$
$MAX[IP(i, j), \ TP(i, j)]$

OP	0	1	2	...	118	119	120
0	0.000%	0.000%	0.000%	...	100.000%	100.000%	100.000%
1		0.000%	0.000%	...	100.000%	100.000%	100.000%
2			0.000%	...	100.000%	100.000%	100.000%
:				:	:	:	:
118					0.000%	0.000%	0.000%
119						0.000%	0.000%
120							0.000%

(STEP 3) 다음과 같이, 만기 시점(Time Step = 120)에서의 Node 별 기대 공동매각요구권 내재가치를 산정한 후, 합계 금액을 평가 기준일 현재로 할인한다.

	주가 (S)	내재가치 (IV)	IPO 성공 확률 (OP)	Node 확률 (NP)	기대가치 (E)
0	157,209,163.68	0.00	100.000%	0.000%	0.00
1	139,979,788.81	0.00	100.000%	0.000%	0.00
2	124,638,671.29	0.00	100.000%	0.000%	0.00
:	:	:	:	:	:
118	176.93	180.50	0.000%	0.000%	0.00
119	157.54	160.72	0.000%	0.000%	0.00
120	140.27	143.11	0.000%	0.000%	0.00
합계				100.000%	17,771.38
현재가치					15,490.33

(*1) 내재가치 = 상기 Backward Approach에서 기재한 내역과 동일함.

(*2) 기대가치 $E(i, j) = IV(i, j) \times [1 - OP(i, j)] \times NP(i, j)$

(*3) 현재가치 $= \sum_{j=0}^{120} E(120,j) / e^{RF\_CYSPOT_5 \times 5} = 17,771.38 / e^{2.747\% \times 5} = 15,490.33$

6 영구 전환사채

투자자가 특정 회사에 투자할 때, 투자자는 만기 20년 이상의 장기 전환사채에 투자하면서, 발행자에게 만기 연장권을 부여하는 경우가 있다. 그리고, 이러한 전환사채를 영구 전환사채라고 부르고 있다.

본 부분에서는 영구 전환사채 사례에 대한 평가 절차를 설명한다. 아울러, 다음과 같은 사례를 적용한다.

사례 6 영구 전환사채

회사 B는 투자자 A에게 다음과 같은 전환사채를 발행하였다. 또한, 투자자 A는 전환권을 행사하여, 동 전환사채를 회사 B의 보통주로 전환할 수 있으나, 조기 상환권(풋옵션)은 행사할 수 없다. 다만, 회사 B는 투자자 A에 대하여 콜옵션을 행사할 수 있다.

- 액면금액 및 발행금액 = 90,000
- 만기 = 30년
- 액면이자 = 4.000%(매 분기말 액면이자의 1 / 4을 후급), 매 2년마다 2.000%씩 증가
- 전환가격 = 900(사채 액면금액 900원 당 보통주 1주로 전환 가능)

- 전환권 행사 기간 = 발행일 이후 1년 후부터 항상 행사 가능
- 콜옵션 행사가격 = 액면금액에 연 복리 8.000%를 적용한 금액
- 콜옵션 행사 기간 = 발행일 이후 5년 후부터 매 5년마다 행사 가능
- 만기 연장권 = 발행자는 만기 시점에 계속하여 만기를 30년 단위로 연장할 수 있음.

발행일 현재 시장 정보는 다음과 같다.

항목		내역
보통주 주가		900
보통주 주가 변동성 (로그 수익률 변동성)		55.236%

YTM	0.25	0.50	0.75	1.00	1.50
RF	2.860%	2.795%	2.705%	2.710%	2.775%
RD	12.904%	13.947%	14.799%	15.426%	16.503%

YTM	2.00	2.50	3.00	4.00	5.00
RF	2.767%	2.715%	2.597%	2.820%	2.765%
RD	17.729%	18.656%	19.394%	20.426%	20.949%

YTM	7.00	10.00	15.00	20.00	30.00
RF	2.990%	2.870%	2.915%	2.875%	2.797%
RD	21.994%	22.864%	23.964%	24.871%	N/A

(*1) RF : 무위험 이자율
(*2) RD : 발행자 위험 이자율

본 사례의 평가를 위하여, Time Step = 120을 적용하며, 현금흐름 위험 반영 방법은 EPV를 적용한다. 또한, 전환가격의 변동은 없고, 콜옵션은 전환권에 우선하는 것으로 가정한다. 그리고, 먼저, 만기 연장권이 없는 경우에 대하여 평가한다.

(STEP 1) RD에 대한 30년 만기 YTM이 존재하지 않는 바, 이에 대하여 외삽법 (Extrapolation)으로 추정한다. 보편적으로, 신용평가회사 등은 무위험 YTM 에 대하여는 50년 만기까지 제공하고 있으나, 위험 YTM에 대하여는 20년 만 기까지 제공하고 있다.

$$Y\,TM_{30} = Y\,TM_{20} + (Y\,TM_{20} - Y\,TM_{15}) \times \frac{30 - 20}{20 - 15}$$
$$= 24.871\% + (24.871\% - 23.964\%) \times \frac{10}{5} = 26.685\%$$

(STEP 2) 주가 2항 모형 상 Time Step 간 dt를 산정하고, 이에 따라, Time Step 별 누적 dt(T)를 산정한다.

	0	1	2	···	118	119	120
dt		0.250	0.250	···	0.250	0.250	0.250
T	0.000	0.250	0.500	···	29.500	29.750	30.000

(STEP 3) 상기 사례 6의 RF YTM Curve를 기초로 Bootstrapping을 진행하고, Time Step 별 CYFWD를 산출한다. 다만, Time Step = 0에서의 YTM은 0.000%로 가정한다.

RF	0	1	2	···	118	119	120
DHSPOT	0.000%	1.430%	1.398%	···	1.385%	1.384%	1.382%
DYSPOT	0.000%	2.880%	2.815%	···	2.789%	2.787%	2.784%
CYSPOT	0.000%	2.840%	2.776%	···	2.751%	2.748%	2.746%
CYFWD		2.840%	2.712%	···	2.439%	2.432%	2.427%

(STEP 4) 상기 사례 6의 RD YTM Curve와 상기 (STEP 1)의 30년 만기 추정 YTM을 기초로 Bootstrapping을 진행하고, Time Step 별 CYFWD를 산출한다. 다만, Time Step = 0에서의 YTM은 0.000%로 가정한다.

RD	0	1	2	···	118	119	120
DQSPOT	0.000%	3.226%	3.491%	···	1000.000%	1000.000%	1000.000%
DYSPOT	0.000%	13.542%	14.714%	···	1464000.000%	1464000.000%	1464000.000%
CYSPOT	0.000%	12.700%	13.727%	···	959.158%	959.158%	959.158%
CYFWD		12.700%	14.754%	···	959.158%	959.158%	959.158%

(*) 상기 Bootstrapping을 진행하다 보면, 특정 기간 이후(본 사례의 경우, 15.00년 이후)부터는 Bootstrapping 이 불가능해지는 경우가 발생한다. 왜냐하면, PVF(Present Value Factor, 현재가치 계수)가 0 이하 가 되기 때문이다. 이러한 경우에는 DQSPOT을 1,000.000% 등 높은 값으로 인위적으로 기재해 주어 야 한다.

(STEP 5) 상기 (STEP 1) 및 (STEP 2) 정보에 기초하여, 주가 상승률(u), 주가 하락률 (d), 주가 상승 확률(p_u), 주가 하락 확률(p_d)을 산정한다.

	0	1	2	⋯	118	119	120
u		131.809%	131.809%	⋯	131.809%	131.809%	131.809%
d		75.868%	75.868%	⋯	75.868%	75.868%	75.868%
p_u		44.413%	44.355%	⋯	44.232%	44.229%	44.227%
p_d		55.587%	55.645%	⋯	55.768%	55.771%	55.773%

(*) $u = e^{\sigma\sqrt{dt}}$ & $d = 1/u$ & $p_u = (e^{RF\_CYFWD_i \times dt} - d)/(u - d)$ & $p_d = 1 - p_u$

(STEP 6) 상기 (STEP 2)~(STEP 5)의 정보에 기초하여, 주가(S) Tree를 생성한다.

S	0	1	2	⋯	118	119	120
0	900.00	1,186.28	1,563.61	⋯	1.28106041E+17	1.68854664E+17	2.22564816E+17
1		682.81	900.00	⋯	7.37365325E+16	9.71910247E+16	1.28106041E+17
2			518.03	⋯	4.24419970E+16	5.59421638E+16	7.37365325E+16
⋮				⋮	⋮	⋮	⋮
118					0.00	0.00	0.00
119						0.00	0.00
120							0.00

(STEP 7) EPV 적용을 위하여, 액면이자 및 만기 상환금액을 확실성 등가로 변환한다. 액면이자는 2년마다 2.000% 증가하는 사항을 반영한다. 또한, 콜옵션 행사가격을 산정한다.

	0	1	2	⋯	118	119	120
액면이자율		4.000%	4.000%	⋯	32.000%	32.000%	32.000%
RD : 액면이자		900.00	900.00	⋯	7,200.00	7,200.00	7,200.00
RD : 만기 상환금액							90,000.00
CECFF		0.9757	0.9467	⋯	0.0000	0.0000	0.0000
CECF : 액면이자		878.09	852.04	⋯	0.00	0.00	0.00
CECF : 만기 상환금액							0.00
콜옵션 행사가격		0.00	0.00		0.00	0.00	905,639.12

(*1) 상기 액면이자율은 연 이자율에 해당함.
(*2) RD : 액면이자 = 액면금액 × 상기 (*1) 액면이자율 / 4

(*3) CECFF(확실성 등가 계수) $= e^{(RF\_CYFWD - RD\_CYFWD) \times T}$

(*4) 상기 CECFF는 15.00년 이후부터 거의 0으로 산정됨.

(*5) CECF : 액면이자 = 상기 RD : 액면이자 × CECFF

(*6) CECF : 만기 상환금액 = 상기 RD : 만기 상환금액 × CECFF

(*7) 콜옵션 행사가격 = 액면금액 × $(1 + 8.000\%)^T$

(*8) 상기 (*7)의 콜옵션 행사가격은 무위험 현금흐름에 해당하는 바, CECF를 산정하지 아니함.

(STEP 8) 상기 자료에 기초하여, 전환사채 Without 콜옵션 Tree를 생성한다.

FV	0	1	2	⋯	118	119	120
0	114,422.66	143,224.32	180,241.26	⋯	1.28106041E+19	1.68854664E+19	2.22564816E+19
1		92,877.53	113,879.91	⋯	7.37365325E+18	9.71910247E+18	1.28106041E+19
2			75,682.99	⋯	4.24419970E+18	5.59421638E+18	7.37365325E+18
⋮				⋮			⋮
118					0.00	0.00	0.00
119						0.00	0.00
120							0.00

(*) 내재가치(IV), 시간가치(TV), 상품가치(FV)는 다음과 같다.

$$IV(i,j) = MAX[MAT(i,j), CON(i,j)]$$

$$TV(i,j) = \frac{p_u \times FV(i+1,j) + p_d \times FV(i+1,j+1)}{e^{RF\_CYFWD_{i+1} \times dt}}$$

$$FV(i,j) = MAX[IV(i,j), TV(i,j)] + INT(i,j)$$

MAT(i, j): N(i, j)에서의 만기 상환금액의 확실성 등가. 만기 시점이 아닌 경우에는 0에 해당함.

CON(i, j): N(i, j)에서 전환권을 행사하였을 경우의 가치. 행사할 수 없는 경우에는 0에 해당함.

IV(i, j): N(i, j)에서의 내재가치

TV(i, j): N(i, j)에서의 시간가치

FV(i, j): N(i, j)에서의 상품가치

INT(i, j) : N(i, j)에서의 액면이자의 확실성 등가

(STEP 9) 상기 자료에 기초하여, 전환사채 With 콜옵션 Tree를 생성한다.

FV	0	1	2	⋯	118	119	120
0	111,130.35	138,943.71	174,840.45	⋯	1.28106041E+19	1.68854664E+19	905,639.12
1		90,332.65	110,439.89	⋯	7.37365325E+18	9.71910247E+18	905,639.12
2			73,820.52	⋯	4.24419970E+18	5.59421638E+18	905,639.12
⋮				⋮		⋮	⋮
118					0.00	0.00	0.00
119						0.00	0.00
120							0.00

(*) 시간가치(TV), 기초가치(BV), 상품가치(FV)는 다음과 같다.

$$TV(i,j) = \frac{p_u \times FV(i+1,j) + p_d \times FV(i+1,j+1)}{e^{RF\_CYFWD_{i+1} \times dt}}$$

$$BV(i,j) = MAX[MAT(i,j), CON(i,j), TV(i,j)]$$

$$FV(i,j) = \begin{cases} 콜옵션\ 행사\ 가능\ \ \ : MIN[CALL(i,j), BV(i,j)] + INT(i,j) \\ 콜옵션\ 행사\ 불가능 : BV(i,j) + INT(i,j) \end{cases}$$

CALL(i, j) : N(i, j)에서의 콜옵션 행사가격

BV(i, j) : N(i, j)에서의 기초가치. 즉, 콜옵션을 행사할 수 없는 경우의 투자자 기대가치

FV(i, j) : N(i, j)에서의 상품가치

상기 결과를 보면, 콜옵션의 가치(전환사채 Without 콜옵션 – 전환사채 With 콜옵션 = 3,292.31)가 작게 산출되고 있는데, 이는 콜옵션의 행사 주기는 매 5년에 해당하지만, 전환권의 행사 주기는 1년 후부터 매일에 해당하기 때문이다. 즉, 콜옵션과 전환권이 동시에 행사될 때, 비록, 콜옵션 권리가 전환권 권리에 우선하지만, 전환권은 콜옵션 행사일 직전일에 행사할 수 있어서, 콜옵션은 전환권의 조기 행사를 촉진하는 역할만을 수행하기 때문이다.

본 사례에서 가장 중요한 부분은 위험 이자율의 경우, 특정 기간이 경과하면, Bootstrapping 이 불가능해지게 되고, 이러한 경우에는 DQSPOT을 1,000,000% 등 높은 값으로 인위적으로 기재해 주어야 한다는 점이다. 아울러, 이러한 부분을 제외하고는, 영구 전환사채의 평가 과정은 일반 전환사채의 평가 과정과 크게 상이하지 않다.

본 평가에서는 만기 연장권이 없는 경우에 대하여 수행하였다. 그러나, 만기 연장권을 고려하여 평가하더라도, 평가 결과는 거의 달라지지 않는다. 왜냐하면, 만기 시점에서 이미 위험 현금흐름의 확실성 등가가 거의 0에 해당하기 때문이다. 즉, 위험 현금흐름의 확실성 등가가 거의 0에 해당하면, 이는 위험 현금흐름이 없는 경우와 유사하게 되며, 이에 따라, 평가의 과정은 무위험 현금흐름인 전환권 가치에만 의존하게 되기 때문이다. 그리고, 만기 시점에서의 전환증권 가치는 모두 전환권 가치로만 구성되어 있기 때문에, 만기가 연장되더라도 동 금액은 변동하지 않기 때문이다.

상기 사례 6에 있어서, 발행자에게 무제한으로 이자 지급을 연기할 수 있는 권리가 부여되는 경우가 종종 있다. 그리고, 이러한 경우에는 영구 전환사채의 가치가 보통주의 가치와 동일해지게 된다. 왜냐하면, 발행자가 이자 지급 연기와 만기 연장을 모두 행사하면, 투자자는 보통주로 전환할 수 있는 권리 밖에 없기 때문이다.

Finite Difference Method(FDM)

앞서 언급한 바와 같이, FDM은 미분 방정식 또는 편미분 방정식을 유한한 차분 방정식으로 변환하여 그 근사해를 수치 해석적으로 찾는 방법에 해당한다. 본 부분에서는 Black-Scholes-Merton의 편미분 방정식의 근사해를 FDM으로 찾는 과정에 대하여 설명한다. 먼저, FDM을 이해하기 위하여는 미분 또는 편미분에 대하여 이해하여야 하며, 이에 대하여 간략히 설명한다.

1 ▷ 차분, 미분, 편미분

1. 차분

함수 y가 1개의 변수 x를 포함하는 함수에 해당한다면, 함수 y는 $y = f(x)$로 표시된다. 그리고, 차분은 $y = f(x)$ 상의 2개의 점인 (x_1, y_1), (x_2, y_2)를 지나는 직선의 기울기에 해당한다. 그리고, 이는 다음과 같이 산정할 수 있다.

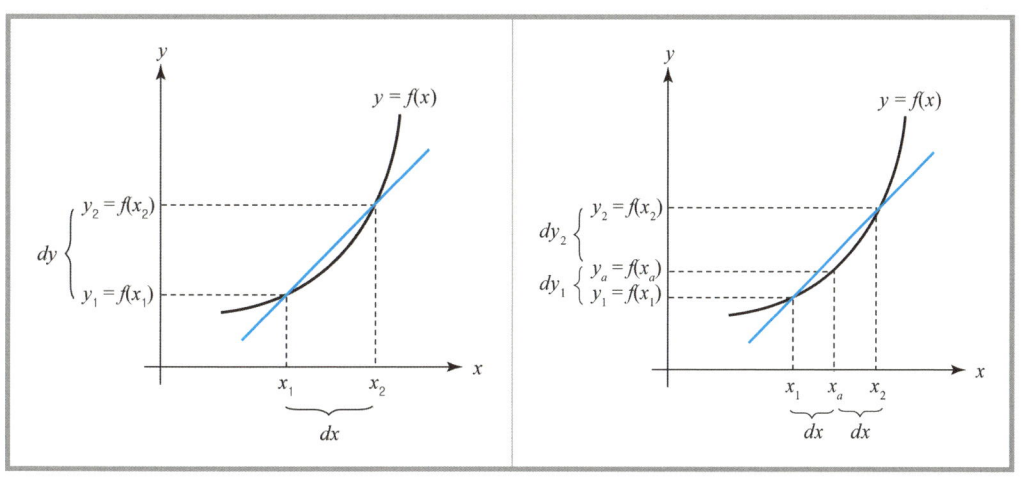

(ㄱ) 일반 차분

일반 차분은 2개의 점을 지나는 직선의 기울기에 해당하며, y값의 차이 $(y_2 - y_1)$를 x값의 차이 $(x_2 - x_1)$로 나누어 산정한다. 즉, 상기 그림의 좌측에 해당하며, 다음과 같이 산정한다.

$$\frac{y_2 - y_1}{x_2 - x_1} = \frac{f(x_2) - f(x_1)}{x_2 - x_1} = \frac{f(x_1 + dx) - f(x_1)}{dx}$$

(ㄴ) 중앙 차분

중앙 차분은 2개의 점을 지나는 직선의 기울기에 해당하며, y값의 차이$(y_2 - y_1)$를 x값의 차이 $(x_2 - x_1)$로 나누어 산정한다. 다만, 이러한 2개의 점들 사이에, x값들의 중앙값에 해당하는 $x_a[(x_1 + x_2)/2]$라는 점을 하나 더 도입하여 산정하는 부분이 일반 차분과 다르다. 즉, 상기 그림의 우측에 해당하며, 다음과 같이 산정한다.

$$\frac{y_2 - y_1}{x_2 - x_1} = \frac{y_2 - y_a + y_a - y_1}{x_2 - x_a + x_a - x_1} = \frac{f(x_2) - f(x_a) + f(x_a) - f(x_1)}{x_2 - x_a + x_a - x_1} = \frac{f(x_a + dx) - f(x_a - dx)}{2dx}$$

2. 미분

미분은 연속하는 함수의 특정 점에 있어서의 접선의 기울기에 해당한다. 아울러, 이는 상기 차분식에서, dx를 한없이 작게 적용함으로써 산정한다. 그리고, 미분에 대하여 다음과 같은 기호를 사용한다.

$$y' = f'(x) = \frac{dy}{dx} = \frac{df}{dx}$$

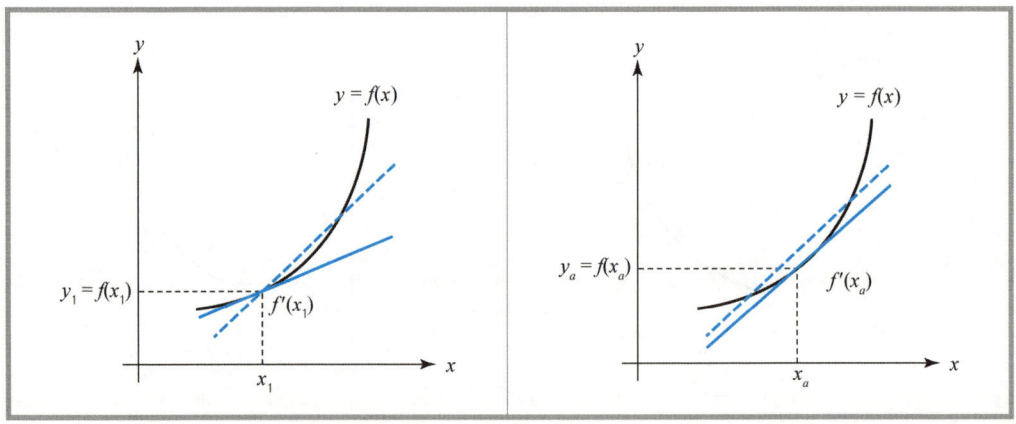

(ㄱ) 일반 미분

일반 미분은 일반 차분식에서, dx를 한없이 작게 적용함으로써 산정한다. 즉, 상기 그림의 좌측에 해당하며, 다음과 같이 산정한다.

$$f'(x_1) = \lim_{dx \to 0} \frac{f(x_1 + dx) - f(x_1)}{dx}$$

(ㄴ) 중앙 미분

중앙 미분은 중앙 차분식에서, dx를 한없이 작게 적용함으로써 산정한다. 즉, 상기 그림의 우측에 해당하며, 나음과 같이 산정한다.

$$f'(x_a) = \lim_{dx \to 0} \frac{f(x_a + dx) - f(x_a - dx)}{2dx}$$

3. 2차 미분

2차 미분은 연속하는 특정 점에 있어서의 1차 미분 값의 미분 값에 해당한다. 그리고, 2차 미분에 대하여 다음과 같은 기호를 사용한다.

$$y'' = f''(x) = \frac{d^2 y}{dx^2} = \frac{d^2 f}{dx^2}$$

(ㄱ) 일반 2차 미분

일반 2차 미분은 일반 미분식에 대하여 한번 더 미분함으로써 산정한다. 즉, 다음과 같이 산정한다.

$$\lim_{dx \to 0} \left[\frac{f'(x_1 + dx) - f'(x_1)}{dx} \right]$$

$$= \lim_{dx \to 0} \left[\frac{\lim_{dx \to 0} \left[\frac{f(x_1 + dx + dx) - f(x_1 + dx)}{dx} \right] - \lim_{dx \to 0} \left[\frac{f(x_1 + dx) - f(x_1)}{dx} \right]}{dx} \right]$$

$$= \lim_{dx \to 0} \left[\frac{\frac{f(x_1 + dx + dx) - f(x_1 + dx)}{dx} - \frac{f(x_1 + dx) - f(x_1)}{dx}}{dx} \right]$$

$$= \lim_{dx \to 0} \left[\frac{f(x_1 + dx + dx) - 2f(x_1 + dx) + f(x_1)}{dx^2} \right]$$

$$= \lim_{dx \to 0} \left[\frac{f(x_1 + 2dx) - 2f(x_1 + dx) + f(x_1)}{dx^2} \right]$$

(ㄴ) 중앙 2차 미분

중앙 2차 미분은 중앙 미분식에 대하여 한번 더 미분함으로써 산정한다. 즉, 다음과 같이 산정한다.

$$\lim_{dx \to 0} \left[\frac{f'(x_a + dx) - f'(x_a - dx)}{2dx} \right]$$

$$= \lim_{dx \to 0} \left[\frac{\lim_{dx \to 0} \left[\frac{f(x_a + dx + dx) - f(x_a + dx - dx)}{2dx} \right] - \lim_{dx \to 0} \left[\frac{f(x_a - dx + dx) - f(x_a - dx - dx)}{2dx} \right]}{2dx} \right]$$

$$= \lim_{dx \to 0} \left[\frac{\frac{f(x_a + dx + dx) - f(x_a + dx - dx)}{2dx} - \frac{f(x_a - dx + dx) - f(x_a - dx - dx)}{2dx}}{2dx} \right]$$

$$= \lim_{dx \to 0} \left[\frac{f(x_a + dx + dx) - f(x_a + dx - dx) - f(x_a - dx + dx) + f(x_a - dx - dx)}{(2dx)^2} \right]$$

$$= \lim_{dx \to 0} \left[\frac{f(x_a + 2dx) - 2f(x_a) + f(x_a - 2dx)}{(2dx)^2} \right]$$

상기 식에서, dx가 0으로 다가가면, $2dx$도 0으로 다가간다. 이에 따라, $2dx$를 dx로 치환할 수 있다. 그리고, $2dx$를 dx로 치환하여 정리하면 다음과 같다.

$$= \lim_{dx \to 0} \left[\frac{f(x_a + dx) - 2f(x_a) + f(x_a - dx)}{dx^2} \right]$$

4. 편미분

함수 z가 2개의 변수 x, y를 포함하는 함수에 해당한다면, 함수 z는 $z = f(x, y)$로 표시된다. 그리고, 편미분은 $y = f(x, y)$ 상의 특정 변수의 특정 점에 있어서의 접선(또는 접면)의 기울기에 해당한다. 그리고, 이를 산정하는 방법은 그 특정 변수를 기준으로 함수 z 전체를 미분하는 것이며, 이 때 다른 변수는 상수와 동일한 취급을 한다.

편미분의 과정은 미분의 과정과 크게 다르지 않다. 다만, 미분은 함수가 1개의 변수로 구성되어 있을 때, 그 변수를 기준으로 미분하는 것이며, 편미분은 함수가 2개 이상의 변수로 구성되어 있을 때, 특정 변수를 기준으로 미분하는 것이 다르다. 편미분의 기호는 ∂(Round, "라운드")를 사용한다. 그리고, 다음은 함수 z를 변수 x에 대하여, 각각 1차 및 2차 편미분하는 기호를 나타내는 사례에 해당한다.

$$\frac{\partial z}{\partial x} = \frac{\partial f}{\partial x} \ \& \ \frac{\partial^2 z}{\partial x^2} = \frac{\partial^2 f}{\partial x^2}$$

2 Black–Scholes–Merton(BSM) 모형의 차분화

앞서 언급한 바와 같이, BSM 모형의 편미분 방정식(Partial differential equation, PDE)는 다음과 같다.

$$\frac{\partial V}{\partial t} + rS\frac{\partial V}{\partial S} + 0.5\sigma^2 S^2 \frac{\partial^2 V}{\partial S^2} - rV = 0$$

여기에서, 파생상품의 가치인 V는 주가(S)와 시간(t)에 대한 함수로서, $V = f(S,t)$에 해당한다. 그리고, $\frac{\partial V}{\partial t}$는 V를 t에 대하여 편미분한 것이고, $\frac{\partial V}{\partial S}$는 V를 S에 대하여 편미분한 것이며, $\frac{\partial^2 V}{\partial S^2}$는 V를 S에 대하여 2차 편미분한 것에 해당한다. 그리고, 이러한 편미분 방정식을 대체하면, 다음과 같다.

$$\lim_{dt \to 0}\frac{V_{t+1,j} - V_{t,j}}{dt} + rS\lim_{ds \to 0}\frac{V_{t,j+1} - V_{t,j-1}}{2dS} + 0.5\sigma^2 S^2 \lim_{ds \to 0}\frac{V_{t,j+1} - 2V_{t,j} + V_{t,j-1}}{dS^2} - rV_{t,j}$$
$$= 0$$

여기에서, $V_{t,j}$는 현재 시점의 현재 주가에 의한 파생상품 가치에 해당하고, $V_{t,j-1}$는 현재 시점의 하락 주가(dS만큼 하락)에 의한 파생상품 가치에 해당하며, $V_{t,j+1}$는 현재 시점의 상승 주가(dS만큼 상승)에 의한 파생상품 가치에 해당한다. 또한, $V_{t+1,j}$는 다음 시점의 현재 주가에 의한 파생상품 가치에 해당한다. 아울러, 시간에 대하여는 일반 차분식에 의한 편미분 식을 적용하였으며, 주가에 대하여는 중앙 차분식에 의한 편미분 식을 적용하였다. 그리고, 여기에서 limit를 제외하면, 다음과 같다.

$$\frac{V_{t+1,j} - V_{t,j}}{dt} + rS\frac{V_{t,j+1} - V_{t,j-1}}{2dS} + 0.5\sigma^2 S^2 \frac{V_{t,j+1} - 2V_{t,j} + V_{t,j-1}}{dS^2} - rV_{t,j} = 0$$

즉, 상기 식에 대하여, 충분히 작은 dt와 dS를 적용하여 풀면, BSM의 PDE를 만족시키는 근사해를 찾을 수 있다. 그리고, 이렇게 산정한 식이 차분 방정식에 해당한다. 또한, 이렇게 PDE를 차분 방정식으로 푸는 방법이 FDM에 해당한다.

FDM은 크게 명시적(EXplicit) FDM, 암묵적(Implicit) FDM, Crank-Nicolson(CN) FDM으로 구분된다. 그리고, 이들 방법의 차이는 상기 식 중 다음의 식 부분(이하, 주가 편미분식)을 어떻게 적용할 것인가의 차이에 해당한다.

$$rS\frac{V_{t,j+1} - V_{t,j-1}}{2dS} + 0.5\sigma^2 S^2 \frac{V_{t,j+1} - 2V_{t,j} + V_{t,j-1}}{dS^2}$$

그리고, FDM은 말 그대로 유한(Finite)한 범위 내에서 차분 방정식을 푸는 것이기 때문에, 먼저, 최소 주가($S_{\min}$), 최대 주가($S_{\max}$), 주가 구간 수(N), 시간 구간 수(M)를 설정하여야 한다. 다만, 보편적으로, 최소 주가는 0을 적용하고 있으며, 최대 주가는 현재 주가의 2배를 적용하고 있다.

그리고, 각각의 주가 구간에 대한 주가 차이는 "$(S_{\max} - S_{\min})/N$"에 해당하고, 이는 dS에 해당하며, 각각의 시간 구간에 대한 시간 차이는 "잔여 만기/M"에 해당하고, 이는 dt에 해당한다. 주가 구간의 번호는 0, 1, 2, ⋯, N의 값을 가지고, 이를 j로 표시하며, 시간 구간의 번호는 0, 1, 2, ⋯, M의 값을 가지고, 이를 t로 표시한다. 아울러, 상기 식의 j와 t는 바로 이러한 주가 구간의 번호와 시간 구간의 번호를 의미한다.

3 명시적 FDM

명시적 FDM에서는 주가 편미분식에 대하여 다음과 같이 적용한다. 즉, 현재 시점의 파생상품 가치에 대한 편미분 값을 적용하는 것이 아니라, 다음 시점의 파생상품 가치에 대한 편미분 값을 적용한다.

$$rS\frac{V_{t+1,j+1} - V_{t+1,j-1}}{2dS} + 0.5\sigma^2 S^2 \frac{V_{t+1,j+1} - 2V_{t+1,j} + V_{t+1,j-1}}{dS^2}$$

이제, 상기 주가 편미분식을 적용하여 차분 방정식을 완성하고, 그 식을 풀면, 다음과 같다.

$$\frac{V_{t+1,j} - V_{t,j}}{dt} + rS\frac{V_{t+1,j+1} - V_{t+1,j-1}}{2dS} + 0.5\sigma^2 S^2 \frac{V_{t+1,j+1} - 2V_{t+1,j} + V_{t+1,j-1}}{dS^2} - rV_{t,j}$$
$$= 0$$

여기에서, $\dfrac{S}{dS} = j$ & $\dfrac{S^2}{dS^2} = j^2$에 해당하므로, 이를 반영한 후, 양변에 dt를 곱하여 정리하면, 다음과 같다.

$$V_{t+1,j} - V_{t,j}$$
$$+ dt\left[0.5rj(V_{t+1,j+1} - V_{t+1,j-1}) + 0.5\sigma^2 j^2(V_{t+1,j+1} - 2V_{t+1,j} + V_{t+1,j-1}) - rV_{t,j}\right] = 0$$

여기에서, $A = 0.5rj$ & $B = 0.5\sigma^2 j^2$로 치환하여 정리하면, 다음과 같다.

$$(1 + rdt)V_{t,j} = V_{t+1,j} + dt\left[A(V_{t+1,j+1} - V_{t+1,j-1}) + B(V_{t+1,j+1} - 2V_{t+1,j} + V_{t+1,j-1})\right]$$

$$V_{t,j} = \frac{dt}{1+rdt}\left[(B-A)V_{t+1,j-1} + \left(\frac{1}{dt} - 2B\right)V_{t+1,j} + (B+A)V_{t+1,j+1}\right]$$

그리고, 상기 식을 다음과 같이 정리하고, 각각의 계수를 나타내면 다음과 같다.

$$V_{t,j} = a_j V_{t+1,j-1} + b_j V_{t+1,j} + c_j V_{t+1,j+1}$$

$$a_j = \frac{dt}{1+rdt}(B-A) = \frac{dt}{1+rdt}(0.5\sigma^2 j^2 - 0.5rj) = \frac{0.5dt}{1+rdt}(\sigma^2 j^2 - rj)$$

$$b_j = \frac{dt}{1+rdt}\left(\frac{1}{dt} - 2B\right) = \frac{dt}{1+rdt}\left(\frac{1}{dt} - 2\times 0.5\sigma^2 j^2\right) = \frac{dt}{1+rdt}\left(\frac{1}{dt} - \sigma^2 j^2\right)$$

$$c_j = \frac{dt}{1+rdt}(B+A) = \frac{dt}{1+rdt}(0.5\sigma^2 j^2 + 0.5rj) = \frac{0.5dt}{1+rdt}(\sigma^2 j^2 + rj)$$

상기 식을 살펴 보면, 다음 Time Step에서의 3개의 Node가 현재 Time Step에서의 1개의 Node로 귀결되고 있음을 알 수 있다. 그리고, 이러한 특성 때문에, 바로 Backwardation을 통한 옵션 평가가 가능하다.

이제 이를 엑셀로 구현하는 방법에 대하여 알아 보자. 그리고, 다음과 같은 유러피언 콜옵션을 평가한다고 가정한다. 또한, 전체 기간에 대한 이자율은 단일의 이자율이 적용되는 것으로 가정한다. 그리고, 만약, 아메리칸 콜옵션을 평가하고 싶다면, 아래 설명에서 콜옵션의 행사가 만기 이전에도 가능한 것으로 변경해 주면 된다.

- 현재 주가 : 150.00
- 행사 가격 : 100.00
- 행사 기간 : 0.50 년
- 무위험 이자율 : 4.00%
- 주가 변동성 : 20.00%

(STEP 1) 최소 주가($S_{\min}$), 최대 주가($S_{\max}$), 주가 구간 수(N), 시간 구간 수(M)를 설정한다. 본 사례의 경우, $S_{\min} = 0.00$, $S_{\max} = 300.00(150.00 \times 2)$, $N = 5$, $T = 5$로 가정한다. 이로 인하여, $dS = 300.00/5 = 60.00$에 해당하고, $dt = 0.50/5 = 0.1$에 해당한다.

(STEP 2) 다음과 같이 주가와 시간에 대한 격자 Table을 생성한다. 즉, 좌측에 주가 번호 및 주가를 기재하고, 상단에는 시간 번호를 기재한다.

번호 = j	주가	0	1	2	3	4	5
0	0.00						
1	60.00						
2	120.00						
3	180.00						
4	240.00						
5	300.00						

(STEP 3) 내재가치, 시간가치 및 옵션가치를 다음과 같이 정의한다.

① 내재가치(IV) : IV를 다음과 같이 정의한다.

옵션 행사 가능 여부	$IV_{t,j}$
가능	MAX[주가 − 행사가격, 0]
불가능	0

② 시간가치(TV) : TV를 상기 FDM에 의한 식으로 정의한다.

$$TV_{t,j} = a_j OV_{t+1,j-1} + b_j OV_{t+1,j} + c_j OV_{t+1,j+1}$$

$$a_j = \frac{dt}{1+rdt}(B-A) = \frac{dt}{1+rdt}(0.5\sigma^2 j^2 - 0.5rj) = \frac{0.5dt}{1+rdt}(\sigma^2 j^2 - rj)$$

$$b_j = \frac{dt}{1+rdt}\left(\frac{1}{dt} - 2B\right) = \frac{dt}{1+rdt}\left(\frac{1}{dt} - 2 \times 0.5\sigma^2 j^2\right) = \frac{dt}{1+rdt}\left(\frac{1}{dt} - \sigma^2 j^2\right)$$

$$c_j = \frac{dt}{1+rdt}(B+A) = \frac{dt}{1+rdt}(0.5\sigma^2 j^2 + 0.5rj) = \frac{0.5dt}{1+rdt}(\sigma^2 j^2 + rj)$$

③ 옵션가치(OV) : OV를 다음과 같이 정의한다.

$$OV_{t,j} = MAX[IV_{t,j}, TV_{t,j}]$$

(STEP 4) 각각의 주가 구간별로 FDM 식의 계수를 산정한다.

번호 = j	주가	A	B	a_j	b_j	c_j
0	0.00	0.0000	0.0000	0.0000	0.9960	0.0000
1	60.00	0.0200	0.0200	0.0000	0.9920	0.0040
2	120.00	0.0400	0.0800	0.0040	0.9801	0.0120
3	180.00	0.0600	0.1800	0.0120	0.9602	0.0239
4	240.00	0.0800	0.3200	0.0239	0.9323	0.0398
5	300.00	0.1000	0.5000	0.0398	0.8964	0.0598

(*) $j=3$에서의 각각의 값은 다음과 같이 산정된다.

$$A = 0.5rj = 0.5 \times 4.00\% \times 3 = 0.0600$$

$$B = 0.5\sigma^2 j^2 = 0.5 \times 20.00\%^2 \times 3^2 = 0.1800$$

$$a_3 = \frac{dt}{1+rdt}(B-A) = \frac{0.1}{1+4.00\% \times 0.1}(0.18-0.06) = 0.0120$$

$$b_3 = \frac{dt}{1+rdt}\left(\frac{1}{dt} - 2B\right) = \frac{0.1}{1+4.00\% \times 0.1}\left(\frac{1}{0.01} - 2 \times 0.18\right) = 0.9602$$

$$c_3 = \frac{dt}{1+rdt}(B+A) = \frac{0.1}{1+4.00\% \times 0.1}(0.18+0.06) = 0.0239$$

(STEP 5) 만기 시점의 옵션가치를 산정한다. 다만, 만기 시점은 시간가치가 없으므로, 내재 가치로만 산정한다.

번호 = j	주가	0	1	2	3	4	5
0	0.00						0.00
1	60.00						0.00
2	120.00						20.00
3	180.00						80.00
4	240.00						140.00
5	300.00						200.00

(STEP 6) 경계 (Boundary) Node에 대한 OV산출 값을 입력한다.

$j = 0$ 및 $j = N$(최대 주가 구간, 본 사례의 경우에는 5)인 Node들을 경계 Node라고 부른다. 그리고, 이들 경계 Node 중 $j = 0$인 경우에는 다음 Time Step의 상위 Node가 없고, $j = N$인 경우에는 다음 Time Step의 하위 Node가 없어서, 상기 (STEP 3)의 시간가치를 산정할 수가 없다. 이에 따라, 경계 Node들에 대하여는 다음과 같이 시간가치를 정의하고, MAX[내재가치, 시간가치]로서 OV를 산출한다. 즉, 경계 Node들에 대하여는 시간가치를 다음 Time Step의 가치를 현재 Time Step의 가치로 할인한 가치로 산정한다.

$$TV_{i,j} = \frac{OV_{i+1,j}}{e^{rdt}}$$

번호 = j	주가	0	1	2	3	4	5
0	0.00	0.00	0.00	0.00	0.00	0.00	0.00
1	60.00						0.00
2	120.00						20.00
3	180.00						80.00
4	240.00						140.00
5	300.00	196.04	196.83	197.61	198.41	199.20	200.00

(*1) $j = 0$ & $t = 3$에서의 옵션가치

$$OV_{3,0} = MAX[IV_{3,0}, TV_{3,0}] = MAX\left[0.00, \frac{OV_{4,0}}{e^{4.00\% \times 0.1}}\right] = MAX\left[0.00, \frac{0.00}{e^{4.00\% \times 0.1}}\right] = 0.00$$

(*2) $j = 5$ & $t = 3$에서의 옵션가치

$$OV_{3,5} = MAX[IV_{3,5}, TV_{3,5}] = MAX\left[0.00, \frac{OV_{4,5}}{e^{4.00\% \times 0.1}}\right] = MAX\left[0.00, \frac{199.20}{e^{4.00\% \times 0.1}}\right] = 198.41$$

(*3) 본 사례의 경우, 유러피언 콜옵션에 해당하므로, 만기 이외에는 내재가치가 존재하지 않는다. 그러나, 아메리칸 옵션에 해당하는 경우에는 상기 (*1)과 (*2)에서 내재가치를 적절히 반영해 주어야 한다.

(STEP 7) 나머지 Node들에 대하여, Time Step = 4, 3, 2, 1, 0 순으로 상기 (STEP 3)의 옵션가치를 적용하여 산정한다.

번호 = j	주가	0	1	2	3	4	5
0	0.00	0.00	0.00	0.00	0.00	0.00	0.00
1	60.00	0.41	0.33	0.24	0.16	0.08	0.00
2	120.00	22.73	22.20	21.66	21.11	20.56	20.00
3	180.00	81.98	81.59	81.19	80.80	80.40	80.00
4	240.00	141.53	141.31	141.05	140.75	140.40	140.00
5	300.00	196.04	196.83	197.61	198.41	199.20	200.00

(*) $j=3$ & $t=3$에서의 옵션가치

$IV_{3,3} = 0.00$

$TV_{3,3} = a_3 OV_{4,2} + b_3 OV_{4,3} + c_3 OV_{4,4} = 0.0120 \times 20.56 + 0.9602 \times 80.40 + 0.0239 \times 140.40 = 80.80$

$OV_{3,3} = MAX[IV_{3,3}, TV_{3,3}] = MAX[0.00, 80.80] = 80.80$

(STEP 8) 상기 평가 결과 중 주가 = 현재 주가인 t = 0의 값을 최종 평가액으로 산정한다. 다만, 현재 주가와 동일한 주가가 없는 경우에는 다음과 같이 보간법으로 최종 평가액을 산정한다.

NO	주가	평가액	보간법
2	120.00	22.73	
	150.00		52.36
3	180.00	81.98	

4 ▶ 암묵적 FDM

암묵적 FDM에서는 주가 편미분식에 대하여 다음과 같이 적용한다. 즉, 다음 시점의 파생상품 가치에 대한 편미분 값을 적용하는 것이 아니라, 현재 시점의 파생상품 가치에 대한 편미분 값을 적용한다.

$$rS\frac{V_{t,j+1} - V_{t,j-1}}{2dS} + 0.5\sigma^2 S^2 \frac{V_{t,j+1} - 2V_{t,j} + V_{t,j-1}}{dS^2}$$

이제, 상기 주가 편미분식을 적용하여 차분 방정식을 완성하고, 그 식을 풀면, 다음과 같다.

$$\frac{V_{t+1,j} - V_{t,j}}{dt} + rS\frac{V_{t,j+1} - V_{t,j-1}}{2dS} + 0.5\sigma^2 S^2 \frac{V_{t,j+1} - 2V_{t,j} + V_{t,j-1}}{dS^2} - rV_{t,j} = 0$$

여기에서, $\frac{S}{dS} = j$ & $\frac{S^2}{dS^2} = j^2$에 해당하므로, 이를 반영한 후, 양변에 dt를 곱하여 정리하면, 다음과 같다.

$$V_{t+1,j} - V_{t,j} + dt\left[0.5rj\left(V_{t,j+1} - V_{t,j-1}\right) + 0.5\sigma^2 j^2\left(V_{t,j+1} - 2V_{t,j} + V_{t,j-1}\right) - rV_{t,j}\right] = 0$$

여기에서, $A = 0.5rj$ & $B = 0.5\sigma^2 j^2$ 로 치환하여 정리하면, 다음과 같다.

$$V_{t+1,j} = V_{t,j} - dt\left[A\left(V_{t,j+1} - V_{t,j-1}\right) + B\left(V_{t,j+1} - 2V_{t,j} + V_{t,j-1}\right) - rV_{t,j}\right]$$

$$V_{t+1,j} = dt\left[(A-B)V_{t,j-1} + \left(\frac{1}{dt} + 2B + r\right)V_{t,j} - (A+B)V_{t,j+1}\right]$$

그리고, 상기 식을 다음과 같이 정리하고, 각각의 계수를 나타내면 다음과 같다.

$$V_{t+1,j} = a_j V_{t,j-1} + b_j V_{t,j} + c_j V_{t,j+1}$$

$$a_j = dt(A-B) = dt\left(0.5rj - 0.5\sigma^2 j^2\right) = 0.5dt\left(rj - \sigma^2 j^2\right)$$

$$b_j = dt\left(\frac{1}{dt} + 2B + r\right) = dt\left(\frac{1}{dt} + 2 \times 0.5\sigma^2 j^2 + r\right) = dt\left(\frac{1}{dt} + \sigma^2 j^2 + r\right)$$

$$c_j = -dt(B+A) = -dt\left(0.5\sigma^2 j^2 + 0.5rj\right) = -0.5dt\left(rj + \sigma^2 j^2\right)$$

상기 식을 살펴 보면, 현재 Time Step에서의 3개의 Node가 다음 Time Step에서의 1개의 Node로 귀결되고 있음을 알 수 있다. 그리고, 이러한 특성 때문에, 바로 Backwardation을 통한 옵션 평가가 불가능하다. 이에 따라, 명시적 FDM과는 다르게 암묵적 FDM에서는 연립 방정식의 풀이 과정이 추가되게 된다.

이제 이를 엑셀로 구현하는 방법에 대하여 알아 보자. 그리고, 사례는 명시적 FDM의 사례와 동일한 사례를 적용한다.

(STEP 1) 최소 주가(S_{min}), 최대 주가(S_{max}), 주가 구간 수(N), 시간 구간 수(M)를 설정한다. 본 사례의 경우, 명시적 FDM에서 설정한 결과를 그대로 적용한다.

(STEP 2) 주가와 시간에 대한 격자 Table을 생성한다. 이는 명시적 FDM과 동일하다.

(STEP 3) 내재가치, 시간가치 및 옵션가치를 다음과 같이 정의한다.

① 내재가치(IV) : IV를 정의한다. 이는 명시적 FDM과 동일하다.

② 시간가치(TV) : TV를 다음과 같이 정의한다.

명시적 FDM과는 다르게, 암묵적 FDM에서는 시간가치를 직접 산출할 수가 없다. 왜냐하면, 암묵적 FDM에서는 현재 Time Step에서의 3개의 Node가 다음 Time Step에서의 1개의 Node로 귀결되기 때문이다. 이에 따라, 다음과 같이, 연립 방정식을 설정하고, 풀이하여 시간가치를 산정하여야 한다.

$$a_0 V_{t,-1} + b_0 V_{t,0} + c_0 V_{t,1} = V_{t+1,0}$$
$$a_1 V_{t,0} + b_1 V_{t,1} + c_1 V_{t,2} = V_{t+1,1}$$
$$a_2 V_{t,1} + b_2 V_{t,2} + c_2 V_{t,3} = V_{t+1,2}$$
$$a_3 V_{t,2} + b_3 V_{t,3} + c_3 V_{t,4} = V_{t+1,3}$$
$$a_4 V_{t,3} + b_4 V_{t,4} + c_4 V_{t,5} = V_{t+1,4}$$
$$a_5 V_{t,4} + b_5 V_{t,5} + c_5 V_{t,6} = V_{t+1,5}$$

상기에서, $V_{t,-1}$과 $V_{t,6}$는 경계를 벗어나는 값들에 해당하므로, 최상위 식과 최하위 식을 제거한다. 즉, 이를 요약하면, 다음과 같다.

$$a_1 V_{t,0} + b_1 V_{t,1} + c_1 V_{t,2} = V_{t+1,1}$$
$$a_2 V_{t,1} + b_2 V_{t,2} + c_2 V_{t,3} = V_{t+1,2}$$
$$a_3 V_{t,2} + b_3 V_{t,3} + c_3 V_{t,4} = V_{t+1,3}$$
$$a_4 V_{t,3} + b_4 V_{t,4} + c_4 V_{t,5} = V_{t+1,4}$$

상기에서, $V_{t,0}$과 $V_{t,s}$는 경계 Node의 값에 해당하며, 이는 하기 (STEP 6)에서 별도로 산출되는 값에 해당한다. 이에 따라, 상기 방정식의 미지수는 $V_{t,1}$, $V_{t,2}$, $V_{t,3}$, $V_{t,4}$로서 4개에 해당하며, 식 또한 4개에 해당하므로, 당해 방정식을 풀이할 수 있다. 그리고, 이렇게 풀이한 $V_{t,1}$, $V_{t,2}$, $V_{t,3}$, $V_{t,4}$를 시간가치($TV_{t,j}$)로 반영한다.

③ 옵션가치(OV) : OV를 다음과 같이 정의한다.

$$OV_{t,j} = MAX[IV_{t,j}, TV_{t,j}]$$

(STEP 4) 각각의 주가 구간별로 FDM 식의 계수를 산정한다.

번호 = j	주가	A	B	a_j	b_j	c_j
0	0.00	0.0000	0.0000	0.0000	1.0040	0.0000
1	60.00	0.0200	0.0200	(0.0000)	1.0080	(0.0040)
2	120.00	0.0400	0.0800	(0.0040)	1.0200	(0.0120)
3	180.00	0.0600	0.1800	(0.0120)	1.0400	(0.0240)
4	240.00	0.0800	0.3200	(0.0240)	1.0680	(0.0400)
5	300.00	0.1000	0.5000	(0.0400)	1.1040	(0.0600)

(*) $j=3$에서의 각각의 값은 다음과 같이 산정된다.

$$A = 0.5rj = 0.5 \times 4.00\% \times 3 = 0.0600$$

$$B = 0.5\sigma^2 j^2 = 0.5 \times 20.00\%^2 \times 3^2 = 0.1800$$

$$a_3 = dt(A-B) = 0.1(0.06-0.18) = -0.0120$$

$$b_3 = dt\left(\frac{1}{dt} + 2B + r\right) = 0.1\left(\frac{1}{0.1} + 2 \times 0.18 + 4\%\right) = 1.0400$$

$$c_3 = -dt(B+A) = -0.1(0.18+0.06) = -0.0240$$

(STEP 5) 만기 시점의 옵션가치를 산정한다. 이는 명시적 FDM과 동일하다.

(STEP 6) 경계 (Boundary) Node에 대한 OV산출 값을 입력한다. 이는 명시적 FDM과 동일하다.

(STEP 7) 나머지 Node들에 대하여, Time Step = 4, 3, 2, 1, 0 순으로 상기 (STEP 3)의 옵션가치를 적용하여 산정한다.

번호 = j	주가	0	1	2	3	4	5
0	0.00	0.00	0.00	0.00	0.00	0.00	0.00
1	60.00	0.42	0.3353	0.25	0.16	0.08	0.00
2	120.00	22.71	22.1813	21.64	21.10	20.55	20.00
3	180.00	81.97	81.5818	81.19	80.80	80.40	80.00
4	240.00	141.36	141.1653	140.93	140.66	140.35	140.00
5	300.00	196.04	196.83	197.61	198.41	199.20	200.00

(*) $j=3$ & $t=3$에서의 옵션가치

$IV_{3,3} = 0.00$

$TV_{3,3} = 80.80$

$TV_{3,3}$은 다음의 연립 방정식을 풀어서 산정한다. 여기에서, $V_{3,0}$과 $V_{3,5}$는 경계 Node의 값에 해당하며, 각각 0.00과 198.41에 해당한다. 또한, 이러한 연립 방정식은 엑셀의 해찾기(Solver) 기능을 이용하거나, 연립 방정식을 행렬 식으로 변환한 후, 가우스 소거법 등을 적용하여 풀이할 수 있다.

$Equation\, 1: -0.0000\, V_{3,0} + 1.0080\, V_{3,1} - 0.0040\, V_{3,2} = 0.08$
$Equation\, 2: -0.0040\, V_{3,1} + 1.0200\, V_{3,2} - 0.0120\, V_{3,3} = 20.55$
$Equation\, 3: -0.0120\, V_{3,2} + 1.0400\, V_{3,3} - 0.0240\, V_{3,4} = 80.40$
$Equation\, 4: -0.0240\, V_{3,3} + 1.0680\, V_{3,4} - 0.0400\, V_{3,5} = 140.35$

상기 연립 방정식을 풀면, 다음과 같다.

$V_{3,1} = 0.16$ & $V_{3,2} = 21.10$ & $V_{3,3} = 80.80$ & $V_{3,4} = 140.66$

결과적으로, $TV_{3,3}$은 $V_{3,3} = 80.80$에 해당한다.

$OV_{3,3} = \mathrm{MAX}\left[IV_{3,3}, TV_{3,3}\right] = \mathrm{MAX}\left[0.00, 80.80\right] = 80.80$

(STEP 8) 상기 평가 결과 중 주가 = 현재 주가인 $t = 0$의 값을 최종 평가액으로 산정한다. 다만, 현재 주가와 동일한 주가가 없는 경우에는 다음과 같이 보간법으로 최종 평가액을 산정한다.

NO	주가	평가액	보간법
2	120.00	22.71	
	150.00		52.34
3	180.00	81.97	

5 CN FDM

CN FDM에서는 주가 편미분식에 대하여 다음과 같이 적용한다. 즉, 명시적 FDM에 의한 주가 편미분식과 암묵적 FDM에 의한 주가 편미분식의 평균을 적용한다.

$$\frac{1}{2}\left[rS\frac{V_{t+1,j+1} - V_{t+1,j-1}}{2dS} + 0.5\sigma^2 S^2 \frac{V_{t+1,j+1} - 2V_{t+1,j} + V_{t+1,j-1}}{dS^2}\right]$$

$$+ \frac{1}{2}\left[rS\frac{V_{t,j+1} - V_{t,j-1}}{2dS} + 0.5\sigma^2 S^2 \frac{V_{t,j+1} - 2V_{t,j} + V_{t,j-1}}{dS^2}\right]$$

이제, 상기 주가 편미분식을 적용하여 차분 방정식을 완성하고, 그 식을 풀면, 다음과 같다.

$$\frac{V_{t+1,j} - V_{t,j}}{dt} + \frac{1}{2}\left[rS\frac{V_{t+1,j+1} - V_{t+1,j-1}}{2dS} + 0.5\sigma^2 S^2 \frac{V_{t+1,j+1} - 2V_{t+1,j} + V_{t+1,j-1}}{dS^2}\right]$$

$$+ \frac{1}{2}\left[rS\frac{V_{t,j+1} - V_{t,j-1}}{2dS} + 0.5\sigma^2 S^2 \frac{V_{t,j+1} - 2V_{t,j} + V_{t,j-1}}{dS^2}\right] - rV_{t,j} = 0$$

여기에서, $\dfrac{S}{dS} = j$ & $\dfrac{S^2}{dS^2} = j^2$ 에 해당하므로, 이를 반영한 후, 양변에 dt를 곱하여 정리하면, 다음과 같다.

$$V_{t+1,j} - V_{t,j} + \frac{dt}{2}\left[0.5rj(V_{t+1,j+1} - V_{t+1,j-1}) + 0.5\sigma^2 j^2(V_{t+1,j+1} - 2V_{t+1,j} + V_{t+1,j-1})\right]$$

$$+ \frac{dt}{2}\left[0.5rj(V_{t,j+1} - V_{t,j-1}) + 0.5\sigma^2 j^2(V_{t,j+1} - 2V_{t,j} + V_{t,j-1})\right] - rdt\,V_{t,j} = 0$$

여기에서, $A = 0.5rj$ & $B = 0.5\sigma^2 j^2$ 로 치환하여 정리하면, 다음과 같다.

$$V_{t+1,j} - V_{t,j} + 0.5dt\left[A(V_{t+1,j+1} - V_{t+1,j-1}) + B(V_{t+1,j+1} - 2V_{t+1,j} + V_{t+1,j-1})\right]$$

$$+ 0.5dt\left[A(V_{t,j+1} - V_{t,j-1}) + B(V_{t,j+1} - 2V_{t,j} + V_{t,j-1})\right] - rdt\,V_{t,j} = 0$$

$$\leftrightarrow V_{t+1,j} + 0.5dt\left[A(V_{t+1,j+1} - V_{t+1,j-1}) + B(V_{t+1,j+1} - 2V_{t+1,j} + V_{t+1,j-1})\right]$$

$$= V_{t,j} - 0.5dt\left[A(V_{t,j+1} - V_{t,j-1}) + B(V_{t,j+1} - 2V_{t,j} + V_{t,j-1})\right] + rdt\,V_{t,j}$$

여기에서, 양변을 $0.5dt$로 나누고 정리하면, 다음과 같다.

$$\frac{1}{0.5dt}V_{t+1,j} + (A+B)V_{t+1,j+1} - 2BV_{t+1,j} + (B-A)V_{t+1,j-1}$$

$$= \frac{1}{0.5dt}V_{t,j} - \left[(A+B)V_{t,j+1} - 2BV_{t,j} + (B-A)V_{t,j-1}\right] + 2rV_{t,j}$$

$$\leftrightarrow (B-A)V_{t+1,j-1} + 2\left(\frac{1}{dt} - B\right)V_{t+1,j} + (A+B)V_{t+1,j+1}$$

$$= (A-B)V_{t,j-1} + 2\left(\frac{1}{dt} + B + r\right)V_{t,j} - (A+B)V_{t,j+1}$$

그리고, 상기 식을 다음과 같이 정리하고, 각각의 계수를 나타내면 다음과 같다.

$$a_j V_{t,j-1} + b_j V_{t,j} + c_j V_{t,j+1} = d_j V_{t+1,j-1} + e_j V_{t+1,j} + f_j V_{t+1,j+1}$$

$$a_j = A - B = 0.5rj - 0.5\sigma^2 j^2 = 0.5(rj - \sigma^2 j^2)$$

$$b_j = 2\left(\frac{1}{dt} + B + r\right) = 2\left(\frac{1}{dt} + 0.5\sigma^2 j^2 + r\right)$$

$$c_j = -(A + B) = -\left(0.5rj + 0.5\sigma^2 j^2\right) = -0.5(rj + \sigma^2 j^2)$$

$$d_j = B - A = 0.5\sigma^2 j^2 - 0.5rj = 0.5(\sigma^2 j^2 - rj)$$

$$e_j = 2\left(\frac{1}{dt} - B\right) = 2\left(\frac{1}{dt} - 0.5\sigma^2 j^2\right)$$

$$f_j = A + B = 0.5rj + 0.5\sigma^2 j^2 = 0.5(rj + \sigma^2 j^2)$$

상기 식을 살펴 보면, 현재 Time Step에서의 3개의 Node가 다음 Time Step에서의 3개의 Node로 귀결되고 있음을 알 수 있다. 그리고, 이러한 특성 때문에, 바로 Backwardation을 통한 옵션 평가가 불가능하다. 이에 따라, 명시적 FDM과는 다르게 CN FDM에서는 연립 방정식의 풀이 과정이 추가되게 된다.

이제 이를 엑셀로 구현하는 방법에 대하여 알아 보자. 그리고, 사례는 명시적 FDM의 사례와 동일한 사례를 적용한다.

(STEP 1) 최소 주가($S_{\min}$), 최대 주가($S_{\max}$), 주가 구간 수(N), 시간 구간 수(M)를 설정한다. 본 사례의 경우, 명시적 FDM에서 설정한 결과를 그대로 적용한다.

(STEP 2) 주가와 시간에 대한 격자 Table을 생성한다. 이는 명시적 FDM과 동일하다.

(STEP 3) 내재가치, 시간가치 및 옵션가치를 다음과 같이 정의한다.

① 내재가치(IV) : IV를 정의한다. 이는 명시적 FDM과 동일하다.

② 시간가치(TV) : TV를 다음과 같이 정의한다.

명시적 FDM과는 다르게, CN FDM에서는 시간가치를 직접 산출할 수가 없다. 왜냐하면, CN FDM에서는 현재 Time Step에서의 3개의 Node가 다음 Time Step에서의 3개의 Node로 귀결되기 때문이다. 이에 따라, 다음과 같이, 연립 방정식을 설정하고, 풀이하여 시간가치를 산정하여야 한다.

$$a_0 V_{t,-1} + b_0 V_{t,0} + c_0 V_{t,1} = d_0 V_{t+1,-1} + e_0 V_{t+1,0} + f_0 V_{t+1,1}$$
$$a_1 V_{t,0} + b_1 V_{t,1} + c_1 V_{t,2} = d_1 V_{t+1,0} + e_1 V_{t+1,1} + f_1 V_{t+1,2}$$
$$a_2 V_{t,1} + b_2 V_{t,2} + c_2 V_{t,3} = d_2 V_{t+1,1} + e_2 V_{t+1,2} + f_2 V_{t+1,3}$$
$$a_3 V_{t,2} + b_3 V_{t,3} + c_3 V_{t,4} = d_3 V_{t+1,2} + e_3 V_{t+1,3} + f_3 V_{t+1,4}$$
$$a_4 V_{t,3} + b_4 V_{t,4} + c_4 V_{t,5} = d_4 V_{t+1,3} + e_4 V_{t+1,4} + f_4 V_{t+1,5}$$
$$a_5 V_{t,4} + b_5 V_{t,5} + c_5 V_{t,6} = d_5 V_{t+1,4} + e_5 V_{t+1,5} + f_5 V_{t+1,6}$$

상기에서, $V_{t,-1}$, $V_{t+1,-1}$, $V_{t,6}$, $V_{t+1,6}$는 경계를 벗어나는 값들에 해당하므로, 최상위 식과 최하위 식을 제거한다. 즉, 이를 요약하면, 다음과 같다.

$$a_1 V_{t,0} + b_1 V_{t,1} + c_1 V_{t,2} = d_1 V_{t+1,0} + e_1 V_{t+1,1} + f_1 V_{t+1,2}$$
$$a_2 V_{t,1} + b_2 V_{t,2} + c_2 V_{t,3} = d_2 V_{t+1,1} + e_2 V_{t+1,2} + f_2 V_{t+1,3}$$
$$a_3 V_{t,2} + b_3 V_{t,3} + c_3 V_{t,4} = d_3 V_{t+1,2} + e_3 V_{t+1,3} + f_3 V_{t+1,4}$$
$$a_4 V_{t,3} + b_4 V_{t,4} + c_4 V_{t,5} = d_4 V_{t+1,3} + e_4 V_{t+1,4} + f_4 V_{t+1,5}$$

상기에서, $V_{t,0}$과 $V_{t,5}$는 경계 Node의 값에 해당하며, 이는 하기 (STEP 6)에서 별도로 산출되는 값에 해당한다. 또한 $V_{t+1,0}$, $V_{t+1,1}$, $V_{t+1,2}$, $V_{t+1,3}$, $V_{t+1,4}$, $V_{t+1,5}$는 다음 Time Step에서의 옵션가치로서 이미 산출되어 있는 금액에 해당한다. 이에 따라, 상기 방정식의 미지수는 $V_{t,1}$, $V_{t,2}$, $V_{t,3}$, $V_{t,4}$로서 4개에 해당하며, 식 또한 4개에 해당하므로, 당해 방정식을 풀이할 수 있다. 그리고, 이렇게 풀이한 $V_{t,1}$, $V_{t,2}$, $V_{t,3}$, $V_{t,4}$를 시간가치($TV_{t,j}$)로 반영한다.

③ 옵션가치(OV) : OV를 다음과 같이 정의한다.

$$OV_{t,j} = MAX \quad [IV_{t,j}, TV_{t,j}]$$

(STEP 4) 각각의 주가 구간별로 FDM 식의 계수를 산정한다.

번호 = j	주가	A	B	a_j	b_j	c_j	d_j	e_j	f_j
0	0.00	0.0000	0.0000	0.0000	20.0800	0.0000	0.0000	20.0000	0.0000
1	60.00	0.0200	0.0200	0.0000	20.1200	(0.0400)	0.0000	19.9600	0.0400
2	120.00	0.0400	0.0800	(0.0400)	20.2400	(0.1200)	0.0400	19.8400	0.1200
3	180.00	0.0600	0.1800	(0.1200)	20.4400	(0.2400)	0.1200	19.6400	0.2400
4	240.00	0.0800	0.3200	(0.2400)	20.7200	(0.4000)	0.2400	19.3600	0.4000
5	300.00	0.1000	0.5000	(0.4000)	21.0800	(0.6000)	0.4000	19.0000	0.6000

(*) $j=3$에서의 각각의 값은 다음과 같이 산정된다.

$$A = 0.5rj = 0.5 \times 4.00\% \times 3 = 0.0600$$

$$B = 0.5\sigma^2 j^2 = 0.5 \times 20.00\%^2 \times 3^2 = 0.1800$$

$$a_3 = A - B = 0.0600 - 0.1800 = -0.1200$$

$$b_3 = 2\left(\frac{1}{dt} + B + r\right) = 2\left(\frac{1}{0.1} + 0.1800 + 4\%\right) = 20.4400$$

$$c_3 = -(A + B) = -(0.0600 + 0.1800) = -0.2400$$

$$d_3 = B - A = 0.1800 - 0.0600 = 0.1200$$

$$e_3 = 2\left(\frac{1}{dt} - B\right) = 2\left(\frac{1}{0.1} - 0.1800\right) = 19.6400$$

$$f_3 = A + B = 0.0600 + 0.1800 = 0.2400$$

(STEP 5) 만기 시점의 옵션가치를 산정한다. 이는 명시적 FDM과 동일하다.

(STEP 6) 경계(Boundary) Node에 대한 OV산출 값을 입력한다. 이는 명시적 FDM과 동일하다.

(STEP 7) 나머지 Node들에 대하여, Time Step = 4, 3, 2, 1, 0 순으로 상기 (STEP 3)의
옵션가치를 적용하여 산정한다.

번호 = j	주가	0	1	2	3	4	5
0	0.00	0.00	0.00	0.00	0.00	0.00	0.00
1	60.00	0.42	0.33	0.25	0.16	0.08	0.00
2	120.00	22.72	22.19	21.65	21.11	20.56	20.00
3	180.00	81.98	81.59	81.19	80.80	80.40	80.00
4	240.00	141.44	141.24	140.99	140.70	140.38	140.00
5	300.00	196.04	196.83	197.61	198.41	199.20	200.00

(*) $j=3$ & $t=3$에서의 옵션가치

$IV_{3,3} = 0.00$

$TV_{3,3} = 80.00$

$TV_{3,3}$은 다음의 연립 방정식을 풀어서 산정한다. 여기에서, $V_{3,0}$과 $V_{3,5}$는 경계 Node의 값에 해당하며, 각각 0.00과 198.41에 해당한다. 또한, 이러한 연립 방정식은 엑셀의 해찾기(Solver) 기능을 이용하거나, 연립 방정식을 행렬 식으로 변환한 후, 가우스 소거법 등을 적용하여 풀이할 수 있다.

$Equation\ 1: 0.0000\ V_{3,0} + 20.1200\ V_{3,1} - 0.0400\ V_{3,2}$
$$= 0.0000 \times 0.00 + 19.9600 \times 0.08 + 0.0400 \times 20.56 = 2.43$$
$Equation\ 2: -0.0400\ V_{3,1} + 20.2400\ V_{3,2} - 0.1200\ V_{3,3}$
$$= 0.0400 \times 0.08 + 19.8400 \times 20.56 + 0.1200 \times 80.40 = 417.48$$
$Equation\ 3: -0.1200\ V_{3,2} + 20.4400\ V_{3,3} - 0.2400\ V_{3,4}$
$$= 0.1200 \times 20.56 + 19.6400 \times 80.40 + 0.2400 \times 140.38 = 1,615.19$$
$Equation\ 4: -0.2400\ V_{3,3} + 20.7200\ V_{3,4} - 0.4000\ V_{3,5}$
$$= 0.2400 \times 80.40 + 19.3600 \times 140.38 + 0.4000 \times 199.20 = 2,816.64$$

상기 연립 방정식을 풀면, 다음과 같다.

$$V_{3,1} = 0.16\ \&\ V_{3,2} = 21.11\ \&\ V_{3,3} = 80.80\ \&\ V_{3,4} = 140.70$$

결과적으로, $TV_{3,3}$은 $V_{3,3} = 80.80$에 해당한다.

$$OV_{3,3} = MAX[IV_{3,3}, TV_{3,3}] = MAX[0.00, 80.80] = 80.80$$

(STEP 8) 상기 평가 결과 중 주가 = 현재 주가인 $t = 0$의 값을 최종 평가액으로 산정한다. 다만, 현재 주가와 동일한 주가가 없는 경우에는 다음과 같이 보간법으로 최종 평가액을 산정한다.

NO	주가	평가액	보간법
2	120.00	22.72	
	150.00		52.35
3	180.00	81.98	

6 〉 결과의 요약

상기 결과를 요약하면 다음과 같다. 아울러, 하기의 풋옵션은 앞선 사례에서 다른 조건은 모두 동일하고, 옵션만 풋옵션인 경우에 있어서의 결과에 해당한다.

	BSM	명시적 FDM	암묵적 FDM	CN FDM
콜옵션	51.99	52.36	52.34	52.35
풋옵션	0.01	0.39	0.38	0.38

2항 모형과 동일하게, FDM에서도 주가 구간 수와 Time Step 수를 증가시키면 증가시킬수록 그 정확성이 증가한다. 다음은 앞선 사례에서 다른 조건은 모두 동일하고, 주가 구간 수 = 100, Time Step 수 = 240를 적용한 결과에 해당한다.

	BSM	명시적 FDM	암묵적 FDM	CN FDM
콜옵션	51.99	51.99	51.99	51.99
풋옵션	0.01	0.01	0.01	0.01

7 ▷ 주의 사항

앞서 언급한 바와 같이, FDM은 미분 방정식 또는 편미분 방정식을 유한한 차분 방정식으로 변환하여 그 근사해를 수치해석적으로 찾는 방법에 해당한다. 이에 따라, 미분 방정식 또는 편미분 방정식을 수학적으로 직접 풀이하기가 어려운 경우, ㅗ 근사해를 찾고자 할 때 적합한 방법에 해당한다.

유러피언 콜옵션 및 유러피언 풋옵션과 관련하여서는, 이에 대한 편미분 방정식과 수학적 풀이 공식(Closed Form)이 이미 나와 있다. 즉, Black-Scholes-Merton 모형이다. 이에 따라, 유러피언 콜옵션 및 유러피언 풋옵션을 평가함에 있어서는 FDM을 사용하지 않는다. 왜냐하면, 보다 정확한 값을 산출하는 수학적 공식이 이미 나와 있기 때문이다. 그러나, 아메리칸 콜옵션 및 아메리칸 풋옵션과 관련하여서는, 이에 대한 수학적 풀이 공식이 나와 있지 않다. 왜냐하면, 그 수학적 풀이 과정이 매우 어렵기 때문이다. 그리고, FDM은 이렇게 수학적 풀이 과정이 매우 어려운 편미분 방정식의 근사해를 찾고자 할 때 사용된다.

앞서 살펴 본 바와 같이, 2항 모형과 동일하게, FDM 에서도 주가 구간 수와 Time Step 수가 증가할수록 그 정확성이 증가한다. 그러나, 명시적 FDM에서는 한가지 주의하여야 할 점이 있다. 명시적 FDM에서는 계수 b_j가 반드시 0보다 크거나 같도록 주가 구간 수와 Time Step 수를 설정하여야 한다. 즉, 다음의 관계가 성립하여야 한다.

$$b_j = \frac{dt}{1+rdt}\left(\frac{1}{dt} - 2B\right) = \frac{dt}{1+rdt}\left(\frac{1}{dt} - 2 \times 0.5\sigma^2 j^2\right) = \frac{dt}{1+rdt}\left(\frac{1}{dt} - \sigma^2 j^2\right) \geq 0$$

$$\frac{dt}{1+rdt}\left(\frac{1}{dt} - \sigma^2 j^2\right) \geq 0 \leftrightarrow \frac{1}{dt} - \sigma^2 j^2 \geq 0 \leftrightarrow j \leq \sqrt{\frac{1}{\sigma^2 dt}}$$

만약, 상기 조건이 성립하지 않으면, 명시적 FDM의 결과는 발산할 수 있으며, 이에 따라, 평가 결과도 잘못될 수 있다. 앞선 사례에서는 주가 구간 수 = 100, Time Step 수 = 240을 적용하여 FDM의 정확성을 높였었다. 그렇다면, 앞선 사례에서 Time Step 수 = 240을 적용하고자 할 때, 최대로 적용할 수 있는 주가 구간 수는 얼마인지 산출해 보자. 여기에서,

$\sigma = 20\%, dt = 0.50/240 = 0.0021$에 해당한다.

$$j \leq \sqrt{\frac{1}{\sigma^2 dt}} = \sqrt{\frac{1}{20\%^2 \times 0.0021}} = 109.54$$

상기에서, j는 정수에 해당하여야 하므로, 109가 된다 즉, 앞선 사례에서 Time Step 수 = 240을 적용하고자 할 때, 최대로 적용할 수 있는 주가 구간 수는 109개이다. 그리고, 앞선 사례에서는 주가 구간 수를 100개를 적용하였으므로, 발산의 문제가 발생하지 않는다.

다음은 FDM과 CRR 2항 모형의 정확성을 비교하는 내역에 한다. 또한, CRR 2항 모형의 Time Step 수는 FDM과 동일한 240을 적용하였으며, 보다 정확한 비교를 위하여, 평가 결과 값은 소수점 이하 4자리까지 확장하였다.

콜옵션	FDM			2항 모형
	명시적	암묵적	CN	CRR
평가 결과	51.9869	51.9874	51.9872	51.9863
BSM	51.9865	51.9865	51.9865	51.9865
차이	0.0005	0.0010	0.0007	(0.0002)
차이 비율	0.001%	0.002%	0.001%	0.000%

풋옵션	FDM			2항 모형
	명시적	암묵적	CN	CRR
평가 결과	0.0069	0.0074	0.0071	0.0062
BSM	0.0063	0.0063	0.0063	0.0063
차이	0.0005	0.0010	0.0008	(0.0002)
차이 비율	8.511%	16.302%	12.412%	−2.753%

상기의 결과를 통하여 알 수 있는 바와 같이, FDM보다는 CRR 2항 모형의 결과가 정확성이 더 높게 나타나고 있다. 그리고, 이는 당연한 결과에 해당한다. 왜냐하면, FDM에서는 최대 주가 (S_{max})에 대한 제약이 있으며, 특히, 명시적 FDM에서는 Time Step 수에 따른 주가 구간 수의 제약도 있기 때문이다.

결과적으로, 2항 모형에 의한 평가가 가능한 경우에는 2항 모형을 적용하여 평가하는 것이 타당한 것으로 판단되며, 2항 모형에 의한 평가가 불가능한 경우에 한하여 FDM을 적용하는 것이 타당한 것으로 판단된다.

본 부분에서는 연립 방정식을 행렬 식으로 변환한 후, 연립 방정식을 풀이하는 과정에 대하여 설명한다. 이를 위하여, 다음과 같은 연립 방정식이 주어져 있다고 가정한다. 아울러, 이는 암묵적 FDM에 대한 연립 방정식에 해당하며, CN FDM에도 그대로 적용된다. 왜냐하면, CN FDM의 연립 방정식에 있어서, 우변 합계는 하나의 금액으로 계산되어, 암묵적 FDM의 연립 방정식과 동일해지기 때문이다.

$$a_0 V_{t,-1} + b_0 V_{t,0} + c_0 V_{t,1} = V_{t+1,0}$$
$$a_1 V_{t,0} + b_1 V_{t,1} + c_1 V_{t,2} = V_{t+1,1}$$
$$a_2 V_{t,1} + b_2 V_{t,2} + c_2 V_{t,3} = V_{t+1,2}$$
$$a_3 V_{t,2} + b_3 V_{t,3} + c_3 V_{t,4} = V_{t+1,3}$$
$$\vdots$$
$$a_{N-3} V_{t,N-4} + b_{N-3} V_{t,N-3} + c_{N-3} V_{t,N-2} = V_{t+1,N-3}$$
$$a_{N-2} V_{t,N-3} + b_{N-2} V_{t,N-2} + c_{N-2} V_{t,N-1} = V_{t+1,N-2}$$
$$a_{N-1} V_{t,N-2} + b_{N-1} V_{t,N-1} + c_{N-1} V_{t,N} = V_{t+1,N-1}$$
$$a_N V_{t,N-1} + b_N V_{t,N} + c_N V_{t,N+1} = V_{t+1,N}$$

상기에서, $V_{t,-1}$과 $V_{t,N+1}$는 경계를 벗어나는 값들에 해당하므로, 최상위 식과 최하위 식을 제거한다. 즉, 이를 요약하면, 다음과 같다.

$$a_1 V_{t,0} + b_1 V_{t,1} + c_1 V_{t,2} = V_{t+1,1}$$
$$a_2 V_{t,1} + b_2 V_{t,2} + c_2 V_{t,3} = V_{t+1,2}$$
$$a_3 V_{t,2} + b_3 V_{t,3} + c_3 V_{t,4} = V_{t+1,3}$$
$$\vdots$$
$$a_{N-3} V_{t,N-4} + b_{N-3} V_{t,N-3} + c_{N-3} V_{t,N-2} = V_{t+1,N-3}$$
$$a_{N-2} V_{t,N-3} + b_{N-2} V_{t,N-2} + c_{N-2} V_{t,N-1} = V_{t+1,N-2}$$
$$a_{N-1} V_{t,N-2} + b_{N-1} V_{t,N-1} + c_{N-1} V_{t,N} = V_{t+1,N-1}$$

상기에서, $V_{t,0}$과 $V_{t,N}$는 경계 Node의 값에 해당하며, 이는 별도로 산출되는 값에 해당한다. 이에 따라, 상기 방정식의 미지수는 $V_{t,1}$, $V_{t,2}$, $V_{t,3}$, $\cdots$, $V_{t,N-1}$로서 $N-1$개에 해당하며, 식 또한 $N-1$개에 해당하므로, 당해 방정식을 풀이할 수 있다. 또한, 상기에서 최상위 식과 최하위 식을 다음과 같이 변환한다.

$$b_1 V_{t,1} + c_1 V_{t,2} = V_{t+1,1} - a_1 V_{t,0}$$

$$a_{N-1} V_{t,N-2} + b_{N-1} V_{t,N-1} = V_{t+1,N-1} - c_{N-1} V_{t,N}$$

상기에 대하여, 연립 방정식을 최종적으로 요약하면 다음과 같다.

$$b_1 V_{t,1} + c_1 V_{t,2} = V_{t+1,1} - a_1 V_{t,0}$$

$$a_2 V_{t,1} + b_2 V_{t,2} + c_2 V_{t,3} = V_{t+1,2}$$

$$a_3 V_{t,2} + b_3 V_{t,3} + c_3 V_{t,4} = V_{t+1,3}$$

$$\vdots$$

$$a_{N-3} V_{t,N-4} + b_{N-3} V_{t,N-3} + c_{N-3} V_{t,N-2} = V_{t+1,N-3}$$

$$a_{N-2} V_{t,N-3} + b_{N-2} V_{t,N-2} + c_{N-2} V_{t,N-1} = V_{t+1,N-2}$$

$$a_{N-1} V_{t,N-2} + b_{N-1} V_{t,N-1} = V_{t+1,N-1} - c_{N-1} V_{t,N}$$

그리고, 이를 행렬 식으로 나타내면, 다음과 같다.

$$
\begin{bmatrix}
b_1 & c_1 & 0 & 0 & \cdots & 0 & 0 & 0 & 0 \\
a_2 & b_2 & c_2 & 0 & \cdots & 0 & 0 & 0 & 0 \\
0 & a_3 & b_3 & c_3 & \cdots & 0 & 0 & 0 & 0 \\
\vdots & \vdots & \vdots & \vdots & \ddots & \vdots & \vdots & \vdots & \vdots \\
0 & 0 & 0 & 0 & \cdots & a_{N-3} & b_{N-3} & c_{N-3} & 0 \\
0 & 0 & 0 & 0 & \cdots & 0 & a_{N-2} & b_{N-2} & c_{N-2} \\
0 & 0 & 0 & 0 & \cdots & 0 & 0 & a_{N-1} & b_{N-1}
\end{bmatrix}
\begin{bmatrix}
V_{t,1} \\
V_{t,2} \\
V_{t,3} \\
\vdots \\
V_{t,N-3} \\
V_{t,N-2} \\
V_{t,N-1}
\end{bmatrix}
=
\begin{bmatrix}
V_{t+1,1} - a_1 V_{t,0} \\
V_{t+1,2} \\
V_{t+1,3} \\
\vdots \\
V_{t+1,N-3} \\
V_{t+1,N-2} \\
V_{t+1,N-1} - c_{N-1} V_{t,N}
\end{bmatrix}
$$

이제 연립 방정식을 풀이하기 위하여, 행렬의 다음과 같은 특성을 이용한다.

$$\alpha \times R_i + \beta \times R_j \to R_i$$

즉, 행렬 식에서는 i행의 모든 값에 α를 곱한 값과 j행의 모든 값에 β를 곱한 값을 합산한 금액을 i행의 새로운 행렬 값으로 대체할 수 있다. 그리고, 행렬의 이러한 특성을 이용하여, 다음과 같이 순차적으로 a_2, a_3, a_4, $\cdots$, a_{N-1}을 제거해 나간다.

(STEP 1) a_2를 다음과 같이 제거한다.

$$b_1 \times R_2 - a_2 \times R_1 \to R_2$$

즉, 2행에 b_1을 곱한 값에서 1행에 a_2를 곱한 값을 차감한 값을 새로운 2행으로 대체한다.

그리고, 그 결과는 다음과 같다.

$$
\begin{bmatrix}
b_1 & c_1 & 0 & 0 & \cdots & 0 & 0 & 0 & 0 \\
0 & b_1b_2 - a_2c_1 & b_1c_2 & 0 & \cdots & 0 & 0 & 0 & 0 \\
0 & a_3 & b_3 & c_3 & \cdots & 0 & 0 & 0 & 0 \\
\vdots & \vdots & \vdots & \vdots & \ddots & \vdots & \vdots & \vdots & \vdots \\
0 & 0 & 0 & 0 & \cdots & a_{N-3} & b_{N-3} & c_{N-3} & 0 \\
0 & 0 & 0 & 0 & \cdots & 0 & a_{N-2} & b_{N-2} & c_{N-2} \\
0 & 0 & 0 & 0 & \cdots & 0 & 0 & a_{N-1} & b_{N-1}
\end{bmatrix}
\begin{bmatrix}
V_{t,1} \\ V_{t,2} \\ V_{t,3} \\ \vdots \\ V_{t,N-3} \\ V_{t,N-2} \\ V_{t,N-1}
\end{bmatrix}
=
\begin{bmatrix}
V_{t+1,1} - a_1 V_{t,0} \\
b_1 V_{t+1,2} - a_2(V_{t+1,1} - a_1 V_{t,0}) \\
V_{t+1,3} \\
\vdots \\
V_{t+1,N-3} \\
V_{t+1,N-2} \\
V_{t+1,N-1} - c_{N-1} V_{t,N}
\end{bmatrix}
$$

상기 행렬에서, $b_1b_2 - a_2c_1$를 b'_2, b_1c_2를 c'_2, $b_1 V_{t+1,2} - a_2(V_{t+1,1} - a_1 V_{t,0})$를 $V'_{t+1,2}$ 로 대체하면, 다음과 같다.

$$
\begin{bmatrix}
b_1 & c_1 & 0 & 0 & \cdots & 0 & 0 & 0 & 0 \\
0 & b'_2 & c'_2 & 0 & \cdots & 0 & 0 & 0 & 0 \\
0 & a_3 & b_3 & c_3 & \cdots & 0 & 0 & 0 & 0 \\
\vdots & \vdots & \vdots & \vdots & \ddots & \vdots & \vdots & \vdots & \vdots \\
0 & 0 & 0 & 0 & \cdots & a_{N-3} & b_{N-3} & c_{N-3} & 0 \\
0 & 0 & 0 & 0 & \cdots & 0 & a_{N-2} & b_{N-2} & c_{N-2} \\
0 & 0 & 0 & 0 & \cdots & 0 & 0 & a_{N-1} & b_{N-1}
\end{bmatrix}
\begin{bmatrix}
V_{t,1} \\ V_{t,2} \\ V_{t,3} \\ \vdots \\ V_{t,N-3} \\ V_{t,N-2} \\ V_{t,N-1}
\end{bmatrix}
=
\begin{bmatrix}
V_{t+1,1} - a_1 V_{t,0} \\
V'_{t+1,2} \\
V_{t+1,3} \\
\vdots \\
V_{t+1,N-3} \\
V_{t+1,N-2} \\
V_{t+1,N-1} - c_{N-1} V_{t,N}
\end{bmatrix}
$$

(STEP 2) a_3를 다음과 같이 제거한다.

$$b'_2 \times R_3 - a_3 \times R_2 \to R_3$$

즉, 3행에 b'_2을 곱한 값에서 2행에 a_3를 곱한 값을 차감한 값을 새로운 3행으로 대체한다. 그리고, 그 결과는 다음과 같다.

$$
\begin{bmatrix}
b_1 & c_1 & 0 & 0 & \cdots & 0 & 0 & 0 & 0 \\
0 & b'_2 & c'_2 & 0 & \cdots & 0 & 0 & 0 & 0 \\
0 & 0 & b'_2b_3 - a_3c'_2 & b'_2c_3 & \cdots & 0 & 0 & 0 & 0 \\
\vdots & \vdots & \vdots & \vdots & \ddots & \vdots & \vdots & \vdots & \vdots \\
0 & 0 & 0 & 0 & \cdots & a_{N-3} & b_{N-3} & c_{N-3} & 0 \\
0 & 0 & 0 & 0 & \cdots & 0 & a_{N-2} & b_{N-2} & c_{N-2} \\
0 & 0 & 0 & 0 & \cdots & 0 & 0 & a_{N-1} & b_{N-1}
\end{bmatrix}
\begin{bmatrix}
V_{t,1} \\ V_{t,2} \\ V_{t,3} \\ \vdots \\ V_{t,N-3} \\ V_{t,N-2} \\ V_{t,N-1}
\end{bmatrix}
=
\begin{bmatrix}
V_{t+1,1} - a_1 V_{t,0} \\
V'_{t+1,2} \\
b'_2 V_{t+1,3} - a_3 V'_{t+1,2} \\
\vdots \\
V_{t+1,N-3} \\
V_{t+1,N-2} \\
V_{t+1,N-1} - c_{N-1} V_{t,N}
\end{bmatrix}
$$

상기 행렬에서, $b'_2 b_3 - a_3 c'_2$를 b'_3, $b'_2 c_3$를 c'_3, $b'_2 V_{t+1,3} - a_3 V'_{t+1,2}$를 $V'_{t+1,3}$로 대체하면, 다음과 같다.

$$\begin{bmatrix} b_1 & c_1 & 0 & 0 & \cdots & 0 & 0 & 0 & 0 \\ 0 & b'_2 & c'_2 & 0 & \cdots & 0 & 0 & 0 & 0 \\ 0 & 0 & b'_3 & c'_3 & \cdots & 0 & 0 & 0 & 0 \\ \vdots & \vdots & \vdots & \vdots & \ddots & \vdots & & \vdots & \vdots \\ 0 & 0 & 0 & 0 & \cdots & a_{N-3} & b_{N-3} & c_{N-3} & 0 \\ 0 & 0 & 0 & 0 & \cdots & 0 & a_{N-2} & b_{N-2} & c_{N-2} \\ 0 & 0 & 0 & 0 & \cdots & 0 & 0 & a_{N-1} & b_{N-1} \end{bmatrix} \begin{bmatrix} V_{t,1} \\ V_{t,2} \\ V_{t,3} \\ \vdots \\ V_{t,N-3} \\ V_{t,N-2} \\ V_{t,N-1} \end{bmatrix} = \begin{bmatrix} V_{t+1,1} - a_1 V_{t,0} \\ V'_{t+1,2} \\ V'_{t+1,3} \\ \vdots \\ V_{t+1,N-3} \\ V_{t+1,N-2} \\ V_{t+1,N-1} - c_{N-1} V_{t,N} \end{bmatrix}$$

(STEP 3) 상기와 같은 방법을 통하여, a_4, a_5, a_6, $\cdots$, a_{N-1}을 순차적으로 제거해 나간다. 그리고, 그 결과를 요약하면, 다음과 같다.

$$\begin{bmatrix} b_1 & c_1 & 0 & 0 & \cdots & 0 & 0 & 0 & 0 \\ 0 & b'_2 & c'_2 & 0 & \cdots & 0 & 0 & 0 & 0 \\ 0 & 0 & b'_3 & c'_3 & \cdots & 0 & 0 & 0 & 0 \\ \vdots & \vdots & \vdots & \vdots & \ddots & \vdots & \vdots & \vdots & \vdots \\ 0 & 0 & 0 & 0 & \cdots & 0 & b'_{N-3} & c'_{N-3} & 0 \\ 0 & 0 & 0 & 0 & \cdots & 0 & 0 & b'_{N-2} & c'_{N-2} \\ 0 & 0 & 0 & 0 & \cdots & 0 & 0 & 0 & b'_{N-1} \end{bmatrix} \begin{bmatrix} V_{t,1} \\ V_{t,2} \\ V_{t,3} \\ \vdots \\ V_{t,N-3} \\ V_{t,N-2} \\ V_{t,N-1} \end{bmatrix} = \begin{bmatrix} V_{t+1,1} - a_1 V_{t,0} \\ V'_{t+1,2} \\ V'_{t+1,3} \\ \vdots \\ V'_{t+1,N-3} \\ V'_{t+1,N-2} \\ V'_{t+1,N-1} \end{bmatrix}$$

(STEP 4) 상기 (STEP 3)의 행렬 식에 대하여 다음과 같이 방정식을 푼다.

(ㄱ) 제일 마지막 행의 행렬의 곱을 통하여 $V_{t,N-1}$값을 산정한다.

$$b'_{N-1} \times V_{t,N-1} = V'_{t+1,N-1} \leftrightarrow V_{t,N-1} = \frac{V'_{t+1,N-1}}{b'_{N-1}}$$

(ㄴ) 상기의 결과, $V_{t,N-1}$의 값이 산정되었으므로, 제일 마지막으로부터 2번째 행의 행렬의 곱을 통하여 $V_{t,N-2}$를 산정한다.

$$b'_{N-2} \times V_{t,N-2} + c'_{N-2} \times V_{t,N-1} = V'_{t+1,N-2}$$

$$\leftrightarrow V_{t,N-2} = \frac{V'_{t+1,N-2} - c'_{N-2} \times V_{t,N-1}}{b'_{N-2}}$$

(ㄷ) 상기와 같이, 제일 마지막행으로부터 1행까지 역순으로 $V_{t,j}$값들을 산정해 나간다.

Tsiveriotis & Fernandes(T&F)에 대한 고찰

앞서 언급한 바와 같이, T&F는 현금흐름 위험을 평가의 과정에 반영하는 방법 중 할인율 조정 기법에 해당하며, 그 중에서도 현금흐름 구분 할인율법에 해당한다. 즉, 무위험 현금흐름과 위험 현금흐름을 각각 구분한 후, 무위험 현금흐름은 무위험 이자율로 할인하고, 위험 현금흐름은 위험 이자율로 할인한 후, 각각의 가치를 합산하는 방식에 해당한다. 그리고, 다음은 T&F 논문에서 언급하고 있는 T&F 편미분 방정식 (PDE)에 해당한다. 여기에서, E는 Equity Value에 해당하고, D는 Debt Value에 해당한다. 또한, E와 D는 모두 주가 및 시간에 대한 함수에 해당한다.

CB Value : $V = E + D$

T&F CB Value PDE : $\dfrac{\partial V}{\partial t} + 0.5\sigma^2 S^2 \dfrac{\partial^2 V}{\partial S^2} + rS\dfrac{\partial V}{\partial S} - r_f E - r_d D = 0$

T&F Debt Value PDE : $\dfrac{\partial D}{\partial t} + 0.5\sigma^2 S^2 \dfrac{\partial^2 D}{\partial S^2} + rS\dfrac{\partial D}{\partial S} - r_d D = 0$

그리고, CB Value PDE에서 Debt Value PDE를 차감하여 Equity Value PDE를 산정하며, 그 결과는 다음과 같다.

T&F Equity Value PDE : $\dfrac{\partial E}{\partial t} + 0.5\sigma^2 S^2 \dfrac{\partial^2 E}{\partial S^2} + rS\dfrac{\partial E}{\partial S} - r_f E = 0$

그러나, T&F 모형에서는 문제점이 하나 있다. 즉, T&F의 CB Value PDE가 Black-Scholes-Merton(BSM)의 PDE와 일치하지 않는다는 점이다. 즉, 다음의 식에서 직사각형으로 표시된 부분에서 차이가 발생한다.

T&F CB Value PDE : $\dfrac{\partial V}{\partial t} + 0.5\sigma^2 S^2 \dfrac{\partial^2 V}{\partial S^2} + rS\dfrac{\partial V}{\partial S} \boxed{- r_f E - r_d D} = 0$

BSM PDE : $\dfrac{\partial V}{\partial t} + 0.5\sigma^2 S^2 \dfrac{\partial^2 V}{\partial S^2} + rS\dfrac{\partial V}{\partial S} \boxed{- r_f V} = 0$

이제 T&F의 CB Value PDE를 다음과 같이 변형해 보자. 여기에서, r_s는 $r_d - r_f$로서, 무위험 이자율과 위험 이자율의 스프레드(Spread)에 해당한다.

$$\dfrac{\partial V}{\partial t} + 0.5\sigma^2 S^2 \dfrac{\partial^2 V}{\partial S^2} + rS\dfrac{\partial V}{\partial S} - r_f E - r_d D = 0$$

$$\leftrightarrow \dfrac{\partial V}{\partial t} + 0.5\sigma^2 S^2 \dfrac{\partial^2 V}{\partial S^2} + rS\dfrac{\partial V}{\partial S} - r_f E - (r_f + r_s)D = 0$$

$$\leftrightarrow \dfrac{\partial V}{\partial t} + 0.5\sigma^2 S^2 \dfrac{\partial^2 V}{\partial S^2} + rS\dfrac{\partial V}{\partial S} - r_f(E + D) - r_s D = 0$$

$$\leftrightarrow \dfrac{\partial V}{\partial t} + 0.5\sigma^2 S^2 \dfrac{\partial^2 V}{\partial S^2} + rS\dfrac{\partial V}{\partial S} - r_f V \boxed{- r_s D} = 0$$

상기에서 알 수 있는 바와 같이, T&F의 CB Value PDE는 BSM의 PDE와 직사각형으로 표시된 부분에서 차이가 발생한다. 그리고, 상기 식은 무위험 현금흐름과 위험 현금흐름에 대하여, 모두 무위험 이자율로 할인한 후, 위험 현금흐름에 대하여만 위험 이자율의 Spread를 적용하여 추가적으로 할인하여야 함을 의미한다. 그리고, 이는 T&F가 현금흐름 위험을 할인율에 반영하고 있기 때문이며, 이는 당연한 결과에 해당한다.

전환증권의 평가에 있어서, 가장 중요한 부분은 현금흐름 위험을 평가의 과정에 반영하는 것이다. 이에 따라, T&F는 현금흐름 위험을 할인율에 반영하였으며, 현금흐름 위험별로 각각 다른 할인율을 적용하였다. 그리고, 이는 매우 합리적인 방법에 해당하며, Goldman Sachs가 적용한 가중평균 할인율법보다 우수한 접근법에 해당한다.

다만, T&F는 현금흐름을 선택하는 과정에서는 현금흐름 위험을 고려하지 않았다. 즉, 현금흐름을 선택하는 과정에서는 현금흐름 위험과 상관없이 명목금액이 큰 금액을 선택하고 있다. 그리고, 이로 인하여, 1) 전환사채의 가치가 오히려 전환가치보다 작게 되어서, 전환권의 가치가 음($-$)으로 산정되거나, 2) 풋옵션이 없는 전환사채에 추가로 풋옵션을 부여하였더니 오히려 그 가치가 감소하게 되어서, 풋옵션의 가치가 음($-$)으로 산정되거나,

3) 콜옵션이 없는 전환사채에 추가로 콜옵션을 부가하였더니 오히려 그 가치가 증가하게 되어서, 콜옵션의 가치가 음(-)으로 산정되는 현상이 발생하고 있다. 그리고, 이는 T&F의 문제점(T&F Paradox)에 해당하고 있으며, 반드시 해결이 필요한 부분에 해당한다. 왜냐하면, 옵션의 가치는 항상 0보다 크거나 같아야 하기 때문이다.

그리고, 이러한 T&F의 문제점을 보정하는 방법으로는 다양한 방법들이 제시되고 있다. 그리고, Ayache-Forsyth-Vetzal (AFV) 모형은 이들 중 하나에 해당한다. 다만, AFV 모형은 평가를 위하여 많은 시장 정보가 필요하지만, 상당한 정보가 공개되어 있지 않고, 평가를 위한 기초 변수를 산출하는 과정이 어렵기 때문에, 현재 시점에서는 사용이 어렵다는 단점이 있다.

이에 따라, 현재 시점에서는 다음과 같은 2가지 방법을 고려해 볼 수 있다. 첫째는, 현금흐름 선택과 관련한 함수 E와 D의 함수 식을 변형시키는 방법이고, 둘째는, 평가의 과정에 사용되는 모든 현금흐름을 하나의 현금흐름 위험으로 통일시키는 방법이다.

첫째, 함수 E와 D의 함수 식을 변형시키는 방법으로는, 앞서 설명한 Modified T&F와 같이, 상환, 전환, 보유에 대한 판단을 당해 Node의 명목금액을 기준으로 하는 것이 아니라, 평가 기준일 현재로 할인한 현재가치를 기준으로 하거나, 당해 Node의 확실성 등가를 기준으로 하는 것이다. 그리고, 이렇게 함수 E와 D의 함수 식을 변형하게 되면, T&F에서 옵션가치가 음(-)이 되는 현상이 사라지게 된다.

둘째, 하나의 현금흐름 위험으로 통일시키는 방법으로는, 앞서 설명한 본서의 EPV와 같이, Debt Value 를 확실성 등가로 변환한 후, 무위험 이자율로만 할인하는 방법이 있다. 그리고, 이렇게 확실성 등가를 적용하게 되면, T&F에서 옵션가치가 음 (-)이 되는 현상이 사라지게 된다. 또한, 이러한 결과는 첫번째 방법인 함수 E와 D의 함수 식을 변형시키는 방법의 결과와 동일하게 된다.

다음은 본서의 EPV를 적용할 경우, T&F의 PDE가 어떻게 변형되는지에 대한 설명에 해당한다. 또한, 여기에서, D^*은 Debt Value의 확실성 등가에 해당하며, 할인율은 무위험 이자율이 적용된다.

CB Value : $V = E + D^*$

T&F CB Value PDE : $\frac{\partial V}{\partial t} + 0.5\sigma^2 S^2 \frac{\partial^2 V}{\partial S^2} + rS\frac{\partial V}{\partial S} - r_f E - r_f D^* = 0$

$\leftrightarrow \frac{\partial V}{\partial t} + 0.5\sigma^2 S^2 \frac{\partial^2 V}{\partial S^2} + rS\frac{\partial V}{\partial S} - r_f V = 0$

T&F Debt Value PDE : $\frac{\partial D^*}{\partial t} + 0.5\sigma^2 S^2 \frac{\partial^2 D^*}{\partial S^2} + rS\frac{\partial D^*}{\partial S} - r_f D^* = 0$

앞서 언급한 AFV 방법도 EPV 방법에 해당한다. 즉, AFV는 부도율과 회수율을 이용하면서, 기대현재가치기법의 방법 1과 기대현재가치기법의 방법 2를 동시에 지원하는 모형에 해당하기 때문이다. 다만, 아직은 AFV의 사용이 어렵다는 단점이 있다.

결론적으로, T&F에는 현금흐름 선택 과정에서의 문제점이 있으며, 이는 반드시 보완이 필요한 부분에 해당하고 있다. 그리고, 현재 시점에서는, 1) T&F에서 현금흐름의 선택 시, 명목금액 기준이 아닌 현재가치 기준 또는 확실성 등가 기준을 적용하거나, 2) 본서의 EPV 방법을 적용하는 것을 대안으로 들 수 있다.

Fischer Black & Myron Scholes (1973) The Pricing of Options and Corporate Liabilities

John C. Cox & Stephen A. Ross & Mark Rubinstein (1979) Option Pricing: A Simplified Approach

Lenos Trigeorgis (1991) A Log-Transformed Binomial Numerical Analysis Method for Valuing Complex Multi-Option Investments

Yisong Tian (1993) A Modified Lattice Approach to Option Pricing

Dietmar Leisen & Matthias Reimer (1995) Binomial Models for Option Valuation - Examining and Improving Convergence

Paul Wilmott & Jeff Dewynne & Sam Howison (1993) Option Pricing - Mathematical Models and Computation

Bardia Kamrad & Peter Ritchken (1991) Multinomial Approximating Models for Options with k State Variables

Peter Boyle & Steven Evnine & Philip Gibbs (1989) Numerical Evaluation of Multivariate Contingent Claims

Andrea Gamba & Lenos Trigeorgis (2001) A Log-Transformed Binomial Lattice Extension for Multi-Dimensional Option Problems

Phelim P. Boyle (1988) A Lattice Framework for Option Pricing with Two State Variables

Fischer Black & Emanuel Derman & William Toy (1990) A One-Factor Model of Interest Rates and Its Application to Treasury Bond Options

Thomas S. Y. Ho & Sang-Bin Lee (1986) Term Structure Movements and Pricing Interest Rate Contingent Claims

John Hull & Alan White (1996) Using Hull - White Interest Rate Trees

Phelim Boyle (1977) Options: A Monte Carlo Approach

Sanveer Hariparsad (2009) The Valuation and Calibration of Convertible Bonds

Ariel Zadikov (2010) Methods of Pricing Convertible Bonds

Emanuel Derman & Piotr Karasinski (1994) Valuing Convertible Bonds as Derivatives

Kostas Tsiveriotis & Chris Fernandes (1998) Valuing Convertible Bonds with Credit Risk

Thomas Ho & David Pfeffer (1996) Convertible Bonds: Model, Value Attribution, and Analytics

E. Ayache & P. A. Forsyth & K. R. Vetzal (2003) The Valuation of Convertible Bonds With Credit Risk

Robert Jarrow & Stuart Turnbull (1995) Pricing Derivatives on Financial Securities Subject to Credit Risk

Damiano Brigo & Agostino Capponi (2009) Bilateral counterparty risk valuation with stochastic dynamical models and application to Credit Default Swaps

Taoshun He (2018) Explicit Pricing Formulas for European Option with Asset Exposed to Double Defaults Risk

Taoshun He (2020) Option Pricing for Path-Dependent Options with Assets Exposed to Multiple Defaults Risk

WIKIPEDIA

John C. Hull (2015) Options, Futures, and Other Derivatives 9thEdition,PEARSON

Robert L. McDonald (2013) Derivatives Markets 3rdEdition,PEARSON

박건엽 & 장기천 (2014) 엑셀 VBA 를 이용한 금융공학실습, 서울경제경영출판사

김창기 (2015) 금융공학, 문우사

K-IFRS 제1032호 금융상품 : 표시

K-IFRS 제1109호 금융상품

K-IFRS 제1113호 공정가치 측정

한국공인회계사회 (2013) K-IFRS 실무사례와 해설 Series 11 복합금융상품

|저|자|소|개|

■ **김 궁 중**

- KAIST 경영과학과 졸업
- 공인회계사
- 전, 삼일회계법인 근무
- 현, 삼덕회계법인 근무
- vskkj@nexiasamduk.kr

■ **김 진 배**

- 경희대학교 회계학과 졸업
- 공인회계사
- 전, 삼정회계법인 근무
- 현, 신한회계법인 근무
- jhkim@rsmkr.kr

■ **김 연 호**

- 서울대학교 법학과 졸업
- 공인회계사
- 전, 강원랜드 근무
- 현, 삼덕회계법인 근무
- yhkim@nexiasamduk.kr

최신판 **엑셀을 활용한 복합금융상품 평가**

2025년 10월 16일 초판 인쇄
2025년 10월 30일 초판 발행

저   자 김 궁 중
       김 진 배
       김 연 호
발 행 인 오 연 관
발 행 처 **삼일피더블유씨솔루션**

저자협의
인지생략

서울특별시 용산구 한강대로 273 용산빌딩 4층
등록번호 : 1995. 6. 26 제3-633호
전   화 : (02) 3489-3100
F A X : (02) 3489-3141
I S B N : 979-11-6784-438-5 93320

정가 65,000원

※ '삼일인포마인'은 '삼일피더블유씨솔루션'의 단행본 브랜드입니다.

※ 파본은 교환하여 드립니다.